Adel
an Ober- und Hochrhein

*Gewidmet
Frau Hildegard Pfefferle
in Herzlichkeit und in dankbarer Erinnerung an die jahrelange gute Zusammenarbeit
im Dezember 2002
Demeter Friedrich Johann Wehr*

Wernher Freiherr von Schönau-Wehr
Katharina Frings (Hg.)

Adel an Ober- und Hochrhein

Beiträge zur Geschichte der
Freiherren von Schönau

Rombach Verlag

Auf dem Umschlag: Das Ehepaar Maria Xaveria geb. Freiin Zweyer von Evenbach (1749–1790) und Franz Anton Fidel Freiherr von Schönau-Wehr (1732–1806), letzter Großmeier des Stiftes Säckingen; zwei Ölgemälde

Gedruckt mit Unterstützung von Inga Freifrau von Schönau-Wehr.

> Die Deutsche Bibliothek – CIP-Einheitsaufnahme
>
> **Adel an Ober- und Hochrhein**:
> zur Geschichte der Freiherren von Schönau/
> Hrsg.: Wernher von Schönau-Wehr und Katharina Frings.
> – 1. Aufl. – Freiburg im Breisgau : Rombach, 2001.
>   (Rombach Regionalia)
>   ISBN 3-7930-9282-8

© 2001. Rombach Druck- und Verlagshaus GmbH & Co. KG,
Freiburg im Breisgau
1. Auflage. Alle Rechte vorbehalten
Redaktion bis Ende 2000: Prof. Dr. Klaus Schubring
Lektorin: Dr. Edelgard Spaude
Umschlaggestaltung: Barbara Müller-Wiesinger & Ulrike Höllwarth
Typographie und Repro: post scriptum, Freiburg im Breisgau
Herstellung: Stiehler Druck & media GmbH, Denzlingen
Printed in Germany
ISBN 3-7930-9282-8

Zum Geleit

Dieses Buch beschreibt die Geschichte der Familie von Schönau; es berichtet von ihrem Ursprung, von ihren Wohnsitzen und Besitztümern, von Abhängigkeiten und Bündnissen, von bedeutenden Mitgliedern der Familie und ihren Funktionen und Schicksalen. Die Familiengeschichte ist auch Geschichte der Landschaft, einer Landschaft, die zwar räumlich am Rande der Bundesrepublik Deutschland liegt, die man aber geographisch wie geschichtlich als ein Herzstück Europas bezeichnen kann. Hochrhein und Oberrhein markieren die heutigen politischen Grenzen zwischen der Schweiz, Frankreich und Deutschland. Diese Grenzen haben aber in den letzten Jahrzehnten immer mehr an Bedeutung verloren; die Verbindungswege zwischen den Orten, von denen in den einzelnen Beiträgen die Rede ist, waren in der näheren Vergangenheit nicht immer so offen wie heute.

Eine Familiengeschichte stellt Vergangenes und allenfalls zu einem kleineren Teil Gegenwärtiges dar; sie hat aber große Bedeutung auch für die Zukunft. Die Beschreibung der Geschichte einer bestimmten Familie, die Darstellung von Ereignissen, die Schilderung von Personen und Orten, von denen sich der Leser ein lebendiges Bild machen kann, hat nicht nur einen besonderen Wert in sich. Sie ist gut geeignet, auch der heutigen und den künftigen Generationen deutlich zu machen, wie wichtig es ist, sich verständig und kritisch mit der Geschichte auseinanderzusetzen.

Dies ist heute notwendiger denn je. Der technische Fortschritt hat in manchen Bereichen eine Geschwindigkeit erreicht, mit der der einzelne kaum mehr Schritt halten kann. Auf vielen Gebieten der Technik und der Naturwissenschaften können sich nur noch wenige einigermaßen konkret vorstellen, was da geschieht. Und es ist auch für die, die politische Verantwortung tragen und Entscheidungen zu treffen haben, oft nur noch schwer möglich, sich von den Veränderungen, die eine technische Entwicklung zur Folge hat, und von den mit ihr verbundenen Gefahren ein klares Bild zu machen.

Noch schwerer ist es mitunter, die Folgen im zwischenmenschlichen Bereich richtig einzuschätzen, die eine bestimmte Änderung unserer Lebensverhältnisse mit sich bringt. Das gilt nicht nur für Atomenergie und Gentechnik, deren Gegner mit der drastischen Darstellung realer und vermeintlicher Gefahren schnell bei der Hand sind. Es gilt auch für zunächst noch harmlos erscheinende Gebiete, etwa für den Geldverkehr, für Post und Telefon, für Medien und Kommunikationstechnik. Nicht immer wird rechtzeitig und genügend bedacht, wie sich der technische und organisatorische Fortschritt, wie sich Rationalisierung, Konzentration und Globalisierung auf den einzelnen und auf das Zusammenleben der Menschen auswirken werden.

Am Beispiel der Geschichte der Freiherren von Schönau wird in diesem Buch gezeigt, was in den vergangenen Jahrhunderten in unserem Land geschehen ist. Indem die Wurzeln der kulturellen Vielfalt der Region sichtbar gemacht werden, wird auch der Blick auf die aktuellen Gegebenheiten geschärft und das Geschichtsbewußtsein gestärkt, das für Gegenwart und Zukunft notwendig und wichtig ist. Ich wünsche dem Buch viele interessierte Leser.

Prof. Dr. Helmut Engler

Inhaltsverzeichnis

Vorwort | 11
Einführung | 15

Die Anfänge

Die Wiege eines Geschlechtes (Georges Bischoff) | 21
Wappen und Rang der Herren von Schönau (Klaus Schubring) | 47
Der frühe Besitz im Elsaß (Georges Bischoff) | 61

Ausweitung und Krise

Die genealogische Entwicklung der Familie (Klaus Schubring) | 75
Besitz- und Herrschaftserwerb am Hochrhein im 14. Jahrhundert (Thomas Kreutzer) | 99
Die Folgen der Schlacht von Sempach (1386) (Klaus Schubring) | 125

Dauerhafte Grundlagen

Das große Meieramt des Damenstiftes Säckingen (Adelheid Enderle) | 143
Die Grafschaft Wehr (Klaus Schubring) | 159

Das untere Aaretal und die Vogtei Laufenburg | 183
(Patrick Bircher)

Die Herren von Schönau und die Stadt Rheinfelden | 197
(Veronika Günther)

Die Dorfordnungen von Schönauscher Dörfer | 215
(Ludger Beckmann)

Zur Bedeutung der Frauen

Auf der Suche nach den Frauen in der | 237
Familie von Schönau (Katja Hürlimann)

Maria Ursula von Schönau und die Geschichte des | 247
»Trompeters von Säckingen« (Adelheid Enderle)

Stiftsdamen und Klosterfrauen aus der Familie | 257
von Schönau (Katharina Valenta-Wichmann)

Wirken für die Kirche

Hans v. Schönau (1480–1527) – Mystiker und Stifter | 271
(Elisabeth von Schönau / Klaus Schubring)

Johann Franz von Schönau, Fürstbischof von Basel | 283
(Catherine Bosshart-Pfluger)

Freiherren von Schönau als Ritter im Deutschen Orden | 301
(Hermann Brommer)

Herren von Schönau im Malteserorden | 323
(† Helmut Hartmann)

Adel im frühneuzeitlichen Staat

Die Erbteilungen von 1583 und 1628 im Hause Schönau | 337
(Uwe Reiff)

Herren von Schönau in habsburgischen Diensten (1353–1648) (Dieter Speck)	355
Herren von Schönau in den Türkenkriegen (Klaus Schubring)	373
Die Erhebungn in den Reichsfreiherrenstand (Ulrich Ecker)	377
Oeschgen und Wegenstetten (Patrick Bircher)	391
Spätzeit und Ende Schönauscher Herrschaft (Wolfgang Hug)	411
Auswirkungen der Josephinischen Reformen und der Französischen Revolution im unteren Wehratal (Reinhard Valenta)	431
Das Ende von Herrschaft und Rechten in der heutigen Schweiz (Patrick Bircher)	443

Leben in veränderten Zeiten

Vom Alten Reich zum Ende der Monarchie (Wernher Freiherr von Schönau-Wehr)	453
Von der Weimarer Republik zur Bundesrepublik (Wernher Freiherr von Schönau-Wehr)	481
Erhaltene Herrensitze (Patrich Bircher)	505
Die Familie von Schönau in Schwörstadt und die Familien von Schönau-Wehr gestern und heute (Jörg Freiherr von Schönau)	519

Abbildungsnachweis	527
Personenregister	529

Wernher Hyrus Hermann Johannes von Schönau-Wehr

Gewidmet meinem Vater
Eberhard Freiherr von Schönau-Wehr

Vorwort

Schon in früher Jugend weckten meine Eltern bei mir, dem Ältesten von vier Geschwistern, das Interesse an der Geschichte. Diese Bemühungen fielen auf fruchtbaren Boden, zumal in der Familie die Geschichte durch Überlieferung und Gespräche zu einem fast alltäglichen Erlebnis wurde. Ich erinnere mich an eine Reise im Jahre 1925, damals war ich noch keine neun Jahre alt. Die Fahrt ging aus von Donaueschingen, wo mein Vater Eberhard Freiherr von Schönau-Wehr als Bataillonskommandeur tätig war. Unser Ziel war die Gegend, in der unsere Vorfahren über Jahrhunderte gelebt und gewirkt hatten und wo die Familie noch heute im Raum von Wehr, Schwörstadt und oberhalb von Bad Säckingen ansässig ist.

Einen unvergeßlichen Eindruck machte mir folgendes Bild: Wir waren auf der Hochfläche des Hotzenwaldes in westlicher Richtung bis zur Oberkante des nach Westen abfallenden Steilhanges gewandert. Da bot sich uns ein herrlicher Blick auf den Südrand des Schwarzwaldes, das Wehra- und das Wiesetal sowie den Dinkelberg bis Basel. Wir schauten auch nach Süden über das silberne Band des Rheines und sahen dahinter die Höhen des Schweizer Jura. Zu unseren Füßen lag die Ortschaft Wehr, wo vor fast einem halben Jahrhundert mein Vater im Schloß, dem heutigen Rathaus, geboren wurde. Mein Vater zeigte mir den Schönauschen Wald, der bis zu unserem Standort herauf reichte, darunter das Gebiet des Meierhofes, der damals zur Burg Werrach gehörte, und zwischen Hof und heutiger Stadt den bewaldeten Burghügel mit der Burg Werrach, einst Sitz der Graf- und Herrschaft Wehr.

Mein Vater deutete auch in Richtung Südwesten, wo am Südhang des Dinkelberges ein anderer Hof im Besitz der Familie ist, nämlich der Eichbühlhof. Auch ein Teil des Dorfes Schwörstadt war zu sehen. Mein Vater sprach dann noch von einem Schloß am Rhein, das der Höhenrücken mit dem Eichbühlhof verdeckte. Im Schloß wohne sein Onkel Hermann, den wir noch besuchen würden. – Der weite Blick auf diese mannigfaltige Landschaft steht seitdem unauslöschlich vor meinem inneren Auge.

Tatsächlich sah ich bald darauf das Schloß Schwörstadt. Zunächst war ich etwas enttäuscht, denn ich vermißte die Burg, die Ende des 18. Jahrhunderts durch einen Brand zerstört worden war. Am nächsten Tag besuchten wir Oeschgen, das jenseits des Rheines im Fricktal liegt. Dort stand das ehemalige Schönausche Schlößchen, das sich aber damals in einem ganz schlechten Zustand befand. Zuvor hatten wir uns in Säckingen das Schloß Schönau mit dem Garten-Pavillon angesehen. – Das also waren meine ersten und bleibenden Eindrücke von dem Raum, in dem die Vorfahren jahrhundertelang gewirkt hatten.

Mit der Zeit wurde mir klar, daß mein Vater sich in besonderer Weise mit der Geschichte unserer Familie befaßte. Neben seiner beruflichen Tätigkeit arbeitete er an der Zusammenstellung einer Familienchronik. Diese Chronik ist auch eine wesentliche Grundlage des jetzt vorliegenden Werkes geworden. Meinem Vater kam es darauf an, die Lebensgeschichte sämtlicher männlicher und weiblicher Vorfahren zu erforschen, sie und ihr geschichtliches Umfeld zu schildern und sie mit einer Personennummer zu versehen. Als sehr wertvoll hat es sich erwiesen, daß mein Vater die genealogische Verbindung der Vorfahren durch Stammtafeln dargestellt hat. Trotz der von Generation zu Generation vielfach ähnlichen, häufig gleichen Namen ist dadurch leichter ein Überblick zu gewinnen.

Angehörige der Familie hatten sich bereits in der zweiten Hälfte des 19. Jahrhunderts mit geschichtlicher Forschung befaßt, waren aber nicht weit gekommen. Viele adlige Geschlechter gaben in jener Zeit schon eine Familiengeschichte heraus. Auf meinen Vater wirkte besonders das Beispiel der Familie meiner Mutter Gunhild geb. Freiin von Ow-Wachendorf. Unter den Herren von Ow-Wachendorf spielte die Beschäftigung mit der eigenen Geschichte und Tradition stets eine große Rolle. Bald nach 1900 ließen sie eine umfangreiche, nach Personen geordnete Familiengeschichte erscheinen. Mein Vater war bemüht, dem nachzueifern oder wenigstens die Grundlagen dafür zu schaffen.

Mit der Arbeit hatte er begonnen, als er nach den Kriegs- und Nachkriegswirren des Ersten Weltkrieges mit seiner Familie endlich seßhaft geworden war. Der erste Band der Chronik wurde im August 1932 abgeschlossen. Am Ende des Bandes forderte mein Vater die nächste Generation auf, den über schwere Zeiten geretteten Besitz der Vorfahren durch Opferbereitschaft zu erhalten. Fast ohne Unterbrechung setzte er die Arbeit an der Chronik fort. Im Sommer 1942 beendete er in Freiburg den vierten Band. Der fünfte befaßt sich vornehmlich mit den letzten Generationen, und Band 6 enthält genealogische Unterlagen und Besitzkarten.

Gegen Ende des Zweiten Weltkrieges, an dem mein Vater altershalber nicht mehr teilnahm, der ihn aber seelisch schwer belastete, beendete er allmählich die Arbeit an der Chronik. Deren Fortführung und die von meinem Vater erhoffte Veröffentlichung sollte meine Aufgabe werden, nachdem ich gesund aus dem Zweiten Weltkrieg zurückgekehrt war. Über Jahre hinweg konnte ich zusammen mit meiner Mutter die Chronik fortführen sowie durch Anlagen ergänzen. Im Jahre 1996 faßte ich endlich den schon lange erwogenen Entschluß, die Geschichte unserer Familie als Buch herauszubringen. Eine besondere Ermutigung ging aus von den Vorarbeiten für die Baden-Württembergischen Heimattage, die 1997 in Bad Säckingen und Wehr stattfinden sollten. In ihrem Rahmen war eine Ausstellung ›Die Herren von Schönau‹ vorgesehen.

Als Form der Familiengeschichte wurde der heute übliche Sammelband gewählt. So können mehrere Autoren, die teilweise schon zu der Ausstellung über die Herren von Schönau beigetragen haben, verschiedene Themen darstellen. Berücksichtigt sind Personen, Ereignisse, Entwicklungen, Besitz und Ämter, aber auch Kunstwerke aus dem Familienbesitz. Bei der Auswahl der Themen haben wir Wert darauf gelegt, daß die Rolle der Frauen und ihr Wirken für die Familie in ihrer Bedeutung dargestellt werden. Ein Herausgeber erhielt den Auftrag, die Beiträge aufeinander abzustimmen und zu ordnen. Durch die beabsichtigte übersichtliche Darstellung wird die Lektüre überschaubar und abwechslungsreich, der Leser kann sich nach seinen Wünschen den einzelnen Themen widmen.

Die Autoren haben Quellen aus vielen Archiven herangezogen; dazu gehören nicht zuletzt das neu verzeichnete und geordnete Familienarchiv auf dem Eichbühl und das schon länger verzeichnete Familienarchiv im Schloß Schwörstadt. Von großem Wert waren, wie schon erwähnt, die Vorarbeiten meines Vaters, die er in seiner maschinenschriftlichen Familienchronik niedergelegt hat. Indem ich die Familiengeschichte nun der Familie und der Öffentlichkeit übergebe, möchte ich ein altdeutsches Sprichwort wiedergeben, das mein Vater an das Ende des ersten Bandes seiner Chronik gestellt hat:

> *»Edel sein ist gar viel mehr*
> *als adlig sein von Eltern her.«*

Wernher Freiherr von
Schönau-Wehr

Einführung

Das Geschlecht der Herren von Schönau gehört zum Uradel und stammt aus dem Elsaß. Die namengebende Burg stand im Dorf Schönau dicht am Rhein und östlich von Schlettstadt. Die ununterbrochene Stammreihe beginnt mit »He[i]nricus de Sconowe«, Ritter und Ratsmitglied in Colmar. Er wird zuerst 1214 in einer Urkunde genannt, die sich im Archiv des Departements Oberelsaß in Colmar befindet. Die Besitzungen im Elsaß lagen ab etwa 1300 zwischen Straßburg und Mülhausen. Sie verteilten sich auf die Linien Stettenberg und Hunaweier. – Jacob Rudolf I. Hürus aus der Linie Stettenberg heiratete um 1330 die Erbtochter Margareta vom Stein, die ihm umfangreiche Besitzungen, Lehen und Rechte am Hochrhein und im südlichen Schwarzwald zubrachte. Durch diese Ehe entstand ein neuer Zweig der Familie, der sich allmählich vom Elsaß in den Raum zwischen Basel und Waldshut verlagerte. Schwerpunkte bildeten das Wehra-, das Wiesen- und das Fricktal, heute ein Teil des Kantons Aargau. Hinzu kamen über kürzere oder längere Zeit – meist durch Erbschaft – weitere, im Osten liegende Besitzungen bis in die Gegend von Kempten und im St. Galler Rheintal.

Der Besitz setzte sich aus Allod (Privateigentum), Lehen und Rechten verschiedener Art zusammen, die im Laufe der Zeit zum Teil in allodiales Gut übergingen. Seit etwa 1350 hatte das Geschlecht, abgesehen von zwei Unterbrechungen, bis 1806 das Große Meieramt des fürstlichen reichsunmittelbaren Damenstiftes Säckingen inne. Ungefähr seit Ende des 15. Jahrhunderts waren Herren von Schönau Träger des Erbtruchsessenamtes des Hochstiftes Basel. Sie gehörten auch der Reichsritterschaft des Kantons Hegau, der unterelsässischen Reichsritterschaft und der Breisgauer Ritterschaft an. – 1386 fielen in der Schlacht von Sempach zwischen dem Hause Habsburg und der sich bildenden Eidgenossenschaft an der Seite Herzog Leopolds III. von Österreich Rudolf II. Hürus, das Haupt des neuen hochrheinischen Zweiges, und vielleicht weitere Ritter aus dem Hause Schönau. Über Jahrhunderte hinweg waren unsere Vorfahren dann in den habsburgischen Vorlanden, dem späteren Vorderösterreich, an führender Stelle tätig. So gehörten sie der Regierung in Ensisheim bzw. in Freiburg an und wirkten oft als Waldvögte am Hochrhein.

Um 1540 entstand aus der hochrheinischen Hauptlinie die Laufenburger Linie, die aber im Mannesstamm 1633 erloschen ist. Der Hauptzweig selbst wurde nur durch das Ehepaar Iteleck von Schönau und Beatrix von Reischach vom Hohenkrähen im Hegau fortgeführt. Iteleck erlag im Jahre 1600, als er über die Säckinger Brücke ritt, einem Herzschlag. Daran erinnern die beiden Schönauschen Kreuze in Stein/Schweiz. Für lange Jahre sorgte nun die Witwe allein für die Söhne und den Besitz. Nach dem Verzicht eines Sohnes fand 1628 unter den weiteren vier Söhnen eine ›brüderliche Aufteilung‹ des damaligen umfangreichen Eigen- und Lehenbesitzes am Hochrhein statt. So entstanden die Linien: Schönau-Oeschgen (bis 1799), die vor allem in Säckingen wohnte, Schönau-Schwörstadt (bis 1811), Schönau-Zell (bis 1845), die den elsässischen Besitz fortführte und einen Wohnsitz in Saasenheim bei Schönau hatte, sowie die Linie Schönau-Wehr. – Die elsässischen Linien Hunaweier und Stettenberg waren schon im 15. Jahrhunderts erloschen.

Unter den zahlreichen geistlichen Würdenträgern des Geschlechtes sei hier nur Johann Franz von Schönau-Zell (1616–1656) erwähnt, er wurde Bischof von Basel mit Sitz in Pruntrut. – 1544 hatte Kaiser Karl V. den Herren von Schönau die Rotwachsfreiheit verliehen, d. h. das Recht mit rotem Wachs zu siegeln. Solche Verleihungen beruhten auf der im 15. Jahrhundert entstandenen Auffassung, der Gebrauch von rotem Wachs sei besonders privilegiert. 1668 wurde die Gesamtfamilie von Kaiser Leopold I. in den Reichsfreiherrenstand erhoben, und 1783 folgte die Anerkennung des Baronats durch König Ludwig XVI. von Frankreich aufgrund der Besitzungen im Elsaß.

Um 1800 und bis zur Mitte des 19. Jahrhunderts starben drei Linien des Gesamthauses von Schönau aus. Dies geschah an einer geschichtlichen Zeitenwende, man denke nur an die Französische Revolution, das Ende des Alten Reiches und Vorderösterreichs sowie den Übergang des Fricktals an die Eidgenossenschaft. Das Erlöschen von drei Linien war deshalb für die Familie mit erheblichen Verlusten an Besitz, Rechten und Aufgaben in der Landesverwaltung verbunden. In der verbliebenen Linie Schönau-Wehr führten zu Anfang des 19. Jahrhunderts Joseph von Schönau-Wehr und Josephine geb. von Gemmingen-Steinegg, meine Ururgroßeltern, die Stammreihe fort. Die Ablösung der bisherigen Rechte und Pflichten in den noch vorhandenen Herrschaften erfolgte nach meist langwierigen Auseinandersetzungen. Die sich hieraus ergebenden verhältnismäßig geringen Zahlungen führten zu wirtschaftlichen Schwierigkeiten.

Auf die Generation in der ersten Hälfte des 20. Jahrhunderts geht die Trennung der Freiherren von Schönau-Wehr in zwei Linien zurück. Die neue Linie führt den Namen Freiherren von Schönau und hat ihren Sitz im Schloß Schwörstadt. Gegenwärtig stellt die Gesamtfamilie das letzte der alten Adelsgeschlechter dar, das zwischen Hegau und südlichem Umland von Freiburg noch lebt und auf eigenem Grund und Boden ansässig ist. – Die Herleitung einer Familie nur aus dem Mannesstamm stellt eigentlich eine Einseitigkeit dar. Zum Leben und zur Entwicklung tragen die Frauen selbstverständlich ebenso bei. Im Hause Schönau haben gerade angeheiratete Frauen mehrfach tiefgreifende Krisen gemeistert, Frauen haben der Familie ganze Herrschaften als Erbe zugebracht und mit ihren Herkunftsfamilien wertvolle Bundesgenossen gestellt. Ebenso sicher ist es, daß die Frauen der Familie oft genug neue Kenntnisse, andere geistige Interessen und Blickrichtungen übermittelt haben.

Die folgenden Beiträge sollen die hier vorgestellte Familie im einzelnen beschreiben. Mit dieser vielseitigen Veröffentlichung zur Geschichte der Familie von Schönau möchte ich nicht nur den Wunsch meines Vaters erfüllen, ich möchte auch dem erfreulichen geschichtlichen Interesse der Bevölkerung in der näheren und weiteren Umgebung entgegenkommen. Die Aufgeschlossenheit für die Geschichte war durch den Andrang zur Eröffnung der Ausstellung ›Die Herren von Schönau‹ und durch ihren regen Besuch deutlich geworden. Besonders bemerkenswert erschien uns das Interesse aus den benachbarten Regionen der Schweiz und des Elsaß. Ebenso nahm die Jugend in großer Zahl an dem Wettbewerb teil, den die Stadt Wehr mit dem Besuch der Ausstellung verbunden hatte. So soll dieses Buch gerade auch der Jugend gewidmet sein.

Dank gilt Herrn Dr. Reinhard Valenta, Kulturreferent der Stadt Wehr, er hat durch seine dynamische Mitarbeit an der Ausstellungsgestaltung gleichzeitig den Entschluß zu dieser Veröffentlichung gefördert. Die von meinem Vater begonnene Bilddokumentation mußte nicht nur wesentlich erweitert sondern auch qualitativ auf den neuesten Stand gebracht werden. Hierfür konnte ich Frau Inka Schaffmaier, Wehr-Öflingen, als Fotografin gewinnen. Ihr ist ein großer Teil der Abbildungen in diesem Buch zu verdanken. Besonderer Dank gebührt den Autoren. Durch ihre Forschungen und Ergebnisse haben sie den abwechslungsreichen Inhalt des Buches erarbeitet. Mein Dank gilt auch Herrn Prof. Dr. Klaus Schubring für die Abstimmung der Beiträge und den großen Einsatz für das gesamte Projekt. Schließlich war uns meine Mitarbeiterin Frau Katharina Frings eine große und ständige Hilfe. Sie hat viele Arbeiten übernommen und vor allem die Chronik meines Vaters durch Kurzfassungen in Form von Regesten zugänglich gemacht.

Das aus der Mitarbeit so vieler Kräfte entstandene Buch möge nun zu einer genaueren Kenntnis und zu einem vertieften Verständnis der langen und bewegten Entwicklung unseres Geschlechtes in Familie und Öffentlichkeit beitragen.

Wernher Freiherr
von Schönau-Wehr

Die Anfänge

Georges Bischoff

Die Wiege eines Geschlechts

Einleitung

Für die Staufer ist das Oberrheintal die *»größte Stärke des Reiches«* (*»vis maxima regni«*). Hier treffen sich zwischen Vogesen und Schwarzwald die großen Verkehrsverbindungen Europas, die Straßen, die den Osten mit dem Westen verbinden, und der Rhein, der Zugang zur Nordsee verschafft, und dessen Tal unmittelbar oder über seine Nebenflüsse zu den wichtigsten Alpenpässen führt. Zu Beginn des 16. Jahrhunderts schreibt der anonyme Autor des ›Buchs der hundert Kapitel und der vierzig Statuten‹, der selbst ein Bewohner des Rheintals ist, das Gebiet zwischen Bingen und Basel sei *»der Garten oder das Herz Europas«*. Kein Zweifel besteht darüber, daß diese Landstriche in der Geschichte des Alten Kontinents eine einzigartige Stellung einnehmen: Hier wurde 842 in Straßburg – anläßlich der berühmten Eide, die von den Armeen Karls des Kahlen und Ludwig des Deutschen geschworen wurden, – die Teilung des Karolingerreichs besiegelt. Aus ihm entstanden zwei große Staatsgebilde, das West- und das Ostfrankenreich, die sich bald und für mehr als 11 Jahrhunderte zu den Nationalstaaten Frankreich und Deutschland entwickelten.

Zwischen dem Frühmittelalter und dem 12. Jahrhundert kommt es hier zu weiteren beispielhaften Entwicklungen: zur Zersplitterung der öffentlichen Gewalt, aus der besonders die Kirche Gewinn zieht, zum Verfall des Lehenswesens und schließlich zur Bildung von Territorien, die den Südwesten der altdeutschen Gebiete in Teile eines riesigen Puzzles verwandeln. Überall trifft man im Elsaß auf Spuren dieser großen geschichtlichen Ereignisse. Zwar sind die Burgen, die sich auf vielen Bergrücken erhoben, zu Ruinen geworden; doch Kirchen und Städte sind ihrer ursprünglichen Bedeutung treu geblieben. Noch heute ist uns die damals entstandene Kulturlandschaft vertraut, während die sie begleitenden politischen und kulturellen Gegebenheiten schon längst der Vergangenheit angehören.

»Henricus de Scounowe«, der erste bekannte Vertreter des Geschlechts der Schönau, wurde erstmals urkundlich zusammen mit mehreren Colmarer Bürgern erwähnt, die im September 1214 ein Grundstück an die Zisterzienserabtei Pairis verkauften. Damals herrschten im Elsaß eineinhalb Jahrhunderte lang sehr unruhige Zeiten. Friedrich II. war im Begriff, die deutsche Krone zu empfangen und die Regierung des Heiligen Reiches anzutreten. Dabei mußte er die Macht mit den Fürsten teilen und versuchen, sich vor allem auf eigene Besitzungen zu stützen. Auch im Elsaß war Friedrich bei weitem nicht der Alleinherrscher. Die größte regionale Macht besaß der Bischof von Straßburg: Er war von 982 bis 1262 Herr der Stadt. Seine Machtstellung beruht auf den Rechten eines Grafen, die ihm Otto II. 982 zugestanden hatte, sowie auf der Immunität in der Gegend von Rufach, die Straßburgs Bischöfe schon seit König Dagoberts Zeiten besaßen, – jedenfalls nach Ansicht der Zeitgenossen.

Außerdem profitierten die Bischöfe vom Aussterben der Grafen von Egisheim. Diese waren im 11. Jahrhundert die wichtigsten Vertreter der kaiserfeindlichen Partei gewesen. Sie hatte sich gegen Heinrich IV. gewandt, der sich damals in offenem Konflikt mit dem Papsttum befand. Schon Bruno von Egisheim, der als Papst von 1049 bis 1054 unter dem Namen Leo IX. wirkte, war ein früher Förderer der Kirchenreform, die dann von seinem Nachfolger Gregor VII. geleitet wurde. Der Investiturstreit war jedenfalls der Schmelztiegel, in dem sich das hochmittelalterliche Elsaß endgültig bildete.

Indem Kaiser Heinrich IV. die Verteidigung der kaiserlichen Interessen im Elsaß den Herzögen von Schwaben, also den Staufern, übertrug, gestand er ihnen einen höchst bedeutenden Ansatzpunkt zu. Friedrich dem Einäugigen (1090–1147), der großen Wert auf den Titel ›Herzog des Elsaß‹ legte, haben wir die Gründung der Kaiserpfalz in Hagenau und den Bau der berühmten Hoch-Königsburg zu verdanken, die das Rheintal und den Vogesen-Übergang auf der Höhe von Schlettstadt überwachte. Sein Sohn Friedrich Barbarossa (1152–1190) schuf aber erst die Grundlage für eine dauerhafte kaiserliche Mitsprache im Elsaß. Dazu halfen ihm vor allem Vogtei-Rechte über Klöster und Städtegründungen. (Beispielsweise wurde Hagenau 1164 durch eine Freiheitsurkunde zur Stadt). Als der Enkel Friedrich II. dann nach einer etwa zwölfjährigen turbulenten Übergangszeit zum Nachfolger wird, ist das Elsaß nach Friedrichs II. eigenen Worten wirklich das *»geliebteste unserer deutschen Erbländer«* geworden.

Ursprung und gesellschaftliches Umfeld

Das Umfeld, aus dem das Geschlecht der Schönau stammt, ist zugleich außergewöhnlich und exemplarisch. Zu ihrer Zeit macht sich ein Aufschwung der Landwirtschaft bemerkbar, und zwar im Aufblühen der Dörfer, in der Ausweitung des Ackerlands, in der Entstehung neuer Reichtümer und in der Intensivierung des Handels. *»Der weiße Mantel von Kirchen«*, der damals das westliche und mittlere Europa überzieht, ist Gleichnis einer Kultur, von der die Miniaturen des *»Hortus Deliciarum«* der Äbtissin Herrad von Hohenburg oder die romanischen Glasfenster des Straßburger Münsters zeugen. Die waffentragenden Männer mit ihren Panzerhemden und ihren langen mandelförmigen Schilden sind die Zeitgenossen, gleichsam die Brüder, des 1214 in Colmar erwähnten Heinrich von Schönau. Zeit und Ort sind dabei nicht unwichtig.

Die Urkunde, durch welche die Colmarer Bürger den Mönchen von Pairis bestimmte Güter übertragen, ist von höchster Bedeutung. Tatsächlich tritt hier die Gemeinschaft der Bürger und Bewohner (*»burgenses et ... in communitate Columbariensium manentes«*), die vorher ein einziges Mal 1212 erwähnt wurde, als Kollektiv auf, das sich eines Siegels bedient (*»sigillum communitatis«*). Heinrichs Name steht dabei an siebter Stelle unter zehn Rittern (*»milites«*); ihnen folgen noch acht weitere Personen. Sie alle zusammen könnte man als Prototyp eines Stadtrats bezeichnen. Ein paar Wochen später bekräftigt Friedrich II. im November 1214 während eines Besuches in Basel feierlich diesen Vertrag, der zwischen den Colmarern und dem Abt von Pairis ausgehandelt worden war.[1]

Heinrich von Schönau gehörte damals gewiß zur sozialen Oberschicht. Die mit ihm genannten Ritter gehörten jenen Geschlechtern an, die den Kern des elsässischen Adels bildeten, die drei erstgenannten etwa stammten aus der berühmten Familie von Girsberg. Eine Verbindung zu den Staufern ergibt sich daraus, daß Colmar inzwischen in der königlichen Einflußsphäre lag. Friedrich Barbarossa hatte sich viermal hier aufgehalten und eine ihm nahestehende Persönlichkeit als Pfarrer vorgeschlagen. Als Vogt des Konstanzer Niederhofes und als Vogt der Abtei Münster im Gregoriental besaß er die Schutzherrschaft über zwei Höfe im Dorf Colmar. Nach dem Tod des letzten Grafen von Dagsburg (1212), des Erben der Grafen von Egisheim, konnte der junge König der Römer seine Herrschaft dauerhaft auch auf den sogenannten Oberhof ausdehnen, die beiden Rechtsbezirke vereinen und zur Stadt Colmar umformen.

Das Wort »*civitas*«, das ebenso einen rechtlichen Zusammenschluß wie eine räumliche Einheit bezeichnet, tauchte erstmals 1226 auf. Inzwischen besaß die Gemeinschaft einen »*schultheis*«, den Vertreter des Herrschers (1219). Die Gesamtsiedlung wurde auch mit einer Ringmauer ausgestattet, die von Schultheiß Wölfelin von Hagenau, dem Vertrauensmann Friedrichs II., errichtet wurde. – Heinrich von Schönau gehörte zu den aktiven Vertretern staufischer Herrschaft am Oberrhein. Man kann sich ihn als einen Krieger vorstellen, der in einer der neuen Städte der Region verwendet wurde. Zu ihnen gehörten auch Kaysersberg, nach 1227 an einer Straße nach Lothringen erbaut, oder Schlettstadt mit seiner beherrschenden Position im mittleren Elsaß.

Sicher war Heinrich auch Zeuge der phantastischen Entwicklung, die zur Schaffung neuer Verkehrswege führte, so z.B. über den Rhein (Basler Rheinbrücke: 1225, Brücke von Breisach: 1278). Und durch die Vogesen wurden die Täler der Thur – über Thann – und der Weiß – über Kaysersberg – gegen 1225/1230 zu häufig benutzten Verkehrswegen zwischen Flandern und der Lombardei. Man kann in Heinrich auch leicht einen der Ministerialen im Dienste der Staufer und anderer großer Herren sehen. Ursprünglich standen diese »*ministeriales*« oder Dienstmannen in einem engen persönlichen Abhängigkeitsverhältnis zu ihrem Herren. Sie bekleideten Ämter, die besondere Sachkunde erforderten, technische Fertigkeiten, die am Hof oder im Krieg nützlich waren, vor allem Organisations- und »Management«-Fähigkeiten. Nach und nach gingen diese ›Unfreien‹ im Adel auf. Unter Barbarossa zum Beispiel erhielten manche von ihnen hohe Führungsaufgaben – folglich werden ihre Nachkommen eines Tages zum Adelsstand gehören.

Der chronologische Rahmen, in den sich Heinrich von Schönau einfügt, ist recht bezeichnend. Denn im Elsaß und am Oberrhein können die Geschlechter des niederen Adels und der Dienstmannen ab der zweiten Hälfte des 12. Jahrhunderts genau nachgewiesen werden. So wird z. B. die Familie von Girsberg 1185 erwähnt, der erste Ritter von Andlau erscheint 1214; die Müllenheim (1225) und die Zorn, zwei Straßburger Familien, gehören schon zur darauffolgenden Generation. Oft erkennt man einen Ministerialen an einem Familiennamen, der von seinem Amt abgeleitet ist. So stehen den Äbten von Murbach verschiedene Geschlechter zu Diensten wie die Schultheiß (1271) oder die Waldner (1260); den Bischöfen von Straßburg dienen Familien wie die Burggraf (1216), die Münzer, die Spender, die Marschalk, – andere geläufige Namen sind Truchseß oder Schenk.

Im Fall der Familie von Schönau stammt der Name – wie später bei den meisten Adelsgeschlechtern – von einer namengebenden Siedlung, er leitet sich von einem bestimmten Ort oder einer Burg her. Allerdings besaßen die Herren von Schönau erst im 14. Jahrhundert ohne jeden Zweifel die Herrschaft über das gleichnamige Dorf östlich des großen Schlettstädter Rieds. Es gibt keine Quelle, die eine frühere Abhängigkeit des Dorfes Schönau von der genannten Familie bezeugt. Deshalb muß der Historiker auf Hypothesen oder nicht-sprachliche Zeugnisse zurückgreifen.

In seiner ursprünglichen Form *Scounowe,* die 1214 durch den Namen des Ritters Heinrich bezeugt ist, weist der Ortsname Schönau auf eine schwer datierbare Bezeichnung hin. Sein Sinn jedoch liegt auf der Hand: Es handelt sich um das Adjektiv ›schön‹ und das Substantiv ›Au‹, ein Wort für feuchtes Wiesenland. Nichts Außergewöhnliches, um die Annehmlichkeiten einer Lage zu kennzeichnen, die sowohl als Wohnort wie als Weideland günstige Bedingungen bietet, vielleicht noch ein wenig günstigere als die anderen am Rhein gelegenen Dörfer zwischen Markolsheim und Rheinau. Doch ist zu bemerken, daß dieses Dorf vor dem Auftauchen seiner zukünftigen Herren nicht ausdrücklich erwähnt wird, und daß es auch nicht Sitz einer selbständigen Pfarrei mit einer romanischen Kirche gewesen ist. Seine erste ganz eindeutige Erwähnung stammt aus dem Jahr 1270, damals legten die Freiburger und die Straßburger Dominikaner die Grenzen ihrer jeweiligen Predigtbereiche fest.

Dennoch ist es sehr wahrscheinlich, daß die von Schönau bei ihrer ersten urkundlichen Erwähnung den Namen einer Burg tragen, die schon seit geraumer Zeit bestand. 1444 beschreibt sie nämlich eine Lehensurkunde des Edelknechtes Georg von Schönau als »*buhel und burgs-*

tal«[2], das heißt als Turmhügelburg, einen künstlichen Burghügel, auf dem einmal eine Burg stand, die eines Tages wieder aufgebaut werden könnte. Das Wort »*burgstal*« bezeichnet ein verlassenes Baugelände, dessen Besitzer aber seine Rechte bewahrt hat. Archäologische Untersuchungen wie die von Joëlle Burnouf, derzeit Professorin an der Universität von Tours, vermitteln eine genauere Kenntnis des Orts. Der Hügel hat einen Durchmesser von 50 Metern und war so hergerichtet, daß er ein festes Haus von 18 auf 20 m Grundlinie tragen konnte, vielleicht in Form eines Wohnturms[3].

Die Zerstörungen von 1940 erlauben es allerdings nicht, die Anlage genauer zu beschreiben. Sie stellt aber dennoch eines der schönsten Beispiele dieser Art von Erdaufschüttung dar. Tonscherben und ein Dachziegel, der vielleicht aus einem Wirtschaftshof stammt, der außerhalb eines etwaigen Burggrabens lag, sprechen für eine Anlage aus dem 12. Jahrhundert. Das 1333 benutzte Wort »*huse*« bezeichnet höchstwahrscheinlich diese Burg, die wohl Wirtschaftsgebäude, Pferde- und Viehställe, Wohnungen für Bedienstete und vielleicht auch eine Ziegelei besaß. Das Fehlen von Überresten aus aufgehenden Gebäudeteilen läßt sich durch ihre frühe Zerstörung erklären, sicher aber auch durch die mittelmäßige Qualität des Baumaterials. In der Ried-Ebene fehlt es sowieso an Steinbrüchen für Quadersteine.

Das Alter des Geschlechtes von Schönau sollte besonders hervorgehoben und in den Zusammenhang des Elsaß und seiner Nachbarregionen gestellt werden. Es deckt sich mit den Beobachtungen von Volker Rödel und Roger Sablonier über die Entstehung einer Adelsschicht aus Dienstmannen sowie aus freien Bürgern, die nach dem Stand der Altfreien streben. Diese Vorgänge spielen sich in einem politischen Klima ab, das auch Raum gibt für das Auftreten bedeutender Familien wie etwa der Herren von Lichtenberg (1205); gleichrangig sind die Herren von Rappoltstein, die von den Urselingen abstammen (deren Geschichte Klaus Schubring untersucht hat) oder auch die von Horburg; letztere tauchen 1225 auf, auf ihren Besitzungen werden die Grafen von Württemberg ab 1324 in der Gegend von Colmar Fuß fassen.

Doch die Familie von Schönau gehört durch ihre Herkunft und ihre sozialen Kennzeichen, von denen später die Rede sein wird, zu einer Schicht, die sich zwischen dem 12. und 13. Jahrhundert in vollem Aufschwung befindet. Es handelt sich dabei vielleicht um ein paar hundert Familien in den beiden elsässischen Landgrafschaften. An ihrem Aufstieg wird das Haus des Ritters Heinrich vollen Anteil haben. Darüber hinaus besteht der besondere Charakter der Herren von Schönau in der Dauerhaftigkeit ihres Geschlechtes und in dem Schicksal, das ihnen über acht Jahrhunderte hinweg beschieden sein wird.

Im Dienst des Bischofs von Straßburg

Die Hypothese einer Verbindung zwischen denen von Schönau und den Staufern kann auf längere Sicht nicht bestätigt werden. Dennoch darf man annehmen, daß der Schönausche Familienbesitz im Ried aus reichsunmittelbaren Gütern entstand, welche die Herrscher ihren Getreuen übergaben. Allerdings ist die weitere Rolle derer von Schönau in den Reichsstädten Colmar und Schlettstadt ohne große Bedeutung. Das Auftauchen des »Edelknechts« Peterman im Stadtrat von Colmar (1348) bleibt ein Einzelfall. Dieses Geschlecht gründete seine Macht vor allem auf den Dienst, den die Familie den Straßburger Bischöfen und zusätzlich auch anderen Lehensherren im Lande leistete. – Im Jahre 1244 vermachte ein Ehepaar aus dem Dorf Suntheim bei Rufach sein Hab und Gut dem nahegelegenen kleinen Kloster Häusern am Fuß der drei Burgen von Egisheim. Das Ehepaar beschloß auch, selbst in das Kloster einzutreten. Die Urkunde, die diese damals ungewöhnliche Entscheidung bezeugt, wurde von »*Henricus scultetus dictus de Sconenowe*« und vier anderen Rittern aus Rufach (»*milites Robeacenses*«) bezeugt[6].

Es ist recht unwahrscheinlich, daß es sich hier um denselben Heinrich von Schönau wie vor 30 Jahren handelt. Im Jahre 1214 dürfte dieser Colmarer Bürger im besten Mannesalter gestanden haben. Den jungen Rittern, die in den Quellen »*iuvenes*« genannt werden, vertraute man nur selten verantwortliche Ämter an, bevor sie das 30. Lebensjahr überschritten hatten. Eher kann man sich vorstellen, daß wir hier einen Sohn oder Neffen vor uns haben. Eines ist aber sicher: Sein Amt machte diesen Heinrich zu einem sehr bedeutenden Mann. Als Schultheiß war er der Leiter der Stadt, der Vertreter des Stadtherren, und damit beauftragt, dessen Befehle auszuführen *(Schulden, heißen)*. Obendrein ist er der Vorsitzende eines Rats, dessen Befugnisse gerichtlicher und verwaltungsmäßiger Art sind. Rufach stellte darüber hinaus das Zentrum der südlichen Besitzungen des Bischofs von Straßburg dar, des sogn. Obermundats, das vom kirchlichen Standpunkt aus zur Basler Diözese gehörte. Machtbewußte Prälaten hatten hier eine bischöfliche Herrschaft gestaltet, die sich immer weiter ausdehnte.

Als Nachfolger der Grafen von Egisheim im mittleren Elsaß (1226) führte Bischof Berthold von Teck Krieg gegen den Grafen von Pfirt, der von König Heinrich (VII.) unterstützt wurde. Der entscheidende Sieg, den der Bischof am 8.6.1228 mit Hilfe des Grafen Albrecht von Habsburg bei Blodelsheim davontrug, verlieh ihm die Vorherrschaft im Elsaß. Zwischen 1234 und 1251 beherrschten die Bischöfe die Burg von Thann, den strategischen Schlüsselpunkt auf der Straße von den Niederlanden nach Italien. Die Lage von Rufach spielte bei dieser Eroberungspolitik eine wichtige Rolle. In der Mitte des 13. Jahrhunderts wuchs die Stadt über ihre erste Befestigungsmauer aus den Jahren 1106–1199 hinaus und näherte sich dem Hügel, auf dem sich die Isenburg befand. Die Burg war ein Sitz des Bischofs und wahrscheinlich auch des Schultheißen. So erweitert und durch befestigte Tore geschützt kontrollierte Rufach die große Weinstraße und wurde zu einem regelrechten Verkehrsknotenpunkt. Rufachs Fläche innerhalb der Mauern betrug 43 Hektar, wodurch die Stadt zu dieser Zeit die zweitgrößte nach Colmar war.

Die frühe Gründung eines Franziskanerklosters (1250) und die bald folgende Einrichtung eines Spitals (das 1270 belegt ist) bezeugen ein stetiges Wachstum. Die Erwähnung Heinrichs als *»scultetus dictus de Sconenowe«* zeigt, daß das bekleidete Amt wohl mehr Bedeutung hatte als der ursprüngliche Herkunftsname. Von nun an galten die von Schönau als Rufacher Adlige, und ihr ursprünglicher Wohnsitz wurde zweitrangig. Obendrein verlieh ihnen ihre Stellung im Herzen des bischöflichen Obermundats noch größeren politischen Einfluß. Im Jahre 1263 wurde ein anderer Heinrich, anscheinend der dritte (falls es sich nicht um den ehemaligen Schultheiß handelt), als Seneschall oder Truchseß *(»dapifer«)* der Kirche von Straßburg bezeichnet. Mit ihm wurde sein Schwiegervater, Wilhelm Beger genannt, der das Amt des Viztum *(»vice dominus«)* bekleidet. Man kann also feststellen, daß Heinrich damals einer der obersten Amtsträger des Bischofs war, ein Mitglied seiner Regierung, damit beauftragt, die weltlichen Besitzungen zu verwalten und die Abläufe am Hof zu regeln. Gegen 1260 stellte diese Aufgabe, die jetzt wirklichen Adligen übergeben wurde (und nicht mehr den Dienstmannen), eine echte Machtposition dar.

Tatsächlich betrachtete sich Bischof Walter von Geroldseck (bei Lahr) in den unruhigen Zeiten des Interregnums als den wahren Herrn über das Elsaß. Er besetzte Reichsstädte wie Colmar, Mülhausen und Schlettstadt, oder überließ Mitgliedern seiner Familie Herrschaftsfunktionen, die früher vom Kaiser ausgeübt worden waren. Dessen Verschwinden setzt unkontrollierte Energien frei, es führt zur Selbständigkeit von Städten und zum Emporschießen neuer Burgen wie Stettenberg bei Orschweier. (Diese Burg ist 1254 bezeugt und wird später denen von Schönau gehören.) Am 8.3.1262 gingen die Bürger von Straßburg, die sich seit einigen Monaten in offenem Konflikt mit ihrem Herren befanden, vor der Stadt zum Angriff über und trafen bei dem Dorf Hausbergen auf die bischöfliche Reiterei. Die darauffolgende Schlacht endete mit einem Blutbad unter den Vasallen des Bischofs. Man spricht von über 60 getöteten Rittern und 75 Gefangenen – insgesamt ein Triumph der städtischen Miliz, die aus notdürftig bewaffneten Fußsoldaten bestand. Es war das erste Mal, daß sich etwas Derartiges nördlich der Alpen abspielte. Dabei ist nicht auszuschließen, daß Heinrich oder ein Vertreter seiner Familie an diesem Kampf teilnahm.

Dieses Ereignis führte zur Unabhängigkeit der Stadt Straßburg, zur Wiederherstellung der Autonomie der Reichsstädte und langfristig zu einer Schwächung der bischöflichen Macht. Tatsächlich erhielt Heinrich 1268 vom Nachfolger des Bischofs eine Entschädigung für die unter Walter von Geroldseck erlittenen Schäden: Dafür und als Ersatz für eine Einnahme in der Gemarkung von Altdorf bei Molsheim übertrug der Bischof ihm das Dorf Wittisheim[7]. Man weiß auch, daß unser Ritter einer der Bürgen für die Freilassung Wilhelm Begers war, den die Straßburger gefangen genommen hatten. Er stellte seinen Sohn Jakob I. als Geisel und gab wohl zu verstehen, daß er im Dienst des Bischofs und nicht des Domkapitels stehe[8]. Später blieben die von Schönau treue Anhänger der Straßburger Bischöfe, was sich aber nicht wieder in der Bekleidung wichtiger Ämter niederschlug. Das Geschlecht blühte nun auf und spaltete sich zugleich in zwei oder drei Zweige, ohne aber seinen Zusammenhalt innerhalb des Lehenswesens zu verlieren. Es festigte seine Stellung im bischöflichen Obermundat und allgemein im mittleren Elsaß vom Rhein bis zu den Vorbergen der Vogesen.

Im Gegensatz zu den meisten Adelsfamilien der Region taten sich die von Schönau aber nicht in den so zahlreichen Fehden ihrer Zeit hervor[9]. Im Gegenteil, ihre Mitglieder schienen in bekannten Streitfällen eher eine Vermittlerrolle zu spielen. So etwa zwischen 1299 und 1315, als die Herren von Laubgassen sich mehrmals gegenseitig befehdeten oder aber den Bischof angriffen, dessen Vasallen sie eigentlich waren. 1302 zum Beispiel war Ritter Jakob von Schönau einer der drei Schiedsrichter im Streitfall zwischen zwei Linien der Laubgassen um die Burg von Laubeck. Er erschien dabei zusammen mit Dietrich vom Huse und Heinrich von Andlau[10], zwei im ganzen Elsaß anerkannten Persönlichkeiten. Jakobs Verwandter Hartmann II. Hürus war der sechste von 17 Bürgen für den Frieden, der am 10.10.1315 zwischen dem Bischof und seinen rebellischen Vasallen geschlossen wurde. Hartmanns Rang geht daraus hervor, daß er gleich hinter Graf Walram von Tierstein und Herrn Heinrich von Rappoltstein stand[11].

Doch die bemerkenswerteste Persönlichkeit des Geschlechts war in der zweiten Hälfte des 14. Jahrhunderts Ritter Jakob II. 1344 wurde er zum ersten Mal unter dem Vornamen Jeckelin erwähnt, er gehörte dabei zu den Edelknechten, die eine Erbregelung im Hause Rappoltstein bezeugten. Zwischen 1348 und 1371 ist Jakob II. dann Vogt von Rufach. Am 9.2.1358 erscheint er sogar an der Seite des Herzogs Rudolf IV. von Österreich, als dieser Colmar besuchte. Dabei trug der Herzog den Titel ›Pfleger des Heiligen Römischen Reiches im Elsaß‹[12]. Wahrscheinlich hat Rudolf IV. auch nach einem Putsch des örtlichen Adels bei der Wiederherstellung der demokratischen Stadtverfassung mitgewirkt. Der Herzog wies die Anstifter des Putsches aus und ließ die befestigten Häuser der Anführer abreißen, dann befahl er, dort Gedenktafeln anzubringen, die an diese Strafe erinnern sollten.

Diese Episode ist ein typisches Beispiel für die Krisen, von denen Europa in der Mitte des 14. Jahrhunderts heimgesucht wurde. Schon Ende des 13. Jahrhunderts tauchten die Gefahren auf, welche die Gesellschaftsordnung der damaligen Zeit zu untergraben drohten: zu schnelles Bevölkerungswachstum in Stadt und Land, ständig wachsende Spannungen in den Städten, wo das einfache Volk um mehr Rechte kämpfte, sowie eine schwache wirtschaftliche Konjunktur. Gegen 1330 faßten die Zünfte in den Räten der großen Städte wie Straßburg, Hagenau, Colmar und Zürich Fuß, wobei sie die Uneinigkeit des Adels ausnutzten. Die Pest von 1348/49 verschärfte das gesellschaftliche Klima, dezimierte die Bevölkerung um ein Viertel bis ein Drittel und rief eine Welle wahren Wahnsinns hervor, unter dem die jüdischen Gemeinden zu leiden hatten. Zu diesen Gefahren trat dann auch noch das Übergreifen auswärtiger Konflikte auf die Region, wie etwa des Hundertjährigen Krieges zwischen Frankreich und England.

Es ist schwer zu sagen, wie sich die Herren von Schönau während dieser schrecklichen Zeit verhalten haben. Im Jahr 1352 jedenfalls führten bewaffnete Aktionen der Bürger von Schlettstadt gegen die Junker der Region zum Brand des Dorfs Schönau, doch handelte es sich wohl nicht um einen absichtlichen Angriff gegen die Herren des Ortes. Für Rufach besitzt man keine Klarheit über die Ereignisse von 1349. Allerdings kam es im Gebiet des Bischofs von Straßburg schon 1338 zu judenfeindlichen Unruhen, die von ›König Armleder‹ angestachelt waren, dem Anführer einer Bande von Fanatikern, welche Jagd auf die Juden der Gegend machte. Schreckliche Pogrome sind besonders aus Rufach und Sulz zu vermelden; dergleichen war bereits 1309 geschehen. Im Jahr 1349 widersetzte sich der Bischof kaum dem mörderischen Wahnsinn der Landesbewohner; doch gibt es keinen sicheren Hinweis darauf, daß sich Verfolgungen im Obermundat ereignet hätten, das von Jakob II. von Schönau verwaltet wurde. Die Rolle, die letzterer spielte, läßt sich aus Urkunden erahnen, die seinen Verwaltungsbereich überschreiten; dieser umfaßte die Städte Rufach, Sulz und Egisheim sowie den Flekken Heiligenkreuz und eine Anzahl von Dörfern.

1365 wurde Jakob die Aufgabe übertragen, den elsässischen Widerstand gegen die Invasion der ›englischen‹ Freischärler des Arnaud von Cervole zu organisieren. Sie waren von Frankreich aus über die Vogesen ins Elsaß eingedrungen. Jakob zählte zu den sechs Hauptleuten der aus diesem Anlaß gegründeten Liga[14]. Die Eindringlinge wichen aber dem Kampf aus, nachdem sie bis vor die Tore von Straßburg vorgestoßen waren, während Kaiser Karl IV. im Heerlager von Selz dem Treiben untätig zuschaute. Einfälle von bewaffneten, zum Teil sehr zahlreichen Haufen wurden immer häufiger. Sie erreichten um 1375–76 ihren Höhepunkt mit der Unternehmung von Enguerrand von Coucy im Oberelsaß und in der Schweiz, die sich gegen Herzog Leopold III. von Österreich richtete. In diese Zeit fiel wahrscheinlich ein Angriff der ›Engländer‹ gegen die Burg Stettenberg.

Um sich gegen solche Bedrohungen zu verteidigen, blieb Herren und Städten im Elsaß nichts anderes übrig, als Verteidigungsbündnisse zu schließen. Dabei legten sie Grenzen fest, innerhalb deren versucht wurde, Ruhe und Sicherheit zu gewährleisten. Die Schaffung solcher Zonen war das Ziel der verschiedenen ›Landfrieden‹, die im Lauf der

Jahre immer wieder neu vereinbart wurden. Im Jahr 1366 zum Beispiel traten die Bischöfe von Straßburg und Basel, die Äbte von Weißenburg und Murbach, die Habsburger, die Rappoltsteiner und andere Herren sowie die Reichsstädte im Elsaß, die seit 1354 als »*gemeine Reichsstädte*« oder »*Dekapolis*« verbündet waren, zusammen; sie schlossen einen Landfrieden zwischen dem Vogesenkamm, dem Schwarzwald und dem Jura.

Jakob II. von Schönau erschien damals als Vertrauensmann oder wichtiger Amtsträger (die Quellen sprechen von »*diener*«) des Bischofs Johann von Lichtenberg, eines tatkräftigen Prälaten, dem die Erholung der bischöflichen Macht zwischen 1353 und 1365 zuzuschreiben ist. 1356 zum Beispiel gehörte Jakob zu den bischöflichen Dienstleuten, die das von Kaiser Karl IV. erlassene Verbot bezeugten, ›Pfahlbürger‹ (oder ›Ausbürger‹) in den Reichsstädten und besonders in Straßburg aufzunehmen. Später findet man ihn in dieser Stadt als Abgesandten des Bischofs, der die Unterstützung der Bürger für bewaffnete Züge im Westrich (1358) oder auf dem rechten Rheinufer gegen den Grafen von Fürstenberg (1363) zu gewinnen suchte. Der Prestigegewinn, den solche diplomatischen Missionen mit sich brachten, wird bei anderer Gelegenheit sichtbar.

Beispielsweise sollte der Vogt von Rufach 1368 in einem Konflikt zwischen dem Basler Bischof Johann von Vienne und den Bürgern von Bern vermitteln, die dessen Besitzungen, besonders um Biel verwüstet hatten. In seiner Funktion als »*Obmann*« im Rat des elsässischen »*Landfriedens*« leitete Jakob eine Untersuchung über diese Angelegenheit[15]. Im Jahr 1372 war er als Schiedsrichter beim Abschluß des Ehevertrages zwischen Graf Johannes von Habsburg-Laufenburg und Herzelaude von Rappoltstein vorgesehen – eine heikle Angelegenheit, bei der beträchtliche finanzielle Interessen auf dem Spiel standen. Schließlich war Jakob Mitsiegler, als Bruno von Rappoltstein den Flecken Gemar 1387 an Heinz von Müllenheim verkaufte – eine ebenfalls sehr verzwickte Sache. – Jakobs Tätigkeit als Verwalter des Obermundats ist noch immer schwer zu erfassen, jedoch fügt sie sich ein in seine Bemühungen um Frieden und Stabilität. Im Jahr 1366 ließ er die Ordnung für die Rufacher Bäckerzunft abfassen, anscheinend das älteste Dokument dieser Art im Oberelsaß, das erst im Jahr 1496 erneuert wurde.

Als Folge der Heirat von Jakob Rudolf I. Hürus lockerte sich zwar die Verbindung zwischen denen von Schönau und den Straßburger Bischöfen, blieb aber grundsätzlich erhalten.

Von 1384 an entglitt den Bischöfen das Obermundat, das teils als Pfand diente, teils zum politischen Handelsobjekt innerhalb des Straßburger Domkapitels wurde. So wurde das Obermundat zwischen 1394 und 1418 von Burkard von Lützelstein, dem erfolglosen Bewerber um den Bischofsstuhl, verwaltet; später dann, zwischen 1439 und 1470, vom Domherren Konrad von Bussnang, dem ein ähnliches Schicksal widerfahren war.

Profil einer Adelsfamilie im mittelalterlichen Elsaß

Wie viele andere adlige Familien besitzt auch die Familie der Herren von Schönau einen Stammbaum, der vor dem 15. Jahrhundert schwer zu rekonstruieren ist. Zu Beginn der Familiengeschichte, im 13. Jahrhundert, bleibt die männliche Abstammung hypothetisch. Die Wiederholung gewisser Vornamen erlaubt es zwar, die Abfolge vom Vater zum Sohn oder vom Onkel zum Neffen zu erkennen, aber dabei bleiben viele Unsicherheiten. Zu Beginn des 14. Jahrhunderts verzweigt sich das Geschlecht in drei Hauptlinien, von denen die kürzeste die in Stettenberg ist: Sie umfaßt nur drei Generationen. Dagegen reicht die von Vogt Jakob II. begründete Linie Hunaweier im Elsaß bis ins 15. Jahrhundert und die von Jakob Rudolf I. Hürus ausgehende existiert sogar noch heute.

Stammbaum der Herren von Schönau

Die Verwendung von Verkleinerungsformen erlaubt es, bestimmte Personen innerhalb eines Geschlechts von anderen zu unterscheiden: So bezeichnet der Name ›Jeckelin‹ etwa Jakob II. im Gegensatz zu Jakob I.; Hürus zum Beispiel ist in der Rufacher Mundart eine Anspielung auf die geringe Körpergröße. Doch die Blutsverwandtschaft und das Bewußtsein, derselben Familie anzugehören, schufen ein starkes Gefühl der Zusammengehörigkeit, ausgehend von einem Familiennamen und gemeinsamen Traditionen. Dies bezeichnet man mit dem Ausdruck ›Stamm und Namen‹, wobei die Betonung auf der Verwandtschaft liegt, die auf der gemeinsamen Herkunft sowie auf Erkennungsmerkmalen beruht. Dazu gehört das Wappen, das gegen 1360 im Lehenbuch von Murbach vorkommt (»*schwarz-gold quergeteilt mit drei Ringen, 2,1 wechselnder Farbe*«).

Die Weltanschauung des Adels fußt auf einer Interpretation der Vergangenheit. Sie wurde in der Neuzeit manchmal noch ausgeschmückt, zum Beispiel als Rüxner sein ›Thurnierbuch‹ veröffentlichte, in dem er

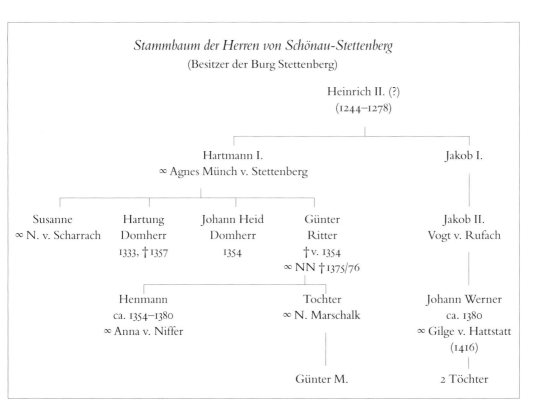

hochangesehene Vorfahren, Zeitgenossen von Dagobert oder Karl dem Großen, erfunden hatte. Für die Herren von Schönau blieben ihre Besitzungen im namensgleichen Dorf von großer Bedeutung, auch wenn es recht unwahrscheinlich ist, daß Vertreter des Geschlechts dort von Zeit zu Zeit gewohnt haben. Das Fehlen einer bedeutenden Stammburg oder einer berühmten Grablege wird von ihnen sicher als Nachteil empfunden worden sein – zumindest vor der Niederlassung am Hochrhein. In dieser Hinsicht hat die Geschichte der Burg Stettenberg unweit von Orschweier Symbolcharakter.

Ursprünglich war dieser Bau, bestehend aus einem Wohnturm und einem Wirtschaftshof, nur von begrenztem Interesse. Er gehörte zu einer der zahllosen Festen, die um die Zeit des Interregnums von kleinen Raubrittern errichtet wurden. Hier waren es die Stettenberg oder die Münch von Stettenberg (wahrscheinlich ein Zweig der Basler Patrizierfamilie). Der Ort ist nur von mittelmäßiger Bedeutung: Er liegt zu weit entfernt von der Weinstraße, nämlich zwei Kilometer, und er zeichnet sich nur durch seine einsame Lage aus. Einzige Vorteile sind der Wald und der nahe (Sandstein-)Steinbruch – vorausgesetzt man nimmt an, die Burg wäre ein erstes Element in einem ehrgeizigen Siedlungsprogramm gewesen, das auf Rodung der Gegend und Gründung eines neuen Dorfs angelegt war.

Die Burg geriet durch die Heirat der Agnes Münch in den Besitz der von Schönau. In der zweiten Generation fiel sie an die Brüder und Kanoniker Heid und Hartung, die beschlossen, sie ihrem Neffen Henneman zu vermachen. Als dieser von seinen Onkeln das Erbe erhielt und sich persönlich auf dem Stettenberg niederlassen wollte, stieß er auf die Weigerung seiner Frau Anna von Niffer (oder Nufar), die nicht weit von der Stadt leben wollte (obwohl Rufach nur eine Meile entfernt liegt). So ließ Henneman die Burg verfallen. Erst bei der ›englischen‹ Invasion, also wohl 1375/76, brachte er sich dorthin in Sicherheit; übrigens eine schlechte Idee, da der Feind davon erfuhr und ihn dort angriff. Seine Mutter wurde bei dem Sturmangriff getötet, er selbst wurde gefangen genommen. Durch den von den ›englischen‹ Freischärlern gelegten Brand ging das Familienarchiv in Flammen auf. Dieser Vorgang zeigt, daß die Burg ihren Besitzern als letzter Zufluchtsort galt.

Ein Wiederaufbau-Versuch scheiterte. Hennemann hatte wohl keine direkten Erben und sein Verwandter Jakob II., anscheinend sehr interessiert an der Restaurierung der Burg, wurde von seinen Enkel-

Grundriß und heutiger Zustand der Burg Stettenberg

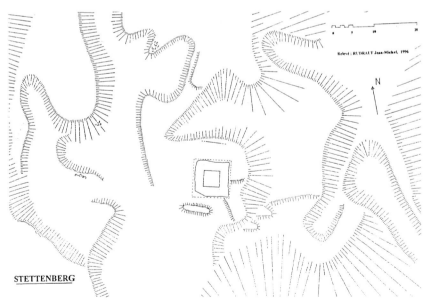

STETTENBERG

töchtern davon abgehalten, die nicht mitten im Wald leben wollten. Anfang des 15. Jahrhunderts wurden die Ruine und ihre Nebengebäude an die Isenheimer Antoniter verkauft. Ein Prozeß, den die Herren von Scharrach, die von einer Schwester der beiden Domherren von 1354 abstammen, gegen die Antoniter anstrengten, übermittelt uns diese sehr lehrreiche Geschichte der Burg Stettenberg.

Das kulturelle und soziale Profil der Herren von Schönau unterscheidet sich nicht wesentlich von dem vergleichbarer Geschlechter. Die Ehen, die von den männlichen Nachkommen geschlossen wurden, beschränkten sich auf ein bestimmtes soziales Umfeld, nämlich die Vasallen des Bischofs von Straßburg oder anderer Herren aus dem elsässischen Weinbaugebiet. Erwähnt seien die Familien Burggraf, Hattstatt, Hergheim, Hungerstein, Münch, Niffer. Die männliche Nachkommenschaft wurde mit Mühe und Not gesichert, da der Stammbaum der Familie nicht sehr verzweigt ist. – Im 14. Jahrhundert blieben zwei von drei Erwachsenen ohne Nachkommen, zehn Prozent der Adligen traten in den Dienst der Kirche, während zahlreiche jüngere Brüder auf dem Schlachtfeld oder anderswo umkamen.

Der zahlenmäßige ›Schwund‹ der Adligen erklärt sich aus rein physischen Gegebenheiten und durch das Absinken, den sozialen ›Tod‹ von Familien, die schon am unteren Rand ihres Standes gelebt hatten. Anders ausgedrückt: Betrachtet man die demographische Entwicklung der Edelknechte und Ritter ab 1300, stellt man fest, daß diese in zwei Jahr-

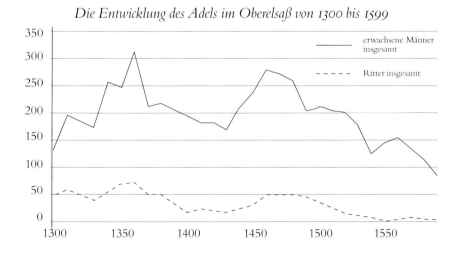

Die Entwicklung des Adels im Oberelsaß von 1300 bis 1599

hunderten um zwei Drittel abnehmen, und daß drei Viertel der alten Geschlechter in Vergessenheit geraten. 1592 veröffentlichte der Chronist Bernhard Hertzog eine Liste »*abgestorbene geschlechter*« und »*noch lebende geschlechter*« des Elsaß. Leider ist sie sehr unvollständig, das Geschlecht von Schönau wird z. B. gar nicht erwähnt. Die Liste der ›abgestorbenen Geschlechter‹ gleicht einem riesigen Friedhof. Das Absterben des Adels wird in den Städten sichtbar, wo es zu Beginn des 13. Jahrhunderts oft noch Dutzende von Adelsfamilien gegeben hatte. In Colmar und Rufach dürfte dies noch Ende des 13. und Anfang des 14. Jahrhunderts der Fall gewesen sein. Ende des 15. Jahrhunderts waren nicht mehr als zwei oder drei Familien übrig. Damals überstieg die Zahl der Adligen in der Gesellschaft ihrer Zeit wohl kaum ein oder zwei Prozent.

So sah sich der Adelsstand dazu gezwungen, immer mehr zu einer Elite zu werden. Diese Entwicklung ist sowohl durch seine Geschichte als auch durch seine gesellschaftliche Funktion bedingt: Der Adel besaß eine Identität, die auf Alter und Ehrenkodex beruht. Hennemann von Schönau etwa wurde gegen 1360, wie seine angeheiratete Verwandte Gilge von Hattstatt überliefert hat, als »*arm und nötig*« angesehen. Dennoch verlangte seine soziale Stellung von ihm, seine wenig komfortable Burg zu bewohnen. – Sein Onkel Johann trug den Beinamen »*Heid*«, da seine Taufe in Erwartung des Kaisers verschoben wurde, der Kaiser selbst (es handelt sich wahrscheinlich um Heinrich VII. von Luxemburg) sollte ihn über das Taufbecken halten[17]. Dieser Spitzname verlieh Johann eine gewisse persönliche Ausstrahlung.

Er erlaubt es obendrein, ihn unter dem Namen »*Heiden von Schoenecke*« (!) zu identifizieren. So taucht er in einem bekannten Straßburger Dokument auf, das über das ›Geschölle‹ (Auseinandersetzung) vom 20.5.1332 zwischen den Familien Zorn und Müllenheim berichtet. Damals kam es bei dem ›Fest der Tafelrunde‹, zu dem sich Edelleute aus der ganzen Gegend wie in den Romanen von König Artus versammelten, zu blutigen Auseinandersetzungen, die zum Sturz des Stadtrats führten. Dieser wurde durch eine Art Wohlfahrtsausschuß ersetzt, der von den Zünften beherrscht wurde. Heid, damals noch jung, war Zeuge dieses Ereignisses. Er konnte wohl nicht ahnen, daß es dabei um eine der städtischen Umwälzungen ging, durch die der Stadtadel seinen politischen Einfluß verlieren sollte.

Die Familie von Schönau war in das Lehenswesen gut eingegliedert und unterschied sich von ihren Standesgenossen nur durch eine gewisse Diskretion. Ihre Mitglieder erfüllten ihre Verpflichtungen, ohne von der gängigen Norm des Rates (»*consilium*«) und der Hilfe (»*auxilium*«) abzuweichen. Als Jakob II. 1354 am Lehensgericht von Rappoltsweiler tätig war, geschah das nicht in seiner Eigenschaft als Vogt von Rufach, sondern als Lehensnehmer der Herren von Rappoltstein. Mehrere seiner Verwandten erfüllten diese Aufgabe, die vor allem darin bestand, Erbstreitigkeiten beizulegen. 1419 etwa setzte sich dieser Gerichtshof aus rund zehn Edelknechten zusammen, die ihre Urteile kollektiv fällten und sie durch ihre Anwesenheit bekräftigten[18]. Nur in seltenen Fällen schlug sich die dem Lehensherren erbrachte Hilfe in einem finanziellen Dienst oder in rechtlicher Mitverantwortung nieder. So gehörte etwa Rudolf III. Hürus, der in den Dienst des Herzog Leopolds III. von Österreich getreten war, zu den 33 Adligen, die ihm 1385 als Bürgen für eine Schuld von 30.000 Gulden gegenüber Graf Egon von Freiburg dienten.

Die ritterlichen Ideale, die sich im Heeresdienst ausdrücken, gehörten zur allgemeinen Praxis und erlauben es kaum, besondere Züge der Familie von Schönau zu entdecken. Insbesondere in Rufach brachte der Besitz eines »*Sesslehens*« auf der Isenburg die Aufgabe der bewaffneten Verteidigung mit sich. Das gleiche gilt wohl für Ensisheim, als sich die Herren von Schönau später im Einflußbereich der Habsburger befanden. Im Fall eines Krieges in der Region oder in weiterer Ferne verstand es sich von selbst, daß die Lehensmänner ihren Oberherren begleiteten. Das läßt sich an der Schlacht von Sempach belegen, in der vielleicht vier Familienangehörige getötet wurden, darunter Rudolf II. Hürus und einer seiner Söhne[19]; gegen 1416 begleiteten zwei Vertreter der Herren von Schönau den Junker Smassmann von Rappoltstein in seiner Fehde gegen die Grafen von Mörs-Saarwerden.

Doch bei diesen Abenteuern schien es zu bleiben; vermutlich nahm kein Familienmitglied an weiter entfernten Feldzügen teil. Man weiß allerdings, daß Adlige aus dem Rheintal überall in Europa Dienst geleistet haben, in den Armeen des Hundertjährigen Krieges oder an den Grenzen Preußens. Erwähnte nicht Conrad von Megenberg zu Beginn des 14. Jahrhunderts die Vorteile von Diensten in entlegenen Gebieten, besonders als Söldner der italienischen Stadtstaaten? 1334 und 1339 trifft man sehr wohl auf einen gewissen »*Ianne de Scenove*«, der zu den deutschen Söldnern gehörte, die von der Stadt Lucca angeworben worden waren. Allerdings erlaubt es die italienische Schreibweise seines Familiennamens nicht ohne weiteres, in ihm einen bestimmten Johann zu erkennen, der wohl zur Linie aus dem Obermundat gehörte[20]. Dies gestattet allein die Nähe zu einem gewissen *Henricus de Andelo*, der 1334 auch erwähnt wurde, und besonders zu einem Hauptmann namens *Ianni Geispazen* – Johann (Beger) von Geispolsheim. Er ist in seiner Wahlheimat Lucca begraben und hat dort eine Kaplanei gegründet.

Die von Schönau waren aber keineswegs Raubritter, da sie über eine feste Stellung verfügten, die auf einem ausreichenden Familienerbe beruhte. Undiszipliniertes Verhalten war bei ihnen die Ausnahme: 1422 hören wir von der Haftentlassung eines Petermann von Schönau, der wahrscheinlich von Smassmann von Rappoltstein bei seiner Fehde gegen Hans Wilhelm von Girsberg gefangen genommen wurde[21]. 17 Jahre später ist dann die Rede von einer Urfehde des Georg von Schönau, der nach Zahlung eines Lösegelds an den Straßburger Bischof Wilhelm von Diest freigelassen wurde[22]. In beiden Fällen handelt es sich allerdings um *Edelknechte* von eher bescheidener Bedeutung.

Dieselbe deutliche Zurückhaltung ist in der Beziehung der Familie von Schönau zur Kirche festzustellen. Selten schlug ein von Schönau eine geistliche Laufbahn ein, und man hört auch paradoxerweise vor dem Ende des Mittelalters so gut wie gar nichts über weibliche Familienmitglieder in den großen Abteien des Elsaß, Masmünster, Andlau oder Hohenburg. Die einzigen Repräsentanten des Geschlechts, deren geistliche Stellung man genau bestimmen kann, sind die Domherren Hartung und Heid. Letzterer übte das Amt des *»Schulmeisters«* am Stift Lautenbach aus, das sich im Einflußbereich der Straßburger Diözese, aber an der Grenze zum Obermundat befand. Zu seinem Posten kam er wohl durch ein Universitätsstudium, auf jeden Fall ist Heid ein wissenschaftlich Gebildeter. Von seinem Bruder Hartung, der am 30.8.1357 gestorben ist, kennt man auch den Grabstein, der in der Umfriedung der Stiftskirche Niederhaslach steht. (Die Kirche liegt in einem Tälchen, das zum Tal der Breusch führt, die dann bald Molsheim erreicht.)

Der Wappenschild des Grabsteins, auf dem das väterliche Wappen zusammen mit dem der Familie Münch von Stettenberg erscheint, drückt den Stolz über die Abstammung der Familie aus; Hartung lebte in einem Kapitel, in dem man sowohl Nichtadlige als auch frisch in den Adelsstand erhobene Persönlichkeiten findet. Es ist ferner möglich, daß Hartung beim Besuch Kaiser Karls IV. im Jahre 1353 eine Rolle ge-

Grabstein Hartungs von Schönau,
Niederhaslach

spielt hat. Der Kaiser (zu dessen engsten Beratern Bischof Johann von Lichtenberg zählte) hatte Wert darauf gelegt, sich nach Niederhaslach zu begeben, um am Grab des Heiligen Florentius zu beten; dabei nahm er auch eine Reliquie mit, die für den Prager Dom bestimmt war. Als die Domherren von St. Thomas in Straßburg davon erfuhren, protestierten sie heftig, da sie sich als die einzigen Bewahrer der Überreste des heiligen Einsiedlers betrachteten. Man mußte die Gebeine also begutachten lassen, um ihre Echtheit zu garantieren[23]. Als Wirtschaftsverwalter (*»Keller«*) von Haslach war Hartung durchaus in der Lage, zu verstehen, was angesichts der Entwicklung des damaligen Pilgerorts, der architektonisch gerade erst Gestalt annahm, auf dem Spiel stand.

Er war mindestens ab 1333 Domherr und hatte vielleicht den Architekten des Bauwerks gekannt, einen 1329 begrabenen Sohn des berühmten Erwin von Steinbach. Heinrich von Schönau, einer von Hartungs Verwandten, widmete sich den Aufgaben eines Kaplans und Bauverwalters am Basler Münster, wodurch er in Kontakt mit einer großen Bauhütte stand[24]. Die Beziehungen des gesamten Geschlechts zur Kirche und – noch allgemeiner – dessen Rolle im religiösen Leben, lassen sich nur schwer fassen. Augenscheinlich übten die von Schönau weder ein Patronatsrecht über die Kirche des Dorfs aus, das ihren Namen trägt, noch über die der Pfarrei von Saasenheim, von der das Dorf kirchlich abhing.

In Rufach scheinen sie mit der Niederlassung des Deutschordens vor den Toren der Stadt im Dorf Suntheim nichts zu tun gehabt zu haben und ebenso nicht mit dem benediktinischen Priorat St. Valentin. Das Jahrzeitbuch (*Liber vitae*) der Marien-Pfarrkirche erwähnt natürlich ihren Namen und besonders den von Ritter Heinrich, wohl des Schultheißen von Mitte des 13. Jahrhunderts; doch ist dort keine Rede von einer einigermaßen bedeutenden Stiftung. Natürlich erscheinen die von Schönau dank ihres herausragenden Ranges manchmal als Beschützer von kirchlichen Einrichtungen. So besteht eine Verbindung zu den Franziskanern, in deren Kirche sich ein bekannter, von Paul Faust ans Tageslicht gehobener Schönauscher Grabstein befindet. Doch haben die Herren von Schönau noch deutlichere Spuren im Rufacher Heilig-Geist-Spital hinterlassen. Im Jahr 1374 ergriff Bischof Lambert Partei für seinen Vogt Jakob, den Verwalter dieser Institution, und gegen die Bürger von Rufach[25]. Wahrscheinlich kurze Zeit nach Jakobs Tod bestätigte der Sohn Hans Werner 1388 die vom Vater dort gestiftete alljährliche Seelenmesse. Zusammen mit seinem Vetter Otto Rudolf trat Hans Werner auch der dortigen Bruderschaft bei.

Treue zur Wiege des Geschlechts

Der Schwerpunkt des Schönauschen Geschlechts verlagerte sich schließlich an den Hochrhein und in die habsburgischen Lande, und zwar infolge der Heirat zwischen Margareta vom Stein und Jakob Rudolf Hürus, der von 1347 bis 1360 erwähnt wird. Das enge Verhältnis zwischen dem Geschlecht und seinem elsässischen Stammland änderte sich von nun an. Die Oberherrschaft des Straßburger Bischofs blieb zwar erhalten, so wurden Georgs Lehen 1443 von Conrad von Bussnang bestätigt. Dasselbe gilt für die Herrschaft der Familie Rappoltstein über die ursprünglichen Besitzungen im Ried. Doch insgesamt kam es zu einer

Schwächung der Bindungen. So ging zum Beispiel zwischen 1474 und 1499 das Lehen der Rappoltsteiner an die Herren von Ramstein, mit denen die von Schönau lange Zeit gemeinsam belehnt worden waren.

Aufgrund des Wegzuges der Hauptlinie war von nun an der Dienst für die Habsburger das wichtigste Bindeglied zum Elsaß. In der Mitte des 15. Jahrhunderts wurde die kleine Stadt Ensisheim zum Hauptort der habsburgischen Vorlande und somit, wenn nicht zu einem Machtzentrum, so wenigstens zu einem Haltepunkt auf dem Weg nach Innsbruck oder Wien. Die Herren von Schönau, die zu den treuesten Anhängern der Habsburger zählten, nahmen an den Versammlungen der Stände ebenso teil wie an den vom Herzog anberaumten militärischen Aktionen; und obendrein entrichteten sie die von *»Ritterschaft und Adel«* festgelegten Beisteuern.

Die Eingliederung der von Schönau in eine neuzeitliche Provinz läßt sich durch verschiedene Tatsachen belegen. 1470 zum Beispiel nahmen sie während der burgundischen Vorherrschaft über das österreichische Oberelsaß, über Breisach und die vier Waldstädte an der Machtdemonstration gegen die Burg Ortenberg teil, die zu einem Räuberhort geworden war. Ritter Jakob V. Hürus von Schönau und sein Bruder Heinrich richteten ihre Absage an die *»gemeiner«*, die das Weilertal und die am Taleingang befindliche Festung beherrschten[26]. Durch dieses Vorgehen standen sie – noch auf mittelalterliche Art – für das, was man im neuzeitlichen Sinn bereits eine ›staatliche‹ Militäraktion nennen könnte. Für den burgundischen Vogt Peter von Hagenbach, der Tausende von Soldaten zusammenzog, war die Bereitstellung von zehn Schönauschen Reitern ein Zeichen der Loyalität und letztenendes der Unterwerfung.

Das vorgesehene Ziel, eine Burg als Exempel zu unterwerfen und die Herrschaft Karls des Kühnen an einem strategisch wichtigen Übergang zu festigen, überstieg die lokalen Interessen des kleinen oberrheinischen Adels. Die *»gemeiner«*, welche die Burg gemeinsam verwalteten, gehörten regionalen Geschlechtern an; ihre kaum zu entwirrenden, sich überschneidenden Rechte erleichterten die Inbesitznahme der Burg durch Banditen, die dann im November 1470 vertrieben wurden. Die von Herzog Karl gewollte Ordnung war unvereinbar mit der herrschenden Unordnung. Als die Burg 1474 ihren rechtmäßigen Besitzern zurückgegeben wurde, tat man im übrigen alles, um die Gefahr einer erneuten Aufsplitterung des Besitzes zu verringern. Hans Othmar von

Schönau, dessen Besitzanteil wahrscheinlich von seinem Vater stammte, mußte sich noch im 16. Jahrhundert verpflichten, den Burgfrieden einzuhalten, der von den Besiegern Burgunds festgelegt worden war.

Der Prozeß, der hier in groben Zügen beschrieben wurde, führte zur neuzeitlichen Monarchie. Das Regiment von Ensisheim organisierte seine Territorien, indem es die dort vorhandenen menschlichen und strukturellen Möglichkeiten optimal ausnutzte. So ist es auch nicht verwunderlich, wenn man in diesem Zusammenhang die Vertreter der hochrheinischen Familie von Schönau sehr häufig antrifft. Als sich zum Beispiel im Jahr 1515 westlich der Vogesen die französische Bedrohung zusammenbraute, gehörte Hans IV. von Schönau zu den Experten, welche die Verteidigung der habsburgischen Vorlande organisieren sollten – die erste »*Landsrettung*«. Dank seiner Fähigkeiten wurde er zu einem der Abgesandten, die für die Vorlande am allgemeinen Tag der habsburgischen Erblande teilnahmen, der 1518 in Augsburg stattfand.

Seinem jüngeren Vetter Hans d. J. (1480–1527) ist die Ausgabe eines Werkes von Pico della Mirandola gewidmet, die Wimpheling 1509 veranstaltete, und ebenso ein Band der Predigten Geilers von Kaysersberg, den Jakob Otter 1510 veröffentlichte. Sein entfernter Neffe Melchior wurde 1546 Prokurator der deutschen Nation an der Universität von Orléans und machte später im Dienst der Habsburger Karriere, besonders während der Feldzüge in den Niederlanden und später als Hauptmann der Waldstädte (1564). Einer seiner Vettern wirkte ebenfalls am Regiment von Ensisheim mit (1576) und übte das Amt des Vogts von Pfirt aus. Damit knüpfte er an eine Tätigkeitsart an, die sein entfernter Verwandter Jakob II. ausgeübt hatte.

Anmerkungen

1 Colmarer Stadtrechte, bearb. v. Finsterwalder, P.-W. (Elsässische Stadtrechte 3) Heidelberg 1938, S. 21 Nr. 19, S. 25 Nr. 20.

2 Rappoltsteinisches Urkundenbuch (UB), Bd. 4 Colmar 1896, S. 21 Nr. 66.

3 Knittel, M.: Châteaux de terre et de bois – Inventaire des mottes castrales du Ried et de la Hardt, in: Annuaire de la Société d'Histoire de la Hardt et du Ried 6/1992, S. 11–28.

4 Le Patrimoine des Communes du Bas-Rhin, Bd. 1 Charenton-le-Pont 1999, S. 620–621 (Foto).

5 StadtA Straßburg: III, Lade 1333, Nr. 6.

6 Urkunden und Regesten der Stadt und Vogtei (UB) Rufach, bearb. v. Walter, Th., Bd. 1 Rufach 1908, S. 23f. Nr. 43.

7 Regesten der Bischöfe von Straßburg, Bd. 2 Innsbruck 1928, S. 259 Nr. 1869. Vgl.: Frese, W. H.: Die Herren von Schönau (Forschungen z. oberrhein. Landesgeschichte 26), Freiburg/München 1975, S. 23.

8 Urkundenbuch der Stadt Straßburg, Bd. 1 Straßburg 1879, S. 404f. Nr. 532.

9 Außer im Jahr 1338, wo die Aufteilung der Burg Schönau unter die Geschwister Peter(man), Heinrich (Heinz) und Berta zu einem Konflikt führt, der durch einen Schiedsspruch entschieden wird (StadtA Straßburg: Urk. Nr. 938).

10 UB Rufach, Bd. 2 Rufach 1913, S. 207f. Nr. 304.

11 Ebd. Bd. 1, S. 98f. Nr. 212.

12 Rappoltsteinisches UB, Bd. 1 Colmar 1891, S. 551–553 Nr. 715 (zusammen mit den edelsten Adelsgeschlechtern).

13 Mentgen, G.: Studien zur Geschichte der Juden im mittelalterlichen Elsaß, Hannover 1995, S. 248 (Einer der Hauptanstifter der Unruhen von 1338 scheint Johann Burggraf v. Dorlisheim, Ehemann der Agnes von Schönau, gewesen zu sein).

14 UB Straßburg, Bd. 5 Straßburg 1896, S. 521 Nr. 644.

15 Monuments de l'histoire de l'ancien évêché de Bâle, hg. v. Trouillat, J., Bd. 4 Porrentruy.

18 61, S. 267 Nr. 125.

16 Rappoltsteinisches UB, Bd. 2 Colmar 1892, S. 243 Nr. 287.

17 UB Rufach Bd. 2, S. 54–55 Nr. 142. (Gilge von Hattstatt bezeugte für den Prozeß von 1416: »Daz man ouch wol verstande, warumbe der obgenannte Heiden von Schonawe Heyden hiesse: Daz was darumb, daz er gar lange zite ungetaufet bleib. Wanne man des keisers zuokunfte wartende waz, der in ouch usser tauffe huob, und gieng sin muoter mit im zuo der tauffin«.).

18 Rappoltsteinisches UB, Bd. 3 Colmar 1894, S. 122f. Nr. 183 u. S. 216 Nr. 188.

19 Boesch, G: Die Gefallenen der Schlacht bei Sempach aus dem Adel des deutschen Südwestens, in: Alemannisches Jahrbuch 1958, S. 223–278, bes. 263.

20 Schäfer, K. H.: Deutsche Ritter und Edelknechte in Italien während des 14. Jahrhunderts, Bd. 3 Paderborn 1914, S. 43, 359, 370.

21 Sittler, L.: Un seigneur alsacien de la fin du Moyen Age, Maximin ou Smassmann Ier de Ribeaupierre (1398–1451), Diss. Straßburg 1933, S. 109.

22 ADBR Straßburg: 1 G 419.

23 Barth, M.: Der Heilige Florentius, Bischof von Straßburg, Straßburg 1952, S. 90–94, 102f., 118f., 337f.

24 Bloesch, P.: Das Anniversarbuch des Basler Domstifts 1334/38–1610 (Quellen u. Forschungen zur Basler Geschichte 7.2) Basel 1975, unter: März 30 (Seit 1359 erwähnt, starb Heinrich am 30.3.1376.).

24 StadtA Straßburg: AA 1405, Nr. 25. – Zur Genealogie der Familie von Schönau, bes. zu Jakob II. und zu seinen Nachkommen vgl. den Beitrag Schubring über die genealogische Entwicklung in diesem Band.

26 StadtA Straßburg: III, Lade 144, Nr. 11.

Klaus Schubring

Wappen und Rang der Herren von Schönau

Einführung

»Was bedeutet denn dieses Wappen?« So fragen viele Menschen angesichts eines bestimmten Wappens. Im Alltag begegnen uns immer wieder Wappen, so z. B. an Ortseingängen, an öffentlichen Gebäuden und auf Fahnen. Gelegentlich flattert uns ein Brief ins Haus, auf dem neben dem Briefkopf ein Wappen steht, oder wir treffen auf Zeitgenossen, die sich vom »Herolds-Ausschuß« der »Deutschen Wappenrolle« ein Wappen entwickeln und bestätigen lassen. Die Unterschiede zwischen den verschiedenen Wappen wecken Fragen nach den Gründen und Absichten, die hinter der Gestaltung eines bestimmten Wappens stehen. Besonders von einem Adelsgeschlecht erwartet man, daß es ein Wappen führt; es sollte alt sein, möglichst auf das Mittelalter zurückgehen und einen genauen Sinn haben. In älteren Zeiten hätte man statt dessen fragen können: Was führst Du im Schilde? Das hieß zunächst ganz direkt: Was für ein Wappen steht auf Deinem Schild? Die Frage läßt auch erkennen, daß es sich bei einem Wappen von Anfang an um ein dauerhaftes Erkennungszeichen handelte.

Im folgenden Beitrag soll das Wappen der Herren von Schönau betrachtet und geprüft werden. Welches ist seine ursprüngliche Form, weicht sie vom heute geführten Familiensymbol ab? Was sollte mit der Gestalt des Wappens ausgedrückt werden? Weisen Form und Alter des Wappens auf einen bestimmten Rang der Herren von Schönau? Was läßt sich darüber hinaus über Stand und Rang des Geschlechts in seinen Anfängen ermitteln? Diese Fragen sollen näher untersucht werden, um dem Leser die mögliche Bedeutung des Wappens und den ursprünglichen Rang der Familie zu erläutern.

Anfänge des Wappenwesens und Schönausche Wappen

Das Wort ›Wappen‹ ist von ›Waffen‹ abgeleitet. Auf die Anfänge des Wappenwesens hatten wahrscheinlich germanische Gebräuche eingewirkt. Die Germanen kannten farbige, leuchtende Schilde und kennzeichnende Gegenstände auf den Helmen. Die Annahme, Kreuzfahrer hätten dem Westen orientalische Einflüsse vermittelt, wird heute abgelehnt. (Allerdings kann die Entwicklung von Waffen und Rüstungen trotzdem durch Anregungen aus dem Orient vorangetrieben worden sein.) Die ersten Wappen stammen aus dem zweiten Viertel des 12. Jahrhunderts. Militärische Notwendigkeiten führten zur Entstehung und zur ersten Ausbreitung der Wappen. Damals traten zahlreiche gleichartig gerüstete Reiterheere auf. Da der einzelne Krieger immer mehr von Panzer, Schild und Helm verhüllt wurde, entstand die Notwendigkeit, die Parteizugehörigkeit weithin sichtbar zu kennzeichnen.

Dafür eigneten sich besonders der zunächst sehr lange Schild und der ab Ende des 12. Jahrhunderts geschlossene Helm. Der Schild wurde mit einem weitleuchtenden Abzeichen in grellen Farben bemalt, der Helm konnte ebenfalls bemalt sein oder eine kleine plastische Helmzier, das Kleinod, tragen. Die Helmdecken, die als Sonnenschutz dienten, erhielten zunächst die Farben des Schildes. Der Waffenrock, den man über der Rüstung trug, und die Pferdedecken boten weitere Möglichkeiten, Farben und Formen des Erkennungszeichens zu zeigen. Ab etwa 1220 waren der Ritter und sein Pferd ganz in wallende Gewänder und Decken gehüllt. Den Ritter überragte eine phantasievoll gestaltete Helmzier. Das ›Imponiergehabe‹ des Mannes fand in diesem Auftreten seinen vollendeten, künstlerisch veredelten Ausdruck. Allerdings eignete sich die vollständige Ausstattung in der Praxis nur für das Turnier. Das Helmkleinod war im Kampf hinderlich, der langsam kleiner werdende Schild wurde mehr und mehr überflüssig, weil der Ritter zwei Panzerhemden übereinander anlegte und auch das Roß einen Panzer erhielt.

Das neue Wappen war zunächst zweifellos ein allgemeines Erkennungszeichen eines großen Heerbannes, genauer gesagt, das Zeichen eines bedeutenden Heerbannführers. In Deutschland kommt als oberstes Heerbannzeichen das des Königs und der Fürsten in Frage, die in ihrem Bereich stellvertretend die Reichsgewalt führten. Indem die großen Lehen erblich wurden und der hohe Adel immer mehr Selbständigkeit erlangte, nahm auch er ein Symbol und Kampfabzeichen an, das zum Geschlechts- und Herrschaftswappen wurde. Dabei kam als Kennzeichen entweder eine Abwandlung des Reichssymbols oder ein frei gewähltes Abzeichen in Frage. Schließlich begannen ab Ende des 12. Jahrhunderts auch ursprünglich unfreie Ministeriale, ein Schildwappen und bald ebenso eine Helmzier anzunehmen. Da ein ausschließlicher Rechtsanspruch auf das gewählte Wappen bestand, gewann es den Charakter eines Rechtssymbols für den Inhaber. Noch heute versteht man unter einem Wappen ein bleibendes, nach mittelalterlichen Regeln hergestelltes Abzeichen, das eine Person, mehr noch eine Familie, eine Körperschaft oder ein Staat führt[1].

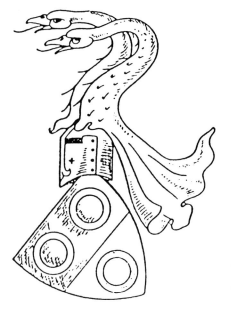

Das Wappen des Gesamtgeschlechtes der Herren von Schönau

Betrachten wir nun vor diesem Hintergrund das heutige Wappen der Freiherren von Schönau und versuchen wir, sein Alter festzustellen. Nach den Regeln der Heraldik, der Wappenkunde, muß man dieses Wappen so beschreiben: Es zeigt im schwarz-gold geteilten Schild drei (2,1) Ringe in verwechselten Farben. Das bedeutet: Der Schild ist ungefähr in der Mitte quergeteilt, das obere Feld weist schwarze, das untere goldene (oder gelbe) Farbe auf, oben sind zwei goldene Ringe nebeneinander, unten ist ein gleich großer schwarzer Ring in die Mitte gelegt. Die Beschreibung wäre fortzusetzen: Auf dem Helm mit rot-silbernen Decken sitzen zwei Schwanenhälse mit roten Zungen und offenen schwarzen Schnäbeln, der rechte Hals ist rot, der linke silbern (oder weiß).

Dazu muß man erklärend hinzufügen: Die Innenseite von Helm-Decken pflegt die Metallfarbe, die Außenseite die normale Farbe zu erhalten. Rechts und links verstehen sich in der Heraldik nicht vom

49

Betrachter sondern vom anzunehmenden Schild- und Helmträger aus, für ›rechts‹ wird auch ›vorne‹, für ›links‹ wird ›hinten‹ angegeben. In der beschriebenen Form ist das Geschlechtswappen seit dem kaiserlichen Freiherrendiplom von 1668 festgeschrieben[2]. In den älteren Wappenbüchern finden sich auch andere Farben[3]. Die ältesten bekannten Darstellungen sind auf Grabtafeln von 1319[4] und 1357[5] sowie auf Siegeln ab 1320 erhalten. Julius Kindler v. Knobloch kannte ein Siegel von 1316[6], es ist nicht auszuschließen, daß Siegel des 13. Jahrhunderts noch in Archiven verborgen sind.

Die Grabtafeln bieten nur den Schönauschen Schild, das Siegel von 1320 weist schon den Helm und die Helmzier der Schwanenhälse auf[7]. Die Ringe werden auf Steinplatten und Siegeln deutlich im Halbrelief wiedergegeben, es ist kein Zweifel möglich, daß Ringe (oder allenfalls Reifen) gemeint sind. Der Farbwechsel zwischen oberem und unterem Feld wird von der älteren Grabplatte und von mehreren Siegeln durch einen schmalen Quersteg angedeutet. Ausnahmsweise geht ein Siegel, aber auch die jüngere Grabtafel so weit, den unteren Ring eingetieft darzustellen[8]. Damit soll offensichtlich der Farbwechsel gegenüber den oberen Ringen ausgedrückt werden. Ein anderes Siegel weist ein tiefer gelegtes oberes Feld auf, dessen Fläche zudem eine schräg gestellte, leichte, kreuzweise Schraffierung zeigt[9]. Sie kommt der heute üblichen heraldischen Wiedergabe von Schwarz in Zeichnungen erstaunlich nahe.

Die Ringe sind auf den Darstellungen des 14. Jahrhunderts noch sehr groß wiedergegeben und reichen fast an den Schildrand. Damit war gute Erkennbarkeit auf größere Entfernung gegeben. Die Schwanenhälse von 1320 haben ausladende doppelte Schnäbel und obere Hälse, sie wirken nicht urtümlich kompakt. Eine zweite Helmzier ist von Forschern seit dem Ende des 19. Jahrhunderts festgestellt worden. Es handelt sich um einen Brackenkopf, d.h. einen Hundekopf; er erscheint auf Siegeln des 14. und 15. Jahrhunderts und zwar nach heraldisch rechts gewendet. Die älteren Wappenbücher zeigen den Bracken golden oder rot, jeweils mit schwarzem Halsband[10]. Die Verbindung gold-schwarz entspricht eher den heraldischen Regeln, Metall an Farbe zu setzen; außerdem wiederholt gold-schwarz die Farben des Schildes.

Das Schildwappen

Der Schild dürfte in seiner urtümlichen Gestaltung auf das 13. Jahrhundert, möglicherweise sogar auf das Ende des 12. Jahrhunderts zurückgehen. Die Helmzier mit ihrer feineren, verletzlicheren Form dürfte eher der Mitte des 13. Jahrhunderts oder der zweiten Hälfte des 13. Jahrhunderts entstammen. Grundlegend muß man auch festhalten, daß das Oberwappen das Schildwappen überhaupt nicht wiederholt (wenn man von der vermutlichen Farbübereinstimmung bei der Variante Brakkenkopf absieht). – Der Schild besteht aus einer Verbindung von Farben und sogenannten ›Gemeinen Figuren‹. Dabei gehen die Farben am ehesten auf einen herausragenden allgemeinen Heerbannführer zurück.

Schwarz-gold waren die Farben des staufischen Hauses. Als Hildegard v. Bar-Mousson um 1042 Friedrich v. Büren heiratete, brachte sie den Staufern aus dem Erbe ihrer väterlichen Großmutter, einer Gräfin v. Egisheim, große Güter im Ober- und Unterelsaß zu. Bald nach 1100 wurden die Staufer Herzöge des Elsaß, seit 1138 stellten sie den deutschen König. Ein Ziel der Staufer war es, Hausgut, herzogliches Amtsgut und Reichsgut fest miteinander zu verbinden. Das Elsaß wurde schließlich ein Kernland der Staufer. Werner Frese hat zwar vermutet, daß das Stammgut der Herren von Schönau um das Dorf Schönau letztlich aus dem Besitz des Bischofs von Straßburg herrührte. Neuerdings möchte aber Georges Bischoff darin eher altes Reichsgut sehen[11]. Dazu paßt die erste Nennung eines »*Heinrich von Schönau*« als staufischem Ministerialen in Colmar.

Wenn wir uns nun den Ringen zuwenden, müssen wir zuerst festhalten: Sie stellen gewiß kein sogenanntes ›redendes Wappen‹ dar, das unmittelbar ›schöne Au‹ ausdrückte. Man hat in den Ringen ein Symbol der Treue gesehen[12]. Dies dürfte eine durchaus mittelalterliche Vorstellung sein. Fraglich bleibt jedoch, ob das der einzige Sinn von Ringen ist, und ob der wappenannehmende Vorfahre daran gedacht hat. Kaiser Heinrich III. führte den Brauch ein, einem Geistlichen ein Bischofs- oder Abtsamt nicht nur mit dem Hirtenstab zu übertragen sondern ihm gleichzeitig einen Ring anzustecken. Damit sollte vor allem der enge Bund zwischen neuem Amtsinhaber und geistlichem Amt ausgedrückt werden. Die Verwendung eines Ringes konnte demnach andere Bedeutungsinhalte ins Spiel bringen. Man hat auch gesagt, unter den Ministerialen kirchlicher Herren seien Ring-Wappen besonders zahlreich gewesen[13]. Entsprechende Beispiele gibt es tatsächlich, so etwa die Herren v. Landenberg, ein Dienstadelsgeschlecht der Äbte von St. Gallen. Doch eine Zusammenstellung von Ring-Wappen fördert ebenso Gegenbeispiele an den Tag. Umgekehrt sind z. B. unter den Dienstmannen des Bischofs von Straßburg solche mit Ring-Wappen sehr schwach vertreten.

Bernhard Koerner hat in Ringen grundsätzlich ein germanisches Sonnensymbol gesehen. Dazu sollen Schwanenhälse bestens passen, denn sie seien ebenfalls Sonnen-Sinnbilder. Die Walküren, die Sonnen-Jungfrauen, hätten sich meist durch Ringe in Schwäne verwandelt. Die Schwanengestalt sei ein Zeichen der Ewigkeit und Unendlichkeit. Da paßt wirklich viel zusammen! Und Koerner spart nicht mit Anerkennung: »Die von Schönnow, gen. Hurus, zu Schwertstat, teilten den Schild und setzten die 3 Sonnenringe als Hinweis auf die scheinende, alles verschönende Sonne in gewechselten Farben in ihn. Auf dem Helme bringen die beiden Schwanenhälse als Sonnen-Runen gleichfalls den Hinweis«[14]. Gewiß, wir können einigen altgermanischen Texten diese Vorstellungen entnehmen. Unsicher aber bleibt, ob sie im Mittelalter überhaupt noch zusammenhängend gegenwärtig waren. Noch fraglicher ist, ob so viele Menschen, wie Koerner voraussetzt, diese Symbolik im Koernerschen Sinn verstanden. Denn dann wären die Herren von Schönau schnell in den lebensgefährlichen Ruf von Ketzern geraten.

Im Rahmen geläufiger heraldischer Beispiele bliebe es, wenn wir vermutungsweise eine große Sippe annehmen, die sich mit Ringen im Wappen kennzeichnete. Die Ursprungsfamilie könnte einen Ring mit bestimmter Farbe geführt haben. Spätere Zweige könnten den Ring in anderen Farben gezeigt haben oder zur Unterscheidung zwei oder drei Ringe angenommen haben. Leider gelangten Familien mit einem Ring in verschiedenen Farben erst spät ins Elsaß. Eine Ausnahme bildeten die Herren v. Knöringen bei Hüningen, die seit 1111 erwähnt werden und einen silbernen Ring im schwarzen Schild führten[15]. Beziehungen zwischen ihnen und den Herren von Schönau lassen sich bislang nicht nachweisen.

Überraschende Übereinstimmungen bestehen zwischen dem Schönauschen Wappen und dem Siegel des Ritters Fritschemann v. Westhus. Er nannte sich nach dem Dorf Westhausen bei Zabern und war

Lehensmann des Bischofs von Straßburg. Der 1312 und 1329 auftretende Ritter führte im quergeteilten Schild drei Ringe (2,1). 1314 wurden minderjährige Söhne genannt, einer von ihnen ergriff die Laufbahn des Geistlichen. Fritschemanns Witwe lebte noch 1357. Kindler v. Knobloch spricht an anderer Stelle geradezu von einer »Linie der v. Schönau«[16]. Dafür fehlen praktisch alle Beweise. Die Nähe der beiden Geschlechter beruht nur auf dem Wappenbild Fritschemanns, wie es ein Siegel zeigt. Die Farben seines Wappens sind unbekannt. Eine Lehensabhängigkeit vom Straßburger Bischof nach 1300 besagt nicht mehr viel. Der namengebende Ort Westhausen liegt relativ weit ab von alten Zentren Schönauschen Gutes. Im ganzen bietet Fritschemann v. Westhausen zu wenig Anhaltspunkte für Rückschlüsse in frühere Zeiten.

Im mittleren Elsaß erscheinen von mindestens 1149 bis 1364 die Ministerialen v. Egisheim, sie führten im Wappen drei Ringe (2,1), die Farben sind wieder unbekannt. Nach dem Dorf Jebsheim bei Colmar nannten sich Ritter, die seit 1266 auftreten. Die Wappen auf ihren Siegeln zeigen drei Ringe (oder Rundspiegel), die 2,1 gestellt sind. Dementsprechend bleiben die Farben unbekannt. Aufgrund dieses unbefriedigenden aber in ältere Zeiten zurückreichenden Befundes kann nur sehr vorsichtig eine Hypothese angedeutet werden: Die zuerst als staufische Ministeriale erscheinenden Herren von Schönau könnten möglicherweise aus einem ehemals egisheimischen Teil der staufischen Dienstmannschaft hervorgegangen sein. Die einstige Abhängigkeit von den Staufern wird auch durch die Wappenfarben bestätigt.

Die Kleinode

Die Helmzier ist aus zwei Bestandteilen zusammengesetzt: den beiden Schwanenhälsen und den Farben auf den Hälsen und den Decken. Für dieses Oberwappen, das gänzlich unabhängig von dem Schildwappen ist, hatten die Herren von Schönau selber eine Ursprungssage entwickelt, die in das Freiherrendiplom eingegangen ist: Geraume Zeit nach der Schlacht bei Sempach habe ein Erzherzog Johann, der Stifter des Klosters Muri im Aargau, einem *»Hyrus von Schönau«* wegen seiner Verdienste einen roten und einen weißen Schwanenhals als Helmzier verliehen. Klugerweise hatte man dem bedachten Herren von Schönau keinen vollen Vornamen gegeben. Nach 1386, dem Jahr der Schlacht von Sempach, und bis zum Ende des 17. Jahrhunderts hat kein Erzherzog und kein Herzog Johann v. Habsburg gelebt. Der Name Johann war unerwünscht, seit Johann Parricida 1308 an der Ermordung König Albrechts I. mitgewirkt hatte. Nur in der Laufenburger Nebenlinie der Grafen v. Habsburg fand der Vorname noch bis zu ihrem Aussterben im Jahre 1408 Verwendung. Das Kloster Muri war übrigens schon im 11. Jahrhundert gegründet worden[17]. Es ist erstaunlich, daß die Hofkanzlei 1668 bereit war, die schlecht zusammengebastelte Ursprungslegende zu übernehmen.

Eberhard von Schönau-Wehr hat den Gedanken erwogen: *»Könnte es nicht auch sein, daß, als die Burg Schönau noch bewohnt war, der wilde Schwan an den Altwässern des Rheins mit Vorliebe gejagt wurde!?«*[18] Diese vorsichtige Vermutung läßt anklingen, daß der damals fast ausschließlich wild lebende Schwan sich nur für einen Teil des Jahres am Oberrhein aufgehalten hat. Immerhin könnte er deshalb ins Wappen übernommen worden sein. Sicherheit läßt sich aber nicht gewinnen, es kam ebenso gut vor, daß Tiere ferner Länder und Phantasiewesen ins Wappen gesetzt wurden. Man müßte sonst angesichts der Löwen im Wappen von Staufern, Welfen und Habsburgern folgern, daß es im alten Südwestdeutschland an Löwen nicht mangelte.

Hilfreich dürften eher Überlegungen im Rahmen des von der Heraldik Erkundeten und Erprobten sein. Wenn das Oberwappen ein »vollkommen abweichendes Bild« zeigt, »kann häufig auf lehensrechtlichen, erbrechtlichen oder sonstigen Zusammenhang mit einer anderen Familie geschlossen werden.«[19] Nicht selten handelt es sich um das Wappen einer Stammutter, die in einer früheren Generation eingeheiratet hat. Ebenso kann ein Hinweis auf eine übergeordnete Herrschaft vorliegen. Da die Schönausche Helmzier bereits 1320 nachzuweisen ist, muß von da aus rückwärts gesucht werden. Die damals neuen Lehensherren v. Rappoltstein und v. Horburg/Württemberg könnten nur wegen der Farben, nicht wegen der Figuren in Betracht gezogen werden. Auch der Blick auf die Wappen der Frauen im Hause Schönau fördert keine Übereinstimmung zu Tage. Das gilt für das Herkunftswappen Mechthilds v. Butenheim, der Frau Hartmanns II., für das von Agnes Münch v. Stettenberg, der Frau Hartmanns I., und für das von Odilia Beger, der Frau Heinrichs II. Das Oberwappen kann demnach nur im Blick auf Verbindungen angenommen worden sein, die schon vor Mitte des 13. Jahrhunderts bestanden.

Die Helmzier der zwei
Schwanenhälse auf einem
Siegel Hartmanns II. (1320)

Schauen wir uns also noch nach Wappen mit Schwanenhälsen um. Das spät erwähnte Straßburger Geschlecht der Gremp v. Freudenstein führte in rotem Schild über grünem Dreiberg einen goldenen Schwan. Die schon 1266 vorkommenden, in Straßburg hervortretenden Mans zeigten in Blau einen silbernen Schwan. Erst 1430 erscheint Bernhard v. Reyß gen. Lamparter mit einem Vogelhals im Schild und auf dem Helm. Man kann von Kopf und Hals eines grimmigen Schwanes sprechen. Diese Wappen sind jedoch zu spät bezeugt oder weisen zu wenig Ähnlichkeit auf.

Anders das Wappen der Marschälle v. Huneburg, eines Zweiges der Grafen v. Huneburg[20]. Sie hatten nachweislich seit 1147 und bis in die zweite Hälfte des 13. Jahrhunderts das bischöflich-straßburgische Marschallamt inne. Ihr Schild war übrigens von schwarz und gold geteilt, die Helmzier bestand aus zwei silbernen Schwanenhälsen mit roten Schnäbeln; die Hälse werden meist einander abgekehrt gezeigt, kommen aber auch beide nach rechts gewendet vor, wie das Wappenbuch des Konrad Grünenberg beweist[21]. Siegel mit quergeteiltem Schild und zwei Schwanenhälsen als Helmzier kannte Kindler v. Knobloch ab 1259.

Die Übereinstimmungen der Figuren und auch der Farben im Oberwappen Huneburg und im Oberwappen Schönau sind beachtlich. Man kann an eine Ehe mit einer Huneburg-Tochter in der ersten Hälfte des 13. Jahrhunderts denken. Die Huneburg-Verbindung dürfte den Übergang in die Dienste des Bischofs von Straßburg zumindest beschleunigt haben. Allerdings sind die Farben rot-weiß im Schönauschen Wappen viel stärker hervorgehoben als bei den Marschällen v. Huneburg. Die Herren von Schönau knüpfen damit offensichtlich an die Wappenfarben des Bistums Straßburg[22] (und letztlich an die alten Reichsfarben) an.

Die Untersuchung des Stammwappens der Herren von Schönau legt also folgende Schlüsse nahe: Die ursprünglich zu den staufischen Dienstmannen gehörende Familie ist eventuell aus einer ehemals egisheimischen Ministerialengruppe hervorgegangen. Den Übergang in die Dienste des Bischofs von Straßburg könnten die Herren v. Huneburg vermittelt oder doch beschleunigt haben. Die Beziehung zum Straßburger Bischof ist in den Farben des Oberwappens ausgedrückt, in den Farben des Schildes ist die ältere Verbindung zum staufischen Haus festgehalten.

Nun bleibt noch der Brackenkopf zu betrachten, er erscheint gelegentlich in der Linie Hunaweier, die Jakob II. begründete, als er Susa

Die Helmzier des Brackenkopfes auf einem Siegel Jakobs II. (1366)

Die Helmzier des Brackenkopfes auf einem Siegel Georgs (1401)

v. Hunaweier heiratete. Jakob II. führt den Brackenkopf 1366 im Siegel, Georg 1401 und 1439[23]. Nicht nachgewiesen ist er bei Werner, der das Erbe seiner Großmutter Susa v. Hunaweier übernommen zu haben scheint und der sich Werner »von Hunawiler« oder »von Hunawiler gen. Schönowe« nannte[24]. Der Brackenhals gilt in der Literatur als Symbol eines Sonderbewußtseins der Linie Hunaweier[25]. Überraschenderweise erscheint jedoch im Wappen Hunaweier überhaupt kein Bracke. Die Herren v. Hunweiler führten im blauen Schild einen mit drei Eisenhüten belegten silbernen Schrägbalken, die Helmzier bestand aus einer betenden Jungfrau mit fliegendem Haar.

Dennoch kann die Herkunft des Brackenhalses eindeutig ermittelt werden: Die Beger, eines der führenden Straßburger Ministerialengeschlechter, verwendeten als Kleinod einen silbernen Bracken-Hals mit rotem Ohr und Halsband[26]. Das in der Schönauschen Linie Hunaweier vorkommende zweite Kleinod ist also ein bewußter Verweis auf die Stammutter Odilia Beger, die Heinrich II. von Schönau geheiratet hatte. Die Abwandlung der Farben geschah sicher ebenso bewußt und war durchaus üblich. Die zweite Helmzier stellt damit eine jüngere Anknüpfung dar, die in ihren Zusammenhängen deutlicher erkennbar ist.

Ausblick: Rang und Wappen

Wenn beispielsweise für Heinrich II. 1262 die Möglichkeit bestand, im Krieg zwischen dem Bischof und der Stadt Straßburg mitzukämpfen, dann war er auch berechtigt, ein Wappen anzunehmen. Überhaupt müssen wir uns die Familie von Schönau schon im 12. Jahrhundert als zu Kriegs- und Verwaltungsdiensten verpflichtet vorstellen. Damit konnte es nicht ausbleiben, daß sie wappenführend wurde. Frese hat den Rang der Familienangehörigen im 13. Jahrhundert bereits sorgfältig untersucht[27]. Er weist auf die kurz sichtbare herausgehobene Stellung bei den Staufern hin sowie auf die länger nachweisbare besondere Stellung bei den Edelherren v. Üsenberg. Ende des 13. Jahrhunderts hat ein Schönausches Familienmitglied ein Lehen des Klosters Hohenburg erhalten, wie Kindler v. Knobloch angibt. Das Geschlecht war also keineswegs völlig in den Dienst des Bischofs von Straßburg eingebunden.

Schon bei der Ausübung des Schutzes über den Forst »*Erpurc*« unterstand in der ersten Hälfte des 13. Jahrhunderts mindestens ein Beamter den Brüdern Ulrich und Dietrich. Mitte des 13. Jahrhunderts war Heinrich II. an verschiedenen Orten Dinghofvogt, Dorfvogt oder Stadtschultheiß. Um diese Zeit hatte er auch das Truchsessenamt des Bistums Straßburg zu Lehen erhalten; die Tätigkeiten eines Truchseß waren also nicht mehr ein reines Amt in Händen des Bischofs. Mindestens 12 Vasallen unterstanden Heinrich II., von denen mehrere eine gehobene Stellung in der Stadt Straßburg einnahmen. Der Truchseß sprach mit bei Entscheidungen über die Politik des Bistums – für und auch gegen den Bischof. In politischen Angelegenheiten war Heinrichs Bürgschaft gefragt. Mit mindestens einer gleich hoch gestellten Familie im Bischofsdienst, mit den Viztumen Beger, war Heinrich II. versippt. Auch dürfte er schon mit einem gesteigerten, dem Eigentumsrecht angenäherten Besitzrecht über Güter in und um Rufach, in und um Schönau verfügt haben.

Das Geschlecht hatte nicht nur die höchste Stufe innerhalb der Ministerialität erklommen, aufs Ganze gesehen war es dabei, die letzten Bindungen der Dienstmannschaft zu lösen und frei unter den niederen Adel zu treten. Gerade im Jahre 1299/1300 werden Familienmitglieder mit dem persönlichen Ehrentitel Ritter belegt[28]. Um diese Zeit scheint aus eigenem Entschluß die Übernahme rappoltsteinischer und horburgischer Lehen erfolgt zu sein. Die gängige Anrede für Männer aus dem

Hause Schönau wird nun ›Herr‹, in der zweiten Hälfte des 14. Jahrhunderts treten die Prädikate des Niederadels hinzu: der ›fromme, (not)feste‹ oder: der ›strenge, feste‹ (Herr).

Die Aufstiegs- und Übergangszeit, die das Geschlecht von Schönau vom Ende des 12. bis über die Mitte des 13. Jahrhunderts hinaus durchlaufen hat, hat ihren Ausdruck auch im Stammwappen und in seiner Abwandlung gefunden. Während die Farben mit großer Wahrscheinlichkeit die Dienstverhältnisse gegenüber den Staufern und den Straßburger Bischöfen bezeugen, herrscht über die Ringe und die Schwanenhälse immer noch Unsicherheit. Für die Ringe konnte nur vorsichtig ein Erklärungsversuch angedeutet werden, für die Schwanenhälse zeichnet sich ein ungefährer Herkunftsbereich ab. Der Brackenkopf erinnert dagegen mit relativer Sicherheit an die Einheirat einer Stammutter aus dem Kreis der obersten bischöflich-straßburgischen Ministerialen.

Anmerkungen

1 Vgl.: Brandt, A. v.: Werkzeug des Historikers (Urban-TB 33) Stuttgart ⁶1971, S. 143–159; Gamler, O.: Die Bewaffnung der Stauferzeit, in: Württ. Landesmuseum (Hg.): Die Zeit der Staufer, Bd. 3 Stuttgart 1977, S. 113–118; Hildebrandt, A. M. u. a.: Wappenfibel. Handbuch der Heraldik, Neustadt a. d. A. ¹⁶1970.

2 AFSW: U 142–144.

3 Kindler v. Knobloch, J.: Das goldene Buch von Straßburg, Wien 1886, S. 326.

4 Sie befindet sich in der Barfüßerkirche Rufach. Dem Entdecker Pierre-Paul Faust danke ich herzlich für seine Erläuterungen.

5 Sie befindet sich außerhalb der Stiftskirche Niederhaslach. Vgl.: AFSW: B 118, Bd. 2 S. 130.

6 Wie Anm. 3.

7 StA Basel Klingental Urk. Nr. 380, Siegel 2.

8 Ebd. Klingental Urk. Nr. 2804.

9 Ebd. Klingental Urk. Nr. 591, Siegel 4.

10 Frese, W. H.: Die Herren von Schönau (Forschungen zur oberrhein. Landesgeschichte 26) Freiburg/München 1975, S. 10f.; Kindler: Straßburg, S. 326. (Zwei elsässische Wappenbücher geben als weitere, sonst unbekannte Helmzier zwei Büffelhörner an: Kindler: ebd.).

11 Frese: Schönau, S. 40; Bischoff, G.: Le berceau d'un lignage, ms. Mskr. 1999, S. (5).

12 AFSW: B 118, Bd. 2, S. 91ff.

13 Koerner, B.: Handbuch der Heroldskunst, Bd. 3 (Görlitz), 1926–1929, S. 68.

14 Ebd. S. 67–73.

15 Zu elsässischen Adelswappen vgl. ein- für allemal die entsprechenden Beiträge in: Kindler: Der alte Adel im Oberelsass, in: Vj.schrift f. Heraldik, Sphragistik u. Genealogie 9/1881, S. 321–430; ders.: Straßburg; ders.: Oberbadisches Geschlechterbuch, Bd. 1–3, Heidelberg 1898-1919.

16 Kindler: Straßburg, S. 326, 413.

17 Wie Anm. 2. – Vgl. auch den Beitrag Ecker.

18 Wie Anm. 12.

19 Brandt: Werkzeug, S. 151.

20 Kindler: Straßburg, S. 167 u. Wappen 265 (Reyß gen. Lamperther), S. 130–132 (Huneburg).

21 Stillfried-Alcantara, R. Graf/Hildebrandt, A. M. (Hg.): Des Conrad Grünenberg Ritters und Bürgers zu Costenz Wappenbuch, Frankfurt a. M. (1893), Tafel 139 b.

22 Merz, W. (Bearb.): Die Wappenrolle von Zürich, Zürich 1930, Wappenbild 21.

23 StA Basel Klingental Urk. Nr. 1112: Siegel mit Helmdecken; ebd. Adelsarchiv Urk. Nr. 298, Siegel 2. – Kindler: Straßburg, S. 326.

24 AFSW: B 118, Bd. 2, S. 179.

25 Ebd. Bd. 2, S. 91f.; Frese: Schönau, S. 10f.

26 Kindler: Straßburg, S. 25–28.

27 Frese: Schönau, S. 59–84.

28 Regesten der Bischöfe von Straßburg bis 1305, Bd. 2, Innsbruck 1928, S. 401 Nr. 2473, S. 415f. Nr. 2511.

Georges Bischoff

Der frühe Besitz im Elsaß

Ein Stammsitz

Wie die meisten Adelsfamilien am Oberrhein verfügten die Herren von Schönau über ein weit verzweigtes Netz von Ländereien, Besitzungen und Rechten. In den meisten Fällen ist es schwer, den genauen Ursprung solcher Besitztümer zu ermitteln. Zwar erlauben es die Lehensbriefe, die Reihe der Lehensinhaber und den Stammbaum eines Geschlechts zu verfolgen – eine recht zuverlässige Methode –, doch ist das vor dem Spätmittelalter kaum möglich. Kenntnis von eigen besessenen Gütern (Alloden) erhält man nur, wenn sie bei Verkäufen und Übergaben bzw. in notariellen oder gerichtlichen Urkunden erwähnt werden. So kann etwa die Geschichte der Burg Stettenberg bei Orschweier nur über das mündliche Zeugnis rekonstruiert werden, das Gilge von Hattstatt, die Schwiegertochter Jakobs II. von Schönau, im Rahmen eines Gerichtsverfahrens aus dem Jahr 1416 abgegeben hat. Schließlich erfährt man auch durch Erbteilungen oder Mitgift-Regelungen etwas mehr über den Familienbesitz.

Die Lage der mittelalterlichen Besitzungen der Familie von Schönau, wie sie von Werner Frese dargestellt wurde[1], ergibt eine weit gedehnte Verankerung der Familie im Elsaß. Wie auch andere Adelsfamilien des Landes besaß das Geschlecht nicht nur ein Kerngebiet, sondern bewegte sich um eine gewisse Anzahl von Zentren, in denen es mehr oder weniger stark repräsentiert war. Die engen Beziehungen zum Reich und besonders zum Bischof von Straßburg verwiesen das Geschlecht vor allem ins mittlere Elsaß. – Der Burgberg im Nordosten des heutigen Dorfs Schönau, auf dem sich die namengebende Burg erhob, bleibt eines der besten Beispiele eines künstlichen Hügels in der Ebene. Er wurde errichtet, um eine Burg zu tragen, die wohl größtenteils aus

Die Burg Schönau: Eine Rekonstruktion
(Zeichnungen Dr. N. Mengus)

1. Jetzige Lage

A »Schloßbühel«
B Hof
C unidentifizierbar, aber nicht mittelalterlich
D Schloßgarten
E Schloßrain

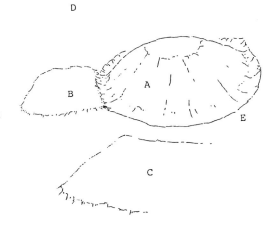

2. Vor 1333

A »Schloßbühel«
B Alter Hof (?)
C Brunnen
D Brücke
E Wassergraben

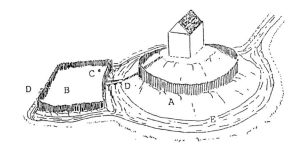

3. Im Jahr 1333 (Heinrich, Peter und Bertha v. S.)

A »Schloßbühel«
B Alter Hof (?)
C Brunnen
D gemeiner Dach
E Neues Haus (?)
F »Ziegelhus«
G Wassergraben
H Garten, Baumgarten

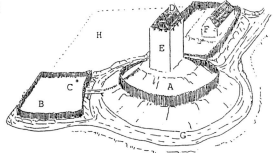

Lehm und Holz erbaut wurde. Die Beobachtungen der Archäologin Joëlle Burnouf sprechen für eine frühe Datierung, jedenfalls vor der ersten Erwähnung eines Herren von Schönau im Jahr 1214.

Im 14. Jahrhundert dürfte die Wohnstätte oben auf dem Burghügel durch ein *»neues Haus«*, das heißt einen soliden Bau zu Wohnzwecken, ergänzt oder ersetzt worden sein. (Das Wort *Haus* kann eine befestigte Wohnstätte bezeichnen.) Das neue Gebäude befand sich in der Nähe der zur Burg führenden Brücke; davor fanden sich Spuren von einem Ziegelhaus und einem Baumgarten. Bei der teilweisen Zuweisung an ein weibliches Mitglied des Geschlechts wird das Gebäude zusammen mit entferntem Besitz im Obermundat erwähnt, der auch Felder, Wiesen und einige Weinberge in Pfaffenheim und Geberschweier umfaßte[2]. Wie die meisten elsässischen Burgen blieb auch Burg Schönau nicht von Aufteilungen zwischen Brüdern und Vettern und von teilweisem Verkauf verschont. Beispielsweise mußte Peter von Andlau 1338 im Streit zwischen Heinrich von Schönau, seinem Bruder Peterman und seiner Schwester Bertha vermitteln, und man kam überein, den Besitz in drei Teile zu teilen[3]. Zwanzig Jahre später traten Peterman und seine Frau Suse ihre Rechte an den Basler Türing Marschalk für eine Summe von 12 Pfund der Straßburger Münze ab.

Nach dem Lehensrevers des Edelknechts Georg von Schönau, dem die Hälfte gehörte, lag Burg Schönau 1444 als *»Bühel und Burgstall«* in Trümmern. Wann wurde sie zerstört? Man weiß, daß die Schlettstädter Bürger das Dorf im Verlauf einer Fehde gegen Johann von Botzheim um 1352 in Brand setzten. Einige Jahre später gestanden sie ein, daß dies irrtümlich geschehen war, und entschädigten die Besitzer, den Ritter Jakob Rudolf genannt Hürus, die schon erwähnten Brüder Heinrich und Petermann und Hannemann, ihren Vetter aus dem Zweig Stettenberg[4]. Wurde die Burg, die sie wohl kaum mehr bewohnten, damals aufgegeben? Dies ist möglich, aber nicht sicher, weil 1358 nicht von einem *»burgstall«* die Rede ist, während ein *»huss mit buhel«* erwähnt wird. Natürlich kann gegen diese Überlegung eingewendet werden, daß die Zerstörung noch nicht so weit zurücklag, als daß man das Wort ›Burgstall‹ verwendet hätte, bedeutet es doch ›einen Ort, geeignet zum Aufbau oder Wiederaufbau einer Burg‹.

Die Summe von 600 Gulden, die Schlettstadt als Entschädigung gezahlt hatte, war zwar beträchtlich, dürfte aber für den Wiederaufbau der Burg nicht ausgereicht haben. Man befand sich nämlich in einer

Zeit, in der die Einkünfte des Adels wegen Inflation und Preisanstieg wesentlich abgenommen hatten. Wie schon erwähnt, wurde Hannemann von Schönau-Stettenberg um 1360 als »*arm und nötig*« betrachtet. Damals verfielen viele verlassene Burgen aus Mangel an Pflege, wegen Kriegsschäden oder aus anderen Gründen. Es handelte sich um Folgen der am Oberrhein so zahlreichen Fehden sowie der Einfälle von Söldnern aus dem Hundertjährigen Krieg zwischen Frankreich und England oder um Auswirkungen von Naturkatastrophen wie dem Erdbeben von Basel im Jahre 1356.

Wie dem auch sei: Das Dorf Schönau war der Mittelpunkt zusammenhängender Besitzungen, die im wesentlichen aus Lehen bestanden, welche von den Herren von Rappoltstein stammten. Diese Hochadligen hatten ihre Oberherrschaft vielleicht zur Zeit des Interregnums begründet, als die kaiserliche Macht verschwunden war. Neben dem namensgleichen Dorf besaßen die Herren von Schönau: Saasenheim, Birnenheim und Linkenheim. Bei den beiden letzten Siedlungen handelte es sich nur um Weiler, die schon am Ende des Mittelalters verschwanden[5].

Ihre Herrschaft übten die von Schönau als Orts- und Bannherren (Inhaber des *Twing und Bann*) und als Grundherren aus. So verfügten sie über einen *Dinghof,* das heißt einen großen Gutshof, der zur Verpachtung in mehrere bäuerliche Güter aufgeteilt war; dabei bildeten die Pächter eine Gerichtsgemeinde, um über Abgaben und andere interne Fragen zu beraten. Im übrigen besaß die Familie später (d. h. 1666) offenbar das Patronatsrecht (den *Kirchensatz*) in einer Pfarrgemeinde ihres Lehens.

Im 15. Jahrhundert ist der rechtliche Status der Besitzungen im Ried schwer zu durchschauen, da der aktivste Zweig der Familie ja weggezogen war. Eine Zeitlang übte die Adelsfamilie der Ramstein die Pfandherrschaft über diesen Besitz aus. Die Ramstein standen wahrscheinlich Georg von Schönau sehr nahe, dem letzten Sproß der Familie, der sich wirklich ständig zwischen Vogesen und Rhein aufhielt. Die Lage der Besitzungen oder Einkünfte der Herren von Schönau sagt viel über die Geschichte dieses Geschlechts aus. Im Lauf der Zeit versuchte die Familie wohl, ihr Kerngebiet abzurunden, indem sie in nahegelegenen Dörfern andere Güter und Rechte erwarb, besonders als Lehen von den Herren von Rappoltstein, so etwa den Kirchensatz in Diebolsheim.

Besitz in und bei Straßburg

Abgesehen von dem Stammsitz um Burg und Dorf Schönau hat die Familie in drei oder vier anderen Gebieten Besitz erworben: zwischen Ill und Breusch (allerdings in recht verstreuter Form), im Obermundat bei Rufach und an den Vogesen-Vorbergen im mittleren Elsaß. Chronologisch läßt sich die Entwicklung dieser Besitztümer nicht immer deutlich erfassen. Sie ändern sich durch Erwerb und Veräußerung. In manchen Fällen handelt es sich um eine Mischung kaum zusammenhängender Lehen. So zum Beispiel besitzen die Schönauschen Adligen als Vasallen zunächst der Herren von Horburg, seit 1324 der Grafen von Württemberg kleine Lehen in der Gegend von Mülhausen (Illzach, Modenheim). Dort verfügen sie aber über keinen anderen Güterbesitz, eine Tatsache, die wohl kaum eine effiziente Verwaltung zuläßt.

Soweit man dies belegen kann, erwarben sich die von Schönau ihren Wohlstand aber vor allem im Dienst des Bischofs von Straßburg (und vielleicht auch des Reiches). Eine neuere Untersuchung des Rechtshistorikers Marcel Thomann hebt das Amt des *Truchseß* hervor, das sie im 13. Jahrhundert innehatten: Es besteht die Möglichkeit, daß sie eine Rheinfähre zwischen Schönau und Weisweil überwachten und dabei das Fährgeld einzogen. Nach Thomann wurde die Eintreibung von Wegzöllen *(traucum)* Ministerialen anvertraut, die an strategisch wichtigen Orten eingesetzt und in natura entlohnt wurden. Thomann verweist z. B. auf die Truchsessen von Rheinfelden, von Wolhausen usw.[6] Die Rechte, die die Schönauschen Ministerialen im Namen des Bischofs ausübten, sind für die Flußstrecke durch Straßburg mehrfach belegt. Es handelt sich um das Fischermeistertum *(jus piscatorum)* oder das Nutzungsrecht der Breusch *(jus fluminis Brusce)*, das heißt die Polizeigewalt sowie eine Art ›technischer Überwachung‹. Dabei ist zu betonen, daß der Name ›Breusch‹ im Mittelalter die heutige Ill bezeichnete, da man der Auffassung war, diese sei einer ihrer Nebenflüsse (und nicht umgekehrt).

Zu Beginn des 15. Jahrhunderts befand sich Erhard von Schönau im Konflikt mit einem Vertreter der Familie Müllenheim: Es ging um jene Rechte, die der Straßburger Fischerzunft verpachtet waren. Ihnen wurde ihr Besitz offiziell bestätigt; andererseits behaupteten die Müllenheim, seit Mitte des 14. Jahrhunderts die alleinigen Lehensinhaber dieser Rechte zu sein. Dabei stand viel auf dem Spiel, da die Straßburger Fischer jährlich 10 Gulden zahlten, um zwischen der Eselsbrücke am Stadteingang und der Stephansbrücke flußabwärts fischen zu dürfen[7]. Wir wissen nicht, wie lange das Geschlecht derer von Schönau im Genuß dieses Vorrechts gestanden hat, das letztlich dem Straßburger Bischof in seiner Eigenschaft als Lehensherrn gehörte. Durchaus möglich ist es, daß dieses Lehen in Verbindung mit dem Truchseßamt stand, das die von Schönau ausübten. Im Jahr 1366 erhielt Jakob von Schönau übrigens eine Abgabe, das »Berenbrot«, die von den Straßburger Bäckern stammte und vielleicht auch mit seinen Amtsaufgaben zusammenhing.

Die Zugehörigkeit der Herren von Schönau zur bischöflichen Ministerialität sowie zu der des Kaiserreiches erklärt die Lage ihrer meisten Besitzungen und Rechte in einer Gegend, die sich entlang der Breusch oder der Flußläufe nahe dem Odilienberg erstreckt. So bezog Heinrich von Schönau bis 1268 bedeutende Getreideabgaben in Altdorf vor den Toren von Molsheim. Diese Einkünfte in Höhe von 80 Vierteln, die heute acht Tonnen entsprechen würden, stammten von seinem Schwiegervater Wilhelm Beger, dem Viztum der Straßburger Kirche, und stellten die Morgengabe seiner Gattin dar[8]. Dafür und als Anerkennung für seine Treue zu Bischof Walter von Geroldseck im Kampf gegen die Straßburger und ihre Verbündeten erhielt Heinrich 1268 alle bischöflichen Rechte im Ort Wittisheim (nahe Markolsheim)[9]. Dieser neue Besitz war nicht ein Lehen im herkömmlichen Sinn sondern eine Pfandherrschaft, das heißt eine Art Hypothek, die der Bischof gegen eine hohe Geldsumme zurückkaufen konnte. In diesem Fall betrug die Summe 120 Mark Silber. Das bedeutet einen Wert von nahezu 29 Kilo reinen Silbers, denn eine Mark wog etwa 240 Gramm.

Eine Generation später erscheint das Grundeigentum der von Schönau im Bereich nahe Straßburg mit noch größerer Deutlichkeit, da sich zu den Lehen inzwischen freies Grundeigentum (Allod) gesellt hatte, besonders in den Dörfern Meistratzheim, Niederehnheim und Valff. In den Jahren 1320 und 1326/27 übergaben sie mehrere Besitzungen an das Spital von Molsheim, das 1316 von Bischof Johann von Dirpheim eingerichtet worden war. Der Verkauf von zwei Weingärten brachte denen von Schönau 45 bzw. 36 Pfund ein, was einiges über den Umfang ihres Grundbesitzes aussagt[10]. Zu dieser Zeit gehörten sie übrigens zum engsten Kreis um den Bischof von Straßburg und konsolidierten ihre Besitzgrundlage, indem sie diese Nähe nutzten.

Man kann annehmen, daß die Familie im zweiten Drittel des 14. Jahrhunderts, besonders als Jakob sich im Dienst des Bischofs Johann von Lichtenberg auszeichnete, den Gipfel ihres Wohlstands und des Ansehens erreicht hatte. So übernahmen die Brüder Hartmann und Albrecht von Schönau 1368 eines der bedeutendsten Lehen im Elsaß, nämlich die Burg Oberehnheim und die dazugehörigen Besitzungen, darunter das Dorf Ingmarsheim, das zwei Kilometer nördlich der Stadt lag. Die Burg Oberehnheim ist keine Burganlage im strengen Sinn. Sie ist eine Pfalz, die der Kaiser im oberen Teil der Stadt besaß, und die an deren westliche Ringmauer angelehnt war. Eine um 1815 entstandene Tradition erklärte die Pfalz zum ›Geburtshaus der Heiligen Odilie‹. Denn man nahm an, daß sich das Gebäude am Ort eines merowingischen Königshofes (»villa regis«) befände, der zur Zeit des elsässischen Herzogs Eticho entstanden war; und Eticho war immerhin der Vater von Odilie, der Gründerin des Klosters Altitona/Hohenburg, des heutigen Odilienberg.

Tatsächlich dürfte dieses befestigte Haus aber zu Beginn des 12. Jahrhunderts am selben Ort wie ein älterer Bau errichtet worden sein. Als Erbauer des Hauses betrachtet man Herzog Friedrich den Einäugigen von Schwaben, der auch die Hochkönigsburg und die befestigte Pfalz von Hagenau hatte errichten lassen. Noch vor der Ummauerung von Oberehnheim dürften die Staufer sich öfter in dieser Burg aufgehalten haben. Die Anwesenheit Kaiser Friedrich Barbarossas ist für die Jahre 1153, 1178 und 1180 belegt, die seines Sohnes Heinrichs VI. für 1196 und (gegen 1230) wahrscheinlich auch die des jungen Königs Heinrich (VII.), des Sohnes von Friedrich II. Man weiß auch, daß Reichsministeriale besonders mit der Verteidigung dieses Gebäudes betraut waren. In diesem Zusammenhang erscheinen vor allem: die Adelsfamilie der Ehenheim, zu welcher der aus der Manessischen Handschrift bekannte Minnesänger Göli gehörte, sowie am Ende des 12. Jahrhunderts das Geschlecht der Schenk von Ehenheim und schließlich die Marschalk. Die beiden letzten Familiennamen weisen auf Amtsträger an einem Hof hin.

Dennoch scheint es, als sei diese erste ›Burg‹ 1246 angegriffen und stark beschädigt worden. Dies geschah offenbar im Laufe der Kämpfe zwischen Bischof Heinrich von Stahleck und den Anhängern Kaiser Friedrichs II. Oder die Burg hatte wohl auch unter anderen Auseinandersetzungen zu leiden, besonders dem schrecklichen Krieg, in dem das Dorf Ingmarsheim 1262 verwüstet wurde, bevor es im 14. Jahrhundert endgültig verlassen wurde. Als die Familie von Schönau um die Mitte des 14. Jahrhunderts von der Burg Besitz ergriff, war sie sich zweifellos ihrer symbolischen Bedeutung bewußt. Übrigens hatte sich Kaiser Karl IV. 1347 und dann wohl 1354 dort aufgehalten; und es ist nicht ausgeschlossen, daß die Belehnung mit der Burg auf Bitten Johanns von Lichtenberg geschah, der damals enger Berater des Herrschers war. Eines ist jedenfalls sicher: Schon vor 1368 waren die Brüder Hartmann und Albrecht von Schönau, entfernte Neffen Jakobs II., nicht mehr Herren über die Burg gewesen. Sie hatten sie an die Bürger von Oberehnheim für die eher geringe Summe von 60 Pfund verpfänden müssen.

Nach der Rücklösung von 1368 verzichtete Albrecht im Jahr 1384 auf den Besitz seiner reichsunmittelbaren Lehen in Oberehnheim und Ingmarsheim zu Gunsten seines Vetters Andreas von Hungerstein und dessen Nachfahren. Die Lehen blieben dann bis 1466 im Besitz dieser Familie, wenn sie auch schon an die Stadt Oberehnheim verpfändet waren. In jenem Jahr wurde der Gesamtbesitz an die Stadt verkauft, welche die ehemalige Kaiserresidenz restaurieren ließ. Sie ist zum größten Teil auch heute noch in Form eines Kulturzentrums, des ›espace Athic‹, erhalten, der nach einer anderen Namensform für Eticho benannt ist[11]. – Die Festsetzung derer von Schönau in Oberehnheim und Umgebung hängt auch mit einer Eheverbindung zusammen. Schon Heinrich V. von Schönau hatte nämlich auf dem Erbweg einen Anteil an der Bergfeste Kagenfels oberhalb der Stadt erlangt. Ihm folgte sein Sohn Albrecht im letzten Drittel des 14. Jahrhunderts, wahrscheinlich nach einer Erbteilung.

Besitz im Obermundat

›Last but not least‹ lag im Obermundat der letzte ›Kern‹ des Familienbesitzes der Herren von Schönau. In dieser Enklave des Fürstentums der Bischöfe von Straßburg im Herzen der oberelsässischen Landgrafschaft besaß die Familie ihre dauerhaftesten Positionen, teils als Lehen, teils als Eigengut. Hatte Ende des 14. Jahrhunderts der Vogt Jakob II. von Schönau nicht davon geträumt, die Burg Stettenberg wieder aufzubauen, um sie bewohnen zu können – sehr zum Leidwesen seiner Enkelinnen? Ein paar Kilometer von Rufach eine echte Burg zu besitzen, war nicht nur eine Frage des Wohnkomforts, vielmehr ging es

Die Isenburg nach Sebastian Münster 1548

um eine symbolische Präsenz des ganzen Geschlechts in der Nachbarschaft eines der bischöflichen Machtzentren.

Als der Domherr Konrad von Bussnang 1439 auf das Amt des Bischofs verzichtet und dafür das Obermundat auf Lebenszeit bekommen hatte, erinnerte man ausdrücklich daran, daß die von Schönau zu den angesehensten Vasallen zählen. Bei der Erneuerung von Georgs Lehen verwendete man die Angaben aus dem Lehensrevers von 1420 und paßte sie an die veränderte Situation an. Dabei wurde hervorgehoben, was zum Rechtsbezirk von Rufach gehörte. Kaum verwunderlich ist, daß das erste und wohl älteste dieser Lehen aus Einkünften bestand, die mit der Festung Isenburg zusammenhängen, welche die kleine Stadt beherrschte. Seit Generationen, sicherlich seit der Mitte des 13. Jahrhunderts besaß die Familie von Schönau dort ein Burglehen als Entschädigung für die Verpflichtung zur Verteidigung der Burg im Kriegsfall.

Diese Vertrauen voraussetzende Aufgabe schloß die Pflicht ein, die Burg zu bewohnen, aber auch ein System der Entlohnung, das die Anwesenheit und den Erwerb einer angemessenen ritterlichen Ausrüstung

Ein ehemaliges Stadthaus der Herren von Schönau in Rufach

sichern sollte. Solche »*Burgmannen*« oder »*Sessleute*« gab es nur in den wichtigsten Burgen. Die Besatzung stand in direkter Beziehung zum Oberherrn und bildete eine Art ritterlichen Eliteverein. Man kann davon ausgehen, daß diese Vertrauensstellung die von Schönau dazu veranlaßte, sich in Rufach selbst Besitz zu erwerben. Tatsächlich verfügten sie dort über Güter und Häuser, außerdem in den Orten des nahegelegenen Weinbaugebiets, z. B. in den Dörfern Westhalten, Geberschweier und Pfaffenheim. In der zuletzt genannten Ortschaft waren sie sogar Herren über die kleine Mittelburg und ihr Zubehör. Dabei handelte es sich wohl um ein großes Gut, umgeben von einer Mauer und darin eher ein befestigtes Haus als eine herkömmliche Burg.

Diese Besitzung läßt sich nicht datieren; sie mag schon Mitte des 13. Jahrhunderts bestanden haben, als die Herren von Schönau dort für den Unterhalt zweier Ritter, wahrscheinlich ihrer Lehensmänner, sorgten. Immerhin gehörte ihnen die Mittelburg zur Hälfte in der Form eines freien Besitzes, eine Tatsache, die eine besondere Verbindung anzeigt. Die Übersicht der Güter und Einkünfte in der Gegend um Rufach ist noch zu erarbeiten. Doch es scheint, daß die Familie möglichst großen Gewinn aus ihnen zu ziehen versuchte und daß sie sich noch lange nach ihrem Wegzug aus dem Elsaß dafür interessierte. Noch im Jahr 1472 mußte Bischof Ruprecht zugestehen, den Brüdern Jakob Hürus und Heinrich Hürus die Summe von 3.000 Gulden schuldig zu sein. Er sicherte die Abzahlung in 15 Jahren zu, und die jährlich fälligen 200 Gulden mußten von den Gemeinden des Obermundats entrichtet werden. Diese finanzielle Regelung erlaubt es uns, die Finanzmittel der Familie sowie ihre Kenntnis der bischöflichen Geschäfte abzuschätzen. Sie ist eine der letzten Episoden einer langen gemeinsamen Geschichte.

Die Herren von Schönau sind also ein herausragendes Beispiel für eine Familie aus dem niederen Adel im mittelalterlichen Elsaß. Sie sind keine Dynasten wie etwa die Lichtenberg, Fleckenstein oder Rappoltstein, die sich nach den Regeln des Faustrechts ein Territorium geschaffen hatten, und das auf Kosten des Reiches oder der eigenen Oberherren[12]. Die von Schönau waren auch in Krisenzeiten keine Raubritter am Rand der Gesellschaft. Ihre soziale Gestalt gewannen sie unter der Oberherrschaft geistlicher Herren, der Bischöfe von Straßburg, dadurch konnten sie in einem aktiven und dichten Milieu Fuß fassen. Die Streuung der Güter, die sich im mittleren Elsaß beobachten läßt, zeugt von ständiger Anwesenheit in der Nachbarschaft von zahlreichen sozial gleich gestellten Familien. Das ›Wunder‹ der Kontinuität, die der Familie eigen ist, erklärt sich durch das weitverzweigte Netz an Beziehungen und die große Zahl an Nachkommen. So gelang es ihr, ein Aussterben zu verhindern und die Jahrhunderte zu überdauern.

Anmerkungen

1   Frese, W. H.: Die Herren von Schönau (Forschungen z. oberrhein. Landesgeschichte 26), Freiburg/München 1975, S. 19–59 u. Karte 1–3.
2   StadtA Straßburg: Lade III, 133/6.
3   Ebd.: Urk. 938 (19.1.1338).

4 Schlettstadter Stadtrechte (Elsässische Stadtrechte 1), bearb. v. Gény, J., Teil 1 Heidelberg 1902, S. 52 f. Nr. 43.

5 Humm, A.: Les villages disparus de Basse-Alsace, Straßburg 1971. Vgl. Barth, M.: Handbuch der elsässischen Kirchen im Mittelalter, in: Archives de l'Eglise d'Alsace, 37/1960–39/1962–63.

6 Thomann, M.: Der ›Truchsess‹ im deutsch-französischen Grenzsaum des Mittelalters, in: ZGO 147/1999, S. 213–254, bes. 250.

7 StadtA Straßburg: Urk. Nr. 401(1411), 527(1414), 995(1424), 1006(1424), 1045–1046 (1452).

8 Regesten der Bischöfe von Straßburg, Bd. 2 Innsbruck 1928, S. 259 Nr. 1869, S. 276 Nr. 1952.

9 Ebd.

10 Vgl. Himly, F.-J.: Inventaire général des Archives hospitalières du Bas-Rhin, Straßburg 1978 sowie: Oswald, G.: Deux siècles de vie religieuse à l'hôpital des pauvres de Molsheim, in: Revue d'Alsace 122/1996, S. 149–157.

11 StadtA Oberehnheim: DD 7. Vgl: Gyss, J.: Histoire de la ville d'Obernai…, Bd. 1 Straßburg 1866, S. 170–172 und: Braun, J. / Ohresser, X.: Obernai, hg. v. d. Société d'Histoire de Dambach, Barr et Obernai, Barr 1977. Vgl. auch die archäologische Studie von Bronner, G.: Les maisons médiévales de pierre d'Obernai, in: Cahiers alsaciens d'Archéologie, d'Art et d'Histoire 33/1989, S. 129–160. Dort wird diese Identifikation bestritten und behauptet, daß die Kaiserburg an der Stelle der heutigen Pfarrkirche gestanden habe.

12 Weber, P.-K.: Lichtenberg, eine elsässische Herrschaft auf dem Weg zum Territorialstaat. Soziale Kosten politischer Innovationen, Heidelberg 1993; Müller, P.: Die Herren von Fleckenstein, Stuttgart 1990; Jordan, B.: Entre la gloire et la vertu, les Sires de Ribeaupierre (1451–1581), Straßburg 1991.

Ausweitung und Krise

Klaus Schubring

Die genealogische Entwicklung der Familie

Von der Gegenwart zu den Anfängen

»Nicht nur Bäume haben Wurzeln.« Auch Familien, Betriebe, Dörfer und Städte haben Wurzeln, die oft weit zurückreichen. Immer wieder feiern Städte oder Gemeinden ein Jubiläum, die vielhundertjährige Wiederkehr ihrer Entstehung oder ihrer ersten Erwähnung. Ebenso kann noch manche Adelsfamilie auf eine mehrhundertjährige Geschichte blicken. Für die Freiherren von Schönau steht im Jahre 2014 die 800. Wiederkehr ihrer ersten Nennung an. Die Geschichte von Adelsgeschlechtern führt nicht gleich auf die Höhen, wo Könige und Kaiser, Präsidenten und Kanzler Staaten lenken und Kriege führen. Adelsgeschichte bleibt auch nicht völlig in der ›Geschichte von unten‹ haften, obwohl sie von der Herrschaft über Leibeigene und Tagelöhner, Bauern und Handwerker berichtet. Nach ›oben‹ diente auch der Adlige, teils weil er dazu verpflichtet war, teils weil er sein Einkommen aufbessern oder weil er aufsteigen wollte. Adelsgeschichte führt also in eine aufschlußreiche mittlere Höhe.

Gegenüber einem fast 800jährigen Geschlecht erheben sich sofort Fragen: Was war vor der ersten Nennung, was waren die Ursprünge? Warum konnte das Geschlecht so lange überleben? Verfügt es über dauerhafte Eigenschaften, die ihm im Laufe der Jahrhunderte geholfen haben, sich zu behaupten? Oder besteht eigentlich gar kein Zusammenhang zu den Angehörigen früherer Generationen? Lebte das Adelshaus immer in derselben Landschaft und standen ihm dort sichere Einnahmequellen zur Verfügung, die ihm über den Wandel der Zeiten hinweg halfen? Vernachlässigen wir nicht weitgehend den Beitrag der Frauen in der Familie, wenn wir anhand des Geschlechtsnamens von den Vätern zu den Söhnen fortschreiten? Hat das Adelshaus bedeutende Leistungen für das Reich, das Volk oder die Kirche vollbracht? Wie hat es sich in der modernen industriellen und bürgerlichen Welt zurecht gefunden?

Diesen Fragen geht die gesamte vorliegende Familiengeschichte nach. Der folgende Beitrag soll nur die vorangehenden Ausführungen zusammenfassen und vertiefen sowie mit einem familiengeschichtlichen Überblick zu den später folgenden Beiträgen hinführen. Die Genealogie des Hauses Schönau ist bereits von Walther Merz, Eberhard von Schönau-Wehr, Werner Frese und neuerdings von einigen Autoren dieses Buches bearbeitet worden. Auf ihren Ergebnissen aufbauend wurden besonders die Altersangaben überprüft, auch können einige neue Nachrichten beigesteuert werden.

Als Heinrich I. von Schönau 1214 unter Ministerialen und Bürgern in Colmar auftrat, gehörte er im Dienste der Staufer zu einem ersten, vorläufigen Stadtrat. Georges Bischoff nimmt mit guten Gründen an, daß Heinrich damals bereits etwa 30 Jahre alt war. Gleichzeitig oder wenig später stand Ulrich von Schönau eher indirekt im Dienste des Bistums Straßburg. Nach seinem Tod folgte ihm 1229 in diesem Dienst der Bruder Dietrich von Schönau. Von den Anfängen seines Erscheinens an nannte sich das Geschlecht also nach einem Ort, nach Schönau an einem Altrhein-Arm östlich Schlettstadt. Dort verfügte die Familie über eine Motte, eine Turmhügelburg. Das Geschlecht ist somit nicht nach einem im Ministerialenstand üblichen Dienst wie Marschall, Schenk, Waldner oder Zeidler (Imker) benannt. Es reicht nicht in die Zeit der Einnamigkeit zurück, als die Menschen mit Vornamen und allenfalls mit dem Vater- oder Mutter- (Vor-)Namen bezeichnet wurden. Damit herrschte auch der Mannesstamm als Gliederungsprinzip in der Familie, die gelegentliche Fortführung eines Geschlechts durch den Frauenstamm entsprach nicht mehr den geltenden Rechtsvorstellungen.

Ein weiterer Heinrich von Schönau stand 1238 den Edelherren von Üsenberg nahe, 1244 wirkte er unter den obersten straßburgischen Ministerialen an einer grundsätzlichen politischen Entscheidung mit. Er hatte das Hofamt eines Truchseß erlangt und gehörte damit zur ersten Klasse der bischöflichen Ministerialität. Daraus und aus allgemeinen Ergebnissen der Forschung über die Dienstmannen hat Frese gefolgert, daß die Berufung in das Truchseß-Amt schon einen »hervorragenden Status voraussetzt«[1]. In diesem Zusammenhang gewinnt die aus dem

Schönauschen Wappen hergeleitete Hypothese einer Verbindung mit den Marschällen v. Huneburg besonderes Interesse. Sie könnte den Aufstieg in der Dienstmannschaft erklären und wäre in die ersten Jahrzehnte des 13. Jahrhunderts zu datieren[2].

Ob es bereits ein dritter Heinrich war, der sich 1263 für die Freilassung seines Schwiegervaters, des Viztums Wilhelm Beger, einsetzte? Die klaren Aussagen der Quellen lassen eine solche Trennung nicht zu. Heinrich stellt 1263 seinen Sohn Jakob den Bürgern von Straßburg als Geisel. Jakob ist eindeutig dem Kindesalter entwachsen, wenn vielleicht auch noch nicht für erwachsen erklärt. Eine Rückrechnung ergibt, daß sein jüngerer Bruder Hartmann damals bereits gelebt hat. Jakob erwähnt später seine Mutter Odilie Beger. Nimmt man an, daß Jakob 1263 zwischen 10 und 15 Jahren alt war, dann bestand die Ehe Heinrichs II. mit Odilie Beger bereits um 1250, und man muß davon ausgehen, daß es sich ca. 1250 um Heinrich II. handelte. Er wurde wohl recht alt, da er noch 1278 auftrat.

Ein weiterer Dietrich von Schönau stand auch 1251 in engen Beziehungen zu den Herren v. Üsenberg. Im selben Jahr zählte eine Adelheid von Schönau zu den ersten Nonnen des gerade gegründeten Klosters St. Klara auf dem Roßmarkt in Straßburg. Fromme Stiftungen der Familie galten wohl diesem Kloster und mit Sicherheit der Pfarrkirche von Rufach. – Von den erstgenannten Namen in der Familie verschwindet Ulrich gleich wieder, Dietrich und Heinrich kommen zweimal vor, Adelheid erscheint einmal. Diese Namen sind sämtlich alteinheimischer Herkunft. Während die Ehe mit einer edelfreien Tochter aus dem Hause v. Huneburg nur eine Annahme darstellt, ist die Ehe mit Odilie Beger bezeugt. Sie entstammte der ersten Klasse der bischöflichen Ministerialität. Die Ministerialen von Schönau gelangten auf dieselbe Stufe und waren schon dabei, die Bande der Ministerialität abzustreifen[3].

Aufblühen und Aussterben im Elsaß

Gegen Ende des 13. Jahrhunderts umfaßte das Haus Schönau mehrere jüngere Angehörige, die das Geschlecht ins 14. Jahrhundert hinüberführten. Peter soll 1295 ein Lehen des Klosters Hohenburg empfangen haben, Hannemann (I.) verfügte 1328 über einen Teil des bischöflich straßburgischen Truchsessen-Lehens. Beide könnten Söhne Diet-

Stammtafel 1: Die elsässischen Herren von Schönau

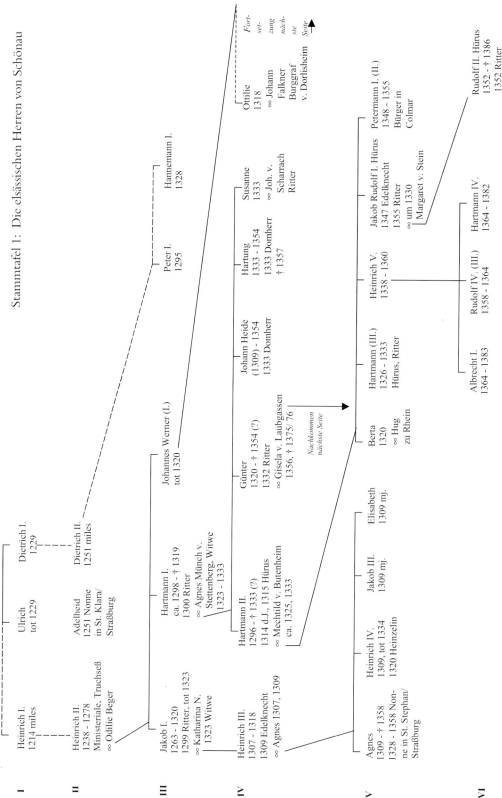

Fortsetzung von vorheriger Seite

									Johann gen. Künemann 1326 (1334 - 1339 Italien ?)	Johann Menselin 1326
			Agnes 1347 ∞ Johann Burggraf v. Dorlisheim	Elsbeth 1347 ∞ Peter- mann v. Hergheim	Elsbeth 1347 ∞ Fritsch- mann Brun tot 1347	Syne 1347	Tine/ Katharine 1347 ∞ Henni Sorg von Freiburg			

IV — Günter 1320 - 1354 ∞ Gisela v. Laubgassen † 1375/76 ; Ottilie 1318 ∞ Joh. Falkner Burggraf v. Dorlisheim ; Jakob II. 1320 - 1387 1320 Jekelin 1347 Ritter 1348 Vogt in Rufach tot 1388 ∞ Susa v. Hunaweier

V — Hennmann II. 1354 - 1399 1399 Edelknecht ∞ Anna v. Niffer 1389 ; Petermann II. (III.) 1360 - 1380 ; Anna 1356 ∞ Türing Marschalk ; Susanna 1356 - 1367 ∞ Johann v. Wangen ; Gisela 1356 ; Heinrich (VI.) 1359 - † 1376 Domherr in Basel ; Jakob IV. 1344 - 1375 1344 Jekelin Edelknecht ; Joh. Werner II. 1384 - 1388 Ritter ; Hans I. (IV.) tot 1401 ∞ Gilg v. Hattstatt 1401 - 1416

VI — Hennmann III. 1407 ; Werner 1384, tot 1419 1384 Wernlin ∞ 1.) Else v. St. Diebold 2.) Elisabeth Zorn v. Bulach ; Otto Rudolf 1388 - 1429 Edelknecht ; Georg 1401 - 1457 Edelknecht tot 1460 ∞ Ennelin v. Gint- sche ; Maria 1390 - 1416 ∞ Rüger im Turm ; N. Tochter 1416 (∞ N. v. Ramstein?) ; Kaspar (I.) 1406 - † 1446 Barfüßer in Tham ; Erhard 1419 - 1454 Edelknecht ; Paul tot 1422

VII — Burkard 1422 - 1454 Edelknecht ; Petermann III. (IV.) 1420 - 1422 Edelknecht

richs II. gewesen sein. Die drei Söhne Heinrichs II., nämlich Jakob I., Hartmann I. und Johann Werner (I.), begründeten Linien und erhielten eine zahlreiche Nachkommenschaft. Jakob I., der seit 1299 den Rittertitel führte und noch 1320 auftrat, dürfte der Vater des Edelknechtes Heinrich III. gewesen sein. Heinrich III. ist offenbar bald nach 1318 gestorben. Von seinen Kindern lebte die älteste Tochter Agnes am längsten, sie gehörte mindestens seit 1328 dem Stift St. Stephan zu Straßburg an und starb dort 1358. Ihr weltlicher Bruder Heinrich (IV.) wurde 1320 noch Heinzelin genannt, war aber 1334 schon verstorben. So umfaßte die älteste, von Jakob I. begründete Linie gerade zwei weitere Generationen.

Hartmann I. begründete zusammen mit seiner Frau Agnes Münch v. Stettenberg die Linie Stettenberg, benannt nach einem Wohnturm in den beginnenden Vogesen südwestlich Rufach. Hartmann und Agnes hatten eine ausgedehnte Nachkommenschaft, die jedoch schon mit der dritten Generation endete, sieht man von der Fortsetzung am Hochrhein ab. Hartmann I. hatte bereits 1296 einen urkundlich auftretenden Sohn und starb selbst erst am 8.12.1319, wie auf seiner Grabtafel angegeben ist[4]. Der älteste Sohn Hartmann II. kann 1315 noch »Hürus« genannt worden sein, ein Beiname, der bis heute im Hause Schönau verwendet wird. Hürus bedeutete ursprünglich im weiteren Sinne ›der Jüngere‹, die genaue Bedeutung war ›der gerade bewaffnete junge Krieger‹[5]. Nach dem Tod seines Vaters hieß

Grabstein Hartmanns I. von Schönau, Rufach

Hartmann II. 1320 »*Hartman von Schŏnŏwe Ritter*«[6]. Da die Bezeichnung Hürus aber 1326 und 1333 wiederum mit einem Hartmann zusammen erscheint, muß es in der nächsten Generation abermals einen Hartmann, wahrscheinlich einen Sohn Hartmanns II., gegeben haben. Mit Henmann III., der nur 1407 nachgewiesen werden kann, endete bereits in der folgenden Generation die Linie Stettenberg.

Von Johannes Werner (I.), dem dritten Sohn Heinrichs II., sprechen die erschlossenen Quellen erst nach seinem Tod. Johannes Werner wurde Stammvater der Linie Hunaweier, die sein Sohn Jakob II. (III.) durch die Ehe mit Susa v. Hunaweier begründete. Jakob II. hatte Nachkommen bis mindestens in die Enkel-Generation, wahrscheinlich sogar bis in die Urenkelgeneration. Eine Reihe von Familienmitgliedern konnte nämlich schon bisher nur mit Vorbehalten den Nachkommen Johann Werners (I.) zugeordnet werden. Inzwischen hat Bischoff noch auf Johann von Schönau, der 1334 und 1339 im Dienst der Stadtrepublik Lucca stand, und auf den Bauverwalter des Basler Domkapitels Heinrich von Schönau (1359 – †1376) hingewiesen. Dazu kommt schließlich der Basler Johanniter Berthold von Schönau, der um 1407 verstarb; offenbar hatte er Zaubertränke eingenommen, die Ennelin v. Leymen, die Frau Hüglins v. Laufen, bereitet hatte[7].

Obwohl genaue Lebensdaten noch kaum vorkommen, kann man doch folgende Schlüsse ziehen: Einige der Herren von Schönau erwiesen sich als ausgesprochen langlebig. Nachdem Heinrich II. bereits ein Alter von ungefähr 65 Jahren erreicht hatte, wurde Jakob I. rund 70 Jahre, Hartmann I. fast 60 Jahre, Hartmann II. offenbar über 50 Jahre alt. Jakob II. (III.) scheint sogar über 80 Jahre alt geworden zu sein. Fast dasselbe Alter dürfte sein Enkel Georg erreicht haben. Nur ein kurzes Leben war anscheinend Heinrich (IV.), Hartmann (III.) und Petermann III. beschieden. Von den einheiratenden Frauen dürfte Agnes Münch v. Stettenberg über 60 Jahre alt geworden sein.

Agnes gehörte einem bedeutenden, weitverzweigten Basler Rittergeschlecht an. Mechthild v. Butenheim, die Frau Hartmanns II., entstammte einem habsburgischen Ministerialengeschlecht. Ihre Tochter im Kloster Klingental in Klein-Basel ist allerdings aus der Stammtafel zu streichen. Denn sie heißt Mechtild zum Tor[8] und dürfte in einer früheren Ehe der Mutter geboren worden sein. Hartmanns II. Bruder Günter heiratete Gisela aus der alten bischöflich straßburgischen Ministerialenfamilie Laubgassen, die bei Rufach beheimatet war. Die Herren von Schönau standen schon um 1300 in engen Beziehungen zu den v. Laubgassen. Die Herkunftsfamilie Susas v. Hunaweier, der Begründerin der Linie Hunaweier, war eine rappoltsteinische Ritterfamilie. Die Vorfahren Annas v. Niffer, der Frau Henmanns II., nannten sich nach Niffer am Oberrhein, gegenüber von Rheinweiler; sie waren stammesgleich mit den Herren v. Butenheim. Anna v. Niffer wurde nachgesagt, sie sei hoffärtig und wolle über ihren Verhältnissen leben.

Erst Hans I. (IV.) heiratete mit Gilg oder Gilie v. Hattstatt die Angehörige eines ehemals edelfreien Geschlechtes; dessen Stammsitz lag nördlich Rufach. Gilg oder Gilie dürfte die mundartliche Abwandlung von Egidie sein, was eindeutig von Egidius abgeleitet ist. Gilg von Hattstatt ließ 1416 als Witwe selbständig und ohne männlichen Vogt ein ausführliches schriftliches Zeugnis über späte Angehörige der Linie Stettenberg aufsetzen. Zusammenfassend kann man feststellen, die Frauen der elsässischen Herren von Schönau stammen im 14. Jahrhundert, soweit sie bekannt sind, ganz überwiegend aus dem Oberelsaß, sie gehören alle dem Niederadel an.

Von Frauenseite kamen auch neue Vornamen in das Haus Schönau. Auf die Viztumsfamilie Beger dürften Albrecht, Werner und Ottilie zurückgehen. Die Münch zu Stettenberg übermittelten: Günter, Hartung, Rudolf, Anna und Gisela. Gisela war aber auch der Name der Frau aus dem Hause Laubgassen. Unter den Herren v. Hunaweier finden sich die Vornamen Hans und Werner. Georg kann aus dem Geschlecht v. Hattstatt übernommen sein. Neben die alteinheimischen Namen waren die kirchlich übermittelten getreten: Georg, Jakob, Johann/Hannemann/Henmann, Paul, Peter/Petermann, Anna, Elisabeth, Katharina, Maria, Susanna. Dagegen verschwand nun auch: Dietrich. Besonders oft kommen die Vornamen Heinrich, Jakob, Johann, Peter und Werner vor. Die Ordnungszahlen hat Frese – nicht immer konsequent – vergeben, sie sind aber eingeführt. (Deshalb werden hier Verbesserungen nur in Klammern angegeben.)

In der Spätzeit tauchen lebensvollere Nachrichten auf: Schon von Henmann II. aus der Linie Stettenberg heißt es, er sei »*arm und nôtig*« gewesen. Otto Rudolf aus der Linie Hunaweier wurde 1398 vorgeworfen, vier Jahre lang einen Zins nicht entrichtet und zwei Rufacher Häuser bis zur Verwüstung vernachlässigt zu haben. 1422 räumte Petermann III. ein, er habe sich so grob gegen seinen Lehensherrn, einen Junker v. Rappoltstein, vergangen, daß er billigerweise an seinem Leben zu strafen gewesen wäre. Er mußte statt dessen auf seine rappoltsteinischen Lehen verzichten. Berührend ist das Schicksal Georgs, des letzten elsässischen Familienangehörigen. Ab 1443 verzichtet er schrittweise auf seine verschiedenen Lehen, weil er keine Leibeserben habe und weil er zu alt sei. 1457 läßt er wissen, daß er fast erblindet sei. 1460 wird er als verstorben bezeichnet.

Nicht wenige fromme Stiftungen sind überliefert. Besonders enge Beziehungen bestanden zum Heilig-Geist-Spital in Rufach. Eine zentrale und repräsentative Grablege haben die Herren von Schönau nicht eingerichtet. Mehrere Familienmitglieder sind in der Klosterkirche von St. Klara auf dem Roßmarkt in Straßburg bestattet worden. Hartmann I. erhielt ein aufwendiges Wandgrab in der Barfüßerkirche in Rufach, es eignete sich auch für Nachbestattungen[9]. – Zu dem überlebenden hochrheinischen Zweig hatte nur noch eine entfernte Verwandtschaft bestanden. Die dennoch erhobenen Erbansprüche stießen auf verschiedene rechtliche Hindernisse und die Gegnerschaft anderer Erben. Trotzdem gelang es dem hochrheinischen Zweig der Herren von Schönau, in mehreren Schritten von 1464 bis 1508 die verbliebenen elsässischen Lehen zu übernehmen.

Über sieben Generationen hinweg hatten die Herren von Schönau im Elsaß gelebt. Mehrere Linien waren entstanden, die Zahl der Familienmitglieder war ebenso gestiegen wie der Umfang des Besitzes. Das Geschlecht gehörte zum niederen Adel und schloß fast nur mit oberelsässischen Niederadelsfamilien Ehen. Eine große steinerne Adelsburg besaß es ebensowenig wie eine repräsentative Grablege, an der sein Gedächtnis gepflegt worden wäre. Dennoch verlangen der offensichtliche wirtschaftliche Niedergang und das Versiegen der elsässischen Linien noch weitere Untersuchungen und Erklärungen[10].

Anfang und Entwicklung am Hochrhein

Schon um 1350 war ein Ableger am benachbarten Hochrhein entstanden. Jakob Rudolf I., ein jüngerer Sohn aus der Linie Stettenberg, hatte um 1330, wie Kreutzer nachweist[11], Margareta v. Stein geheiratet. Da die Herren v. Stein in männlicher Linie nach 1345 aussterben, wurde Margareta Erbtochter. Ihr einziger bekannter Sohn Rudolf II. Hürus von Schönau konnte ausgedehnte Güter und Rechte beiderseits

Stammtafel 2: Die Anfänge am Hochrhein

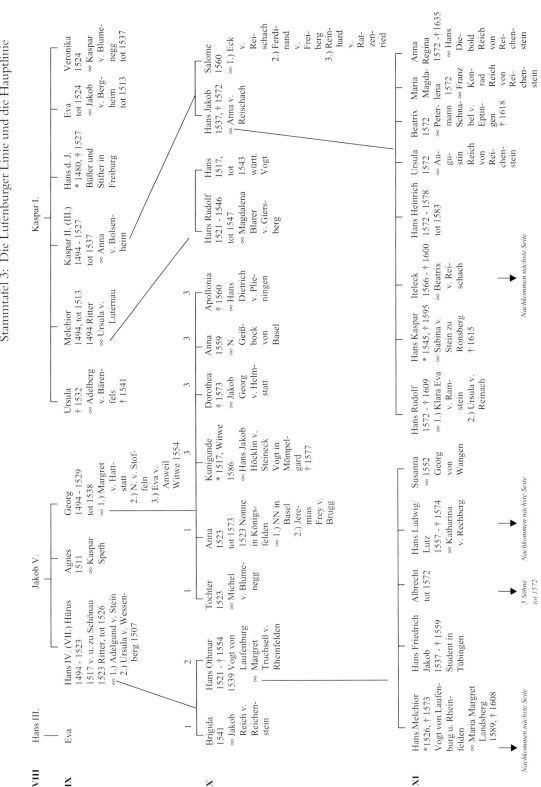

Stammtafel 3: Die Lufenburger Linie und die Hauptlinie

Genealogie Hürus

Hans Melchior — **Hans Ludwig**

Generation XII

Kinder von Hans Melchior:

- **Maria Esther** † 1638 ∞ Adam Hektor v. Rosenbach * 1563 - † 1633
- **Hans Othmar** 1559 - † 1608, Vogt von Laufenburg und Rheinfelden ∞ Magdalene v. Reischach † 1606
- **Esther** † 1586 ∞ Wolf Sigmund v. Rotberg † 1591
- **Otto Ludwig** 1573 - 1634
- **Susanna** † 1578 ∞ Wolfhelm Bock zu Bläsheim † 1598
- **Heleck** 1580
- **Elisabeth** 1586 - 1629 ∞ Hans Bernhard v. Schauenburg † 1600
- **Hans Rudolf** 1575 - † 1621, Obervogt von Laufenburg u. Rheinfelden ∞ Helene v. Reischach
- **Magdalena** 1609 - 1629 ∞ Salentin Faust v. Strauberg
- **Anna** 1586 ∞ Itel Jos v. Reinach

Kinder von Hans Ludwig:

- **Anna Maria** ca. 1557 - ca. 1575 ∞ Joh. Jakob Sigelmann v. Neuenburg

---

(Iteleck)

- **Euphrosine** † 1607 ∞ Hans Kaspar v. Dettlingen
- **Anna** * 1582 † 1582
- **Jakob Hürus** * 1584 † 1584
- **Magdalena** * 1584 † 1594
- **Albrecht Hürus** * 1585 tot 1608
- **Marx Jakob** * 1587 - † 1643, Waldvogt ∞ Margaret v. Reinach † 1642
- **Anna** * 1589 † 1591
- **Joh. Kaspar** * 1591 † 1656, Domherr
- **Otto Rudolf** * 1593 - † 1639 ∞ 1.) Anna Elisabeth v. Rosenbach † 1629 2.) Maria Salome zu Rhein * 1606 - † 1690
- **Hans Hürus** * 1595 † 1659 ∞ Maria Kunigunde v. Bodman
- **Heinrich Hürus** * 1597 † 1636 ∞ Eva Veronika v. Schauenburg-Herlisheim † 1635
- **Hugo Hürus** * 1599 tot 1628

Generation XIII

(Hans Ludwig) — **(Hans Othmar)**

- **Hans Melchior** * 1597, † 1618, Student in Freiburg
- **Hans Ludwig** * 1600, † 1628, Domherr
- **Johann Baptist** 1620, † 1633, Vogt von Laufenburg u. Rheinfelden ∞ 1623 Maria Euphrosina v. Reinach † 1663

Generation XIV

Söhne:

- **Maria Johanna Franziska** * 1624 - † 1691 ∞ Joh. Niklaus v. Grammont † 1689
- **Johann Franz** * 1626 - † 1626
- **Johann Baptist** * 1627, † jung
- **Maria Magdalene** * 1629 - † 1707 ∞ Wolfdietrich v. Hallwil
- **Maria Regina** * 1632 - † 1655/56 ∞ Johann Dietrich v. Schönau - Zell
- **Maria Helena Christina** * 1633 - 1665 ∞ Philipp Jakob Holzapfel v. Herxheim † 1663

des Hochrheins zwischen Stetten bei Lörrach und Laufenburg übernehmen, darunter vor allem große Teile des säckingischen Meieramtes. Rudolf II., der in seinem Namen und auf seinen Siegeln auch an seine mütterlichen Vorfahren anknüpfte, entfaltete eine ausgedehnte und erfolgreiche Tätigkeit.

Dabei suchte er bevorzugt die Nähe der österreichischen Herzöge, tätigte größere Finanzgeschäfte und gewann vor allem die Pfandschaften Wehr und Hauenstein. Schon Jakob Rudolf I. scheint lange »Hürus« genannt worden zu sein, damit konnte er sich von einem älteren Jakob abheben. Bei Rudolf II. verstand seine Umwelt am Hochrhein und im Aargau den ursprünglichen Sinn nicht mehr, er wurde ständig »Hürus« genannt. Beispielsweise hieß es 1373 *»dem man spricht der Hürus der elter«*. Auch die Witwe Anna v. Klingenberg wurde noch Jahre nach dem Tod Rudolfs II., und obwohl mindestens eine Tochter namens Anna lebte, die *»Hürussin«* genannt.

Nachdem Rudolf II. in der Schlacht von Sempach gefallen war, geriet der neue Zweig nicht nur in eine wirtschaftliche sondern auch in eine genealogische Krise: Nach und nach verschwanden fast alle Söhne nahezu spurlos aus der Geschichte: Rudolf der Jüngere starb nach 1396 und noch vor Ende des 14. Jahrhunderts. Ein gleichnamiger Sohn taucht 1401 gerade einmal auf. Walter, der zweite Sohn Rudolfs II., geriet in Basler Gefangenschaft. Bei seiner Freilassung mußte er gestehen, von Rechts wegen hätte man ihn an Leib und Leben strafen können. Er ist jedenfalls vor 1409 gestorben[12]. Der jüngste Sohn Hans verschwand nach 1415, ohne Spuren zu hinterlassen.

Nur Albrecht II. Hürus führte das Geschlecht weiter. Er gewann die Pfandschaft Wehr zurück und konnte große Teile des säckingischen Meieramtes beanspruchen. Seine Mutter Anna v. Klingenberg unterstützte ihn unentwegt. Seine Frau Osanna v. Hohenlandenberg machte sich zunächst um die gemeinsamen, von Albrecht 1431 hinterlassenen vier unmündigen Söhne verdient. 1438 verließ sie aber den Witwenstuhl, wie man früher sagte, und heiratete noch einmal. Die Söhne wurden zwischen 1444 und 1453 mündig; darin macht sich auch das seit dem endenden Mittelalter heraufgesetzte Mündigkeitsalter bemerkbar. Die vier Brüder Hans Hürus, Jakob Hürus, Kaspar Hürus und Heinrich Hürus bekamen fast das ganze säckingische Meieramt in ihre Verfügung. Sie kauften z. B. das Dorf Oeschgen südlich des Hochrheins hinzu. Ihr besonderes Kennzeichen waren erfolgreiche bankartige Finanzgeschäfte. Sie traten auch wieder im Dienst der Habsburger hervor. Kaspar I. (II.) Hürus erhielt 1477 erstmals die Vogtei Laufenburg in Form einer Pfandschaft.

Nur Jakob Hürus und Kaspar Hürus gewannen in den folgenden Generationen immer wieder männliche Nachkommen. Kaspar hatte zwar über seinen Sohn Melchior nur zwei Enkel, Hans Rudolf, der am Hochrhein wirkte, und Hans, der württembergischer Vogt wurde. In dieser 10. Generation erwuchsen aber über Jakobs Sohn Hans IV. (VII.) Hürus und über Kaspars Sohn Kaspar II. (III.) aus dem hochrheinischen Zweig zwei neue Linien. Bereits Hans IV. Hürus hatte die Verfügung über die elsässischen Besitzungen wahrgenommen und den darauf hinweisenden Zusatz »*(von) und zu (Schönau)*« eingeführt. Und Hans' IV. Sohn Hans Othmar gewann 1539 auf Dauer die Vogtei Laufenburg, die sich unter seinen Nachkommen vererbte. Mit ihr war die Hauptmannschaft der vier hochrheinischen Waldstädte verbunden. Gelegentlich kam noch die Vogtei der Herrschaft Rheinfelden hinzu. Auf Grund eines innerfamiliären Abkommens erhielt die Laufenburger Linie ab 1601 auch einen Teil des säckingischen Meieramtes, nämlich den Dinghof Stetten mit seinem Anhängsel Hiltalingen[13].

Die sogenannte Hauptlinie geht auf Kaspars II. Sohn Hans Jakob zurück. Diese Linie behielt den wesentlichen Teil des säckingischen Meieramtes sowie die Pfandschaft Wehr und das Lehen Schwörstadt, außerdem Besitz bei Säckingen. Durch einen innerfamiliären Kauf zog sie Oeschgen an sich. Gegen Ende des 16. Jahrhunderts kamen durch einen Erbvorgang und eine Ehe eine kleine Herrschaft bei St. Gallen und eine Doppel-Herrschaft im Allgäu hinzu. – Die Linie Laufenburg starb während des 30jährigen Krieges im Mannesstamm aus, die Vogtei Laufenburg ging an Johann Nikolaus v. Grammont, den Mann der ältesten Tochter, und an die Nachkommen der beiden. Der Dinghof Stetten und die elsässischen Besitzungen fielen an die weiterlebende Hauptlinie. Obwohl damit schon die 14. Generation der Herren von Schönau gezählt werden kann, liegen die Lebenszeiten von Angehörigen verschiedener Linien nicht sehr stark auseinander, sieht man einmal von Früh- und Jungverstorbenen ab.

Eine Ehefrau aus dem alten Hochadel erscheint als Ausnahme. Rudolf II. Hürus hatte in zweiter Ehe die edelfreie Ursula v. Ramstein geheiratet. Schönausche Töchter heirateten in einzelnen Fällen bürgerliche Männer. Die Frauen der hochrheinischen Herren von Schönau stammten bis in die erste Hälfte des 17. Jahrhunderts aus dem Unter- und dem Oberelsaß, aus Basel, aus der Nordschweiz, aus dem Breisgau und Hegau, aus der Ortenau und Württemberg, einmal auch aus dem Allgäu. Insgesamt fünf bzw. vier Töchter aus den Häusern Reinach und Reischach ehelichten einen von Schönau, aus zwei verschiedenen Linien des Hauses Landenberg stammte je eine Ehefrau, zwei weitere Frauen waren geborene Truchsessinnen v. Rheinfelden. Zwei Brüder der Linie Laufenburg heirateten sogar zwei Schwestern v. Reischach. In den ersten Jahrzehnten des 17. Jahrhunderts ehelichten Marx Jakob und Otto Rudolf aus der Hauptlinie Frauen, deren Mütter aus der Laufenburger Linie stammten. (Mitte desselben Jahrhunderts schloß dann ein Mitglied der Hauptlinie die Ehe mit einer Tochter des letzten Herren von Schönau-Laufenburg.)

Die in der zweiten Hälfte des 16. Jahrhunderts einsetzenden Kirchenbücher bezeugen nicht selten einen reichen Kindersegen der Familien von Schönau. Viele der Kinder starben allerdings bereits in jungen Jahren. Nehmen wir als Beispiel Beatrix v. Reischach, die Frau des Iteleck von Schönau. (Obwohl Iteleck schon im Jahre 1600 verstarb, ist er doch der Ahnherr aller späteren Herren von Schönau geworden.) Beatrix gebar gelegentlich in Abständen von einem Jahr, sonst nach zwei Jahren von 1582 bis 1599 elf Kinder, darunter einmal Zwillinge. Sechs der Kinder starben allerdings im ersten Lebensjahr oder in jungen Jahren. Nach dem Tode ihres Mannes erzog Beatrix ihre Kinder und verwaltete deren Erbe. Als sie 1628 auf eigenen Wunsch abgelöst wurde, erntete sie höchstes Lob für ihr Wirken.

Neben den hergebrachten Vornamen erscheinen inzwischen als Jungen-Vornamen neu: Georg, Melchior und Othmar; ebenso Iteleck und Marx, die eindeutig aus dem Hause Reischach übernommen sind, Friedrich könnte auf das Geschlecht v. Reinach zurückgehen, Walter kommt schon unter den mütterlichen Vorfahren der Ursula v. Ramstein vor. Die Einheirat Annas v. Klingenberg dürfte die Wahl der Namen Albrecht und Kaspar gefördert haben. Den Jungennamen wurde zeittypisch häufig noch Johann vorangesetzt. Unter den Töchtern des letzten Vertreters der Linie Laufenburg erscheint durchgängig vorangestellt: Maria. Hier finden wir auch Schwestern mit bereits drei Vornamen.

Öfters ist es nicht möglich, einzelne Angehörige sicher in die Familie einzuordnen, so z.B. eine Katharina, die Domfrau in Ottmarsheim war (1523), oder den unehelichen, aber bedeutenden Geistlichen Dr. Heinrich Schönau (1485–1525), wohl ein Sohn Jakobs V. Hürus. Auch tauchen – wie schon früher – bisher unbekannte Familienmitglieder auf, beispielsweise eine Anna von Schönau, die 1393 schon verstorbene zweite Frau Josts (des Vogtes) von Stetten oder von Gottenau. Ein Sohn dieser Ehe ist 1393 Geistlicher[14]. Anna dürfte eine Tochter Rudolfs II. Hürus aus seiner ersten Ehe sein. 1546 vermacht eine sonst unbekannte Katharina von Schönau ihrem bürgerlichen Mann Eucharius Stehelin ihren Besitz – außer einem Haus in Schopfheim[15]. – Im ganzen wirkt das Geschlecht von Schönau bis zum Dreißigjährigen Krieg zukunftsfroh: Söhne und Töchter heiraten ganz überwiegend, nur wenige Nachkommen wählen eine geistliche Laufbahn.

Das Festhalten des Geschlechtes am alten Glauben hatte nie in Frage gestanden. Offenbar nur eine Ehefrau war in der ersten Hälfte des 16. Jahrhunderts zur neuen Lehre übergetreten. Seit Anfang des 16. Jahrhunderts nehmen die Herren von Schönau ständig ein Privileg des alten Adels in Anspruch, sie nennen sich »*edel (und fest)*«[16]. – Fromme Stiftungen sind an mehreren Orten errichtet worden, ebenso Grabmäler. Grabstätten wurden z. B. in Freiburg, Rheinfelden, Wehr, Säckingen und Laufenburg geschaffen. Die weiter fehlende gemeinsame repräsentative Grablege verhinderte jedoch eine intensivere Pflege des Gedächtnisses. Negativ mußte der gelegentliche Verlust von Archivalien wirken. Über den Verlust aller Urkunden durch den Brand ihres Schlosses klagten 1499 die Brüder Hans IV. (VII.) und Jörg. Sie wünschten von der vorderösterreichischen Regierung, daß sie in den Registern und Lehenbüchern deshalb nachsuchen lasse, ob sich darin etwas (die von Schönau Betreffendes) fände[17]. (Es könnte sich um Folgen des Schwabenkrieges am Schloß ›Schönau‹ in Säckingen gehandelt haben.)

Trotz dieser Einschränkungen kann man zusammenfassen: Die Herren von Schönau hatten sich am Hochrhein dauerhaft verankert. Sie konnten sich auf Ämter, Pfandschaften, Lehen und Eigenbesitz stützen. Sie hatten auch die verbliebenen Lehen und Güter im Elsaß übernommen und weitergeführt. Aus dem anfänglich kleinen Trieb waren mehrfach zahlreiche Familien-Angehörige hervorgegangen. Der hochrheinische Zweig hatte zwei Linien hervorgebracht. Auch Zeiten, in denen nur ein erwachsener männlicher Vertreter (und seine Frau) den Zweig oder eine Linie geführt hatten, wurden mehrfach überstanden. Während schließlich die Linie Laufenburg in der ersten Hälfte des 17. Jahrhunderts im Mannesstamm ausstarb, war der Hauptzweig gerade dabei, in den Söhnen Itelecks neu zu erblühen[18].

Die Zeit der vier Linien

Diese Söhne Itelecks führten 1628 in der 12. Generation eine Besitzteilung durch, aus der die vier Linien (Säckingen-)Oeschgen, Schwörstadt, Wehr und Zell hervorgingen. Diese neuen Linien bestanden alle über weitere vier Generationen bis an die Wende vom 18. zum 19. Jahrhundert. Die Äbtissin von Säckingen pflegte den jeweiligen Stammältesten aus allen Linien mit dem Meieramt zu belehnen. Die elsässischen Güter und Lehen fielen an die Zeller Linie. Das St. Galler Lehen war im Dreißigjährigen Krieg verkauft worden. Die Herrschaften Stein und Ronsberg im Allgäu verursachten viel Streit unter den Schönauschen Linien und gingen gegen 1750 für 280.000 Gulden in den Besitz der Abteien Kempten und Ottobeuren über.

Vertreter der Linien Oeschgen, Wehr und Zell übernahmen immer wieder das Amt eines österreichischen Waldvogtes und eines Schultheißen von Waldshut. Johann Franz Anton von Schönau-Schwörstadt diente als österreichischer Offizier auf den östlichen Kriegsschauplätzen. Er heiratete erst in seinem letzten Lebensjahr. Anton Ignaz Johann, ein später Herr von Zell, lebte fast ständig in Pruntrut und erreichte höchste Stellungen in der dortigen Regierung des Bischofs von Basel. Franz Anton Fidel von Schönau-Wehr nahm Dienste bei den katholischen Markgrafen v. Baden-Baden. Nach ihrem Aussterben diente er sogar dem erbenden evangelischen Markgrafen Karl Friedrich als Obervogt. Die Herren von Schönau verdienten sich immer wieder gewissermaßen ein Zubrot und überließen ihre Herrschaften Verwaltern.

1668 erhob Kaiser Leopold I. alle Familienmitglieder förmlich in den Reichsfreiherrenstand. – Die Ehefrauen der vier Linien stammten ganz überwiegend aus denselben Landschaften wie bisher. Bevorzugt wurden Frauen aus Familien ausgewählt, mit denen die Freiherren von Schönau schon versippt waren. Zweimal erscheinen in den neuen vier Linien Gemahlinnen aus den Häusern Bodman, Kageneck und Schönau, hier allerdings jeweils aus einer anderen Linie. Zwei Schwestern von Wessenberg heirateten zwei Brüder der Linie Zell. Auch aus der Familie Zweyer v. Evenbach gingen zwei von Schönausche Ehefrauen

Stammtafel 4: Die vier Linien des 17. und 18. Jahrhunderts

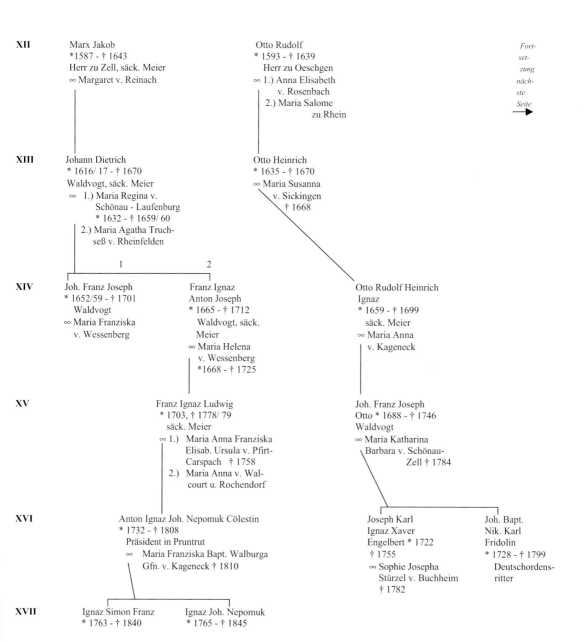

XII	Hans Hürus * 1595 - † 1659 Herr zu Wehr ∞ Maria Kunigunde v. Bodman	Heinrich Hürus * 1597 - † 1636 Herr zu Schwörstadt ∞ Eva Veronika v. Schauenburg - Herlisheim	
XIII	Johann Friedrich * 1629 - † 1678 säck. Meier ∞ Maria Barbara v. Bernhausen † 1680	Franz Heinrich Reinhard † 1669 ∞ Anna Katharina Holzapfel v. Herxheim † 1675	
XIV	Joh. Franz Anton * 1664 - † 1719 säck. Meier ∞ Klara Helena v. Liebenfels † 1725	Franz Fridolin Anton Eusebius * 1660 - † 1702 ∞ Maria Johanna Regina Zweyer v. Evenbach † 1727	Hans Heinrich Hürus Leontius Eusebius Joseph * 1663 - † 1698 ∞ Maria Victoria v. Freiberg † 1704
XV	Fidel Joseph Franz Anton * 1694 - † 1759 Waldvogt ∞ Maria Katharina Sophia v. Baden zu Liel † 1741		Joh. Franz Anton Joseph Fridolin Eusebius * 1690 - † 1733 österr. Offizier ∞ Anna Maria Victoria (v.) Gall † 1760
XVI	Franz Anton Fidel * 1732 - † 1806 Hofmarschall, Obervogt ∞ Maria Xaveria Sophie Zweyer v. Evenbach † 1790		Joh. Franz Anton Albert Raphael (Postumus) * 1733 - † 1811 ∞ Walburga v. Bodman-Möggingen † 1807
XVII	Anton Joseph Xaver * 1773 - † 1839 ∞ Josephine Wilhelmine v. Gemmingen-Steinegg		Thaddäus Maria Anton Joseph * 1763 - † 1790

hervor. Man muß bedenken, daß in zwei Fällen die Schwiegermutter eine geborene von Schönau aus der Linie Laufenburg, in einem anderen Fall eine von Schönau-Oeschgen war. Darüber hinaus war z. B. eine Großmutter der letzten Oeschger Ehefrau eine geborene von Schönau-Schwörstadt.

In der Linie Wehr holte sich erst Anton Joseph Xaver (1773–1839) seine Gemahlin Josefine Wilhelmine v. Gemmingen-Steinegg aus dem Kraichgau. Johann Franz Anton von Schönau-Schwörstadt hatte – dies ist eine Ausnahme – 1732 in Wien die Tiroler Adlige Anna Maria Victoria (v.) Gall geheiratet. Anna Maria war in erster Ehe mit einem Reichsgrafen verheiratet gewesen. Der letzte verheiratete Herr von Schönau-Zell ehelichte 1758 eine Gräfin v. Kageneck. Allerdings hatten die Kageneck, aus deren Familie bereits eine Schönausche Ehefrau hervorgegangen war, erst kurz vorher den Grafentitel erlangt. – Es kann also nicht verwundern, wenn die nun in größerer Zahl erhaltenen Porträts öfter Herren mit ovalem Gesichtsschnitt und hoher, breiter Stirn zeigen. Solche Kopfformen finden sich bis in die Gegenwart unter Vertretern der Linie Schönau-Wehr.

Neue Linien sind bis zum Ende des 18. Jahrhunderts nicht mehr entstanden. Es gab auch nur kurzfristig in der Zeller Linie ein Brüderpaar, das eine Besitzteilung vornahm. In der Schwörstädter Linie stritten gegen 1700 zwei Brüder heftig miteinander. Ansonsten kamen Brüder gar nicht zur Heirat, sie starben entweder jung, oder sie ergriffen eine geistliche Laufbahn. So ist es nicht überraschend, daß aus der Linie Zell sogar ein Bischof hervorgegangen ist. Unter den erwachsenen Töchtern der Linien Oeschgen und Schwörstadt überwogen die Eheschließungen deutlich die Eintritte in geistliche Institute (8:2; 6:1), doch in der Linie Zell kamen auf neun Heiraten immerhin sechs Lebenswege in Klöstern oder Stiften, in der Linie Wehr stehen der Ehe einer Tochter sogar sieben Eintritte von Töchtern in Konvente oder Stifte gegenüber. Es fällt schwer, dahinter keine Absicht der Eltern zu vermuten.

Unter den Vornamen der vier jetzt betrachteten Linien fallen konfessionell orientierte Namen auf: Cajetan, Cölestin, Eusebius, Fidelis, Ignaz, Joseph, Leontius, Morand, Pius, Raphael und Xaver; unter den Mädchennamen: Aloysia, Antonia, Cajetana, Crescentia, Euphemia, Eusebia, Josepha, Scholastika, Therese und Xaveria. Im 18. Jahrhundert nahm die Vorliebe für mehrere Vornamen (oder der Versuch, mehrere Namenspatrone zu gewinnen) schnell zu. Es gibt Angehörige mit vier, fünf und sechs Vornamen. Ein Sohn der Linie Wehr erhielt 1772 sogar neun Taufnamen, was ihn jedoch nicht vor einem frühen Tod bewahren konnte.

Leider starb Thaddäus, der letzte Sohn aus der Linie Schwörstadt, mit 27 Jahren, ohne geheiratet zu haben. Von den beiden letzten Vertretern der Linie Zell hätte der Benediktiner Ignaz Simon Franz nach der Aufhebung seines Klosters in seinem weiteren Leben als Privatmann in Freiburg eine Ehe schließen können. Auch sein jüngerer weltlicher Bruder Ignaz Johann Nepomuk blieb nach den Wirren der Revolutionskriege bis zu seinem Tod 1845 unverheiratet. Und in der Linie Oeschgen entschloß sich Johann Karl Fridolin, ein Deutschordensritter, der nach dem kinderlosen Tod des letzten verheirateten Freiherrn von Schönau-Oeschgen die Familiengüter verwaltete, nicht zur Rückkehr in den weltlichen Stand. – Die in vier Linien geteilten Nachkommen Itelecks strebten am ehesten nach Ruhe und Bewahrung, nach der Einrichtung im Vorhandenen. Risiko und Neugründung lagen ihnen fern[19].

Ausblick

Die nächsten 200 Jahre Geschichte der Freiherren von Schönau liegen klar am Tag: Zwischen 1799 und 1845 endeten die Linien Oeschgen, Schwörstadt und Zell im Mannesstamm. Übrig blieb die Linie Wehr, von der durch eine Besitzteilung schon 1838 die Stämme Adolf, Otto und Rudolf ausgingen. Die Nachkommen Adolfs hatten in der veränderten Welt des 19. Jahrhunderts dauernde wirtschaftliche Schwierigkeiten und zogen schließlich von Wehr über Freiburg nach Waldkirch. Auf die Brüder der nächsten Generation Friedrich und Eberhard gehen die heute lebenden Angehörigen der Linie Schönau-Wehr zurück. Zu den Nachkommen des älteren Bruders Friedrich gehören der Graphiker Hans Rudolf in Starnberg und Wolfgang Wernher in Sigmaringen.

Von den Kindern Eberhards leben noch die Schwestern Gerda Alice und Inga Waldburga sowie der Sohn Wernher Hyrus, der drei Töchter und drei Söhne erhalten hat. Durch Adoption wachsen auf Pöttmes nördlich Augsburg fünf Enkel als Freiherrn von Gumppenberg heran. Sie wurden zwischen 1985 und 1993 geboren. Der Stamm Rudolf hat hohe badische Beamte und Militärs sowie einen Kunstmaler hervorgebracht, ist aber in männlicher Linie ausgestorben. Der Stamm Otto ging 1935 durch Adoption des Verwandten Wilhelm Emil Freiherrn v. Schauenburg-Herlisheim in die neue Linie Schönau (zu Schwörstadt) über. Auch in der Linie Schönau wächst eine Enkelgeneration heran.

In den jetzt vorgestellten weiteren sieben Generationen konnten die Freiherren von Schönau mehrmals Töchter gräflicher Häuser als Ehefrauen gewinnen. Gelegentlich dehnte sich der Heiratskreis nach Bayern und Österreich, einmal sogar nach Schleswig-Holstein aus. Die von dort stammende Sophie Gräfin v. Reventlow mußte allerdings erst die Konfession wechseln. Die Nachkommen Friedrichs von Schönau-Wehr haben durchweg bürgerliche Frauen geheiratet. Das gleiche gilt für die heute lebende mittlere Generation der Linie Schönau. Die Kinderzahl ist in den einzelnen Ehen seit dem Beginn des 19. Jahrhunderts etwas zurückgegangen. Die vollständige Vornamenzahl einer Person kann durchaus noch vier erreichen. Es tauchen immer wieder Namen auf, die aus den Jahrhunderten Schönauscher Geschichte stammen. Dagegen können die Berufe inzwischen sehr modern sein: Graphiker, Ingenieur, Wirtschaftsberater, Dolmetscherin, Modemeisterin.

Wir haben 23 Generationen durchwandert. Auf der Suche nach den Wurzeln fanden wir vor rund 800 Jahren Vorfahren als gehobene Dienstmannen. Erste Namen waren Heinrich, Ulrich und Dietrich. In der nächsten Generation folgte der Aufstieg in die oberste Gruppe der Ministerialität. Von ihr sehr schnell gelöst, gehörte das Geschlecht von Schönau dann zum niederen Adel. Erst 1668 schloß sich die Erhebung in den Reichsfreiherrenstand an. Ob in einer fortdauernden feudalen Welt die Erhebung in den Grafenstand hätte folgen können? Die Ehen mit Gräfinnen scheinen es anzudeuten. An den Hochrhein verpflanzt fand das Geschlecht hier für Jahrhunderte seine Heimat, ohne die Besitzungen im Elsaß bis zur Französischen Revolution aufzugeben. Heute sind die Freiherren von Schönau in die moderne Gesellschaft eingefügt. Grund- und Waldbesitz und die Freude an der Jagd stellen gleichsam feudale Relikte dar. Aus der Geschichte und aus dem (gesetzlich nicht mehr vorhandenen) Adel leiten die beiden Linien eine öffentliche Verantwortung her. So sind sie bereit, einem städtischen Museum Leihgaben zur Verfügung zu stellen, sie tragen zum Erhalt einer Burgruine bei, und sie wirken z. B. im Roten Kreuz mit.

Anmerkungen

1 Frese, W.: Die Herren von Schönau (Forschungen zur oberrhein. Landesgeschichte 26) Freiburg/München 1975, S. 63.
2 Vgl. den Beitrag Schubring über Wappen und Rang.
3 Vgl. zum ganzen Kapitel: Frese: Schönau, S. 2–4, 19–36, 59–79; Bischoff, G.: Le Berceau d'un lignage, ms. Mskr. 1999, S. (2)–(7).
4 Vgl. unten.
5 Wörterbuch der elsässischen Mundarten, bearb. v. Martin, E./Lienhart, H., Bd. 1, Straßburg 1899, S. 369f. sowie freundliche Auskünfte von Pierre-Paul Faust/Rufach.
6 StA Basel Klingental Urk. Nr. 380; Rappoltsteinisches Urkundenbuch, Bd. 5 Colmar 1898, S. 551 Nr. 1545.
7 Buxtorf-Falkeisen, (C.): Basler Zauber-Prozesse aus dem 14. und 15. Jahrhundert, Basel 1868, S. 9–15.
8 StA Basel Klingental Urk. Nr. 2804.
9 Herrn P.-P. Faust/Rufach danke ich herzlich für Führung und Erläuterungen.
10 Vgl. zum ganzen Kapitel: Frese: Schönau, S. 4–11, 16–90; Bischoff (wie Anm. 3) S. (7)–(16).
11 Vgl. den Beitrag Kreutzer.
12 AFSW: U 11.
13 Ebd. U 94.
14 ZGO 30/1878, S. 232f. Nr. 304. Vgl.: AFSW: U 6, 8, 9, 11, 12.
15 Basler Zt. f. Gesch. u. Altertumskde. 38/1939 S. 24 Anm. 53.
16 AFSW: U 25 (1477), 30 (1505), 33 (1508), 46 (1535), 56 (1549), 59 (1560), 60 (1561).
17 Tiroler Landesarchiv Innsbruck (Hg.): Repertorium zu den Lehensamtsbüchern (1288 – ca. 1900), bearb. v. H. Moser, Innsbruck 1981, S. 7.
18 Vgl. zum ganzen Kapitel: AFSW: B 118, Bd. 3; Bd. 4 S. 2–122. – Frese: Schönau, S. 11 16, 91–183; vgl. den Beitrag Schubring über die Folgen von Sempach.
19 Vgl. zum ganzen Kapitel: AFSW: B 118, Bd. 4 S. 125–280; Bd. 5 S. 2–201; vgl. den Beitrag Hug. Für die Wiedergabe der zugehörigen Stammbäume in einem Computerprogramm danke ich meinem Tutor Herrn Alexander Hanafi.

Thomas Kreutzer

Besitz- und Herrschaftserwerb am Hochrhein im 14. Jahrhundert

Das Beispiel der Herren von Schönau bietet tiefe Einblicke in die Geschichte des spätmittelalterlichen Adels im Südwesten des deutschen Reiches. Die Entwicklung dieser Familie ist in vielerlei Hinsicht typisch für die strukturellen Bewegungen und Wandlungsprozesse, denen die verschiedenen Adelsschichten ausgesetzt waren[1]. Seit dem 13. Jahrhundert gliederte sich der Adel immer weiter auf; die angestammten edelfreien Geschlechter, deren hohes politisches Gewicht einst auf einer gesunden wirtschaftlichen Grundlage ruhte, mußten zunehmend Macht und Besitz abgeben: zum einen an die wenigen, zur Landesherrschaft strebenden Fürsten, zu denen in unserem Raum in erster Linie die Markgrafen von Baden und die Grafen von Habsburg gehörten, zum anderen an die aus der Ministerialität zum niederen Adel aufgestiegenen Rittergeschlechter. Neu hinzu trat das vor allem aus Händlern und Handwerkern bestehende Stadtbürgertum, das für den Adel eine ernsthafte Konkurrenz darstellte. Aufgrund ähnlich gelagerter Interessen kam es zu standesüberschreitenden Verbindungen und Umschichtungsvorgängen. Die sozialen Grenzen wurden nun auch ökonomisch definiert, während die geburtsrechtliche Abgrenzung an Bedeutung verlor.

Die Herren von Schönau suchten und nutzten ihre Chance vornehmlich in der Erschließung neuer Einkommensquellen, die über die traditionellen adligen Betätigungsfelder hinausgingen. Als ein aus der Ministerialität stammendes Geschlecht blieb ihnen der Zugang zu höheren politischen Ebenen verwehrt. Aber sie kombinierten ihre eigentlich recht schwache Basis aus Eigenbesitz an Grund und Boden und Leuten mit der Ausübung von finanziell ergiebigen Ämtern, wie dem Säckinger Meieramt und der Verwaltung der habsburgischen Herrschaften Wehr und Hauenstein, mit Heeresdienst für das Haus Habsburg und später mit der Vergabe von Krediten, die durch ihre Amtseinnahmen ermöglicht wurde. Die zu enge Bindung an einen einzigen Herrn konnte allerdings auch Nachteile bringen, wie es die Familie von Schönau während der vorübergehenden Schwächung der Grafen von Habsburg durch die Eidgenossen am Ende des 14. Jahrhunderts erfahren mußte.

Werner Frese[2] stellte in seiner Arbeit über die Herren von Schönau 1973 klar heraus, wie die wirtschaftliche Entwicklung, der soziale Status und das politische Umfeld der Familie sich über Jahrhunderte hinweg gegenseitig beeinflußten. Daher soll der vorliegende Aufsatz weniger den Gang der Besitzgeschichte verfolgen als einen Überblick bieten über die regionale Verteilung all der Besitzungen, die als Pfand, Lehen oder Eigentum dem hochrheinischen Zweig im 14. Jahrhundert zugeführt wurden. Im Zentrum des Interesses steht hier also die jeweilige Erwerbssituation, während die weitere Entwicklung der einzelnen Herrschaftskomplexe in anderen Beiträgen des vorliegenden Buches behandelt wird. Darauf folgt ein kurzer, bis ins 18. Jahrhundert hineinreichender Exkurs über weit entfernt gelegene Herrschaften im Allgäu, im Kanton St. Gallen und Splitterbesitz im Thurgau, da diese Erwerbungen im vorliegenden Buch nicht weiter behandelt werden.

Die Herren von Stein und ihr Meieramt

Die Niederlassung eines Zweiges der elsässischen Herren von Schönau, die sich nach dem Dorf Schönau östlich von Schlettstadt benannten, hängt eng mit dem Aussterben der Herren von Stein zusammen, den Meiern des Stifts Säckingen am Hochrhein. Im frühen 14. Jahrhundert heiratete Jakob Rudolf I. von Schönau Margareta von Stein, zu einem Zeitpunkt, als von einem späteren Erbanspruch noch keine Rede sein konnte. Doch der letzte Meier von Stein starb ohne eigene Kinder, so daß über die Gattin Rudolfs schließlich der größte Teil der Steinschen Herrschaft einschließlich des Meieramtes in die Hände der Herren von Schönau kam. (Einen geringen Anteil beanspruchten die Herren von Grünenberg.) Damit war die Besitzgrundlage für einen neuen Zweig der Herren von Schönau am Hochrhein geschaffen, und dies dürfte auch der wichtigste Grund für die Übersiedlung gewesen sein. Der genaue Hergang des Erbfalls ist allerdings durch keine Urkunde oder Chronikeintragung belegt. Man ist daher auf Rekonstruktionen anhand dünn gesäter Quellennachrichten angewiesen.

Schon die Familiengeschichte der Herren von Stein, die sich wahrscheinlich nach der Burg Altenstein in der Nähe von Zell benannten, birgt noch einige Unklarheiten. Mir scheint die althergebrachte Stammtafel gerade in Bezug auf die Schönauschen Erben erneuerungsbedürftig zu sein. Gestützt auf die Forschungen von Walther Merz zu Beginn des 20. Jahrhunderts sah man stets Heinrich II. von Stein als säckingischen ›Großmeier‹ und vor allem als Vater der Margareta an, die Rudolf I. von Schönau ehelichte[3]. Dagegen möchte ich vorschlagen, Heinrich III., den Neffen Heinrichs II., als Vater Margaretas anzusprechen.

Die Abstammung[5] der Gattin Rudolfs I. von Schönau von Heinrich III. ist meiner Meinung nach vor allem dadurch belegt, daß Rudolf II. 1382 in zwei Jahrzeitstiftungen von seinem »eny« (Großvater oder neutraler: Ahn) Heinrich von Stein spricht; dabei wird in einer der Stiftungen zusätzlich Heinrichs Bruder Matthias genannt, Rudolf erneuert zudem in beiden Fällen ältere Stiftungen Heinrichs und Matthias' von

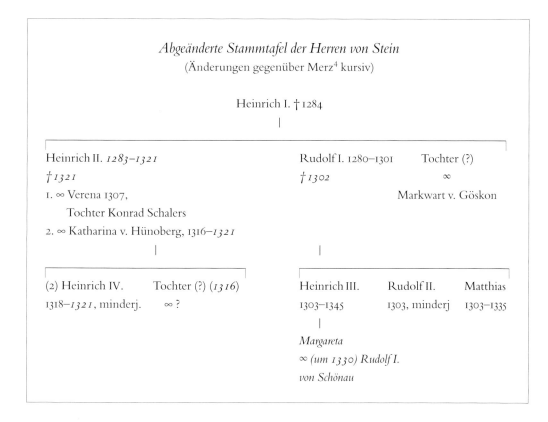

1321 und 1339. Eine 1321 eingerichtete Stiftung Heinrichs II., der bisher als Großvater Rudolfs galt, obwohl noch 1339 durch Heinrich III. und Matthias bestätigt, wird 1382 dagegen nicht wieder erneuert! Der Name Margareta ist erst aus einer Jahrzeitstiftung Albrechts von Schönau aus dem frühen 15. Jahrhundert bekannt. Man könnte auch in der unbekannten Tochter Heinrichs II., die 1316 verheiratet wurde, diese Margareta erkennen. Doch abgesehen von dem oben dargelegten Befund spricht das Datum 1316 dagegen, Rudolf I. von Schönau erscheint ansonsten erst 1347 in den Quellen, also eine Generation später. Außerdem gab Herzog Leopold von Österreich zwar 1316 seinem Getreuen Heinrich von Stein zur Hochzeit von dessen Tochter ein Pfand im Amt Zug; es ging aber gerade nicht wie die meisten anderen österreichischen Pfänder an die Herren von Schönau über; vielmehr wurde es später von Henmann von Grünenberg beansprucht.

Somit sähe der Erbgang folgendermaßen aus: Da Heinrichs II. Sohn Heinrich IV. offenbar in jungen Jahren starb, ging der Familienbesitz an die Neffen Heinrich III. und Matthias über. Heinrich III. war 1303 zwar noch minderjährig, doch spätestens 1314 muß davon ausgegangen werden, daß er voll geschäftsfähig war. Denn obwohl Heinrich IV. noch ein Kind war, wurde sein Vater Heinrich II. bereits als »*der Ältere*« bezeichnet, was auf einen volljährigen Namensvetter hindeutet, eben Heinrich III. Nachdem Matthias wohl bald nach 1335 verstorben war, verfügte sein Bruder Heinrich allein über den Besitz der Familie und das Meieramt des Stifts Säckingen. Über Heinrichs Tochter Margareta kam das Steinsche Erbe schließlich um 1350 an die Herren von Schönau. Heinrich III. wird nämlich letztmals 1345 und Rudolf II. 1352 erstmals am Hochrhein genannt[6].

Der erste eindeutige Beleg für Angehörige der von Schönau als Erben der Herren von Stein datiert allerdings erst von 1364[7]. Rudolf II. nennt sich in Anlehnung an die Familie seiner Mutter »*von Stein*« und läßt sich und seinen Nachkommen »*von Stein*« vom österreichischen Landvogt seine Rechte als säckingischer Meier bestätigen. Die genauen Verhältnisse zwischen 1345 und 1364 lassen sich aber nur schwer erhellen. Obwohl Vater und Sohn für die entsprechende Zeit nicht sicher voneinander zu unterscheiden sind, sieht es so aus, daß Rudolf I. in den Quellen zwischen 1347 und 1360 nur in elsässischem Zusammenhang auftaucht. Dagegen dürfte Rudolf II. ab 1352 ausschließlich an Hochrhein und Aare tätig sein, und zwar überwiegend im Kriegsdienst der

Herzöge von Österreich. Darüber hinaus sind Kontakte zum Stift Säckingen nachweisbar.

Der wichtigste Bestandteil des Steinschen Erbes war ohne Zweifel das schon erwähnte Meieramt des Stifts Säckingen. Die Herren von Stein und später die Herren von Schönau hatten als Meier umfangreiche Grund-, Leib- und Gerichtsrechte über große Teile des säckingischen Besitzes, was hohe Einkünfte mit sich brachte. Der Stiftsbesitz wurde über Meier- bzw. Dinghöfe verwaltet, denen jeweils weitere Güter wirtschaftlich und juristisch zugeordnet waren. Das Meieramt war zu einem erblichen Lehen geworden; für die eigentlichen Verwaltungsaufgaben setzte der Meier Vertreter ein. Ein Teil der Meierhöfe im südlichen Schwarzwald und im Fricktal wurde von den Herren von Wieladingen, die mit den Herren v. Stein wahrscheinlich verwandt waren, verwaltet. In der ersten Hälfte des 14. Jahrhunderts ist die Teilung des Meieramtes zwischen beiden Familien mehrfach belegt, allerdings muß die genaue Aufteilung aus späteren Quellen erschlossen werden.

In der Forschung wird bis heute die Meinung vertreten, die Herren von Stein hätten das ›große Meieramt‹ besessen; es hätte umfaßt: die Meierhöfe Zell und Stetten im Wiesental sowie Zuzgen, Wegenstetten, Kaisten, Sulz, Ittenthal und Mettau im Fricktal, dazu die Hälfte der Höfe Herrischried, Murg und Oberhof im Hotzenwald und Stein und Hornussen im Fricktal. Die Herren von Wieladingen hätten daneben über die jeweils andere Hälfte der oben genannten fünf Höfe verfügt, das sogenannte ›kleine Meieramt‹[8]. Der Begriff ›großes Meieramt‹ kommt meines Wissens in keiner Quelle des 14. Jahrhunderts vor, für das ›kleine Meieramt‹ gibt es nur einen Beleg von 1431. Die Formulierung beschreibt offenbar einen späteren Zustand, als die Herren von Schönau das Amt übernommen hatten. Ob schon die Herren von Stein die Hälfte der genannten fünf Meierhöfe im Hotzenwald und im Fricktal innehatten, ist dementsprechend fraglich.

Mir scheinen die Herren von Wieladingen am Anfang des 14. Jahrhunderts diese Höfe noch als Ganzes zu verwalten. Denn in den Quellen zu den betreffenden Höfen ist bis 1333 von keiner Beteiligung anderer Herren zu lesen. Zwischen 1335 und 1340 werden dann in drei Urkunden die Herzöge von Österreich bzw. deren Vertreter als Teilhaber zumindest zu Stein und Hornussen genannt, was bisher noch keinerlei Beachtung gefunden hat. Diese Teilung der Meierrechte fand noch zu Lebzeiten Heinrichs III. von Stein statt. Als Hartmann von Wieladingen

1373 sein Meieramt mit allem Zubehör an das Stift Säckingen zurückverkaufte, waren davon nur die fünf Hofhälften betroffen. Die Stiftsdamen behielten von da ab diesen Teil des Meieramtes für sich; 1431 wurde dieser im Rückblick als »*kleines Meieramt*« bezeichnet. Die andere Hälfte war mit der Zeit in die Hand der Herren von Schönau gekommen[9].

Es ergibt sich nun folgender Befund: Eindeutig zum Meieramt der Herren von Stein zählten die Höfe Stetten, Zell, Wegenstetten, Zuzgen, Kaisten, Ittenthal, Mettau und Sulz. Das Wieladingische Meieramt wurde während der 1330er Jahre geteilt, so daß die Hälfte der Höfe zu Stein und Hornussen und wahrscheinlich auch zu Herrischried, Murg und Oberhof bei den Wieladingern blieb. Nachdem die Herren von Schönau das Erbe Heinrichs von Stein angetreten hatten, beanspruchten sie offenbar auch die Hälften der Höfe, die zwischenzeitlich von Österreich verwaltet wurden, für sich. Nicht umsonst ließ sich Rudolf II. 1364, 1365 und 1367 gerade von den Herzögen und deren Amtleuten seine Rechte als Meier von Säckingen bestätigen[10].

Das Erbe der Herren von Stein

Jeder der säckingischen Meierhöfe besaß ein bestimmtes regionales Einzugsgebiet mit weiteren Besitzungen des Stifts, die vom Meier kontrolliert wurden. Für die Herren von Stein hatte vor allem die Herrschaft, die sie um den Hof zu Zell errichten konnten, besondere Bedeutung. Aus einer Verpfändungsurkunde von 1393 ist bekannt, was dazu gehörte[11]: die mutmaßliche Stammburg Altenstein und die Dorfherrschaft über Zell, die Dörfer Atzenbach, Mambach und Ehrsberg, sowie weitere ungenannte Dörfer, Leute und Güter, weiterhin alle Leute, Güter, Nutzen, Abgaben, Fischenzen, Wälder, Gewässer und die Taverne, die Zubehör des Zeller Hofes waren. Dies galt alles als Erblehen des Stifts Säckingen. Darüber hinaus besaßen die Herren von Stein zu Zell mindestens 18 verschiedene Eigengüter, wie aus der Stiftung Heinrichs II. von 1321 hervorgeht.

Zum Hochgerichtsbezirk des Zeller Dinghofs zählte wahrscheinlich auch die südlich anschließende Herrschaft Neuenstein[12]. Die Herren von Stein errichteten die Burg Neuenstein im 13. Jahrhundert als weiteren Herrschaftssitz auf Grund und Boden des Klosters St. Blasien, das bis zum Jahr 1401 Lehnsherr war. Nachdem die Forschung seit über 150 Jahren bis auf wenige Ausnahmen die Neuenstein in der Nähe von Todtmoos angesiedelt hatte, konnte Klaus Schubring kürzlich den Standort überzeugend mit der Burgstelle Burgholz bzw. Steineck bei Raitbach identifizieren. Die Gemarkung der Herrschaft umfaßte einen schmalen Streifen zwischen der Wiese und dem Oberlauf der Wehra, aber die ältesten Zugehörden der Burg sind nur bruchstückhaft bekannt. Am ehesten wird man in den Höfen *Steinegg* (Steinighof) und *Sattellege* (Sattelhof) frühes Zubehör der Neuenstein erkennen können; möglicherweise gehörten auch Fischereirechte in der oberen Wehra dazu. Als die Herren von Schönau die Herrschaft 1400 an die Markgrafen von Hochberg verkaufen, erfährt man weitere Bestandteile, die allerdings größtenteils erst später hinzuerworben worden waren.

Am Unterlauf der Wiese lag der Meierhof Stetten[13], wo sich die Herren von Stein ebenfalls eine eigenständige Herrschaft errichten konnten. Diese umfaßte die Dorfherrschaft über Stetten und einiges Zubehör, nämlich jedenfalls den Dinghof in Tüllingen, sowie Güter und Einkünfte in Inzlingen, Ottwangen, Ötlingen, Brombach, Maulburg, Haltingen, Kirchen, Fischingen, Eimeldingen, Lörrach und im Rheintal. Zu Stetten beanspruchten die Meier über die sonst übliche niedere Gerichtsbarkeit hinausgehende Befugnisse, was noch lange zu Konflikten mit den markgräflichen Kastvögten führte. Im Wehratal besaßen die Herren von Stein Güter, Einkünfte und Rechte unterschiedlicher Art und Herkunft[14]. Ihnen stand von den Gotteshausleuten des Stifts Säckingen im ganzen Tal ein Drittel der Todfälle zu, und sie besaßen *im Wehratal und in Enkendorf* mindestens neun Güter zu eigen. Zudem hatten sie von den Habsburgern Pfandschaften auf der Mühle und auf dem Amt zu Wehr mit Zinsen im Wert von zusammen 11 M(ark) S(ilber) inne.

Rudolf II. von Schönau verfügte 1365 über Besitz zu Hasel, der aus Eigenleuten und dem Vogtrecht über mehrere Hofgüter bestand und wahrscheinlich aus dem Stein-Erbe stammte. Bei Oberschwörstadt[15] im Rheintal besaßen die säckingischen Dienstleute seit 1315 eine Burg samt Leuten, Weingärten, Matten, Äckern und sonstigen Gütern sowie Zwing und Bann zu eigen. Letztere galten aber noch um 1300 als habsburgisches Lehen der Vorbesitzer der Burg, der Herren von Wieladingen. In einem Forst bei Rheinfelden[16] lag auf 72 Schupposen (Landeinheiten bestimmter Größe) ein Pfand der Habsburger von 200 MS, das wie die Schwörstädter Burg an die Schönauschen Erben ging.

Im Hotzenwald und im Murgtal[17] hatten die Herren von Stein einigen Eigenbesitz bei Wieladingen: die Wickartsmühle, mindestens 10 Güter oberhalb des Waldes und den Schweighof mit dazugehörigem Waldstück, den sogenannten »*Schweigtannen*«. Das Waldstück lag im Forst Maisenhardt, der ansonsten stiftsäckingisches Eigentum war und von den Meiern von Stein und später von Schönau offiziell nur bevogtet wurde. Werner Frese sieht auch die säckingische Vogtei zu Rippolingen als Teil des Steinschen Erbes an, doch gibt es eher Anzeichen dafür, daß das Dorf zum Meieramt der Herren von Wieladingen gehörte und erst später an die von Schönau kam. Als habsburgisches Pfand schließlich besaßen die Herren von Stein eine »*Herrengülte*« von fünf MS auf mehrere Güter zu Gebisbach.

Die Stiftsmeier verfügten auch in Säckingen über Eigenbesitz. Die Stiftungsurkunde des Jahres 1321 nennt mehrere Güter in Stadt und Bann. Über den Besitz erfährt man 1382 Näheres durch Rudolf II. von Schönau: Die Güter bestanden mindestens aus einem Haus und einem Hof. Außerdem kann Säckingen mehrmals als Aufenthaltsort von Heinrich II. und Heinrich III. nachgewiesen werden. Es liegt die Vermutung nahe, daß nicht mehr die Burgen Altenstein oder Neuenstein, sondern die Stiftsstadt als wichtigster Wohnort und Herrschaftssitz diente. (Die Herren von Stein sollten dabei nicht mit der Ministerialenfamilie (Wirt) von Stein verwechselt werden, die sich nach dem Säckingen gegenüberliegenden Stein benannte und in Säckinger Quellen häufig auftaucht.) Die halbe Kaplanatsleihung am Michaelsaltar zu Säckingen gehörte als Lehen des Stifts wohl ebenfalls schon den Herren von Stein. Werner Frese vermutet im benachbarten Obersäckingen aufgrund älterer Verhältnisse weitere Bestandteile des Steinschen Erbes, doch gibt es dafür keinen Beleg.

Rheinaufwärts liegt bei Laufenburg[18] der heutige Allmendwald; schon im 13. Jahrhundert belehnten die Herren von Stein die Stadt Laufenburg mit der Allmende zwischen Hauenstein, Hochsal und dem Rhein. Aus der habsburgischen Herrschaft Hauenstein[19] stammte pfandweise ein Zins von sechs MS auf der Steuer »*hinter dem Hag*«. Im Fricktal[20] auf der anderen Rheinseite gehörten zur Steinschen Herrschaft außer den säckingischen Meierrechten wieder mehrere Eigengüter. Eine herausgehobene Stellung besaßen die Meier in Zuzgen, wo sie neben dem säckingischen Hof auch die Dorfherrschaft zu Lehen hatten. Das gleiche galt für Wegenstetten; in diesem Ort übten sie auch die hohe Gerichtsbarkeit aus, besaßen also die Stellung eines Kastvogtes, was von österreichischer Seite ausdrücklich vermerkt wurde, da ansonsten die Herzöge in diesem Raum für das Hochgericht zuständig waren. Ob die Kastvogtei nun Eigentum, säckingisches Lehen oder gar – wie sonst üblich – Reichslehen war, muß dahingestellt bleiben. Ein weiterer Hof in Wegenstetten zählte zu Beginn des 14. Jahrhunderts zum Besitz der Meier von Stein. Das frühere Eigengut wurde 1303 an das Bistum Basel verkauft und als Lehen wieder empfangen. Seine Spur verliert sich danach.

Heinrich III. von Stein besaß in Kaisten und Mettau außer den Meierhöfen jeweils einen eigenen Wirtschaftshof, dazu im Mettauer Bann zwei Schupposen und in Effingen zwei Güter[21]. Darüber hinaus nimmt Werner Frese Steinschen Eigenbesitz in Obermumpf und Eiken an. Zunächst muß ›Eiken‹ mit Ueken (»útkon«) identifiziert werden. Doch in beiden Orten kann Besitz der Herren von Stein nicht nachgewiesen werden. In Bözen hatte Heinrich II. einst Besitz[22]. Dieser Ort taucht tatsächlich später, wenn auch unter unklaren Umständen, im Besitz Walters von Schönau auf. Eher am Rand des Steinschen Herrschaftsbereichs lag die Burg Schenkenberg (nordöstlich von Aarau), ein Lehen der Herzöge von Österreich. Rudolf II. und sein Sohn Rudolf III. von Schönau führten 1373 an, daß »wir und unser vordern« über die damit verbundenen Rechte und Gewohnheiten verfügten. Werner Frese läßt die Frage berechtigterweise offen, ob sie damit Heinrich von Stein meinten, oder ob die Burg nicht eher von Rudolf I. stammte, der schließlich auch schon habsburgischer Gefolgsmann gewesen war. Neben dem engeren Zubehör der Burg stand dem Inhaber der Herrschaft Schenkenberg die hohe Gerichtsbarkeit über mehrere Orte der Region zu.

Als gesichert können hingegen die habsburgischen Pfandschaften gelten, die die Herren von Stein an der Limmat zu Baden (Schweinezins von drei MS) und im Siggental (zwei MS auf die Steuer) besaßen. Im Nordwesten lag schließlich im Kandertal Marzell, der letzte bekannte Teil des Steinschen Erbes. Erst 1342 erwarb Heinrich III. das halbe Dorf mit dem halben Kirchensatz von Jakob von Neuenfels und seinen Söhnen und gab sie diesen wieder als Lehen aus.[23] – Das Erbe der Herren von Stein lag also vor allem im Wiesental und beiderseits des Hochrheins. Schwerpunkte bildeten die säckingischen Dinghöfe, hinzukamen Eigengüter und habsburgische Pfandschaften.

Neuerwerbungen Rudolfs II. von Schönau: ca. 1350–1372

Die Herren von Schönau nutzten das Erbe als Ausgangspunkt für eine Vielzahl von weiteren Erwerbungen. Sie waren darauf bedacht, an vorhandenem Besitz anzuknüpfen und so ihre Position zu stärken. Der Zeitraum bis etwa 1372 ist von dem Bemühen Rudolfs II. von Schönau geprägt, seine Machtstellung vor allem in Wehratal und Umgebung zu stärken. Früheste Anzeichen einer solchen Politik sind Erwerbungen von Matten und Gülten zu Öflingen in den Jahren 1356 und 1363. Eher eine Ausnahme war in diesem Zusammenhang das Pfand auf das Amt Schwarzwald von 60 MS, das einst den Herren von Fridingen gehörte und das Rudolf II. etwa 1363 an sich löste. Am 29. und 31.5.1363 erhöhte Herzog Rudolf von Österreich das Pfand jeweils um 300 Gulden. Nur einen Tag später am 1. Juni schlug der Herzog auf das Stein'sche Mühlenpfand und die Güter zu Wehr noch 100 Gulden.

Aus demselben Jahr datiert der erste nachweisbare Kontakt Rudolfs von Schönau zu den Markgrafen von Hochberg zu Rötteln, den Konkurrenten der Habsburger im südlichen Schwarzwald. Trotz seiner engen Anlehnung an die Habsburger suchte der Herr von Schönau seine lehnsrechtlichen Bindungen auszuweiten. Er erhielt zwei wertvolle Lehen, die zuvor Walter Vasolt den Markgrafen aufgegeben hatte. Dazu zählten zu Niederdossenbach Zwing und Bann, hohes Gericht, Leute, Güter, Steuern und sonstige Abgaben und zu Flienken mehrere Gülten in Form von Dinkel, Hafer, Hühnern und Geld. Um den Repräsentations-Bedürfnissen seiner Zeit gerecht zu werden, erwarb Rudolf von Schönau 1364 in Basel auf dem Petersberg in vornehmer Lage das Haus ›zum Drachenfels‹ als Lehen des Bistums.[24] Damit schuf er sich einen Stützpunkt in der am nächsten gelegenen ›Großstadt‹. Nach Werner Frese besaß er noch andere, unbekannte Lehen des Bistums.

Einen großen Coup landete Rudolf von Schönau 1365[25]: Er konnte die auf Amt, Burg und Tal Wehr lastende Pfandschaft im Wert von 1.800 Gulden von dem Markgrafen von Rötteln an sich lösen; Herzog Rudolf erhöhte das Pfand um weitere 600 Gulden und gab seinem Getreuen zudem die Erlaubnis, alle weiteren bereits ausgegebenen Pfänder im Tal an sich zu lösen, so daß *»alles ein Pfand sein solle«*, das man nur noch als Ganzes von ihm lösen dürfe. Zwischen 1365 und 1368 erwarb er auf diesem Weg Pfandschaften auf das Tal (20 MS), das Gericht (20 MS),

Das Wappen der ehemaligen Ortsherren in der Pfarrkirche Wehr

die Steuer (40 bzw. 60 MS) und auf das Amt (220 Gulden, die auf Wehr und Hauenstein lagen). Rudolfs Dienstherr erhöhte das Wehrer Pfand bis 1377 noch dreimal um insgesamt 1.050 Gulden. Als Inhaber des Wehrer Amts konnte Rudolf II. die hohe Gerichtsbarkeit in fast allen Orten des Wehratals ausüben, in vielen Orten auch das Niedergericht.

Als das Amt Hauenstein an Rudolf von Schönau kam, wurden mehrere Dörfer zwischen Wehra und Murg mit hohem und niederem Gericht dem neu erworbenen Amt zugeschlagen. Es handelte sich z. B. um Altenschwand, Atdorf, Bergalingen, Glashütten, Nieder- und Obergebisbach und Rickenbach. (Nur in Gebisbach hatte Rudolf schon über die ererbte Gülte verfügt.) Im Rheintal standen dem Amtsinhaber von Wehr Hoch- und Niedergericht in Obersäckingen zu, aber nur das hohe Gericht in Niederschwörstadt, Oberschwörstadt und Wallbach. In Oberschwörstadt besaßen die von Schönau bereits eine Burg als Eigen. Die Vogteirechte zu Wallbach bezogen sich zusätzlich auf einen Hof des Klosters St. Blasien.

Nachdem Rudolf von Schönau im Wehratal seine Position gesichert hatte, dehnte er seinen Aktionsradius weiter nach Nordwesten aus. Er versuchte offenbar im Anschluß an das ererbte Zentrum Zell, die Herrschaft Neuenstein[26] weiter auszubauen. Man kennt die Bestandteile der Herrschaft leider erst aus der Verkaufsurkunde von 1400, so daß man auf Hypothesen angewiesen ist. Zur Burg Neuenstein gehörten danach die Dörfer Gersbach, Schlechtbach, Schweigmatt, Kürnberg und Raitbach (jeweils mit Hoch- und Niedergericht und allem Zubehör), eine Mühle zu Hasel, die Höfe Sattellege, Blumberg, Eichenbrunnen und Steinegg und die Steingruben bei Kürnberg. Die meisten Orte und Güter sind wahrscheinlich erst von den Herren von Schönau hinzugefügt worden.

Im Mai 1365, bald nach dem Erwerb der Pfandschaft Wehr, erhielt Rudolf II. im Tausch gegen ererbten Besitz zu Hasel von dem Markgrafen Otto von Hochberg das Recht zugesprochen, die Lehen zu Gersbach und Schweigmatt von Petermann von Roggenbach abzulösen. Die Lehen umfaßten jeweils das ganze Dorf mit Leuten, Gütern und hoher und niederer Gerichtsbarkeit. Diese Gerichte wirken wie eine Ergänzung zu den Gerichtsrechten östlich der Wiese, über die Albrecht von Schönau gegenüber den Markgrafen von Hochberg 1394 eine Bestätigung ausstellte und deren Erwerb daher in der Herrschaftszeit Rudolfs II. relativ früh zu datieren ist.

Im Juni 1365 eröffnete sich eine neue Einnahmequelle zu Rheinfelden[27], wo Rudolf von Schönau ja schon ein Pfand besaß. Er erhielt nun aus dem habsburgischen Schultheißenamt pfandweise Zinsen von vier MS für Dienste im Wert von 200 Gulden. Drei Jahre später erhöhte der Herzog den Satz um 100 Gulden. Nicht weit davon entfernt in der Rheinschleife zwischen Rheinfelden und Säckingen bei Möhlin nutzten Rudolf II. und Rudolf III. ein weiteres Pfand, das auf dem Forst mit Namen »Melifelt« lag. »Phantschilling und korngelt« wurden von Rudolf II. 1371 an seine Frau Ursula von Ramstein versetzt, da sie auf Güter, die sie mit in die Ehe gebracht hatte, verzichtete. Wahrscheinlich handelte es sich bei dem ›Melifelt‹ um ein habsburgisches Pfand; im Gebiet bei Möhlin lag altes Reichsgut, das inzwischen unter die Kontrolle der Habsburger gekommen war.

1369 verkaufte Rudolf II. seine Rechte zu Marzell[28] an Otto und Rudolf von Hochberg für 500 Pfund Basler Pfennige. Aufgrund von verbliebenen Schulden aus diesem Geschäft versprachen die Markgrafen im Februar 1371, ihm 25 Pfund Zins von dem Dorf Fahrnau pfandweise zu überlassen, falls die Schuld nicht bis 24. Juni beglichen worden sei. Da der Herr von Schönau im Juli desselben Jahres nach Verstreichen des Termins über die offene Angelegenheit eine Urkunde ausstellte, kann man annehmen, daß ihm das Fahrnauer Pfand zumindest eine Zeit lang zur Verfügung stand. 1372 kaufte Rudolf II. Heinrich von Neuenfels die zweite Hälfte des Kirchensatzes zu Marzell ab, doch wird er sie bald an die Hochberger weitergereicht haben, die wohl spätestens 1379 über den ganzen Kirchensatz verfügen konnten.

Über die aktive Erwerbspolitik Rudolfs II. hinaus kam durch Eheverbindungen weiterer Besitz an die Familie von Schönau, der zumeist weit abgelegen war und zum Teil den Kindern Rudolfs überlassen wurde. Bis 1372 war Rudolf II. zweimal verheiratet. Agnes von Landenberg[29] brachte wahrscheinlich habsburgische Pfandbriefe auf das elsässische Amt Altkirch im Wert von 1.000 Gulden mit; Herzog Leopold legte den Betrag später auf das Amt Hauenstein um. Zu Agnes' Eigentum gehörte auch der Hausrat der Burg Schenkenberg. Über die zweite Frau Ursula von Ramstein[30] gelangte der Burgstall Gutenfels (südlich von Liestal) an die Familie von Schönau. Zum Zubehör gehörten u. a. Einkünfte in Itingen, in Sissach und in Bennwil. 1371 übergaben Rudolf II. und Ursula ihrer Tochter Elisabeth die Zugehörden der Burg Gutenfels als Unterpfand der vorgesehenen Aussteuer; ihr Bruder Rudolf III. verzichtete auf alle Ansprüche. Elisabeths Mann Hartmann von Eptingen starb aber vor seiner Frau, und der Besitz fiel wieder an die Familie von Schönau zurück. Von Elisabeth von Schönau[31] ist weiter bekannt, daß sie 1369 vom Grafen Rudolf von Habsburg-Laufenburg ein Pfand im Wert von 275 Gulden auf das Dorf Mettau im Fricktal erhielt, das er ein Jahr später nochmals um 300 Gulden erhöhte.

Rudolf III. muß schon sehr jung verheiratet worden sein, denn 1364 tritt sein Vater als Vogt seiner Gattin Elisabeth von Lieli (im Seetal, Kanton Aargau) auf[32]. Daraus kann man schließen, daß Rudolf III. zu diesem Zeitpunkt noch nicht volljährig war und seine Ehefrau nicht selbst vertreten konnte. Diese These wird dadurch unterstützt, daß Rudolf III. erst 1372 erstmals als »Ritter« genannt wird und sein Vater Rudolf II. 1373 erstmals den Beinamen »*der Ältere*« erhält. Elisabeth brachte die Stammburg Lieli mit in die Ehe; zum Zubehör gehörten vor allem Güter und Rechte im südlichen Seetal. Im Schönauschen Besitz erschien 1364 ein Leibeigener zu (Bero-) Münster, den Rudolf II. mit dem dortigen Stift gegen einen Leibeigenen zu Lieli tauschte. Die Burg wurde 1386 im Krieg mit Österreich von den Eidgenossen zerstört und der Rest der Herrschaft ging offenbar bald in andere Hände über.

Die Beteiligung der Söhne: 1373–1386

In den späten Siebzigerjahren ergänzte Rudolf II. sein Herrschaftsgebiet im Osten um das Amt Hauenstein, aber sein Hauptaugenmerk war nach wie vor auf das Wehratal gerichtet. Er hatte inzwischen einen Teil der Verantwortung auf seine Söhne übertragen: Rudolf III. kümmerte sich um den Ausbau des Schönauschen Besitzes an der Aare, der Zweitgeborene Walter erhielt offenbar einen Teil des alten Besitzes um Zell und Altenstein zugewiesen. Im April 1377 löste Rudolf III., genannt »*der Jüngere*«, zunächst bei Hertrich zu Rhein ein Pfand von 15 MS auf dem österreichischen Amt Bözberg (bei Brugg im Aargau) ein[33]. Im November verpfändete Herzog Leopold an Rudolf dann das ganze Amt mit großen und kleinen Gerichten für den Betrag von 600 Gulden; das frühere Pfand wurde einfach dazugeschlagen. Das Amt umfaßte ursprünglich einen Bezirk zwischen der Burg Vilnachern und dem Geissberg. Unter Rudolf dem Jüngeren wurde Bözberg mit der Herrschaft Schenkenberg vereinigt, die in unmittelbarer Nachbarschaft lag. Von

1378 bis 1380, also nur kurzfristig, gewannen Rudolf II. und sein Sohn auch Einfluß auf Burg und Amt Baden sowie das Amt Siggental.

Für einige Zeit lag Rudolfs III. Herrschaftsschwerpunkt noch auf Bözen und Schenkenberg. 1384 verzichtete sein Vater zu seinen Gunsten auf die Burg Schenkenberg mit allem Zubehör und dem Hausrat von Rudolfs Mutter Agnes; Vater und Brüder wurden als »*Gemeiner*«, sozusagen als stille Teilhaber, angenommen. Wenige Tage später wurde Rudolf der Jüngere vom österreichischen Herzog mit der Herrschaft belehnt. Doch 1385 verpfändete Rudolf mit Zustimmung seines Lehnsherren die Burg Schenkenberg an seine Schwester Elisabeth. (Spätestens 1387 ging die Herrschaft Schenkenberg-Bözberg ganz verloren.) Rudolf dem Jüngeren blieb nur noch die Herrschaft zu Lieli übrig. Walter von Schönau trat insgesamt zweimal als Käufer in Erscheinung, in beiden Fällen war die Herrschaft Zell betroffen[34]. Der Basler Domherr Werner Schaler der Jüngere verpfändete ihm 1378 die Hofsiedlung Rohrberg bei Zell. 1393 und 1394 nannte Walter als Zubehör zur Burg Altenstein den Hof Henschenberg, sowie zwei Weiher, das »*Burgkorn*« und Matten, was er alles selbst zur Burg dazugekauft hatte. Das Wäldchen »*Eichwald*« gehörte als Eigengut ebenfalls zur Burg.

Rudolf der Ältere mehrte unterdessen seinen Teil der Schönauschen Herrschaft[35]. 1377 kaufte er zu seinem Meierhof in Stetten den säckingischen Hof in Hiltelingen dazu. Am 30. Oktober war der Hof nach Aufgabe durch Hugli zur Sunnen von Hartmann von Wieladingen an Walter von Grünenberg verkauft worden, der vom Stift gleich darauf belehnt wurde. Aber bereits am 7. November reichte der Grünenberger den Hof für 50 Gulden an Rudolf von Schönau weiter. Im folgenden Jahr stärkte Rudolf seine Position im Wehratal durch den Erwerb des Dorfes Öflingen mit Leuten, Gerichten, Mühle und anderem Zubehör von Hartmann von Wieladingen und seiner Gattin Verena von Döttingen, die Öflingen als Morgengabe innehatte. Zunächst geschah dies pfandweise um 241 MS, doch 1382 ging das Dorf gegen eine Summe von 430 Gulden ganz in den Besitz des Ritters über. Zu Flienken kaufte Rudolf 1378 von Eggli Meyer von Hüningen mehrere Grundstücke im Wert von 9 Pfund. Ein Jahr später durfte er zehn Hofstätten samt reichhaltigem Zubehör, die bisher markgräfliches Lehen waren, in Eigenbesitz nehmen, allerdings unbeschadet der übrigen Lehensgüter.

1379 tätigte Rudolf II. seine nach der Pfandschaft Wehr wertvollste Erwerbung[36]: Er löste für den Betrag von 3.520 Gulden sämtliche Rechte an der Burg Hauenstein und an dem dazugehörigen Amt Schwarzwald samt Gerichten und sonstigem Zubehör bei Graf Rudolf von Habsburg-Laufenburg aus; Herzog Leopold erhöhte ihm das Pfand im selben Jahr noch zweimal um insgesamt 600 Gulden. Das Amt verschaffte dem Herren von Schönau umfangreiche Gerichtsrechte über die Besitzungen des Klosters St. Blasien im südlichen Schwarzwald samt den Talvogteien Schönau und Todtnau sowie die hohe Gerichtsbarkeit über die Einungen Wolpadingen, Höchenschwand, Hochsal, Murg, Rickenbach, Dogern, Birndorf und Görwihl. 1382 stieg die Pfandsumme noch einmal um 1.000 Gulden an, als das Pfand des Amtes Altkirch auf den Schwarzwald umgelegt wurde.

In den 1380er Jahren erfährt man von weiteren Besitzungen Rudolfs des Älteren: Bei der bereits erwähnten Bestätigung von Stiftungen seiner Vorfahren tauchen 1382 ein Garten am Säckinger Stadtgraben in der Nähe der ›steinernen Brücke‹ und Güter zu Ueken (im Fricktal) auf. 1385 erwarb Rudolf II. weitere Gülten in Öflingen[37]; der Kauf von Gülten und Gütern zu Wallbach kann dagegen nicht eindeutig datiert werden, wird aber wohl demselben zugeschrieben werden müssen. Ähnliches gilt für das Dorf Hänner bei Laufenburg, von dem Rudolf der Jüngere und sein Bruder Walter 1388 einen jährlichen Zins zur Schuldentilgung verkauften. Die finanziellen Umstände der Brüder und die Lage Hänners machen es sehr unwahrscheinlich, daß das Dorf mit allen zugehörigen Leuten, Gütern und Rechten von jemand anderem als ihrem Vater gekauft worden war.

Der Erwerb des Dorfes Bözen im Fricktal kann ebenfalls nicht sicher einem bestimmten Zeitpunkt zugeordnet werden[38]. Es erscheint 1393 mit Zubehör im Besitz Walters von Schönau, der einen entsprechenden Pfandbrief über 700 Gulden besaß, ging aber 1396 wieder verloren. Erst sehr viel später, 1466, wurde Bözberg mit allen Gerichten als Lehen des Bischofs von Straßburg (!) bezeichnet; das Hochgericht wurde auf Klage des Vogts von Schenkenberg dessen Herrschaft zugewiesen. Es kann also davon ausgegangen werden, daß Bözen bis dahin nicht zur Herrschaft Schenkenberg gezählt wurde. Denn nach dem Verlust dieses Amtes blieb das Dorf ja in der Familie. Entweder hatten bereits Rudolf I. oder Rudolf II. Bözen erworben – man beachte den elsässischen Hintergrund! Oder Walter selbst versuchte zu der Zeit, als er ererbte Meierhöfe im Frickgau innehatte, hier seine Herrschaft zu erweitern, was aber angesichts seiner Finanzlage eher unwahrscheinlich ist.

Bis 1380 hatte Rudolf II. ein drittes Mal geheiratet. Anna von Klingenberg führte der Schönauschen Herrschaft vor allem Güter in der Umgebung des Hohentwiels, dem Herrschaftssitz ihrer Familie, zu; später, zur Zeit der Krise zwischen 1390 und 1400, zeigte sich, daß sie von Haus aus auch über ein nicht unbeträchtliches Vermögen verfügte. Ein Teil der Klingenbergischen Aussteuer wurde von Rudolf und Anna zwischen 1380 und 1382 verkauft[39], so die Lehen des Klosters Reichenau zu Duchtlingen und Mühlhausen und die offenbar in Eigenbesitz befindliche Vogtei über das Niederdorf zu Petershausen – Rudolf II. fiel 1386 auf Seiten Herzog Leopolds im Krieg gegen die Eidgenossen bei Sempach. Sein Tod stürzte seine Familie in eine tiefe Krise. Rudolf hatte bis dahin seine Kreditgeschäfte offenbar über Geldanleihen bei Personen aus seinem Umfeld finanziert[40]. Dennoch konnte er seinen Status wahren, da er die verschiedenen Grundbesitzungen, Herrschaftsrechte und Pfandeinkünfte größtenteils in seiner eigenen Hand hielt und seinen Söhnen wenig Spielraum ließ. Überdies verfügte er als altgedienter Gefolgsmann und Rat der österreichischen Herzöge über einigen Einfluß.

Exkurs:
Der Besitz im Thurgau, im Allgäu und bei St. Gallen

Die noch unmündigen Söhne Albrechts von Schönau, Hans III., Jakob, Hans Kaspar und Hans Heinrich erwarben 1431 im Thurgau angeblich den Anteil des Konstanzer Bürgers Georg von Ulm an dem Dorf Mammern am Bodenseeausfluß als Pfandlehen des Klosters St. Gallen[41]. Sicher nachgewiesen ist immerhin, daß die Brüder 1451 die halbe Burg Neuburg (östlich von Mammern) mit Zubehör erwarben. Wieder hieß der Vorbesitzer Georg von Ulm, und die Zinsen des sanktgallischen Pfandes erbrachten 50 Gulden; nur zwei Jahre später wird der Zinswert mit 100 Gulden angegeben. Darüber hinaus erhielten Hans Kaspar und Hans Heinrich von Schönau 1455 vom Kloster Reichenau für 400 Gulden pfandweise Zinsen von 20 Gulden von den Meierhöfen zu Eschikofen, Lustdorf und Mettendorf östlich von Frauenfeld.

Im Jahr 1585 – spätestens im Juni – gelangten die Herrschaften Ronsberg (Ldkr. Marktoberdorf) und Stein (Ldkr. Memmingen) im Erbgang von Adam von Stein über seine Schwester Sabina an Hans Kaspar von

Grabstein Hans Kaspars von Schönau, Engetried

Schönau[42]. Aus Besitzbeschreibungen und Lehensurkunden des 16. bis 18. Jahrhunderts geht hervor, daß der Besitz aus Gütern und Rechten unterschiedlicher Herkunft zusammengesetzt war. Als wichtigste Bestandteile sind zu nennen: die österreichische Pfandschaft Ronsberg mit dazugehörigen Hoch- und Niedergerichtsrechten – dabei sind in erster Linie die Hochgerichte über Stein, Rettenbach und Gottenau zu zählen – sowie mit Kirchenpatronaten in mehreren Orten der Umgebung; das von der Abtei Kempten zu Lehen gehende Dorf Willofs; das von der Abtei Ottobeuren stammende Dorflehen Engetried, das kurbayerische Lehen Schloß Stein samt Zubehör und die Niedergerichtsbezirke Egg, Engetried und Willofs; dazu kamen weitere vor allem kemptische Lehensgüter sowie die im Eigenbesitz befindlichen Dörfer Wineden und Unteregg.

Gemessen an den benachbarten Herrschaftskomplexen Kurbayerns und der Abteien Kempten und Ottobeuren kam Ronsberg und Stein wenig Bedeutung zu. Doch die daraus stammenden Einnahmen waren für eine nichtfürstliche Familie wie die Herren von Schönau sicher nicht zu verachten. Hans Kaspar verlegte seinen Wohn- und Herrschaftssitz offenbar in die neuen Besitzungen im Allgäu und stieß in den folgenden Jahren seine hochrheinischen Besitzungen allmählich an seine Brüder ab. – Bereits am 10.6.1585 erwarb Jakob Fugger von Hans Kaspar »von Schönau zu Stein und Ronsberg« zwei Höfe im Ort Gottenau, die wohl Teil der Herrschaft Ronsberg waren. Die Fugger waren zu dieser Zeit intensiv mit dem Erwerb weiterer Güter in der Region beschäftigt, so z.B. der Herrschaft Rettenbach. 1594 kam es schließlich zu Verhandlungen zwischen dem österreichischen Erzherzog und Jakob Fugger um die Pfandschaft Ronsberg; der endgültige Übergang des Pfandes von der Witwe Sabina von Schönau geb. von Stein an die Familie Fugger wurde allerdings erst 1599 vollzogen.

Da die beiden Herrschaften Ronsberg und Stein in ihrem Bestand nur schwer voneinander zu trennen waren, bestanden Unklarheiten darüber, welche Rechte an die Fugger abgegeben werden mußten. Trotz eines Besitzverzeichnisses von 1599 konnten letzte Streitigkeiten zwischen beiden Familien um Teile der Pfandschaft erst 1606 beigelegt werden. 1626 wird Ronsberg an Jakobs Sohn Hieronymus, den Begründer der Linie Fugger-Wellenburg, verpfändet. Die Herrschaft Stein verblieb nach Sabinas Tod in den Händen der Erben von Hans Kaspars Bruder Iteleck von Schönau. Die Verpfändung Ronsbergs an die Fugger-Wellenburg dauerte bis 1687 an. Sie traten den Besitz wieder an die Herren von Schönau ab, die die Herrschaft Ronsberg 1691 von Österreich als Pfandschaft erhielten und wieder mit dem Stein'schen Besitz vereinigten. Der Herrschaftskomplex Ronsberg-Stein wurde schließlich für 280.000 Gulden an die Abteien Kempten und Ottobeuren verkauft. 1746 erwarb Ottobeuren das Schloß Stein samt Zubehör; drei Jahre später teilten sich die beiden geistlichen Häuser den restlichen Besitz untereinander auf. Damit war das über 150 Jahre währende Intermezzo der Herren von Schönau im Allgäu beendet.

Das Schloß Neualtstätten oberhalb Altstättens im Rheintal (Kanton St. Gallen) lag ebenfalls am Rande der Schönauschen Interessenssphäre und gehörte für einen noch kürzeren Zeitraum zum Besitz der Herren von Schönau[43]. Es handelte sich um ein Lehen der Abtei St. Gallen und eine von insgesamt vier Burgen bei der eidgenössischen Stadt Altstätten. Seit Ende des 15. Jahrhunderts befand sich Neualtstätten im Besitz der Herren von Freiberg. Die Erbin Helena war Tochter von Ferdinand von Freiberg-Kißlegg und Salome von Schönau, der Schwester Hans Jakobs von Schönau. Helena heiratete 1559 Gabriel von Hohenems, einen Angehörigen des einflußreichen Geschlechts aus Vorarlberg, und brachte das Schloß im Rheintal neben einigen anderen Gütern, darunter das Schloß Kißlegg, mit in die Ehe. Im Jahr 1565 bemühte sich Gabriel um die Belehnung mit den übernommenen Freibergischen Besitzungen.

Während der offenbar sehr konfliktträchtigen Ehe kam es häufig zu Feindseligkeiten zwischen dem 1560 zusammen mit seinen Brüdern in den Grafenstand erhobenen Gabriel und den Vettern der Helena, Hans Rudolf und Hans Kaspar von Schönau. Gabriel versuchte mit Gewalt, sich über die Interessen und Rechtsansprüche seiner Gattin hinwegzusetzen. Dies führte zu einer hohen Verschuldung Helenas, denn sie nahm fortwährend Kredite auf als Ausgleich für die durch ihren Ehemann erlittenen Verluste. 1572 versuchte sie, beim Abt von St. Gallen die Erlaubnis zum Verkauf des Schlosses Neualtstätten zu erwirken, doch Gabriel beanspruchte das Lehen für sich und vereitelte den Plan.

Der Übergang des Besitzkomplexes um Neualtstätten an das Haus Schönau läßt sich nicht eindeutig klären. Eine Möglichkeit besteht darin, daß die Verschuldung Helenas letztlich doch noch zu einem Verkauf führte, doch dürften die schlechten Beziehungen zwischen Gabriel von Hohenems und den Herren von Schönau dem im Weg ge-

Burg Neu-Altstätten

standen haben. Wahrscheinlicher ist ein Erbgang, nachdem Gabriel 1583 und Helena 1588 kinderlos verstorben waren und so zumindest ein Teil des ehemals Freibergischen Erbes an die Verwandten vom Hochrhein gekommen sein könnte. Jedenfalls wird Hans Rudolf von Schönau 1596 vom Abt von St. Gallen mit Schloß Altstätten und Zubehör belehnt. Bereits 40 Jahre später suchte der im Besitz nachfolgende Johann Kaspar von Schönau wegen seiner finanziellen Probleme einen Käufer für das weit abgelegene Lehen. 1639 schließlich ging Schloß Altstätten für 20.000 Gulden an ein Konsortium aus Altstättener Bürgern über.

Zusammenfassung

Jakob Rudolf I. von Schönau, der den Beinamen ›Hürus‹ führte, heiratete um 1330 Margareta von Stein, die Erbtochter des Säckingischen Meiers Heinrich von Stein. Aus dieser Ehe ging Hans Rudolf II. hervor, dessen aktive Politik auf Seiten der Herzöge von Österreich das Ansehen und den Besitzstand seiner Familie stark vermehrte. Mit dem Steinschen Erbanfall etwa um 1350 wurde eine Herrschaftsbasis geschaffen, auf deren Grundlage sich ein neuer Zweig der aus dem Elsaß stammenden Herren von Schönau am Hochrhein einrichten konnte. In den 1360er und 1370er Jahren baute Rudolf II., ebenfalls ›Hürus‹ genannt, den Besitz aus, wobei vor allem der Erwerb der österreichischen Pfandschaften Wehr, Hauenstein-Schwarzwald und Bözberg sowie einer Anzahl hochbergischer Lehen zwischen Wiese und Wehra hervorzuheben ist. Er stand mit den Herzögen von Österreich in recht einvernehmlichem Verhältnis, leistete mehrfach Kriegsdienst und ist als österreichischer Rat nachgewiesen. Rudolf war offensichtlich darauf bedacht, die Herrschaft nur dort aktiv zu erweitern, wo Anknüpfungspunkte im näheren Umkreis vorhanden waren. Sein plötzlicher Tod in der Schlacht bei Sempach führte zu Auflösungserscheinungen in der Herrschaft.

Der hochrheinische Zweig der Herren von Schönau blieb aber erfolgreicher als die Verwandten im Elsaß. Trotz zeitweiliger Krise bedeutete die enge Bindung an das österreichische Herzogshaus den Garanten einer Erwerbspolitik, die auf die Konzentration des Besitzes und die Sicherung von Ämtern ausgerichtet war. Bei der Ausübung des säckingischen Meieramtes profitierten die Ritteradligen von der politischen Schwäche des Stifts, wodurch der herrschaftliche Spielraum wesentlich vergrößert wurde. Der geschickte Umgang mit den finanziellen Ressourcen verschaffte gegenüber regionalen Konkurrenten einen gewissen Vorteil, obwohl das adlige Repräsentationsbedürfnis des ehemaligen Ministerialengeschlechts immer wieder große Lücken in die Kasse schlug. Die Region um das Wehratal wurde über die Jahrhunderte hinweg bis heute mit dem Namen der Herren von Schönau verbunden. Die Grundlage dazu war im 14. und 15. Jahrhundert geschaffen worden.

Anmerkungen

1 Vgl. Andermann, K.: Grundherrschaften des spätmittelalterlichen Niederadels in Südwestdeutschland. Zur Frage der Gewichtung von Geld- und Naturaleinkünften, in: Bll. f. dt. LG 27/1991, S. 145–90; Bittmann, M.: Kreditwirtschaft und Finanzierungsmethoden. Studien zu den wirtschaftlichen Verhältnissen des Adels im westlichen Bodenseeraum 1300–1500 (VSWG Beih. 99), Stuttgart 1991; Ders.: ›Wan ein furst gelt pedarf …‹. Südwestddeutsche Adlige als Finanziers von König und Landesherren, in: Burgard, F., u. a. (Hg.): Hochfinanz im Westen des Reiches 1150–1500 (Trierer Historische Forschungen 31) Trier 1996, S. 307–25; Köhn, R.: Einkommensquellen des Adels im ausgehenden Mittelalter, illustriert an südwestdeutschen Beispielen, in: SVG Bodensee 103/1985, S. 33–62.

2 Frese, W. H.: Die Herren von Schönau. Ein Beitrag zur Geschichte des oberrheinischen Adels (Forschungen zur oberrheinischen Landesgeschichte 26) Freiburg/München 1973.

3 Merz, W.: Die mittelalterlichen Burganlagen und Wehrbauten des Kantons Argau, Bd. 3, Arau 1929, S. 113; Frese: Schönau, S. 91–102 u. Anhang Nr. 9.

4 Änderungen gegenüber Merz: Burganlagen: *Heinrich II.*: GLA Ka 11/3204 (1283); Krieger, A. (Bearb.): Topographisches Wörterbuch des Großherzogtums Baden, Bd. 2, Heidelberg 1905, Sp. 313; GLA Ka 16/1595 f. (1321); Humpert, Th.: Geschichte der Stadt Zell im Wiesental, Zell i. W. 1922, Anhang Nr. 2. – *Katharina von Hünoberg*: wie Heinrich II. (1321). – *Heinrich IV.*: wie Heinrich II. (1321). – *Rudolf I.*: Bosshart, C., u. a. (Bearb.): Repertorium schweizergeschichtlicher Quellen im GLA Karlsruhe, Abt. 2: Säkkingen, Zürich 1986 (in Zukunft: RepSäck), Nr. 22 U (1302). – *Unbekannte Tochter Heinrichs II.*: Maag, R. (Hg.): Das Habsburgische Urbar (Quellen zur Schweizer Geschichte 14-15) Teil 2,1, Basel 1899 (in Zukunft: HabsUrbar), S. 626 f. (1316).

5 Erneuerung der Stiftung von Heinrich und Matthias: GLA Ka 16/132 u. 1395 (1382); RepSäck, Nr. 234–235 U; vgl. dagegen Frese: Schönau, S. 113. – Stiftungen von 1321: GLA Ka 16/1595 f.; Humpert: Zell, Anhang Nr. 2. – Stiftung Heinrichs III. von 1339: GLA Ka 16/877; RepSäck, Nr. 129 U. – Margareta: Jehle, F.: Wehr. Eine Ortsgeschichte, Wehr 1969, S. 97 (nach Jahrzeitbuch Stift Säckingen). – Rudolf I.: vgl. Frese: Schönau, S. 11 f. u. 91.

6 Urkundenbuch der Landschaft Basel, Basel 1881–83, Nr. 210 (1303); RepSäck, Nr. 50 U (1314), Nr. 213 u. 234 B (1352); Schib, K. (Hg.): Die Urkunden des Stadtarchivs Laufenburg, Aarau 1935, Nr. 20 (1345).

7 AFSW U 2 (5. 12. 1352); RepSäck, Nr. 192 U (1364), Nr. 213 u. 234 B (31. 10. 1352).

8 Vgl.: Beitrag Enderle über das große Meieramt und Frese: Schönau, S. 103–109.

9 ›Kleines Meieramt‹ (1431): Frese: Schönau, S. 105. – Meieramt am Ende des 14. Jahrhunderts: AFSW U 7 (10. 4. 1394); GLA Ka 16/20 (1393), auch: RepSäck, Nr. 257 U, mit Fehler: ›kleines Meieramt‹!; ebd., Nr. 260 U (24. 7. 1394), 271–273 U (12. u. 16. 3. 1397). – Herzöge Teilhaber: HabsUrbar 1, Basel 1894, S. 61, 67, 70 (1303–1308); Rep-

Säck, Nr. 96 U (1333), 100 U (1335), 131 U (25.5.1340), 133 U (2.10.1340). – Wieladingisches Meieramt: ebd., Nr. 209 U, 257 B (1373).

10 AFSW U 5 (1367); RepSäck, Nr. 192 U (26.7.1364 u. 6.2.1365).

11 AFSW U 6 (1393).

12 GLA Ka 11/3204 (1283); 46/1657 (1401); 21/334 (1421). – Schubring, K.: Die Herrschaft Neuenstein und Hausen im Wiesental, in: Das Markgräflerland 1994, H. 1, S. 43–62.

13 Jehle: Das Dorf Stetten unter der Herrschaft des Stiftes Säckingen, in: Badische Heimat 38/1958, S. 58–66, bes. S. 58f; Frese: Schönau, S. 107f.

14 Aufteilung der Todfälle: GLA Ka 16/930 (1394); RepSäck, Nr. 259 U (Die pro Todfall anfallenden 30 Schillinge wurden von Rudolf II., seitdem er die Herrschaft zu Wehr innehatte (1365), widerrechtlich ganz für sich beansprucht). – Eigenbesitz: GLA Ka 16/877 (1339); RepSäck, Nr. 129 U. – Habsburger Pfandschaften: 5 MS auf die Mühle und andere Güter: HabsUrbar 2,1, S. 657 § 128 (1280), 6 MS auf das Amt: ebd., S. 132 (1281). – Besitz zu Hasel: GLA Ka 72/v. Schönau 18 (24.5.1365).

15 Verkauf von mindestens zwei Dritteln der Burg Schwörstadt an Katharina von Hünoberg, die Ehefrau Heinrichs II. von Stein: GLA Ka 21/6802 (1316). – Situation um 1300: HabsUrbar 1, S. 63.

16 Ebd. 2,1, S. 653 § 116.

17 Besitz bei Wieladingen: AFSW U 8 (1396); GLA Ka 16/877 (1339), 16/930 (1394). – Vgl. Frese: Schönau, S. 125. – Vogtei zu Rippolingen: Frese: Schönau, S. 129f. u. Anhang Nr. 4. (Auf frühere Spannungen mit den Herren von Wieladingen verweist die Säckinger Äbtissin 1401: GLA Ka 16/1279). – Pfand zu Gebisbach: HabsUrbar 2,1, S. 659 § 134 (1310).

18 Urkunden Laufenburg, Nr. 4 (1284), Nr. 16 (1335). – Vgl. Frese: Schönau, S. 100f.; Jehle: Geschichte der Stadt Laufenburg, Bd. 1, Laufenburg 1979, S. 143.

19 HabsUrbar 2,1, S. 659 § 135 (1315).

20 Zuzgen: RepSäck, Nr. 272-273 U (1397). – Wegenstetten: HabsUrbar 1, S. 60 (1303-1308); Monuments de l'histoire de l'ancien évêché de Bâle, hg. v. Trouillat, J., Bd. 3, Porrentruy 1858, Nr. 26 (13.4.1303). – Vgl.: Frese: Schönau, S. 108.

21 Frese: Schönau, S. 101 (1382).

22 Urkundenbuch der Stadt und Landschaft Zürich. Bd. 9, Zürich 1915, Nr. 3267.

23 Herrschaft Schenkenberg: Frese: Schönau, S. 97. – Pfandschaften zu Baden und im Siggental: HabsUrbar 2,1, S. 658f § 132–133 (1325 u. 1316); ein Pfandzins auf die Maiensteuer in Siggental von 2,5 MS, später von Henmann von Grünenberg beansprucht: ebd., S. 626f. § 69 (1315). – Marzell: vgl. Krieger: Wörterbuch 2, Sp. 153 (1342).

24 Öflingen: GLA Ka 72/v. Schönau 5. – Amt Schwarzwald: HabsUrbar 2,1, S. 657f., § 129 (1.6.1363), § 130 (1332), § 131 (29.5.1363); Liebenau, Th. v.: Bischof Johann v. Gurk, Brixen und Cur und die Familie Schultheiß von Lenzburg, in: Argovia 8/1874, S. 139–317, Anhang Nr. 137–138 (29. u. 31.5.1363). – Niederdossenbach und Flinken: GLA Ka 72/v. Schönau 18. – Haus in Basel: Frese: Schönau, S. 162.

25 HabsUrbar 2,1, S. 653–57 § 117 u. 119(1365)–127; ZGO 10/1859, S. 361f. (1397). – Vgl. Frese: Schönau, S. 136–139; Jehle: Wehr, S. 102–104.

26 GLA Ka 44/9234 (1394), 46/1656 (1400), 72/v. Schönau 18 (1365). – Vgl. Frese: Schönau, S. 98f., 139.

27 Rheinfelden: HabsUrbar 2,1, S. 651 § 114–115 (1365 u. 1368). – »*Melifelt*«: Urkundenbuch Landschaft Basel, Nr. 415.

28 Regesten der Markgrafen von Baden und Hachberg 1050–1515, Bd. 1, Innsbruck 1900, h693, h699 u. h703 (1369, 28. 2. u. 14. 7. 1371); ZGO 16/1864, S. 456f. (1372); Krieger: Wörterbuch 2, Sp. 154 (1379).

29 ZGO 10/1859, S. 359 (1382); Sammlung schweizerischer Rechtsquellen (in Zukunft: SSRQ) Abt. 16, Teil 2, Bd. 3, Aarau 1927, S. 7f. (1384). – Vgl. Frese: Schönau, S. 144.

30 Thommen, R. (Hg.): Urkunden zur Schweizer Geschichte aus österreichischen Archiven, Bd. 2, Basel 1900, Nr. 24 (1372); Urkundenbuch Landschaft Basel, Nr. 415 u. 482 (1371 u. 1392).

31 Thommen: Urkunden 1, Basel 1899, Nr. 795 u. 820 (1369 u. 1370).

32 Siegrist, J. J.: Die Herren von Liele und ihre Herrschaft, in: Heimatkunde aus dem Seetal 46/1973, S. 44–64, bes. S. 63f. (1364 u. 1394); Riedweg, M.: Geschichte des Kollegiatstiftes Beromünster, Luzern 1881, S. 139 (14. 4. 1364).

33 Amt Bözberg: HabsUrbar 2,1, S. 664 § 146 (4. 4. 1377), § 145 (5. 11. 1377); SSRQ 16,2,3, S. 7f. (7. u. 16. 9. 1384, 1385); Thommen: Urkunden 2, Nr. 232 (1387). – Vgl. Frese: Schönau, S. 142f. u. 159; Merz: Burganlagen 2, S. 482f. – Burg zu Baden und Amt Siggental: HabsUrbar 2,1, S. 662 § 143 mit Anm. 5 (11. 1. 1379); ZGO 10/1859, S. 359 (1378). – Vgl.: Frese: Schönau, S. 142.

34 AFSW U 6 (1393); GLA Ka 21/3259 (1394), 21/6410 (1378).

35 Hiltelingen: RepSäck, Nr. 273–274 B (30. 10. u. 7. 11. 1377). – Öflingen: GLA Ka 229/79482 (1378), 72/v. Schönau 10 (1382). – Vgl.: Frese: Schönau, S. 149. – Flienken: GLA Ka 21/2372 (1378), 44/9233 (1379).

36 HabsUrbar 2,1, S. 661f. § 141–142 (3. u. 26. 2. 1379); ZGO 10/1859, S. 359 (1379). – Vgl.: Frese: Schönau, S. 140f. u. 144.

37 Öflingen u. Wallbach: GLA Ka 72/v. Schönau 5. – Hänner: Frese, Schönau, S. 159.

38 AFSW U 6 (1393); SSRQ 16,2,3, S. 228–30 (1396, 1466). – Vgl. Frese: Schönau, S. 160 Anm. 346.

39 Duchtlingen: Geiges-Heindl, F., u. a. (Bearb.): Repertorium schweizergeschichtlicher Quellen im GLA Karlsruhe, Abt. 1: Konstanz-Reichenau, 4 Bde., Zürich 1982–1990 (in Zukunft: RepKonst), Bd. 2, Nr. 1283 B (1380). – Mühlhausen: Thurgauisches Urkundenbuch, Bd. 7, Frauenfeld 1961, Nr. 3700 (1382). – Petershausen: ebd., Nr. 3640 (1381).

40 Vgl. z. B.: AFSW U 6 (1393).

41 Frese: Schönau, S. 166 (1431); GLA Ka 72/v. Schönau 68 (1453); RepKonst 1,

Nr. 1858 U (1455); Urkundenbuch der Abtei Sanct Gallen, Bd. 6, St. Gallen 1955, Nr. 5237 (1451).

[42] Verkäufe durch Hans Kasper: AFSW U 78 (1589), 82 (1592). – Baumann, F. L.: Geschichte des Allgäus, Bd. 3, Kempten 1884, S. 266f., 524; Blickle, P. (Bearb.): Memmingen (Historischer Atlas von Bayern, Teil Schwaben 4) München 1967, S. 157–164, 357, 363 (1585); Eisinger-Schmidt, C. (Bearb.): Marktoberdorf (Historischer Atlas von Bayern, Teil Schwaben 14) München 1985, S. 124f.; Stolz, O.: Geschichtliche Beschreibung der ober- und vorderösterreichischen Lande, Karlsruhe 1943, S. 172f., Beilagen Nr. 6–7.

[43] AFSW U 87 (1596). – Rohner, J.: Altstätten. Aus der Geschichte des rheintalischen Marktstädtchens, Altstätten 1937, S. 98; Welti, L.: Graf Jakob Hannibal I. von Hohenems, 1530–1587. Ein Leben im Dienste des katholischen Abendlandes, Innsbruck 1954, S. 38, 68, 138–146.

Klaus Schubring

Die Folgen der Schlacht von Sempach (1386)

Herzog Sigismund übertrug 1477 die Vogtei Laufenburg an Kaspar von Schönau. Dabei hob er anerkennend hervor: »*die manigfaltigen getruwen und nutzbaren dienste und das schwer bluotvergiessen, so unser getruwen lieb wylent die von Schonow*« für die Vorfahren des Herzogs vollbracht hätten[1]. Mit dem schweren Blutvergießen waren eigene Blutopfer und zwar in der Schlacht von Sempach gemeint. Herzog Sigismund wünschte die Erinnerung an die Gefallenen von Sempach wachzuhalten und verknüpfte damit Ansprüche auf die verlorenen Gebiete in der Eidgenossenschaft. Gleichzeitig traf er ein Thema, das der vorländische Adel den habsburgischen Landesherren immer wieder nahebrachte. Bei vielen Gelegenheiten verwendeten Adelsvertreter Sempacher Gefallenenlisten, um die tiefe gegenseitige Verbundenheit hervorzuheben und Forderungen zu begründen.

Was aber war fast hundert Jahre früher tatsächlich in Sempach geschehen? Und welche Folgen hatte dieses Geschehen für die Herren von Schönau? Bisherige Darstellungen sprechen von einer Krise der Familie am Ende des 14. Jahrhunderts. Trifft das zu, und wie wurde die Familie damit fertig? Diese Fragen sollen im folgenden Beitrag erörtert werden. Zunächst soll es um die Bedeutung von Sempach in der Geschichte und für die Familie gehen. Weitere Abschnitte werden sich mit den anschließenden Ereignissen in der Familiengeschichte und mit den Gründen dieses Geschehens befassen. Am Schluß ist ein Ausblick auf das folgende 15. Jahrhundert vorgesehen.

Ein österreichisch-eidgenössischer Krieg

Am Anfang stand ein Überfall Luzerner Jungmannen auf das benachbarte österreichische Rothenburg. Der Überfall geschah ausgerechnet in der Weihnachtszeit des Jahres 1385. Bis Februar 1386 zwang

Luzern dann umliegende habsburgische Städte und Landschaften zum Übertritt und zur Hinnahme einer Schutzherrschaft. Daraufhin brachte ein österreichisches Aufgebot einer eidgenössischen Besatzung eine Schlappe bei. Von Juni bis Oktober 1386 durchlief der Krieg eine zweite Phase. Auch Glarner, Schwyzer und Zürcher marschierten nun in habsburgische Gebiete ein. Jetzt zog Herzog Leopold III., der bereits 1379 Oberherr der Vorlande geworden war und der sich von 1383 an im Südwesten aufhielt, mit einem Heer heran. Seit längerer Zeit hatte Leopold die Rückeroberung Luzerns ins Auge gefaßt. Am Rhein und in Schwaben hatte er viel Zuspruch gefunden und die Kriegführung finanziell umsichtig vorbereitet. Vom Elsaß bis nach Südtirol war seine Werbung ergangen. Räte und Diener, Anhänger und Söldner folgten dem Herzog. Der Kern des Heeres bestand aus mehreren hundert schwerbewaffneten Reitern und ungefähr der doppelten Zahl leichter bewaffneter Berittener.

Die Schlacht bei Sempach als Fußkampf, Holzschnitt von Hans Asper (16. Jahrhundert)

Beispiel einer Rüstung aus der zweiten Hälfte des 14. Jahrhunderts (Helmkalotte, Kettenpanzer, lederner Brustpanzer, Kniebuckel); vermutlich Grabfigur des 1356 gestorbenen Grafen Friedrich v. Freiburg, Freiburg i. Br., Münster

Schon bei Sempach, im Norden des Luzerner Einflußgebietes, stand die eidgenössische Mannschaft bereit. Zu ihr gehörten leichter bewaffnete fremde und innerschweizerische Fußknechte, angeworbene ritterliche Hauptleute, wahrscheinlich auch auswärtige Büchsenmeister und die gefürchteten Freiharste, Jungkrieger, die frei auf Ruhm und Beute auszogen. Ohne genaue Geländekenntnis, ohne Erkundung und ohne Schlachtplan drängten die Ritter am 9.7.1386 von einer Anhöhe herab zum Angriff. Die Pferde zurücklassend und im Sturmschritt vorgehend, hatten die adligen Krieger zunächst Erfolg. Anscheinend begann die österreichische Seite damit, keine Gefangene zu nehmen.

Tapfere eidgenössische Krieger überflügelten aber wohl immer wieder die locker um ein Fähnlein kämpfenden Ritter und stifteten im

Rücken der Gepanzerten Verwirrung. Um das Schlachtglück zu retten, stürzte sich Herzog Leopold selbst ins Kampfgetümmel. Unterdessen flohen in seinem Rücken schon erste Abteilungen zu Pferd. Die erbittert und ohne Schonung kämpfenden Eidgenossen erfochten einen vollen Sieg und »räumten mit ihren mörderischen Waffen in den Reihen der adeligen Ritter fürchterlich auf«[2]. Dann gaben sie sich dem Plündern hin und hielten das Schlachtfeld besetzt, ohne Fliehende zu verfolgen. Der Herzog und vielleicht 120 Herren, Ritter und Edelknechte waren ebenso erschlagen wie zahlreiche Opfer der Siegerseite.

Jetzt traten auch Bern und Solothurn in den Krieg ein. Zwar konnte noch Weesen erobert werden, doch ansonsten führten beide Seiten Streifzüge durch. Im Oktober folgte ein Waffenstillstand und im Jahre 1387 der einjährige »*böse Friede*«, wie die Zeitgenossen sagten. 1388 nahm der überlebende Herzog Albrecht III. die Kriegführung in die Hand. Er mußte im Westen den Verlust der Städtchen Büren und Nidau hinnehmen, im Osten gewann er Weesen zurück, erlitt aber am 9.4.1388 bei Näfels eine neue schwere Niederlage. Doch der Krieg dauerte noch ein volles Jahr. Vom westschweizerischen Freiburg über den Aargau bis östlich Zürich richteten eidgenössische Söldner und Freiharste fast ständig Verwüstung und Verderben im habsburgischen Bereich an. Die damit erreichte Erschöpfung der vorderen Lande bewog den österreichischen Herzog im April 1389 zu einem Friedensschluß für die nächsten sieben Jahre. – Die Bedeutung der Schlachten von Sempach und Näfels wird bis heute in der Geschichtsschreibung überschätzt. Keine der beiden habsburgischen Niederlagen war kriegsentscheidend, der ›tägliche Krieg‹ mit seinen dauernden Zerstörungen führte zur Vereinbarung eines vorläufigen Friedens[3].

Blutopfer und Neubeginn

Ganz unbezweifelbar gehört aber Rudolf II. Hürus von Schönau zu den Todesopfern der Schlacht bei Sempach. Er kommt danach nicht mehr vor und erscheint in sehr vielen Gefallenenlisten. In der frühen ›Frankfurter Liste‹ eröffnet er sogar die Reihe der gefallenen Ritter. Eine spätere Legende besagt, der ungeheuer reiche, in den Ritterstand aufgestiegene Martin Malterer aus Freiburg im Breisgau habe die Leiche seines Herzogs beschützt und verteidigt. Gelegentlich wird

Rudolf II. Hürus mit Martin Malterer verwechselt. Eine Fassung der Sage führt weiter aus, der Herr von Schönau habe nach dem Tod Malterers die Verteidigung der herzoglichen Leiche fortgesetzt. Diese Erzählungen wollen in emotional ansprechender Weise die unverbrüchliche Treue zum Hause Habsburg bekräftigen.

Vereinzelt nennen die Gefallenenlisten einen Walter von Schönau und bezeichnen ihn als Bruder Rudolfs II. Hürus. Ein Walter ist im Geschlecht von Schönau jedoch nur als Sohn Rudolfs II. bekannt. Dieser Walter hat mit Sicherheit noch über zehn Jahre nach Sempach gelebt. Kaum öfter erscheint in den Gefallenenlisten ein Hug von Schönau (genannt Hürus), der den elsässischen Opfern zugerechnet wird. Mit Hug soll ein Sohn Petermann gefallen sein. Während ein Hug von Schönau weder im Elsaß noch am Hochrhein nachgewiesen werden kann, gibt es unter den elsässischen Familienmitgliedern einen Petermann, der (nach Frese) von 1360 bis 1380 auftritt. Für ihn kommt jedoch kein Hug als Vater in Frage. Außerdem sollte man nicht vergessen, daß Petermann nur aus zwei der durchaus mit Tendenzen belasteten Gefallenenlisten bekannt ist.

Hier und da geben die Listen Rudolf II. von Schönau als Tochtermann einen Johannes von Grünenberg bei. Tatsächlich findet man unter den angeheirateten Verwandten Rudolfs d. J., des Sohnes, einen Henmann (= Johannes) v. Grünenberg. – Der als Diener Rudolfs II. unter den Gefallenen genannte Walter Meyer v. Hüningen kann in Beziehungen zum Oberhaupt der hochrheinischen Herren von Schönau gestanden haben. Denn die Meyer von Hüningen hatten Besitz im Wehratal. – Die Mitteilungen der Gefallenenlisten über die Familie von Schönau erweisen sich – abgesehen von der Nachricht über den Tod Rudolfs d. Ä. – zum Teil als vage und zum größeren Teil als unzuverlässig[4].

Am Hochrhein lebten zwei erwachsene Söhne, die im Schatten des Vaters bereits Verantwortung übernommen hatten. Für die unmündigen Kinder trat die Witwe Anna geb. v. Klingenberg ein. Ihr dynamischer Mann hatte ein umfangreiches Erbe hinterlassen. Einmal war ihm der größte Teil des Steinschen Erbes zugefallen, darunter das Meieramt des Klosters Säckingen, Eigenbesitz der Herren v. Stein und habsburgische Pfande und Lehen. Rudolf II. Hürus selbst hatte die österreichischen Pfandschaften Hauenstein (oder Schwarzwald) und Wehr erworben, von den Markgrafen v. Hochberg zu Rötteln stammten Pfande und Lehen, die in einem Fall förmlich in Eigenbesitz umgewandelt worden waren. Weiteres Gut und Finanzmittel hatte der ältere Rudolf durch seine drei Ehen erlangt[5]. Man sollte meinen, der Übergang zur nächsten Generation vollzog sich ohne Schwierigkeiten; die Familie konnte, wie man annehmen darf, weiterhin auf beachtlicher wirtschaftlicher Grundlage in gehobener politischer Stellung wirken. Das schien zunächst wirklich so zu sein.

Rund ein Jahr vor der Schlacht bei Sempach war Rudolf III. in einer habsburgischen Schuldurkunde über 30.000 Gulden als erster Zeuge und Bürge nach vier Landvögten und Landrichtern und vor 60 weiteren Rittern und Bürgern aufgetreten. 1388 bürgte er anstelle eines bei Sempach gefallenen Ritters für eine Schuld Laufenburgs bei der Stadt Basel. Schon Ende 1386 hatte der jüngere Bruder Walter Hürus für eine Schuld der Gräfin Elisabeth von Neuenburg und des Grafen Konrad von Freiburg in Höhe von 1.000 Gulden gebürgt. 1389 und 1390 übernahm Walter eine Bürgschaft bzw. Mitschuld für die Grafen v. Tierstein und den Basler Bischof Imer. Die Witwe Anna »*Hurüssin*« kaufte 1387 eine Hufe in Mühlhausen im Hegau zurück, die zu ihrer Aussteuer gehört hatte. (Allerdings veräußerte sie 1389 ein Gut in Rielasingen und den halben Zehnten von Singen.) Die Bürgschaften und der Kauf erwecken den Eindruck einer gefestigten wirtschaftlichen Grundlage[6].

Im Dezember 1388 offenbarte dagegen die Herrschaft Österreich ihre finanzielle Erschöpfung, indem sie im Aargau und am Hochrhein eine Sondersteuer ausschrieb. Auf Rudolf III. sollten 20 Gulden, auf seinen Bruder Walter nur 10 Gulden, auf »*des alten Hürus seligen wip*« und ihre Kinder 20 Gulden entfallen. Dem Amt Schwarzwald wurden 60 Gulden, Todtnau und Schönau nochmals 40 Gulden und dem Amt im Wehratal 20 Gulden abverlangt. Die Familienmitglieder konnten die gesamten geforderten 50 Gulden entrichten. Die Anforderung an die Herren von Schönau überstieg deutlich die 35 Gulden, die Graf Johann IV. v. Habsburg-Laufenburg auferlegt waren und deren Bezahlung nicht vermerkt wird. Auch die von den Herren von Schönau verwalteten Pfandschaften bezahlten die geforderte Steuer. Der Schwarzwald gab sogar 75, Schönau und Todtnau nur 25 Gulden[7]. Demnach schien der Übergang in eine neue Zeit geglückt zu sein.

Der Ablauf einer Krise

Die Ausschreibung der Sondersteuer führt zu der Annahme, daß das Familiengut inzwischen geteilt worden sein könnte. Das war tatsächlich der Fall. Rudolf III. verfügte beim Tod seines Vaters nur noch in Vertretung seiner Frau über die Herrschaft Lieli im Seetal. Die Stammburg Lieli wurde außerdem im Jahr 1386 von den Eidgenossen zerstört[8]. Rudolf als dem Ältesten stand aber jetzt ein Anteil am väterlichen Erbe zu. Vor allem dürfte ihm die Äbtissin von Säckingen das Meieramt übertragen haben. Doch fand er sich mit einer anschließenden Teilung der Meieramtsgüter zwischen seiner Stiefmutter, seinem Bruder Walter und sich selber ab. In Händen Rudolfs d. J. erscheinen 1391 der Dinghof Stetten und sein Anhängsel Hiltelingen. Walter verfügte Ende 1393 über die Dinghöfe Zell, Mettau, Kaisten, Sulz und Ittental[9]. So standen für eine Teilung zwischen Rudolf III. und seiner Stiefmutter noch der Dinghof Zuzgen, die Dorfherrschaft Wegenstetten und die halben Höfe Stein, Hornussen, Herrischried, Murg und Oberhof zur Verfügung.

Gegen die Teilung wandte sich die Äbtissin von Säckingen, wobei sie die Witwe Anna v. Klingenberg und besonders Junker Walter anklagte, Rudolf aber verschonte. Ein österreichisches Gericht in Rheinfelden und das Lehensgericht des Klosters bestätigten diese Klagen. Rudolf III. gehörte 1388 aber auch das Dorf Hänner nördlich Murg, von der Pfandschaft Wehr müßte ihm ein Drittel zugeteilt worden sein. – Mehr weiß man über das Erbe Walters. Ihm standen 1.200 Gulden als Anteil an dem Pfand Wehr zu. Er verfügte über Liegenschaften in einem Forst bei Rheinfelden und um 700 Gulden über das Pfand des Dorfes Bözen am Aufstieg zum Bözberg. Der Burgstall Gutenfels bei Liestal war wohl als Erbe seiner Mutter an ihn gefallen. Er verkaufte ihn 1392 an die befreundeten Herren v. Eptingen. Im Zusammenhang mit der Herrschaft Zell hatte Walter die Burg Altenstein erhalten. In Basel scheint er das Haus ›Drachenfels‹ übernommen zu haben. – Rudolf der Ältere hatte seiner dritten Frau Anna v. Klingenberg 250 M(ark) S(ilber) auf Burg und Dorf (Ober-)Schwörstadt verschrieben. Das hatten auch die Erben (Rudolf III. und Walter) bis 1391 bestätigt.

Über die Teilung weiterer Rechte und Besitzungen Rudolfs II. von Schönau sind zwar keine Nachrichten bekannt. Doch kann an einer Erbteilung nach 1386 angesichts der besprochenen Beispiele kein Zweifel bestehen. – Inzwischen drängten verschiedene Schulden. Schon 1388 war den Brüdern Rudolf und Walter eine Zahlungsverpflichtung in Höhe von 90 Gulden gerichtlich eingeschärft worden. Rudolf verkaufte dafür einen jährlichen Zins von 6 Gulden aus seinem Dorf Hänner, wofür er 75 Gulden erlöste. Er verfügte demnach im Augenblick nicht über flüssige Mittel. 1391 sah sich die Witwe Anna genötigt, für Schulden in Höhe von 300 Gulden dem Basler Franz Hagendorn einen Jahreszins von 20 Pfund auf ihre Pfandrechte an Burg und Dorf Oberschwörstadt zu verschreiben. Ab 1391 waren immer mehr Gläubiger wegen umfangreicher Geldforderungen zu bedienen. Die Familie entschied deshalb, Besitz und Rechte in der Hand der Witwe Anna und ihres bald mündigen Sohnes Albrecht II. zu vereinen. Dabei sprach wesentlich mit, daß Anna über finanzielle Mittel verfügte, die sie den drängenden Gläubigern der Söhne im Gegenzug zur Verfügung stellte.

So erhielt die Witwe Anna 1391 von ihrem Stiefsohn Rudolf Stetten mit Hiltelingen, Walter stellte 1393 bereit: die Anteile am Meieramt und an der Pfandschaft Wehr, die Güter im Forst oberhalb Rheinfelden und das Dorf Bözen, besondere Bedingungen galten für den Altenstein. Aber die Zusammenführung des Meieramtes wollte nicht gelingen. Die Äbtissin von Säckingen Klaranna v. Hohenklingen erhielt 1393 gerichtlich freie Verfügung zugesprochen, und sie belehnte Graf Johann v. Habsburg-Laufenburg. Dagegen klagten 1394 unter Berufung auf ein Erbrecht die Hürussin und Albrecht II. vor dem österreichischen Landvogt. Diesmal erging eine Entscheidung zu Gunsten der Herren von Schönau. Albrecht konnte nach Erfüllung verschiedener Auflagen das Meieramt übernehmen.

Die Zusammenführung der verbliebenen Güter und Rechte schob das bevorstehende Schicksal aber nur um Jahre hinaus. Wegen *»unser grossen merklichen Schuld«* erhielten Albrecht und sein Bruder Hans II. 1397 von der Äbtissin das Recht, das Meierlehen zu versetzen. Und noch 1397 verpfändeten sie den größten Teil des Meieramtes an den überreichen Basler Zunftbürger Jakob Ziboll. Der abgetrennte Dinghof Stetten erscheint 1399 in der Hand eines Gläubigerkonsortiums, die Mehrzahl der Mitglieder kann als Verwandte identifiziert werden. Doch nicht genug damit! Walter von Schönau hatte 1394 den Altenstein in der Herrschaft Zell zwar zurückerhalten, gab ihn aber *»um größeren Schaden abzuwenden«* demselben Jakob Ziboll als Sicherheit für einen verkauften Zins von 27 Gulden. Ziboll wandte zum Erwerb der jährlichen Rente und des Pfandes 500 Gulden auf[10].

Zu unbekannter Zeit versetzte Walter wegen einer Schuld die Einnahmen von Rohrberg bei Zell an Jost v. Stetten[11]. Wieder an Ziboll verkauften Anna und ihre Söhne 1396 um 600 Gulden das Dorf Bözen, das sie als Eigentum hinstellten. 1397 genehmigte Herzog Leopold IV. den Verkauf eines Zinses von 22 Pfund, den Rudolf II. Hürus erworben hatte. Käufer war um 300 Gulden abermals Jakob Ziboll, der gegen 1400 auch das Gesamtpfand Wehr erlangte. Die Verwaltung des Amtes Hauenstein mit dem Schwarzwald war wohl schon 1396 an Graf Hans v. Habsburg-Laufenburg übergegangen. Die weiter an die Familie Schönau fließenden Zinsen der dort eingesetzten Kapitalien belasteten Anna und Albrecht von Schönau im Jahre 1400 ebenfalls, für eine Schuld von 704 Gulden mußten sie 157 Gulden Jahreszins abzweigen. Andere jährliche 93 ¼ Gulden aus derselben Herrschaft waren auch 1419 zur Schuldentilgung notwendig.

Die Herrschaft Neuenstein um Gersbach und Raitbach verkauften die Witwe und ihr Sohn Albrecht gleichfalls 1400 als angebliches Eigentum um 2000 Gulden an Markgraf Rudolf III. v. Hochberg zu Rötteln[12]. »Die Brücke, die den Komplex um Zell und Altenstein mit dem Wehratal verbunden hatte, war verloren.«[13] Daß die Herren von Schönau sich bisher bemüht hätten, ein Vordringen der Markgrafen nach Osten zu verhindern, dürfte eine überzogene These sein. Sie verkennt die guten Beziehungen zu den Markgrafen und die Überschneidung mit vorhandenen vielfältigen Rechten der Markgrafen in der Herrschaft Neuenstein. – 1401 folgte der Verlust des Hauses Drachenfels in Basel. – Gegen Ende des 14. Jahrhunderts verstarben Rudolf III. und seine Frau Elisabeth v. Lieli. Obwohl ein gleichnamiger Sohn 1401 erscheint, fiel die Herrschaft Lieli über die Cousine Anna v. Lieli an deren Mann Henmann v. Grünenberg[14]. – Der wegen einer unbekannten Missetat in Basel seit ca. 1395 eingesperrte Walter kam zwar 1399 wieder frei, starb aber »wahrscheinlich kurz nach 1401«[15].

So kann es nicht verwundern, daß die Witwe Anna v. Klingenberg und ihr Sohn Albrecht die Geschicke der Familie in Händen hielten. Doch die Ergebnisse ihrer Bemühungen sind bedrückend und niederschmetternd: Verloren blieben Burg Gutenfels und die Herrschaft Lieli. Ebenso wurden aufgegeben: das Amt Hauenstein, die Herrschaft Neuenstein, das Dorf Bözen und das Pfand der 22 Pfund Zinsen. Für

133

die nächste Zeit aus der Hand gegeben waren: das ganze säckingische Meieramt, das Amt Wehr und die Burg Altenstein. Belastet waren nun: die Einnahmen aus dem Amt Hauenstein und aus den Dörfern Hänner und Oberschwörstadt[16]. Man kann von einer regelrechten Katastrophe sprechen.

Ursachen der Katastrophe

Wie konnte es zu diesem Absturz nach dem scheinbar ruhigen und klaren Übergang ab 1386 kommen? Wo liegen die Ursachen der Katastrophe? Auch wenn man schwerlich alles klären kann, so könnte der Vergleich mit der Zeit Rudolfs II. hilfreich sein. Wie anders hatte er die Familiengeschicke geführt! Sicher fehlte nun die erfahrene und umsichtige Hand, die vielleicht die Krise hätte meistern können. Rudolf III. bleibt überhaupt als Person blaß, die jüngeren Geschwister wirkten wenig glücklich. Die Witwe Anna setzte sich in einem Prozeß erfolgreich und entschieden ein. – 1393 stellte Walter eine Liste der anstehenden Schulden auf: Schauen wir diese aufschlußreiche Unterlage einmal genauer an!

Vom Vater her gibt es unbezahlte Kapitalien in Höhe von 165 MS und 931,5 Gulden; sie sind bei sieben adligen und bürgerlichen Gläubigern, darunter zwei Wirten und einer Schwester der Ehefrau Anna v. Klingenberg, aufgenommen. Rudolf d. J. hat Schulden in Höhe von 1.556 Gulden bei 11 Gläubigern, Walter räumt unbezahlte Summen in Höhe von 1.202 Gulden ein, die ihm acht Kapitalgeber überlassen haben[17]. Nach einem bei dieser Gelegenheit verwendeten Umrechnungsfaktor wären auf den Vater insgesamt 1.261,5 Gulden entfallen. Ob er sie früher oder später abbezahlt hätte? Ungefähr gleich hoch verschuldet erscheint Walter, noch höher sind die Forderungen gegenüber Rudolf d. J.

Es war zu vermuten, daß der ältere Rudolf Schulden hinterlassen mußte. Die Aufwendungen zur Vorbereitung des Krieges gegen die Eidgenossen, besonders für Rüstung und Pferde, konnten von den Habsburgern sicher nicht ersetzt werden. Auch früher schon hatte Österreich nicht bar bezahlt, sondern Dienstgelder auf bestehende Pfandschaften geschlagen. Außerdem kamen Erhöhungen *»aus Gnaden«* und Übertragungen einzelner Pfandsummen von einem Pfandobjekt auf ein anderes vor. Dadurch konnten Pfänder leicht überbelastet werden, sie warfen dann nicht den zeitüblichen, wertsichernden Ertrag des angenommenen Kapitals ab. So war die Jahresrendite der Pfandschaft Wehr relativ zu niedrig. Die Gebrüder von Schönau bewerteten das Pfand um 1390 nicht mit rund 5.000 Gulden sondern nur mit 3.600.

Darüber hinaus ist nicht auszuschließen, daß der ältere Rudolf Kredite aufnahm, wenn er die gelegentlich hohen Summen für den Kauf von Pfandschaften, Orten, Liegenschaften und Rechten aufbringen wollte. Jedenfalls hat er der Aussteuer seiner Frauen Geld entnommen. Deshalb verschrieb er z. B. der dritten Gattin 250 MS auf Burg und Dorf Oberschwörstadt. 1393 taucht eine Schuld der Witwe Anna und Rudolfs III. bei Annas Schwester Ursula, verh. v. Hünaberg auf. Dieser Schuld entsprechen in der Liste Walters aus demselben Jahr Ausstände des Vaters bei der »von Hunenberg«. Aus diesen Beobachtungen kann man folgern: Die Übersicht in Walters Urkunde von 1393 umfaßt nicht alle Schulden. Außerdem scheinen Schulden des Vaters unter den Erben aufgeteilt worden zu sein. Schließlich sei daran erinnert, daß die Schulden schon ab 1391 bedrängend wurden. Vieles spricht also dafür, daß die von Rudolf II. übernommenen Schulden größer waren, als es heute ersichtlich ist.

Die Erben haben die Schwierigkeiten aber noch vermehrt. Sie ließen Zinstermine verstreichen und steigerten so die Ausstände. Beispielsweise kamen zu der Schuldforderung Elsis v. Granweiler in Höhe von 660 Gulden im Jahre 1400 noch 44 Gulden als Zinsrückstände hinzu. Jetzt mußte man dafür einen Jahreszins von 157 Gulden garantieren. Das ergibt eine unerhörte Verzinsung in Höhe von 23,8 %. Auch sonst schob die Familie rettende Maßnahmen zu lange hinaus. So stand der Pfandsatz für das Dorf Bözen auf 700 Gulden. Als die Witwe Anna mit ihren Söhnen das Dorf 1396 an Jakob Ziboll verkaufte, erlöste sie nur 600 Gulden, obgleich sie den Preis nach oben zu treiben versuchte, indem sie das Kaufobjekt als Eigentum ausgab. (Dieser Versuch dürfte auch beim Verkauf des Neuensteins wenig Wirkung gehabt haben.)

Ebenso schätzte die Familie den Kapitalwert der Pfandschaft Wehr 1393 offensichtlich auf 3.600 Gulden. Um 1400 scheint man dafür nur noch 3.000 Gulden erhalten zu haben. Walters Teile des säckingischen Meieramtes bewertete die Familie 1393 mit mindestens 2.904 Gulden. Die Verpfändung des ganzen Meieramtes ohne Stetten erbrachte 1397 nur noch 4.000 Gulden. Überhaupt standen mit Walters Anteilen 1393 genügend Werte zur Verfügung, um in einer radikalen Operation die von Walter benannten Schulden gänzlich abzulösen. Allerdings mußten erst ein Jahr an Zeit und Prozeßkosten aufgewendet werden, um das Meieramt wieder unangefochten in die Hand zu bekommen.

Von noch allgemeineren Gegebenheiten war die Familie in der Zinsentwicklung abhängig. Ausgerechnet vom letzten Viertel des 14. Jahrhunderts an und bis weit ins 15. Jahrhundert vollzog sich der Rückgang des Normalzinses von 10 auf 5 Prozent. Für Kapitalschuldner bedeutete das eine relativ ständig wachsende Last, falls die Zinssumme festgeschrieben war. Und das war die Regel. Konnte der Pflichtige eine Anpassung an den jeweils neuen Zinssatz erreichen, dann stand er angesichts der allgemeinen Entwicklung besser da. Für die Herren von Schönau lassen sich einige aussagekräftige Zahlen gewinnen:

Als Rudolf III. 1389 einen Zins von 6 Gulden aus seinem Dorf Hänner verkaufte, erhielt er dafür 75 Gulden, d. h. er mußte eine Verzinsung von noch 8% zusagen. Für die von Walter 1393 aufgelisteten Schulden galten Zinssätze von 6,57% bis 10%, wobei Anteile zwischen 7 und 8% überwogen. 1394 war Walther in einer relativ starken Stellung, als Jakob Ziboll 27 Gulden jährlicher Rente von ihm kaufen und eine Burg als Sicherheit gewinnen wollte. Jakob mußte dafür 500 Gulden aufwenden, er erreichte nur eine Verzinsung von 5,4%. Eine im Jahr 1400 anderweitig verwendete ältere Zinsverschreibung aus der Zeit Rudolfs II. zeigt noch einen Zinsertrag von 7,8%. Die 1419 auftauchende Verzinsung von 93,25 Gulden für eine Schuld von 1.864 Gulden folgt bereits dem Zinssatz von 5%. Die mit Schulden beladene Schönausche Familie mußte demnach in vielen Fällen den einmal festgeschriebenen höheren Ertragssatz gelten lassen. – Im sinkenden Kapitalzins wirkten sich übrigens viele Faktoren aus. Dazu kann auch der in der Literatur schon erwogene, in den herangezogenen Unterlagen jedoch nicht näher faßbare Bevölkerungsrückgang gehören, den die Pestepidemien verursachten.

Die Wurzeln des Übels, das zur Katastrophe führte, reichten weit zurück. Trotzdem darf man annehmen, daß der alte Hürus die Krise glimpflicher überstanden hätte. Die Überlebenden begingen einen zu spät erkannten Fehler, als sie das Erbe teilten. Außerdem zeigten sich die Mitglieder der Familie im normalen Zahlungsverkehr und bei bitteren Verzichten und Opfern unangemessen langsam und verspätet. Die Herren von Schönau wurden aber auch Opfer einer Unbedachtsamkeit im Umgang mit dem Frauenkloster Säckingen. Und schließlich fiel ein übermächtiger Wandlungsprozeß des Zinsniveaus in die Zeit der Krise[18].

Überleben und Erholung

Der jähe Absturz läßt noch weitere Fragen aufkommen: Auf welcher wirtschaftlichen Grundlage und wo überlebte der hochrheinische Zweig der Herren von Schönau? Wie hat die Familie sich dann wieder erholt? Mit einiger Wahrscheinlichkeit kann man davon ausgehen, daß von teilweise belasteten Rechten und Einnahmen der Rest weiter zur Verfügung stand. Dafür gibt es Anzeichen bei den vom Amt Hauenstein trotz allem fließenden Jahreszinsen. Auch für das mit 6 Gulden belastete Dorf Hänner ist der Fortbestand der Ortsherrschaft und weiterer Bezüge anzunehmen. Denn 1453 wird der Ertrag des Dorfes mit 34,5 Gulden angegeben[19]. Ebenso müßten nutzbare Rechte in Oberschwörstadt unbelastet geblieben sein. Der Witwe Anna ›Hürussin‹ waren die Erträge von 250 MS verschrieben. Diese Erträge zog sie später für einen Schuldendienst heran. Doch zwei Drittel der Burg Oberschwörstadt hatten 1316 schon 240 MS gegolten[20]. Es müssen also 1391 noch weitere Einnahmen zur Verfügung gestanden haben.

Offensichtlich unangefochten waren die verbliebenen markgräflichen Lehen Niederdossenbach und bestimmte Zugehörden in Flienken. Weiter zur Verfügung standen anscheinend die von Rudolf II. erworbenen Eigengüter in Flienken, das Dorf Öflingen, Güter und Abgaben in Wallbach. Aus dem Steinschen Erbe blieben noch einige Eigengüter, von denen zumindest nicht verlautet, daß sie belastet oder weggegeben wurden: Besitz im Wehratal, eine Mühle und weitere Güter bei Wieladingen, der Allmendwald bei Laufenburg, städtischer Besitz in Säckingen, Höfe und Güter im Fricktal. Als habsburgische Pfandschaften mögen auch Zinse aus Baden im Aargau und dem Siggental weiter eingegangen sein. Nach der Besetzung des Aargaus durch die Eidgenossen im Jahre 1415 dürfte der Bezug, von anderen Beispielen aus zu urteilen, nicht behindert worden sein.

Man mag vermuten, daß die Herren von Schönau unter diesen sehr eingeschränkten Bedingungen ihren Sitz in Säckingen genommen haben. Jedenfalls war die Familie auf eine verengte wirtschaftliche Grundlage herabgedrückt und konnte zunächst nur als ein kleines Niederadelsgeschlecht im Raum um Säckingen gelten. Etwas Glanz und praktische Hilfe mochte noch die Mutter und Witwe Anna v. Klingenberg von ihrer Ursprungsfamilie her vermitteln. Auch konnte der Hauptgeldgeber und Nachfolger in mehreren Herrschaften Jakob Ziboll die Herren von

Schönau nicht ganz fallen lassen. Denn Albrechts II. Schwester Anna von Schönau heiratete Zibolls Sohn Petermann. Und Jakob übertrug seinem Sohn das Säckinger Meieramt. 1407 belehnte die Äbtissin Petermann als Meier. In der Pfandschaft Wehr setzte Jakob Ziboll spätestens 1403 seinen Sohn Burkhard ein. Burkhard heiratete Agnes v. Eptingen, eine entfernte Verwandte der Herren von Schönau.

Im Krieg zwischen Basel und den österreichischen Landvögten sank der Stern Jakob Zibolls schon ab 1409 wieder. Um 1410 erlangte die Schönausche Familie die Pfandschaft Wehr zurück. Als Inhaber des Säckinger Meieramtes folgte nach dem Tode Petermanns 1412 nochmals kurzfristig Jakob Ziboll, nach der zweiten Heirat Annas von Schönau 1413 aber ihr zweiter Mann Burkhard zu Rhein. Doch schon 1419 griff Albrecht II. von Schönau in das Meieramt ein, 1427 und 1430 wirkte er als Meier. Seinen Söhnen wurde 1431 das Meieramt zugesichert, während der Dinghof Zell noch bis kurz vor 1511 in der Hand von Nachkommen Burkhards zu Rhein blieb. Der Dinghof Stetten mit Hiltelingen konnte um 1488 eingelöst werden. Besitz bei Rheinfelden erscheint wieder in der brüderlichen Erbteilung von 1453, die übrigens keine Belastung mehr für Oberschwörstadt und Hänner angibt[21]. Jedenfalls konnten die Herren von Schönau sich ab ungefähr 1410 erneut auf Wehr stützen, spätestens 1431 stand ihnen wieder der größere Teil des Säckinger Meieramtes zur Verfügung.

Damit war eine zwar verkleinerte aber zusammenhängende Grundlage für den künftigen Ausbau gegeben. Man könnte an den Grafen Eberhard den Greiner v. Württemberg erinnern, der nach der gewonnenen Schlacht bei Döffingen sagte: »*Fink hat wieder Samen*«. (Mit Fink meinte er ein Symbol des württembergischen Grafenhauses.) – Erstaunlicherweise vergab Albrecht II. 1425 ein Darlehen von 6.000 Gulden an Kloster Stein am Rhein. Die Söhne Albrechts dehnten die Tätigkeit in Geldgeschäften stark und erfolgreich aus. Es sieht ganz so aus, als ob sie Lehren aus dem Desaster um 1400 gezogen haben[22].

Anmerkungen

1 GLA Ka 21/Nr. 287 (23.8.1477).
2 Boesch, G.: Die Gefallenen der Schlacht bei Sempach aus dem Adel des deutschen Südwestens, in: Alemann. Jb. 1958, S. 233.
3 Vgl. zum ganzen Kapitel: ›Aktuelles Sempach‹ (Hg.): Beiträge zur Sempacher

Jahrhundertfeier 1386–1986, Sempach 1986 (bes. die Beiträge B. Suters S. 9–24, W. Schaufelbergers S. 25–43 u. H. Kollers S. 45–53); Koller, H.: Die Schlacht bei Sempach im Bewußtsein Österreichs, in: Jb. d. Hist. Gesell. Luzern 4/1986, S. 48–60.

4   Boesch (wie Anm. 2), S. 233–278; Ecker, U. P.: Martin Malterer, ›König‹ der Gesellschaft zum Löwen, und die Schlacht von Sempach, in: Haumann, H. / Schadek, H. (Hg.): Geschichte der Stadt Freiburg i. Br., Bd. 1, Stuttgart 1996, S. 279–284; Koller: Bewußtsein Österreichs (wie Anm. 3), S. 54 f.; Liebenau, Th. v.: Die Schlacht bei Sempach – Gedenkbuch zur fünften Säcularfeier, Luzern 1886. – Frese, W. H.: Die Herren von Schönau (Forsch. z. oberrhein. Landesgesch. 26) Freiburg/München 1975, S. 157 Anm. 329, (Anhang:) Stammtafel der Herren von Schönau; vgl.: Beitrag Speck über Dienste für Vorderösterreich.

5   Vgl. den Beitrag Kreutzer.
6   Frese: Schönau, S. 151, 163 mit Anm. 362.
7   Maag, R. (Hg.): Das habsburg. Urbar (Quellen z. Schweizer Gesch. 15/I) Bd. 2.1, Basel 1899, S. 713–725.
8   Siegrist, J. J.: Die Herren von Liele u. ihre Herrschaft, in: Heimatkunde aus dem Seetal 46/1973, S. 44–64.
9   AFSW: U 6.
10 GLA Ka. 21 Nr. 3259.
11 AFSW: U 11.
12 GLA Ka 46/1656 f. (1400–1401).
13 Frese: Schönau, S. 162.
14 Urkundenbuch der Stadt Basel, Bd. 5, Basel 1900, S. 306 Nr. 278. – Vgl.: Siegrist: Liele, S. 63 f.
15 Frese: Schönau, S. 158.
16 Vgl. zum ganzen Kapitel: Frese: Schönau, S. 115–119 mit Anm. 140, 157–162 mit Anm. 341 u. 346. Siehe auch: den Beitrag Schubring über Wehr.
17 Wie Anm. 9.
18 Vgl. zum ganzen Kapitel: Frese: Schönau, S. 160–162 mit Anm. 347. – Siehe auch: den Beitrag Schubring über Wehr.
19 GLA Ka. 72/von Schönau Fasz. 68.
20 Ebd. 21 Nr. 6802.
21 Wie Anm. 19.
22 Vgl. zum ganzen Kapitel: Frese: Schönau, S. 118–122, 164 ff. – Siehe auch: den Beitrag Kreutzer und die Beiträge Enderle über das Meieramt und Schubring über Wehr.

Dauerhafte Grundlagen

Adelheid Enderle

Das große Meieramt des Damenstiftes Säckingen

Klosterstaat und Meieramt

Seit Mitte des 14. Jahrhunderts und bis zum Beginn des 19. Jahrhunderts hatten die Herren von Schönau das große Meieramt des adeligen Damenstiftes Säckingen inne. Um die Bedeutung und Stellung eines Meiers beim Damenstift Säckingen zu erkennen, muß kurz der Aufbau des Säckinger Klosterstaates und das Amt des Meiers skizziert werden: Die Mehrzahl der stiftischen Besitzungen, welche sich rechts- und linksrheinisch erstreckten, war in sogenannte Dinghofverbände gegliedert. Das Stift Säckingen besaß 15 Dinghöfe. Jeder Dinghof war Mittelpunkt eines größeren Güterkomplexes in rechtlicher wie verwaltungstechnischer Hinsicht. In rechtlicher Hinsicht als Stätte des Dinggerichts und in verwaltungstechnischer Hinsicht als Sammelstelle für die Zinsabgaben. Zu einem Dinghof gehörten verschiedene Hofeinheiten, Hufen und Schupposen genannt, welche dem Kloster dienstbar waren. Der Leiter des Dinghofes war der Keller. Deshalb wurde der Dinghof auch Kellerhof genannt. Dem Keller übergeordnet war der Meier. Er war lokaler Steuererheber und ihm oblag die Handhabung der niederen Gerichtsbarkeit auf den Dinghöfen.

Der Meier besaß seinen Hof ursprünglich nach Amtsrecht. Das bedeutete, er erhielt sein Amt von der Äbtissin übertragen; es war nicht erblich, und er konnte jederzeit von ihr abgesetzt werden. Doch die Bestrebungen der Meier, den Besitz nach Amtsrecht in einen Besitz nach Lehensrecht umzuwandeln, zeigten bereits im 13. Jahrhundert Erfolg. Denn das Säckinger Meieramt in Glarus wurde bereits 1240 in aller Form von der Äbtissin als Lehen anerkannt[1]. Die Meier, ursprünglich Eigenleute des Klosters, erlangten bald eine über die sonstigen Gotteshausleute herausragende Stellung. Der Mönch Ekkehard von St. Gallen hat im 10. Jahrhundert anschaulich geschildert, wie die St. Gallischen Meier sich in den Stand von Adligen emporhoben. Vor allem war dies in den Frauenabteien, z. B. in Zürich, Schänis und Säckingen, möglich. Hier sind die Meier zuerst in den Ritterstand aufgestiegen.

Jedoch ist der Meier in keinem Klosterstaat so bedeutend geworden wie in Säckingen. Er überragte die Dienstmannen am Hofe der Äbtissin. Sogar der Spichwärter, der Wärter des Klosterspeichers, dessen Amt an der Spitze der zentralen Verwaltung stand und dessen Träger früher ebenfalls Ritter waren, konnte auf die Dauer die Machtstellung des hiesigen Meiers nicht erreichen. Im Säckinger Bereich ermöglichte das Meieramt seinem Inhaber sogar an verschiedenen Orten die Ausbildung eigener Dorfherrschaften, so in Wegenstetten (CH), in Zell und in Stetten im Wiesental. Die Pflichten und Rechte sowie die Einnahmen eines Meiers sind in dem Säckinger Dingrodel, der ein Hofrecht enthält, und in den Weistümern des 14. und 15. Jahrhunderts anschaulich beschrieben.

Eine wichtige Aufgabe des Meiers bestand darin, den Vorsitz beim sogenannten Dinggericht zu führen. Der Meier war in allen ihm unterstellten Dinghöfen ausführendes Organ der niederen Gerichtsbarkeit. Beim Dinggericht wurde über zivilrechtliche Angelegenheiten der Bauernschaft und über kleinere Frevel geurteilt. Dreimal im Jahr fanden die Dinggerichte statt; alle Leibeigenen und Besitzer von Klostergütern mußten anwesend sein. Es war besonders diese Dingpflicht, welche die auf dem Grund und Boden des Klosters sitzenden Bauern zu einer festgefügten Gemeinschaft zusammenschloß. Der genaue Ablauf eines solchen Dinggerichtes ist im Säckinger Hofrecht in bildreicher Sprache folgendermaßen festgehalten:

»Man soll wissen, wenn man in einem Hof Geding [= Gericht] halten will, so soll ein Meier und der Gotteshausschaffner miteinander zu Rat kommen, wann sie Geding haben wollen. Dann sollen sie es einem Keller künden und der Keller soll den Bannwart heißen, es der Gebursame allen [= Gerichtsgemeinde] zu verkünden und zu gebieten 14 Tage zuvor, zu dem Geding zu kommen. Und welcher Bauer es versäumte, daß er auf diesen Tag zu dem Geding nicht käme, der soll es büßen mit drei Schilling, es sei denn, er bringe solche Sachen vor, die ihn billigerweise schirmen [= entschuldigen]. Und wenn der Tag kommt, da man Geding haben will, da soll der Meier am Abend zuvor selbdritt kommen mit seinen Hunden und mit seinem Federspiel, und begegne ihm ein ehrbarer Mann

oder zwei, es sei ein Priester, ein Ritter oder wer es sein mag, die mag er mit sich nehmen.

Sie sollen kommen in des Kellers Haus, und wenn der Meier in den Hof reitet, dann soll sein Schild so schön sein, daß er ihn umkehren soll, darum, ob der Keller kleine Kinder habe, daß sie darob nicht erschrecken. Und dann soll der Meier sein Pferd, seine Hunde und sein Federspiel auf den Amtshof senden, damit der Keller und das Gotteshaus daran keinen Schaden habe. Darnach soll der Keller dem Meier, seinem Gesinde und seinen Gästen, die er mitgebracht hat, die Nacht wohl bieten mit Essen und mit Trinken. Wäre aber, daß der Meier auf der Fahrt etwas gefangen hätte mit seinen Hunden oder mit seinem Federspiel, das soll dem Keller an seiner Mahlzeit zustatten kommen. Und in gleicher Weise soll der Meier des Morgens früh dem Keller und seinem Gesinde auch wohlbieten mit Essen und mit Trinken, und bedarf der Keller eines Hubers oder zweier oder eines Schupposers, die mag er auch zu sich laden und auch diesen soll der Meier es wohlbieten.

Es soll auch der Keller oder der Meier auf diesen Tag zu Gericht sitzen und darnach durch das ganze Jahr alle Montag, und was bei drei Schilling gebüßt wird, das ist alles des Meiers. Und wann es an einen Frevel gehet, dann soll der Kastvogt den Stab in die Hand nehmen und was dann durch den Stab gebüßt wird oder was an Bußen über drei Schilling anfällt, davon nimmt der Kastvogt den dritten Teil der Buße und der Meier die anderen zwei Teile. Wenn es aber gehet an den Leib, es sei mit Henken, Blenden oder wie es genannt sei, das ist [Sache] eines Kastvogts allein und soll der Meier damit nichts zu schaffen haben.«[2]

Die Dinggerichte wurden also nach einem ganz bestimmten Ritual abgehalten, wobei der Meier in ritterlicher Aufmachung zu erscheinen hatte und der Keller und der Meier sich gegenseitig verköstigten.

Für den Meier bedeuteten diese Gerichtstage eine beträchtliche Einnahmequelle. Alle anfallenden Bußen bis zu drei Schilling gingen ausschließlich an ihn, bei höheren Bußen standen ihm zwei Drittel zu, ein Drittel ging an den Klostervogt. Für das Säckinger Gebiet waren dies die Grafen von Habsburg, die für die Hochgerichtsbarkeit zuständig waren, dabei wurde über Leib und Leben geurteilt. Eine weitere Aufgabe des Meiers beim Dinggericht bestand darin, von säumigen Zinsern das Pfand zu konfiszieren und dieses an den Keller oder Bannwart weiterzugeben. In Anerkennung der Ausübung der Gerichtspflicht erhielt der Meier jährlich von den Dinghöfen eine bestimmte Menge ›Weißhaber‹ und die sogenannten Dingpfennige.

Wurde ein Urteil des Dinggerichtes angefochten, ging der Instanzenzug im allgemeinen zuerst nach Hornussen, einem Ort im Fricktal, dann in zweiter Appellation an das Gericht ›unter dem Hohen Bogen‹ in Säckingen. An diesem Gericht, welches im Portal des Münsters stattfand, nahmen alle Keller und Beamte des Stifts und der Schultheiß von Säckingen als Schöffen teil. Dem Spruch dieses Gerichts war auch der Meier unterworfen. – Eine weitere bedeutende Einnahmequelle hatte der Meier beim Besthaupt oder dem sogenannten ›Fall‹. Der ›Fall‹ war die Abgabe des besten Stück Viehs oder des besten Gewandes beim Tod eines Leib- oder Grundhörigen. Der Meier hatte in allen seinen Dinghöfen Anspruch auf einen Anteil am Fall, außer auf Kellerhöfen, Meierhöfen und Fronmühlen. Der Fall wurde jedoch bald nicht mehr in Natura geliefert, sondern entsprechend seinem Wert als Geldbetrag gezahlt. Dennoch stellte er für den Inhaber des Meieramtes einen wichtigen Ertrag dar.

Lebten in des Meiers Bezirk zudem Leute in einer Ungenossenehe (= verheiratete Personen, die verschiedenen Herrschaften gehörten), stand dem Meier auch die sog. ›Ungenossami‹ zu, ein Strafgeld, welches aus zwei Dritteln der fahrenden Habe bestand.

Einkünfte hatte der Meier zudem bei der sogenannten ›Winmeni‹. Dies waren die jährlichen Transporte des Klosterweines aus Schliengen oder Stetten nach Säckingen. Bestimmte Höfe hatten die Pflicht, den klösterlichen Zinswein mit ihren Fuhrwerken abzuholen. Ein Wagen, mit acht Rindern bespannt, 7 Saum fassend (= ca. 10 Hektoliter), von drei Knechten begleitet, war die Belastungseinheit, die sogenannte Winmeni. Je nachdem, ob die Fahrt nach Stetten oder Schliengen ging, unterschied man die große und die kleine Winmeni. Bei diesen Winmenis hatten sowohl der Vogt wie auch der Meier die Pflicht, den Fuhren bewaffnetes Schutzgeleit zu geben. »*Von jeklichem hof, da er meiger ist des gotzhus, sol* [man dem Meier dafür] *geben die iungsten winmeni*«. Vermutlich ist mit der »*iungsten winmeni*« die letzte Weinfuhre gemeint, dies bedeutete ca. 10 Hektoliter Wein pro Hof. Im 15. Jahrhundert fanden diese Fahrten jedoch nicht mehr statt. Die Höfe leisteten einen Geldzins, woran auch der Meier seinen Anteil bekam, und das Kloster ließ seinen Wein mit eigenen Fuhren abholen.

Repräsentative Pflichten oblagen dem Meier sowohl bei der Äbtissinnenwahl als auch bei feierlichen Anlässen, hier hatte er die Äbtissin zu begleiten. Nach der Wahl eines Kellers oder eines Bannwarts durch die Klosterhörigen, hatte der Meier die Aufgabe, diese neuen Beamten der Äbtissin vorzustellen und dann im Auftrage des Klosters den Belehnungsakt vorzunehmen. Auch hierfür erhielt der Meier eine Weingabe[3]. Der Inhaber des Meieramtes war neben dem Klostervogt der bedeutendste Träger politischer Gewalt in der rechtlichen und wirtschaftlichen Verfassung des Säckinger Klosterstaates.

Wechselnde Inhaber des Meieramtes

Im Säckinger Klostergebiet lag das Meieramt vermutlich zuerst nur in der Hand einer Familie. Durch spätere Erbteilung ist es wohl in ein großes und kleines Meieramt und auf zwei Familien aufgeteilt worden. Im Jahre 1373 ging das kleine Meieramt, damals im Besitze der Herren von Wieladingen, durch Kauf wieder an das Stift Säckingen zurück und wurde nicht mehr verliehen[4]. Das große Meieramt befand sich in den Händen der Herren vom Stein. In der ersten Hälfte des 14. Jahrhunderts vermählte sich Jakob Rudolf I. von Schönau mit Margareta, der Erbtochter des Ritters Heinrich vom Stein. Mit dem Erbe verbunden waren ausgedehnte Besitzungen, auch die Burg Schwörstadt und das große Meieramt des Stiftes Säckingen mit seinen umfangreichen Lehensgütern. Dadurch gelangte die elsässische Familie von Schönau in die politisch und wirtschaftlich bedeutende Stellung des Geschlechtes derer vom Stein am Hochrhein.

Zum großen Meieramt gehörten gemäß dem ersten bekannten Lehensrevers von 1397 die Dörfer und Dinghöfe Zell und Zuzgen, das Dorf Wegenstetten sowie die Dinghöfe Mettau, Sulz, Kaisten und Ittenthal und die halben Dinghöfe Hornussen, Stein, Murg, Oberhof und Herrischried[5]. Außerdem kam noch das Dorf und der Dinghof Stetten mit einem Hof in Hiltelingen (bei Haltingen) dazu. Ein Herr von Schönau erscheint urkundlich erstmals im Jahre 1365 als Inhaber des Großmeieramtes. Es ist Rudolf von Schönau, genannt der Hürus, der Sohn des Jakob Rudolf I. und seiner Gemahlin Margareta vom Stein. Am 6.2.1365 ließen sich Rudolf II. Hürus und Hartmann von Wieladingen, dieser als Inhaber des kleinen Meieramtes, ihre Meieramtsrechte von Herzog Rudolf von Österreich bestätigen. Vor allem das Recht auf die Fälle von allen Gottshausleuten, welche außerhalb der Säckinger Dinghöfe, also außerhalb des Herrschaftsgebietes des Klosters, sterben[6].

Mit dieser Absicherung der Rechte des Großmeieramtes zeigt Rudolf II., wie später auch sein Sohn, ein konsequentes Vorgehen beim Ausbau einer eigenen Hausmacht. Als Rudolf III. das Meieramt übernahm, versuchte er dessen Rechte auf Kosten des Stiftes zusätzlich zu erweitern. Bereits 1365 hatte sein Vater die österreichische Pfandschaft Wehr erworben. Nun versuchte der Sohn die Fälle der Eigenleute des Klosters im Wehrer Tal, welche bisher zu je einem Drittel an das Stift und die beiden Inhaber der Meierämter gefallen waren, ganz an sich zu ziehen; dies bezeugten die Bauern bei einem Verhör im Jahre 1394[7]. Hier zeigt sich das Bestreben, in der als Pfandschaft erworbenen Herrschaft Wehr sämtliche Rechte an sich zu ziehen und anderweitige Ansprüche auszuschalten.

Rudolf II. fiel 1386 in der Schlacht bei Sempach, und die Finanzkraft des Hauses Österreich wurde durch die Schweizer Kriege stark in Mitleidenschaft gezogen; dies wirkte sich auch auf die mit Österreich finanziell verflochtenen Herren von Schönau aus. Die Familie geriet in eine wirtschaftliche Krise. Anna von Klingenberg, die dritte Gemahlin Rudolfs II., sah sich nun, nach dem Tod ihres Gatten, vor eine schwierige Aufgabe gestellt, die sie durch schrittweise Veräußerungen und Verpfändungen Schönauscher Rechte und Besitzungen zu meistern suchte. Zusammen mit den drei Söhnen ihres Mannes, mit Rudolf III., Walther und Albrecht II., übernahm Anna das säckingische Meieramt, ohne dieses jedoch von der Äbtissin rechtmäßig als Lehen empfangen zu haben. Die Familienmitglieder teilten die Meieramtsgüter unter sich auf, und Walther, der in hohe Schulden geraten war, verpfändete sodann seinen Anteil.

Da das Meieramt mit den dazugehörigen Besitzungen und Rechten jedoch nicht geteilt werden durfte, berief die Äbtissin Klaranna von Hohenklingen die Lehensmannen des Stifts zum Gericht ›unter den Hohen Bogen‹ nach Säckingen. Dort klagte sie gegen Anna von Klingenberg, daß diese zum Schaden des Stiftes mit dem Meieramt nach ihrer Willkür verfahre. Der Schiedspruch des Gerichts vom 15. 4. 1393 anerkannte, daß das Meieramt denen von Schönau entzogen sei und die Äbtissin es nach Gutdünken weiter verleihen könne[8]. Nach diesem Spruch verlieh die Äbtissin das Meieramt dem Grafen Hans von Habsburg-Laufenburg. Doch Anna von Klingenberg und ihr Sohn Albrecht II. wehrten sich dagegen mit aller Kraft. Es war ihnen sehr wohl bewußt, daß die Familie vor dem wirtschaftlichen Zusammenbruch nur gerettet werden konnte, wenn ihr das Meieramt verblieb. Beim österreichischen Landvogt erhoben sie Einspruch mit der Begründung, daß das Meieramt ein Erblehen sei und sie daher Anspruch darauf hätten.

Damit hatten sie Erfolg, und Graf Hans von Habsburg-Laufenburg wurde veranlaßt, auf das ihm bereits verliehene Amt zu verzichten. Im Gegenzug wurde Albrecht II. von Schönau verpflichtet, hierfür an den Habsburger eine Entschädigung zu bezahlen. Der ganze Vorgang zeigt wieder die außerordentliche Bedeutung des Säckinger Meieramtes. Sogar ein Mitglied des hohen Adels, hier der Habsburger, war bereit, das Meieramt anzunehmen, obwohl dieses sonst nur von Dienstadeligen bekleidet wurde. In den folgenden Jahren war man von Seiten der Familie von Schönau bemüht, im guten Einvernehmen mit der Äbtissin zu handeln und einige schon länger bestehende Streitfragen zu klären. So bereinigten die beiden Frauen Anna von Klingenberg, die Hürussin, und Klaranna von Hohenklingen, die Äbtissin, die Unklarheiten über ein Waldstück namens ›Maisenhart‹ zwischen Egg und Schweikhof. Es wurde bestimmt, daß dieser Wald zwar dem Stift gehöre, die Holznutzung darin aber beiden Teilen, dem Stift und der von Schönauschen Familie, im gegenseitigen Einvernehmen zustehe.

Auch der schon einige Jahre schwelende Streit über die Fälle im Wehrer Tal wurde nun dahin geschlichtet, daß diese in Zukunft zur Hälfte an das Stift und zur Hälfte an die Hürussin bzw. an ihre Kinder und deren Nachkommen fallen sollten[9]. In bezug auf das Meieramt schlossen die Söhne Albrecht II. und Hans mit der Äbtissin im Jahre 1397 ein Abkommen, worin sie die Erlaubnis erhielten, das Meieramt und dessen Güter zur Deckung ihrer großen Schulden bis zu einem Betrag von 6.000 Gulden zu verpfänden. Nun behielt sich aber die Äbtissin aufgrund der vor Jahren gemachten Erfahrung das Recht vor, das Meieramt von dem jeweiligen Pfandinhaber einlösen zu können, sollten Albrecht II. und Hans von Schönau ohne männliche Erben sterben[10].

Die Verpfändung erfolgte noch im gleichen Jahr und zwar in zwei Teilen. Der größere Teil des Meieramtes wurde an den reichen Basler Bürger Jakob Zibol um 4.000 Gulden verpfändet. Die Pfandschaft umfaßte die Dinghöfe und Dorfherrschaften zu Zell im Wiesental, Zuzgen und Wegenstetten im Fricktal, ferner die Dinghöfe Mettau, Sulz, Kaisten und Ittenthal und die halben Dinghöfe zu Hornussen, Stein, Murg, Oberhof und Herrischried[11]. Getrennt davon verpfändete Albrecht von Schönau das Meieramt zu Stetten um 1.200 Gulden an die

Edelleute Henmann von Grünenberg, Claus vom Hus, Johann Puliant von Eptingen, Arnold von Bärenfels, Burkhard Münch d. Ä. von Landskron und Günter von Eptingen d. Ä.[12]. Die Abtretung des Meieramtes an Jakob Zibol war jedoch nicht die erste Übergabe von Schönauschem Vermögen an Zibol gewesen. Schon 1396 und 1397 hatte die Familie ein Dorf im oberen Fricktal und eine rechtsrheinische Pfandschaft an denselben Geldgeber verkauft.

Mit Jakob Zibol trat ein glanzvoller Basler Bürger mit herrschaftspolitischen Ambitionen im Bereich des Säckinger Stiftes in Erscheinung. Durch Handels- und Kreditgeschäfte reich geworden und im Besitze zahlreicher österreichischer Pfandschaften, genoß er ein hohes Ansehen. Seit 1368 saß er im Rat der Stadt Basel und wurde 1388, obwohl nicht ritterlichen Standes, zum Bürgermeister gewählt. Im Zeichen des Strebens nach Blutsverbindung zum Adel stand die Verheiratung seines Sohnes Petermann mit Anna von Schönau, der Tochter Rudolfs II. von Schönau und Annas von Klingenberg. Dadurch war die Familie Zibol auf dem besten Weg, sich in den Kreis der vorderösterreichischen Adelsfamilien am Hochrhein einzufügen. Doch so rasant ihr Aufstieg war, war auch der Niedergang. Der im Jahre 1409 zwischen Basel und Österreich ausbrechende Krieg versetzte der Familie Zibol einen vernichtenden Schlag.

Zibol, einerseits im Basler Rat sitzend, anderseits durch die österreichischen Pfandherrschaften der feindlichen Partei verbunden, konnte den von beiden Seiten an ihn herangetretenen Forderungen nicht gerecht werden. Infolge der Besetzung seines Besitzes durch die gegnerischen Parteien, sowohl links als auch rechts des Rheines, verlor Zibol viel Vermögen. Und als er nach dem Kriege seine Rechte in diesen Gebieten wieder beanspruchte, stieß er auf Widerstand. Nach seinem Tod gelang es keinem seiner Söhne das Familienimperium wieder aufzubauen. Das Säckinger Großmeieramt hatte Jakob Zibol seinem Sohn Petermann übergeben, der im Jahre 1407 von der Äbtissin damit belehnt wurde[13]. Vor dem 15.3.1412 muß Petermann gestorben sein, denn an diesem Tag stellte Jakob Zibol der Äbtissin einen Revers aus, welcher ihn als Träger des Meieramtes für die noch unmündigen Kinder des Petermann auswies[14]. Nach der Heirat der Witwe Anna Zibol, geborene von Schönau, mit dem Ritter Burkart zu Rhein bestätigte dieser im Jahre 1413, daß er als Träger für die Kinder des Petermann das Pfandlehen des Großmeieramtes empfange[15].

Herren von Schönau als erbliche Meier

Spätestens seit 1430 hatte dann Albrecht II. von Schönau das Meieramt von seinem Schwager wieder eingelöst, und von nun an verblieb es im Besitz der Familie von Schönau bis zur Aufhebung des Klosters. Damals noch nicht eingelöst wurden Meieramt und Dinghof Zell; diese gehörten der Familie zu Rhein und kamen erst im Jahre 1511 durch Caspar von Schönau wieder an die Schönausche Familie zurück[16]. Inzwischen waren die Herren von Schönau sogar in kurzer Zeit zu ansehnlichem Reichtum gelangt. Denn nun konnten sie wieder selber als Geldgeber aufzutreten. Im Jahre 1465 schuldete beispielsweise Herzog Sigmund von Österreich dem Jakob von Schönau 1.200 Gulden, und um 1480 nahm die Stadt Säckingen für den Wiederaufbau ihrer durch Hochwasser zerstörten Rheinbrücke mehrere hundert Gulden bei ihm auf[17]. Zudem kaufte er von einem Waldshuter Bürger im Jahre 1475 um 450 Gulden das Dorf Oeschgen und 1477 von der Säckinger Äbtissin das Dorf Rippolingen. Beide Dörfer blieben in der Folge Schönauscher Besitz[18].

Als Albrecht II. von Schönau das Meieramt angetreten hatte, versuchte er erneut, seine Rechte und Einkünfte auf Kosten des Stiftes auszuweiten. Es kam zum Streit mit der Äbtissin Anastasia von Geroldseck. Doch bevor die Zwistigkeiten bereinigt werden konnten, starb Albrecht II. Mit dessen Witwe Osanna von Landenberg schloß die Äbtissin im Jahre 1431 einen Vergleich, in welchem die Rechte des Meiers für die Zukunft festgelegt wurden. Wie bedeutend diese Vereinbarung war, zeigt die Liste der als Vermittler fungierenden Personen und Institutionen. Dies waren die Städte Rheinfelden, Säckingen und Laufenburg, ferner die Adeligen Konrad von Bußnang, Hans Thüring Münch, Hans Konrad von Bodmann, Ritter Hans Reich (von Reichenstein) und Thüring von Hallwil.

Albrecht II. von Schönau scheint seine Ansprüche hauptsächlich auf das kleine Meieramt ausgedehnt zu haben, welches damals im Besitz des Damenstiftes war. Deshalb wurden nun die Rechte, die zu diesem Amt gehörten, nochmals genau umschrieben und als Eigentum des Stiftes bestätigt. Demnach gehörten zum kleinen Meieramt die halben Dinghöfe zu Hornussen, Stein, Murg, Oberhof und Herrischried. Das bedeutete den halben Anteil an den in diesen Dinghöfen anfallenden Gerichtseinnahmen sowie die Hälfte der Einnahmen aus den Fällen der hofhörigen Leute, ferner die halben Fälle von den Gotteshausleuten, welche außerhalb dieser Dinghöfe rechts des Rheins starben. Die andere Hälfte der in diesen Dinghöfen anfallenden Einnahmen sowie die gesamten Einnahmen aus den Dinghöfen zu Mettau, Sulz, Kaisten und Zuzgen gehörten zum großen Meieramt derer von Schönau. In Schwörstadt und Öflingen sollten die Einnahmen aus den Todesfällen den Herren von Schönau ganz gehören, außer von jenen Personen, die auf denjenigen ›Höfen‹ saßen, welche im Ganzen dem Stift fallpflichtig waren. Es ist nicht genauer angegeben, um welche ›Höfe‹ es sich hierbei handelte, da sie damals als bekannt vorausgesetzt wurden.

Dem Stift gehörten in ihrer Gesamtheit die Fälle von allen Kellerhöfen, den Huben und Fronmühlen. Der alte Streit, ob das Meieramt ein Mannlehen oder wie es die von Schönau behaupteten, ein Erblehen sei, wurde nicht entschieden. Festgehalten wurde lediglich, daß hierüber nicht ›unter dem Hohen Bogen‹ in Säckingen, sondern durch die Herrschaft von Österreich geurteilt werden sollte. Das Stift hielt immer noch am Grundsatz fest, daß das Meieramt ein Mannlehen sei, in der Praxis wurde es jedoch bereits als Erblehen behandelt. Zudem wurde

Äbtissin Ursula von Säckingen belehnt Hans Othmar und Hans Rudolf, Gebrüder von Schönau-Laufenburg, mit dem Dinghof Stetten, einem Teil des Säckinger Meieramtes (1601), Anfang der Urkunde

im Vergleich noch festgelegt, daß über anderweitige Differenzen zwischen dem Träger des Meieramtes und dem Stift das Gericht ›unter dem Hohen Bogen‹ entscheiden sollte. Die Vertreter der von Schönauschen Familie erhoben dagegen zwar Einwände. Denn die Keller des Stifts, welche als Schöffen beim Gericht ›unter dem Hohen Bogen‹ mitwirkten, könnten nicht über sie urteilen, da sie von ihnen als den Meiern belehnt seien. Trotzdem wurde das Gericht ›unter dem Hohen Bogen‹ als das Zentralgericht des Säckinger Hofrechts und als zuständige Instanz anerkannt. Darüber hinaus wurde festgestellt, daß der Meier den Richter bestimmen soll, wenn das Stift gegen ihn Klage führt; im umgekehrten Fall soll die Äbtissin den Richter benennen[19].

Dieser Vergleich blieb die Grundlage für die zukünftige Stellung derer von Schönau als Großmeier des Stiftes. Allerdings setzte sich mit der Zeit das territoriale Prinzip durch, nämlich die Tendenz, die verschiedenen im Besitz mehrerer Gewalten befindlichen Rechte an einem Ort in einer Hand zu vereinigen. Das führte dazu, daß etwa in dem entfernteren Dinghof Zell im Wiesental die von Schönau als Dorfherren alle Rechte, auch die dinghöfische Gerichtsbarkeit, an sich zogen, nicht ohne nochmals mit dem Stift deswegen in heftige Auseinandersetzungen zu geraten. In den Dinghöfen, welche dem Stift näher lagen (Stein, Hornussen, Kaisten, Mettau, Sulz, Murg, Oberhof und Herrischried) und mit der stiftischen Verwaltung ständig in Kontakt standen, entwickelte sich aus dem Dinghofrecht die Dorfherrschaft des Stiftes. Hier erschien bei den Niedergerichten neben dem Stiftsbeamten nur noch gelegentlich der Meier persönlich, oft ließ er sich durch eine Amtsperson vertreten.

Auch eine andere, einst wichtige Aufgabe des Meiers war im Laufe der Zeit verschwunden: die Geleitpflicht bei den Weinfuhren des Stifts von Stetten und Schliengen nach Säckingen. Spätestens im 15. Jahrhundert entfiel die sogenannte Winmeni, die transportpflichtigen Bauern zahlten eine Geldabgabe und das Kloster ließ den Wein selbst abholen. So war im Laufe der Zeit das Meieramt mit seinen umfangreichen Lehensgütern sowie mit seinen Anteilen an Bußen und Fällen zu einer reinen Einnahmequelle geworden. Der Großmeier übte jetzt nur noch repräsentative Funktionen aus. Dennoch kam es auch in der Folge immer wieder zu Zwistigkeiten zwischen dem Großmeier und dem Stift.

Als Caspar von Schönau Meieramtsinhaber war, kam es wegen der Teilung der Fälle zu Differenzen. Sie wurden im Jahre 1508 durch ein

Schiedsgericht bereinigt, wobei der Offizial des Bischofs von Basel Arnold zum Luft und der berühmte Freiburger Rechtsgelehrte und Humanist Ulrich Zasius als Schiedsrichter wirkten[20]. Auch Caspars Sohn Hans Jakob von Schönau, der 1537 mit dem Meieramt belehnt worden war, geriet erneut wegen der Fälle und wegen seiner Übergriffe auf die stiftischen Rechte zu Zell im Wiesental mit der Äbtissin Agathe Hegenzer von Wasserstelz in Streit. Ein zwischen den Parteien geschlossener Vergleich von 1565 regelte die Ansprüche auf die Fälle folgendermaßen: In allen Dinghöfen des Stifts außer den nachbenannten sollten die Fälle zwischen Stift und Meier je zur Hälfte geteilt werden. In den Dinghöfen zu Stetten, Schliengen und Stein fielen sie jedoch der Äbtissin ganz zu, wogegen die zu Zell und Wegenstetten dem Meier allein gehörten. Nur vom Kellerhof, von der Fronmühle und von der Pleuelmühle zu Zell standen die Fälle abwechselnd der Äbtissin und dem Meier zu. Ferner nahm die Äbtissin vom Hof in Egg und von zwei Höfen zu Schwörstadt die Fälle allein ein[21].

In Zell hatte sich Hans Jakob von Schönau auch mit seinen Untertanen verfeindet, weil er in die Vorrechte des Dinggerichts eingegriffen hatte und alle Rechte an sich ziehen wollte. Die Äbtissin drohte ihm mit dem Entzug des Meieramtes. Im Jahre 1569 bereinigte ein schiedsgerichtliches Urteil auch diese Differenzen[22]. Nach Hans Jakob folgte als Großmeier des Stiftes seit 1572 sein ältester Sohn Hans Rudolf von Schönau. Nach dessen Tod ging dieses Amt erst 1618 an seinen Neffen Marx Jakob von Schönau und dessen Brüder. Marx Jakob erhielt bei der Erbteilung derer von Schönau im Jahre 1628 die Herrschaft Zell im Wiesental, er begründete somit die Linie von Schönau-Zell. Als Großmeier folgte seit 1651 Johann Dietrich von Schönau für seine Person und als Lehensträger der anderen Herren von Schönau. Nach dessen Tod wechselten Vertreter der Linien Oeschgen, Wehr und Zell miteinander als Amtsinhaber und Lehensträger ab. Um die Mitte des 18. Jahrhunderts lag das Meieramt in der Hand des Franz Ludwig Ignaz von Schönau-Zell.

Mit ihm schloß die Äbtissin Maria Anna von Hornstein-Göffingen im Jahre 1765 einen neuen Vertrag über das Meieramt, welcher den geänderten Verhältnissen Rechnung trug[23]. Das stiftische Meieramt war mit seinen Aufgaben und Rechten noch ganz auf die mittelalterliche Lebensform abgestimmt, die in der Praxis längst überholt war. Die Ansprüche des Meiers auf Anteil an den Fällen und Gerichtsbußen von den stiftischen Eigenleuten und Untertanen in den Dinghöfen beruhten noch auf persönlichen Rechtsbindungen, welche teilweise durch Vereinbarungen schon abgelöst waren. Die Mitwirkung des Meiers als Richter bei den Dinggerichten hatte sich längst durch die Ausbildung eines festen Beamtentums überholt. Daraus erwuchsen auch verschiedene Auslegungen, die zu Auseinandersetzungen zwischen dem Stift und den Inhabern des Meieramtes führten. Insbesondere aus diesem Grund mußte die meieramtliche Stellung reformiert und in einen zeitgemäßen Vertrag gebracht werden.

Als wichtigster Punkt darin wurde bestimmt, daß jede Partei in der Ausübung der Gerichtsbarkeit in ihrem Gebiet von der andern unabhängig sein soll. Das bedeutete: In den an das Haus Schönau zu Lehen gegebenen Dinghöfen und Herrschaften (Zell, Wegenstetten) verzichtete das Stift auf seine politischen Rechte, während umgekehrt der Meier auf seinen bisherigen Rechtsanteil in den unter stiftischer Verwaltung stehenden Dinghöfen und Herrschaften Verzicht leistete. Zudem wurde festgehalten, daß bei jedem Wechsel des Trägers das Meieramt als Lehen vom Stift jeweils neu empfangen werden muß. Nun wurde auch noch das Kapital aufgeteilt, welches zu zahlen die Grafschaft Hauenstein sich im Jahre 1741 verpflichtet hatte, um damit beim Stift die Fälle abzulösen[24]. Die von Schönau erhielten den Betrag von 5.750 Gulden rauher Währung (= 4.792 rheinische Gulden) zugewiesen.

Die Aufgaben des Meieramtes beschränkten sich in Zukunft auf repräsentative Pflichten, sowohl bei der Äbtissinnenwahl wie auch bei öffentlichen Anlässen. Hier hatte der Großmeier der Fürstäbtissin das feierliche Geleit zu geben, so z. B. bei der Fridolinsprozession, wo der Herr von Schönau »*die großmeierlichen Funktionen bei der abzuhaltenden feierlichen Prozession nach der bis anhero ununterbrochenen Observanz*« zu verrichten hatte[25]. Seiner einstigen Schirmpflicht entsprechend konnte der Meier noch in wichtigen Geschäften von der Äbtissin um Rat und Beistand angegangen werden. Da das Meieramt der ganzen Familie von Schönau als gemeinsames Lehen zustand, behielt sich die Äbtissin das Recht vor, das Amt einem beliebigen Mitglied der Familie als Träger zu verleihen. Der Träger hatte dann die Funktionen des Amtes auszuüben. Für seine Meieramtsdienste konnte er von den anderen Familienmitgliedern eine Vergütung von jährlich 80 Gulden beanspruchen[26].

Der letzte Großmeier des Stifts war Franz Anton von Schönau-Wehr, er starb 1806. Als das Damenstift Säckingen im gleichen Jahr infolge der politischen Veränderungen aufgehoben wurde, gingen die noch bestehenden Lehen des Stifts an den Großherzog von Baden über. Um die Mitte des 19. Jahrhunderts wurden dann alle Lehensverhältnisse abgelöst. Damit erlosch endgültig das Amt des Großmeiers, welcher im Säckinger Klosterstaat eine der wichtigsten Funktionen ausgeübt hatte. Obwohl es in dem halben Jahrtausend, während dessen die Familie von Schönau das Großmeieramt innehatte, immer wieder zu Auseinandersetzungen mit dem Stift gekommen war, hatte es dennoch auch Zeiten gegeben, in denen man sich gegenseitig half, beriet und unterstützte.

So setzte sich z. B. während des 30jährigen Krieges Marx Jakob von Schönau-Zell, zu jener Zeit kaiserlicher Gesandter bei der Eidgenossenschaft, dafür ein, daß das Kloster von den schweren Kriegskontributionen befreit werde. Zu erwähnen ist auch die Reformationszeit. Damals lag nach der Absetzung der Fürstäbtissin Magdalena von Hausen die Klosterverwaltung mehrere Jahre in den Händen des damaligen Großmeiers Hans Jakob von Schönau. – Die geschichtliche Entwicklung der hochrheinischen Landschaft ist von keinem anderen Geschlechte so sehr geprägt worden wie vom Adelsgeschlecht derer von Schönau. Dies liegt gerade auch an der engen Verbundenheit der Herren von Schönau mit dem Säckinger Damenstift und an ihrer Rolle als Inhaber des Großmeieramtes.

Anmerkungen

[1] GLA Ka 67/ 1141: 16.6.1240.
[2] Ebd. 66/ 7157 und 7160 und Jehle, F./Enderle, A.: Die Geschichte des Stiftes Säckingen, Säckingen 1984, S. 174.
[3] Ebd. (Dinghofrodel) §§ 11, 14, 15, 39. – Frese, W.: Die Herren von Schönau (Forschungen zur oberrheinischen Landesgeschichte 26) Freiburg/München 1975, S. 111.
[4] GLA Ka 16/18.
[5] Ebd. 16/1499 u. 1500.
[6] Ebd. 67/1141: 6.2.1365.
[7] Ebd. 67/1141: 25.5.1394.
[8] Ebd. 16/20.
[9] Ebd. 67/1141: 25.5.1394 u. 14.5.1396.
[10] Ebd. 16/21.

11 Ebd. 67/1141: 16.3.1397.
12 Ebd. 67/1141: 8.2.1399.
13 Ebd. 67/1142: 27.6.1407.
14 Ebd. 16/23.
15 Ebd. 67/1142: 24.4.1413.
16 Humpert, Th.: Geschichte der Stadt Zell im Wiesental, Zell i.W. 1922, S. 72.
17 StA Basel: Klosterarchive, Klingental Urk. Nr. 2701 (27.4.1568); Frese: Schönau, S. 168.
18 AFSW: U 24; GLA Ka 16/1282.
19 Ebd. 16/39.
20 Ebd. 67/1143: 22.2.1508.
21 Ebd. 67/1143: 5.9.1565.
22 Ebd. 16/50.
23 Ebd. 16/54.
24 Ebd. Ka 16/612.
25 Dementsprechend entschuldigt sich 1793 der Großmeier Franz Anton Fidel von Schönau-Wehr bei der Äbtissin schriftlich, daß er wegen Erkältung seine Pflichten als Großmeier beim Fridolinsfest nicht erfüllen könne (GLA Ka 229/11.0453).
26 GLA Ka 67/1145: 7.11.1765.

Klaus Schubring

Die Grafschaft Wehr

»Sollen wir jetzt aufstehen?« – So hieß es vor einiger Zeit (in Gegenwart des Verfassers) an einem gut mit Gästen besetzten Tisch in einem Restaurant in Wehr, als Angehörige der Familie von Schönau gerade eintreten wollten. Man ist dann doch sitzen geblieben. Die kleine Begebenheit zeigt aber: Einzelne Mitglieder der Gesamt-Familie von Schönau sind in Wehr persönlich bekannt; es ist offenbar auch geläufig, daß die früheren Ortsherren diesem Geschlecht angehörten. Und schließlich wußten jene Gäste in der ersten Überraschung – anderen mag es ähnlich gehen – nicht, wie man diesen Adligen wohl begegnen sollte. In Wehr erinnert auch noch vieles an die Freiherren von Schönau. Das alte Amtshaus und das neue Rathaus waren einst Wohnhaus und Schloß der Ortsherren. Im kulturellen Leben der Stadt spielen Themen, die mit dem Adelshaus zusammenhängen, immer wieder eine Rolle. Und so mancher Bürger von Wehr wohnt auf Grund und Boden, der einst den Freiherren gehörte.

Umgekehrt fühlen sich die beiden heute noch lebenden Schönau-Linien mit Wehr verbunden: Für beide ist das neue Schloß in Wehr das Geburtshaus von Vorfahren. Und die ältere Linie nennt sich bewußt: von Schönau-Wehr. Diese Beobachtungen und Feststellungen führen zurück in eine lange gemeinsame Geschichte von Tal und Familie. Wie ist es gekommen, daß solch enge und dauerhafte Beziehungen bestanden? Welche Bedeutung hatte Wehr früher für die Herren von Schönau? Und welche Bedeutung hatten die Ortsherren für Ort und Tal? Gab es auch Veränderungen und Wechsel, Abbruch und Neuanfang? Solchen Fragen soll der folgende Beitrag in mehreren Abschnitten nachgehen. Die Ausführungen werden um 1630 enden, weil damals dauerhafte Grundlagen und Verhältnisse erreicht waren, die dann bis kurz nach 1800 Bestand hatten, bis zum Ende der alten Ordnungen.

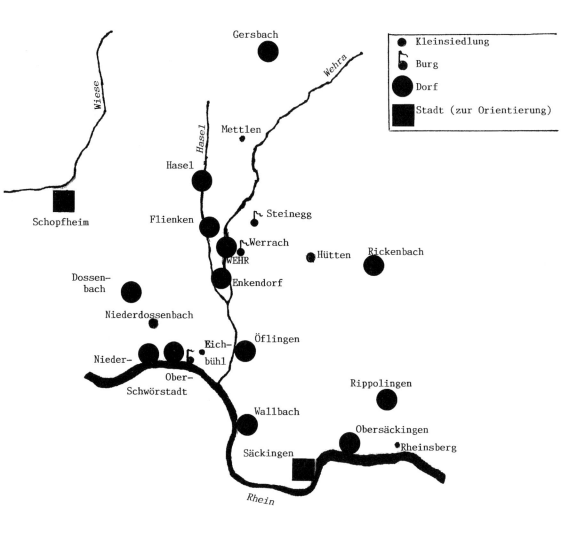

Wehr und seine Umgebung im Mittelalter und in der frühen Neuzeit

Schneller Verlust?

Rudolf II. Hürus von Schönau, eine der markantesten Persönlichkeiten in der Familiengeschichte, hatte den hochrheinischen Zweig nach Wehr geführt. Er konnte schon an ererbte Rechte und Einnahmen im Tal anknüpfen. Rudolf II. selbst erreichte um 1365 eine Generalvollmacht, österreichische Pfande auszulösen und zu einem Gesamtpfand zu vereinigen. Von dieser Vollmacht hat Rudolf II. Hürus ausgiebig Gebrauch gemacht. Die Pfandsumme wurde ihm aber auch »*Gnaden halber*« und schließlich als finanzieller Rahmen für Reparaturen an Burg Werrach erhöht[1]. Berücksichtigen muß man noch ein Pfand von 220 Gulden (bzw. 220 Pfund Basler Geldes), das auf den Zoll zu Hauenstein und das Amt Wehr verschrieben war[2]. Schätzt man den Wehrer Anteil an dem mit Hauenstein verbundenen Pfand auf mindestens ein Drittel, wofür spätere Umstände sprechen, so ergibt sich eine Gesamtpfandsumme von ca. 4.945 Gulden. Nach damaligen Gepflogenheiten hätte der jährliche Nutzen rund 495 Gulden betragen sollen, er bestand aber nur in ca. 199 Gulden und 10 Schillingen.

Daraus folgt zunächst, daß das Pfand nach der Bewertung der Zeit überbelastet bzw. daß die Jahresrendite zu gering war. Doch hatte Rudolf II. Hürus das österreichische Amt Wehr in die Hand bekommen, er konnte notfalls die Abgaben erhöhen, um sich bezahlt zu machen. Außerdem gab die hohe Pfandsumme der Familie eine gute Sicherheit: Das notorisch in Geldnöten steckende Haus Habsburg war um so weniger in der Lage, ein Pfand auszulösen, je höher die Pfandsumme war. – Mit dem Amt Wehr hatte Rudolf II. Oberhoheit und Ortsherrschaft in Wehr selbst, in Enkendorf und Wallbach erworben; ferner gehörte zum Amt offenbar das hohe Gericht über Ober- und Niederschwörstadt, Öflingen, Obersäckingen und Rheinsberg.

Von Markgraf Otto von Hochberg zu Rötteln kaufte Hürus von Schönau 1379 zehn Hofstätten im Dörfchen Flienken, das seitdem immer mehr in das österreichische Amt Wehr hinüberglitt. In Oberschwörstadt und in Öflingen folgten die Schönauschen Adligen um 1373 bzw. 1382 den bisherigen Inhabern, den Herren von Wieladingen. Erstmals 1363 verlieh Markgraf Otto von Rötteln Niederdossenbach, das anscheinend nur aus einem oder zwei Höfen bestand, an einen Herren von Schönau. Niederdossenbach driftete im Laufe der Zeit immer enger an das letztlich österreichische Schwörstadt heran, obgleich die

Oberhoheit der Markgrafen formal anerkannt blieb. – Die Burg Steinegg oberhalb von Wehr war allerdings an die Herren von Bärenfels in Basel verliehen. In Wehr spielte das Basler Kloster Klingental durch seine Rechte an der Pfarrkirche und durch ausgedehnten Grundbesitz eine große Rolle. Weitere Grundbesitzer waren z. B. das Kloster Säckingen und die benachbarten Markgrafen. Spätestens zur Zeit Rudolfs II. Hürus verselbständigte Österreich alle Siedlungen auf der Höhe östlich Wehr, so vor allem Rickenbach, um sie später mit der Vogtei Hauenstein zu vereinigen.

Trotzdem hatte die Familie von Schönau unter dem dynamischen Rudolf II. eine gefestigte und im Ausbau begriffene Stellung im Tal von Wehr erlangt. Konnte sie überhaupt erschüttert werden? Nach dem frühen Tod des Familienoberhauptes in der Schlacht bei Sempach und nach der folgenden Niederlage von Näfels im Jahre 1388 verlangte die Herrschaft Österreich ein Notopfer von Edelleuten, Klöstern und Amtsbereichen. Die Witwe mit ihren unmündigen Kindern und die erwachsenen Söhne Rudolf III. Hürus und Walter Hürus zahlten ebenso ohne Schwierigkeiten wie das Amt »ze Werrental« (zu Wehr)[3]. Bis 1390 übernahmen die mündigen Söhne auch noch einzelne Bürgschaften, die natürlich ein finanzielles Risiko einschlossen. Doch 1393 erhalten wir Einblick in innerfamiliäre Besitzverschiebungen, die durch Schulden des verstorbenen Rudolfs II. und seiner Söhne Rudolfs III. und Walters verursacht waren.

Die Witwe Anna »die Hürussin«, eine geborene von Klingenberg, übernahm diese Schulden und bekam dafür unter anderem bedingungsweise den Anteil Walters am Pfand zu Wehr, der mit 1.200 Gulden angesetzt wurde. Da eine Dreiteilung des Pfandes zwischen der Witwe, Rudolf III. und Walter anzunehmen ist, veranschlagte die Familie damals intern 3.600 Gulden für das Pfand. Die erwähnte Bedingung bestand darin, daß die Witwe und Stiefmutter den Pfandanteil nur erhalten sollte, wenn sie die Höfe des Säckinger Meieramtes nicht bekam[4]. Da andere familieninterne Abmachungen bewirkten, daß die Äbtissin von Säckingen den Herren von Schönau für rund ein Jahr das Meieramt entzog, müßte Anna von Klingenberg das zweite Drittel des Pfandes Wehr erhalten haben.

Um 1395 geriet Walter wegen einer unbekannten Missetat in Basel ins Gefängnis, er wurde erst 1399 freigelassen und starb bald nach 1401. Gegen Ende des Jahrhunderts starb schon Rudolf III. Hürus. Die Witwe

Anna von Klingenberg und ihr inzwischen mündiger Sohn Albrecht II. hatten nun die Familiengeschicke in der Hand. Ihnen genehmigte Herzog Leopold IV. von Österreich bereits 1397 die völlige Abtretung des Pfandes von 220 Pfund, das 22 Pfund Zins erbrachte und ursprünglich nur auf dem Zoll zu Hauenstein und dem Amt Wehr gelastet hatte. (Belastet blieben jetzt die inzwischen ausgegliederten Höhensiedlungen mit Rickenbach, neu war ein Dorf in der heutigen Schweiz herangezogen worden.) Dafür hatte der reiche Basler Bürger Jakob Ziboll 300 Gulden an die Witwe und ihre Kinder bezahlt, die sich, wie es hier heißt, in »großer Notdurft« befanden[5].

Auch die Pfandschaft »Werr« soll die »Hurrussin«, d.h. Anna von Klingenberg an »Jacob Zibeln von Basel« um 3.000 Gulden versetzt haben. Und zum Jahre 1403 liegt es dann am Tag: Ein Johannes Brüderli amtiert als Vogt in Wehr anstatt und im Namen Junker Burkard »Zibellens«. Burkard ist der zweite Sohn des eleganten Basler Aufsteigers Jakob Ziboll, der es 1388 zum Bürgermeisteramt gebracht hatte und der mit seinem Geld nicht zuletzt immer wieder Schönausche Herrschaften und Rechte übernahm. Für seinen Sohn Peter erreichte er eine Ehe mit Anna von Schönau, einer Schwester Albrechts II. Nicht schlechter kam der Sohn Burkard weg: Er saß im Basler Rat und heiratete zuerst Agnes von Eptingen, dann Sophia von Rotberg. Dennoch ist der Titel Junker für Burkard persönlich eigentlich noch zu hoch gegriffen, macht sich aber gut für einen Inhaber der Herrschaft Wehr. Er wird am Schluß der Urkunde wie üblich gebeten, zur Beglaubigung sein Siegel anzuhängen. Seit etwa 1400 mag Burkard anstatt seines Vaters Ortsherr von Wehr gewesen sein. Als Rechtsgrundlage kommt tatsächlich eine Weiterverpfändung von Wehr in Frage. Die Zustimmung Österreichs soll eingeholt worden sein[6].

1409 gerieten die neuen Herrschaften der Ziboll zwischen die Mahlsteine mächtigerer Kräfte. Anfang Oktober jenen Jahres griffen die österreichischen Landvögte Graf Hans von Lupfen und Graf Hermann von Sulz die Stadt Basel an. Die Besitzungen der Ziboll galten als feindliches Gut und wurden besetzt. Der erste Friedensvertrag vom 3.11.1410 sah vor, daß die Familie Ziboll auf Burg Rheinfelden verzichtet, dagegen sollte Landvogt Graf Hermann von Sulz ihnen zurückgeben: die Dörfer der Burg Rheinfelden und den Altenstein mit dem Amt Zell; Arnold von Bärenfels sollte Burg Steinegg bei Wehr erhalten. Der Altenstein und das Amt Zell gehörten zum Schönauschen Meieramt des

Klosters Säckingen und waren als Pfand und über die Ehe mit Anna von Schönau an Peter Ziboll gelangt, nun aber besetzt worden. Ebenso war Burg Steinegg erobert worden[7].

Daraus kann man folgern: Wenn Burkard Ziboll vor Ausbruch der Kampfhandlungen nicht noch schnell ein Abkommen mit der Familie von Schönau geschlossen hatte, ist das Amt Wehr ebenfalls besetzt worden. Da jetzt aber keine Rückgabe an Burkard vorgesehen ist, dürfte er inzwischen von seiner Pfandschaft zurückgetreten sein, Albrecht von Schönau wird dafür gezahlt oder Zahlung in Aussicht gestellt haben. Da Landvogt Hermann von Sulz die Abmachungen vom November 1410 gar nicht ausführen wollte, kam es zu weiteren Kampfhandlungen und im Juli 1411 zu einem zweiten Friedensvertrag. Am 20.5.1412 bestätigte Herzog Friedrich IV. von Österreich der Familie Ziboll nur noch das Pfand, das 22 Pfund Zinsen erbrachte, die u.a. vom Amt Wehr zu zahlen waren[8]. Die Ziboll-Herrschaft in Wehr bildete also ein Intermezzo von ungefähr zehn Jahren. Doch es überrascht, daß eine solche Unterbrechung überhaupt möglich war. Die Hauptursachen sind wohl in hinterlassenen Schulden Rudolfs II. Hürus und noch mehr in denen seiner Söhne Rudolfs III. Hürus und Walters zu suchen[9].

Dauerhaftes Heimischwerden

Das 15. Jahrhundert ist in Südwestdeutschland eine Zeit der kleinen Fehden und der großen Kriege, plötzlicher Umbrüche und schneller Veränderungen. Wurden nun die Herren von Schönau und das Amt Wehr in schneller Folge von neuen Veränderungen geschüttelt? Fridolin Jehle hat die These aufgestellt, die Schönaus hätten sich im 15. Jahrhundert weitgehend neutral verhalten, soweit es die Rücksicht auf Österreich zuließ. Werner Frese hat dem nur mit Einschränkungen zugestimmt, und die These aufgestellt, die Familie habe sich damals Bankgeschäften zugewandt und mit Krediten umfangreiche Gewinne erzielt. Stimmen diese erstaunlichen Behauptungen? Und wenn ja, wurden die Geldgewinne auch genutzt, um die Stellung in der Herrschaft Wehr zu festigen und auszubauen?

Es war naheliegend, daß Albrecht von Schönau, der den hochrheinischen Zweig fortpflanzte, größeren politischen und militärischen Verwicklungen fernblieb. Er wollte am Hochrhein so viel wie möglich an

Rechten und Gütern zurückgewinnen und war oft in Prozesse verwikkelt. Zudem hinterließ er nach seinem Tod 1431 mehrere unmündige Kinder. – Doch Mitte 1445 warf die Stadt Basel einem älteren Hürus von Schönau vor, er sei im Vorjahr am Einfall des Dauphins (des französischen Kronprinzen) beteiligt gewesen, deshalb wurde ihm der dauernde Aufenthalt in der Stadt verboten. Mit dem älteren Hürus dürfte Hans Hürus gemeint sein, er und sein Bruder Jakob Hürus waren wohl schon mündig, während ihre Geschwister noch unter Vormundschaft standen. Niemand anderes als der deutsche König Friedrich IV. aus dem Hause Habsburg hatte den französischen Thronfolger mit seinen in Frankreich überflüssig gewordenen Söldnern um Hilfe gegen die Eidgenossen ersucht. Und die Basler hatten zunächst hinter ihren Mauern den Ereignissen zugeschaut.

Ausgerechnet in den verbündeten österreichischen Vorlanden plünderten und wüteten die Söldner des Dauphins, die sogenannten Armagnaken. Bei Schwörstadt konnten die zuchtlosen Haufen an schnell aufgeworfenen Wällen, den ›Letzen‹, von Bauern zurückgewiesen werden. Am Bau der Letzen hatten Basler mitgewirkt. Der unangemessene Basler Vorwurf verdeckt wahrscheinlich eine direktere Konfrontation zwischen der Stadt und den Herren von Schönau. Ende März 1445 forderten die Brüder Hans und Jakob von Schönau nämlich schon zum zweiten Mal Bürgermeister und Rat von Basel auf, die gefangenen Schönauschen Leute freizulassen. Leider erfährt man von der Angelegenheit nicht mehr. – Im weiteren Verlauf des Jahres 1445 zogen Basler und Berner Truppen den Rhein herauf nach Säckingen. Für Schloß und Dorf Oberschwörstadt verlangten die Basler ›Brandschatzung‹, d. h. Schutzgelder, die vor Plünderung und Brandstiftung schützen sollten. Die verbündeten Berner legten dann trotzdem Feuer an Schloß und Dorf. Weitere Züge von Basler Kriegern führten damals durch das untere Wehratal. Nur gegen einen Wirt in Wehr ging die Stadt Basel 1446 gerichtlich vor. Er hatte junge Burschen beherbergt, die in Öflingen Vieh des Klosters Klingental geraubt hatten[10].

Ab 1450 kehrten dann friedliche, ja freundliche Beziehungen zwischen der Schönauschen Familie und der Stadt am Rheinknie ein. – Doch die Gebrüder Hans Hürus, Jakob Hürus, Hans Kaspar und Hans Heinrich »verschrieben sich [nun] mehr und mehr den Aufgaben der habsburgischen Politik in den vorderösterreichischen Landen«[11]. Sie traten so in die Fußstapfen ihres Großvaters Rudolfs des Älteren, bevorzugten aber statt militärischer Aufgaben politische und administrative Stellungen. Auch mit Krediten halfen sie dem für die Vorlande zuständigen österreichischen Herzog. – Der denkbaren Verpfändung an Herzog Karl den Kühnen von Burgund mit den voraussehbaren folgenschweren Verwicklungen entging das Amt Wehr, weil es schon versetzt war. Dennoch muß man zusammenfassend Frese recht geben: Es sind nur bestimmte Zeiten des 15. Jahrhunderts, während deren die Herren von Schönau sich der Politik und dem Krieg fernhalten können und sich zurückhalten.

Wie aber steht es mit den behaupteten erfolgreichen Bankgeschäften? Ziehen wir in diesem Zusammenhang die Teilung der Güter, Rechte und Einnahmen heran, die die Brüder 1453 vornahmen, nachdem sie alle mündig geworden waren. Hans Hürus erhielt zunächst das Pfand Wehr, die Pfandsumme wird mit 2.500 Gulden angegeben, das Pfand war also abgewertet worden; als jährlicher Ertrag sind 101 Gulden vermerkt, sie liegen unterhalb der inzwischen üblichen Verzinsung mit 5%, das Pfand ist jedenfalls noch leicht überbewertet. Die Familie verfügt in und um Wehr mittlerweile vermehrt über eigene Güter. Ihr in Geld umgerechneter Gesamtertrag beläuft sich auf 45 Gulden. Hans erhält noch Abgaben an weiteren Orten und nicht zuletzt ein Kapital von 2.420 Gulden, das in Teilbeträgen ausgeliehen ist und 121 Gulden Zins erbringt.

Weitere Teile des Amtes Wehr gehen an Hans Caspar: Schloß Oberschwörstadt, Dorf Oberschwörstadt, Öflingen und Wallbach. Auch Niederdossenbach wird ihm zugeteilt. Damit ist die künftige Ausstattung der späteren Linie zu Schwörstadt vorgezeichnet. Hans Caspar erhält auch das Hochgericht in seinen Ortschaften. Der Ertrag dieses Teiles wird mit 223 Gulden und 6 Schillingen im Jahr angegeben. Caspar bekommt andererseits nur 51 Gulden Kapitalzinsen zugesprochen. Die beiden anderen Brüder erhielten Besitz, der im Osten zwischen Säckingen und dem Bodensee lag, und Zinseinnahmen[12]. – Schon mit den verteilten Kapitalzinsen stoßen wir auf deutliche Anzeichen erfolgreicher Geldgeschäfte. Frese hat berechnet, daß die Zinsen aus vergebenen Darlehen 45% der 1453 unter den Brüdern geteilten Einnahmen oder 761 Gulden ausmachen.

Während das Kreditgeschäft noch ausgeweitet wurde, flossen doch auch Gewinne in den Kauf von Liegenschaften und Hoheitsrechten. So erwarb Jakob Hürus 1457 die ausgedehnten und wertvollen *»vier freien*

Höfe im Tal zu Wehr«, sie hatten einst dem elsässischen Kloster Murbach gehört, mindestens zwei der Höfe lagen in Oberwehr. In diesen Komplex eingeschlossen waren Güter am Rand des Hotzenwaldes bei Hütten, außerdem gehörte dazu das Fischereirecht in einem Teil der Wehra[13]. – 1516 begann Hans von Schönau, der Sohn des Jakob Hürus, als nunmehriger Inhaber von Wehr, von Brombach im Wiesental bis auf den Schwarzwald Zinsen zu erwerben, die jährlich auf Burg Werrach über Wehr abgeliefert werden sollten. Gehäuft brachten Hans und sein Sohn Hans Othmar solche Anrechte auf Zinsen in Flienken, Enkendorf und besonders in Wehr zusammen[14]. Bis 1535 sollen 2.000 Gulden für diesen Erwerb von Zinsen aufgewendet worden sein. Der jährliche Geldsegen müßte dann bei 100 Gulden gelegen haben. (Lösten die Lieferpflichtigen allerdings die ihnen gewährten Kapitalien ab, dann entfiel natürlich auch der Zins.)

Ab 1477 und bis spätestens 1583 konnten die Herren von Schönau außerdem das Dorf Rippolingen, den Hof Rheinsberg bei Obersäckingen, Unterschwörstadt und Obersäckingen erwerben[15]. Die Familie hatte also das Pfand Wehr nicht nur behauptet, sie hatte immer mehr Teile des Amtes in ihre Hand bekommen. Dabei zeichnen sich drei Schwerpunkte ab: a) Wehr mit dem namengebenden Ort, Flienken, Enkendorf und Mettlen, b) Schwörstadt mit Ober- und Niederschwörstadt, Öflingen, Wallbach und Niederdossenbach (das aus anderem Zusammenhang stammt), c) die östlichen Teile mit Obersäckingen, Rheinsberg und Rippolingen. Die Herrschaft Wehr war auf das »*Schloß Wehr«*, das heute als Ruine Burg Werrach genannt wird, ausgerichtet. Die Burg hatten die adligen Herren bis 1535 für 4.400 Gulden reparieren und ausbauen lassen. Um diesen Betrag war ihnen die Pfandsumme erhöht worden. Der Grundbetrag lag damals bei mindestens 4.000 Gulden. Die Gründe für diese Steigerung seit 1453 sind nicht ersichtlich.

Ein Vertrag und ein Urbar von 1535, das mit Recht an die Seite des habsburgischen Urbars von 1303 gestellt werden kann, zeigen die inzwischen erfaßten Rechte und Einnahmen der Herren von Schönau. Wandelt man Naturallieferungen wie Hühner, Eier und Getreide in Geld um und zählt man alle Gesamtangaben für Wehr zusammen, so erhält man herrschaftliche Bezüge in Höhe von 69 Pfund, 11 Schillingen und 4 Pfennigen. Die davon unabhängigen Einnahmen der Schönauschen Familie aus Flienken, Enkendorf und Wehr betragen ungefähr 102 Pfund, 16 Schillinge und 11 Pfennige[16]. – Die Herren von Schönau

*Die Herren von Wehr 1431–1572
und ihre nachweisbaren Herrschaftszeiten*

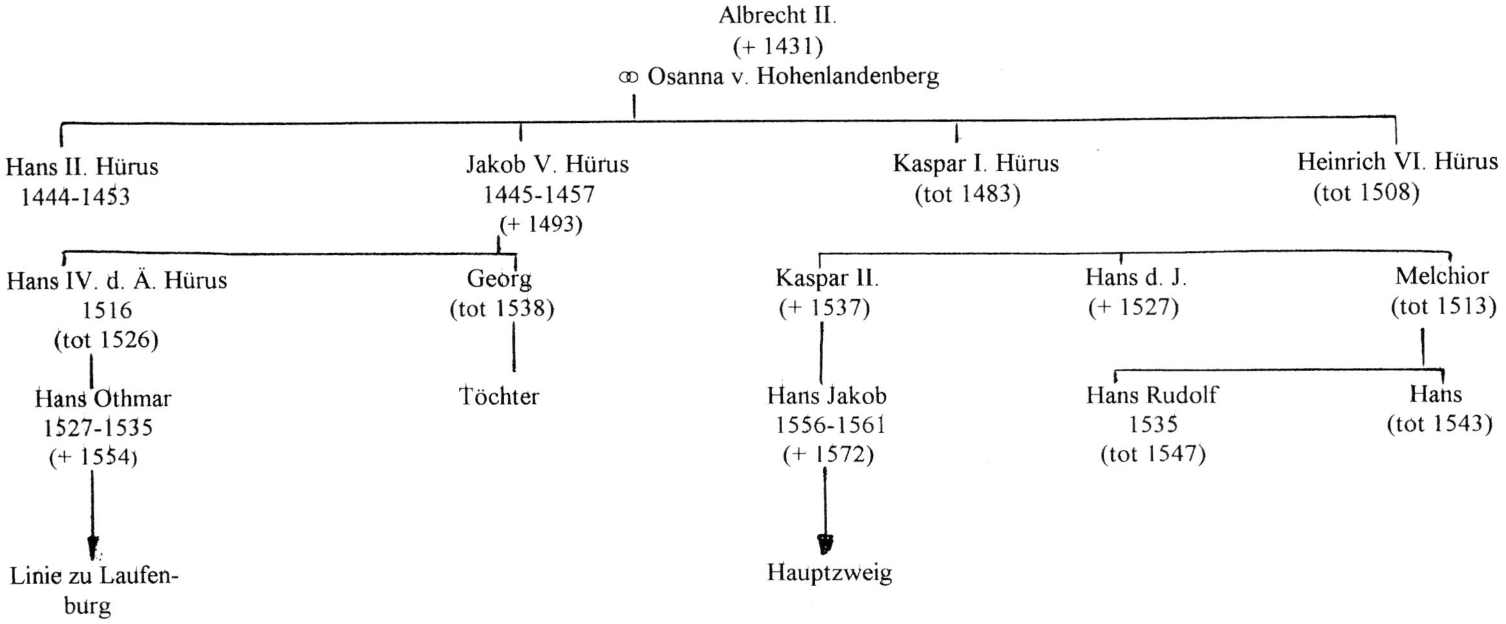

Albrecht II.
(+ 1431)
∞ Osanna v. Hohenlandenberg

├── Hans II. Hürus
│   1444–1453
│
├── Jakob V. Hürus
│   1445–1457
│   (+ 1493)
│   │
│   └── Georg (tot 1538) ── Töchter
│
├── Kaspar I. Hürus
│   (tot 1483)
│   │
│   ├── Kaspar II. (+ 1537)
│   │
│   └── Hans Jakob
│   1556–1561
│   (+ 1572)
│   → Hauptzweig
│
└── Heinrich VI. Hürus
    (tot 1508)
    │
    ├── Melchior (tot 1513)
    │
    ├── Hans d. J. (+ 1527)
    │
    ├── Hans (tot 1543)
    │
    └── Hans Rudolf
        1535
        (tot 1547)

Hans IV. d. Ä. Hürus
1516
(tot 1526)

Hans Othmar
1527–1535
(+ 1554)

→ Linie zu Laufenburg

haben die Burg modernisiert, die Herrschaftsrechte intensiviert und sich selbst im Tal ›eingekauft‹. Man kann anhand dieser Bemühungen davon ausgehen, daß die Herrschaft der Familie wichtig geworden war und daß sie sich hier ›zu Hause‹ fühlte[17].

Vom Amt zur Grafschaft

Nach dem Bauernkrieg erhob der Inhaber der Herrschaft Wehr Klage, es sei viel Schade in Gemeinde und Herrschaft angerichtet worden[18]. Hatte es Grund für einen Aufruhr gegeben? Wie lebte es sich unter den Herren von Schönau? Konnten die ›Untertanen‹ Verbesserungen erreichen? Es ist sehr schön gesagt worden: »In Wehr treten die Herren von Schönau als Mitbewohner bis zu einem gewissen Grade in den Lebensbereich des Dorfes ein. Herrschaft und Untertan erleben sich gegenseitig täglich und finden schon dadurch zahlreiche Berührungspunkte.«[19] Doch es gilt, die täglichen Beziehungen, die Berührungspunkte und eventuelle Streitpunkte zu ermitteln.

Die gemeinsame Herrschaft bewirkte zunächst und grundlegend, daß aus drei Siedlungen eine Ortsgemeinde erwuchs. In Flienken lagen wohl nur Bauernhöfe. In Wehr werden bis zum 16. Jahrhundert schon folgende Ortsteile genannt: Klosterhof, Oberwehr, Kilchberg, Im Tal, Niederwehr, Enerwehr und Oberhausen (oberhalb der Burg, wo die Pfandherren den Meier- oder Seßhof errichtet hatten). In Enkendorf gab es neben Bauernhäusern einen Eisenhammer. In Wehr standen auf jeden Fall seit dem 14. Jahrhundert eine obere und eine niedere Mühle, diese gelangte Ende des 16. Jahrhunderts in von Schönauschen Familienbesitz. Der Ziegelhof gehörte ebenfalls der Adelsfamilie. In Wehr arbeiteten auch ein weiteres Hammerwerk, eine Schmiede, eine Säge und eine Walke. Eine neue Säge und einen neuen Kalkofen betrieben die Herren von Schönau seit etwa 1570 selber. Eine Badestube unterstand einem Bader. Metzger, Bäcker und Wirte waren vorhanden, können aber nicht den einzelnen Siedlungen zugewiesen werden. Sie benötigten jährlich eine neue Zulassung durch die Gemeinde. In Wehr wurde ein Jahrmarkt gehalten, ihm kann das Kirchweihfest an die Seite gestellt werden, weil sicherlich Verkaufsstände und Buden errichtet wurden.

Sozial gesehen wohnten also im Tal Bauern, ländliche Tagelöhner oder Kätner, Handwerker und einzelne Unternehmer. Für 1303 kann man ›im Tal‹ 176 Abgabepflichtige errechnen, was auf ca. 880 Einwohner schließen läßt. Man weiß aber nicht genau, welche Teile 1303 zum Tal gezählt wurden, Flienken gehörte jedenfalls nicht dazu. Der Pfarrer vermerkte für 1618: 833 Einwohner, die 1628 angegebenen 43 Bauern und 126 Tagelöhner in der Gesamtgemeinde Wehr gestatten, damals rund 845 Einwohner anzunehmen. 1628 wurden 131 Häuser gezählt, 1787 waren es erst 140. – Die Herren von Schönau betreiben die rechtliche Gleichstellung aller ihrer Untertanen: Von der Hinterlassenschaft der verheirateten, einen Hausstand führenden Einwohner war der ›Todfall‹ zu entrichten, d.h. es wurde das beste Stück Vieh oder das beste Kleid einbehalten bzw. ein entsprechender Geldbetrag eingezogen.

Der ›Todfall‹ galt aber allgemein als Zeichen der Leibeigenschaft und wurde deshalb im Bauernkrieg von den Aufständischen entschieden abgelehnt. Die Forderung der Herrschaft könnte die Ursache für Unruhen im Tal gewesen sein. Noch Ende des 16. Jahrhunderts kam es zu Streitigkeiten über Einzelheiten des ›Todfalles‹. – Das Jagen war den Untertanen grundsätzlich bei Strafe verboten. Immerhin durften die Landbewohner Hirsche, Füchse und Hasen, die um die Einfriedung von Feldern strichen, mit Hunden angreifen. Dabei erbeutetes Wild mußte zuerst der Herrschaft zum Kauf angeboten werden. Eine im ganzen erträgliche Regelung! – An das Herrschaftszentrum, die Burg Werrach, mußten die »*Burgzinsen*« und das nötige Holz geliefert werden. Verheiratete Einwohner sollten die Burgmatten heuen und öhmden. Ansonsten bewirtschaftete ein Meier die Burggüter. Bei Bauarbeiten an der Burg mußten alle Bewohner des Amtes helfen. Die Burg unterstand einem Burgvogt.

Außerdem hielten die Herren von Schönau sich einen Schaffner (Wirtschafter) und einen Amtmann, der im 16. Jahrhundert gelegentlich schon die Ausbildung eines Notars durchlaufen hatte. Es kam vor, daß ein Bediensteter gleichzeitig Schaffner und Amtmann war. – Den Vogt für alle Ortsteile setzte die Herrschaft ein, er leitete das Ortsgericht, das an offener Straße stattfand, z.B. 1403 »*vor Toman Sniders Hus an der Stras, da man gewonlich richtet*«. Mit der Zeit wurde eine bestimmte Anzahl Richter oder urteilender Beisitzer bestimmt. Das Gericht war zuständig für Vergehen, deren Strafe bis zu 21 Pfund betrug. 21 Pfund standen z.B. auf das Drohen mit einem Stein und das Ausstoßen einer Todesdrohung. Außerdem war das Ortsgericht für die Zivilgerichtsbarkeit zuständig. Gegen die Urteile konnte man an die Herrschaft und schließlich an die vorderösterreichische Regierung appellieren.

1529 werden erstmals Vogt und Rat gemeinsam erwähnt. Die Ratsmitglieder, die Richter und die Hirten durften von der Gemeindeversammlung ausgewählt, mußten aber von der Herrschaft bestätigt werden. Selbst die Kirchenpfleger wollte die Obrigkeit, wie die Herrschaftsinhaber sich zeitgemäß nannten, vor Amtsantritt erst billigen. Auch die Gemeindeversammlung konnte nur mit Erlaubnis zusammentreten. – Die Gemeinde verfügte über eigene Einnahmen, denn die Obrigkeit hatte ihr spätestens im 16. Jahrhundert das Monopol des Salzverkaufs überlassen; nur mußte je verkauftem Pfund eine Abgabe, der Pfundzoll, entrichtet werden. Über die gemeindeeigenen Waldungen ergingen 1595 nähere Regelungen. Vogt, Rat und gesamte Gemeinde baten 1529 die Äbtissin des Klingentals, ein Mahl, das der Gemeinde vor Einziehung des Zehnten gegeben wurde, abzuschaffen und das ersparte Geld regelmäßig der Gemeindekasse zukommen zu lassen. Der Vorschlag wurde angenommen und zeigt ein recht modernes, rationales Denken der Gemeinde. Obwohl es also Gemeindeorgane zur Willensbildung und -durchsetzung gab, konnte man doch nur von einer gelenkten und kontrollierten Selbstverwaltung sprechen.

Der Herrschaft vorbehalten war das Hochgericht. Es befaßte sich mit Vergehen, auf die Strafen an Leib und Leben standen. – In Wehr galt für alle männlichen Untertanen Wehrpflicht. Die Obrigkeit verlangte und kontrollierte den Besitz von Gewehr und Harnisch. Zur Gemeindeversammlung sollten die Männer gerüstet erscheinen. In diesem Zusammenhang wirkt es nicht ganz so erstaunlich, daß die Herren von Schönau seit 1535 für ihre Pfandherrschaft nicht mehr von einem Amt sondern mehr und mehr von einer Grafschaft sprachen. Die alten, aus karolingischer Zeit stammenden Grafschaften waren der Amtsbereich eines Grafen gewesen, der in seinem Umkreis den Befehlen des Königs Geltung verschaffen sollte und dem das Aufgebot der Freien und das Gericht über die Freien zustand. – Die Befehle des Königs spielten für einen Grafen der frühen Neuzeit keine erstrangige Rolle mehr. Die Pfandherren konnten aber geltend machen, daß ihnen das Aufgebot aller männlichen Einwohner und das Hochgericht über sämtliche Untertanen zustand.

Regional können wir bei Nachbarn ähnliche Entwicklungen beobachten: An eine Grafschaft Rheinfelden des 10. und 11. Jahrhunderts anknüpfend, nannte man ab 1390 die österreichische Herrschaft Rheinfelden gelegentlich Grafschaft. Der österreichische Hotzenwald hieß seit 1383 Vogtei Hauenstein, ab 1523 Herrschaft Hauenstein und ab 1562 Grafschaft Hauenstein[20]. Verständlicherweise sprachen die Herren von Schönau gern und oft von Grafschaft Wehr, österreichische Regierungsstellen übernahmen diese Einstufung jedoch öfter, nicht selten ist weiter von Herrschaft, manchmal auch in einem Atemzug von Herrschaft und Grafschaft Wehr die Rede[21].

Eine lange Krise

Nur selten und am Rande erwähnten die Herren von Schönau anläßlich von Erbteilungen die Möglichkeit, ihr Pfand Wehr könnte doch einmal vom Haus Österreich ausgelöst werden. So muß es recht überraschend gewesen sein, als schließlich der seit 1564 als Regent für Tirol und die Vorlande zuständige Erzherzog Ferdinand (II.) die Absicht mitteilen ließ, das Pfand einzulösen. Ob die von Schönau sich sträubten (was man erwarten durfte), an welchem Tag die Lösung über die Bühne ging und welche Einzelheiten beiderseits beachtet wurden, das alles weiß man bisher nicht. Es ist noch kein aus Anlaß der Pfandlösung verfaßtes Dokument gefunden worden. Wir sind auf die reichlich fließenden späteren Quellen angewiesen. Danach steht nur fest, daß der Regent 1575 die Pfandherrschaft Wehr auslöste.

Erzherzog Ferdinand (II.) ging es als Landesherrn darum, die einzelnen Vorlande enger zu verbinden und die landesherrlichen Rechte zu stärken. Für Wehr wurde schon zum 16.7.1576 ein neuer Berain, eine Zusammenstellung der herrschaftlichen Rechte in dem zurückgewonnenen Gebiet, fertiggestellt. Von den bisherigen Pfandinhabern übernahm Österreich den Streit mit Kloster Klingental und Basel um den wertvollen Ehwald an der nördlichen Gemarkungsgrenze. Im Besitz der erforderlichen Machtmittel nötigte die Landesherrschaft die Stadt schließlich zum Verzicht gegen eine geringe Abfindungssumme. Die österreichische Verwaltung kaufte weitere Abgaben und Liegenschaften auf. Am 5.9.1608 wurde bereits der zweite österreichische Berain unterschrieben und besiegelt.

Zunächst war der tüchtige Amtmann der Herrschaft Rheinfelden Ludwig Eggs auch in Wehr tätig. 1608 erscheint ein Johann Jakob Eggs als Amtmann der Herrschaften Rheinfelden und Wehr. Wehr war also 1575 für Jahrzehnte unter direkte österreichische Herrschaft gekommen, anscheinend stand ihm eine Zukunft als Teil der späteren ›Kameralherrschaft‹ Rheinfelden bevor. Darüber wie die Untertanen in und um Wehr die neue Verwaltung wohl empfunden haben, gibt es leider praktisch keine aussagekräftige Quelle. Man kann nur darauf verweisen, daß Vogt, Geschworene und Ratsleute aus dem Tal Wehr im Jahre 1608 nach der Verlesung des erneuerten österreichischen Berains zugestimmt haben; von dem anwesenden Vertreter der Familie Schönau wird dagegen bezeichnenderweise keine Äußerung berichtet[22].

Die früheren Pfandinhaber waren über die Auslösung von 1575 geradezu empört, sie fühlten sich falsch, ja ungerecht behandelt. Noch nach Jahrzehnten erklärten Vertreter der Familie von Schönau der Landesherrschaft: Die Graf- und Herrschaft Wehr haben wir und unsere geliebten Voreltern »ob zweyhundert Jaren von dem hochloblichen Hauß Österreich pfandtweiß innegehabt.«[23] Mit anderen Worten: Wie konnte das Haus Österreich uns nach so langer Zeit um Wehr bringen? Den Herren von Schönau waren aber die erkauften Eigentumsrechte im Tal verblieben. Als 1582/83 die damals lebenden männlichen Angehörigen der hochrheinischen Hauptlinie, alle inzwischen »in völligem manlichen Alter« stehend, ihr Erbe teilten, erhielt der Älteste Hans Rudolf die Herrschaft Zell und eine Mühle zu Wehr. Hinter der niederen Mühle, die anscheinend allein übrig geblieben war, verbargen sich aber noch: die erkauften Zinsen, vier Höfe in Flienken, die vier Freihöfe, der Meierhof oberhalb der Burg Werrach, zwei Sägen, ein Ziegelhof und das neue Haus bei der niederen Mühle.

Der zweitälteste Hans Kaspar erhielt den Osten der Grafschaft, der jüngste der Brüder namens Iteleck bekam die Ortsherrschaft in Ober- und Niederschwörstadt, Öflingen, Wallbach und Niederdossenbach, in Niederdossenbach auch die hohe Obrigkeit. Dabei wird bemerkt, wegen der niederen Obrigkeit in den beiden Schwörstadt, in Öflingen und Wallbach laufe ein unentschiedener Streit mit dem Regenten Erzherzog Ferdinand, Iteleck könne »etwas« von seinem Erbe verlieren[24]. Tatsächlich betrachteten die Regierung in Ensisheim, die übergeordnete oberösterreichische Regierung in Innsbruck und der Landesfürst Ferdinand selber Ober- und Niederschwörstadt, Öflingen, Wallbach und sogar Niederdossenbach als Teile der Pfandschaft Wehr, die 1575 widerrechtlich nicht herausgegeben worden seien. Darüber kam es in Ensisheim zum Prozeß, den die Regierung in Innsbruck an sich zog. Eine Entscheidung ließ aber noch 1608 auf sich warten[25].

Gleichzeitig liefen nämlich immer wieder Kompromißverhandlungen, in denen Hans Rudolf mehr und mehr zum ständigen Beauftragten der Familie in Sachen Grafschaft Wehr wurde. Zunächst suchte Hans Rudolf Rückendeckung bei den benachbarten Markgrafen von Baden. Seit 1579 bemühte er sich um eine neue Belehnung mit Niederdossenbach, diese hatte die Familie seit 1394 ›vergessen‹. Und die Familie wurde nun, beginnend 1582, regelmäßig mit Niederdossenbach und den verbliebenen markgräflichen Anteilen in Flienken belehnt. 1585 erfolgte ein förmlicher Protest badischer Amtsleute in Rötteln gegen den (weit fortgeschrittenen) Anschluß Niederdossenbachs an Vorderösterreich[26]. 1584 kam es erstmals zu eingehenden Verhandlungen in Ensisheim. Bald jedoch besannen sich zwei bürgerliche Kammerräte, d.h. Finanzbeamte, auf ihren ursprünglichen Standpunkt. Sie stellten das Interesse Österreichs über alles und konnten in Innsbruck immer wieder überzeugen oder wenigstens einen Stillstand bewirken. 1586 ordnete Erzherzog Ferdinand sogar das Sequester, die Beschlagnahmung der strittigen Herrschaftsteile, an. Diesen Befehl hob er freilich am 19.11.1586 wieder auf und wünschte erneut einen Kompromiß.

Hans Rudolf hatte 1585 in aller Form die abermalige Zahlung einer Pfandsumme und die Erneuerung der Pfandschaft vorgeschlagen. Bis zum Tod Ferdinands im Jahre 1595 blieb die ganze Angelegenheit offen. Mit Kaiser Rudolf II., dem folgenden Landesherrn, konnte Hans Rudolf von Schönau 1598 ein Geschäft abschließen. Für einen Kredit von 2.800 Gulden standen ihm jährlich 140 Gulden Zins zu. Die sollte er aus der ihm überlassenen Grafschaft Pfirt im Sundgau beziehen, wo er als Vogt eingesetzt wurde. 1602 setzten die Habsburger einen Kaiserbruder, den geachteten Deutschmeister Maximilian, als Landesherrn von Tirol und den Vorlanden ein. Maximilian suchte Verwicklungen zu vermeiden und neigte zum Ausgleich. Nach bedächtigen Vorklärungen entschloß er sich, Wehr wieder zu verpfänden. Noch zwei Jahre tüftelten nun die Regierungen und die Schönausche Seite über Einzelheiten eines Abkommens[27].

Die am 10.3.1608 in Ensisheim schriftlich niedergelegten endgültigen Bestimmungen übernahm Erzherzog Maximilian am 23.6.1608 in Innsbruck; er erweiterte sie sogar noch und ließ alles in einem Pergamentheft aufschreiben, das er und der offenbar angereiste Hans Rudolf von Schönau besiegelten. Der Landesherr bestätigte den Herren von Schönau einmal die solang umstrittenen Lehen Nieder- und Ober-

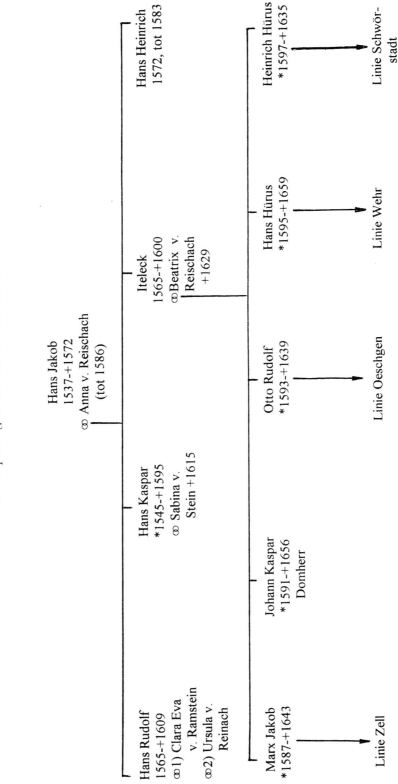

schwörstadt, Öflingen, Wallbach und Niederdossenbach (!) mit mittlerer und niederer Gerichtsbarkeit. Da diese Rechte und Stücke seit 1575 Österreich vorenthalten worden seien, werden die Lehensnehmer als Entschädigung 3.200 Gulden zahlen. Als Ersatz für die zu Lehen ausgegebenen bisher umstrittenen Teile übereignet die Schönausche Seite der Landesherrschaft das Schloß »*Ober Schwerstatt am Rein*« und weitere eigene Güter in Ober- und Niederschwörstadt, Öflingen und Wallbach sowie den Sennhof oberhalb des »*Schloß Weer*«. 1626 wird als Teil des übergebenen ehemals eigenen Besitzes auch »*der Aichbühel*« erwähnt. Das damit ›aufgesandte‹ Eigentum wird aber gleich wieder zu Lehen ausgegeben.

Schließlich und vor allem erhält die Familie von Schönau gegen bare 8.000 Gulden auf 40 Jahre als Pfand: »*Schloß Weer*« mit der hohen Obrigkeit in Wehr, Flinken, Enkendorf, Obersäckingen, Rippolingen, Ober- und Niederschwörstadt, Öflingen, Wallbach und Niederdossenbach. (Hier lassen die Herren von Schönau einfügen, sie wollten auf dieses Lehen der Herrschaft Rötteln nicht weiter, als es sich gebührt, verzichten.) Eingeschlossen ist die niedere Obrigkeit oder Ortsherrschaft in Wehr, Flinken, Enkendorf und Obersäckingen. Dagegen behält die Landesherrschaft sich vor: alle Regalien, Schätze, Bergwerke, Hochwälder, besonders den Ehwald, die Huldigung der Untertanen, Reisen (das Recht, zu Kriegszügen aufzufordern), Appellationen, Landessteuern und Zölle[28].

Damit blieb die Grafschaft Wehr in die Landesherrschaft Österreichs einbezogen. Jedoch erhielt die Adelsfamilie hohe Obrigkeit und hohes Gericht zurück sowie die Ortsherrschaft in und um Wehr. Wie man unterstreichen muß, sollte dies ein Pfand auf 40 Jahre sein. Die umstrittenen, auf Oberschwörstadt ausgerichteten Teile der Herrschaft blieben Lehen, mußten jedoch mit bisherigem Eigengut erweitert werden. Außerdem wurde eine nicht geringe Entschädigungssumme fällig. Dieses Ergebnis darf als Verdienst Hans Rudolfs von Schönau angesehen werden, wenn er auch von einem Mit-Vormund der unmündigen Kinder seines Bruders Iteleck unterstützt wurde. Auf der anderen Seite schuf das Entgegenkommen Erzherzog Maximilians die entscheidende Voraussetzung[29].

Endgültige Sicherheit und Schluß

Am 15.1.1609 verstarb der Familienälteste Hans Rudolf von Schönau, er wurde in der Pfarrkirche von Wehr beigesetzt. Sein Grabmal, von der Witwe *»zuo ewiger Gedechtnus«* errichtet, nennt ihn auch Pfandherrn der *»Graveschaft Werr«*[30]. Pfandherr von Wehr war er nach dem Tode seines Vaters Hans Jakob (1572) zusammen mit seinen Brüdern bis zur Auslösung der Pfandschaft gewesen. Aber wurde Hans Rudolf am Ende seines Lebens für kurze Zeit noch einmal Pfandherr der Grafschaft Wehr? In dem zweiten österreichischen Berain, der im September 1608 ausgefertigt wurde, ist seltsamerweise durchweg von österreichischem Besitz und nur von Ansprüchen und Einwendungen derer von Schönau die Rede[31]. Und nach einem Jahr, im September 1609, mahnen die Vormünder der überlebenden Neffen mindestens zum zweiten Mal die völlige Übergabe von Wehr an. 1624 schreiben es die inzwischen erwachsenen Kinder Itelecks dem damaligen Landesfürsten mit der wünschenswerten Klarheit: Ihr Onkel Hans Rudolf hat die Ausführung der Abmachungen von 1608 nicht mehr erlebt, erst 1615 ließ Erzherzog Maximilian die wirkliche Einsetzung zu.

Bei der Ausgliederung von Herrschaftsteilen darf man keine Eile der österreichischen Verwaltung erwarten. Zur Erklärung für die lange Verzögerung muß man auch viel eher an die Behörden und Beamten denken als an den sorgsamen und gewissenhaften Landesherrn. Maximilian war oft überlastet und abwesend, die Beamten konnten ihre Position noch erheblich verstärken. »Änderungswünsche des Erzherzogs wurden teils kurzerhand ignoriert«[32]. Wahrscheinlich war es sogar ein Machtwort des Landesfürsten, das 1615 die Einsetzung der Herren von Schönau bewirkte. – Vielleicht angeregt durch die ohne Schwierigkeiten immer wieder gewährte badische Belehnung mit Niederdossenbach, brachten die fünf erwachsenen Söhne Itelecks ab 1624 Klagen und einen großen Wunsch in Innsbruck vor. Sie bedauerten den während ihrer Minderjährigkeit geschehenen Verzicht auf ihr *»vortreffliches«* Eigengut und befürchteten Gefahren und neuen Streit bei der nach 40 Jahren fälligen Pfandlösung. Deshalb ersuchten sie um den Ersatz der Pfandschaft durch eine Belehnung; dafür wollten sie, wie sie 1626 anboten, auf die Rückzahlung der 8.000 Gulden verzichten.

Die oberösterreichische Regierung in Innsbruck riet im März 1626 von weiterem Entgegenkommen ab. Erstaunlicherweise trat aber die vorderösterreichische Regierung in Ensisheim jetzt für die Bittsteller ein: Der Ertrag der Pfandschaft ist geringer als es die 8.000 Gulden erwarten lassen; es wäre gegen alle österreichische Gewohnheit, das Gesuch der verdienten Familie nicht zu befürworten; die landesfürstlichen Rechte sollten aber gesichert werden. Erzherzog Leopold als neuer Landesherr hatte von Kaiser Ferdinand II. 1623 zunächst begrenzte Vollmachten und erst 1625 die volle Landeshoheit über Tirol und Vorderösterreich erlangt. Und Erzherzog Leopold erklärte schon am 20.7.1626 in Innsbruck den Verzicht auf die künftige Lösung des Pfandes und die Ausgabe der Pfandschaft als Mannlehen an die Gebrüder von Schönau.

Den Inhalt des neuen Lehens umschrieb der Erzherzog so: die hohe Obrigkeit in der Graf- und Herrschaft Wehr und die niederen Gerichte in den Flecken Wehr, Flienken, Enkendorf und Obersäckingen. Die eigenen oberherrlichen Rechte behielt der Landesfürst sich eindeutig vor[33]. – Die verbliebenen Rechte boten der Landesherrschaft in Zukunft wachsende Einwirkungsmöglichkeiten. Und die Aussicht, 8.000 Gulden nicht ausgeben zu müssen, war auch nicht zu verachten. Dafür erreichte die Familie von Schönau, daß sie im Besitz der Grafschaft

Grenzstein von 1790 bei Mettlen zwischen Vorderösterreich (Schönausche Herrschaft Wehr) und Baden

Wehr weitgehend als gesichert gelten konnte. Die Verwandlung in ein Lehen schränkte die Rücknahmemöglichkeiten ganz entscheidend auf wenige grobe Vergehen gegen den Lehensherrn ein.

Über 250 Jahre hinweg haben wir die gemeinsame Geschichte des Tales Wehr und der Herren von Schönau verfolgt. Allerdings traten zwei Unterbrechungen der Schönauschen Herrschaft ein: die kurze Zeit des Burkart Ziboll ab ca. 1400 und die vier Jahrzehnte österreichischer Regierung ab 1575. Die ›Untertanen‹ erlebten damals sicherlich eine aktive, moderne Verwaltung. Die unmittelbare österreichische Herrschaft muß als echte geschichtliche Alternative für Wehr gelten. Nach der erneuten Verpfändung und nach der schließlichen Verlehnung der sogenannten Grafschaft blieb Österreich als Landesherr und als Eigentümer des Ehwaldes und einer Säge weiter im Tal gegenwärtig. Die Herren von Schönau entfalteten in Wehr und seiner Umgebung vielseitige Tätigkeiten. Vor allem waren sie Burgherren, Herrschaftsinhaber und Leiter des Hochgerichtes.

Mit der Zeit werden Umrisse einer ständigen Verwaltung sichtbar. Die Einnahmen, die der Herrschaft zustanden, erfaßten die adligen Herren systematisch, neue Wirtschaftseinrichtungen wie Sägen oder Hämmer belegten sie mit Abgaben. Neben die Herrschaftseinnahmen setzte die Adelsfamilie die Erträge aus erworbenem Eigengut und aus angelegten Kapitalien. Der häufig geschickte, ja bankmäßige Umgang mit Geld will nicht in das übliche Bild vom Adel passen. – Nach der Belehnung von 1626 mit der Grafschaft Wehr nahmen die Söhne Itelecks 1628 eine Teilung ihrer Besitzungen, Rechte und Einnahmen vor. Aus dieser Teilung gingen vier dauerhafte Linien hervor, denn der zweitälteste Bruder Hans Kaspar erhielt eine Geldabfindung und wurde Geistlicher. Hans Hürus bekam die engere Herrschaft Wehr mit der hohen und niederen Obrigkeit über Enkendorf, Flinken, Mettlen und Wehr.

Im Rahmen der Teilung von 1628 berechneten die Brüder genauer als je zuvor den Wert von Besitz, Rechten und Einnahmen. Für unregelmäßige Beträge wurden Durchschnittswerte eingesetzt, für personenbezogene Abgaben und Leistungen wurde die Zahl der Personen gezählt. So kann man relativ zuverlässig die 1628 nur aus der engeren Herrschaft Wehr anfallenden Erträge berechnen[34]. Diese lassen sich den Einnahmen unter Rudolf II. Hürus, im Jahre 1453 und im Jahre 1535 gegenüberstellen. Alle Angaben sind in die Guldenwährung als durchgängigem Zahlungsmittel umgerechnet. Dabei wurden Umrechnungs-

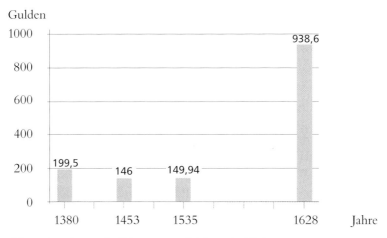

Jahreseinnahmen der Herren von Schönau in Wehr

faktoren und Wertverhältnisse verwendet, die die von Schönau selbst benutzt oder angegeben haben. Nur ausnahmsweise wurden anderweitig überlieferte zeitgenössische Wertangaben herangezogen. Die Guldenwährung vermittelt nicht nur Einheitlichkeit und Vergleichbarkeit sondern auch eine relative Wertbeständigkeit. Sie galt »als quasi festes Maß«, der Wertverlust betrug durchschnittlich 1/6 Prozent im Jahr und wurde kaum bemerkt[35]. Die für 1628 errechenbaren Einnahmen von 938,6 Gulden stellten jedenfalls einen Höhepunkt dar.

Die Bewohner des Tales Wehr verdanken den Ortsherren die Zusammenführung zu einer Gemeinde. Unter den Herren von Schönau erwuchsen anderweitig auch feststellbare Gemeindeorgane, denen die Herrschaft Ordnungen gab und dabei stramme Zügel anlegte. Nur mit der allgemeinen Einziehung des Todfalls erweckten die Talherren breiten und langdauernden Protest, der sich zu einem Aufruhr gesteigert haben mag. Die Vorteile der Herrschaftsausübung durch ein Adelsgeschlecht lagen für die ›Untertanen‹ in der Überschaubarkeit des beherrschten Gebietes. Außerdem war der ›Zugang zum Machthaber‹ garantiert. Durchaus möglich blieb die Berufung an die österreichische Landesherrschaft. Näher lag es, eine Existenzabsicherung durch Verbindung zur Pfarrkirche und zum Kloster Klingental in Basel zu suchen. Von solchen Einschränkungen abgesehen waren die Herren von Schönau jahrhundertelang ein bestimmender Faktor für das Leben im Wehrer Tal[36].

Anmerkungen

1 Maag, R. (Hg.): Das habsburgische Urbar (Quellen zur Schweizer Geschichte 15/1) Bd. 2/1, Basel 1899, S. 653–658.
2 ZGO 10/1859, S. 361f.
3 Maag: Habsburg. Urbar (wie Anm. 1), S. 714, 719, 724f.
4 AFSW: U 6.
5 Wie Anm. 2.
6 GLA Ka 21/1531 (1403); vgl.: Urkunden zur Schweizer Geschichte aus österreichischen Archiven, hg. v. Thommen, R., Bd. 1, Basel 1899, S. 505 Nr. 738.
7 Rudolf III. Markgraf v. Rötteln u. a.: Rötteler Chronik 1376–1432, bearb. v. Schubring, K., Lörrach 1995, S. 92–107; Urkundenbuch der Stadt Basel, Bd. 6, Basel 1902, S. 27–32 Nr. 36, S. 48f. Nr. 51.
8 Urkunden zur Schweizer Geschichte, hg. v. Thommen, Bd. 3, Basel 1928, S. 14 Nr. 17.
9 Vgl. zum ganzen Kapitel: Frese, W. H.: Die Herren von Schönau (Forschungen zur oberrheinischen Landesgeschichte 26) Freiburg/München 1975, S. 136–140, 145–149, 157–161, 164; Jehle, F.: Wehr. Eine Ortsgeschichte, Wehr 1969, S. 101–112.
10 Kriege und Verwicklungen 1444–1446: Urkundenbuch Basel, Bd. 7, Basel 1899, S. 61–63 Nr. 48, S. 168–170 Nr. 92, S. 184 Nr. 101, S. 255f. (Nr. 143), S. 335–341 Nr. 193, S. 400 Nr. 240.
11 Frese: Schönau, S. 174.
12 GLA Ka 72/Schönau Fasz. 68.
13 AFSW: U 23.
14 Ebd.: B 21; GLA Ka 66/9385.
15 AFSW: U 45 u. 75.
16 Wie Anm. 14 und: AFSW U 46.
17 Vgl. zum ganzen Kapitel: Frese: Schönau, S. 164–177; Jehle: Wehr, S. 113–124.
18 Ebd., S. 135.
19 Ebd., S. 146.
20 AFSW: U 10; GLA Ka 21/6413–6418. – Metz, F. (Hg.): Vorderösterreich. Eine geschichtliche Landeskunde, Freiburg ²1967, S. 403, 406, 409, 432.
21 Zum ganzen Kapitel: AFSW: U 75 u. 126, B 21; Maag: Habsburg. Urbar (Quellen zur Schweizer Geschichte 14) Bd. 1, Basel 1894, S. 65. – Jehle: Wehr, S. 144–154, 172, 186, 236–258: vgl. auch den Beitrag Beckmann über Schönau'sche Dorfordnungen.
22 AFSW: U 97 u. 121, B 5; GLA Ka 44/9242, 9246.
23 Ebd. 44/9241, 9242.
24 AFSW: U 75.
25 Wie Anm. 23.
26 GLA Ka 44/9237–9240; 72/Schönau Fasz. 18.
27 Ebd. 21/7906–7907; 72/Schönau Fasz. 1 u. 7.
28 AFSW: U 97; GLA Ka 21/9242.

[29] Vgl. zum ganzen Kapitel die Beiträge von Volker Press und Heinz Noflatscher in: Maier, H./V. Press (Hg.): Vorderösterreich in der frühen Neuzeit, Sigmaringen 1989, S. 1–41 u. 93–130.

[30] Jehle: Wehr, S. 570 f.

[31] AFSW: B 5.

[32] Noflatscher in: Maier/Press (Hg.): Vorderösterreich, S. 112 f.

[33] AFSW: U 121; GLA Ka 44/9246.

[34] AFSW: U 126. – Vgl. auch den Beitrag Reiff über Schönau'sche Erbteilungen.

[35] Rosen, J.: Relation Gold: Silber und Gulden: Pfund in Basel 1360–1535, in: Forschungen zur Sozial- u. Wirtschaftsgeschichte 23/1981, S. 31.

[36] Vgl. zum ganzen Kapitel: GLA Ka 72/Schönau Fasz. 7. – Press und Noflatscher (wie Anm. 29).

Patrick Bircher

Das untere Aaretal und die Vogtei Laufenburg

Grundlagen

Die in der ersten Hälfte des 13. Jahrhunderts als Ministeriale der Bischöfe von Straßburg faßbaren Herren von Schönau fanden um die Mitte des 14. Jahrhunderts einen weiteren Wirkungskreis am Hochrhein. Von ausschlaggebender Bedeutung für die Niederlassung in dieser Region wurde die Vermählung Rudolfs I. mit Margarete vom Stein. Als das Geschlecht der Herren vom Stein noch in der ersten Hälfte des 14. Jahrhunderts im Mannesstamme erlosch, fiel das Erbe über Margarete, die Tochter Heinrichs des Älteren und der Katharina von Hünaberg, an die Herren von Schönau[1]. Nun traten die Herren von Schönau auch als Träger des großen Meieramtes des Stiftes Säckingen in die Rechtsstellung ihrer Vorgänger ein. In diesem Zeitraum erscheinen die ersten Hinweise auf Rudolf II. Er brachte die Erinnerung an das Geschlecht seiner Mutter Margarete über die üblichen Seelgerätstiftungen hinaus damit zum Ausdruck, daß er im geteilten Schild neben den Schönauschen Wappenringen auch eine Fidel, das Emblem der Herren vom Stein, führte[2]. Rudolf II. von Schönau gelang der Erwerb bedeutender Herrschaftsrechte und Abgaben in den Ämtern Wehr und Schwarzwald-Hauenstein.

Mit der Feste Schenkenberg, zu der die Dörfer Talheim, Auenstein und Schinznach gehörten, verfügten die Herren von Schönau auch im Bereich der habsburgischen Eigengüter im Unteraargau über Lehensbesitz. Diese Güter waren seit dem frühen 14. Jahrhundert an Ministeriale des Dynastenhauses, die Schenken von Schenkenberg, übertragen worden. Da Rüdeger, der letzte Vertreter dieses Dienstadelsgeschlechts, 1349 noch lebte, dürfte eine Handänderung von Burg und Herrschaft Schenkenberg nicht vor der Jahrhundertmitte anzusetzen sein. Bei der

Burg Schenkenburg

Verleihung der an die Burg zinspflichtigen Buchmatte an Bauern des Dorfes Schinznach sind Rudolf II. und Rudolf III. d. J. von Schönau am 9.8.1373 erstmals als Herren zu Schenkenberg faßbar[3].

1377 gelangte Rudolf III. auch in den Besitz des nordwestlich von Brugg gelegenen Amtes Bözberg. Im habsburgischen Urbar aus dem Beginn des 14. Jahrhunderts findet sich unter dieser Verwaltungseinheit Streubesitz, der an der südlichen Abdachung des Jura und auf dem unmittelbar angrenzenden linken Aareufer lag. Diese Erweiterung des Schönauschen Einflußbereichs stieß räumlich einerseits an das bereits bestehende Lehen über die Herrschaft Schenkenberg, grenzte andererseits aber auch an das Dorf Bözen, das Rudolf II., vielleicht auch schon dessen Vater als Eigentum erworben hatte[4]. – Die von Rudolf I. eingeleitete Erwerbspolitik der Herren von Schönau zielte in der zweiten Hälfte des 14. Jahrhunderts darauf ab, die aus dem Stein'schen Erbe übernommenen Rechts- und Güter-Komplexe systematisch auszubauen. Neben der Tatkraft Rudolfs II., der das Werk seines Vaters äußerst zielstrebig fortsetzte, erwies sich das Dienstverhältnis zum Haus Habsburg als bestimmender, den raschen Aufstieg begünstigender Faktor. Die Dynamik, mit der die Herren von Schönau ihr Erbgut erweiterten, belegen beispielsweise die Einträge in einem habsburgischen Register von etwa 1380, in dem 32 die Herren von Schönau betreffende Pfandverschreibungen verzeichnet sind.

Das Dienstverhältnis zum Hause Habsburg ist seit 1353 mehrfach belegt, insbesondere unter den Gefolgsleuten im Unteraargau nahmen die Herren von Schönau eine bedeutende Stellung ein; sie ließen dem österreichischen Fürstengeschlecht in der Auseinandersetzung mit den Eidgenossen wesentliche Unterstützung zukommen. Die Kriegs- und Beratungsdienste, die Rudolf II. für seine habsburgischen Pfand- und Lehensherren leistete, die Tätigkeit als Meier des Stiftes Säckingen sowie die Verwaltung seiner Besitzungen beanspruchten ihn in hohem Maße[5]. – Die Folgen der glücklosen habsburgischen Feldzüge gegen die Eidgenossen wirkten notwendigerweise unmittelbar auf die Herren von Schönau zurück. Die Ausgaben zugunsten der Dienstherren wurden nun nicht mehr im gewohnten Maß durch die Einrichtung neuer oder die Erhöhung bestehender Pfandschaften entschädigt. Zudem führten die Pestseuchenzüge zu einem Bevölkerungsrückgang, der sich auch in verminderten grundherrlichen Abgaben niederschlug.

Rudolf III. konnte 1384 noch das von ihm angekaufte Amt Bözberg mit der Herrschaft Schenkenberg vereinigen, die ihm von seinem Vater zu jenem Zeitpunkt als Lehen überlassen worden war. Aber schon im folgenden Jahr versetzte er die oberhalb Talheim gelegene Feste an seine Schwester Elisabeth, die in zweiter Ehe mit Hermann von Eptingen verheiratet war. Der zwischen Aarelauf und Jura gelegene Schönausche Rechts- und Güterkomplex muß schon vor 1387 in die Hand Wilhelms im Turn übergegangen sein[6]. In den ersten zwei Jahrzehnten des 15. Jahrhunderts vermochte Anna, die Witwe Rudolfs II. aus dem Geschlecht derer von Klingenberg, mit ihren noch lebenden Söhnen den vorhandenen Schönauschen Besitz zu konsolidieren. Erste Erfolge dieser Bemühungen zeigten sich von ungefähr 1410 an. Die Tatkraft Annas von Schönau und ihres Sohnes Albrecht, die auch in mehreren mit dem Kloster Säckingen ausgetragenen Streitfällen hervortrat, fand in der wachsenden Prosperität der Familiengüter einen deutlichen Niederschlag. Die wirtschaftlich gefestigte Position der Herren von Schönau ermöglichte ab 1425 verschiedene, zum Teil namhafte Darlehen, die sowohl an weltliche als auch an geistliche Personen und Körperschaften vergeben wurden[7].

Obschon die Familie sich nach der Krise des ausgehenden 14. Jahrhunderts neu orientierte und ihre Wirtschaftstätigkeit in das Bankgeschäft verlagerte, blieben die Herren von Schönau bestrebt, ihre grundherrliche Stellung durch eine Vielzahl kleinerer Käufe zu festigen. Bei der 1453 zwischen den vier Brüdern Jakob, Hans, Kaspar und Heinrich vereinbarten Teilung des Familienbesitzes verfügten die Herren von Schönau südlich des Rheins noch in Rheinfelden und den angrenzenden Waldungen, in Magden, Schupfart, Herznach, Wallbach sowie auf dem Bözberg über herrschaftliche Güter und Rechte, die nun an die Brüder Hans und Kaspar fielen. Der gegenüber den Verhältnissen um 1386 stark reduzierte Bestand erfuhr in der zweiten Hälfte des 15. Jahrhunderts eine kontinuierliche Erweiterung. Die Erwerbungen konzentrierten sich also auf den angestammten Herrschaftsbereich zwischen dem südlichen Schwarzwald und dem Aaretal. So erwarb Jakob von Schönau am 9.1.1475 vom Waldshuter Bürger Werner Geltrechinger das Dorf Oeschgen, ein freies und lediges Eigen, mit allen Nutzen, Zwing und Bann, den Gerichten, dem Kirchensatz, der Mühle und allen übrigen Rechten um 450 Gulden[8].

Die Schwerpunkte Brugg und Villnachern

Wohl bereits vor der Erbteilung von 1453 war Hans III., der sich in Brugg niedergelassen hatte, am Lehensbesitz über die Burg Villnachern beteiligt. Die Wahl des Wohnsitzes und der während der zweiten Hälfte des 15. Jahrhunderts nachweisbare Erwerb verschiedener Güter und Rechte standen offenbar in einem Zusammenhang mit seiner Frau Elisabeth, die aus der aargauischen Niederaldelsfamilie von Sengen stammte. Dafür sprechen insbesondere einige, die Burg Villnachern betreffende Rechtsgeschäfte. Im August 1453 verlieh Erzherzog Albrecht »*dem Hans von Schönaw genant Hewraus ... als lehentrager Elsin, seiner Hawsfrawen, den halben tail an der vesten Vilnagker mitsambt den grienen [Kiesstreifen] und awen ...*« Von der Übertragung blieben lediglich die Hochgerichtsbarkeit und das zur Grundherrschaft gehörende Dorf Schinznach ausgenommen[9].

Die Stadtrepublik Bern eroberte 1415 vor allem die rechts der Aare gelegenen Gebiet des Unteraargaus, dehnte sich dann aber nach Norden in den Jura weiter aus. Im Zusammenhang mit der Eroberung des Thurgaus besetzte Bern auch die Herrschaft Schenkenberg. Die neue Oberherrschaft nördlich der Aare galt für die zur Herrschaft Schenkenberg gehörende Burg Villnachern, die nun mit ihren zugehörigen Gütern und Rechten bis zum Ende des Ancien Régime unter der Oberhoheit Berns verblieb. In einer am 10.2.1461 ausgestellten Urkunde verliehen Schultheiß und Rat der Stadt Bern die »*Burg Vilnacher mit aller zuogehörunge*« an Hans von Schönau und seine Gemahlin Elisabeth[10]. Nach dem

Allianzwappen von Schönau – von Sengen; Deckenverkleidung in Brugg

Tod von Hans von Schönau erhob dessen Witwe Anspruch auf den inzwischen erweiterten Villnacher Besitz. Schultheiß und Rat zu Bern setzten im Oktober 1479 Hans von Utenheim, der mit Elisabeths Tochter Eva verheiratet war, als neuen Lehensträger ein[11]. Elisabeth, bzw. ihr Schwiegersohn, der die aus der Vergabe fließenden Rechte ausübte, konnte den angestammten Besitz wahren und weiter ausbauen.

Als Eva nach dem Tod ihres ersten Gatten Hans von Utenheim 1493 den viel jüngeren Jakob von Rinach heiratete, brachte sie diese Güter geschlossen in die neue Ehe ein. Die Burg Villnachern, die ihre Bedeutung bereits in der zweiten Hälfte des 15. Jahrhunderts eingebüßt hatte, wurde wohl noch vor 1500 vollständig aufgegeben. Möglicherweise war die Anlage noch einige Zeit von einem Untervogt bewohnt, bevor sie auch die untergeordnete Bedeutung eines Verwaltungsstützpunktes verlor[12]. – Wie im Spätmittelalter bei zahlreichen Niederadelsgeschlechtern üblich, nahmen Hans III. und Elisabeth von Schönau die Herrschaftsrechte im Aaretal von der nahegelegenen Stadt Brugg aus wahr. Im Gegensatz zu seinen Brüdern trat Hans III. nicht als Träger öffentlicher Ämter in Erscheinung. Er konzentrierte sich vielmehr auf das Darlehensgeschäft und die Güterverwaltung. Mit dem Ende der habsburgischen Herrschaft im Unteraargau entfiel ohnehin die politische und administrative Tätigkeit für die Landesherrschaft weitgehend.

Das Haus an der Kirchgasse, das Elisabeth noch bis zu ihrem Tod im Dezember 1489 bewohnte, stammte möglicherweise aus dem Erbgut der Familie von Sengen. Anscheinend ließen sich in dieser Liegenschaft zumindest vorübergehend auch Eva von Schönau und ihr Gemahl Hans von Utenheim nieder. Zum Seelenheil der »Verwandten und Vordern« und ihres schon zwei Jahre zuvor verstorbenen Gatten errichtete Elisabeth 1481 eine Kaplaneipfründe, die jedoch im Anschluß an die Reformation wieder aufgelöst wurde. Schultheiß und Rat von Brugg wandten mit Billigung der bernischen Obrigkeit im April 1531 die Stiftung Elisabeths von Schönau dem städtischen Spital zu[13].

Die Ereignisse der Reformation prägten auch das Leben einzelner Mitglieder der Familie von Schönau entscheidend mit. Unter dem Eindruck der neuen Lehre verweigerten die Nonnen des Königsfelder Konventes dem zuständigen Provinzial 1523 den Gehorsam[14]. Der Rat der Stadt Stadt Bern erlaubte den Franziskanerinnen schließlich den Austritt. Zur Gruppe von sechs Nonnen, die im Juni 1524 von dieser Möglichkeit Gebrauch machten, gehörte Anna, die Tochter Jörgs von

Schönau, die sich nach dem Wechsel in den weltlichen Stand zunächst in Basel verheiratete. 1564 kehrte sie als Witwe nach Brugg zurück, nahm ihre Wohnung im ehemaligen Haus der Familie von Schönau, das nun den Herren von Hallwil gehörte, und ging im folgenden Jahr eine zweite Ehe mit dem wohl einige Jahre jüngeren Brugger Bürger Jeremias Fr(e)y ein. Vermögensrechtliche Auseinandersetzungen zwischen den Eheleuten machten im Juli 1568 eine Vermittlung des Rates nötig. Anna von Schönau dürfte wenige Jahre später verstorben sein, denn ihr zweiter Gatte vermählte sich 1573 erneut. Sie war die letzte in Brugg lebende Vertreterin der Familie von Schönau.

Die Vogtei Laufenburg

Vor dem Hintergrund einer gefestigten wirtschaftlichen Stellung bauten die Herren von Schönau ihre Tätigkeit im Umfeld der vorderösterreichischen Landesherren erneut aus. Die Brüder Hans, Jakob, Kaspar und Heinrich übernahmen innerhalb des sich verdichtenden habsburgischen Territorialstaates in zunehmendem Maße auch Verwaltungsaufgaben. Beispielsweise erhielt Kaspar von Schönau unter bemerkenswerten Umständen die bedeutsame Vogtei Laufenburg. Die im Anschluß an die Burgunderkriege im Jahre 1477 durch Herzog Sigmund vorgenommene Übertragung erfolgte als Anerkennung für »*die manigfaltigen getruwen und nutzbaren dienste und ouch das schwer bluotvergiessen, so unser getruwen lieb wylent die von Schonow unsern altvordern loblicher gedächtniss geton und mit den gelitten.*«[15]

Von den österreichischen Herzögen oder von deren Regierung in Innsbruck eingesetzt, residierte der Vogt auf dem Schloß zu Laufenburg. Seine Amtstätigkeit, die er in Vertretung der Landesherrschaft ausübte, erstreckte sich auf Gericht und Verwaltung der beiden Hoheitsbereiche Stadt und Herrschaft Laufenburg. Letztere umfaßte beim Kauf durch das Haus Habsburg-Österreich im Jahre 1386 neben der Vogtei Kaisten alle Talschaften, die sich zwischen dem Leibstadter Bach und der Sissle ins Rheintal öffneten. Bereits während des 15. Jahrhunderts wurde diese Herrschaft durch Verpfändungen und Veräußerungen aufgesplittert. Deshalb war der mittlerweile Obervogt genannte Amtsträger im 17. Jahrhundert außerhalb des Stadtgebiets nur noch Inhaber der Gerichtsbarkeit in Kaisten, Ittenthal und Sisseln.

(Groß-)Laufenburg mit der Ruine der Burg; Federzeichnung von J. P. Bardello (Ende 18. Jahrhundert)

Neben der Verwaltungstätigkeit gehörte auch die ›Burghut‹ zu den Kernaufgaben des Vogtes von Laufenburg. Dieser militärische Bereich umfaßte alle Maßnahmen, die zur Verteidigungs- und Kampfbereitschaft der Burg erforderlich waren. Da die Anlage bei größeren kriegerischen Auseinandersetzungen auch als Stützpunkt dienen konnte, war der Vogt verpflichtet, für die Landesherrschaft, die über ein freies Zugangsrecht zur Burg verfügte, stets fünf gerüstete Pferde bereit zu halten. Die Obrigkeit hingegen trug die Kosten für den baulichen Unterhalt des Schlosses sowie für jene Teile der Besatzung, die das zur Bewachung notwendige Mannschaftskontingent überstiegen und insbesondere zu militärischen Zwecken herangezogen wurden[16].

Die Bestallung, die Vergabe von Burg und Vogtei, erfolgte in der Regel gegen ein Darlehen des Vogtes an den Landesherrn. Da der Amtsrücktritt mit der Rückzahlung der Schuld verbunden war, kam die Übertragung der Vogtei bei entsprechender Höhe der Summe einer Verpfändung gleich. Kaspar von Schönau lieh in diesem Zusammenhang einen jährlich mit 400 Gulden zu verzinsenden Betrag von 8.000 Gulden an Herzog Sigmund. Die Amtsvorgänger Heinrich von Ertzingen und Heinrich von Rotenstein hatten 1467 und 1475 bei demselben Rechtsgeschäft noch 400, beziehungsweise 1000 Gulden an ihren Landesherrn ausgeliehen. Im Vergleich dazu erscheint die in der Bestallungsurkunde von 1477 festgesetzte Summe ausgesprochen hoch. Sie belegt, daß sich die Herren von Schönau zu jenem Zeitpunkt auf eine überdurchschnittlich gut ausgebaute wirtschaftliche Grundlage stützen konnten.

Mit der Vogtei Laufenburg war auch das Amt eines Hauptmanns der vier Waldstädte verbunden, das Kaspar von Schönau 1483 um ein jährliches Gehalt von 50 Gulden auf seinen Bruder Jakob übertrug[17]. Die Vogtei über Laufenburg selbst ging nach dem Tod Kaspars I. auf Heinrich VI. von Schönau über, der im November 1485 als »*verweser der vogtye*« auftrat und zusammen mit dem Rat eine Verordnung für mehrere Zünfte erließ. Im folgenden Zeitraum lag die Verwaltung der Vogtei Laufenburg in verschiedenen Händen. Nachdem Heinrich von Rotenstein das Amt 1487 ein zweites Mal übernommen hatte, trat zwei Jahre später erneut Heinrich VI. von Schönau an diese Stelle, auf die er offenbar erst hochbetagt um 1500 endgültig verzichtete[18].

Da ein Ausbau der städtischen Rechte nach dem Übergang Laufenburgs an die ältere Linie des Hauses Habsburg kaum mehr in Aussicht stand, hielt die Bürgerschaft um so entschiedener an den erworbenen Rechten fest. Bereits während der Amtszeit Ulrichs von Habsberg, der als Vogt der beiden Herrschaften Laufenburg und Rheinfelden die Nachfolge Heinrichs VI. von Schönau angetreten hatte, entstand unter der Bürgerschaft offenbar ein wachsender Unmut. Unter seinem Sohn Hans Wolf kam es 1538 zum offenen Konflikt. Bürgermeister und Rat beschweren sich bei der vorderösterreichischen Regierung, daß der Vogt sich in städtische Angelegenheiten einmische und »*gegen alles Herkommen*« das Recht zur Verleihung der Kaplaneipfründen an sich ziehe. Vogt Hans Wolf von Habsberg machte u. a. geltend, er wolle sich die Einsetzung tauglicher und altgläubiger Priester vorbehalten[19].

Nachdem der habsburgische Herrschaftsanspruch und die katholische Konfession am Hochrhein gefestigt waren, lag den vorgesetzten Stellen offenbar verstärkt an einem guten Einvernehmen zwischen Vogt und Stadt. Jedenfalls gab das Schiedsgericht in Ensisheim 1538 den auf »*altem herkommen*« beruhenden Anliegen der städtischen Vertreter den

Vorzug. Die im folgenden Jahr für Hans Othmar von Schönau ausgestellte Bestallungsurkunde dürfte deshalb als unmittelbare Folge der Auseinandersetzung zwischen der Stadt und ihrem habsbergischen Vogt zu betrachten sein. Mit Hans Othmar, dem Sohn von Hans IV. und dessen zweiter Ehefrau Ursula von Wessenberg, ging die Vogtei Laufenburg für beinahe 100 Jahre an die Herren von Schönau über.

Der neue Vertreter der Landesherrschaft hatte zuvor in österreichischen Kriegsdiensten gestanden und 1529 auch an der Verteidigung der Hauptstadt Wien gegen das türkische Heer Sultan Suleimans des Prächtigen teilgenommen. Der Familienzweig Schönau-Laufenburg, den Hans Othmar und seine aus dem Geschlecht der Truchsessen von Rheinfelden stammende Ehefrau begründeten, blieb besonders eng mit der weiteren Entwicklung der zu beiden Seiten des Rheins gelegenen Waldstadt verbunden. – In jenem Zeitraum standen in Laufenburg neben Fischerei, Schiffahrt und Flößerei auch die eisenverarbeitenden Betriebe in hoher Blüte. Über die ihm zustehenden Abgaben partizipierte der Vogt an der Prosperität des städtischen Gewerbes. Diese materielle Grundlage dürfte dazu beigetragen haben, daß Hans Othmar seinem ältesten Sohn Hans Melchior eine rege Reise- und Studientätigkeit ermöglichen konnte. Wie sein Vater ergriff er zunächst die Offizierslaufbahn und nahm unter dessen Befehl am Schmalkaldischen Krieg sowie am Feldzug von 1552/1553 gegen die Türken in Ungarn teil.

Nach dem Tod seines Vaters übernahm Hans Melchior mit 28 Jahren das Amt des Laufenburger Vogtes. Dies war der Beginn einer intensiven und weitgespannten Verwaltungstätigkeit, die er für die Landesherrschaft am Hochrhein ausübte. Neben der Vogtei über die Herrschaft Rheinfelden und jene über die Grafschaft Hauenstein, mit der seit den Unruhen der Reformationszeit auch das Schultheißenamt der Stadt Waldshut verknüpft war, wurde Hans Melchior 1563 die Würde eines kaiserlichen Rates übertragen. Diese Kumulation einflußreicher Ämter hatte wohl nicht zuletzt in der vorzüglichen Bildung des Trägers ihre Ursache. Von den beiden Brüdern Hans Melchiors hatte Hans Friedrich Jakob in Tübingen ebenfalls eine akademische Bildung genossen. Der frühe Tod im Jahre 1559 scheint jedoch keine Entfaltung seiner Fähigkeiten zugelassen zu haben. Durch viele Aktivitäten stark in Anspruch genommen, übertrug Hans Melchior von Schönau die Vogteigewalt in Laufenburg und Rheinfelden sowie das Amt eines Hauptmanns der vier Waldstädte offenbar zeitweise auf seinen Bruder Hans

Ludwig. Dieser leitete bereits die Landvogtei in der Ortenau, fiel jedoch 1574 in österreichischen Diensten bei Zabern[20].

Nach dem Tod Hans Othmars II., des Sohnes Hans Melchiors, übten Hans Othmars Bruder Hans Rudolf und dann Hans Othmars dritter Sohn Johann Baptist die Ämter eines Vogtes zu Rheinfelden und Laufenburg aus. Neben der Verwaltungstätigkeit im Dienst der habsburgischen Landesherren engagierte sich die Familie in jenem Zeitraum weiterhin im Kreditgeschäft. Zu den zahlreichen Darlehensnehmern zwischen Jura und Schwarzwald gehörten sowohl Privatpersonen als auch öffentliche Körperschaften, wie etwa auf linksrheinischer Seite die Dörfer Frick, Hornussen, Schupfart, Obermumpf und Wittnau.

Die konstanten Zinseinnahmen ermöglichten den Ankauf verschiedener Liegenschaften und Rechte zur Ergänzung und Verdichtung der angestammten Herrschaftsbereiche im nördlichen Jura, dem Rheintal und dem angrenzenden Schwarzwald. Neben verschiedenen Wirtschaftsgebäuden am Fuße des Schloßberges verfügte die Familie mit dem ›Haus zur Krone‹ in Laufenburg über eine eigene Stadtwohnung, zu der auch ein kleiner Garten gehörte.

Die nach dem Tod Hans Melchiors von Schönau vereinbarte Erbteilung erhellt schlaglichtartig die wirtschaftlich gesicherte Lage, in der sich die Vertreter der Laufenburger Linie zu Beginn des 17. Jahrhunderts befanden. Neben den umfangreichen Eigenbesitz traten verschiedene Lehensrechte wie jenes an der Fronmühle des Stiftes Säckingen in Kaisten. Die abgabenpflichtigen Güter zwischen Rhein und Jura konzentrierten sich insbesondere auf das Umfeld der Städte Rheinfelden und Laufenburg, das Sulztal, sowie die Gemeinden Ueken, Eiken, Schupfart, Oeschgen und Wölflinswil[21].

Damals zeichneten sich in Laufenburg wachsende Spannungen zwischen den Schönauschen Vögten und der Bürgerschaft ab. Neben den Befugnissen im Rahmen der Rechtsprechung boten vor allem die Ansprüche auf Abgaben und Bußen Anlaß zu Konflikten. Im Februar 1606 erging ein erstes Urteil, das zwischen beiden Parteien den Bezug der Frevelstrafen regelte. Die Auseinandersetzungen dauerten jedoch während der Amtszeit Hans Rudolfs von Schönau fort, der 1614 die Aufsicht über die vier Waldstädte sowie die Obervogtei in Laufenburg und Rheinfelden übernahm. Erst Johann Baptist, der Sohn Hans Othmars und der aus der Familie Reischach stammenden Magdalena von Schönau, konnte sich mit den städtischen Behörden über die Abgrenzung der Befugnisse in der Rechtsprechung und den strittigen Bezug von Bußgeldern einigen[22].

Im November 1623 heiratete Johann Baptist von Schönau Maria Euphrosine von Reinach-Hirzbach, die neben anderen Gütern das bei Gottmadingen gelegene Schloß Randegg in die Ehe einbrachte. Von den sechs Kindern, die dem Paar geschenkt wurden, starben die beiden Söhne Johann Franz und Johann Baptist noch im Kindesalter. Die älteste Tochter Maria Johanna Franziska ehelichte den kaiserlichen Oberst und erzherzoglichen Rat Johann Nikolaus von Grandmont, der nach Abzug der französischen Truppen im Oktober 1650 als Obervogt der Herrschaften Rheinfelden und Laufenburg die Nachfolge der Herren von Schönau antrat[23].

Seine Aufgabe war die Wiedererrichtung der österreichischen Landesherrschaft. Er fand eine zerstörte Rheinbrücke, in Trümmern liegende Befestigungen, zahlreiche zerfallene Wohnhäuser, niedergebrannte Eisenwerke und ruinierte Dörfer vor. Lebensführung und Moral der Einwohner befanden sich im Niedergang, die städtische Ordnung zerfiel. Trotzdem begann ein allmählicher Wiederaufbau. Da starb im September 1659 Obervogt Johann Nikolaus von Grandmont. Aufgrund eines entsprechenden Gesuchs bestätigten die vorderösterreichischen Regierungsorgane seiner Witwe Johanna Franziska, daß sie anstatt ihrer Kinder weiterhin im Besitz der Pfandschaft über die Herrschaften Laufenburg und Rheinfelden bleibe.

Diese Erlaubnis erfolgte unter der Bedingung, daß die Rechtsnachfolgerin einen Verwalter bestellte, der die Amtsgeschäfte wahrzunehmen hatte, *»bis Ihrer Söhne einer darzue qualificirt«* sei[24]. Anfang Juni 1691, 32 Jahre nach ihrem Gatten, starb Johanna Franziska von Grandmont, die letzte am Hochrhein lebende Vertreterin der Linie Schönau-Laufenburg[25]. An die eheliche Verbindung der beiden Familien erinnert ein heraldisches Epitaph, das Freiherr Ignaz Joseph von Grandmont, Herr auf Schloß Randegg, als letzter der fünf aus diesem Geschlecht stammenden Obervögte in der Laufenburger Stadtkirche St. Johann errichten ließ[26].

Anmerkungen

1   Frese, W. H.: Die Herren von Schönau (Forschungen zur oberrheinischen Landesgeschichte 26), Freiburg/München 1975, S. 93–94.

² Abbildung des Siegels: Merz, W.: Die mittelalterlichen Burganlagen und Wehrbauten des Kantons Aargau, Bd. 2, Aarau 1906, S. 483, Abb. 407. – Wappen der Herren vom Stein: Merz: Burganlagen 2, S. 511, Abb. 433 und 434.

³ Sammlung schweizerischer Rechtsquellen Abt. 16: Die Rechtsquellen des Kantons Aargau, Teil 2, Bd. 2, S. 190 (9.8.1373).

⁴ Vgl. Frese: Schönau, S. 143.

⁵ Vgl. ebd., S. 156.

⁶ Vgl. Thommen, R. (Hg.): Urkunden zur Schweizer Geschichte aus österreichischen Archiven, Bd. 2, Basel 1899, Nr. 232 (1387). – Merz: Burganlagen 2, S. 482–483.

⁷ Vgl. Frese: Schönau, S. 164–168.

⁸ AFSW: U 24 (9.1.1475).

⁹ Boner, G. (Hg.): Die Urkunden des Stadtarchivs Brugg (Aargauer Urkunden 7) Aarau 1937, Nr. 119.

¹⁰ Merz: Burganlagen 2, S. 540.

¹¹ Urkunden Brugg, Nr. 197 (9.10.1479).

¹² Ebd., Nr. 247 u. Nr. 259 (1489 u. 1492: »*veste Villnacker*«) – Merz: Burganlagen 2, S. 539 (1491: »*Burgstall*«).

¹³ Urkunden Brugg, Nr. 389 (1.4.1531).

¹⁴ Vgl. von Liebenau, Th.: Geschichte des Klosters Königsfelden, Luzern 1868, S. 113–126 Beck, M.: Zur Geschichte des Klosters Königsfelden, in: Königsfelden. Geschichte, Bauten, Glasgemälde, Kunstschätze, Olten/Freiburg i. Br. 1970, S. 13–29.

¹⁵ GLA Karlsruhe: 21 Nr. 287 (23.8.1477).

¹⁶ Vgl. Bestallungsurkunde für Wolf v. Habsberg von 1532 (ZGO 11/1860, S. 476).

¹⁷ AFSW: B 118, Bd. 3, S. 151 (9.6.1483).

¹⁸ Ebd., S. 160, 162. – Sammlung schweizerischer Rechtsquellen Abt. 16, Teil 1, Bd. 6 (8.11.1498). – Birkenmayer, A. C.: Geschichte der Stadt Waldshut, Waldshut ²1927, S. 50 (20.12.1489, 29.5.1497).

¹⁹ StAAG Aarau 6479, Fasz. 4, Kompetenzkonflikt. – Vgl. Schib, K.: Die Geschichte der Stadt Laufenburg, in: Argovia 62/1950, S. 109.

²⁰ Merz: Burganlagen, S. 112f.

²¹ StAAG Aarau 7937 (Ueken), ebd. 7970, Fasz. 1 (Wölflinswil).

²² Schib, K. (Hg.): Die Urkunden des Stadtarchivs Laufenburg (Aargauer Urkunden 6), Aarau 1935, Nr. 384 (31.10.1630). – Schib: Laufenburg, S. 110.

²³ AFSW: B 118 Bd. 3, S. 323. – Jehle, F.: Geschichte der Stadt Laufenburg Bd. 1, Laufenburg 1979, S. 106.

²⁴ StAAG Aarau 6474, Fasz. 2 (17.3.1660).

²⁵ AFSW: B 118 Bd. 3, S. 326. – Abweichend: Merz: Burganlagen 3, S. 112f. – Der Familienzweig Schönau-Laufenburg endete endgültig mit der 1707 verstorbenen Maria Magdalena, die mit Wolf Dietrich von Hallwil verheiratet war (ebd.).

²⁶ Vgl. Welti, H. J.: Die heraldischen Epitaphien in der Stadtkirche Laufenburg, in: Schweizer Archiv für Heraldik 76/1962, Sonderdruck, S. 6.

Veronika Günther

Die Herren von Schönau und die Stadt Rheinfelden

Lage und Geschichte der Altenburg

Geht man in Rheinfelden westlich der Altstadt auf die Fröschweid zu, die vor dem Zoll und der Rheinbrücke liegt, sieht man oben auf der Anhöhe über dem Westrand der Altstadt ein mächtiges Gebäude mit einem Treppenturm, den Schönauerhof. Auch auf alten Ansichten der klassischen Stadtsilhouette erkennt man den Schönauerhof hinter der turmbewehrten westlichen Ringmauer und dem ›Turm zur alten Burg‹, dem Petersturm; er ragte noch im späten Mittelalter oben auf dem Hügel empor. Der Schönauerhof steht auf einem Bergsporn am Rande einer Verwerfungsspalte, einer breiten, tiefen Schlucht, die bereits in der Zähringerzeit als Stadtgraben diente. Sie erstreckte sich vom heutigen Turnhallenparkplatz an der Kaiserstraße zum Schützengraben und rheinwärts zum Heimendeckenloch.

Ursprünglich durchfloß der Magdenerbach den westlichen Stadtgraben. Bei einer Stadterweiterung wurde er an den Ostrand des Städtchens umgeleitet. Nun ergoß sich nur noch das Cloosbächlein in den westlichen Stadtgraben. Durch einen Wehrgürtel aus dem 17. Jahrhundert, durch Aufschüttung und Einebnung und schließlich noch durch den Bau des Rheinparkings in der Fröschweid ist der Eindruck einer schroffen, wilden Schlucht am Westrand des Städtchens gänzlich verwischt worden. Auf dem Inselchen im Rhein, zu dem die Brücke führt, stand eine frühe Burg, der ›Stein‹, er diente dem Schutz des Flußüberganges. Oben auf der Felsterrasse über der Schlucht errichteten vielleicht schon die Grafen von Rheinfelden im 11. Jahrhundert eine zweite Feste, die 1306 urkundlich erstmals bezeugte Altenburg. Sie ergänzte die Sicherung der Fährverbindung über den Rhein. Die mittelalterliche

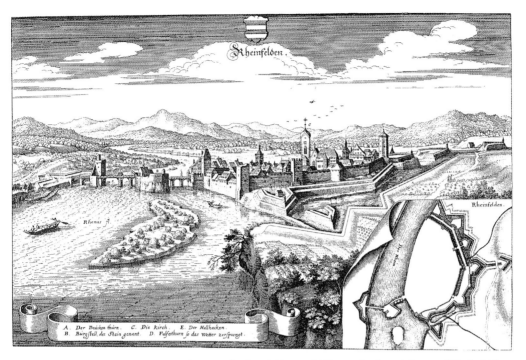

Schönauerhof und Hugenfeldhaus; Stadtansicht von Rheinfelden, Kupferstich Matthäus' d. Ä. Merian, Ausschnitt (vor 1643)

Turmburg gegenüber der uralten St. Martinskirche wird auf dem Areal des Schönauerhofs – vielleicht auf dem Fundament eines römischen Kastells – vermutet, doch sind Spuren dieser alten Anlage heute ohne systematische Grabungen nicht mehr zu erkennen.

Vom Brückenkopf beim Zoll führt ein uraltes, krummes Gäßchen, die Tempelgasse, steil zum Schönauerhof hinauf, der hohen Stützmauer des Schönauschen Gartens entlang. Dort sind über dem Gartentor die Wappen von Junker Hans Rudolf von Schönau († 1547) und seiner Gemahlin Magdalena geb. Blarer von Girsberg eingelassen. Ringmauer, Tempelgasse, Bahnhofstraße (Beuggengasse) und Kirchplatz/Hauptwachplatz begrenzen das Gebiet, in dem die Vettern Hans Rudolf und Hans Othmar von Schönau im frühen 16. Jahrhundert ihre Behausungen erbauten. – Über die Bahnhofstraße hinweg folgt im Südosten der Kirchplatz mit der sicher besonders alten Martinskirche. Der Kirchbezirk, seit 1228 der Stiftsbezirk, im Osten der Martinskirche war den Reihenhäusern der Geistlichkeit bzw. der Stiftsherren vorbehalten. Dagegen entstanden im 13. und 14. Jahrhundert auf der Süd- und Westseite der Martinskirche die Wohntürme und Steinhäuser der weltlichen Oberschicht. So wurde z. B. an der Neuen Gasse (Kapuzinergasse) südlich der Kirche der Hof der Truchsesse von Rheinfelden, der spätere Olsbergerhof, errichtet, mit denen die Familie Schönau immer wieder verschwägert war.

Die Altenburg, der Adelsturm an der Ringmauer im Westen der Kirche ›am Sprung‹, wurde Anfang des 14. Jahrhunderts vom Stiftsherren Heinrich von Frick bewohnt. Am 7.4.1306 verkaufte die Rheinfelder Bürgerin Richenza, Witwe des Johann Belzer, dem Hermann von Bellikon diesen Adelssitz um 21 Pfund Basler Münze und eine bestimmte Getreidemenge. Dann kam der Hof an Junker Hans Ulrich von Stoffeln (Stoffler Hof). 1437 erwarb Ulrich zum Blumen die Hofstatt, »genannt die Altenburg obenan neben dem Stadtturm, den man auch Altenturm nennt«, mit Haus, Hof und »Gesässe« (Wohnsitz, Hofstatt), mit Brunnen, Garten und der Scheune »nidenan« um 360 rheinische Goldgulden[1]. 1489 gestattete der Rheinfelder Rat, durch die Turmmauer eine Öffnung in die angrenzende Liegenschaft zu brechen[2]. Um 1528/1531 verschwanden die Reste der mittelalterlichen Turmburg. Und gerade damals errichteten sich zwei Herren von Schönau auf dem Ruinengelände Wohnsitze.

Herren von Schönau als Einwohner von Rheinfelden

Mit Rudolf II. Hürus trat erstmals ein Herr von Schönau in nachweisbare Beziehungen zu Rheinfelden. 1363 erhielt Rudolf II. Hürus der Ältere von Schönau aus dem Schultheißenamt Rheinfelden Einkünfte von vier Mark Silber, die er sich durch seine mit 200 Gulden bewerteten Dienste für Herzog Rudolf erworben hatte. 1368 erhöhten die Herzöge Albrecht und Leopold von Österreich diesen Satz um weitere 100 Gulden, »die er von irn wegen verleistet hat«. Rudolf Hürus der Ältere hatte zudem von den Herren vom Stein einen Pfandbrief auf dem Rheinfelder Forst geerbt[3]. 1521 war dann Jörg von Schönau sogar Schultheiß in Rheinfelden[4], er wohnte also damals sicher in der Stadt.

Heinrich Schönau, ein bedeutender geistlicher Würdenträger und beider Rechte Doktor, vielleicht ein Bastard der Linie Schönau-Laufenburg, lebte von 1502–1509 als Kapitular und Propst des Martinsstifts und als bischöflicher Vikar in Rheinfelden. Als letzter unehelich geborener Stiftsherr war er noch vor der Statutenergänzung von 1511, welche inskünftig die Aufnahme von Bastarden untersagte, wohl über seine Verwandten ans Stift gekommen. Es wird vermutet, daß das neue Statut während Heinrichs Abwesenheit beschlossen wurde, um ihn bloßzustellen und zu isolieren, worauf er das Propstamt vor seinem Tode niedergelegt habe[5]. Auch Anna Beatrix geb. von Uttenheim, Witwe des Hans Kaspar Hürus von Schönau und Großmutter von Hans Rudolf, dem Erbauer des Schönauerhofs, lebte bis zu ihrem Tode 1521 in Rheinfelden. Eine Zeitlang wohnte ihr Sohn Hans d. J. bei ihr.

Da nach älterem Recht das Bürgerrecht auf dem Haus haftete, d. h. da der Bürger Hausbesitzer sein mußte, konnte sich Hans Rudolf erst um das städtische Bürgerrecht oder um das Satzbürgerrecht bewerben, als ein Hof der Herren von Schönau vorhanden war. Edelleute oder Beamte, welche Wohnsitz in Rheinfelden nehmen wollten, ohne mit Bürgerpflichten belastet zu sein, wurden oft nur Satzbürger. Sie mußten dann nur ein einmaliges Einstandsgeld zahlen und jährlich ein Satzgeld entrichten, waren sonst aber von Steuern, Frondiensten, Wacht und weiteren Dienstbarkeiten befreit. Diese Vergünstigungen lockten den Landadel ins Städtchen und brachten sowohl der Stadt als auch den Adeligen mancherlei Vorteile. So erhielt jeder adelige Stadtbürger in der Fastenzeit einen Fisch aus dem Stadtweiher geschenkt und durfte alljährlich eine Holzgabe aus dem Rheinfelder Wald in Empfang nehmen. Einige Herren von Schönau kauften sich ins Bürgerrecht ein, andere wieder waren nur Satzbürger, so auch Hans Rudolf[6].

Dieser muß in Rheinfelden wohl bekannt gewesen sein; denn kaum war er 1531 in den Satz aufgenommen worden, wurde er auch schon zum Stadtoberhaupt erwählt – wie zehn Jahre zuvor Jörg von Schönau. 1531, nach dem verheerenden Brand des Rathauses und dem Verlust vieler wichtiger Ratsakten, mußte Hans Rudolf als Schultheiß die Stadtverwaltung neu organisieren und für den Wiederaufbau des Gebäudes besorgt sein. Er war das letzte adelige Stadtoberhaupt Rheinfeldens. Sein Satzbrief oder Satzbürgervertrag von 1531 lautet, kurz zusammengefaßt:

1) Es ist abgesprochen, daß Hans Rudolf von Schönau und seine Gemahlin, solange sie ihren Sitz in Rheinfelden haben wollen, ihr Leben lang alle Jahre auf Martini vier Gulden und nicht mehr an die Stadt geben sollen.
2) Bei Streitigkeiten gilt Rheinfelder Recht.

3) Das Haus Hans Rudolfs bleibt von allen Geboten und Verboten verschont.
5) Für weitere Grundstücke im Stadtbann gilt die Rheinfelder Markt- und Bannordnung.
6) Der Satzbürger soll sein Salz im städtischen Salzhaus kaufen.
7) Arbeitsaufträge sollen möglichst an Rheinfelder Handwerker vergeben werden.

Um 1610 wurde dann ein etwas erweiterter allgemeiner Normsatzbrief mit neuen »*Articuln und puncten deren vom adel sazes halben*« aufgestellt[7]. Als schließlich Johann Franz Anton (Posthumus) von Schönau-Schwörstadt 1754 das Spyserhaus am Hauptwachplatz erwarb und sich in Rheinfelden niederließ, wurde ihm für die neue Behausung auch ein neuer Satzbrief vorgelegt[8]. – Die alteingesessenen Adeligen und die vornehmen neuen Satzbürger trafen sich mit den Geistlichen und den Beamten von Stadt und Herrschaft Rheinfelden oder auch mit auswärtigen Mitgliedern in der Oberen Herrenstube. Sie lag wahrscheinlich am Kirchplatz gegenüber dem Schönauerhof im Landeckhaus. Dies war eine Art Zunftstube, eine Trinkstube, die bis zum Ende des 15. Jahrhunderts das Recht auf zwei bis drei Ratssitze besaß.

Die Herrenstube pflegte später aber weniger die Politik als vor allem die Geselligkeit. Man veranstaltete feuchtfröhliche Neujahrs- und Fastnachtsfeiern, zu denen auch die Schönau-›Gesellen‹ geladen waren. Während des Dreißigjährigen Krieges ging die Obere Herrenstube ein. Laut dem Stubenrodel waren die von Schönau eifrige Stubengenossen, so z. B. der uns schon bekannte Hans Rudolf sowie Hans Othmar I. und II., Hans Ludwig (Lutz) und Hans Rudolf der Jüngere, alle aus der Laufenburger Linie, und Itelecks Söhne aus dem Hauptzweig. Sogar einige Frauen verkehrten zusammen mit der Äbtissin von Olsberg in der hohen adeligen Stube: Magdalena, Marina und Helena, die Gemahlinnen bzw. Witwen von Hans Rudolf, Hans Melchior (ebenfalls aus der Laufenburger Linie) und Hans Rudolf dem Jüngeren.

Dies war auch der Kreis, aus dem einige Wohltäter und Stifter hervorgingen. Vor allem die Aussätzigen des Sondersiechenhauses in der Kloos erhielten Zuwendungen von Junker Hans und dem Stifter des Siechenhauses, Hans Rudolf, von seiner Witwe Magdalena Blarerin und Hans Ludwigs Frau Katharina geb. von Rechberg zu Hohenrechberg. Diese errichtete neben einer Jahrzeitstiftung eine Almosenstif-

Grabtafel der Katharina v. Hohenrechberg, Witwe Hans Ludwigs von Schönau-Laufenburg; Rheinfelden, St. Martin

tung und vermachte »*den armen leitten zu sanct Margarethen an der Clos*« 100 Gulden. Auch »*Frau Adelheid*« und die Schwestern Magdalena und Helena von Schönau, beide geb. von Reischach, reihten sich unter die Wohltäter ein, welche die ›Schönausche Almosenstiftung‹ bis zum Ende des 18. Jahrhunderts unterstützten. Aus der Almosenstiftung ist das heutige Altersheim in der Kloos, einem Bezirk südwestlich der Altstadt, hervorgegangen.

Ein Kaspar von Schönau (1497–1537) aus dem Hauptzweig und sein Schwager Adelberg von Bärenfels sowie ihr Neffe Hans Rudolf haben noch weitere Spuren guter Beziehungen zu Rheinfelden hinterlassen: In der spätgotischen großen Ratsstube leuchten farbig strahlende Kabinettscheiben von hoher Qualität. Sie wurden von österreichischen Landesherren, den befreundeten Waldstädten und einheimischen Adeligen, darunter auch von der Familie von Schönau, nach dem Brand des Rathauses der Stadt anläßlich des Wiederaufbaus geschenkt. Die kostbaren Glasgemälde aus den Jahren 1532/1533 werden dem Freiburger Hans Gitschmann dem Älteren oder eher noch einem Basler Künstler unter dem Einfluß Holbeins des Jüngeren zugeschrieben.

Der Vordere Schönauerhof

1523 erwarb Hans Rudolf die Hofstatt auf Altenburg, um dort einen Wohnsitz für sich und seine Frau Magdalena geb. Blarer zu erbauen. Zudem verkaufte Adelberg von Bärenfels dem Neffen seiner Frau Ursula geb. von Schönau am 12.12.1527 um 1000 Gulden sein Haus zu Rheinfelden[9]. Dies ermöglichte Hans Rudolf, sein Grund-

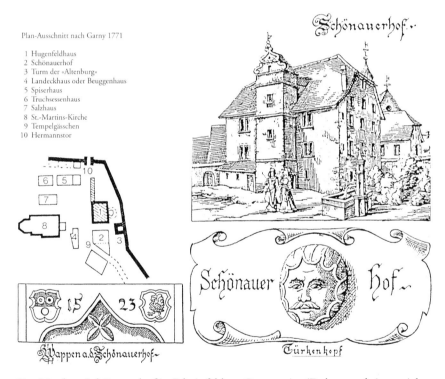

Plan-Ausschnitt nach Garny 1771

1 Hugenfeldhaus
2 Schönauerhof
3 Turm der «Altenburg»
4 Landeckhaus oder Beuggenhaus
5 Spiserhaus
6 Truchsessenhaus
7 Salzhaus
8 St.-Martins-Kirche
9 Tempelgässchen
10 Hermannstor

Der Vordere Schönauerhof in Rheinfelden, Gartenseite (Rekonstruktionszeichnung 1944; Türkenkopf über der Innenseite des Gartentors; Lageplan; Allianzwappen des Erbauers Hans Rudolf von Schönau und seiner Frau Magdalena, geb. Blarer von Girsberg.

stück an der Ringmauer abzurunden. Vermutlich dienten die Trümmer der Altenburg als Baumaterial für das bis 1531 vollendete, stattliche Gebäude – das größte Privathaus von Alt-Rheinfelden neben dem Hugenfeldhaus. Auf dem gewölbten Keller wurde ein mächtiger, ungegliederter dreistöckiger Kubus errichtet, der mit einem Krüppelwalmdach bekrönt war. Ein quer zum First angeordneter hallenartiger Korridor im Erdgeschoß und ein rückwärtig vorspringender, behelmter Treppenturm charakterisierten den für das 16. Jahrhundert typischen Bau. Der Turm erhielt eine Bekrönung mit Renaissance-Schmuckformen. Auch die Nachbarhäuser ›Lustgarten‹ im Norden und das Hugenfeldhaus im Süden folgten dem Bautypus des Schönauerhofs.

Da das Ehepaar von Schönau-Blarer vermutlich keine Kinder hatte, kam der Schönauerhof nach dem Tod der verwitweten Magdalena († 1566) an die drei Söhne von Hans Rudolfs Vetter Hans Othmar: Jedenfalls wohnte Johann Ludwig (Lutz) mit seiner Gemahlin, der wohltätigen Katharina geb. von Rechberg[10], in dem herrschaftlichen Haus. Sie hatten die hohe Ehre, dort Kaiser Ferdinand I. von Österreich anläßlich seiner Durchreise am 9./10. Januar 1563 als Gast über Nacht beherbergen zu dürfen – der absolute Höhepunkt in der Geschichte des Schönauerhofs! Der folgende Text berichtet über den kaiserlichen Besuch:

»Zu wissenn das uff Samstag nach der heiligen Drykunigthag, den neundten Januarii Anno 1563 Unnser allergnedigster Herr alhie ingeritten, in Junkher Ludwigen von Schönaw's behusung übernacht gelegen, morgens zwischen neun und zehen Uren widerumben von hinnen Waldzhuot zu verritten, und also mit grossen gnaden allergnedigst widerumben abgeschieden«[11]. Beim Historischen Umzug vom 15. und 22. 2. 1885 wurde das denkwürdige Ereignis nochmals inszeniert und mit großem Erfolg aufgeführt. Da auch Johann Ludwig von Schönau keine männlichen Nachkommen hatte, erbten die Söhne seines früh verstorbenen Bruders Hans Melchior seine Behausung.

Diese Brüder, Hans Othmar II. und Hans Rudolf d. J., waren Obervögte der Herrschaften Rheinfelden und Laufenburg, Rheinfelder Bürger und engagierte Mitglieder der Oberen Herrenstube. Von Hans Othmar und seinen adeligen Nachbarn weiß man, daß sie den neben der Martinskirche und nahe ihren Häusern gelegenen Friedhof vor die Stadtmauern verlegen wollten; doch erst als sie 1597 das neue Areal selber kauften und alle Kosten übernahmen, kam es zur geplanten Verlegung. Hans Othmar spendete dafür 125 Pfund[12]. Dies läßt vermuten, daß er wenigstens zeitweise im Schönauerhof wohnte. Über Hans Othmar gelangte das Herrenhaus in den Besitz seines Sohnes, des Obervogts Johann Baptist. Dieser lud am 7.10.1623 Schultheiß und Rat der Stadt Rheinfelden auf den 7.11.1623 zu seiner Hochzeit mit Maria Euphrosina von Reinach nach Laufenburg ein und bat seine Gäste, dem Gottesdienst beizuwohnen und dann mit weiteren Geladenen die »*Freudenmahlzeiten in Fröhlichkeit verzehren zu helfen*«.

Noch bevor die Linie Schönau-Laufenburg mit dem Tod Johann Baptists († 1633) erlosch, ging der Schönauerhof offenbar in den Besitz der Linie Schönau-Schwörstadt über. Johann Baptists Gattin Maria Euphrosina wohnte aber als Rheinfelder Satzbürgerin vermutlich bis zu ihrem Tod († 1663) im Schönauerhof und mußte dort die Wirren, die Belagerungen und das Leid des Dreißigjährigen Kriegs miterleben. Sie war mit ihrer engeren Familie während der Kriegszeit in Rheinfelden nicht allein. Auch Johann Franz von Schönau, der spätere Fürstbischof von Basel, überstand nach seiner Flucht aus Beuggen hier Belagerung und Übergabe des Städtchens an die Schweden. Oberstleutnant Otto Rudolf, der Begründer der Oeschger Linie, versuchte 1634 an der Seite des tapferen Kommandanten Franz von Mercy dem ausgehungerten Städtchen zu helfen. Doch mißlang sein Versuch, Rheinfelden zu entsetzen, kläglich, und er geriet in schwedische Gefangenschaft. Auch Otto Rudolfs Bruder Heinrich Hürus stand Mercy während der 21 Wochen dauernden Belagerung tatkräftig bei.

Maria Euphrosina war sehr begütert. Sie zahlte von ihren Liegenschaften jährlich eine Steuer von über 168 Pfund. Eine Abrechnung für ihre Erben listet um 1663 ihren beträchtlichen Landbesitz in Rheinfelden und Umgebung auf. Danach wurden außer dem Satzgeld für ihre Liegenschaften noch weitere Steuern und Abgaben erhoben. Die pflichtigen Grundstücke sind bekannt[13]. Noch lange nach dem Dreißigjährigen Krieg und über den Holländischen Krieg von 1672–1679 hinaus mußte das arg gebeutelte Rheinfelden für die Besatzungstruppen, ihr Quartier und ihre Verpflegung aufkommen. Außerdem mußte das Städtchen sich mit schweren Schulden belasten, um geforderte Kontributionen bezahlen zu können. Obwohl die Schönausche Behausung zu den adeligen Häusern gehörte, »*so kheine Quartier leyden*«, wurde sie schon von 1662 an, d.h. noch vor Maria Euphrosinas Tod, zum Sitz des Kommandanten bestimmt. Dafür erhielt die Familie einen recht bescheidenen Hauszins von jährlich 10 Gulden statt der ursprünglich abgemachten 16 Gulden.

Heinrich Hürus' Sohn Franz Heinrich Reinhard aus der Schwörstädter Linie nahm als Erbe des Schönauerhofes vergeblich den Kampf gegen die Einquartierung und den seines Erachtens viel zu tief angesetzten Hauszins auf. Die hochverschuldete Witwe Anna Catharina geb. Holzapfel von Herxheim wurde bald nach Franz Heinrich Reinhards Tod († 1669) mitsamt ihren acht unmündigen Kindern von 1670 bis 1674 sogar in die viel schlichtere Eggsche Wohnung ausquartiert! Nachdem auch Anna Catharina in Rheinfelden gestorben war († 1675), rechnete die Stadt den Waisen neben Satzgeld und andern Steuern auch die ohne Wissen der Kinder veranlaßten Reparaturen am Schönauerhof an. Unterdessen betrug der Hauszins für die Einquartierung weiterhin jährlich 10 Gulden. So setzte sich der Streit um das immer baufälliger werdende Gebäude fort.

Franz Heinrich Reinhards drei Söhne, Franz Fridolin, Heinrich Hürus II. und Franz Anton, kämpften mit- und gegeneinander weiter, bis es am 17.5.1685 endlich zu einem Vergleich zwischen der Stadt Rheinfelden und der Familie von Schönau-Schwörstadt kam. Heinrich Hürus beschloß 1686, sich »*hausheblichen*« im Schönauerhof niederzulassen; denn er trug sich mit Heiratsplänen und wollte wohl auch Druck ausüben. Er bat seinerseits darum, dem Kommandanten nach über zwanzig Jahren aufgezwungener Einquartierung endlich eine andere Wohnung anzuweisen. Aber auch er stieß auf taube Ohren. So klagte er noch im gleichen Jahr den Kommissaren des Erzherzogs von Österreich, er sei aus kaiserlichen Kriegsdiensten heimgekehrt, doch »*zeithero gleich einem bettler mein wohnung auff dem dorff in einer armen elenden bauren scheuren haben muoss*«. Am 6.6.1687 versuchte er auch den Rheinfelder Rat zu erpressen: »*Ich werde nit fehlen, lengsten künftigen montag mit sackh undt packh meine in Rheinfelden ligende behausung zue beziehen. Zue disem endt ich han alles packhen undt aufbinden lassen*«[14]. – Vergeblich!

Nun folgten ein heftiger Erbstreit der feindlichen Brüder, die Erbteilung vom 16.8.1688, ein Prozeß im Jahre 1688/89 und ein neuer Vertrag. Aus allen Intrigen ging Franz Fridolin Anton als Sieger hervor und konnte 1689 endlich – zumindest theoretisch – über das ihm zugefallene Rheinfelder Stadthaus verfügen. Am 7.2.1692 wurde ihm sogar für drei Jahre (1689–1691) rückwirkend das Satzgeld »*wegen erlittener quartierslast nachgelassen undt noch 2 wägen mit brennholtz geliefert*«. Doch erst um 1696 wurde ihm der Schönauerhof von der Stadt für seinen persönlichen Gebrauch freigegeben. Nach dem Tod von Franz Fridolin Anton († 1702) lag die Witwe Johanna Regina geb. Zweyer von Evenbach, die weiter in Rheinfelden wohnte, im Streit mit der von Schönauschen Familie wegen ihrer Rechte und Bezüge.

Nach einem Vergleich von 1704 durfte die kinderlose Witwe u. a. die Nutzung des Schönauerhofs und des dabei gelegenen Gartens behalten. Ebenso konnte sie über den Kraut- und Grasgarten vor dem oberen Tor samt dem dazugehörigen Fischweiher verfügen. Sie hatte aber so viele Schulden, daß das inzwischen völlig verwahrloste Anwesen noch vor ihrem Tod († 1727) verpfändet und später verkauft werden mußte. Damit endeten die Eigentumsrechte der Familie am Vorderen Schönauerhof. Die Schatzung betrug 1764 bis 1768 nur 500 bzw. 600 Gulden, etwa so viel wie für das benachbarte, wesentlich kleinere Haus ›zum Lustgarten‹, was einiges über den baulichen Zustand des Gebäudes zu jener Zeit aussagt! Jedoch steht das Haus heute noch und prägt als markanter Bau den Hauptwachplatz.

Der Hintere und der Obere Schönauerhof

Während Hans Rudolf bis ungefähr 1531 den Bau des Vorderen Schönauerhofs vorantrieb, kehrte sein Vetter Hans Othmar I. von der Verteidigung Wiens gegen die Türken zurück und kaufte 1530 »*die Altenburg*«. Dabei handelte es sich wahrscheinlich um einen weiteren Teil oder Bau auf derselben Hofstatt[15]. 1538 erwarb er für seine Behausung noch ein Brunnenrecht. Da die erhaltenen Urkunden die mittelalterlichen Bauten auf Altenburg nicht eindeutig definieren und das Gelände archäologisch noch nicht richtig erforscht ist, bestehen Unklarheiten und widersprüchliche Zuweisungen in Bezug auf den »*Hinteren Hof*«.

Hat Hans Othmar das um 1530 abgebrochene Hinterhaus des Schönauerhofs, den Stofflerhof bei der alten Burg, gekauft? – Handelt es sich um das um 1500 errichtete Hugenfeldhaus, die frühere ›Rosenbachische Behausung‹? – Meint der Ausdruck ›die Altenburg‹ ein weiteres Rosenbachisches Gut, den stattlichen ›Hintern Hof‹, der in die Ringmauer eingebaut war? Auf einem Stadtbild von 1634 im Rathaus ist er neben dem Petersturm noch zu sehen, nach der schwedischen Belagerung (1634) aber verschwand er und wurde 1673 nur noch als Krautgarten erwähnt[16]. 1618 hatte Hans Rudolf d. J., Hans Othmars Enkel, die

Urkunde über den Verkauf des Hintern Hofs an seinen Schwager Adam Hektor von Rosenbach als Zeuge gesiegelt.

Hans Othmar I. wohnte zwar in Laufenburg, weilte aber als Vogt zu Laufenburg und Hauptmann der vier Waldstädte in amtlichen Geschäften öfter in Rheinfelden und war hier (Satz-?) Bürger und Mitglied der Oberen Herrenstube. Junker Othmar scheint ein säbelrasselnder Haudegen gewesen zu sein und nach mündlicher Überlieferung dauernd den Schwur »bei meinem Türkensäbel!« im Munde geführt zu haben[17]. Seine Frau Merga geb. Truchsess von Rheinfelden aber war sehr religiös. Sie stand unter dem Einfluß des 1523 in Rheinfelden predigenden Reformators Johannes Eberlin von Günzburg und ließ sich zur lutherischen Lehre bekehren, während der Generalvikar Heinrich Schönau Eberlins Abberufung forderte.

Wo befand sich Hans Othmars Sitz auf ›der Altenburg‹? – Rückschlüsse lassen sich vorderhand nur aus dem Hausbesitz seines Sohnes Hans Melchior ziehen, des Waldvogts und Vogts der Herrschaften Laufenburg und Rheinfelden. Hans Melchior wuchs in Rheinfelden auf, galt bald als einer der gelehrtesten Edelleute der österreichischen Vorlande und muß eine beliebte, gerechte und harmonische Persönlichkeit gewesen sein. Im Regiment seines Vaters nahm er am Feldzug von 1552/1553 gegen die Türken teil. Erst 47jährig wurde Hans Melchior schon in seiner Heimat begraben. Er besaß ein Haus in Rheinfelden, das mit Nebenhäusern und Scheunen hinter dem Haus zum Schiff lag, und einen Garten vor dem Hermannstor (westlich des Hotels Schützen)[18]. Versucht man nun dieses Anwesen zu lokalisieren, wird man über die Hintere Gasse (Futtergasse) wieder in die Nähe des Schönauerhof-Areals geführt. Wir gelangen dorthin, wo früher hinter dem Gartentor an der Tempelgasse auf dem reichverzierten spätgotischen Türsturz über den Wappen Schönau und Blarer von Girsberg »die steinerne Zierat eines seltsamen Türkenkopfs«[19] zu sehen war.

Öffnete sich dort vielleicht die Pforte zu Hans Othmars bzw. Hans Melchiors Hof? Wozu sonst all die Pracht über einem Seiteneingang? Der Haupteingang des Vordern Schönauerhofs befand sich von jeher weiter oben an der auf den Platz ausgerichteten Stirnseite des Gebäudes. Genaueres erfahren wir über Hans Melchiors »*Garten vor dem Hermannstor*«, und zwar aus einer »*Zehntbefriedung*«, die das St. Martinsstift Junker Melchior aus Dankbarkeit für seine »*angenemmen guetthaten und räthlichen hilffen*« 1568 bewilligt hatte. Sie betraf den »*garten sambt dem*

Das Spyserhaus in Rheinfelden, ein ehemaliger Wohnsitz
der Linie Schönau-Schwörstadt

weyer darinn mit allem begriff vor Hermans thor, vornen am Closbach und der Landstras, hinten an weeg, so uff Breitmatt got, zur einen seiten oben Junkher Hans Friderich von Landeckh, zur andern seiten neben Herrn Hans Ulerichen erben gelegen«[20].

Nach Hans Melchiors frühem Tod (†1573) verwaltete die Witwe Marina geb. von Landsberg seinen Besitz bis zu ihrem eignen Lebensende (†1608). In der Abrechnung von 1663 für die Erben von Hans Melchiors Enkel Johann Baptist und seiner Gattin Maria Euphrosina wird Melchiors Haus nicht aufgeführt. War es Johann Baptists Tochter Maria Johanna Franziska von Grandmont als Ehegut zugefallen[21]? Und stammt die im Fricktaler Museum aufbewahrte eiserne Ofenplatte von 1620 mit den Ehewappen Schönau-Reischach aus dem baufällig gewordenen, im Dreißigjährigen Krieg wohl stark beschädigten Hintern Hof[22]? (Die Ehewappen verweisen auf Hans Othmar II. und Hans

Rudolf d. J., die Söhne Hans Melchiors, sie waren mit zwei Schwestern v. Reischach verheiratet.) – Zunächst müssen all diese verschiedenen Vermutungen über Hans Melchiors rätselhaftes, stattliches Gut mit den zahlreichen Nebengebäuden *»hinter dem Haus zum Schiff«* noch in der Schwebe bleiben.

Als Johann Franz Anton Albert Raphael (Posthumus), der einzige Sohn von Johann Franz Anton aus der Linie Schönau-Schwörstadt, sich in Rheinfelden niederlassen wollte, war der Vordere Schönauerhof wohl bereits im Besitz des 1759 verstorbenen Rentmeisters Georg Wirz. Franz Anton mußte sich daher nach einem anderen Stadthaus umsehen und erwarb laut Satzbrief von 1754 das bald als *»Schönau-Schwerstettisches Haus«* oder *»Oberer Schönauerhof«* bezeichnete Patrizierhaus. Es steht ebenfalls am Hauptwachplatz und wurde daher öfters mit dem Vordern Schönauerhof verwechselt. Dieses Gebäude ist, von außen betrachtet, ein zurückhaltend-klassizistisches Herrenhaus des 18. Jahrhunderts, hat aber eine spätgotische Bausubstanz, ein vornehmes Architekturportal, einen Wendelstein, weite Hallen als Eingang zu den Wohnungen und eine Régencestuckdecke[23]. Laut Gebäudeschatzung wurde der Obere Schönauerhof im Jahr 1764 auf 500 Gulden geschätzt, 1768 und Ende des 18. Jahrhunderts waren es 1000 Gulden. Franz Anton wird 1776 und in den weiter folgenden Jahren als *»im Hauss«* wohnhaft aufgeführt[24].

Die Oberschwörstädter Burg, den Wohnsitz der Herren von Schönau-Schwörstadt, zerstörte am 23.8.1797 ein Brand vollkommen. Nun zog sich die Familie ganz in ihr Rheinfelder Stadthaus zurück. Erst um 1834/35 war das Schloß Schwörstadt an der Stelle der Ritterburgruine aufgebaut. Während der Feuersbrunst ritt ein treuer Gärtner als Feuerreiter ins Städtchen, um der im Oberen Schönauerhof weilenden Familie die Unglücksbotschaft zu überbringen. Darauf eilte die Rheinfelder Spritzenmannschaft den Schwörstädtern zu Hilfe. Eine Rechnung von 1797 zuhanden der Stadt Rheinfelden enthält den folgenden Posten: *»Dem Schwanenwirt von Schwörstadt für Zehrung zerschiedener hiesiger Bürger, welche zu dem freyhherrlich-von Schönauischen Schlossbrand mit der mittleren Feuerspritze nach Schwörstadt abgeschickt worden samt Pferdeunterhalt«*[25]. (Der Rechnungsbetrag folgt leider nicht.)

Der Reichsfreiherr Franz Anton war ein passionierter Jäger. Er ist mehrfach zwischen 1762 und 1785 als Pächter der Rheinfelder großen und der kleinen Jagdgerechtigkeit bezeugt[26]. Auch bezog er einen Teil des Schönauergartens (des Vorderen Hofs), den späteren Turnhallenplatz bei der Haushaltungsschule, in sein Areal ein²⁷. 1796 wurde Rheinfelden von den französischen Revolutionstruppen besetzt – und wieder drohten der Herrschaft Rheinfelden schwere Requisitionslasten. Als Vertreter der Schönauschen Familie stimmte Franz Anton der Errichtung eines »*landständischen Bureaus*« zu, das die kaum mehr tragbare Last der Abgaben verteilen und erheben sollte.

1803 erlebte er den Anschluß des Fricktals an die Schweiz und den neugegründeten Kanton Aargau. Er starb 1811 in Rheinfelden nach einem Schlaganfall. Mit ihm erlosch die Linie Schönau-Schwörstadt. Seine Tochter Antonia Marianna blieb ihrer Heimatstadt Rheinfelden treu. Sie hatte 1796 den in österreichischen Diensten stehenden irischen Offizier Eduard von Omad(d)en geheiratet. Nach dessen Tod vermählte sie sich 1807 mit dem Rheinfelder Bürgersohn Anton Tschudi(n), ›Staats-Unterschreiber‹. Sie starb am 28.12.1839 als Witwe in Rheinfelden. Der Obere Schönauerhof war schon spätestens 1820 vom Ehepaar Tschudin verkauft worden.

Ausblick:
Herren von Schönau als Oberbeamte und Nachbarn

Von den Beziehungen der Herren von Schönau zur Stadt Rheinfelden gäbe es noch viel zu berichten; denn die meist freundnachbarlichen Kontakte waren auch außerhalb des privaten Bereichs recht intensiv. Etliche von Schönausche Herren – vor allem aus der Linie Schönau-Laufenburg – hatten in ihrer Funktion als Hauptleute der vier Waldstädte und meist auch als Obervögte der Herrschaften Rheinfelden und Laufenburg einen regen amtlichen Verkehr mit dem Städtchen. Sie waren Inhaber der Zivilverwaltung und der Hauptmannschaft und überwachten daher das landesherrliche Steuer- und Militärwesen. Einen farbigen Eindruck von ihren vielfältigen Verwaltungsaufgaben vermittelt das Schönausche Dossier (Nr. 592) im Stadtarchiv.

So mußte Hans Othmar 1540 einen Zwist zwischen Stadt und Landschaft »*dess salm kouffes halber*« beilegen. Er empfahl dem Rat 1541/1543 einen neuen Büchsenmeister, sorgte sich 1544 um die Öffnung und Schließung der Stadttore und regelte 1548 eine Strafsache gegen den Rheinfelder Bürger Hans Egolff. – Junker Othmars Sohn Hans Melchior stellte sich 1564 in einem Streit um Möhliner Eingriffe im Rheinfelder Wald auf die Seite der Stadt; 1570 warnte er die Untertanen davor, sich zu fremden Kriegsdiensten verlocken zu lassen. – Hans Rudolf aus dem Hauptzweig wiederum mußte 1575 in der hochnotpeinlichen Angelegenheit des Pfarrers zu Wehr eingreifen und den gegen das Zölibat verstoßenden Sünder väterlich ermahnen. 1576 lieh er sich den Rheinfelder Scharfrichter nach Zell aus. Er vermittelte auch in verschiedenen Weidestreitigkeiten zwischen Stadt und Land.

Von Johann Friedrich, Herrn zu Stein und Wehr, kam 1675 ein flehentlicher Hilferuf, Rheinfelden möge doch drei Falschmünzer aus der Herrschaft Wehr ins Gefängnis aufnehmen, da Wehr kein geeignetes Arrestlokal zur Verfügung habe. »*Der einte, ... seines alters 22 jahr, kurtz, ...* [habe] *biss uber die ohren hangendtes dickh glatt haar, rodlecht bärtlin*« und tiefliegende Augen, [er sei bereits] »*verwichene nacht mit hinderlassung seines rockhs undt schuech, nur in leynenen hosen undt einem von zarter leinwant saubere*[n] *hemdt ..., aussgebrochen undt auss meiner jurisdiction hienweg geloffen ...*«.

Schließlich wirft ein Brief aus der Korrespondenz des Reichsfreiherrn Franz Anton von 1783 noch ein trübes Licht auf die damaligen politischen Verhältnisse. Darin wurde der Rheinfelder Rat gebeten, den im Städtchen ansässigen Metzgermeister Johannes Quickner als Zeugen auszufragen; es ging darum, ob der aufmüpfige Schwanenwirt in Schwörstadt in Gegenwart des Metzgers tatsächlich gesagt habe: »*Sie fragen der Herrschaft nichts nach, sie müssen just der Herrschaft nicht gehorsamen*«: Damit kündigte ein fernes Donnergrollen schon das Zeitalter der Französischen Revolution an und mit ihr die grundlegende Umgestaltung der gesellschaftlichen Struktur in Europa.

Anmerkungen

[1] Burkart, S.: Geschichte der Stadt Rheinfelden, Aarau 1909, S. 24.

[2] Meyer, W.: Burgen von A bis Z, Basel 1981, S. 76.

[3] Frese, W. H.: Die Herren von Schönau (Forschungen zur oberrhein. Landesgeschichte 26), Freiburg/München 1975, S. 96, 143.

[4] Burkart: Rheinfelden, S. 739.

[5] Desarzens-Wunderlin, E.: Das Chorherrenstift St. Martin in Rheinfelden 1228–1564, Diss. phil. Zürich 1989.

⁶ Katharina, die Gemahlin des Johann Ludwig, sowie die Brüder Hans Othmar II. und Hans Rudolf d. J. sind Rheinfelder ›Bürger‹ gewesen (Schib, K.: Geschichte der Stadt Rheinfelden, Rheinfelden 1961). Antonia Marianna und ihr Mann Anton Tschudi besaßen das Rheinfelder Bürgerrecht. – 1531 kam Hans Rudolf in den Satz. Als Satzbürger sind außerdem gesichert: das Ehepaar Johann Baptist und Maria Euphrosina von Schönau-Laufenburg, Franz Heinrich Reinhard und Anna Katharina von Schönau-Schwerstetten, ihr Sohn Franz Fridolin Anton mit Maria Johanna Regina und Johann Franz Anton (Posthumus). – 1553 erkundigte sich Hans Jacob von Schönau für sich und seine Schwester, unter welchen gegenseitigen Verpflichtungen Adlige in Rheinfelden Satzbürger seien (StadtA Rheinfelden: Nr. 592).

⁷ Welti, F. E. (Hg.): Das Stadtrecht von Rheinfelden (Die Rechtsquellen des Kantons Aargau, Teil 1: Stadtrechte, Bd. 7), Aarau 1917, S. 268f. Nr. 238 (1531) u. S. 347f. Nr. 313 (um 1610).

⁸ StadtA Rheinfelden: Nr. 592.

⁹ AFS: U 7.

¹⁰ Ein Epitaph an der Nordwand der Liebfrauenkapelle in der Martinskirche mit pilastergerahmter, farbig gefaßter Wappentafel unter Dreieckgiebelbekrönung erinnert an die am 12.3.1585 verstorbene »edel- und tugentreiche Fraw Catharina von Schönaw …, deren der allmechtig Gott genedig sein und ein frőliche Aufferstehung verleihen wölle. Amen.« Vgl. dazu die Abbildung in RNJB 35/1978, S. 98.

¹¹ Ebd. 39/1983, S. 12.

¹² Burkart: Rheinfelden, S. 669f.

¹³ StadtA Rheinfelden: Nr. 592. Das Satzgeld wurde Maria Euphrosina von 1632 bis zum Friedensschluß von 1648 erlassen.

¹⁴ StadtA Rheinfelden: Nr. 592. Für wertvolle Hilfe bei der Transkription danke ich Herrn Dr. H. B. Kälin in Basel herzlich.

¹⁵ Schib: Rheinfelden, S. 74, Anm. 23.

¹⁶ Bröchin, E.: Kulturhistorische Rheinfelder Chronik, Rheinfelden 1944, S. 69. – Burkart: Rheinfelden, S. 324, 359. – Kalenbach-Schröter, G.: Bilder aus der alten Stadt Rheinfelden, Einsiedeln 1903, S. 12. – Kunstmappe Alt Rheinfelden 1, Lausanne 1919, Abb. 3, 7 u. Bl. 2 mit Begleittexten. – RNJB 13/1957, S. 14; 43/1987, S. 98; Sonder-Nr. 1987, S. 57f.; 52/1996, S. 159.

¹⁷ Kalenbach-Schröter: Rheinfelden, S. 60.

¹⁸ Das Wirtshaus zum Schiff muß beim früheren Stadteingang, d.h. zwischen Rhein- und Schwibbogentor auf der Südseite der unteren Marktgasse gestanden haben (RNJB 10/1954, S. 34f.). Dahinter lag die Hintere Gasse, die heutige Futtergasse, die noch im späten 18. Jahrhundert den Scheunen und Stallungen vorbehalten war.

¹⁹ Bröchin: Rheinfelder Chronik, S. 31. – Kalenbach-Schröter: Bilder, S. 60, 65. – Gemeinde Oeschgen (Hg.): Oeschgen, Oeschgen 1997, S. 18.

²⁰ StadtA Rheinfelden: Nr. 592 (1568).

²¹ Ein Urenkel Hans Melchiors, der Domherr Franz Rudolf Adam von Schönau-

Oeschgen, erhielt am 19.10.1664 für seinen Anteil am Schönauerhof, der ihm aus der Rosenbachschen Erbschaft von Großmutterseite her zustand, 100 Louistaler.

22 Die wahrscheinlich in Laufenburg gegossene und im Schönauerhof aufgestellte Ofenplatte ist schon im Inventar von 1897 unter Nr. 207 verzeichnet (Mitteilung von Frau Kathrin Schöb/Fricktaler Museum).

23 Müller, A./Bossardt, J. A./Klemm, Chr.: Rheinfelden (Schweizerische Kunstführer 276f.) Basel 1980, S. 17, 20. – RNJB 7/1951, S. 9; 14/1958, S. 29; 33/1976, S. 52 u. 57.

24 StadtA Rheinfelden: Nr. 413, 414 u. 415.

25 RNJB 39/1983, S. 120f.

26 Wie Anm. 24, Nr. 592 (13.10.1781, 15.8.1783). – Burkart: Rheinfelden, S. 302f.

27 Wie Anm. 25, 14/1958, S. 4ff.

Ludger Beckmann

Die Dorfordnungen von Schönauscher Dörfer

Einleitung

Die Betrachtung von Dorfordnungen gewährt uns einen Blick in die Lebensweise und den Alltag unserer Vorfahren. Man gewinnt aber sicherlich keinen umfassenden Einblick in die örtlichen Verhältnisse; vor allem muß man bedenken, daß die Verkündung von Geboten und Verboten noch keine Garantie für deren Einhaltung ist. Manches wird wohl auch reines Wunschdenken gewesen sein. In diesem Aufsatz soll auf drei solche Ordnungen eingegangen werden, die innerhalb weniger Jahre von Hans Jakob von Schönau in drei Gemeinden nördlich und südlich des Hochrheines eingeführt worden sind. Die Wehrer Talordnung auf deutscher Seite und die Ordnungen von Oeschgen und Wegenstetten auf schweizerischer Seite sind möglicherweise von ihm beeinflußt worden. Ihre Entstehungszeit in den 50er Jahren des 16. Jahrhunderts legt dies nahe. Der Fragestellung, ob Hans Jakob als Herr dieser drei Orte ein im wesentlichen einheitliches Ortsrecht herstellen konnte, soll hier nachgegangen werden.

Die Dorfordnung von Oeschgen wurde als einzige der hier zu behandelnden Ordnungen bereits veröffentlicht und stammt vom 15.3.1559[1]. Sie ist nicht die älteste Dorfordnung von Oeschgen, sondern erneuert gemäß der Einleitung nur eine Ordnung, die Hans Othmar von Schönau als Vormund der Kinder des Jörg von Schönau aufgestellt hat. Dies muß in den 1540er Jahren geschehen sein. 1554 erwarb Hans Jakob von Schönau die Ortsherrschaft durch Kauf von Jörg von Schönaus Witwe. Das Original der Dorfordnung von 1559 ist im Archiv der Freiherren von Schönau-Wehr (B 50) aufbewahrt. 1734 wurde durch die vorderösterreichische Regierung in Freiburg eine Abschrift erstellt, die sich im Kantonsarchiv in Aarau befindet. In einem Streit um das Ausmaß

Jnn Gottes Namen Amen. Khünt vnnd vorstendig allermenigklichen, Nach dem der Edel vnnd Gestreng herr Jacob von Schönaw, vnnd auch der Edel vnd vest Junckher Hanuß von Schönaw, Sich mit sampt etlichen von jren Vogt Pawren, Vnnd gemeinden, Jr fahren, sich mit ainander, ainer ordnung vergliche vnnd aber gemelter ordnung, durch des alters jhre Jnn abgang khümen. Derhalben der Edel vnd vest Junckher hanuß Jacob von schönauw, alß dieser Zeit Regent Vnd Obererbherr hie, Vnnß Vngebotten, Vnnd selbst Jn Sinnig, Zu bey sein der Elteren, Vnnd beysitzenden, Pawren vnd schid dieser hern vogt, Hanß Zobel, hanß Kolhe, Diemar Thäbelin, hanß Kinn, Jacob Negely, Jasper Selin, Claus Krattingers, Jost Dieter, hanß arsman, hanß Grass, frelin gresswil, hanß Trotzer, Jasper Salmer, hanß Negely, Aller als geschworner Vnd Vsschütz Von der gemeind, So Widerumen bengett ... Vnnd beschryben lassen, die das Jnn jren gnedigen Junckher, Vnnd den die Vnderthanen, Jn die grafschafft wer, Einhelliger Zustimmung, Vnnd Volziehung, Vnnd daruß bleyben sollen, ohn alles Widerreden Endtlichen beschlossen, Alles wie Hernach Volge, Vnnd geschriben steet.

Wehra Thalordnung de anno 1595.

Der Anfang der Talordnung von Wehr

von Abgaben und Frondiensten, der zwischen dem Freiherrn Franz Otto von Schönau und der Gemeinde Oeschgen im Jahre 1732 ausbrach, erreichte die Gemeinde so eine eigene beglaubigte Abschrift der Dorfordnung.

Hans Jakob war nicht nur Herr von Oeschgen, sondern auch Herr zu Wegenstetten, welches Lehen des Stiftes Säckingen war. Der Schönausche Amtmann Hummel fertigte im Jahre 1559 eine neue Dorfordnung von Wegenstetten aus, sie ist von ihm *»wider beschriiben und ernewert«* worden, wie es im ersten Punkt heißt. 1554 hatte eine ältere Ordnung gegolten, die auf einen Hans von Schönau zurückgeführt wurde[2]. Die Ordnung von 1559 ist ebenfalls im Archiv der Freiherren von Schönau-Wehr (B 49) überliefert. – Die Talordnung von Wehr war im Jahre 1556 unter demselben Hans Jakob von Schönau gemeinsam mit den Gemeindevertretern erneuert und dann niedergeschrieben worden. Am 1.2.1557 wurde sie auf der Gemeindestube von Wehr verlesen und bestätigt. Ein Original befindet sich wieder im Archiv Schönau-Wehr (B 22), eine Kopie aus dem Jahre 1767 im Stadtarchiv Wehr. Die Talordnung gibt sich als eine Erneuerung einer Ordnung, die unter einem Hans von Schönau erstellt worden, zwischenzeitlich aber beschädigt und schwer lesbar geworden sei[3].

In Teilen wird die Wehrer Ordnung jedoch noch älter sein. Schon 1338 spricht man von einem *»Recht des Tales zu Wehr«*. Wie groß mag hier und in den beiden anderen Orten der persönliche Anteil Hans Jakobs von Schönau gewesen sein? Wie weit konnte er seine Vorstellungen durchsetzen? Das läßt sich kaum feststellen, da wir keine der Vorgängerordnungen näher kennen. Aber ein Vergleich der drei Ordnungen kann so manche Übereinstimmung offenlegen; solche Übereinstimmungen ließen wohl auf eine Urheberschaft des Hans Jakob von Schönau schließen, sofern die betreffende Einzelbestimmung zu seinen Gunsten spräche. – Nach diesem Blick auf die vorhandenen Quellen wollen wir uns mit den einzelnen Bestimmungen der drei Ordnungen – meist aus der Sicht der Betroffenen – auseinandersetzen.

Gemeinde und Gemeindeämter

Für Wehr wurde bestimmt, daß keine Gemeindeversammlung, *»kein gemein, one vorwissen, willen und erlouptnus der Oberkeit gesamelt oder gehalltenn werdenn«* soll (Wehr Bl. 8 a[4]). Dies galt auch in Wegenstetten. Dort wurde gar eine Strafe an Leib und Leben angedroht[5]. Über die Institution einer Gemeindeversammlung in Oeschgen erfahren wir aus der dortigen Dorfordnung nichts. Die Talgemeinde Wehr besaß folgende Mitwirkungsrechte: Gemeinsam mit der Obrigkeit wurden die Kirchenpfleger und Sigristen und die Hirten bestimmt (Wehr Bl. 2 b, 3 a). Wer die Markleute einsetzte, wird nicht klar. Daß hier eher die Gemeinde als die Herrschaft tätig wurde, dürfte sicher sein. Diese Markleute mußten bei Amtsantritt einen Eid schwören. Über die Einsetzung des Weibels äußert sich die Talordnung nicht. Von Bannwart und Nachtwächter wird gar nichts gesagt. Gegen Ende des Jahrhunderts

Wehr von Osten; farbige Zeichnung von E. Frommel (um 1850)

taucht ein Forstknecht im Tal Wehr auf. Die Metzger erhielten ihre Konzession von der Gemeinde »*doch mit vorwissen, Willen und Zulassen der Oberkeit*«, ebenso Wirte und Bäcker (Wehr Bl. 2 b, 3 a). Ein Wirt, der keinen Wein mehr hatte, mußte drei Schilling an die Gemeinde als Strafe bezahlen (Wehr Bl. 3 b). Die gleiche Strafe traf den Bäcker, wenn er die Gemeinde nicht mehr mit Brot versorgte (Wehr Bl. 4 a).

Nicht nur in Wehr sondern auch in Oeschgen und Wegenstetten wirkten bei der Aufrichtung einer Dorfordnung der Vogt, die Geschworenen und die ganze Gemeinde mit. Sonstige Mitwirkungsrechte der Gemeinde werden in Wegenstetten nicht erwähnt. Über die Wahl von Kirchenpflegern äußert sich die Dorfordnung von Wegenstetten nicht, von einem Sigristen wird nicht gesprochen. In Oeschgen sollten Sigristen und Kirchenpfleger mit Wissen und Willen der Obrigkeit gesetzt werden. Die demnach anzunehmende Mitwirkung der Gemeinde wird nicht ausdrücklich festgehalten (Oeschgen § 11[6]). Von Feuerschauern ist nur in der Dorfordnung von Oeschgen die Rede (§ 13). Am Anfang der Dorfordnung von Wegenstetten wird der Weibel erwähnt. In Oeschgen wird es wohl auch einen Weibel gegeben haben. Dasselbe dürfte für Bannwart und Nachtwächter gelten. Über die Einsetzung der Hirten wird in Wegenstetten kein Wort verloren, in der Dorfordnung von Oeschgen werden sie zwar nicht aufgeführt, ihre Existenz dürfte aber nicht zu bestreiten sein.

Für das verbotene Abhauen von Gemeindeholz konnte die Gemeinde Wehr eine Strafe in Höhe von drei Schilling einziehen (Wehr Bl. 16 b). Hier durfte jeder seine Schweine zur Mast in den Wald treiben. Entstand aber eine Überbesetzung, wurden die überzähligen Tiere zwischen der Obrigkeit und der Gemeinde geteilt (Wehr Bl. 17 a). Schließlich besaß die Gemeinde Wehr im Tal das Salzprivileg, hatte hierfür aber den Pfundzoll zu entrichten (Wehr Bl. 17 b). In Wegenstetten sollten alle Hausbesitzer ihre Häuser instandhalten, wohl damit die Steuerlast nicht von weniger Hausbesitzern getragen werden mußte. Für einen Diebstahl, den die jungen Männer und Mägde begingen, verlangte die Gemeinde eine Strafe von drei Schilling. Die Ausbesserung von Wegen, Stegen und Brunnen konnten der Vogt und die Geschworenen anordnen. Die dabei angedrohte Strafe von drei Schilling gehörte der Gemeinde Wegenstetten.

In Oeschgen wurde der Obstfrevel mit zehn Schilling geahndet, wovon die Gemeinde die Hälfte erhielt (Oeschgen § 69). Schließlich standen der Gemeinde drei Schilling als Strafe für das unerlaubte Einsammeln von Windbruch- und Abfallholz zu (Oeschgen § 85). Für alle diese Zwecke und für das Einsammeln der herrschaftlichen Steuer dürften die Gemeinden eine eigene Kasse besessen haben.

Das herausragende Amt in allen drei Gemeinden war das des *Vogtes*. Überall wurde der Vogt von der Obrigkeit eingesetzt (z. B. Wehr Bl. 2 b). In Oeschgen mußte er zudem »*dan der Oberkeit auch sonderlichen geloben und schwören*« (Oeschgen § 8). Der auch sonst anzunehmende Eid wird in der Wehrer Talordnung immerhin erwähnt (Bl. 19 a).

Die Aufgaben des Vogtes lagen vornehmlich im Gerichtswesen, als Stabführer leitete er Kaufgerichte, Gantbeschlüsse und Pfändungen (Oeschgen §§ 4, 6 und 7; Wehr Bl. 6 a). Ihn traf auch die Haftungspflicht (Oeschgen § 8). Weiterhin hatte er für den Einzug von Buß- und Frevelgeldern zu sorgen. Die Talordnung von Wehr sah ebenfalls für Buß- und Frevelgelder die Haftungspflicht des Vogtes vor (Wehr Bll. 6 b, 7 b). In Wegenstetten finden wir hierzu nichts. Konnte jemand seine Buße nicht bezahlen, hatte ihn der Vogt mit Kenntnis der Obrigkeit ins Gefängnis zu legen (Wehr Bl. 7 b). Gemeinsam mit den Geschworenen hatte der Vogt »*alle die (unnd besonder was frembde personen sein) in Trostung* [d. h. Haft] [*zu*] *nehmen, so ungepürlich inn dieser Oberkeit und Graffschafft Wehr, es seye mit Wortten oder … Handeln*« (Wehr Bl. 9 a). In Wegenstetten hatte dies nur der Vogt zu leisten.

Dem Vogt oblag auch die Pflicht, Vergehen anzuzeigen (Wehr Bll. 9 b, 19 a; Oeschgen indirekt § 50). In Wegenstetten hatte er die Aufgabe, »*alle frevel unnd wichtige sachen fürderlichen der oberkhaidt an*[*zu*]*bringen*«. Dieser Anzeigepflicht unterlagen alle »*Underthonen zu Wegenstetten*«. Wer dies nicht tat, »*der soll*[*te*] *der Oberkhaiit zechen Pfundt verfallen sin.*« Vogt und Geschworene hatten hierauf zu achten. Dies galt besonders für einen Fremden, der »*ettwas ungeschickts in der Oberkeit zu Wegenstetten anfieng*«. Vogt und Geschworene in Wehr waren verpflichtet, »*niemand inn die Oberkeit ziehen* [*zu lassen*] *noch* [*sich*] *dahin ze setzen* [*zu*] *gestattenn ohne wissen und willen der Oberkeit*« (Wehr Bl. 14 a; ebenfalls in Wegenstetten). Auch für die Einziehung einer Haferabgabe von den Haushalten im Tal war der Vogt gemeinsam mit dem Weibel verantwortlich. Beide hatten zudem die Aufgabe, die Fastnachtshühner einzusammeln. Zu Fronfasten »*soll der Thall Vogt das Umbgelt* [die Weinsteuer] *und Pfundtzoll einziehen*« (Wehr Bl. 26 a). Auch die Strafen zu Gunsten der Kirche in

Höhe von 1 Pfund Wachs hatte der Vogt einzutreiben (Wehr Bl. 14 a). In Wegenstetten waren Vogt und Geschworene anscheinend befugt, den Wirt von der Pflicht zur Lagerung von Wein zu befreien.

Über die Einsetzung der *Geschworenen* äußert sich die Wehrer Ordnung folgendermaßen: »[M]*ann soll die geschwornnen uff bevelch mit Wissen und Willen der Oberkeit setzen*« (Wehr Bl. 2 b). Dies gilt auch für Wegenstetten und Oeschgen (§ 10). In der Wehrer Ordnung waren sie beim Kaufgericht tätig (Wehr Bl. 6 a). Der Anzeigepflicht von begangenen »*unpillich und frevelich sachen*« unterlagen sie wie der Vogt (Wehr Bl. 9 b; ebenso in Oeschgen § 50), mit dem Vogt waren sie bei Fragen der Niederlassung zuständig (Wehr Bl. 14 a). Die Dorfordnung von Wegenstetten gebot ihnen und dem Weibel, »*bey iren pflichtenn sonnderlich auffsechens* [zu] *haben wa ettwas ungepurlich furgiennge, das sy dasselbig der oberkeit oder irn amptman one verzug anzaigen*«.

Neben den Geschworenen gab es in Wehr auch noch *Ratsleute*. Jehle sieht hierin eine »Annäherung an städtische Verfassungseinrichtungen..., wodurch auch die besondere Stellung Wehrs als Marktflekken und Zentrum der Herrschaft zum Ausdruck kommt«[7]. Diese Räte wurden nur auf ein Jahr bestimmt. Zwei von ihnen sollten aber nicht ausscheiden, »*damit die jungen unnd newen von inen bericht nehmen können*« (Wehr Bl. 8 a). Ob es sich nur um vier Räte handelte, wie Jehle glaubt, geht aus der Talordnung nicht hervor. Zwei alte Räte blieben, wieviel abtraten, sagt die Ordnung nicht. – Die Dorfordnung von Wegenstetten erwähnt die Pflicht der Kirchenpfleger zur Rechnungslegung. Die Kirchenpfleger hatten in der Wehrer Talordnung im Beisein des Kirchherren Rechnung zu geben (Wehr Bl. 17 b). In der Oeschger Ordnung fehlt dies.

Der *Weibel* sollte in Wegenstetten »*der Oberkeit von seines Diensts und Beuelchs willen Huldigung thun*«. Der Weibel unterlag wie die Geschworenen der Anzeigepflicht. Von den Aufgaben des Weibels in Wehr war schon die Rede. In Oeschgen sagt die Dorfordnung hierüber aber nichts. Schließlich sei noch ein Blick auf die *Hirten* geworfen. Sie hatten im Tal Wehr vor allem darauf zu achten, daß die Besitzer des Viehs keine Verluste erlitten. Wenn die Hirten nämlich auf dem Feld spielten und dadurch Tiere umkamen, so sollten die Schuldigen »*vermög der allttenn Ordnung gestrafft werdenn*« (Wehr Bl. 4 b). In Wegenstetten mußten sie nicht nur mit Schadenersatz rechnen, sondern auch mit Gefängnis.

Das Schlößchen von Oeschgen

Gerichtswesen und Sittenpolizei

Die Ordnung des Gerichtswesens war in Oeschgen das wichtigste Anliegen des dortigen Dorfrechtes. Der Herr von Schönau war als Inhaber der Herrschaft auch der Gerichtsherr. Stellvertretend für ihn führte der Vogt in Oeschgen als Stabführer den Vorsitz im Gericht und verkündete das Urteil. Ihm zur Seite saßen die Richter, die aus den »*ehrbarsten und besten Personen des Dorfes*« bestellt wurden (Oeschgen § 1; ebenso: Wegenstetten). In der Wehrer Talordnung heißt es ähnlich: »*Das gericht soll man besetzen mit den obersten und besten personen*« (Wehr Bl. 5 a). Zu ihrer Einsetzung bedurfte es zwar der Zustimmung der Herrschaft. Wer sie aber wählte, darüber lassen sich die Ordnungen nicht aus. Es dürfte sich in Oeschgen in der Regel um sechs Richter gehandelt haben. Die notwendigen Fürsprecher vor Gericht waren aus ihren Reihen zu entnehmen, sie durften nicht von auswärts kommen (Oeschgen § 3; ebenso: Wegenstetten). Nur wenn die Richter parteiisch waren, durften andere und auch fremde Richter genommen werden (Wegenstetten). Die Wehrer Ordnung erlaubte es, von »*ußßerhalb dem Gericht*« die Fürsprecher zu nehmen, außerdem konnte man auch selbst reden (Wehr Bl. 5 b).

Der Rechtsweg ging in Oeschgen in zweiter Instanz an den Herrn von Schönau selbst, von dort an die vorderösterreichische Regierung nach Ensisheim, ab 1651 nach Freiburg. Die Appellation hatte innerhalb von zehn Tagen zu erfolgen (Oeschgen § 2). Die Dorfordnung von Wegenstetten kennt nur die Appellation an die Obrigkeit selbst. Im Tal Wehr geht der Appellationsweg über die Herrschaft zum Landvogt (Wehr Bl. 5 a). Da es zur Abfassungszeit keinen Landvogt mehr gab, überliefert die Talordnung hier noch altes Rechtsgut. An die Stelle des Landvogtes war nun die vorderösterreichische Regierung in Ensisheim getreten. Von dort aus konnte man letztlich noch nach Wien, an die Hofkammer, appellieren.

Das Dorfgericht war hauptsächlich für zivilrechtliche Angelegenheiten zuständig. Liegende Güter mußten vor ihm gekauft oder verkauft werden. Nach Ertönen der Betglocke am Feierabend war ein Verkauf jedoch ungültig (Oeschgen § 35; ebenso: Wegenstetten; Wehr Bl. 7 a). Sofern man sich einig war, lud der Verkäufer den Käufer zu einem Umtrunk ein. Diesen Rechtsbrauch nannte man Weinkauf. Darauf folgte die gerichtliche Ausfertigung der Kaufverträge. Die Abhaltung eines

Kaufgerichtes kostete 10 Schilling, wovon dem Vogt ein Drittel zustand. Weiterhin fertigte das Gericht Testamente, Leibgedingsverträge und Erbteilungen aus, verhandelte über Schuldsachen und Vergantungen (Zwangsversteigerungen). Lohnforderungen hatten Vorrang gegenüber Forderungen nach geliehenem Geld, Zehrschulden und Zinsen (z. B. Oeschgen § 5). In Wehr gingen Lohnforderungen von Bauarbeitern anderen Lohnforderungen vor.

Bei Pfändungen rief der Vogt das Pfand aus und ließ es versteigern. Erst nach einer gewissen Frist wurde das Pfand dem neuen Besitzer übergeben. Bis dahin konnte der bisherige Besitzer es wieder einlösen (Oeschgen § 6). Als Pfänder sollten liegende Güter erst zum Schluß genommen werden. War kein Vermögen mehr vorhanden, wurde der Schuldner des Dorfes verwiesen (Oeschgen § 7, Wehr Bl. 6 b). – Im Strafrecht hatte das Dorfgericht nur eine untergeordnete Bedeutung. Für kleinere Vergehen, Frevel genannt, die mit Geldbußen geahndet wurden, war es zuständig. Zur Aburteilung konnten in Oeschgen Richter aus Frick, Wittnau und Eiken hinzugezogen werden (Oeschgen § 23). Gefängnisstrafen waren für diese Vergehen selten. Nur bei Zahlungsunfähigkeit wurde man in den Turm von Wehr, Säckingen oder an einen dritten Ort gelegt (Oeschgen § 16). Für drei Schilling saß man einen Tag, für ein Pfund acht Tage.

Auch in Wegenstetten und im Tal Wehr konnte man bei Zahlungsunfähigkeit ins Gefängnis kommen. Eine Woche mußte man dort für ein Pfund abbüßen (Wehr Bl. 7 b). In Wegenstetten konnten Verbrecher mit Gefängnis bestraft werden. – Malefizsachen, also Kriminalverbrechen, wurden für Oeschgen von der hohen Gerichtsbarkeit der Landesherrschaft gestraft. Das Oeschger Dorfgericht fungierte als Vorinstanz und hatte nur festzustellen, ob das Vergehen unter die Hochgerichtsbarkeit fiel. Hierzu traten neben die sechs einheimischen Richter noch je zwei aus Frick, Wittnau und Eiken (Oeschgen § 39). Die Herrschaft konnte die Auswärtigen aber auch aus anderen Orten nehmen. Das Malefizgericht der Landschaft Fricktal in Frick war mit 24 Richtern besetzt. Nach ihrem Schuldspruch vollzog das Kameralamt in Rheinfelden das Strafurteil.

Über die malefizischen Sachen läßt sich die Dorfordnung von Wegenstetten, wo der Ortsherr das niedere und das hohe Gericht innehatte, nur kurz aus: »*Die malefizische sachen mögen durch die Oberkeit nach laut der kayserlichen Rechten gestrafft werden*«. In der Talordnung von Wehr, wo Hans Jakob von Schönau ebenso das hohe Gericht innehatte, finden wir über Kriminalsachen ebenfalls nur wenig. Vogt und Geschworene sollen alle Personen verhaften, die offensichtlich »mallefitzische sachen« verübt haben. Und »*inn allweg sollen die mallefitzische sachen durch die Oberkeit nach laut der keysserlichen Recht gestrafft werdenn*« (Wehr Bl. 9 a).

Eidbruch machte ehrlos und wurde mit einer Leibesstrafe geahndet (Oeschgen § 17). In Wegenstetten wurde er »*lautt der kayserlichen Rechten bestrafft*« (ähnlich: Wehr Bl. 12 a). Die Verleitung zur Falschaussage wurde hingegen nur mit einem Pfund Wachs an die Dorfkirche bestraft (Oeschgen § 19; Wehr Bl. 14 a). Der frevelhafte Gebrauch des Gewehrs gegen eine Person wurde mit neun Schilling geahndet (Wegenstetten). Körperverletzungen wurden je nach Grad der Verletzung bestraft: das Blutigschlagen (»*Bluotrunß*«) mit 3 Pfund (Wehr Bl. 13 a) und die Lähmung mit 10 Pfund (Oeschgen § 23; ebenso: Wegenstetten), mit neun Pfund im Wehrer Tal (Wehr Bl. 13 a). Wer den anderen so verletzt, daß er hinfällt, zahlt 27 Pfund (Wegenstetten).

Das Drohen mit einem Stein, ohne zu werfen, kostete in Oeschgen neun Pfund (in Wegenstetten drei Pfund), zehn Pfund der Wurf (Oeschgen § 42). In Wegenstetten wurde hierauf aber die höchste Buße in Höhe von 27 Pfund verhängt. In der Wehrer Talordnung war schon allein das Zücken mit der höchsten Buße von 21 Pfund bedroht (Bl. 10 a). In Wegenstetten und im Wehrer Tal wurde derjenige an »*seinem Leib gestrafft*«, der »*ain aufflauff macht*[e]« (Wehr Bl. 10 b). Der Hausfrieden war in allen Ordnungen mit der höchsten Strafe, in Oeschgen und Wegenstetten mit 27 Pfund, geschützt (Oeschgen § 41). In Wegenstetten verdreifachte sich die Strafe, wenn die Tat in der Nacht verübt wurde.

Gebote und Verbote mit den entsprechenden Strafandrohungen sollten auch die Ordnung im Dorf sichern und das sittliche Verhalten ihrer Bewohner regeln. Dies fängt in Oeschgen mit der Vorschrift an, das Haus und die Güter nicht zu vernachlässigen. Wer hierauf nicht sein Augenmerk richtete, mußte mit drei Pfund oder gar Gefängnis als Strafe rechnen (Oeschgen § 36). Im Wehrer Tal waren sogar fünf Pfund zu entrichten (Wehr Bl. 8 a). Ein Hartnäckiger sollte solange »*in den thurm gelegt werden, bis er gehorsam würd*«. In Wegenstetten dagegen sollten die Vernachlässigenden »*mit gebührlichen gepotten je nach gestaltsame der sachen darzu gehalten werden, damit der gemain an der steur nit abgang bescheche*«. Hier waren die Strafen noch nicht festgeschrieben, sie wurden je nach

Beschaffenheit des Falles festgelegt. – Der Ehebruch wurde nach den kaiserlichen Gesetzen, in Oeschgen und im Tal Wehr mit zehn Pfund bestraft. Die Nichteinhaltung des Eheversprechens zog die gleichhohe Buße nach sich (Oeschgen § 26; Wegenstetten, Wehr Bl. 10 b). Wollten sich zwei verheiraten, so war der Vater seinem Kinde in Wegenstetten *»nitt mer heiiratguot ze geben schuldig dann sein guotter wil[l]e ist«*. Die Morgengabe in Höhe von vier Gulden sollte aber bezahlt werden und *»zu ainer beßerung ain guldin«*.

Die Verletzung des Friedens am Kirchweihfest wurde mit zehn Pfund geahndet (Oeschgen § 46, Wehr Bl. 11 b). Spielen, leichtfertiges Schwören oder Fluchen und Zutrinken waren nicht gern gesehen (Wehr Bl. 4 b: zehn Pfund; Wegenstetten ohne genaue Strafe, Oeschgen § 44: ebenfalls zehn Pfund). Dies galt vornehmlich für die jungen Leute, aber auch für Frauen. Für Jungen unter 20 Jahren drohte gar der Pranger (Wehr Bl. 4 b). In Wegenstetten und im Wehrer Tal durfte der Wirt nach neun Uhr keinen Wein mehr ausgeben (Wehr Bl. 4 b). Im heutigen Sprachgebrauch nennt man so etwas Polizeistunde. Schießübungen und Tanzveranstaltungen konnten ohne Genehmigung der Obrigkeit nicht durchgeführt werden. Die vorgesehene Strafsumme betrug 10 Pfund (Oeschgen § 47; Wehr Bl. 8 a).

Auch die Feiertage waren zu achten, Übertreter sollten in Oeschgen ein Pfund Wachs an das Gotteshaus entrichten (Oeschgen § 56). An Sonntagen und gebannten Feiertagen, ausgenommen zu Jahrmärkten, war die Fahrt auf die Märkte in der Wehrer Talordnung unter Androhung von ein Pfund Wachs Strafe verboten (Bl. 13 b). In Wegenstetten waren drei Pfund in Geld, *»außgenommen an jarmarck tag«*, zu zahlen. Die gleiche Strafe traf denjenigen, welcher nicht am Gottesdienst teilnahm. Auch die geistlichen Gebote (neben dem Kirchgang Fastenvorschriften) mußten in Wegenstetten besonders geachtet werden (Strafe zehn Pfund). Diejenigen, über die Acht und Bann verhängt waren, die also aus der Kirche verbannt waren, hatten sich nach acht Tagen davon zu befreien; sonst zahlten sie der Obrigkeit fünf Pfund oder gingen ins Gefängnis (Wegenstetten; Wehr Bl. 13 a). In Wegenstetten durfte die Obrigkeit *»zu erhaltunng guotter pollicey unnd ordnung ... auch nach gelegenheit der sachenn gepurliche gepott thun«*. In ähnlicher Weise galt dies auch für Oeschgen und das Wehrer Tal. Wie weit diese Generalklausel für den Ortsherrn nutzbar war und ob er hierdurch gar zum Mißbrauch verleitet werden konnte, läßt sich nicht sagen.

Wirtschaftsleben

Eigenmächtiges Versetzen der Marksteine wurde in Oeschgen mit der höchsten Buße gestraft (Oeschgen § 30). Dies ist nicht verwunderlich, da in jedem alten Dorfrecht die Unantastbarkeit der Feldfluren ein wichtiges Gebot ist. In Wegenstetten wurde der Täter sogar »*an seinem leiib gestrafft*«. Im Tal Wehr wurde die gleiche Strafe verhängt, »*denn es falsch und diebstahl ist*« (Wehr Bl. 10 b). Wie bedeutungsvoll die Marksteine waren, erkennt man auch daran, daß niemand auf die Länge eines Schuhs an einen Markstein heran harken oder pflügen durfte (Wehr Bl. 16 b). In Wegenstetten war dafür direkt eine Strafe von drei Pfund festgesetzt. – In früheren Zeiten spielte der Weinbau in Oeschgen eine wichtige Rolle. So wird in der Dorfordnung ein Rebbann verkündet: Bei Strafe von zehn Schilling wurde der Weinberg zur Zeit der Reife geschlossen. Drang jemand gar während der Nacht ein, hatte er mit zehn Pfund das Zwanzigfache der Strafe zu zahlen (Oeschgen § 60). Die örtliche Trotte war im Eigentum der Herrschaft. Für ihre Nutzung war eine Gebühr von drei Maß (4,5 Liter) pro Saum Wein (150 Liter) zu entrichten (Oeschgen § 59). Auch laut Talordnung von Wehr waren die Reben sommers wie winters in »*guter bann hegy*« zu halten (Bl. 20 b).

Schädigte das Vieh im Tal einen Dritten, so hatte man zwei unparteiische Personen auszuwählen. Nach ihrer Schätzung sollte der Schädiger dem Geschädigten Ersatz leisten. Für die Teilung der Zelgen waren Vogt und Räte jährlich am Tag des Hl. Georg (23. April) tätig und verantwortlich. Wer gegen ihre Anweisungen verstieß, zahlte dem Tal drei Schilling und der Obrigkeit fünf Schilling (Wehr Bl. 22 a–b). Für Neubruch- und Rodungsflächen war im Wehrer Tal der Zehnt zu entrichten (Wehr Bl. 17 a). Flächen zur Rodung sollten aber aus Gründen des »*weyd ganng*« nur zurückhaltend zugewiesen werden (Wehr Bl. 19 b). Die Waldweide war üblicherweise für das Vieh der ärmeren Dorfbewohner eine wesentliche Nahrungsgrundlage. In Wegenstetten durften bei Strafe keine Rodungen ohne Zustimmung der Obrigkeit vorgenommen werden, außer auf eigenem Grund und Boden. In Oeschgen war Roden ebenfalls ohne Zustimmung der Obrigkeit verboten (Oeschgen § 68). Wer ein schwärmendes Bienenvolk fand, hatte die Hälfte des Volkes oder des Honigs der Herrschaft abzutreten (Wehr Bl. 27 b).

Im Oeschger und im Wegenstetter Dorfbann stand der Herrschaft das Grubenrecht zu. Wer z. B. zum Hausbau aus der Steingrube Steine brach, mußte ein Grubengeld zahlen (Oeschgen § 74; ebenso: Wegenstetten). Die Höhe war nicht festgesetzt. – Der Wald gehörte in Oeschgen ganz der Herrschaft, im Wehrer Tal aber nur teilweise. Hier besaß die Talgemeinde auch eigene Waldungen. Die Dorfgemeinschaft hatte Nutzungsrechte am Herrschaftswald, sie konnte Bau- und Brennholz schlagen. Die Ausübung bedurfte aber der Genehmigung durch die Herrschaft, die Strafe stand bei fünf Pfund (Oeschgen §§ 65, 85; Wehr Bl. 16 a). Weiterhin durften die Dorfbewohner dies Holz nur zum Eigengebrauch verwenden; das war auch in Wegenstetten so vorgeschrieben. Feuer durfte nicht in die Waldungen gebracht werden, vor allem von Anfang März an; dafür sah die Talordnung von Wehr eine Strafe von fünf Pfund vor (Bl. 19 b). Für das unerlaubte Schlagen von Kirsch- und Apfelbäumen und Eichen waren in Wehr nur drei Schillinge zu zahlen (Wehr Bll. 16 a, 20 b). Die Talgemeinde besaß – wie schon erwähnt – eigene Waldungen. Unbeschränkt war auch für die Oeschger die Schweinemast im Wald (Äckerit), sofern es um Eigenbedarf ging (Oeschgen § 67).

Wer im Wehrer Tal unerlaubt »ain büchs genn holz tregt«, also ein Gewehr zum Wald, der mußte grundsätzlich mit der höchsten Buße rechnen (Wehr Bl. 15 a; ebenso: Wegenstetten). Die Hochwildjagd stand überall nur der Herrschaft zu. Kleinwild, wie Füchse, Hasen und Vögel, durfte in Oeschgen frei gejagt werden. Die Beute mußte aber der Herrschaft zum Kauf angeboten werden (Oeschgen § 66). Damit sie nicht herumstreunten und das Wild jagten, waren den Hunden im Herbst Bengel anzuhängen (Oeschgen § 53). In Wegenstetten konnte die Obrigkeit die Jagd auf Füchse, Hasen, Dachse und Marder erlauben. Einen Fang mußte man der Obrigkeit zum Kauf anbieten. Für einen Hasen zahlte sie einen Batzen, für einen Fuchsbalg fünf Schilling. Dieselbe Regelung galt auch im Wehrer Tal. Ein Ankaufspreis war nicht festgesetzt (Wehr Bl. 15 b). Im Wehrer Tal waren die Untertanen zudem zur Hilfe bei Jagd und Hege verpflichtet, »damit die herligkeit möge erhalten werdenn« (Wehr Bl. 15 a).

Herrschaftliches Recht war auch das Fischen im Oeschger Bach auf der Dorfgemarkung. Nur der Pfarrer und der Vogt durften an einem bestimmten Stück des Bachverlaufes fischen (Oeschgen § 61). In Wegenstetten und im Wehrer Tal wurde das Entnehmen von Fischen aus den Behältern als Diebstahl geahndet (Wehr Bl. 13 a). Das Fischen im Teich war verboten (so: Wegenstetten). Im Wehrer Tal, wo das Fischereirecht teils Schönausches Eigentum, teils Pfand des Hauses Österreich war, stand die Strafe auf Fischen bei 20 Pfund, zuzüglich eines Zinses an den Fischer (Wehr Bl. 12 b). Die Herrschaft hielt sich im Tal wohl einen eigenen Fischer.

Die umfangreichere Talordnung von Wehr und die beiden anderen Dorfordnungen regelten auch die Verhältnisse der Wirtschaften. Die Wirtschaften wurden in Oeschgen durch die Obrigkeit verliehen. Aufgrund dieser Konzession war ein Wirt verpflichtet, seine Wirtschaft ein Jahr über zu betreiben und immer Wein zum Verkauf im Keller zu haben (Oeschgen §§ 12, 31). In Wegenstetten durfte ein Wirt ohne Anzeige an Vogt und Geschworene keinen Wein in den Keller legen, andererseits durfte er dann auch keine zwei Tage ohne Wein sein. Im Wehrer Tal durfte ein Wirt keinen Wein »*unegeschetzt und unanngeschniten*« ausgeben. Der Vogt schlug das Faß an. Er rechnete auch das Umgeld alle Fronfasten, d. h. vierteljährlich mit dem Wirt ab. Das Umgeld war die Weinumsatzsteuer (Oeschgen §§ 12, 31; Wegenstetten; Wehr Bll. 4 a, 26 a). Es handelte sich um eine Landessteuer. Der Herrschaft standen aber in Oeschgen pro Saum Wein (150 Liter) fünf Konstanzer Batzen zu.

Nur die Wehrer Talordnung enthält nähere Bestimmungen für Metzger und Bäcker: Die Metzger durften nur in der Metzig das Fleisch wiegen und verkaufen. Bei der Metzig handelte es sich um mehrere Fleischbänke, die im Gemeindeeigentum standen. Eine Bank wurde nur für ein ganzes Jahr vergeben. Die Metzger zu Wehr durften kein Fleisch »*unegeschetzt*«, also unkontrolliert, verkaufen. Sie durften auch kein totes oder verletztes Vieh kaufen, was bedeutete, daß sie nicht auf dem Land Vieh kaufen durften, sondern nur auf dem Markt. Die Wehrer Bäcker erhielten ihre Konzession ebenso auf ein Jahr (Wehr Bll. 3 a, 4 a). – Als Betrieb war die Mühle der bedeutendste Gewerbebetrieb. Sie pflegte der Herrschaft zu gehören, und durch den Mühlenzwang waren alle Bauern verpflichtet, hier ihr Getreide mahlen zu lassen. In Oeschgen gab es aber keine Mühle mehr (Oeschgen § 63). Im Wehrer Tal besaß die Obrigkeit »*die nider mülli*«. Der Müller hatte für seine Konzession jährlich bestimmte Abgaben zu entrichten (Wehr Bl. 27 b).

Das Wasserfallrecht stand der Herrschaft in Oeschgen zu, das Salzmonopol in Oeschgen und in Wegenstetten (Oeschgen §§ 64, 76). Im Wehrer Tal war der Salzverkauf dagegen der Gemeinde übergeben, wie wir schon erfahren haben. – Maße und Gewichte wurden auf Anweisung der Obrigkeit überprüft. Wessen Maße und Gewichte »*argkvenig und falsch befunden*« wurden, der wurde »*nach ansechung und gestalt der sachenn gestrafft*« (Wegenstetten; Wehr Bl. 4 b). Die Wehrer Talordnung enthielt die besondere Bestimmung, daß bei Juden nichts geliehen werden durfte (Bl. 13 a).

Pflichten der Einwohner

Im Jahre 1475 hatten die Herren von Schönau den Kirchensatz von Oeschgen erworben, nämlich das Recht, den Pfarrer vorzuschlagen (Oeschgen § 54). Daneben verfügten sie an allen drei Orten über weitere, schon behandelte Einflußmöglichkeiten in kirchlichen Angelegenheiten. Außerdem durften ohne Genehmigung der Obrigkeit in Wegenstetten und Wehr keine Kirchengelder ausgeliehen werden (Wehr Bl. 17 b). Geliehene Kirchengelder dienten den Dorfbewohnern vielfach als Kredite. Der Pfarrer sollte zwar keinen Oeschger Dorfbewohner in Schuldsachen vor ein geistliches Gericht ziehen. Hierfür war allein das Dorfgericht zuständig. Andererseits waren Kirchenschulden vorrangig zu bezahlen (Oeschgen §§ 55, 57).

Zur Verteidigung des Dorfes und des Landes hatte »*ein jeglicher Burger und Hintersäss Gewer und Harnasch [zu] haben*«. Inspektionen sollten die Säumigen ermitteln, ihre Strafe betrug im allgemeinen zehn Pfund. Dies galt in Oeschgen, Wegenstetten und Wehr (Oeschgen §§ 29, 79; Wehr Bl. 14 b). Die Herrschaft durfte dem Dorf Oeschgen Militärleistungen auferlegen: Sie hatte das Musterungsrecht, die Bürger waren auch zu »*rayßen*«, also zur Heeresfolge verpflichtet (Oeschgen §§ 79, 81). Hierüber finden wir in Wegenstetten und in der Wehrer Talordnung nichts. Der Wachtdienst der Bürger wurde in Oeschgen durch die Obrigkeit geregelt (Oeschgen § 83). Auch hierzu äußerten sich die Dorfordnung von Wegenstetten und die Wehrer Talordnung nicht.

Nicht länger als zwei Nächte durften Fremde im Dorf bleiben. Sie mußten sich vor dem Amtmann über ihre Person und Herkunft ausweisen (Oeschgen § 27; Wegenstetten; Wehr Bl. 14 b). Handelte es sich bei ihnen um Dienstboten, so hatten sie zu schwören, daß sie, solange sie im Dorf blieben, den herrschaftlichen und dörflichen Nutzen fördern und in allen Dingen, die sie erlitten, nur vor dem Dorfgericht Recht suchen werden (Oeschgen § 21; Wegenstetten; Wehr Bl. 14 a). In Wegenstetten und in Wehr konnten Widersetzliche in Haft genommen werden.

Wollte ein Fremder in Oeschgen als Untertan aufgenommen werden, so hatte er dem Vogt eidlich zu versichern, daß er ehrbar sei, seine Herkunft belegen könne und ehelich geboren sei. Die Niederlassung konnte nur mit Genehmigung der Herrschaft geschehen (Oeschgen §§ 24, 37). Auch in Wegenstetten und im Tal Wehr bedurfte die Aufnahme der Genehmigung durch die Herrschaft (Wegenstetten; Wehr Bl. 14 a). Leibeigene Personen fremder Herren wurden in Wegenstetten nicht aufgenommen. Als Aufzugsgeld hatte ein neuer Untertan in Oeschgen der Herrschaft drei Pfund und der Gemeinde ein Pfund zu geben; desgleichen beim Abzug (Oeschgen §§ 37, 38, 51). Erbte ein Auswärtiger etwas und wollte er es aus dem Dorf holen, so hatte er ein Zehntel des Wertes als Abzugsgeld zu entrichten (Oeschgen § 52, Wehr Bl. 27 b). Die eingesessenen Bewohner der drei Herrschaften hatten die Ortssteuer aufzubringen. In Oeschgen und Wegenstetten erwähnen die Ordnungen keine Fastnachtshühner. Im Wehrer Tal wurde von jeder Hofstatt und von jedem Haushalt ein Huhn eingezogen (Wehr Bl. 26 a).

Die Oeschger Dorfordnung unterscheidet noch zwischen freien Bauern und Eigenleuten der Herrschaft. Jeder Eigenmann zahlte eine Sondersteuer, der Mann zwei, die Frau einen Schilling im Jahr (Oeschgen § 71). Diese Sondersteuer wurde auch von den außerhalb des Dorfes wohnenden Eigenleuten der Herrschaft erhoben. Der Eigenmann hatte ferner den ›Fall‹ zu geben: Wie allgemein üblich, war beim Tod das beste Stück Vieh im Stall oder das Bestkleid zu entrichten (Oeschgen § 22). In der gleichzeitig entstandenen Wehrer Talordnung hatten die Erben von jedem, der zu Wehr ein Haus besaß, den Fall zu geben. Dies galt auch für die fremden Dienstknechte. Über diese Bestimmung gab es sofort Streit zwischen der Talgemeinde und Hans Jakob von Schönau (Wehr Bl. 24 a). Immerhin waren in Wehr alle Untertanen, ob ursprünglich leibeigen oder frei, fallpflichtig. In Wegenstetten besaßen die Herren von Schönau keine Eigenleute, sie gehörten dem Stift Säkkingen. Der Fall wurde damals übrigens nicht mehr in Natura geliefert, sondern sein Wert wurde abgeschätzt und in Geld bezahlt.

Einige weitere Abgaben waren ebenfalls nur bei Gelegenheit zu leisten. Die wichtigste Abgabe in Oeschgen, der Zehnte, wird übrigens in der Dorfordnung gar nicht erwähnt; er stand der Herrschaft zu. Zu diesen Abgaben kamen noch Leistungen in Form von Frondiensten. Dies waren für Oeschger und Wehrer Untertanen Holzfuhren. Es mußte Ende Oktober von jedermann Brennholz in das herrschaftliche Schloß nach Säckingen gebracht werden (Oeschgen §72). Wollte der Herr etwas bauen, hatten die Untertanen Materialfuhren zu erbringen (Oeschgen §73; Wehr Bl. 18 a). Zu Erntefronen sollten die Untertanen nach allen drei Ordnungen nur in bescheidenem oder eingeschränktem Maße herangezogen werden (Oeschgen §73; Wegenstetten; Wehr Bl. 25 b).

Schluß

Um die Frage nach dem Einfluß des von Schönauschen Ortsherrn auf die drei Dorfordnungen klären zu können, muß noch ein Blick auf deren Verfasser und die Gliederung der Texte, sowie auf die Übereinstimmung der Einzelbestimmungen erfolgen. – Der Schreiber der Talordnung nennt sich »*Conrad Werner als dieser Zeit … meines gnädigen Junkeren Oberamtmann und Schaffneren*«. Die Dorfordnungen von Wegenstetten und Oeschgen wurden durch den Notar Hieronymus Hummel aus Colmar ausgefertigt, der sich in der Oeschger Dorfordnung »*als ir Gnaden Amptman und Schaffner*« nennt. Ob Conrad Werner Vorgänger oder gar Vorgesetzter des Hummel war, läßt sich nicht klären.

Die Talordnung von Wehr hat keine durchgängige Gliederung. Die ersten zwölf Abschnitte gehen der ersten Überschrift voraus und befassen sich mit dem Umgeld, mit Maßen und Gewichten, mit dem Zutrinken und mit Gericht und Recht. Der nächste größere Teil setzt sich mit den Freveln und Strafen, aber auch mit der Jagd, der Wald- und Feldnutzung und der Fischerei auseinander. So steht es zwar im Titel, aber nach wenigen Kapiteln erscheinen die »*höchsten Bußen*«, der Ehebruch und die Strafen von zehn Pfund. Auch weitere Abschnitte lassen keine klare Ordnung erkennen. Der Teil mit den Fallabgaben muß als nachträglich, möglicherweise 1560 und von Hummel, eingefügt angesehen werden.

Über die Hälfte des Wegenstettener Textes erscheint ohne Gliederung. Ganz unterschiedliche Gegenstände, z.B. zu »*malefizische sachen*«, zum Weingebot für den Wirt, zu den geistlichen Geboten, zum Schießverbot und zur Steuerleistung folgen unmittelbar aufeinander. Erst weit in der zweiten Hälfte gibt es einen Großabschnitt, mit »*gemainen und grossen Frefflen*« überschrieben. Danach wird zum Schluß der Erbfall geregelt. Man hat hier ganz offensichtlich eine unstrukturierte sehr alte Dorfordnung übernommen, ggf. abgeändert und um wenige neue Regelungen ergänzt. – Auffallend ist an der Dorfordnung von Oeschgen die Zweiteilung in der Gliederung. Die erste Hälfte kommt mit wenigen, aber umfangreichen Abschnitten aus, so z. B. »*Vogt und Geschworne zue setzen*«, Maß und Form des Frevelgerichts und die höchsten Bußen«. Den zweiten Teil kennzeichnet das Vorhandensein vieler Abschnitte mit häufig nur einem Absatz. Also auch hier dürften neuere Regelungen der alten, nicht überlieferten Dorfordnung angehängt worden sein.

Bei der Betrachtung der Gliederung konnte demnach kein unmittelbarer Zusammenhang aller drei Ordnungen gefunden werden. Es bleibt uns noch übrig, auf einzelne Bestimmungen zu achten. Eine Gemeindeversammlung ist für Oeschgen nicht erwähnt, während in Wehr und Wegenstetten die Abhaltung an die Zustimmung des Herrn gebunden wird. An beiden Orten sind die Einwohner zum Brunnenbau und zur Ausbesserung von Wegen und Stegen verpflichtet. Beide Orte kennen auch Markleute. Auf diese Punkte weist die Dorfordnung von Oeschgen nicht hin. Den Vogt setzt die Obrigkeit an allen drei Orten ein, für die Geschworenen ist die Zustimmung der Herrschaft erforderlich. Nur in Wehr gab es noch zusätzlich Ratsleute. Über die Pflicht zur Rechnungslegung der Kirchenpfleger äußern sich die Talordnung und die Wegenstetter Ordnung in fast identischen Texten, für Oeschgen wird hierzu nichts ausgesagt.

Die Richter wurden mit Zustimmung der Herrschaft in allen Orten wohl von den Einwohnern gewählt. Während in der Oeschger Dorfordnung für die malefizischen Verbrechen ein genaues Verfahren vorgeschrieben war, blieben Wegenstetten und Wehr nur bei einem allgemeinen Hinweis auf die Obrigkeit und das kaiserliche Recht. In Wehr und Wegenstetten wurde besonders auf die Einhaltung der geistlichen Gebote (wie Kirchgang und Fastenvorschriften) geachtet. Auch Geächtete hatten sich in beiden Orten innerhalb von acht Tagen aus dem Bann zu befreien. Kirchengelder durften in beiden Orten ohne Genehmigung nicht verliehen werden. Im Wehrer Tal und in Wegenstetten wurde derjenige am Leib bestraft, der einen Aufruhr machte. In allen drei Orten hatte die Obrigkeit ein allgemeines Gebotsrecht. Einen speziellen Wachtdienst gab es ausdrücklich nur in Oeschgen.

Während die Obrigkeit die Wirtschaften in Oeschgen und wohl auch in Wegenstetten konzessionierte, wurden nur im Tal von Wehr die Wirte, die Metzger und die Bäcker ausdrücklich durch die Gemeinde bestellt. Eine zusätzliche Besonderheit war in Wehr das Verbot, Geld bei Juden zu leihen. Erbte ein Auswärtiger in Oeschgen oder im Wehrer Tal etwas und wollte er dieses Erbe aus dem Dorf bringen, so hatte er ein Zehntel des Wertes als Abzugsgeld zu entrichten. Für Wegenstetten findet man eine solche Bestimmung nicht. Blickt man auf diese Einzelbestimmungen und die inhaltliche Gestaltung und Gliederung der Dorfordnungen, so kann man schließlich feststellen: Zwar besitzen die Dorfordnung von Wegenstetten und die Wehrer Talordnung einige Gemeinsamkeiten, sie haben sich wohl auch gegenseitig beeinflußt. Von einer gänzlichen Übereinstimmung kann aber keine Rede sein. Alle drei Dorfordnungen sind zu unterschiedlich, als daß man von einem einheitlichen Willen ausgehen kann. Der Schönausche Ortsherr mag manche Bestimmung zu seinen Gunsten erreicht haben, von einem Diktat kann man aber nichts erkennen.

Anmerkungen

[1] Jehle, Fridolin (Bearb.): Copia vidimata der Dorffs-Ordnung zu Oeschgen 1559, in: Beiträge zur Heimatkunde von Oeschgen (Vom Jura zum Schwarzwald 43–45/1969–1971), Frick 1971, S. 83–99; vgl. dazu allgemein: Ders.: Kommentar zur Dorfordnung, ebd. S. 100–117.

[2] Schreiber-Brändlin, Hans: Dorfgeschichte Wegenstetten, Wegenstetten 1996, S. 43 (S. 44: Zusammenfassung ausgewählter Abschnitte der Dorfordnung von 1559).

[3] Eine sehr ausführliche Beschreibung der Talordnung gibt Jehle, F.: Wehr. Eine Ortsgeschichte, Wehr 1969, S. 241–258.

[4] Die Talordnung weist eine Blattzählung auf.

[5] Ein Verweis auf die genaue Textstelle ist nicht möglich, im Original gibt es weder Seiten- oder Blatt- noch Paragraphenzählung.

[6] Beim Oeschger Text verwende ich die von Jehle eingeführte Paragraphenzählung.

[7] Jehle: Wehr, S. 244.

*Zur Bedeutung
der Frauen*

Katja Hürlimann

Auf der Suche nach den Frauen in der Familie von Schönau

Vorüberlegungen

Frauen der Freiherren von Schönau – Töchter und Ehefrauen – sind zahlenmäßig den Männern weit überlegen. Allerdings ist dieser statistische Unterschied nicht demographisch zu erklären: Auch in der Familie von Schönau wurden im Mittelalter und in der frühen Neuzeit nicht auffällig mehr Mädchen als Knaben geboren. Frauen traten jedoch bei der Heirat in die Familie des Mannes über. Also gehörten auch die verheirateten Töchter derer von Schönau in die Familie ihres Ehemannes und verließen, wenigstens theoretisch, ihre Familie. Dieser juristische Übertritt in die Familie des Ehemanns wirkte sich aber nicht auf die sozialen Beziehungen aus, die Familienbande der Töchter zu ihren Eltern und Geschwistern bestanden weiterhin. Das zeigt sich unter anderem darin, daß die Ehefrauen ihren alten Familiennamen häufig als Beinamen weiterführten. In einer historischen Untersuchung sind juristische wie auch soziale Beziehungen von Bedeutung und müssen deshalb in die Überlegungen einbezogen werden. Im folgenden werden alle Frauen der Familie, die Ehefrauen wie auch die Töchter der Freiherren von Schönau, behandelt.

Um die juristische und soziale Stellung der Frauen der Freiherren von Schönau zu untersuchen, sollen einzelne, in den Quellen besonders gut dokumentierte Frauen vorgestellt werden. Ihre rechtliche und soziale Stellung ist bei Änderungen des Familienstandes am besten ersichtlich. Und so soll diese Stellung zur Zeit der Heirat – anhand von Eheabsprachen – und nach dem Tod des Ehegatten – anhand der zahlreichen Verträge, die von Witwen abgeschlossen wurden – in den Vordergrund gestellt werden[1]. Darüber hinaus würde natürlich das Alltagsleben der Frauen der Freiherren von Schönau im Mittelalter und der frühen Neuzeit interessieren: Was machten adlige Frauen früher den ganzen Tag über, veränderte sich ihr Tagesablauf im Laufe der Zeit? Mit wem hatten sie Kontakt? Was haben sie gegessen? Gab es Gesellschaftsspiele? Welche spielten sie? Alltagsgeschichtliche Fragen könnten wohl unzählige gestellt werden.

Antworten darauf wären in persönlichen Aufzeichnungen – Privatbriefen oder Tagebüchern – der Frauen oder in frühneuzeitlichen Gerichtsakten zu finden. Leider habe ich keine privaten Briefe oder Gerichtsakten, von Tagebüchern gar nicht zu reden, aus dem Mittelalter und der frühen Neuzeit gefunden. Es ist nicht auszuschließen, daß private Briefe von Frauen der Familie von Schönau irgendwo in einem Archiv der Empfänger liegen; diese aufzuspüren, war jedoch bis jetzt nicht möglich. Hinweise zu den Frauen der Familie von Schönau sind in den zu einem großen Teil veröffentlichten mittelalterlichen Urkunden, im Archiv der Familie von Schönau-Wehr und vor allem im Generallandesarchiv in Karlsruhe zu finden. In keinem Archiv gibt es aber ein Register mit dem Schlagwort ›Frauen‹, leider existiert auch in Karlsruhe kein detaillierter Namensindex zum Lehens- und Adelsarchiv, in dem sich die meisten Quellen zur Familie von Schönau befinden.

So mußten die weiblichen Angehörigen der Familie von Schönau aus einer großen Menge von Akten des Lehensarchivs herausgesucht werden. Wie erwähnt sind die Frauen statistisch zwar in der Mehrzahl, scheinen bei Nachforschungen aber aus den Quellen zu verschwinden; denn nur ein kleiner Teil der zahlreichen Akten zu den von Schönau erwähnt Frauen. So begrenzen die riesigen, mit Schnüren gebundenen Aktenbündel, die zur Hauptsache männliche Angehörige der Familie von Schönau betreffen, die Suche nach den Frauen. Erwähnungen der Töchter der Freiherren von Schönau aus der frühen Neuzeit können in der Abteilung ›von Schönau‹ des Lehens- und Adelsarchiv nicht erwartet werden. Statt dessen hätten unzählige Dokumente in anderen Abteilungen des Lehens- und Adelsarchivs sowie in privaten Familienarchiven danach durchsucht werden müssen, ob irgendwo eine Frau von Schönau erwähnt wird.

Beispiele aus dem Mittelalter

Hingegen wurden zahlreiche Akten gefunden, die Auseinandersetzungen und Vereinbarungen über den Besitz verschiedener Güter betreffen. Interessanterweise kommen gerade hier die Frauen an prominenter Stelle vor, da zahlreiche Neuerwerbungen aus der Erbschaft von Ehefrauen stammten[2]. Rudolf I., mit dem Beinamen Hürus, heiratete in der ersten Hälfte des 14. Jahrhunderts Margareta vom Stein, die Erbtochter des Ritters Heinrich vom Stein, des Großmeiers des Stiftes Säckingen. Der genaue Umfang der Erbschaft ist nicht bekannt, der Besitz muß aber so groß gewesen sein, daß er den Herrschaftsbereich der von Schönau erheblich anwachsen ließ. In der Literatur zur Familie von Schönau sind sich die Autoren und Autorinnen einig, daß das Erbe der Margareta vom Stein den »Grundstock des Besitzes des schönauischen Geschlechtes am Hochrhein« darstellte[3]. Sicherlich verbesserte die Erbschaft jedoch nicht nur die wirtschaftliche Lage der von Schönau, sondern steigerte auch Prestige und Macht des Geschlechtes.

Ähnlich geschickt wie sein Vater betrieb Rudolf II. seine Heiratspolitik: Er ging drei Ehen ein, mit Agnes von Landenberg († vor 1370), Ursula von Ramstein († 1381) und Anna von Klingenberg, die ebenfalls zu einer wesentlichen Vergrößerung des Besitzes führten[4]. Allerdings zeigt gerade die Heiratspolitik Rudolfs II., daß diese nicht nur auf den Erwerb weiterer Herrschaftsrechte und wirtschaftlichen Vorteil zielte. Eine Ehe verband nicht nur das Ehepaar, sondern auch deren Familien miteinander[5]. Somit erscheint es nicht mehr als rein zufällig, daß Rudolf II. zwei Töchter aus Dienstadelsgeschlechtern des Hauses Habsburg-Österreich heiratete. Mit diesen beiden Ehen gliederte sich Rudolf II. von Schönau in die Gefolgschaft Herzog Leopolds III. von Österreich ein.

Adlige Ehepolitik diente auch der Festigung von Beziehungen zwischen verschiedenen Adelsgeschlechtern und vor allem der sozialen Bindung in die habsburgisch-österreichische Gefolgschaft. Geschicktes Heiraten konnte den Aufstieg des Geschlechts unterstützen, wie das Beispiel der Ehe von Rudolf I. mit Margareta vom Stein zeigt. Die Ebene sozialer Beziehungen war für den sozialen Rang eines Geschlechts in der Adelslandschaft jedoch ebenso bedeutend. Wie bereits Spiess für den Hochadel des Spätmittelalters feststellte, sind solche »genealogischen Gebäude« anhand der linear orientierten Stammtafeln nur schwer nachweisbar. Ein genealogisches Beziehungsnetz zwischen den Adelsfamilien müßte auch für die Familie von Schönau noch erstellt werden. Dabei müßte eine Darstellungsform gefunden werden, die den Verbindungen über mindestens zwei Generationen gerecht werden könnte. Die exemplarische Untersuchung der Beziehungen der Familie von Schönau zu bestimmten Familien zeigte solche Beziehungen innerhalb der Schönauschen Verwandtschaft.

Beispielsweise wäre auf das Beziehungsnetz zwischen den Familien von Klingenberg, von Eptingen, von Schönau und der Basler Bürgerfamilie Ziboll an der Wende vom 14. zum 15. Jahrhundert hinzuweisen. Hartmann aus dem Basler Rittergeschlecht von Eptingen heiratete Else von Schönau, und nur kurze Zeit später ehelichte der allerdings weit entfernt verwandte Johann Puliant von Eptingen die Witwe Anna eines Herren von Klingenberg. Agnes, die Tochter dieser Anna von Klingenberg und Johann Puliants von Eptingen wurde mit Burkhard Ziboll, dem Sohn von Jakob Ziboll verheiratet[6]. Petermann, ein weiterer Sohn Jakob Zibolls, heiratete Anna von Schönau, die Tochter Rudolfs II. von Schönau und Annas von Klingenberg[7]. Weitere genealogische Nachprüfungen würden wohl noch zahlreiche Verbindungen zwischen diesen Familien aufdecken, auch müßten Hintergründe und Motive für die Verbindungen zwischen diesen Familien noch genauer geklärt werden.

Die sozialgeschichtliche Analyse adliger Heiratspolitik im Mittelalter führte am Beispiel der drei oben erwähnten Frauen zu interessanten Ergebnissen. Frauen waren bei dieser Form der politischen Familienplanung wichtig, ohne daß sie aktiv daran teilnahmen, und sie konnten wichtiges Bindeglied zwischen zwei Familien sein. Den einzelnen Frauen als Individuen kann man damit bei weitem nicht gerecht werden. Leider bleiben die meisten Frauen bis auf ihren Namen unbekannt; als Ausnahme ist Anna von Klingenberg zu sehen. Sie tätigte nach dem Tod Rudolfs II. als Witwe viele Geschäfte und wurde deshalb von Frese als »energische Dame« bezeichnet[8]. Ob dieses allgemeine Urteil zutrifft, kann rückblickend nicht mehr beurteilt werden. Sicher wäre sie nicht allein wegen ihrer intensiven Geschäftstätigkeit als energisch zu bezeichnen. Die Verwaltung der Familiengüter zusammen mit den Söhnen gehörte zu den Aufgaben einer Witwe, ganz besonders wenn diese über ein beträchtliches Vermögen verfügte.

Anna von Klingenberg trat mehrmals mit ihren Söhnen und Stiefsöhnen gegen das Kloster Säckingen vor Gericht. Um ihren Besitz nach dem Tod ihres Ehemannes bei Sempach vor Veräußerungen an Dritte zu bewahren, verpfändeten die Söhne Rudolfs II. ihren Besitz an sie, d. h. an ihre Mutter bzw. Stiefmutter, die ja ein beträchtliches Vermögen in die Ehe mitgebracht hatte. Die häufige Nennung Annas von Klingenberg im Zusammenhang mit Meieramt und Lehen, Verpfändungen und Gerichtsverhandlungen belegt ihre aktive Familienpolitik als Witwe und ihren Einfluß auf die familiäre Wirtschaftspolitik[9]. Ihr Eingreifen zusammen mit ihren Söhnen verhinderte den wirtschaftlichen Abstieg derer von Schönau um 1400. Die in diesem Zusammenhang ungefähr zur gleichen Zeit stattfindende Verpfändung von Gütern aus dem Meieramt des Stiftes Säckingen durch Walter von Schönau brachte die Familie dagegen in große Schwierigkeiten und zähe Auseinandersetzungen mit dem Stift Säckingen. Walter von Schönau wurde abgesetzt und das Amt vorübergehend an Graf Hans von Habsburg-Laufenburg verliehen. Albrecht II. von Schönau konnte es aber zurückkaufen, indem er dank dem Vermögen seiner Stiefmutter Anna von Klingenberg die Entschädigung an Graf Hans von Habsburg-Laufenburg ausrichtete.

Allerdings wird bereits 1397 Jakob Ziboll als Inhaber dieses Meieramts genannt; es muß also angenommen werden, daß die von Schönau es nicht halten konnten. Dabei darf nicht übersehen werden, daß die Ziboll engen Kontakt zu den von Schönau pflegten, das Amt also trotzdem in der weiteren Familie blieb. Jakob Zibolls Sohn Petermann heiratete, wie bereits erwähnt, Anna von Schönau, eine Tochter Annas von Klingenberg und Rudolfs II. von Schönau. Der aktive Einsatz Annas von Klingenberg in der Schönauschen Erwerbspolitik zeigt, daß im späten Mittelalter adelige Witwen nicht allein im privaten Haushalt tätig waren. Sie traten mit ihren Söhnen in die Öffentlichkeit und organisierten den Familienbesitz. Das Beispiel der Anna von Klingenberg verweist einerseits auf die aktive Wirtschaftspolitik der Witwe und andererseits auf die grossen Geldmengen, die bei einer Ehe offenbar ausgetauscht wurden. Nur so kann erklärt werden, warum Anna von Klingenberg genügend Geld zur Verfügung stand, das sie nach dem Tod ihres Ehemannes weitgehend selbständig verwaltete.

Die Ehe Elses von Schönau mit Ritter Hartmann von Eptingen erlaubt uns, die Absprachen zwischen den beiden Familien im Zusammenhang mit der Ehe zu verdeutlichen. Wenn es überhaupt einen eigentlichen Ehevertrag zwischen den Familien von Eptingen und von Schönau gab, so ist er nicht bekannt. Erstmals faßbar wird die Eheabsprache dank einer Urkunde aus dem Jahre 1371, die kurz nach dem Eheschluß verfaßt wurde[10]. Rudolf II. von Schönau und seine damalige Ehefrau Ursula von Ramstein übergaben ihrer Tochter Elsi von Schönau als Pfand für die versprochene Ehesteuer von 100 Mark Silber Basler Währung die Burg Gutenfels mit den zugehörigen Rechten. Die Burg stammte aus dem Frauengut der Ursula von Ramstein. Deshalb mußte im Vertrag auch die Entschädigung Ursulas von Ramstein geregelt werden. Sie sollte von ihrem Ehemann oder von dessen Söhnen für das Gut einen Zins erhalten.

Etwas mehr als ein Jahr später wurden die finanziellen Verbindungen der beiden Familien in einem Testament zwischen Elsi von Schönau und ihrem Ehemann Hartmann von Eptingen weiter präzisiert[11]. Hartmann von Eptingen sollte bei einem vorzeitigen Tod Elsis von Schönau ihre Ehesteuer und die Morgengabe zur Nutzung erhalten. Darin eingeschlossen waren dann auch Ehesteuer und Morgengabe des ersten Ehemanns von Elsi, nämlich Heinrich Münchs. Bei Hartmanns Tod fällt dieser Teil im Wert von 350 Mark Silber allerdings an die Verwandtschaft von Elsi von Schönau. Umgekehrt wurde eine ähnliche Absprache getroffen, Elsi soll eine Reihe von Gütern zur Nutzung erben, die dann nach ihrem Tod an die Verwandtschaft des von Eptingen zurückfallen sollten. Diese Übereinkunft galt nur im Falle, daß die beiden kinderlos starben, denn Kinder erbten als direkte Nachkommen sowieso.

Das Beispiel der Vereinbarungen zwischen den Familien von Schönau und von Eptingen zeigt die Grundsätze, die Eheverträgen ganz allgemein zugrunde lagen: Der Güterstand des Paares wurde mit der Ehe verbunden, die wirtschaftliche Versorgung der Überlebenden sichergestellt sowie der Rückfall des Erbes bei Kinderlosigkeit geregelt. Eheverträgen kam in der Adelsgeschichte große Bedeutung zu, denn größere Besitzkomplexe konnten, mindestens solange die Frau noch lebte, die Familie wechseln. Allerdings dürfen, wie oben bereits angedeutet, auch solche Eheverbindungen nicht auf einen wirtschaftlichen Tauschhandel reduziert werden. Vielmehr spielen bei der Wahl des Ehepartners auch politische und teilweise auch persönliche Verpflichtungen sowie emotionale Beziehungen eine Rolle[12]. Ein Einfluß der emotionalen Zu- oder Abneigung auf die Partnerwahl kann anhand der vorhandenen Quellen nicht nachgewiesen werden. Das schließt aber nicht aus, daß Emotionen dennoch eine Rolle gespielt haben[13].

Ein Blick auf die frühe Neuzeit, Zusammenfassung

Auch 300 Jahre später können ähnliche, wenn auch viel ausführlichere und besser dokumentierte Übereinkünfte erfaßt werden. Am 5.11.1691 trafen Freiherr Franz Ignaz von und zu Schönau aus der Linie Zell und Fräulein Maria Helena von Wessenberg eine Eheabsprache. Beteiligt waren die beiderseitigen Eltern Freiherr Johann Dietrich von Schönau und Agatha von Schönau, geb. Truchsessin, sowie Herr Johann Franz von Wessenberg, Freiherr von Ampringen, und Frau Johanna Esther von Wessenberg, geb. von Ostein[14]. Darin wurden vor allem die Finanzen geregelt. Johann Franz von Wessenberg gab seiner Tochter eine Ehesteuer von 1000 Gulden. Das Geld sollte 50 Gulden Zins abwerfen, die der Frau von Wessenberg zustanden. Von Seiten Franz Ignaz' von Schönau sollte Maria Helena von Wessenberg als Frauengut 2000 Gulden erhalten. Darüber hinaus versprach er ihr nach dem Vollzug der Ehe eine Goldkette und zwei goldene Armreifen sowie als Morgengabe 500 Reichstaler. Bereits in dieser Eheabsprache wurde die Erbschaft geregelt. Da Maria Helena von Wessenberg Kinder aus erste Ehe hatte, mußte unter anderem auch deren Erbteil sichergestellt werden.

Am 14.4.1708 verfaßten Freiherr Franz Ignaz von Schönau und Freifrau Maria Helena von Wessenberg vor Zeugen eine neue Vereinbarung über ihre Erbschaft. Die von Schönau hatten ein Haus in Waldshut, das nach Franz Ignaz' Tod Frau Maria Helena von Wessenberg zugestanden hätte, verkauft. Als Ersatz wurden ihr ein Haus in Freiburg und Zinseinnahmen in der gleichen Höhe, wie sie sie aus Waldshut bekommen hätte, versprochen[15]. Über die Person Maria Helenas von Wessenberg kann anhand der vorhandenen Akten wenig gesagt werden. Sie scheint ihr Gut aber mehr oder weniger selbständig verwaltet zu haben und erließ im Jahre 1717 sogar eine Holzordnung für ihre Güter[16].

Diese Ausführungen zeigen die Rolle der Frauen der Freiherren von Schönau in der Heiratspolitik des Adelsgeschlechts. Einige Quellenbeispiele erlauben es, die Ausübung herrschaftlicher Gewalt und Wirtschaftspolitik durch verschiedene Frauen – meistens Witwen – zu untersuchen. Im Mittelalter ragt vor allem Anna von Schönau, geborene von Klingenberg, heraus. Sie stand nach dem Tod ihres Ehemannes dem herrschaftlichen Haushalt vor und beteiligte sich aktiv an den Vertragsgeschäften der von Schönau. Ähnliches kann im übrigen auch von ihrer Schwiegertochter Osanna von Hohenlandenberg, die ebenfalls aus einem schweizerischen Ministerialengeschlecht Habsburg-Österreichs stammte, gesagt werden. – Die Suche nach Frauen in der Geschichte der Familie von Schönau zeigte, daß es immer wieder starke Frauen im Geschlecht gab, die die wirtschaftlichen Geschäfte deutlich beeinflußten. Gleichzeitig zeigte sich auch, daß die Geschichte der Frauen von Schönau nur als Geschlechtergeschichte, d. h. in Beziehung zu den Männern, verfaßt werden kann. Die Rolle der beiden Geschlechter innerhalb der Familienpolitik müßte jedoch erst noch im Detail untersucht werden.

Anmerkungen

1 Vgl. Gerhard, U. (Hg.): Frauen in der Geschichte des Rechts. Von der Frühen Neuzeit bis zur Gegenwart, München 1997.

2 Vgl. Frese, W. H.: Die Herren von Schönau. Ein Beitrag zur Geschichte des oberrheinischen Adels, Diss. phil. Freiburg i. Br. 1973, S. 19–58; 95–101; 135–156.

3 Vgl. Jehle, F.: Wehr. Eine Ortsgeschichte, Wehr 1969, S. 96–97.

4 Vgl. Frese, Herren von Schönau, S. 150.

5 Vgl. Spiess K.-H.: Familie und Verwandtschaft im deutschen Hochadel des Spätmittelalters, 13. bis Anfang des 16. Jahrhunderts (Vierteljahresschrift für Sozial- und Wirtschaftsgeschichte, Beiheft 111) Stuttgart 1993, bes. S. 62.

6 Vgl. Frese: Herren von Schönau, S. 115–117.

7 Vgl. Baumann J.: Die Herren von Eptingen, in: Baselbieter Heimatbuch 10/1966, S. 98–126 und ebd. 11/1969, S. 167–184. – Burkhardt, A.: Herren von Eptingen, in: Genealogisches Handbuch zur Schweizer Geschichte Bd. 3, Zürich 1908–1916, S. 69–141.

8 Vgl. Frese: Herren von Schönau, S. 13.

9 Vgl. GLA Ka 16/2, 16/3, 67/1147 Bl. 58 a/b. – Frese: Herren von Schönau, S. 13, 115, 129, 132.

10 Boos, H. (Hg.):Urkundenbuch der Landschaft Basel Teil 2, Basel 1881–1883, S. 409–413, Nr. 415.

11 Thommen, R. (Hg.): Urkunden zur Schweizer Geschichte aus österreichischen Archiven Bd. 2, Basel 1900, S. 25, Nr. 24 (20.9.1372).

12 Vgl. Christ, D. A.: Zwischen Kooperation und Konkurrenz. Die Grafen von

Thierstein, ihre Standesgenossen und die Eidgenossenschaft im Spätmittelalter, Zürich 1998, S. 436–437. – Vgl.: Spiess: Familie und Verwandtschaft, S. 20–130.

13 Vgl. Sablonier, R.: Die aragonesische Königsfamilie, in: Emotionen und materielle Interessen, hg. v. Medick, H./Sabean, D., Göttingen 1984, S. 282–317 (Nicht allein politische und materielle Gründe beeinflußten die Partnerwahl. In Aragon beispielsweise floß der Aspekt der Brautwahl bei der ›Brautschau‹ ein). Vgl. Medick/Sabean: Emotionen und materielle Interessen in Familie und Verwandtschaft. Überlegungen zu neuen Wegen und Bereichen einer historischen und sozialanthropologischen Familienforschung, in: ebd., S. 27–54.

14 GLA Ka 44 Nr. 9254 (K 448) (5.11.1691).
15 Ebd. 44 Nr. 9257 (K 448) (13.9.1708).
16 Ebd. 72 Fasc. 60 (unnumeriert).

Adelheid Enderle

Maria Ursula von Schönau und die Geschichte des »Trompeters von Säckingen«

Eine ungewöhnliche Heirat und ihre Folgen

Ende des Jahres 1853 erschien zum ersten Mal der von Josef Viktor von Scheffel verfaßte *»Trompeter von Säckingen«*. Dieses dichterische Werk wurde in mehrere Sprachen übersetzt und um die Jahrhundertwende zum meistgelesenen Buch im deutschsprachigen Raum. Ganz der romantischen Einstellung der damaligen Zeit entsprechend, kannte jeder den *»Trompeter von Säckingen«*. Wenig bekannt ist jedoch, daß Josef Viktor von Scheffel in seinem Werk ein historisches Ereignis verarbeitet hat, das sich 200 Jahre vor dem Erscheinen des Buches in Säckingen abgespielt hat. Es handelt sich um die Liebesbeziehung zwischen der adeligen Maria Ursula von Schönau und dem bürgerlichen Franz Werner Kirchhofer, die sich, einer standesbewußten Gesellschaft zum Trotz, zueinander bekannten.

Maria Ursula von Schönau wurde am 31.5.1632, also in der Zeit des 30jährigen Krieges, als Tochter des Otto Rudolph von Schönau und seiner zweiten Gemahlin Salome geb. zu Rhein in Säckingen geboren[1]. Ihr Vater Otto Rudolph hatte bei der von Schönauschen Erbteilung im Jahre 1628 das Schloß ›Groß Schönau‹ in Säckingen erhalten, welches damals als *»alt und unerbauen Haus«* bezeichnet wird[2]. Trotz des schlechten baulichen Zustandes nahm Otto Rudolph mit seiner Familie sofort seinen Wohnsitz im Säckinger Schloß. Ein Jahr nach dem Einzug starb seine erste Frau Anna Elisabeth von Rosenbach. Otto Rudolph, nun Witwer mit mehreren kleinen Kindern, heiratete Maria Salome zu Rhein. Maria Ursula war sieben Jahre alt, als ihr Vater während eines Italienfeldzuges im Alter von 46 Jahren starb. Aus beiden Ehen des Vaters hatte Maria Ursula noch sieben Geschwister.

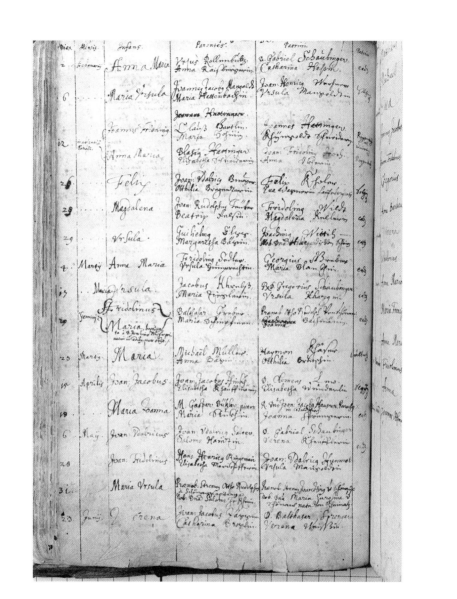

Geburtseintrag der Maria Ursula von Schönau
in einem Kirchenbuch von Bad Säckingen (31. 5. 1632)

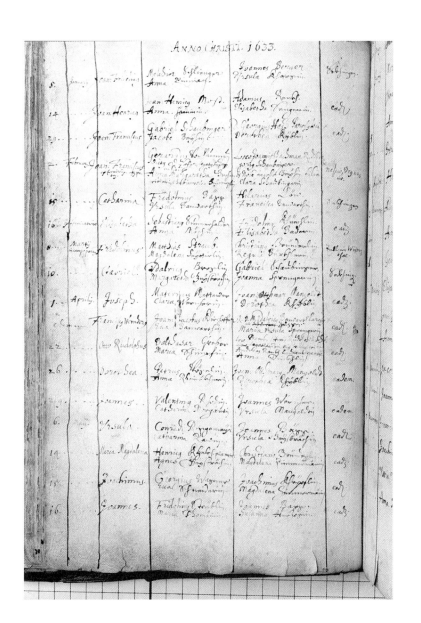

Geburtseintrag Franz Werner Kirchhofers
in einem Kirchenbuch von Bad Säckingen (1. 4. 1633)

Franz Werner Kirchhofer entstammte einer in Säckingen sehr bekannten Familie. Sein Großvater Johann Jakob Kirchhofer war um 1580 von Laufenburg nach Säckingen gekommen und hatte hier das Bürgerrecht erhalten. Etwa 20 Jahre lang, bis zu seinem Tod im Jahre 1611 war er in Säckingen als Stadtschreiber tätig. Er galt als gebildeter und vermögender Mann und erschien öfters als Geld- und Darlehensgeber. Auch stand er bereits in Beziehung zu den Herren von Schönau. Um 1598 war er zusammen mit Iteleck von Schönau, dem Großvater der Maria Ursula, Vormund der Kinder des Ritters Franz Konrad Reich von Reichenstein[3]. Im Jahre 1621 heiratete der Sohn des Johann Jakob Kirchhofer, der den gleichen Namen trug, Eva Bannwart. Die Bannwarts waren ebenfalls eine bedeutende und angesehene Bürgerfamilie in Säckingen. Sie spielten im öffentlichen Leben der Stadt als Schultheißen, Baumeister oder Verwalter des Stifts eine wichtige Rolle.

Am 1.4.1633 und damit ebenfalls während des 30jährigen Krieges wurde der Eva Bannwart und dem Johann Jakob Kirchhofer als siebtes Kind der Sohn Franz Werner geboren[4]. Noch während seines ersten Lebensjahres drangen die Schweden zum ersten Mal in Säckingen ein, und danach herrschten Hungersnot und Pest. Gemäß dem Säckinger Totenbuch sind für 1635 mehr als 100 Personen anzunehmen, die an der Seuche starben. Bei damals rund 1200 Einwohnern, bedeutete dies fast 10% der Gesamtbevölkerung. Auch die Familie Kirchhofer blieb nicht verschont. Am 21.11.1635 starb der Vater des Franz Werner an der Pest. Zwei Wochen vorher hatte seine Frau am 6. November noch eine Tochter geboren, doch auch das kleine Mädchen starb bald an dieser schrecklichen Seuche[5].

Nun war Frau Kirchhofer mit den verbliebenen sieben unmündigen Kindern allein; das jüngste, Franz Werner, war zwei Jahre und das älteste 13 Jahre alt. Die Kinderjahre des Franz Werner waren erfüllt vom Lärm des Krieges, von den Durchzügen kaiserlicher, schwedischer und französischer Truppen. Bereits während seiner ersten beiden Lebensjahre hatten die Schweden zweimal die Stadt besetzt und geplündert. Im Alter von fünf Jahren erlebte Franz Werner wohl zum ersten Mal bewußt alle Schrecken eines feindlichen Überfalls mit Raub und Brandschatzung, als 1638 die Schweden erneut Säckingen einnahmen. Wieder begleiteten Not und Elend den Krieg, die Bürgerschaft war verarmt und auf Jahre hinaus mit Kontributionen und Schulden belastet.

Diese stürmischen Ereignisse haben sicherlich auch den Charakter des jungen Franz Werner mitgeformt. Denn zeit seines Lebens ist er ein eigenwilliger Mensch gewesen, der sich später selbstbewußt und stolz zeigte und bei der Bürgerschaft nicht nur Freunde fand. Aus seiner Jugendzeit ist wenig bekannt. Mit 19 Jahren war er als Student der Rhetorik an der Universität Freiburg immatrikuliert. Nach einem oder zwei Semestern kehrte Franz Werner wieder nach Säckingen zurück. Nun muß sich das Liebesverhältnis zu Maria Ursula von Schönau angebahnt haben, über dessen genaue Umstände leider keine Nachrichten überliefert sind. Die Vermählung muß im Jahre 1657 erfolgt sein. Wo die Ehe der beiden geschlossen wurde, ist bis heute nicht bekannt. Franz Werner war damals 24 Jahre alt, Maria Ursula 25 Jahre. Die Tatsache, daß die Hochzeit nicht in Säckingen gefeiert wurde, läßt die Schwierigkeiten und Hindernisse erahnen, die dieser Verbindung hier entgegengestellt wurden.

So waren es denn auch vor allem Maria Ursulas Stiefbruder Franz Rudolph, Herr zu Oeschgen und Domherr zu Eichstädt und Basel, und ihr leiblicher Bruder Otto Heinrich, die sich der Verbindung der beiden mit aller Energie widersetzten. Sie machten ihrer Schwester nicht nur das ihr zustehende Erbe streitig, sondern versuchten auf verschiedenste Weise, dem jungen Paar das Leben und den Aufenthalt in Säckingen unmöglich zu machen. Unterstützt wurden sie dabei von Oberst von Grandmont, dem Obervogt der Herrschaft Laufenburg, dessen Gemahlin eine geborene von Schönau aus der Laufenburger Linie war. Sie versuchten mit Gewaltandrohung, Werner Kirchhofer aus Säckingen und dem vorderösterreichischen Gebiet zu vertreiben. Herr von Grandmont verbot Franz Werner im Oktober 1658 und nochmals im März 1659 durch öffentlichen Ausruf das Betreten der Stadt und der Herrschaft Laufenburg und ließ ihn »aufs höchste verfolgen«[6].

Dagegen wehrte sich Franz Werner Kirchhofer. Seltsamerweise scheint man nicht nur im Schloß, sondern auch in der Stadt der Verbindung des jungen Paares ablehnend gegenübergestanden zu sein. Denn als sich Kirchhofer an den Magistrat der Stadt wandte, damit er ihn als Bürger gegen die Verfolgungen von Seiten der von Schönaus schütze, erhielt er keinerlei Hilfe und Unterstützung. Was diese Einstellung des städtischen Rates bestimmte, ist nicht klar. War es die Rücksicht auf die Familie von Schönau oder gab es sonstige Differenzen mit Kirchhofer, herrschten möglicherweise auch Mißgunst und Neid, weil er aus dem üblichen Rahmen und Milieu bürgerlicher Herkunft geheiratet hatte? Jedenfalls wandte sich Franz Werner Kirchhofer nun direkt an die vorderösterreichische Regierung in Innsbruck, und hier fand er bei Erzherzog Ferdinand Carl sofort tatkräftige Unterstützung.

Der Erzherzog richtete im April 1659 sowohl an die Gebrüder von Schönau wie an Herrn von Grandmont ein energisches Schreiben. Er sprach ihnen sein höchstes Mißfallen aus über das bisherige Vorgehen gegen Kirchhofer. Und er befahl ihnen wörtlich: »*bei unnachläßlicher Straf und unserer höchsten Ungnad*« den Kirchhofer nicht nur in Zukunft in Ruhe zu lassen, sondern auch die seiner Frau zustehende »*vötterliche Erbsportion*« sofort herauszugeben[7]. Zugleich wies der Erzherzog die vorländische Regierung in Freiburg an, darauf zu achten, daß Kirchhofer in seinen bürgerlichen Rechten nicht mehr beeinträchtigt werde. Daraufhin hörten die direkten Belästigungen auf. Die Brüder der Maria Ursula wehrten sich jedoch noch lange, ihr den Erbanteil auszuzahlen. Der Erbschaftsprozeß zog sich noch Jahre hin, und erst kurz vor dem Tod Werner Kirchhofers erhielt Maria Ursula das Schönausche Erbe.

Das unvergleichliche Ehepaar

Während sich die Beziehung der Maria Ursula zu ihren Brüdern erst später besserte[8], scheint hingegen das Verhältnis zur Mutter nicht getrübt gewesen zu sein. So wird denn auch das erste Mädchen, das Maria Ursula 1660 zur Welt bringt, auf den Namen ihrer Mutter Maria Salome getauft. Auch tritt die Mutter öfters als Kreditgeberin gegenüber Jörg Adam Kirchhofer, dem Bruder von Franz Werner, auf. Sie starb hochbetagt im Januar 1690 im Alter von 83 Jahren, nur vier Monate vor Franz Werner Kirchhofer[9]. Das Verhältnis zur Mutter mag mitgeholfen haben, daß Maria Ursula und Franz Werner trotz aller Schwierigkeiten und Anfeindungen ihren Hausstand in Säckingen begründeten.

Durch den Salzhandel, den Franz Werner als Staatsmonopol für das obere Rheinviertel in Pacht hatte, erwarb er sich bald ein hohes Ansehen und Vermögen. Neben verschiedenen Grundstücken gehörte ihm ein Hammerwerk, zudem war er Besitzer eines Hauses am Kirchplatz, gegen die Metzgergasse hin. Als die Franzosen 1678 die Stadt plünderten und anzündeten, wurde auch dieses Haus ein Raub der Flammen und stand jahrelang als Brandruine da[10]. Dennoch war Franz

Werner in der Lage, bereits ein Jahr später für 1000 Gulden von Daniel Bannwart das Haus ›zum Sternen‹ in der Rheingasse zu kaufen. Hier wohnte Franz Werner Kirchhofer mit seiner Familie von da an bis zu seinem Tode.

Eine enge Beziehung pflegte die Familie Kirchhofer zum fürstlichen Damenstift, dessen damalige Äbtissin Franziska von Schauenburg durch ihre Mutter Elisabeth geb. von Schönau mit Maria Ursula verwandt war. Mehrere Jahre lang dirigierte Franz Werner den Knabenchor, der bei den Gottesdiensten im Münster mitwirkte. Auch erscheint er 1665 als »*Symphoniacus*« (Musiker) beim Stift und 1668 wird er als Schulmeister erwähnt[11]. Auch im kommunalen Leben der Stadt spielte Franz Werner eine Rolle. Bereits vor 1678 muß er Mitglied des großen Rates gewesen sein, aus dem er aber wegen Differenzen mit den übrigen Ratsmitgliedern wieder ausscheiden mußte. Dies scheint sich dann öfter zu wiederholen. Im April 1679 wurde er zum vorläufigen Stadtschreiber bestellt. Bei der Ämterbesetzung im darauffolgenden Juni aber wurde Lorenz Fabri zum endgültigen Stadtschreiber ernannt, was Kirchhofer sehr verärgerte.

Er und vor allem aber auch seine Frau hielten nun mit Spott- und Schmähreden gegen den Stadtrat nicht zurück. Wenn Ratssitzung war, trat Maria Ursula in die Rheingasse und schimpfte: »*Jetzt sitzen die Schelmen wieder beisammen*«. Kirchhofer wurde daraufhin vor den Rat zitiert, wo ihm das ungebührliche Benehmen seiner Frau vorgeworfen wurde. Sie solle beweisen, daß die Herren Räte Schelmen seien, ansonsten müsse sie ihre verdiente Strafe abbüßen. Es wurde ihr dann jedoch die Strafe »*aus gewüssen Ursachen*« erlassen. Im Jahre 1680 versuchte Kirchhofer durch Vermittlung der Regierung wieder in den großen Rat der Stadt hineinzukommen. Dagegen wehrten sich die Ratsmitglieder mit Erfolg. Franz Werner scheint sich damit nicht so schnell abgefunden zu haben, denn kurz darauf wurde er wieder gerügt: Bei Kirchgängen solle er nicht vor den Herren des großen Rates gehen, sondern seinen Platz unter den übrigen Bürgern einnehmen[12].

Franz Werner hat auch im großen Streit, den die Stadt damals mit dem Stift um die Zuständigkeit für die Rheinfähre ausfocht, mitgemischt. Die Fähre war damals die einzige Verbindung zum Fricktal, dem wirtschaftlichen Hinterland der Stadt und des Klosters, weil die Rheinbrücke infolge des Krieges zerstört war. Franz Werner nahm in dieser Angelegenheit Partei für das Stift und so wird einmal geklagt, daß

Franz Werner ein Anstifter dieser Streitigkeiten gewesen sei[13]. In den letzten Jahren seines Lebens besserte sich das Verhältnis Franz Werners zum städtischen Rat und kurz vor seinem Tod übertrug man ihm wieder Ehrenstellen und Ämter. Dies zeigt, daß er trotz seines eigenwilligen Charakters als Ratgeber geschätzt war.

Nun erhielt er sogar die Oberaufsicht über den Betrieb der städtischen Rheinfähre. 1689 war er ›Erster‹ des großen Rates und zum Weinumgelter bestellt. Als solcher hatte er in allen Säckinger Gaststätten die Weinsteuer zu erheben. Zudem wurde ihm das Amt des Fleischschätzers übertragen. Er mußte also, zusammen mit zwei anderen Ratsherren, die Qualität und Sauberkeit des Fleisches überprüfen[14]. Auch bei auswärtigen Verhandlungen ist Franz Werner in der Funktion eines städtischen Abgeordneten anzutreffen, ebenso als Mitglied des Stadtgerichtes. Es waren dies alles bedeutende und wichtige Ämter im wirtschaftlichen und politischen Leben der Stadt Säckingen, die ihm jetzt oblagen. Als angesehener und hoch geachteter Mann starb Franz Werner Kirchhofer am 31.5.1690 im Alter von 57 Jahren an einem Schlaganfall. Kaum ein Jahr später folgte ihm am 21.3.1691 seine Frau Maria Ursula, die an Wassersucht erkrankt war, nach[15].

Aus der Ehe zwischen Maria Ursula von Schönau und Franz Werner Kirchhofer gingen drei Söhne und zwei Töchter hervor. Der erste Sohn Franz Meinrad muß noch im Kindesalter gestorben sein. Sohn Franz Raphael wurde Pfarrer von Warmbach und Frick. Er starb 1695 im Alter von 29 Jahren. Der dritte Sohn Jakob Fridolin wurde ebenfalls Pfarrer. Er wirkte als Kaplan beim Säckinger Stift und als Pfarrer in Rickenbach. Die Tochter Maria Salome verehelichte sich in erster Ehe mit Caspar Ernst Sandherr, dem Schaffner der Deutschordensritter zu Beuggen, und in zweiter Ehe mit Gustav Hermann aus Sundhausen[16]. Über die Tochter Maria Elisabeth ist nichts bekannt. Heute erinnert nur noch das Grabmal des Franz Werner und der Maria Ursula an der Außenwand des St. Fridolinsmünsters in Bad Säckingen mit seiner Inschrift an »*das in gegenseitiger Liebe unvergleichliche Paar*«.

Dem Dichter Josef Viktor von Scheffel hat dieses historische Ereignis als Grundlage für sein Werk »*Der Trompeter von Säckingen*« gedient, das er letztlich in großer dichterischer Freiheit gestaltete. Denn nun wurde aus der Maria Ursula eine Margaretha, die als Halbwaise mit ihrem alten Vater, dem Freiherrn von Schönau, im Schloß zu Säckingen lebte. Aus dem selbständigen Handelskaufmann Franz Werner Kirch-

Grabstein Franz Werner Kirchhofers und Maria Ursulas Freiin von Schönau;
Bad Säckingen, Außenwand des Münsters

hofer wurde ein Stabstrompeter, der in Diensten des Barons von Schönau stand. Dem tatsächlichen Geschehen und der Scheffelschen Dichtung gemeinsam ist das Happy-End der Liebenden. Damit hat Josef Viktor von Scheffel der Familie von Schönau und der Stadt Säckingen zur literarischen Berühmtheit verholfen.

Anmerkungen

1 PfA Bad Säckingen: Taufbuch 1592–1722: 31.5.1632.
2 AFSW: U 125 u. 126.
3 ADHR Kolmar: 2 E Reich v. Reichenstein L. 7, D. 4.
4 PfA Bad Säck.: Taufbuch 1592–1722: 1.4.1633.
5 Ebd.: Tauf- und Sterberegister 1635.
6 TLRA Innsbruck: Kopialbuch 1659, Bl. 150ff. – Mentz, F.: Werner Kirchhofer und die Herren von Schönau, in: Alemannia 40/1912, S. 1–12.
7 ADHR Kolmar: 2 E 200 L. 16, D 2. – Mentz: Kirchhofer, S. 9f.
8 Maria Ursula wurde Patin der am 28.5.1669 geborenen Zwillinge Maria Salome und Christian, Kindern des Ehepaares Otto Heinrich von Schönau und Maria Susanna geb. v. Sickingen (PfA Bad Säck., Taufbuch 1592–1722). Allerdings starb Christian noch bei der Geburt; am 8.6.1669 verschied die Mutter Maria Susanna. Zwei Monate später starb auch der andere Zwilling Maria Salome. Und am 3.1.1670 verschied der Vater Otto Heinrich von Schönau (Maria Ursulas Bruder) im Alter von 34 ½ Jahren; zurück blieben fünf Kinder im Alter zwischen drei und 11 Jahren.
9 PfA Bad Säck.: Sterberegister 1592–1722: 31.1.1690.
10 StadtA Bad Säck.: Ratsprotokolle v. 31.7.1681, 4.8. u. 11.8.1681.
11 PfA Bad Säck.: Register Ad Birkenmeyer, III. Kirchliches 1664–1668.
12 StadtA Bad Säck.: Ratsprotokolle der Jahre 1679–1681.
13 GLA Ka 97/403; StadtA Bad Säck.: Ratsprotokoll v. 12.1.1682.
14 Ebd.: Ratsprotokolle 1689–1690.
15 PfA Bad Säck.: Sterberegister 1592–1722.
16 Ebd.: Geburts- u. Sterberegister 1592–1722, Heiratsbuch 1595–1721.

FARBTAFEL I

Maria Antonia Susanna Freiin von Schönau-Oeschgen,
verh. Freifrau von Schellenberg (1693–1758); Ölgemälde

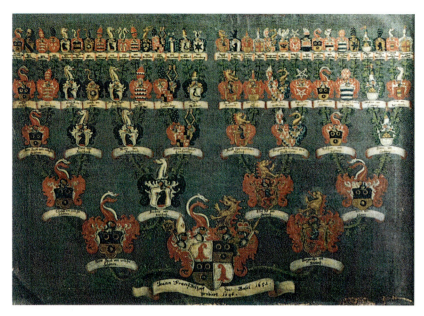

FARBTAFEL 2

Stammtafel des Fürstbischofs Johann Franz von Schönau-Zell mit seinen 32 Ahnen (bis zu den Ur-ur-urgroßeltern); Ölgemälde

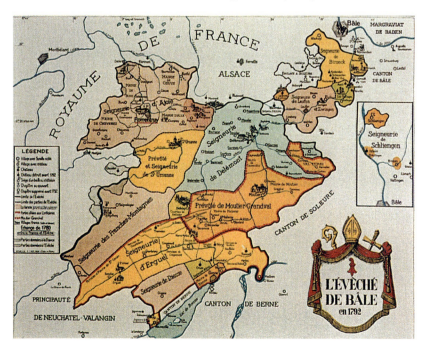

FARBTAFEL 3

Die weltlichen Herrschaftsgebiete des Fürstbistums Basel 1792; Farbdruck

FARBTAFEL 4

Ansicht der Deutschordens-Kommende Hitzkirch in der ersten Hälfte des
18. Jahrhunderts mit Wappen des Komturs J. F. C. Freiherr von Schönau-Wehr;
Illustration einer Handschrift

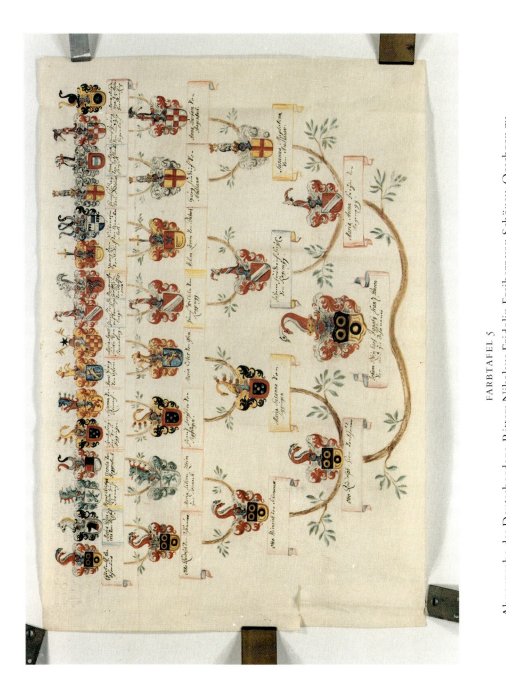

FARBTAFEL 5

Ahnenprobe des Deutschordens-Ritters Nikolaus Fridolin Freiherr von Schönau-Oeschgen zu 16 Ahnen (bis zu den Ur-urgroßeltern); kolorierte Federzeichnung auf Pergament

FARBTAFEL 6

Nikolaus Fridolin Freiherr von Schönau-Öschgen (1753); Ölgemälde

FARBTAFEL 7

Grabdenkmal des Franz Anton Freiherr von Schönau-Schwörstadt, Malteser Schatzmeister (1669–1748); Pietra-Dura-Mosaik, St. Johannes-Kathedrale La Valetta

FARBTAFEL 8

Der Malteser Großprior Franz Philipp Morand Freiherr von Schönau-Zell (1734–1800); Ölgemälde

FARBTAFEL 9

Der Malteser Komtur Franz Xaver Anton Freiherr von Schönau-Zell (1741–1787); Ölgemälde

FARBTAFEL 10

Johann Dietrich Freiherr von Schönau-Zell; Ölgemälde

FARBTAFEL 11

Stammtafel-Ausschnitt mit dem Platz Johann Dietrichs Freiherr von Schönau-Zell als Vater und mit einer Ansicht der damals nicht mehr bestehenden Stammburg Schönau; Ölgemälde

FARBTAFEL 12

Die verbindliche Wappendarstellung in der Freiherren-Urkunde von 1668;
koloriertes Pergament

FARBTAFEL 13 u. 14

Von den Freiherrn von Schönau-Oeschgen gestiftete Meßkelche
des 17. und 18. Jahrhunderts, Pfarrkirche Oeschgen

FARBTAFEL 15

Fidel Joseph Franz Freiherr von Schönau-Wehr (1694–1759),
Erbauer des Neuen Schlosses in Wehr; Ölgemälde

FARBTAFEL 16

Johann Franz Ignaz Anton Freiherr von Schönau-Zell (1665–1712); Ölgemälde

FARBTAFEL 17

Franz Ignaz Ludwig Freiherr von Schönau-Zell (1703–1778/79); Ölgemälde

FARBTAFEL 18

Josephine Wilhelmine Freifrau von Schönau-Wehr, geb. Freiin von Gemmingen-Steinegg (1783–1840), am rechten Rand Blick auf die Ruine der Burg Steinegg; Ölgemälde

FARBTAFEL 19

Anton Joseph Xaver Freiherr von Schönau-Wehr (1773–1839); Ölgemälde
(am linken Rand Blick auf die Ruine der Burg Werrach)

FARBTAFEL 20

Eisernes Grabdenkmal für Joseph Freiherr von Schönau-Wehr (1773–1839) und seine Frau Josephine geb. Freiin von Gemmingen-Steinegg (1783–1840), Alter Friedhof Freiburg

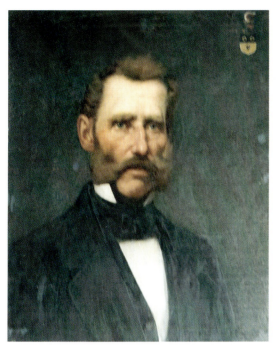

FARBTAFEL 21

Adolf August Joseph Anton Freiherr von Schönau-Wehr (1804–1879); Ölgemälde

FARBTAFEL 22

Thekla Maria Auguste Freifrau von Schönau-Wehr, geb. Gräfin von Thurn-Valsassina zu Berg (1813–1893); Ölgemälde

FARBTAFEL 23

Stammtafel für Adolf August Freiherr von Schönau-Wehr (1804–1879); kolorierte Federzeichnung (Oberste Reihe: Beginn der Linie Schönau-Wehr)

FARBTAFEL 24

Hermann Freiherr von Schönau-Wehr (1853–1935), als Ritter des königlich-bayerischen St. Georgsordens; Ölgemälde

FARBTAFEL 25

Eberhard Freiherr von Schönau-Wehr (1877–1965);
Ölgemälde (ca. 1923)

FARBTAFEL 26

Gunhild Freifrau von Schönau-Wehr, geb. Freiin von Ow-Wachendorf (1891–1981) mit Sohn Wernher; Ölgemälde (ca. 1920)

FARBTAFEL 27

Wernher Freiherr von Schönau-Wehr,
Aquarell von Bendel, 1944

FARBTAFEL 28

Maria-Theresia Freifrau von Schönau-Wehr, geb. Freiin von Gumppenberg,
Aquarell von Anna v. Römer 1943

FARBTAFEL 29
Der Eichbühlhof heute

FARBTAFEL 30

»Felderdecke« im Schlößchen Oeschgen mit den Wappen des Ehepaares Otto Rudolf Freiherr von Schönau-Oeschgen (1659–1699) und Maria Anna Freiin von Kageneck sowie mit den Wappen der beiderseitigen Eltern und Großeltern; bemalte Holzdecke

FARBTAFEL 31

Schloß Schwörstadt vom Rhein aus: klassizistischer Bau
auf dem Sockel der ehemaligen Burg

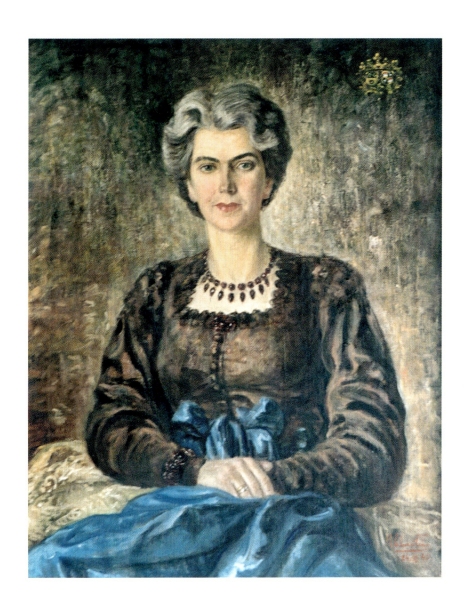

FARBTAFEL 32

Adelheid Freifrau von Schönau, geb. Freiin von Eiselsberg
(geb. 1911); Ölgemälde

FARBTAFEL 33

Wilhelm Emil Freiherr von Schauenburg-Herlisheim,
durch Adoption 1935 Freiherr von Schönau (1904–1994)

FARBTAFEL 34

Die jungen Vertreter der Familie der Freiherren von Schönau mit ihren Vätern (von links nach rechts): Antoinette, Jörg, Cornelius, Alexander, Fridolin, Marina, Anton

FARBTAFEL 35

Nachkommen des Zweiges des Eberhard Freiherr von Schönau-Wehr
(von links nach rechts): Franziskus, Vater Johannes (durch
Adoption 1984 Freiherr von Gumppenberg), Sohn Johannes,
Mutter Teresita (geb. Gräfin Hoyos), Leopold, Nikolaus, Clemens

FARBTAFEL 36

Elisabeth Gunhild Freifrau Spies von Büllesheim,
Tochter des Wernher Freiherr von Schönau-Wehr

FARBTAFEL 37

Wolfgang Wernher Freiherr von Schönau-Wehr,
Nachkomme des Zweiges Friedrich Freiherr von Schönau-Wehr

Katharina Valenta-Wichmann

Stiftsdamen und Klosterfrauen der Familie von Schönau

Frauenfrömmigkeit bis zum Dreißigjährigen Krieg

In der fünfbändigen Chronik seiner Familie führt Eberhard von Schönau insgesamt vierzig Frauen auf, die entweder Stiftsdamen oder regelrechte Ordensfrauen waren oder aber von stiftsähnlichen Einrichtungen ökonomisch aufgefangen wurden. Eine von ihnen, Agatha Hegenzer von Wasserstelz[1], zählte allerdings ›nur‹ mütterlicherseits zur Familie Schönau. Daß der Familienchronist sie in sein Werk aufnahm, hängt mit ihren Verdiensten zusammen, die sie sich seit 1550 als Fürstäbtissin des Säckinger Frauenstiftes erworben hat[2]. Die übrigen 39 Kanonissen und Ordensfrauen des Hauses Schönau sind auf einen Zeitraum zwischen dem 13./14. Jahrhundert und der Nachkriegszeit verteilt.

Die zwanzig Klöster, Stifte oder stiftsähnlichen Einrichtungen, in denen sie lebten und wirkten, konzentrieren sich auf Südwestdeutschland, die Nordschweiz und das Elsaß; unter ihnen befinden sich solch altehrwürdige Stätten religiösen Lebens wie Andlau, Schänis oder Remiremont. Aber auch an entfernteren Orten wie Gerresheim bei Düsseldorf oder Metz gab es Schönausche Ordensschwestern. Diese Vielzahl Schönauscher Frauen und der Stätten ihres Lebens ist in einem kurzen Übersichtsartikel kaum zu bewältigen. Leider gibt es bislang keine umfassende Darstellung der Frauenfrömmigkeit in jenem bereits skizzierten Raum, den man ›alemannisch‹ nennen darf. Der Stand der Veröffentlichungen zum Thema kommt einem Flickenteppich aus zumeist ortsgeschichtlichen Darstellungen gleich, der viele Lücken aufweist.

Als Hauptproblem stellt sich der generelle Stand der Erforschung jener religiösen Institute dar, für deren geschichtswissenschaftliche Bezeichnung und inhaltliche Absetzung vom ›Kloster‹ Karl Heinrich Schäfer schon 1907 den Begriff des ›Stiftes‹ vorgeschlagen und verbreitet hat[3]. Der alte Begriff ›Stift‹ mit seiner frühmittelhochdeutschen Wurzel im Sinne von ›Gründung, Bau, Einrichtung‹ verweist auf den ökonomischen Zusammenhang der gestifteten Güterausstattung. Dagegen zielt Schäfer eher auf eine gesamthafte Sicht einer spezifisch religiösen Lebensform adeliger Frauen, die sich von der des Klosters unterscheidet, wobei Mischformen nicht auszuschließen sind.

Während im Vergleich zu Frauenklöstern bisher die adeligen Damenstifte kaum Beachtung fanden, so daß Ulrich Andermann mit Recht von ihrer »Vernachlässigung in der Forschung«[4] spricht, zeichnet sich jüngst eine Zunahme des wissenschaftlichen Interesses ab. Allein 1996 fanden drei Kolloquien zur Thematik statt. Im Gegensatz zu den Tagungen in Metz und Göttingen konnte das Kraichtaler Kolloquium bereits mit einem Tagungsband aufwarten, der sowohl eine Zusammenfassung des aktuellen Forschungstandes bringt als auch durch ausgewählte Fallbeispiele den Wissensstand erweitert.

Daß Damenstifte nicht mit den Maßstäben der Nonnenklöster bewertet werden dürfen, hat Norbert Backmund schon in seiner regionalgeschichtlichen Studie über die ›Kollegiats- und Kanonissenstifte in Bayern‹ hervorgehoben. Als »die älteste und ursprünglich am meisten verbreitete Form klösterlichen Zusammenlebens der Frauen«[5] bedürfen sie eines eigenen Verständnisses. Nur so läßt sich die durch Männer fremdbestimmte und bereits in der mittelalterlichen Sicht angelegte Abwertung der kanonischen weiblichen Lebensform als dekadent oder mängelbehaftet überwinden. Diesen Gedanken entschieden unterstreichend, verweist Ulrich Andermann darauf, daß die Forschung Damenstifte nicht auf Aspekte der Versorgung adeliger Töchter reduzieren dürfe, sondern auch die religiösen Motive berücksichtigen müsse: »Denn Kanonissenstifte entstanden zuallererst aus einem religiösen Impetus [Anliegen]«[6].

Nach Franz Staabs Auffassung gingen die Damenstifte des Mittelalters auf ein antikes Ideal der vita perfectior (des vollkommeneren Lebens) zurück, das in der augustinischen Regel einen für Frauen attraktiven Ausdruck gefunden hatte. Augustins Vorschriften waren durch die Einschränkung der überharten Arbeit, die freie Wahl des Verzichts auf privates Eigentum und die an den persönlichen Bedürfnissen orientierte Ernährung »auf das weibliche Geschlecht hin konzipiert«[7]. Im

Gegensatz zur Strenge der Klosterzucht mit dem Postulat der Ehelosigkeit, dem zwingend vorgegebenen Verbot des Privatbesitzes, dem oft mit vegetarischer Ernährungsweise einhergehenden Fastengebot sowie dem nächtlichen Chorgebet war die Härte im kanonischen Lebensstil gemildert. Das hat die freiwillige Lebensstrenge im Sinne einer individuellen asketischen Lebensführung nie ausgeschlossen. So verweigerten viele Kanonissen die Ehe, um männlichen Herrschaftsansprüchen zu entgehen.

Die vita canonica (das Stiftsleben) ließ große Freiheiten ihrer individuellen Ausgestaltung, was die heutige Forschung vor die Problematik generalisierbarer Aussagen stellt – oder mit Backmunds Worten ausgedrückt: »Jedes Stift war eine Welt für sich.«[8]. Lediglich einen Nenner hatten alle gemeinsam: Daß sie im Gegensatz zu den Nonnenklöstern und Kollegiatstiften nie das ›Adelsreservat‹ aufgaben und etwa bürgerliche Kanonissen zuließen. Insofern ist – streng genommen – die Rede vom ›adeligen‹ Damenstift eine Tautologie! Wie wichtig die Ehefrage und die freie Wahl des Verzichts auf persönliches Eigentum waren, zeigt sich im Umfeld der Schönauschen Kanonissen.

Während die ersten von Eberhard von Schönau aufgezählten Frauen konturlos bleiben (Nr. 3–7) und in einem Fall (Nr. 8) sogar der Name fehlt, gewinnt Agnes von Schönau (Nr. 17, gest. 1358) historisches Profil. Diese Domfrau zu St. Stephan in Straßburg wird 1328 als eine von 13 Schwestern erwähnt. Interessanter ist jedoch eine Urkunde von 1343. Sie dokumentiert die Aussagen der Domfrauen (unter ihnen Agnes) vor Beamten des Straßburger Bischofs Bertold, daß »*ihres Wissens die Domfrauen niemals mit Eintritt in das Kloster auf die Ehe und die freiwillige Verfügung über ihr Eigen verzichtet haben*«[9]. Möglicherweise setzten sie sich gegen einen der damals üblichen Angriffe auf ihre Interessensphäre zur Wehr.

Die geringe Zahl an Hinweisen auf kanonisches oder monastisches Frauenleben in der Familie Schönau, die aus der Zeit vor dem 30jährigen Krieg stammt, ist wohl eine Folge der lückenhaften Überlieferung. Ob auch andere Gründe vorliegen und hier eine »Wasserscheide« (Franz Staab) zwischen den Kanonissenstiften mittelalterlicher Prägung und den Damenstiften der Neuzeit markiert ist, müßte sich erst in genaueren Analysen erweisen. Bis zu dieser Zäsur sind jedenfalls nur wenige Schönausche Frauen als Kanonissen oder Ordensschwestern nachgewiesen, unter ihnen Hedwig und Mechthild (Nr. 25 und 26), die dem

1234 gegründeten Frauenkloster von Adelhausen/Freiburg i. Br. angehörten. In Adelhausen wurde nach der Regel der Dominikaner gelebt. Das Kloster galt als Asyl für Töchter des regionalen Adels, wurde 1806 aufgehoben und bestand als Lehr- und Erziehungsanstalt bis 1867.

Dagegen war das um 1030 gegründete Frauenkloster in Ottmarsheim, dessen oktogonale Kirche zu den Höhepunkten romanischer Kunst im Elsaß zählt, anfangs der Regel des heiligen Benedikt verpflichtet. Dann wurde es in ein Frauenstift umgewandelt. Hier lebte die um 1500 geborene Katharina von Schönau (Nr. 109), ohne daß näheres über sie überliefert wäre. Im Gegensatz zu ihr scheint die etwa zeitgleich auftauchende Anna (Nr. 111) für mehr Aufmerksamkeit gesorgt zu haben. Sie war Nonne im Doppelkloster von Königsfelden, das 1310 anläßlich der Ermordung König Albrechts von dessen Witwe gestiftet wurde. 1524 verließ sie Königsfelden und heiratete später Jeremias Frey, einen Bürger von Brugg. Im Juli 1568 kam es zwischen beiden wegen eines Leibgedinges zu einem aktenkundigen Streit. Frey muß enorm unter Druck gestanden haben, wurde er doch wegen eines Selbstmordversuchs eingesperrt und nur gegen Urfehde (einen Eid, sich nicht zu rächen) entlassen.

Stifts- und Klosterleben ab 1650

Nach dem 30jährigen Krieg nimmt die Zahl der Schönauschen Stiftsdamen sprunghaft zu. Dies liegt einerseits sicherlich an der besseren Quellensituation, andererseits wurde es in adeligen Familien üblich, die Erziehung der Töchter über Stifte zu bewerkstelligen. Auch der Versorgungsaspekt hat möglicherweise an Bedeutung gewonnen. Mit der Erbteilung von 1628 in die Linien Oeschgen, Zell, Schwörstadt und Wehr begann zwar insgesamt eine Blüte der Familie Schönau am Hochrhein. Aber einzelne Linien gerieten aufgrund der verringerten ökonomischen Basis oder schlechter Haushaltung unter finanziellen Druck mit Konsequenzen für die Versorgung der Töchter. Schließlich verschlechterte sich die Situation des Adels parallel zur Auflösung des Feudalsystems, so daß die ›Heiratsfrage‹ oftmals nur noch mit dem Gang ins Damenstift zu beantworten war.

Aus der Linie Oeschgen ist Maria Margarethe (Nr. 186, geb. 1636) als Konventsfrau des im 12. Jahrhundert gegründeten und früh in ein Stift umgewandelten Klosters Frauenalb bei Ettlingen verbürgt. In dessen Konventsliste wird sie 1689 genannt. Hier taucht in den Jahren 1689 und 1715 mit dem Namen von Maria Catharina (Nr. 217, geb. 1666) auch eine Vertreterin der Familie aus der Linie Schwörstadt auf. Möglicherweise mußte sie wegen eines Gelöbnisses ihrer Mutter Konventfrau werden. Maria Catharina erfüllte in Frauenalb die Funktion einer Küchenmeisterin und hatte 1715 im Alter von 49 Jahren immerhin 32 Jahre Profeß hinter sich.

Mit Maria Elisabeth (Nr. 206, 1725–1799) trat eine weitere Angehörige der Linie Oeschgen 1745 in das renommierte Damenstift Andlau ein. Die 1288 mit der Reichsunmittelbarkeit ausgestattete Abtei Andlau war 880 von Kaiserin Richardis, der Gemahlin Karls des Dicken, gegründet und 1499 in ein Damenstift umgewandelt worden. Maria Elisabeth wurde 1756 als Französin naturalisiert und stieg in der Hierarchie des Stiftes auf. 1762 als »Canonissa … Abbatie Andlaviensis« und 1773 als »Canonissa principissae abbatiae« erwähnt, wird sie 1786 als »Dame capitulaire« bezeichnet und Rangerste im Stift nach der Äbtissin. Als von französischen Revolutionstruppen Requisitionen durchgeführt werden, unterzeichnet sie mit ihrem Namen eine Protestnote. Wegen der Revolutionswirren zog sie sich nach Waldshut zurück, wo sie 1799 verstarb.

Signifikant ist die Häufung von Zeller Stiftsdamen aus jener Zeit, als durch die Mißwirtschaft des Franz Ignaz (Nr. 243, 1703–1778/79) der Ruin drohte. Er hatte zwölf Kinder, deren Versorgung mehr als problematisch war. Einer seiner Söhne wurde wegen der schlechten Vermögenslage durch einen Gnadenerlaß des französischen Königs in die ›École militaire‹ aufgenommen, während sich für fünf Töchter, die nur schwer zu verheiraten waren, als Alternative die Aufnahme in ein Damenstift anbot. Franz Ignaz verteilte sie auf Masmünster, Schänis, Ottmarsheim, Andlau und Remiremont. Keine von ihnen fand einen Mann.

Clara Kunigunde (Nr. 250, 1747–1816) trat 1761 in Masmünster ein. Der Überlieferung nach im Jahr 728 zur Erinnerung an einen ertrunkenen Sohn des elsässischen Adeligen Maso gegründet, stieg Masmünster zu einem der reichsten Klöster im Elsaß auf und profilierte sich später als Ausbildungsstätte für Töchter des Adels und Hochadels. Hier wurde die spätere Zarin Katharina von Rußland erzogen. In diesem renommierten Stift war Clara Kunigunde allerdings kein beschauliches Lebensende beschieden. Sie mußte 1793 Masmünster verlassen und starb 1816 in Freiburg im Breisgau. Wie viele andere adelige Einrichtungen dieser Art war Masmünster im Zuge der Französischen Revolution aufgelöst worden.

Ihrer Schwester Maria Kunigunde (Nr. 251, 1748/49–1784) blieben die Wirren des Revolutionsgeschehens erspart. Sie hatte zwar als »*Pensionaire du Roy*« in dem adeligen Stift St. Cyr bei Paris ihre Erziehung genossen, doch wechselte sie bereits 1763 nach Schänis. Dort wurde sie 1766 gemäntelt. Nicht nur eine Jahrzeit von 300 Gulden, sondern auch ein Wappen im Kreuzgang der Kirche des zwischen 814 und 824 gegründeten Klosters erinnern an sie. Wie andere Klöster war Schänis in ein Damenstift umgewandelt worden, das bis 1811 bestand. In Eberhard von Schönaus Chronik sind einige Einzelheiten des Alltagslebens überliefert, die uns Einblick in das Leben der Kanonissen geben.

Die Stiftsdamen mußten nicht in Klausur leben, durften ausgehen, Besuche empfangen und heiraten. Die Aufnahmebedingungen für die Novizinnen, die ›Chorjungfern‹ genannt wurden, erinnern eher an ein Institut zur Eheanbahnung als an eine religiöse Einrichtung. Sie mußten ihre Ritterbürtigkeit nachweisen, ferner gesund, gut gewachsen und frei von Lastern sein. Verlangt war eine reichhaltige und dennoch einfache Ausstattung an seidenen Kleidern, Wäsche, Besteck, Bettzeug und anderen Gegenständen des täglichen Gebrauchs. Jedes Jahr mußten 50 Reichsgulden für die Unterbringung gezahlt werden. Dafür erhielten sie eine Ausbildung in Handarbeit und Sprachen (darunter Latein), in den schönen Künsten sowie im Kirchengesang. Natürlich standen auch Fragen der gesellschaftlichen Etikette auf dem Lehrplan. Das Leibgedinge betrug bei der Mäntelung zur Chorfrau 1.000 Gulden, hinzu kamen noch 100 Gulden Eintrittsgelder und Geschenke. Wie und ob der total verschuldete Vater Franz Ignaz diese Beträge beschaffte, ist unbekannt.

Von den drei anderen Töchtern wissen wir nicht viel. Maria Franziska (Nr. 253, gest. 1789) war Angehörige des Stiftes Ottmarsheim. Auf der Ahnentafel eines Ehepaares Schönau-Pfirt wird eine Maria Theresia von Schönau als »*Fürst zu Ottmarsheim*« bezeichnet, vermutlich eine ungeschickte Abkürzung. Es ist nämlich sicher, daß sie tatsächlich nicht Äbtissin war. Ihre Schwester Marianne Sophia (Nr. 255) ist 1745 als Stiftsdame in Andlau nachgewiesen und wird 1786 als »*Dame capitulaire*« und Rangzweite hinter der Äbtissin genannt. Auch von Maria Anna (Nr. 256), die 1747 Stiftsdame in Remiremont wurde, ist nur ein Detail überliefert. Sie wurde 1768 als Chorsängerin (»*Dame chantre*«) bezeichnet.

Die zweite bemerkenswerte Häufung in der Zeller Linie findet sich unter den sechs Kindern des Anton Ignaz Johann (Nr. 245, 1732–1808) und der Maria Franziska Gräfin von Kageneck; ihre vier Töchter wurden sämtlich Stiftsdamen. Maria Anna (Nr. 257, geb. 1759) wurde um 1782 in Andlau gestühlt, nahm 1786 die Rangposition zehn ein und heiratete im Jahr 1786. Auch ihre Schwestern Maria Franziska (Nr. 258, geb. 1761) und Maria Anna Henrica (Nr. 262, geb. 1767) fanden einen Mann. Sie traten in Remiremont ein, mußten aber 1793 wegen der Revolution das Stift verlassen und heirateten vermutlich in einer Doppelhochzeit am 14.7.1803: Maria Franziska einen Grafen von Thurn und Valsassina, Maria Anna Henrica den 63jährigen Franz Anton Bonifacius Freiherrn von Baden-Liel. Im Gegensatz zu ihren Schwestern blieb Maria Antonia (Nr. 259, 1762–1849) unverheiratet. Sie wurde 1776 in Masmünster aufgenommen, das sie ebenfalls wegen der Revolution verließ. Seit 1796 wohnte sie bis zu ihrem Tod in Säckingen. Sie war ein ›Sozialfall‹, bezog seit 1833 eine Rente der Breisgauer Ritterstiftung und erhielt seit 1846 Zuwendungen des Albert-Karolinen-Stifts in Freiburg, ohne allerdings in die Zähringerstadt zu ziehen.

Auch in der Linie Wehr kommt es zu einer Häufung von Stiftsdamen, unter ihnen wieder einige Geschwistergruppen. Von den vier Töchtern des Johann Franz Anton (Nr. 267, 1664–1719) gingen zwei in Stiftseinrichtungen und zwei in reguläre Klöster. Eine von zwei Schönauschen Damen im Säckinger Stift war Anna Maria (Nr. 269, geb. 1693), die 1715 als Kapitulardame nachgewiesen ist. Da die Herren von Schönau das Säckingische Meieramt innehatten, werden sie, um Interessenkonflikte zu vermeiden, ihre Töchter meist in andere Einrichtungen gegeben haben. Zu ihnen zählte Schänis, wo Anna Marias Schwester Maria Catharina (Nr. 276, 1703–1766) bis zu ihrem Tode lebte.

Im Gegensatz zu den beiden Vorgenannten wandten sich Maria Clara (Nr. 277, geb. 1705) und Maria Agatha (Nr. 279, 1710–1785) dem regulären Orden der Zisterzienser zu. Während die erste im Kloster Günterstal bei Freiburg im Breisgau lebte, machte die zweite im Kloster Olsberg bei Rheinfelden (CH) Karriere. Der dort 1172 dem Orden beigetretene Konvent unterstand der Obhut der Äbte von Lützel (CH). Nach einer wechselvollen Geschichte wurde das Kloster 1791 durch ein Hofdekret in ein weltliches Damenstift umgewandelt. Dies mußte Maria Agatha, die 1752 Subpriorin und 1757 Äbtissin wurde, nicht mehr miterleben. Sie starb am 18.2.1785.

Ebenfalls in den Rang einer Äbtissin stieg die älteste Tochter des Fidel Joseph Franz Anton von Schönau-Wehr (Nr. 270, 1694–1759) auf. Maria Sophia (Nr. 280, 1731–1812) trat 1757 in das Stift zu Gerresheim bei Düsseldorf ein und wurde dessen letzte Äbtissin. Auch sie bekam die Auswirkungen der Französischen Revolution zu spüren und soll sich um geistliche Emigranten gekümmert haben. Das von ihr geleitete Stift wurde 1803 säkularisiert. Über ihre Schwester Johanna Victoria (Nr. 284, 1735–1796) ist nur wenig zu sagen. Sie wurde 1752 Stiftsdame in Schänis, wo sie bis zu ihrem Tode blieb. Im Gegensatz zu fast allen anderen Schönauschen Stiftsdamen sind über die in Rastatt geborene Maria Augusta von Schönau (Nr. 288, 1770–1839) einige farbige Details überliefert. Wie andere Schönausche Töchter trat sie in das Damenstift von Schänis ein. 1786 ist von ihr als ›Expektantin‹, d. h. Anwärterin die Rede. Während der helvetischen Revolution hatte sie Schänis verlassen, kam aber wieder zurück.

Obwohl das Stift 1811 aufgehoben wurde, blieb sie als Pensionärin bis 1819 in Schänis, um dann nach Wehr zu ziehen. Die Schriftstellerin

Der Grabstein der Äbtissin Maria Agatha Victoria Freifrau von Schönau-Wehr (1710–1785); Kirche des Stiftes Olsberg

Eine Äbtissin des 18. Jahrhunderts; Ölgemälde (Das Schönausche Wappen wurde erst im 19. Jahrhundert hinzugefügt)

Hermine Villinger beschreibt in einer Erzählung anschaulich einen geselligen Abend im Schönauschen Schloß, zu dessen musikalischer Abrundung Maria Augusta kräftig in die Tasten des Klaviers griff. Nach Villingers Überlieferung soll die alte Dame auch über ein beträchtliches Talent zum Malen verfügt haben, das aber nie ausgebildet wurde. Während hier eine der Schönauschen Stiftsdamen persönliche Kontur gewinnt, ist vom Leben der Antonia Josepha (Nr. 292, 1779–1852), einer Schwester der musischen Maria Augusta, nicht viel in Eberhard von Schönaus Chronik überliefert. Sie war die zweite Schönausche Stiftsdame in Säckingen und heiratete 1817 Carl Freiherrn Gleichauf von Gleichenstein.

Versorgung und Religiosität bis zur Gegenwart

Wie an den Lebensdaten einiger Stiftsdamen bereits erkennbar wurde, hatten sowohl die Französische Revolution als auch die Säkularisation in Deutschland gravierende Folgen nicht nur für die regulären Klöster, sondern auch für die Damenstifte. Nun treten Versorgung und Religiosität stärker auseinander, wobei die Versorgung durch eher weltliche Stifte abgesichert wird. Hier spielt das Albert-Karolinen-Stift zu Freiburg i. Br. eine wichtige Rolle. Sein Sitz war im Haus ›Zum Pilgerstab‹, das 1810 an die Gräfin Caroline von Thurn-Valsassina ging. Da ihre Ehe mit dem Freiherrn Albert von Pfirt kinderlos blieb, vermachten beide ihr Vermögen einer Stiftung, die »unverheirateten Fräulein vom Adel des Breisgau und des oberen Elsaß die Mittel zum Unterhalt und einen anständigen Zufluchtsort … gewähren«[10] sollte. Gedacht war hauptsächlich an Verwandte, zu denen auch die Familie von Schönau zählte.

Stiftsdamen im Karolinen-Stift waren die bereits erwähnte Maria Antonia (Nr. 259), die allerdings in Säckingen geblieben war, Maria Sophie (Nr. 311, 1848–1912) und Elisabeth Antonia (Nr. 317, 1884–1966), die beide zu Ehrenstiftsdamen ernannt wurden, ferner Luise Adolphine (Nr. 327, 1867–1955) sowie Maria Magdalena (Nr. 333, 1880–1964). Während Luise Adolphine 1921 zur Äbtissin des Karolinen-Stifts gewählt wurde, versah ihre Schwester Maria Magdalena das Sekretariat, um selbst 1952 an die erste Stelle zu rücken. Andere Frauen aus dem Hause Schönau wandten sich im 19. und 20. Jahrhundert wieder vermehrt dem regulären Klosterleben zu.

So wurden beispielsweise drei Töchter aus der Ehe zwischen Otto Wolfgang von Schönau (Nr. 295, 1806–1869) und Auguste Gräfin von Auersperg-Purgstall (1815–1847) Nonnen. Sophie Isabella (Nr. 302, geb. 1835) trat unter dem Namen ›Marie Otto‹ in das Kloster der Schulschwestern von der ›Göttlichen Vorsehung‹ in Rappoltsweiler ein. Ihre Schwester Auguste (Nr. 304, 1839–1881) ging zu den ›Barmherzigen Schwestern von St. Vicent de Paulo‹ in Metz und Ida Anna (Nr. 305, 1842–1919) fand ihre Bestimmung im Kloster ›Unserer Lieben Frau‹ zu Offenburg, wo auch die bereits erwähnten Luise Adolphine (Nr. 327) und Maria Magdalena (Nr. 333) ihre Ausbildung erhalten hatten. Im Gebäudekomplex des 1280 gegründeten Franziskanerklosters hatten Augustinerchorfrauen aus der ›Congregatio Beatae Mariae Virginis‹ 1823 eine Mädchenschule eingerichtet, die sich großer Beliebtheit erfreute. Heute ist hier das Mädchengymnasium ›Unserer Lieben Frau‹ untergebracht.

Mit Thekla Emma Sophie von Schönau (Nr. 330, 1873–1942) endet die lange Reihe der Stiftsdamen und Ordensfrauen der alten Adelsfamilie. Thekla trat in den relativ jungen Orden der ›Barmherzigen Schwestern vom Heiligen Kreuz‹ ein. Der Kapuzinerpater Theodosius Florentini hatte ihn 1856 in der Schweiz gegründet, wo in Ingenbohl bei Schwyz das Generalmutterhaus liegt. 1892 hatten die ›Barmherzigen Schwestern‹ das Schloß Hegne am Bodensee erworben. Dort lebte Thekla Emma 10 Jahre unter demselben Dach mit der 1987 seliggesprochenen Ulrika Nisch, die sich heute im Bodenseeraum einer großen Verehrung erfreut. Thekla Emma hatte 1903 Profeß abgelegt, wurde Sekretärin in Hegne und später in den Provinzialrat des Ordens berufen. Ihre Entscheidung für ein monastisches Leben hatte nichts mit dem Wunsch nach Versorgung zu tun, sondern entsprach vielmehr der karitativen Ausrichtung ihrer Gemeinschaft: das eigene Leben der Versorgung anderer zu widmen.

Anmerkungen

1 Die im folgenden jeweils nach den Frauennamen in Klammern angeführten Nummern entsprechen der von Eberhard von Schönau vorgenommenen fortlaufenden Numerierung jeder einzelnen Person in der fünfbändigen Chronik (AFSW: B 118). Die meisten der Frauen trugen eine Vielzahl von Vornamen, von denen hier um der besseren Lesbarkeit des Textes nur die ersten zwei bzw. drei aufgeführt sind. Die Verwendung von Urkunden und Quellen, die die Schönauschen Stiftsdamen betreffen, erfolgt ebenfalls nach Eberhard von Schönau.

2 Jehle, F./Enderle-Jehle, A.: Die Geschichte des Stiftes Säckingen, Aarau 1993, S. 235 ff.

3 Schäfer, K. H.: Die Kanonissenstifte im deutschen Mittelalter, Stuttgart 1907.

4 Andermann, U.: Zur Erforschung mittelalterlicher Kanonissenstifte, in: Andermann, K. (Hg.): Geistliches Leben und standesgemäßes Auskommen. Adelige Damenstifte in Vergangenheit und Gegenwart (Kraichtaler Kolloquien 1) Tübingen 1998, S. 11.

5 Backmund, N.: Die Kollegiat- und Kanonissenstifte in Bayern, Windberg 1973, S. 117.

6 Andermann, Kanonissenstifte, S. 42.

7 Staab, F.: Standesgemäße Lebensform und Frauenfrömmigkeit. Bemerkungen zu einem Langzeitphänomen, in: Andermann (Hg.): Geistliches Leben, S. 149.

8 Backmund: Kollegiatsstifte, S. 5.

9 AFSW: B 118, Bd. 1, S. 28.

10 Freiburg und seine Bauten, hg. vom Kulturamt der Stadt Freiburg i. Br., Freiburg 1990, S. 5.

*Wirken
für die Kirche*

Elisabeth von Schönau / Klaus Schubring

Hans von Schönau (1480–1527) – Mystiker und Stifter

Herkunft und Jugend

Johannes von Schönau, oft kurz Bruder Hans genannt, ist eine so eigenartige, beachtenswerte, auch vielfach umstrittene Persönlichkeit, daß ein Versuch, sein Leben nachzuzeichnen, als lohnend erscheint. Er muß in seine Zeit und in seine weitere Heimat, den Breisgau, hineingestellt werden. Neuere Quellenfunde sind geeignet, diesem Herren von Schönau deutlichere Umrisse zu verleihen. – Johannes von Schönau d. J., wie er zur Unterscheidung von einem älteren Familienmitglied genannt wird, ist 1501/02 nach Freiburg gekommen. Offenbar hat er zunächst bis 1503 an der Universität studiert. Darauf weisen seine Beziehungen zu Freiburger Theologen und Juristen, seine spätere Fürsorge für die junge Hochschule in Freiburg, seine Bildung und sein erster Wohnsitz, ein Haus, das ansonsten Juristen und Rektoren bewohnten. Jung, vermögend und unabhängig konnte Hans von Schönau sein Leben nach seinem Willen und Gutdünken gestalten. Das hat er auch getan, allerdings auf seine Weise.

Schon im Jahre 1503 faßte der junge Herr einen merkwürdigen Entschluß. Er ließ sich als ausreichend versorgter ›Pfründner‹ vor dem Kloster St. Maria Magdalena zu den Reuerinnen nieder. Dieses Kloster an der heutigen Friedrichstraße und in der ehemaligen Predigervorstadt gehörte tatsächlich ursprünglich zum Orden der Reuerinnen. Die Reuerinnen nahmen Dirnen auf, um sie sittlich zu läutern und ihnen den Weg zur Nonne zu eröffnen oder sie gebessert in die städtische Gesellschaft zu entlassen. Die Klosterfrauen von St. Maria Magdalena waren aber schon seit Anfang des 14. Jahrhunderts dem weiblichen Zweig der Dominikaner angeschlossen; um 1470 hatten sie im Zuge einer Re-

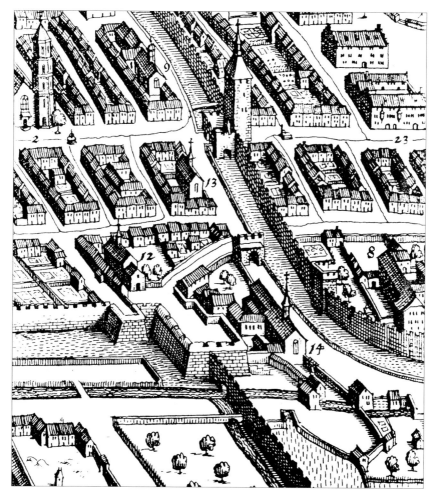

Der Bereich des Klosters St. Maria Magdalena (Nr. 14); Stadtansicht von Freiburg i. Br., Kupferstich Matthäus' d. Ä. Merian, Ausschnitt (vor 1643)

form die strengere ›Observanz‹ angenommen. Mystik, Askese und genaue Haushaltsführung waren für sie zu Leitsternen geworden.

Was verband Junker Hans mit dem Kloster zu den Reuerinnen? Blikken wir zunächst auf seine Herkunft und seine Jugend zurück: 1480 ist er in Großlaufenburg, wahrscheinlich auf der Burg geboren. Damals zwängte sich der Rhein noch in Wirbeln und über Stromschnellen zwischen beiden Teilen von Laufenburg hindurch. Das Brausen und Toben, mit dem der Fluß gegen die Felsspitzen und -blöcke donnerte, war des kleinen Hans' Wiegenlied. Er wuchs in einem Kreis von Geschwistern auf. Der ältere Bruder Kaspar führte später die Familie fort (und erhielt Nachkommen bis in die Gegenwart), auch der früh verstorbene Melchior hatte Söhne. Die Schwestern heirateten oberrheinische Adlige; Veronika und ihren einflußreichen Mann Kaspar von Blumeneck traf Hans später in Freiburg an.

Der Vater dieser Geschwister, der vermögende Hans Kaspar, hatte als erster Herr von Schönau 1477 die bedeutsame Vogtei Laufenburg erlangt. Mit ihr war bis 1483 das Amt eines Hauptmanns der vier vorderösterreichischen Waldstädte verbunden. Schon im Jahre 1483 verlor Hans aber seinen Vater, die Mutter Anna Beatrix geb. v. Utenheim zog mit den Kindern nach Rheinfelden. Mutter Anna Beatrix stand in enger Verbindung zu ihrem Bruder Christoph, der mit seinem Freund Jakob Wimpfeling in asketischer Zurückgezogenheit leben wollte, jedoch auch Aufträge zur Reform geistlicher Einrichtungen übernahm. 1502 wurde Christoph v. Utenheim zum Bischof von Basel gewählt. Als neuer Bischof bemühte er sich bald mit Geduld, Eifer und Liebe um die Wiederherstellung der Kirchenzucht und die Hebung des religiösen Lebens in seinem Bistum. Vor allem lag ihm die Ausbildung ernsthafter Priester am Herzen. Sicher war Hans von Schönau von diesem Verwandten beeindruckt, möglicherweise wollte er dessen ursprünglichen Lebensplan bei den Freiburger Reuerinnen verwirklichen.

Anders war sein Verhältnis zu Heinrich Schönau oder Schönauer, einem unehelichen Sprößling der Familie. Heinrich muß ein bedeutender Mann gewesen sein. Er studierte und wirkte von 1492 bis 1499 an der Universität Bologna. 1502–1509 war er Chorherr und Propst an St. Martin in Rheinfelden, er wurde auch Domherr in Basel und *»hat vil pfründen gehaebt und zinns und zehenden, so er selber erkhaufft hat, und ist vast* [sehr] *reich gesein.«* Ein Beispiel für den damals viel kritisierten, Pfründen häufenden hohen Geistlichen! Ausgerechnet ihn machte Bischof Christoph zu seinem Generalvikar in geistlichen Angelegenheiten. Heinrich ist möglicherweise am Ende seines Lebens legitimiert worden, er wird vereinzelt noch Heinrich von Schönau genannt. Hans von Schönau erwähnt ihn mit keinem Wort, auch in seinen Testamenten bedenkt er ihn nicht. Für die Familie blieb er der *»Vetter Dr. Heinrich Schönau«*.

1501 hat Christoph von Utenheim, der künftige Bischof, nach dem Tode des Hans Heinrich Hürus, des Bruders von Hans Kaspar, das väterliche Erbe unter Hans und seinen Geschwistern aufgeteilt. Es waren stattliche regelmäßige Einnahmen, die Hans d. J. nun aus angelegten Kapitalien zur Verfügung standen. Jung und vermögend zog der Junker nach Freiburg. Sicher hatte er eine schulmäßige Ausbildung durchlaufen; der Heimat am Hochrhein blieb er stets verbunden, wie seine letzten Verfügungen zeigen werden. Vermutlich hatten die Mutter und ihr Bruder eine religiöse Richtung in ihm angelegt. Verfolgen wir nun seinen weiteren Lebensweg und wenden wir uns dann seinen testamentarischen Verfügungen zu.

Leben und Wirken in Freiburg

Der »*edle und feste Junker*« bezog vor der Kirche der Reuerinnen ein Haus mit mehreren Gemächern, einem »*heimlichen Gemach*« (Abort), einem Gaststall und einem Garten. Er hatte außerdem wie ein Klostergründer Zugang zur Sakristei. Die Verpflegung stellten ihm die Nonnen bereit, anfangs bediente ihn der Klosterknecht, später hielt der Pfründner sich einen oder sogar mehrere Knechte. 1523 verzichtete er für sich und seine Knechte auf die Verköstigung, dabei äußerte er Unzufriedenheit mit der Verpflegung. Hans von Schönau unterhielt übrigens auch einen Studententisch. Gäste lud der Laie im Schatten des Klosters offenbar selten ein; er gab später an, er habe für Gastereien über zwei Jahrzehnte hinweg nur rund 150 Gulden ausgegeben. Ein einziges Mal und zwar offenbar 1506 unternahm er eine längere Reise nach Ulm, Pforzheim und Basel.

Was Hans d. J. in seiner Klause las, kann man in gewissem Umfang angeben: Er ließ sich einen Sterbespiegel, eine Anleitung zu seligem Sterben, abschreiben; möglicherweise schrieb er selbst ab: eine deutsche Fassung der ›Dicta Aegidii‹, der Ermahnungen eines der ersten Jünger des Franz von Assisi, ferner eine Textsammlung für widrige Lagen, die das Gebet empfahl und auf die Leiden Christi hinwies. Außerdem lagen Hans von Schönau mehrere Texte zur dominikanischen (Frauen-) Frömmigkeit vor: Predigten, Anweisungen zur inneren Einkehr und zur Betrachtung bis hin zum ›Auffliegen‹ in die Kontemplation, insgesamt gesehen Einführungen in die spätmittelalterliche Mystik. Ihnen folgten Nachrichten über Nonnen des dominikanischen Frauenklosters Adelhausen. Der fromme Laie befaßte sich demnach in seiner Lektüre mit mystischer Versenkung, mit der Bedeutung des Todes und mit den Leiden Christi. – Den Reuerinnen gegenüber sah er sich als Wohltäter, über seine Zuwendungen ließ er 1524 sogar ein Register anlegen. Die Nonnen hingegen nahmen an, der »*edel und fest Junckherr*« sei »*von sunder* [besonderer] *fürsehung gottes*« zu ihnen gekommen.

Und tatsächlich schenkte er ihnen Kleidung, besonders Röcke und Pelze, Spannbetten, Aufbesserungen ihrer Fastenspeisen, Nützliches für die Klosterapotheke und – wohl schon als schwerkranker Mann – Teile seines Hausrates, z. B. Zinn- und Messinggeschirr, Bettgestelle und Bettzeug, eine »*güldene huben*«. Außerdem unterstützte Hans den Bau folgender Anlagen: das neue Glockenhaus, den Gang zur Schatzkammer, das neue ›heimliche Gemach‹, die neue Badestube, 10 neue Zellen im hinteren Schlafgebäude, die Neueindeckung des Klosterdaches und einen Neubau im Garten. Ebenso spendete der Wohltäter Geld zur Abzahlung von Schulden. Einen »schlagartigen ökonomischen Aufschwung« (Herding) verdankte das Kloster seinem Förderer.

Auch das religiöse Leben unterstützte und beeinflußte der Stifter: Für den Hauptaltar der Klosterkirche spendete er das Ewige Licht. Der rechte Seitenaltar wurde von ihm ermöglicht, hier sollten nicht zuletzt die Pestheiligen Sebastian und Wolfgang verehrt werden. Großen Wert legte Hans von Schönau auf eine jährliche Fridolinsmesse. Fridolin ist bekanntlich der Haupttheilige in (Bad) Säckingen. Der fromme Laie zog die Nonnen auch in Wallfahrtspflichten hinein, nämlich zum Marienmünster in Aachen, zu den Heiligen Drei Königen nach Köln, zur heiligen Anna nach Düren, nach St. Chrischona bei Basel und zu den drei Jungfrauen in Eichsel bei Rheinfelden. Schließlich spendete Hans noch zwei der neuen Meßbücher, die der zuständige Diözesanbischof von Konstanz 1504 veröffentlicht hatte. Der Stifter wollte »nur die neuesten [Meßbücher] verwendet wissen und somit absolut korrekt sein.« (Herding)

Solche Wohltaten hatten ihren Preis. Und die Nonnen hielten offenherzig fest: »*Wir woellen ihm mehr tuon dann wir den andern tun.*« Dabei verlangte ihre Ordensregel, daß die Frauen zumindest jährliche Seelgedächtnisse nur in Form des Einschlusses in ihre üblichen Gebetszeiten, nicht als eigene Leistungen übernahmen. Zunächst verpflichteten sich die Nonnen zu zahlreichen, teilweise wöchentlichen Gebeten und Wechselgesängen. Sie fühlten sich in einer geistlichen Bruderschaft und sprachen von ihrem »*lieben getruwen mittbruder … hansen von Schönow.*« Hinzu kamen umfangreiche Verpflichtungen zu alljährlichen

Seelgedächtnissen: Es ging dabei um die Verehrung des Leidens Christi und eine immer wiederkehrende Fünfzahl der gelesenen und gesungenen Messen. (Sie sollte der Seele die Erlösung sichern. Die Messen selbst mußten selbstverständlich Priester im Auftrag der Klosterfrauen halten.) Die geistlichen Verpflichtungen für den ›gottgesandten‹ Stifter wurden sogar in einem eigenen Seelbuch zusammengestellt.

Weitere, weniger enge Beziehungen verbanden Hans von Schönau mit den sogenannten Barfüßern, den Franziskanern. Dort wurde auf sein Betreiben 1515 die strengere ›Observanz‹ eingeführt. Auch verfügte er in seinem Testament, daß er in der Franziskanerkirche bestattet werden wolle. Anscheinend war 1524 bereits der Grabstein mit dem Familienwappen vorbereitet, der am Lettner und vor dem Tor zum Chor, vor dem Mönchsteil der Kirche, zu liegen kommen sollte. – Viel Aufmerksamkeit widmete der Stifter der Anlage seiner Kapitalien; er gab sie an Freunde, Bekannte, Klöster und Fürsten aus. Mit den jährlichen Erträgen finanzierte er seine Wohltaten und Unterstützungen, oder er richtete im Vorgriff auf sein Testament bereits einzelne auf Dauer gedachte milde Stiftungen ein.

Übrigens plante und überarbeitete Hans sein Testament während eines längeren Zeitraumes, so daß nacheinander mehrere Fassungen entstanden; danach legte er noch Ergänzungen fest. Wie schon erwähnt, führte Hans von Schönau über seine Wohltaten Register. Gelegentlich war er für seine Verwandtschaft, für andere Adlige und die Franziskaner als Schiedsrichter in Streitigkeiten tätig. – Der lesende und meditierende Asket gehörte mehreren Gebetsbruderschaften an, er wandte dennoch ungebrochene Aufmerksamkeit auf eigene Interessen, wiederholt beschäftigten ihn Rechtsgeschäfte seines Standes und seiner Sippe. Als Mitglied in Gebetsbruderschaften konnte er Bruder genannt werden. Angehöriger eines Dritten Ordens ist er offensichtlich nie geworden. Er blieb bis zuletzt und besonders in seinem Haupttestament »*der edel vest Hans von Schenow.*«

Testamentarische Stiftungen

Die endgültige Fassung seines Testamentes wurde am 26.2.1524 schriftlich aufgesetzt. Hans stellte annähernd 500 Gulden im Jahr für fromme und milde Zwecke zur Verfügung. Als erste Exekutoren setzte er ein: Kaspar Wirck, genannt Ingelstetter, den städtischen Obristzunftmeister und Dr. Georg Schmotzer, Juraprofessor der Universität, sowie die Schultheißen von Rheinfelden und Säckingen. Ihnen sollte ein Schaffner (»*Innemer und ussteyler*«) unterstehen. Den Klosterfrauen von St. Maria Magdalena wurden jährlich zusätzlich 20 Gulden zugesprochen, vorausgesetzt, daß sie sich nicht »*ungeburlich hilten, also das ein offner Ingang bey in* [ihnen] *oder ergerlich wandel da wurde.*« Ebenso sind den Barfüßern jährlich 10 Gulden zugedacht, es sei denn, daß »*die observantz dar in nit mer gehalten wurd.*« Die Theologische Fakultät der Universität sollte in jedem Jahr zehn Gulden erhalten, damit sie an den vier Quatembertagen eine Disputation über ein Thema aus der Bibel veranstalte.

Dem Freiburger Pfarrer und seinen vier Vikaren wurden 15 Schillinge ausgesetzt, damit sie die Namen zum Tode Verurteilter an bestimmte Klöster mitteilten, was als Aufforderung zur Fürbitte zu verstehen ist. Auch sollte die Pfarrgeistlichkeit am nächsten Sonntag von der Kanzel herab die Gemeinde zum Gebet für die Verurteilten auffordern. Die vorgesehenen 15 Schillinge sind eine geringe Zuwendung an das sonst unberücksichtigte Münster. Der ›Armesünderwein‹, der später den Todeskandidaten auf dem Weg zur Hinrichtung an zwei Stellen gereicht wurde und der auf Hans von Schönau zurückgeführt wurde, ist dagegen in seinem Testament noch nicht genannt.

Je fünf Gulden hat der Stifter jedoch für die »*Armen im Blatterhuss*«, also für die neuen Syphilis-Kranken, und für die Sondersiechen im Gutleuthaus, also die Aussätzigen, vorgesehen. Vier Gulden im Jahr soll der Austeiler für Betten und Decken aufwenden und den Gefangenen in den städtischen Gefängnissen übergeben. Diese Gefängnisse befanden sich im Martins-, im Prediger- und im Christophelturm. Außerdem sollte der Austeiler zweimal jährlich unangemeldet die Lagerstätten und Decken besichtigen, ob »*sy nit* [v]*erfulen*« oder (von den Stadtknechten) zweckentfremdet sind. Diese Anweisungen zeugen von Einblick in die Wirklichkeit; nicht auszuschließen ist, daß Hans von Schönau die elenden Unterkünfte von Gefangenen gesehen hatte.

20 Gulden setzte der Stifter in jedem Jahr als Unterstützung für ein mittelloses Brautpaar aus; weitere 20 Gulden dienten zum Kauf von einfachem grauem Tuch, das zerteilt und an die Armen ausgegeben werden sollte. Sehr ausführlich sind die Bestimmungen über das eigenartige ›Kornalmosen‹. Der Schaffner hatte jährlich für 80 Gulden

Korn zu kaufen, und zwar vom besten. Die Verteilung geschah über die 12 Zünfte der Stadt. Berücksichtigt werden sollten: Witwen, Waisen, Kranke, Alte, Mittellose, Bedürftige und Kinderreiche. Schließlich konnten die städtischen Bettler und kurz verweilende fremde Bettler bedacht werden. Nicht abgegeben werden durfte das Korn an solche, die nicht arbeiten wollten, die ihr Gut verspielt oder verpraßt hatten. Gotteslästerer, Ehebrecher und Säufer wurden ebenfalls ausgeschlossen. Hier traf sich die Sicht des Stifters mit den Einteilungen, die die städtische Obrigkeit als neue Moralwächterin vornahm.

Weitere genaue, bis ins kleinste gehende Bestimmungen zeigen rührende Sorge, eingehende Kenntnis der damaligen Zustände und einen gewissen bürokratischen Geist. So sind auch jeweils zehn Gulden zur Aufteilung an die Ärmsten in jeder der Städte Rheinfelden, Säckingen, Laufenburg und Waldshut vorgesehen. In den Dörfern, die Hans' Bruder Kaspar, Hans' Neffen Johann Rudolf und deren Nachkommen gehören, sind 30 Gulden an die Armen, die sich fromm und ehrbar verhalten, zu verteilen. Leichtfertigen ist nichts zu geben. Sollte die Stiftung in Freiburg nicht mehr bestimmungsgemäß ausgeführt werden, sind die Exekutoren aus Rheinfelden und Säckingen beauftragt, die ganze Stiftung an die hochrheinischen Waldstädte zu übergeben. – Alle anderen Rechte, Güter, Zinsen und Kapitalien Hansens von Schönau sollten in fünf gleiche Teile zerlegt werden; vorgesehene Erben und Empfänger waren: der Bruder Kaspar, der Neffe Hans Rudolf, die Schwester Ursula verh. von »*Berenfels*«, die Kinder der Schwester Eva verh. von Bergheim und die Schwester Veronika verh. von »*Blumneckh*«.

Zwar dienten alle vorgestellten frommen und milden Verfügungen grundsätzlich »*zu lob got und zu trost der armen*«. Dennoch erwartete der Stifter ausgesprochen oder unausgesprochen als Gegengabe Gebete für sein Seelenheil. So wurden die Verpflichtungen der Nonnen zu den Reuerinnen ausdrücklich wiederholt. Und am ausführlichsten heißt es für die Zunftarmen, die Almosen erhalten, sie sollen wissen, daß sie schuldig sind, Gott Lob und Dank dafür zu sagen »*und gott für den Testattor* [Erblasser, Stifter] *zu bitten und für die, da sol[c]h almusen herkompt*«. Die Stiftung bewegt sich deshalb im Rahmen der christlichen Armenpflege. Ungewöhnlich wirken aber die teilnehmende Sorge um Gefangene und der Wunsch nach allgemeinem Gebet für zum Tode Verurteilte. Zeittypischen Vorstellungen entspricht dagegen der Ausschluß arbeitsscheuer und unsittlicher Armer. Übrigens sollte sich der Schaffner für nahezu jede Zuwendung einen schriftlichen Beleg geben lassen. Gegen unzählige mögliche Mißbräuche hatte sich der Stifter Ersatzlösungen ausgedacht.

Würdigung

Das Testament war kaum aufgesetzt, da gab es Streit. »Aufs höchste aufgebracht meldete sich sogleich der Bruder Kaspar«, der nicht gefragt worden war. Die Exekutoren aus der Universität und der Stadt hätten Silbergeschirr und Zinsbriefe an sich genommen. Man solle alles zurücklegen und seine – Kaspers – Einrede abwarten. Der Ausgang der beginnenden Auseinandersetzung ist nicht bekannt. Hans von Schönau konnte aber seinem Bruder noch entgegentreten, lebte er doch bis 25.1.1527. Die Klosterfrauen zu St. Maria Magdalena bezeugten dann ein seliges Ende ihres Wohltäters. Allerdings hatte der ritterliche Laie im Jahre 1525 mit Rücksicht auf »*blödigkeit und zufallende krankheit*« (Schwäche und eingetretene Krankheit) einen Geschäftsträger für sich bestellt. Auch hatte er Ergänzungen zu seinem Haupttestament verfügt. Dieses selbst muß 1527 in Kraft getreten sein. Seine wesentlichen Bestimmungen wurden im Rahmen einer eigenständigen Stiftung bis ins 19. Jahrhundert ausgeführt. Das ist ein beachtlicher Erfolg der gut durchdachten, peinlich genauen, manchmal bürokratischen Regelungen. Noch heute zählt Hans von Schönau im historischen Bewußtsein der Stadt Freiburg zu den großen Stiftern.

Jakob Wimpfeling, der den Freiburger Laienbruder wahrscheinlich kannte, widmete ihm 1509 die Übersetzung einer Schrift, die zum christlichen Leben ermahnte und Armenfürsorge als Vorbedingung der Gnade bezeichnete. Damit traf der führende Humanist sicher eine Seite im Wesen des Hans von Schönau. Er stellte ihn außerdem als eifrigen Leser des Volkspredigers Geiler von Kaysersberg dar. Und 1510 wurde dem Adligen ein Band der Predigten Geilers gewidmet. Erst 1519 hat dann Johann Adelphus Muling seine Übersetzung des ›Enchiridion militis christiani‹, einer berühmten Schrift des Erasmus von Rotterdam, niemand anderem als Hans von Schönau zugeeignet. Muling erklärte ihn im Widmungsbrief zum wahrhaft christlichen Ritter, weil er in heiligmäßiger Isolierung als einfacher, echter Christ lebe und so dem Christenvolk ein Vorbild sei, anders als die damalige hohe Geistlichkeit.

So sehr diese Widmungen Hans ehren, ein Humanist war er deshalb doch nicht.

Zweifellos zog er sich immer wieder zurück, um sich zu vertiefen und zu versenken. Die Betrachtung des Leidens Christi und die Auseinandersetzung mit dem Tod nahm er sehr ernst. Auch eine Reihe anderer Formen der spätmittelalterlichen Frömmigkeit suchte er zu erneuern und auszuüben. Auf Strenge in der Befolgung von Ordensregeln legte er großen Wert. Die ersten Schriften Luthers soll der fromme Laie begeistert begrüßt haben. Doch konnte er sich selbstverständlich nicht mit der deutlicheren Ausformung der Reformation anfreunden. Im Gegenteil, Hans von Schönau wollte in Übereinstimmung mit reformerischen Kirchenoberen bleiben. Die Frömmigkeit des Adligen hat aber auch etwas Bürokratisch-Rechenhaftes, wie Registerführung und Testamente zeigen.

Den Nonnen von St. Maria Magdalena trat er bestimmend als der eine ›gottgesandte‹ Junker gegenüber. Er war nicht nur Eindringling sondern auch dauernder Beherrscher in vielen Teilen ihres kultischen Lebens. Gruppen und soziale Abstufungen in Freiburg behielt er ständig im Auge. Almosenempfänger bewertete er moralisch, abgesehen allerdings von Gefangenen und Todeskandidaten. Seine Familie vergaß er keineswegs. Noch im Tod war ihm das Familienwappen wichtig. Die Heimat am Hochrhein bedachte er mit Zuwendungen, er wies ihr eine Reservestellung zu, wenn in Freiburg Verfall einsetzen sollte. – Die ›Allgemeine Stiftungsverwaltung Freiburg‹ besitzt ein Bild des Bruders Hans von Schönau. Bis in den Zweiten Weltkrieg hinein soll es sich im alten Rathaus und nach dem grauenhaften Bombenangriff vom November 1944 unversehrt auf der Straße befunden haben. Leider handelt es sich nicht um das Originalbild, sondern um eine derbere Kopie des Malers Franz Aparel aus dem Anfang des 17. Jahrhunderts.

Wir sehen ein Gesicht, umrahmt von einem dunklen Bart, rotblonde Haare, die in Strähnen über die hohe breite Stirn fallen, die leicht gebogene schmale langgezogene Nase, einen sensiblen Mund, traurige Augen, die starr vorausschauen, einen sehr leidvollen Gesichtsausdruck. Er ist geprägt von mühevollen Bußübungen und den Zeichen einer Krankheit. Der Asket trägt eine Art Mönchsgewand. Seine groß dargestellte linke Hand weist auf sich selbst. Von rückwärts faßt ihn das Skelett des Todes mit der Linken an der Schulter, die Rechte hält eine Sanduhr. Hans sieht weder Stundenglas noch Tod, er hört aber wohl die groß

Hans d. J. von Schönau (1480–1527), Ölgemälde,
Kopie des Franz Arparel (Anfang 17. Jahrhundert)

geschriebenen Worte: »*Bruoder Hans, Du muost von hinnen, wer fur Dich lit, wirst wol innen*«.

In kleineren Buchstaben ist darunter vermerkt, er stehe im 31. Lebensjahr, es sei das Jahr 1511. Etwas tiefer erinnert an den Adelsstand der Wappenschild mit der Helmzier. Das Original war demnach 1511 entstanden. Haare, Bart, Gesichtsform könnten porträthaft sein. Gewand, Gesichtsausdruck, Handgeste, der Tod als unsichtbarer Mitspieler und seine Erinnerung an Christi Leiden verweisen auf Wertsetzungen und Lebensform des Dargestellten. Das Bild dürfte mit Einverständnis und nach Absprache mit Hans von Schönau entstanden sein. Er kommt geradezu als Auftraggeber in Frage. – Das Freiburger Leben und Wirken des Hans von Schönau ist in erstaunlich vielen Einzelheiten überliefert. Sie zeigen einen frommen Laien, der um sein Seelenheil besorgt ist. Finanziell geschickt wirkte er als Stifter und Förderer für die Universität, für Klöster und Arme.

Quellen und Literatur

Urkundenbuch der Stadt Basel, Bd. 9–10, Basel 1905–1908.
Fäßler, P.: ›Juncker Hansen von Schoenaw, wohnhafftig zuo Fryburg by den Reuweren‹, in: Haumann, H./Schadek, H. (Hg.): Geschichte der Stadt Freiburg im Breisgau, Bd. 2, Stuttgart 1994, S. 444f.
Herding, O.: Das Testament des Hans v. Schönau (1480–1527), in: FDA 99/1979, S. 94–172.
von Schönau, E.: Ritter Hans von Schönau – Stifter und Mystiker 1480–1527, o.O. (ca. 1962).

Catherine Bosshart-Pfluger

Johann Franz von Schönau, Fürstbischof von Basel

Familienangehörige in deutschen Domkapiteln

Den katholischen Adelsfamilien des Heiligen Römischen Reiches deutscher Nation standen verschiedene standesgemäße Versorgungsmöglichkeiten für ihre Kinder zur Verfügung. Im allgemeinen kam dem ältesten Sohn der Familienbesitz zu, für dessen Übernahme er auch vorbereitet wurde. Den nachgeborenen Söhnen standen eine militärische oder eine geistliche Laufbahn offen. Eine Art Mischform zwischen militärischer und geistlicher Karriere boten die geistlichen Ritterorden. Neben einem Klosterleben, das nicht jedem jungen Edelmann zusagte, waren die Domkapitel eine interessante Alternative. Die geistlichen Fürstentümer im Deutschen Reich wurden von einem Bischof oder Erzbischof geleitet, der gleichzeitig weltlicher Fürst und geistlicher Hirte einer Diözese war. Der Zugang zu einem Domkapitel des deutschen Reiches, das auch das Wahlgremium für den künftigen Landesherrn darstellte, war deshalb sehr erstrebenswert. Die verschiedenen Domkapitel versuchten im Laufe der Jahrhunderte die Aufnahmebedingungen so zu erhöhen, daß der Zugang nur noch einem kleinen, exklusiven Kreis vorbehalten war. Um so wichtiger für den Erwerb eines Kanonikates war ein intensives Beziehungsnetz aus Verwandten und Reichsrittern[1].

Sieben Mitglieder der Familie von Schönau besaßen Kanonikerstellen in Basel, Eichstätt und Konstanz, wobei zwei von ihnen ein Eichstätter mit einem Basler Kanonikat verbanden. Die meisten Vertreter der Familie lassen sich im 17. Jahrhundert in den genannten Kapiteln feststellen. Wie Hersche in seiner Gesamtdarstellung der deutschen Domkapitel erwähnt, finden sich im 18. Jahrhundert keine Familienmitglie-

Johann Franz von Schönau, Fürstbischof von Basel; zeitgenössischer Kupferstich von Peter Aubry

der derer von Schönau mehr in deutschen Domkapiteln[2]. Zumindest was die männlichen Schönau-Linien angeht, ist dies zutreffend. Ein Grund hierfür liegt möglicherweise darin, daß die Ritterorden damals den nachgeborenen Söhnen der Familie von Schönau eher zusagten als die Domkapitel. – Gerade am Beispiel des Basler Domkapitels läßt sich aber auch zeigen, daß die Familie über ihre weiblichen Nachkommen im 18. Jahrhundert noch präsent war: So war z. B. Maria Anna von Schönau-Oeschgen (1637–1677) die Mutter des Dompropstes Johann Konrad Rudolf von Pfirt (1659–1709) und die Großmutter des Domherren und späteren Fürstbischofs Jakob Sigismund von Reinach-Steinbrunn (1683–1743) sowie des Domherrn Philipp Jakob von Pfirt (1684–1748)[3].

Diese späten Beispiele zeigen nicht nur die reichen Familienbeziehungen, die die Freiherren und Freifrauen von Schönau mit dem Domkapitel verbanden; sie lassen auch das intensive Netzwerk zwischen der Familie von Schönau und dem Hochstift Basel erahnen. Daß die Herren von Schönau für Jahrhunderte das Erbtruchsessenamt beim bischöflichen Hof versahen, trug sicherlich dazu bei, die Verbindungen zwischen dem Hof, dem Domkapitel und der Familie auszubauen. – Drei Domherren aus der Familie von Schönau fanden Eingang ins Domkapitel Eichstätt: Johann Franz, der spätere Basler Bischof, sein Vetter Franz Rudolf und dessen Neffe Franz Heinrich Fridolin. Es stellt sich die Frage, wie eine Familie, deren Besitzungen und Wirkungskreis im Elsaß, im Fürstbistum Basel und am Hochrhein lagen, in ein fränkisches Domkapitel gelangen konnte. Ein relativ einfacher Grund ist der, daß alle drei am Collegium Germanicum et Hungaricum in Rom studiert hatten.

Das Konzil von Trient hatte als Hauptanliegen der innerkirchlichen Reform die Ausbildung eines neuen Klerus festgelegt. Das 1551 gegründete Collegium Germanicum sollte dem großen Mangel an Theologen und Priesteranwärtern in den Gebieten des deutschen Reiches abhelfen[4]. Bei den Absolventen dieser Ausbildungsstätte war Gewähr gegeben, daß sie dem »rechten« Glauben angehörten und zumindest die Voraussetzungen erhalten hatten, um sich für eine katholische Reform einzusetzen. Was konnte also dem Papst näher liegen, als solchen Absolventen eine Provision auf Kanonikate zu erteilen, die in ungeraden Monaten frei geworden waren und deren Besetzung gemäß dem Wiener Konkordat ihm zufiel? Dies war auch der Weg, auf dem Johann

Franz und Franz Rudolf von Schönau ins Eichstätter Domkapitel kamen. Franz Heinrich Fridolin wurde aufgrund der Resignation seines Onkels Franz Rudolf als Domherr in Eichstätt nominiert. Beschränken wir uns hier aber zunächst vor allem auf Franz Rudolf und Franz Heinrich Fridolin:

Der spätere Basler Dompropst Franz Rudolf von Schönau zu Oeschgen wurde als erster Sohn von Otto Rudolf, dem Gründer der Oeschger Linie, am 16.10.1627 geboren. Schon während seiner Studienzeit (1646–51) am Collegium Germanicum et Hungaricum in Rom erhielt Franz Rudolf eine päpstliche Provision auf ein Eichstätter Kanonikat. Bereits am 4.5.1650 wurde er dort als Domizellar (Kanoniker) und drei Jahre später als vollberechtigter Kapitular aufgenommen. Mit der Wahl vom 13.4.1655 ins Domkapitel von Basel verlagerte er seine Aktivitäten nach Freiburg i. Br., wo das Domkapitel seit der Reformation in Basel residierte. Am 13.6.1685 resignierte er sein Eichstätter Kanonikat zugunsten seines Neffen Franz Heinrich Fridolin. Dieser war am 3.1.1663 in Säckingen als Sohn des Otto Heinrich, eines Halbbruders von Franz Rudolf, zur Welt gekommen. Nach der Studienzeit am Collegium Germanicum in Rom (1681–85) wurde er am 13.11.1685 als Domizellar und am 19.4.1697 als Kapitular in Eichstätt aufgenommen. Elf verschiedene Kuraufenthalte weisen auf das spätere Beinleiden und die damit verbundene Gehschwäche hin. Franz Heinrich Fridolin starb am 25.11.1714 in Oeschgen und wurde dort beigesetzt[5].

Obwohl das Domkapitel Konstanz im erweiterten Einzugsbereich der Familienbesitzungen derer von Schönau lag, finden sich dort nur zwei Familienmitglieder als Domherren: Otto Rudolf von Schönau, den am 15.2.1593 geborenen Sohn von Iteleck und Maria Beatrix von Reischach, nominierte das Kapitel 1610 auf ein Kanonikat. Darauf verzichtete Otto Rudolf allerdings 1624 wieder und heiratete unmittelbar danach in erster Ehe Anna Elisabeth von Rosenbach. Otto Rudolf wurde zum Stammvater der Oeschger Linie. Ein weiterer Vertreter der Familie im Konstanzer Domkapitel war Johann Franz Anton von Schönau. Anhand von Hersches Angaben läßt sich nicht ausmachen, um welche Person es sich genau handelt. In der Linie der Schönau-Wehr gibt es einen Johann Franz Anton, der 1664 als Sohn von Johann Friedrich zur Welt kam. Er heiratete Clara Helena von Liebenfels und wurde 1693 Vater einer Tochter. Und der erwähnte Domherr wurde 1691 durch das Domkapitel nominiert, zudem resignierte er bereits ein Jahr später das

Kanonikat. Von den Daten her könnten beide Personen identisch sein[6]. Die Familie von Schönau faßte im Domkapitel von Konstanz nicht richtig Fuß. Möglicherweise war auch das Beziehungsnetz zu Konstanz nicht genügend ausgeprägt.

Von allen bisher genannten Domkapiteln und geistlichen Fürstbistümern hatte Basel für die Familie von Schönau die größte Bedeutung. Hier gelangte sie auch zu den höchsten Würden: Heinrich, Johann Franz, Franz Rudolf, Johann Kaspar und Johann Ludwig amteten hier als Generalvikar und Offizial, Fürstbischof, Dompropst, Domherr und Großarchidiakon. Heinrich (von) Schönau war bereits Anfang des 16. Jahrhunderts Generalvikar des Bistums Basel und scheint auch Domherr von Basel gewesen zu sein. Im 17. Jahrhundert erlebte die Präsenz der Familie von Schönau im Fürstbistum Basel ihren Höhepunkt. Ein erster Vertreter der Familie im Domkapitel war damals Johann Kaspar, ein Sohn von Iteleck und Beatrix von Reischach, der am 5.3.1591 geboren wurde. Studienort und Studiendauer sind unbekannt. Er kam dank päpstlicher Provision 1611 ins Basler Domkapitel. Sein Kanonikat resignierte er 1647. Er starb am 22.1.1656. Johann Kaspar war der Onkel des späteren Basler Fürstbischofs Johann Franz[7].

Johann Ludwig von Schönau-Wehr, ein weiterer Domherr, wurde als Sohn von Johann Hürus 1628 geboren. Seine Ausbildung erhielt er von 1647 bis 1652 am Collegium Germanicum in Rom. Den Eintritt ins Basler Domkapitel ermöglichte ihm 1647 vermutlich sein Onkel Johann Kaspar durch Verzicht auf ein Kanonikat. Am 19.7.1656 wurde Johann Ludwig von seinem Vetter, dem Fürstbischof Johann Franz, zum Großarchidiakon des Basler Domkapitels ernannt. Diese Würde hatte er bis zu seinem Tod 1678 inne[8]. Franz Rudolf von Schönau-Oeschgen hatte – wie erwähnt – schon ein Kanonikat im Eichstätter Dom-

Meßkelch, gestiftet von dem Basler Archidiakon Johann Ludwig von Schönau-Wehr (1628–1678), Pfarrkirche Wehr

kapitel. Daß der Vetter Johann Franz von Schönau-Zell zur Zeit von Franz Rudolfs Eintritt ins Basler Domkapitel Fürstbischof war, dürfte Franz Rudolfs Wahl erheblich erleichtert haben. Kapitular wurde Franz Rudolf am 17.5.1658, am 22.2.1695 wurde er zum Propst ernannt. Diese höchste Würde des Domkapitels hatte er nur wenige Tage inne, denn er verstarb am 12.3.1695[9]. Die Familie von Schönau spielte also während des 17. Jahrhunderts im Fürstbistum Basel eine große Rolle. Fähige Domherren mit Führungsqualitäten und religiöser Gesinnung sowie geschickte gegenseitige Förderung sicherten der Familie großen Einfluß im Fürstbistum Basel.

Jugend und Aufstieg Johann Franz von Schönaus

Eine Persönlichkeit wurde bisher immer nur am Rande erwähnt und doch ist sie in großem Maße mitverantwortlich für die bedeutende Stellung der Familie von Schönau im Fürstbistum Basel: Johann Franz von Schönau. Er wurde am 15.7.1619 in Ensisheim im Oberelsaß als zweiter Sohn des Marx Jakob von Schönau und der Margaretha von Reinach getauft. Mit seinen sechs Geschwistern verlebte er die Jugendjahre in Waldshut, wo sein Vater als Schultheiß und Waldvogt der Grafschaft Hauenstein wirkte. Später wurde der Vater auch Resident, kaiserlicher Bevollmächtigter bei der Eidgenossenschaft. Die Geschwister schufen dem künftigen Fürstbischof in ihrem weiteren Leben ein wichtiges Verbindungsnetz. Der ältere Bruder Johann Dietrich trat in die Fußstapfen seines Vaters und folgte als Waldvogt der Grafschaft Hauenstein, als Schultheiß von Waldshut und kaiserlicher Rat. Durch Johann Dietrichs Ehen mit Maria Regina von Schönau-Laufenburg und Maria Agatha Truchsessin von Rheinfelden wurde der Fortbestand der Linie Schönau-Zell gesichert[10].

Die ältere Schwester Maria Anna heiratete 1639 Johann Franz Zweyer von Evenbach (»Zwyer v. Evibach«) († 1678), der das Amt eines bischöflich-konstanzischen Rates innehatte und Erbtruchseß von Konstanz war. Seit 1643 waltete er auch als Obervogt von Klingnau und Zurzach. Dessen Bruder Sebastian Peregrin/Bilgerin wurde später für Johann Franz die wichtigste Stütze in den Verhandlungen um ein Bündnis mit den Eidgenossen[11]. Maria Agnes (1622–1692), die zweite Schwester von Johann Franz, ehelichte 1642 Franz Ludwig von Roll (1622–1695) und lebte seit 1646 mit ihm auf Schloß Bernau, das dem jungen Paar vom Komtur zu Leuggern Johann Ludwig von Roll übertragen worden war. Johann Ludwig war der Onkel von Franz Ludwig von Roll[12].

Eine weitere Schwester von Johann Franz war Maria Ursula († 1654), die Ludwig Truchseß von Rheinfelden heiratete. Die beiden anderen Brüder Johann Kaspar (1625–1688) und Marx Anton traten beide in den Kapuzinerorden ein. Johann Kaspar wurde 1674 Provinzial, d. h. Vorsteher einer Ordensprovinz. Wie der Werdegang der Geschwister zeigt, bestand ein intensives Beziehungsgeflecht zu den führenden Familien am Hochrhein. Eine besondere religiöse Beziehung scheint die Familie zum Kapuzinerorden gehabt zu haben. So trug Johann Franz nach Familienüberlieferung während seiner ersten sieben Lebensjahre aufgrund eines Gelübdes seiner Eltern das Gewand eines Kapuziners[13].

Der Bildungsweg eines jungen katholischen Adligen umfaßte üblicherweise den ersten Unterricht durch einen Hauslehrer sowie einige Jahre als Page am Hof eines regierenden Fürsten, häufig kombiniert mit der Ausbildung an einem Jesuitenkolleg. Danach folgte der Besuch einer oder mehrerer Universitäten. Meistens schlossen die Adligen ihre Studien nicht ab, sondern beendeten ihre Lehrjahre mit einer Kavalierstour, die sie ins Ausland führte und ihnen den letzten Schliff vermittelte. Überwiegend wurden sie dabei von einem Hauslehrer begleitet. Über Johann Franz von Schönaus erste Schuljahre ist nichts bekannt. Erst als Schüler des Jesuitenkollegs in Pruntrut/Porrentruy trat er in Erscheinung. Diese Schule war 1591 auf die Bitten des Bischofs Jakob Christoph Blarer von Wartensee hin mit dem Ziel gegründet worden, dem Klerus eine solide katholische Ausbildung zu vermitteln. Die Schule stand wie alle Jesuitenkollegien in der Tradition des Konzils von Trient und sollte zur Reform innerhalb der katholischen Kirche beitragen. Damit verbunden war auch die Zielsetzung, die evangelische Konfession im Fürstbistum einzudämmen[14].

Zu Beginn des 17. Jahrhundert hatte ein Student meist fünf Klassen zu durchlaufen: die Schola rudimentorum (Anfangsklasse), die Grammatik, die Syntaxis, die Poesie und schließlich die Rhetorik[15]. Im Herbst 1633, als die Schweden sich dem Fürstbistum näherten, wechselte der junge Herr von Schönau für die Klasse der Poesie ans Kollegium St. Michael in Freiburg/Schweiz über, wo er am 20.10.1633 eingeschrieben wurde. Dort wohnte er bei Dr. Gotterau. Die Klasse der Rhetorik begann er am 8.10.1634 im Jesuitenkolleg in Luzern[16]. Von

1635 an studierte er als Alumne des Collegium Germanicum in Rom[17]. Diese gute Ausbildung bot ihm eine ideale Ausgangsposition, und er machte schnell Karriere in der kirchlichen Hierarchie. Am 18.3.1639 wurde Johann Franz von Schönau auf Grund päpstlicher Provision Domizellar (Kanoniker) und am 6.6.1643 Kapitular in Eichstätt. 1644 verwendete sich der dortige Fürstbischof Marquard Graf Schenk zu Castell erfolglos für ihn bei Kardinal Barberini um ein Kanonikat in Augsburg. Der Kapitular von Schönau wäre dafür bereit gewesen, auf sein Basler Kanonikat, das er seit 1640 innehatte, zu verzichten.

In Eichstätt stieg er am 1.8.1645 zur Würde eines Kantors auf und wurde am 4.7.1651 zum Dekan gewählt. Er war allerdings erst bereit, diese Wahl anzunehmen, nachdem ihm gestattet wurde, die Kantorei zu behalten und jährlich während 15 Wochen beim Basler Domkapitel zu verweilen. Am 11.8.1651 ergriff er Besitz vom Dekanat. In Eichstätt machte er erste Erfahrungen in Regierungsgeschäften und Diözesanbelangen. So wirkte er 1646 in Abwesenheit des Fürstbischofs als Statthalter. 1650 übernahm er die Visitation des Oberen Hochstifts. Johann Franz von Schönau war schon damals ein geschickter Diplomat, gelang es ihm doch 1651 beim Fürstbischof einen spürbaren Nachlaß an Friedensgeldern für das Domkapitel zu erreichen[18]. Zusammenfassend läßt sich feststellen, daß der spätere Bischof bis Ende der 1640er Jahre versuchte, den Schwerpunkt seiner Laufbahn im fränkisch-bayerischen Raum zu konzentrieren. Nachdem die Bemühungen um ein Augsburger Kanonikat jedoch gescheitert waren, verfolgte er sowohl im Eichstätter als auch im Basler Domkapitel seine Karriere und war nicht bereit, seine Möglichkeiten im Basler Fürstbistum wegen eines Eichstätter Dekanats aufs Spiel zu setzen.

Am 10.8.1640 war Johann Franz ins Domkapitel Basel aufgenommen worden. Ein weiteres Kanonikat hatte er am 16.1.1643 beim Chorherrenstift St. Verena in Zurzach erhalten[19]. Die Priesterweihe empfing er am 15.4.1648. Das Basler Kapitel wählte ihn am 30.6.1649 zum Propst, was der Papst am 12.1.1650 bestätigte. Nach dem Tod des Bischofs Beat Albert von Ramstein (25.8.1651) beriet das Domkapitel am 15. September im Schloß von Pruntrut über die Wahlkapitulation, die Bedingungen, die ein neuer Bischof nach seiner Wahl zusagen sollte. Und am 18.9.1651 wählte das Kapitel Johann Franz von Schönau in Delsberg/Delémont zum Nachfolger. Die römische Kurie kassierte die Wahl jedoch 1652 und verlieh dem tatsächlichen Inhaber das Bistum am 3.3.1653 durch Dekret. Die Huldigung der Untertanen war schon 1651 erfolgt. Die Konsekration nahm Weihbischof Thomas Henrici am 15.6.1653 zusammen mit den Äbten von Lützel/Lucelle und Beinwil in der Jesuitenkirche von Pruntrut vor. Die Predigt hielt Kapuzinerpater Marx Anton, der Bruder von Johann Franz. Der Fürstbischof wählte bezeichnenderweise den Wappenspruch: »In adversis constantia« (Beständigkeit in Widerwärtigkeiten)[20].

Außenpolitisches Wirken des Bischofs

Den neuen Fürstbischof erwartete ein schweres Erbe. Der Dreißigjährige Krieg hatte verheerende Schäden hinterlassen. Schon seit der Reformation residierte der Basler Bischof in Pruntrut, das Domkapitel hatte in Freiburg i. Br. Zuflucht gesucht. Während des Dreißigjährigen Krieges war der Bischof aus seiner Residenz vertrieben worden und hatte sich in Delsberg, Bellelay und Dorneck aufgehalten. Erst 1650 waren die französischen Truppen aus Pruntrut abgezogen, wodurch eine Rückkehr in die Residenz möglich wurde. Die lange Besatzungszeit durch schwedische, kaiserliche und französische Truppen hatte ihre Spuren in dem zum Reich zu rechnenden Teil des Hochstifts[21] hinterlassen. In der kleinen Stadt Pruntrut waren 60 Häuser völlig zerstört. Die nördlichen Landvogteien beklagten einen totalen wirtschaftlichen Ruin, begleitet von einem großen Bevölkerungsverlust von rund 30%. Dieser war allerdings nicht allein durch militärische Auseinandersetzungen verursacht worden, sondern ebenso durch die während der Kriegsjahre schnell aufeinander folgenden Pestepidemien und Abwanderungen.

Im Gegensatz dazu prosperierten die südlichen Herrschaften, die im Schutze der helvetischen Neutralität vom Krieg verschont geblieben waren. Im Erguel ließ sich sogar eine eigentliche Kriegskonjunktur feststellen[22]. Das Gebiet der Diözese Basel, das keineswegs deckungsgleich mit dem weltlichen Herrschaftsbereich war, erstreckte sich zu einem großen Teil im Elsaß und umfaßte die jurassischen Bereiche nur teilweise. Hier war die wirtschaftliche Situation nicht weniger schlimm. Darüber hinaus war der Großteil der Klöster verbrannt und verwüstet. Die sechs Kollegiatstifte der Diözese waren mit Ausnahme von Münster-Granfelden verlassen, weil die Chorherren keine Einkünfte mehr hatten. Zudem hatte der Herzog von Weimar, als er die Diözese und einen großen Teil des Hochstifts besetzt hielt, alles unternommen, um in diesen Gebieten die Einwohner zum lutherischen Glauben zu bekehren. Er ließ Kirchengüter konfiszieren und lutherische Prediger ansiedeln. Insgesamt fehlten der Diözese zu Beginn der 1650er Jahre ungefähr 200 Priester[23].

Außenpolitisch gesehen hatte für Bischof von Schönau die Sicherung des Fürstbistums Vorrang. Im Westfälischen Frieden hatte der Kaiser die österreichischen Rechte im Elsaß an Frankreich abgetreten. Dies bedeutete in der Praxis für das Hochstift, daß es keine gemeinsame Grenze mit dem Reich mehr hatte. Das Fürstbistum war also in erhöhtem Maße vom Wohlwollen seines neuen Nachbarn abhängig. Da der Bischof zu Recht Annexionsgelüste Frankreichs befürchtete, brauchte er dringend neue Bundesgenossen, um in seiner exponierten Lage auf Hilfe zählen zu können. Dem seit Bischof Jakob Christoph Blarer von Wartensee bestehenden und wieder erneuerten Bündnis mit den sieben katholischen Orten der Eidgenossenschaft kam damit eine neue Bedeutung zu. Gleichzeitig erwies sich dieser Vertrag aber auch als ungenügend, da die katholischen Orte mit Ausnahme Solothurns geographisch relativ weit entfernt lagen. Eine Erweiterung des Bündnisses auf die gesamte Eidgenossenschaft drängte sich auf.

Durch den Westfälischen Frieden hatte sich nicht nur die Lage des Fürstbistums sondern auch jene der Schweiz verändert. Das Fürstbistum war nun zur »Vormauer« zwischen Frankreich und der Eidgenossenschaft geworden. Wie Solothurn dem neugewählten Oberhirten am 6.4.1652 mitteilte, schienen sich auch etliche evangelische Orte für ein Bündnis mit dem Hochstift zu interessieren[24]. Auf erste Initiativen des Bischofs in dieser Richtung reagierte vor allem der französische Ambassador (Botschafter) in der Schweiz Jean de la Barde heftig. Die Haltung des Fürstbischofs gegenüber den lothringisch-brandenburgischen Truppen im Elsaß erregte sowieso dessen Mißfallen. Frankreich wünschte, daß sich der Bischof an deren Vertreibung beteilige. Der bisher zum bischöflichen Hoheitsgebiet gehörende Sundgau war im Westfälischen Frieden praktisch an Frankreich gefallen. Dies wurde nicht von allen Elsässern unwidersprochen hingenommen. Als Frankreich zudem Schwäche zeigte, rückte Herzog Karl von Lothringen wiederum mit Truppen ins Elsaß vor, am Beginn des Jahres 1652 befand er sich in unmittelbarer Nähe des Fürstbistums.

Von Schönau zog eigene Truppen zusammen, um die strategisch wichtigen Punkte des Hochstifts zu verteidigen und bat die sieben katholischen Orte um Hilfe, die sie ihm gewährten. Im April 1652 bezogen kleine Abordnungen ihre Stellungen. Bereits Ende des Monats war die Gefahr vorbei. Die Krisensituation hatte sowohl dem Bischof wie den Eidgenossen die Wichtigkeit eines gemeinsamen Bündnisses gezeigt[25]. – Schwere Vorwürfe wegen des beabsichtigen Bündnisses richtete der päpstliche Nuntius in Luzern an den neuen Fürstbischof, dessen Wahl vom Papst zu diesem Zeitpunkt noch nicht bestätigt war. Er beschuldigte ihn gar, sich gegen die Interessen der Religion zu verhalten. Es brauchte einige Überzeugungskraft, ihn von der katholischen Gesinnung des Neugewählten zu überzeugen. Dem Kaiser gegenüber beteuerte von Schönau, seinen finanziellen Verpflichtungen als Reichsstand nachkommen zu wollen; dieses Bündnis müsse er aber aus Gründen der Selbsterhaltung eingehen, da Hilfsleistungen des Reiches durch die geographische Trennung praktisch unmöglich seien.

Am 21.8.1652 setzte sich eine Delegation der Orte Zürich, Bern, Uri, Glarus, Basel, Freiburg, Solothurn, Schaffhausen und Appenzell in Delsberg an den Verhandlungstisch. Den Vorsitz führte Fürstbischof von Schönau, auf seiner Seite nahmen teil: Dompropst Johann Konrad von Roggenbach, Dekan und Weihbischof Thomas Henrici, der Landhofmeister, der Kanzler und der Vogt von Delsberg. Die drei eidgenössischen Abgeordneten waren der schon erwähnte Oberst Sebastian Bilgerin Zweyer von Evenbach, Bürgermeister Johann Rudolf von Wettstein und Venner Johann Ulrich von Sury. Das Resultat war die Aufnahme des Hochstifts in das »Defensionale«, ein Verteidigungsbündnis. Damit gelang es von Schönau, für fünf Jahre ein Gegengewicht zu der als bedrohlich empfundenen Nachbarschaft mit Frankreich zu schaffen. Das Bündnis mit den sieben katholischen Orten war in der Vereinbarung ausdrücklich vorbehalten. Von Schönaus Bestreben ging nun dahin, dem Defensionale unbefristet beizutreten oder ein eigentliches Bündnis mit der ganzen Eidgenossenschaft abzuschließen.

Dieser Plan stieß jedoch bei den katholischen Orten auf Opposition, denn die konfessionellen Gegensätze waren in der Eidgenossenschaft noch keineswegs überwunden. Im Verteidigungskonzept der katholischen Orte wurde das Basler Bistum als Gegengewicht zu den evangelischen Orten Bern und Basel eingesetzt. Eine Neutralisierung des Bistums, die durch den Beitritt zur Gesamteidgenossenschaft unweigerlich vollzogen worden wäre, lag nicht im Interesse der katholischen Orte. Als der Bischof feststellen mußte, daß eine Aufnahme in die Eidgenossenschaft mit großen Schwierigkeiten verbunden war, erneuerte er am 20.10.1655 in einer würdigen Feier das Bündnis mit den katholischen Orten. Bereits wenige Monate später bat Solothurn um Unterstützung, weil es fürchtete, die aus einem konfessionellen Bürgerkrieg heimkehrenden Berner könnten sich zu Racheaktionen für die erlittene Niederlage hinreißen lassen. Der Fürstbischof entsandte im Februar 1656 ein Kontingent von 200 Fußsoldaten und 60 Reitern. Dieser Schritt entfremdete ihn den evangelischen Orten. Trotz eingehender Bemühungen wurde das Fürstbistum nicht in die schweizerisch-französische Allianz eingeschlossen, die Nichtangriffs- und Schutzklauseln enthielt[26].

Inneres Wirken des Fürstbischofs

Wirtschaftlich suchte von Schönau den Zustand des Hochstifts durch verschiedene Maßnahmen zu verbessern. Die im Hochstift vorhandenen Anlagen zur Eisenerzeugung in Courrendlin und Undervelier waren durch die schwedischen und französischen Besatzungsarmeen rücksichtslos genutzt worden, was zu deren teilweisem Zerfall beitrug. Nachdem die Besatzungstruppen 1650 abgezogen waren, konnte der Fürstbischof die Anlagen instand setzen und wiederum selbst bewirtschaften lassen. Als von Schönau 1653 von bedeutenden Erzfunden im unteren St. Immertal gehört hatte, investierte er unter großen Anstrengungen in ein weiteres Eisenunternehmen in der Reuchenette an der Schüss. Das dafür nötige Bau- und Kohlholz konnte aus den nahegelegenen Domänenwäldern gewonnen werden. Fachkräfte wurden ihm vom Fürstbischof von Bamberg vermittelt[27]. Für die nötige Finanzierung des Hochofens und der Schmiede sorgte sein Onkel Hans Kaspar von Schönau (1591–1656)[28]. Der Bischof überwachte die Errichtung dieses Werks mit großer Aufmerksamkeit, wozu er selber mehrfach ins Erguel reiste. Leider erfüllte der Betrieb die in ihn gesetzten Hoffnungen nicht[29].

Eine weitere wirtschaftliche Initiative des Fürsten war 1652 die Bewilligung zur Errichtung einer Papiermühle mit einem Rad und drei Stampflöchern auf der Allmend zu Bassecourt. Der Betreiber wurde dafür verpflichtet, die bischöfliche Kanzlei mit Papier unter dem Marktpreis zu beliefern. Im gleichen Jahr erhielt auch Niklaus Heussler die Bestätigung als Inhaber der Papiermühle zu Laufen. Heussler, der aus einer bedeutenden Basler Papiermacherfamilie stammte, mußte zuerst die im Krieg zerstörte Anlage wieder aufbauen. Durch dieses Unternehmen stand das Fürstbistum in enger Verbindung mit dem wichtigsten Papierherstellungszentrum der Schweiz[30].

Eine Maßnahme zur Wiederherstellung einer »gerechten« sozialwirtschaftlichen Ordnung stellte die am 6.4.1656 vom Bischof unterzeichnete »Tax-Ordnung« dar. Mit über 270 Preisvorschriften war sie die umfassendste Verordnung dieser Art, die jemals im Fürstbistum erlassen wurde. Sie verfolgte den Zweck, den Bauernstand zu schützen. »Der kriegsbedingte Bevölkerungsrückgang hatte«, wie Franz Abplanalp festhält, »einen Mangel an Arbeitskräften zur Folge gehabt, der einen spürbaren Lohnanstieg für landwirtschaftliche Dienstboten und Taglöhner nach sich zog. Hier sollten nun solche Lohntaxen den Aufwand des bäuerlichen Betriebes verringern helfen.«[31] – Obwohl Johann Franz von Schönau während seiner Regierungszeit vordringlich mit der Behebung von Kriegsschäden und Versorgungsproblemen beschäftigt war, so gingen von ihm doch intensive Impulse zur Ankurbelung der industriellen Entwicklung des Fürstbistums aus[32].

Die Bildung förderte Johann Franz von Schönau durch die Gründung einer Regionalschule in Courroux. Besondere Aufmerksamkeit widmete er dem Jesuitenkolleg in Pruntrut, mit dem er schon seit seiner Schulzeit verbunden war. In einem ersten Schritt ließ er die Schule wieder benutzbar machen. Weiter übernahm er auf eigene Kosten den Bau eines Theaters, das anläßlich seiner Bischofsweihe feierlich mit einem Theaterstück über den heiligen Pantaleon eingeweiht wurde. Auch der Übungssaal wurde von ihm wiederhergestellt. Für sechs arme Schüler übernahm er die Verköstigung aus der Schloßküche[33]. – In der Diözese Basel begann unter Fürstbischof von Schönau das religiöse Leben wieder aufzublühen. Ein wichtiger Beitrag dazu war die Visitation, die er 1654 im Oberelsaß durchführte, nachdem im Sommer des gleichen Jahres die eingedrungenen Truppen dieses Gebiet verlassen hatten. Dadurch gewann er ein klares Bild vom Zustand dieses Teils seiner Diözese.

Als Resultat seiner Reise ist vor allem der neuerwachte Eifer der Katholiken zu nennen, die in den damals hauptsächlich protestantischen Städten Colmar und Rappoltsweiler einen schweren Stand hatten. Von

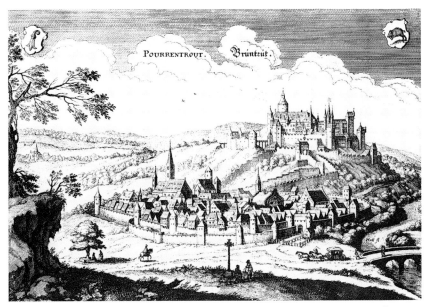

Pruntrut: Das Residenzschloß und die Stadt; Kupferstich M. Merians d. Ä. (vor 1643)

Schönaus Absicht, regelmäßig alle zwei Jahre eine Visitation im Elsaß vorzunehmen, wurde durch seinen frühen Tod verhindert. Während seines kurzen Episkopates wurden sieben Visitationen in verschiedenen Dekanaten vorgenommen sowie 1656 in sechs Dekanaten Erhebungen über die Pfarreien, die Einkünfte, die Priester und die Zahl der praktizierenden Katholiken angestellt[34]. Zielstrebig bemühte sich der Bischof um eine Wiederbelebung des religiösen Lebens und war selber aktiv in der Seelsorge tätig. Begabte Prediger sollten den religiösen Eifer seiner Untertanen wecken. Die Jesuiten stellten den ausgezeichneten Kanzelredner Pater von Arimont zur Verfügung und halfen in Pruntrut durch die Gründung einer Männerkongregation mit, die Führungsschicht religiös zu motivieren. Zur Verehrung des Altarsakramentes hatte die Stadt eine eucharistische Bruderschaft, deren erster Präfekt Johann Franz von Schönau wurde.

1655 weihte von Schönau die Klosterkirche von Mariastein. Im gleichen Jahr holte er die Kapuziner nach Pruntrut, mit denen er sich bekanntlich verbunden fühlte. Die Annunziatinnen, die Nonnen von Mariae Verkündigung, nahmen mit Hilfe des Fürstbischofs den Bau eines eigenen Klostergebäudes in Angriff, das er am 22.4.1655 segnete. Kurz vor seinem Tod wählte er den heiligen Josef zum Patron der Diözese. Die Früchte seines intensiven religiösen Wirkens durfte Johann Franz von Schönau nicht mehr erleben. Er starb am 30.11.1656 unerwartet im Alter von 37 Jahren an den Folgen eines krebsartigen Beinleidens. Zeugnis seiner tiefreligiösen Gesinnung gaben eine Geißel und ein Bußgürtel mit Blutspuren, die nach seinem Tod neben dem Bett gefunden wurden. Johann Franz wurde am 7.12.1656 in der Kirche des Jesuitenkollegs in Pruntrut beigesetzt. Sein Herz ist den Kapuzinern in Waldshut übergeben worden[35].

Johann Franz von Schönaus Leben war geprägt durch die Ereignisse des Dreißigjährigen Krieges. Als junger Mensch hatte er wegen der herannahenden Schweden das Jesuitenkolleg wechseln müssen. 1638 hatte er den Fall von Rheinfelden und die Übergabe der Stadt an die Schweden erlebt. Während seiner Tätigkeit als Domherr von Eichstätt und Basel war er immer wieder mit den Folgen der Kriegswirren konfrontiert gewesen. Das Gefühl ständiger Bedrohung und wechselnder Zeitläufte trug dazu bei, daß er ein feines Gespür für politische und wirtschaftliche Möglichkeiten entwickelte. So gelang es ihm nach der geographischen Trennung vom Reich, der Außenpolitik des Fürstbistums

Pruntrut: Das Jesuitenkolleg; Druck des 17. Jahrhunderts

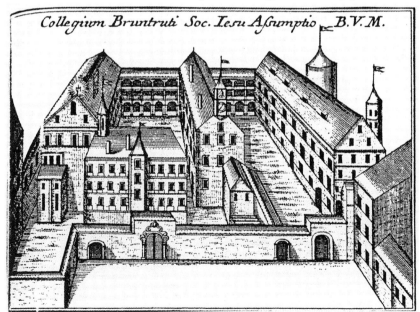

eine verstärkte Ausrichtung nach der Schweiz zu geben. Er war der einzige Fürstbischof des 17. Jahrhunderts, der seinem Herrschaftsbereich auch wirtschaftlich neue Impulse gab. Im kirchlichen Bereich legte er den Grundstein für ein blühendes Bistum.

Die Rolle, die seine Familie bei seinen vielfältigen Unternehmungen spielte, darf nicht unterschätzt werden. Den finanziellen Rückhalt für den Bau des Eisenwerks fand er bei seinem Onkel. Mit der großen finanziellen Hilfe seines Vaters und, nach dessen Tod, seines Schwagers Johann Franz Zweyer von Evenbach war Fürstbischof von Schönau in der Lage, die dem Kaiser geschuldeten Römermonate (eine Kriegssteuer) zu bezahlen[36]. Als Dank und Anerkennung kann die Verleihung des Erbtruchsessenamtes an seinen Bruder Johann Dietrich gewertet werden, die der Bischof am 18.12.1653 vornahm. Dieses Amt war nach dem Tod von Johann Baptist von Schönau, der keine männlichen Erben hatte, an das Hochstift zurückgefallen[37].

Anmerkungen

1 Vgl. dazu: Braun, H. A.: Das Domkapitel zu Eichstätt von der Reformationszeit bis zur Säkularisation (1535–1806) (Beiträge zur Geschichte der Reichskirche in der Neuzeit 13) Stuttgart 1991, S. 40–55; Keinemann, F.: Das Domkapitel zu Münster im 18. Jahrhundert (Geschichtliche Arbeiten zur Westfälischen Landesforschung 11) Münster 1967, S. 114; Bosshart-Pfluger, C.: Das Basler Domkapitel von seiner Übersiedlung nach Arlesheim bis zur Säkularisation (1678–1803) (Quellen und Forschungen zur Basler Geschichte 11) Basel 1983, S. 19–23.

2 Hersche, P.: Die deutschen Domkapitel im 17. und 18. Jahrhundert, 3 Bde, Bern 1984, hier Bd. 2, S. 169.

3 Vgl. zu Maria Anna u. ihren Nachkommen: AFSW: B 118 (Familien-Chronik) Bd. 4, S. 139a; Musée jurassien Delémont/Delsberg: Aufschwörbuch des Basler Domkapitels I 130, 161, 157. – Bosshart-Pfluger: Basler Domkapitel, S. 251 f., 254 f.; Gatz, E. (Hg.): Die Bischöfe des Heiligen Römischen Reiches 1648 bis 1803. Ein biograph. Lexikon, Berlin 1990, S. 368–370.

4 Schmidt, P.: Das Collegium Germanicum in Rom und die Germaniker. Zur Funktion eines römischen Ausländerseminars (1552–1914), Tübingen 1984, S. 297 u. S. 5.

5 Vgl. zu Franz Rudolf u. Franz Heinrich Fridolin: Braun: Domkapitel zu Eichstätt, S. 466–467.

6 Zu Otto Rudolf u. Joh. Franz Anton: AFSW: B 118, Bd. 4, S. 116a, Bd. 5, S. 119a; Hersche: Deutsche Domkapitel, Bd. 1, Bern 1984, S. 114 f. u. 273.

7   Ebd., S. 273; Merz, W.: Die mittelalterlichen Burganlagen und Wehrbauten des Kantons Argau, Bd. 3, Arau [!] 1929, n. S. 112.

8   AFSW: B 118, Bd. 5, S. 119a. – Helvetia Sacra, Bd. I/1, Bern 1972, S. 304; Hersche: Deutsche Domkapitel, Bd. 1, S. 273; Schmidt: Collegium Germanicum, S. 297. – Merz, Burganlagen (wie Anm. 7), Bd. 3, n. S. 112 erwähnt einen Hans Ludwig, Sohn von Hans Othmar von Schönau-Laufenburg, der Domherr und Archidiakon in Basel gewesen sein soll. Gemäß den Lebensdaten und der Liste der Archidiakone war der von Merz genannte Hans Ludwig aber bereits tot, als ein gleichnamiges Familienmitglied Archidiakon wurde.

9   Vgl. dazu: Bosshart-Pfluger: Basler Domkapitel, S. 306.

10 AFSW: B 118, Bd. 5, S. 1a (Geburt 1616 bzw. 1617; Vermutung, daß Johann Dietrich und seine Schwester Maria Anna Zwillinge waren). – Merz: Burganlagen, n. S. 112 (Merz gibt kein Geburtsdatum.)

11 Vgl.: Ebd. und Historisch-biographisches Lexikon der Schweiz, Bd. 7, Neuenburg 1934, S. 783f.

12 Welti, H. J.: Die Freiherren von Roll zu Bernau. Nach einem Vortrag, gehalten an der Jahresversammlung der historischen Vereinigung Zurzach und Umgebung am 27. März 1935 in Leibstadt, Döttingen (1935), S. 14.

13 Vgl. zu diesem Absatz: AFSW: B 118, Bd. 5, S. 1a, 18. – Merz: Burganlagen, n. S. 112.

14 Vgl.: Vautrey, L.: Histoire du collège de Porrentruy (1590–1865), Porrentruy 1866, S. 37–45, 75; Eschenlohr-Bombail, C. (Hg.): Annales ou Histoire du Collège de Porrentruy depuis l'an du Seigneur 1588, Bd. 1: 1588–1700, Porrentruy 1995, S. 11. – Da der junge Herr von Schönau im Herbst 1633 sein viertes Schuljahr antrat, ist anzunehmen, daß er im Herbst 1629 im Alter von 10 Jahren ins Jesuitenkolleg nach Pruntrut kam. Die Matrikel der Universität Freiburg i. Br. verzeichnet am 5.11.1629 die Immatrikulation eines Johann Franz von Schönau. Wegen seines Alters scheint es unwahrscheinlich, daß es sich um den späteren Fürstbischof handelt (Mayer, H. (Hg.): Die Matrikel der Universität Freiburg i. Br. (1460–1656), Bd. 1, Freiburg 1907, S. 872).

15 So nach Fritz Glauser in Luzern; gemäß den gedruckten Schulprogrammen des Jesuitenkollegs von Pruntrut war die Organisation dort ähnlich (Glauser, F.: Das Schülerverzeichnis des Luzerner Jesuitenkollegiums 1574–1669, Luzern / München 1976, S. 15f.).

16 Zur Zeit in Freiburg und Luzern: Kantons- und Universitätsbibliothek Freiburg, Handschriftenabt. L 294, Bl. 113a. – Glauser, Schülerverzeichnis, S. 188.

17 Nach einem Schreiben des Eichstätter Fürstbischofs vom 20.1.1644 an Kardinal Barberini hat sich von Schönau sieben Jahre am Collegium aufgehalten (Schmidt: Collegium Germanicum, S. 297; Braun: Domkapitel Eichstätt, S. 465 Anm. 5).

18 Ebd., S. 464–66.

19 Helvetia Sacra I/1, S. 208; Braun: Domkapitel Eichstätt, S. 464.

20 Eschenlohr-Bombail (Hg.): Annales, Bd. 1, S. 333; Helvetia Sacra I/1, S. 208; Niederberger, B.: Johann Franz von Schönau Fürstbischof von Basel, in: Mariastein 2/1955,

H. 4, S. 64; Vautrey: Histoire des Evêques de Bâle, Bd. 2, Einsiedeln/New York/Cincinnati/St-Louis 1886, S. 231f.

21 Dem Reich wurden folgende Herrschaften zugerechnet: Elsgau, die Propstei St. Ursitz/St. Ursanne, die Freiberge/Franches Montagnes, Franquemont und Chauvilier, Delsberg, Zwingen, die Abtei Bellelay, Burg, Pfeffingen, Birseck und die Propstei Münster-Granfelden. Die Herrschaften Erguel, Ilfingen, Tessenberg, Neuenstadt/Neuveville und die Stadt Biel wurden als schweizerisches Gebiet betrachtet. Dies war aufgrund der jahrhundertealten Bündnisse und Burgrechtsverträge zustande gekommen (Abplanalp, F.: Zur Wirtschaftspolitik des Fürstbistums Basel im Zeitalter des Absolutismus, Diss. phil. Bern 1971, S. 15f.).

22 Ebd., S. 21f.

23 Perrin, J.: Le diocèse et la principauté de Bâle après la guerre de trente ans d'après les rapports des évêques à Rome, in: Zeitschrift für schweizerische Kirchengeschichte 60/1966, S. 256–263.

24 Foerster, F.: 100 Jahre bischöflich-basler Bündnispolitik, in: Basler Zeitschrift für Geschichte und Altertumskunde 43/1944, S. 69.

25 AAEB Pruntrut: B 192, Mappe 5 (Militärische Maßnahmen wegen der lothringischen Armee im Elsaß 1651/52).

26 Vgl.: Foerster: 100 Jahre Bündnispolitik (wie Anm. 23) S. 35–89; Niederberger: Von Schönau Fürstbischof (wie Anm. 20) S. 65–67.

27 AAEB Pruntrut: Cod. 373A Deutsche Missiven 1654–1657 (Brief von Schönaus vom 7.7.1654 an den Fürstbischof von Bamberg).

28 Ebd.: Cod. 426 Deutsche Missiven Varia 1654–1662 (Quittung von Johann Franz vom 24.2.1654 über eine erhaltene Summe von 700 Dukaten sowie Entwurf einer Verkaufs-Urkunde vom 30.5.1654, wodurch Johann Franz seinem »Vetter« Hans Kaspar einen Zins von 225 Gulden um 4500 Gulden Basler Währung verkaufte).

29 Abplanalp: Wirtschaftspolitik (wie Anm. 21), S. 84; Rennefahrt, H.: Das Bergwerk in der Reuchenette. Bild aus dem Gewerbsleben im ehemaligen Fürstbistum Basel (Archiv des historischen Vereins Bern 50/1968).

30 Abplanalp, Wirtschaftspolitik, S. 77.

31 Ebd., S. 31.

32 Ebd., S. 159.

33 Vautrey: Collège Porrentruy (wie Anm. 14), S. 75–84.

34 Vgl. dazu: Répértoire des visites pastorales de la France. Première série: Anciens Diocèses (Jusqu'en 1790), Bd. 4, La Rochelle/Ypres/Bâle/Paris 1985, S. 649–651. – Vgl. auch: Perrin, J.: Une visite pastorale de l'évêque de Bâle en Haute-Alsace en 1654, in: Archives de l'Eglise d'Alsace 38/1975, S. 171–206.

35 AFSW: B 118, Bd. 5, S. 34. – Niederberger: Von Schönau Fürstbischof (wie Anm. 20) S. 69.

36 AAEB Pruntrut: B 237/38 Lehen adlige, Mappe: Familienschriften 1492–1762.

37 Ebd.: B 237/38 Lehen adlige, Mappe: Lehenbriefe und Reverse (beglaubigte Abschrift vom 28.8.1712).

Hermann Brommer

Freiherren von Schönau als Ritter im Deutschen Orden

Der Deutsche Orden im 17. und 18. Jahrhundert

Preußen, der Staat des Deutschen Ordens an der Ostsee, ging 1525 »durch Abfall aus den eigenen Reihen« (H. Joachim) verloren. Dadurch geriet der gesamte Deutsche Orden zum zweitenmal nach dem Scheitern der Kreuzzüge (1291) in eine bedrohliche Existenznot. Mergentheim in der Ballei Franken wurde zur neuen Ordensresidenz bestimmt. Kaiser Karl V. verlieh 1527 dem Deutschmeister, dem Landgebietiger der Balleien in Deutschland, die Würde eines Administrators des vakant gewordenen Hochmeisteramts und half so mit, den Deutschen Orden zu erhalten. Vor allem seit dem 17. und 18. Jahrhundert wurde es üblich, den Ordensoberen Hoch- und Deutschmeister zu nennen. 1606 reformierte Hochmeister Maximilian von Österreich die Ordensregeln. Er stellte damit den Deutschen Orden dem Kaiser als Hilfe gegen die vorrückenden Türkenheere zur Verfügung.

Der Kampf für den christlichen Glauben wurde erneut zur Hauptaufgabe erklärt. Ursprünglich als Bruderschaft im Zeltspital des Kreuzfahrerheeres 1190 vor Akkon gegründet, hatte sich der Ritterorden als Kampfgemeinschaft erst entwickelt, als es galt, die christlichen Gebiete im Heiligen Land zu schützen (1198). Deshalb brauchte der Orden neben Priestern und karitativ tätigen Brüdern auch Ritter zum Einsatz an den Grenzen der Christenheit. Während des 17. und 18. Jahrhunderts erzwang der Kampf gegen die vom Balkan vorrückenden Türken, daß das Militärisch-Ritterliche im Ordensgefüge dominierte. So bot sich der Deutsche Orden, ähnlich wie der Johanniter-/Malteser-Orden und wie Abteien und Stiftskapitel, als Zufluchtseinrichtung für unversorgte Söhne des deutschen Adels an. Deshalb ergab es sich wohl durch entsprechend günstige Verwandtschaftsbeziehungen von selbst, daß auch Mitglieder der Freiherrenfamilie von Schönau in den Deutschen Orden aufgenommen wurden.

Oft sorgten die Eltern unversorgter Söhne, die nicht erben konnten, für die Bewerbung um Ordensaufnahme. Die Entscheidung wurde meist früh getroffen. Das Großkapitel des Deutschen Ordens von 1671 setzte endgültig 20 Jahre als Mindestalter für die jungen adeligen Kandidaten fest. Militärische Fähigkeiten mußten schon vorhanden sein, denn der Deutsche Orden bildete seine Ritter weder im Reiten noch im Waffenhandwerk aus. Seit 1606 war es üblich, drei Jahre in Ungarn an der Grenze wider die Ungläubigen zu dienen. Von 1700 an galt die Bedingung, drei ›Karavanen‹ (Feldzüge) gegen die Türken abzuleisten, bevor der Deutsche Orden seine Pforte öffnete. Das allein hätte jedoch nicht genügt, um das Aufnahmeverfahren in Gang zu bringen.

Bittgesuche der Eltern und Empfehlungsschreiben höher gestellter Adeliger an den Landkomtur in Altshausen/Südwürttemberg oder den Hoch- und Deutschmeister in Mergentheim waren nötig, um die Hürden zum Noviziatsjahr zu überwinden. Eine beschworene Ahnenprobe über 16 altadelige Vorfahren und das Versprechen der Familie, daß der Kandidat dem Deutschen Orden nicht zur Last fallen werde, waren seit 1671 eine feste Bedingung. Bei der Investitur legte der Anwärter die Mönchsgelübde zu Armut, Keuschheit, Gehorsam und, wie bei allen Ritterorden, zusätzlich das Versprechen des Kampfes für den christlichen Glauben ab. Mit dem feierlichen Ritterschlag durch Deutschmeister oder Landkomtur wurde die Aufnahmeprozedur abgeschlossen. Zur Erinnerung hängte der neue Ritterbruder seinen mit dem Stammwappen geschmückten Ordensschild in der Residenzkirche auf.

Mit der Investitur öffnete sich dem neuen Ordensritter der Lebensraum innerhalb der Ballei. Im Fall der drei Mitglieder aus der Familie der Freiherren von Schönau war es die Provinz Elsaß-Burgund, die Kommenden in Südbaden, im Elsaß und in der Schweiz umfaßte. Den Balleisitz und die Residenz des Landkomturs hatte der Deutsche Orden um 1444 in das schwäbische Altshausen verlegt. Es gehörte zu den nur selten durchbrochenen Gewohnheiten im Deutschen Orden, daß der investierte Ritterbruder sein Leben lang innerhalb der zugewiesenen Ballei eingesetzt wurde. Die einzelnen Kommenden hatten von ihrer wirtschaftlichen Situation her eine gewisse Rangordnung, die sich auch an der Größe und Ausstattung der Kommendengebäude ablesen ließ.

Das spätlateinische Wort ›Commenda‹ bedeutete Übertragung eines Ordensgutes auf Zeit. Der damit Betraute hieß Commendator, zu deutsch Komtur, auf französisch Commandeur. Während des 17. und 18. Jahrhunderts waren mehrjährige Amtszeiten in den Kommenden der Ballei Elsaß-Burgund die Regel. Den vorgesetzten Instanzen mußte aber jährlich Rechnung gelegt werden. Einem Komtur, der schlecht wirtschaftete, drohte Absetzung oder sogar Inhaftierung. Hauskomtur, Obervögte, Verwalter, Sekretäre, Rechner (für die Kassenverwaltung) und verschiedene Hausbedienstete gehörten zu dem Personal, das den Komtur unterstützte oder bei dessen Abwesenheit allein wirtschaftete[1].

Johann Franz Carl Freiherr von Schönau-Wehr: Eintritt und erste Ordensjahre

Johann Franz Carl von Schönau wurde in Wehr als Sohn des wenige Wochen später in den Freiherrenstand erhobenen Johann Friedrich von Schönau und der Maria Barbara von Bernhausen geboren. Bei der Taufe am 21.3.1668 waren Paten: Kanoniker Franz Carl Bueler zu Bischofszell und Maria Barbara von Enzberg. Eine erste Nachricht über die Ausbildung des jungen Johann Franz Carl kann aus einer Notiz entnommen werden, daß der 15jährige am 30.10.1683 an der Jesuitenuniversität Dillingen a. D. immatrikuliert worden sei. Daher rührten wohl seine lateinischen Sprachkenntnisse, die ihm zeitlebens nachgerühmt wurden. Ob schon an eine Versorgung dieses Sohnes in einer geistlichen Laufbahn gedacht wurde, ist nicht eindeutig abzuleiten. Am 12.12.1690 richtete jedoch der Bischof Johann Eucharius von Eichstätt ein Gesuch an den Deutschordens-Hochmeister Ludwig Anton von Pfalz-Neuburg, er möge den »*Compagniefähnrich von Schönau*« in den Deutschen Orden und in die Ballei Elsaß-Burgund aufnehmen. Dabei hob der hohe geistliche Fürsprecher die »*gute Conduite* [Betragen] *und Capacitet* [Tüchtigkeit]« des empfohlenen Johann Franz Carl hervor.

Am 26.4.1692 meldete Landkomtur Franz Benedikt von Baden (1688–1708) aus Altshausen an die Ordenszentrale nach Mergentheim, daß Johann Franz Carl von und zu Schönau, »*Leutnant im Regiment des Generals Hedersdorf*«, am 24. April sein Noviziat in Altshausen angetreten habe. »*Dieweilen aber die Campagne* [Feldzug] *nächst bevorstehet, habe*

General von Hedersdorf um die baldige Remittierung [Rücksendung]« des Offiziers gebeten. Was sei zu tun? Der Hochmeister wünschte im Mai, daß von Schönau bis zum Beginn der Campagne im Noviziat in Altshausen verbleiben solle. Dessen Regiment lag damals in Heidelberg. Am 11.1.1693 traf Johann Franz Carl von Schönau erneut in Altshausen ein und meldete sich »*zu Vollziehung seines noch übrigen Noviziats an*«. Landkomtur Franz Benedikt von Baden empfahl dem Hochmeister, den jungen von Schönau wegen seines Verhaltens und wegen seiner guten Laune zur Probezeit kommen zu lassen.

Am 20. Januar bat aber Johann Franz Carl um Urlaub, da er als Ordensnovize schon zwei Winter über keinen Dienst bei seiner Kompagnie getan habe »*und da man seine Person bei dem Regiment höchst nötig*« verlange. Damit wurde der junge Offizier in die verhängnisvollen militärischen Umstände hineingezogen, die 1693 mit der zweiten Zerstörung Heidelbergs durch die französische Armee endeten. Ein Kriegsgericht verurteilte seinen Regimentskommandeur Georg Eberhard von Hedersdorf, Generalfeldmarschalleutnant des Fränkischen Reichskreises und Deutschordensritter, wegen zu rascher Kapitulation zum Tod. Der Deutsche Orden stieß den General ebenfalls aus der Gemeinschaft aus und entzog ihm alle Privilegien.

Noch während der Heidelberger Misere schaltete sich der Eichstätter Bischof erneut in das Aufnahmeverfahren ein und bat den Hochmeister, den von Schönau »*seines Noviziats zu entlassen*«. (Übrigens lebte während dieser Bemühungen um die Ordensaufnahme ein Franz Heinrich von Schönau als Domherr in Eichstätt.) Und da der Kandidat während seiner Probezeit gutes Betragen und rühmliche Aufführung gezeigt habe, verlieh ihm der Landkomtur am 31.5.1693 das Ordenskreuz. Unter dem gleichen Datum stellte sein Bruder Johann Franz Anton von Schönau-Wehr (1664–1719) die schriftliche Verpflichtung aus, daß Johann Franz Carl dem Orden nicht zur Last fallen werde. Christoph Sigmund Freiherr von Stotzingen und Johann Konrad von Baden bürgten dafür[2].

Johann Franz Carl blieb zunächst im Kriegsdienst. Am 16.5.1693 hatte er in Wehr durch ein Testament seine privaten Lebensverhältnisse geregelt und seinem Bruder Johann Franz Anton alles, »*was der Deutsche Orden sich nicht vorbehielt*« vermacht. 1694 vermerkt der ›Ordensstand‹, daß Johann Franz Carl von Schönau als »*Capitainleutenant im fränkischen Kreis Schönbeckschen Regiment*« eine neue Verwendung gefunden habe.

Und das änderte sich in den folgenden Jahren nicht. Am 30.6.1699 stellte Johann Franz Carl von Schönau, »*Hauptmann im Fränkischen Kreis-Regiment zu Fuß General von Schönbeck*«, nochmals eine Schenkungsurkunde aus. Er dankte damit seinem Bruder Johann Franz Anton von Schönau, daß er mit jährlich 300 Gulden für seine standesgemäße Unterhaltung sorge und dafür, daß er ihm 1.400 Gulden ersetze, die er im Ausland schulde. Vom Deutschen Orden habe er, Johann Franz Carl, noch nichts zu erwarten. Deshalb überließ er dem Bruder alle Ansprüche auf Patrimonialgüter, außerdem das zugestandene Recht, »*bis er eine Commende habe*«, im elterlichen Haus zu Wehr wohnen zu dürfen, Essen und Kleidung zu erhalten, sowie Diener und zwei Pferde mitbringen zu dürfen.

Bis zum Jahr 1709 verzeichnen die Ordensakten nur die Verwendung des Ritters Johann Franz Carl von Schönau als Offizier im Heer. Offensichtlich schaffte er jetzt als »*gewester Obrister*« den Wechsel in die Ordenslaufbahn und wurde Hauskomtur in Altshausen. So bekam er in der Verwaltung der Landkommende eine wichtige Position, in der er sich für eine höhere Verwendung empfehlen konnte. Auch 1710 nennt ihn der Ordensstand in der gleichen Funktion. Es folgten von 1711 bis 1713 Jahre als Hauskomtur der Deutschordenskommende auf der Insel Mainau im Bodensee. Damit war Johann Franz Carl von Schönau als Verwalter des gerade verwaisten Komturamtes eingesetzt. Die Mainauchronik Roth von Schreckensteins vermerkt hierzu: »Im Jahre 1713 hatte er Streitigkeiten mit dem bischöflich constanzischen Oberstjägermeister Freiherrn Joseph Anton von Ulm zu Langenrain, dem der Orden vorwarf, in einem Jahr drei Stück Rotwild in unbefugter Weise erlegt zu haben«.

1714–1716 amtierte Johann Franz Carl von Schönau als Komtur zu Rohr und Waldstetten südlich von Günzburg. Landkomtur Hartmann von Roggenbach hatte 1672/73 vom Benediktinerkloster Elchingen den Markt Waldstetten mit Heubelsburg gekauft und die Neuerwerbung mit den schon unter Landkomtur Sigmund von Hornstein 1574 in Besitz genommenen Dörfern Unterrohr und Unterbleichen zu einer eigenen Deutschordensherrschaft vereinigt. Der Altshauser Landkomtur Franz Benedikt von Baden entschloß sich dann, Rohr und Waldstetten zu einer unselbständigen Kommende zu erheben. Diese hatte einen Komtur, war aber Altshausen angegliedert. Zur Kommende Rohr und Waldstetten gehörten Schloß und Dorf Unterrohr mitsamt den bereits genannten Gemeinden. Außerhalb des Territoriums gab es dazu noch zum Deutschorden gehörige Höfe in acht Dörfern[3].

Am 7.10.1716 wechselte Johann Franz Carl von Schönau im Alter von 48 Jahren als Komtur in die Kommende Hitzkirch bei Luzern. 1717 kaufte er für seine Kommende den Grothof (auch Grother Hof, Krottenhof und heute Grodhof genannt), ein stattliches Hofgut, das auf der Höhe des Lindenbergs zwischen Müswangen und Beinwil im Freiamt wenige Kilometer von Hitzkirch entfernt liegt[4]. Im Luzerner Staatsarchiv blieb ein Urbar erhalten, das wohl in der Schreibstube der Kommende Hitzkirch entstand und ein Vorsatzblatt mit dem Wappen des Komturs Johann Franz Carl von Schönau und einer naiv, aber doch deutlich gemalten Vogelschauansicht der Kommende über dem Seetal enthält. Es sind die Hitzkircher St. Pankratiuskirche mit Elisabethenstiege, Pfarrfriedhof und Kommende im vorbarocken Zustand dargestellt. Über dieser Ansicht des Kommendenkomplexes schwebt, von Palmetten gerahmt, das Wappen des Komturs von Schönau. Es liegt auf einem großen Deutschordenskreuz und trägt eine Helmkrone[5].

Johann Franz Carl von Schönau: Krise und Alter

Das Urbar erinnert an jahrelange Ermittlungen und Beschreibungen des Hitzkircher Kommendenbesitzes. So entstand auch die Zeichnung nicht ohne Grund. Hätte Johann Franz Carl von Schönau doch nur als Komtur nach Beuggen wechseln können, wie es von der Ordensleitung 1720 geplant war. Ihm wären viel Ärger und Ungemach erspart geblieben. Es nützte dann auch nichts mehr, daß er kurzfristig 1720 als Statthalter die Kommende Mainau mitverwalten mußte[6]. Die unheilvolle Verstrickung in die Mißwirtschaft der Hitzkircher Kommendenverwaltung begann schon gleich beim Dienstantritt in der Schweizer Kommende. Johann Franz Carl von Schönau klagte später: »*Bei der Anno 1716 angetretenen Commanderie habe ich keinen Heller Bargeld, wohl aber neben etlich wenig Malter Früchten und Saum Weins gegen 700 Gulden Passiva*« angetroffen. »*Und habe über all dieses noch einen bekannten unglückseligen Beamten gehabt, der ... alles auf Knopf und Spitz setzte ... und sich keineswegs dirigieren ließ, letztlichen auch selber gegen mich als ein Anonymus auf den Plan trat und ..., was er nur wollte, sagte.*«

Hinzu kam die Naturkatastrophe eines schweren Hagelschlags, wes-

Meßkelch (1717/18), gestiftet vom Hitzkircher Komtur
Johann Franz Carl Freiherr von Schönau-Wehr;
Goldschmiedearbeit des Augsburger Meisters J. S. Abrell (1650–1733)

halb Hochmeister Franz Ludwig von Pfalz-Neuburg am 22.3.1719 eine Aushilfe von 2000 oder 2500 Gulden genehmigte. Der Schuldenberg des Hitzkircher Deutschhauses belief sich schon auf 1000 Gulden aus der Balleikasse, der entgegenkommende Hochmeister verlangte aber, daß die Kredite in fünf bis sechs Jahren abgetragen werden müßten. 1721 wurde die Affäre unerträglich, als »*Johann Hartmann Boer, der gewesste Secretarius der Kommende Hitzkirch*«, gegen Komtur von Schönau »*eine sehr anzügliche und fast impertinente Klagschrift einreichte*«, die infame und ehrverletzende Vorwürfe enthalten habe. Die Ordensoberen befürchteten, daß »*der Querulant, wenn man ihn nicht anhöre, auf die Schweizer Seite wechseln könnte und Ungemach für den Orden erzeuge*«. Es wurde protokolliert, daß der Komtur den Denunzianten »*einen (mit Verlaub:) Schelm und Dieb gescholten*« habe und ihn »*mit etlichen Kugeln hinwegheben wolle*«. Andererseits habe der Boer verlauten lassen, »*ihme Herrn Komtur drei Kugeln durch den Kopf zu schießen*«.

Auf Befehl des Hochmeisters vom 29.10.1721 mußte Komtur von Reinach aus Rohr und Waldstetten als Visitator nach Hitzkirch reisen, um die Schulden zu ermitteln und von Schönau selber zu befragen. Die Schweizer Landesherrschaft wurde bewußt ›draußen‹ gehalten. Vor allem mußten die 1500 Gulden eingetrieben werden, um den »*verhypothekierten Grothof*« wieder freizumachen. Komtur von Schönau sollte nach Altshausen zitiert und »*an ein gelegenes Ort*« bis zur völligen Begleichung aller Schulden gesetzt werden. Der Hitzkircher Komtur solle »*zur vorgeschriebenen Strafe ... und anderen zur Warnung gezogen werden*«. Er erhielt das Ordensschloß Achberg bei Lindau als Aufenthaltsort angewiesen.

Der Landkomtur mußte am 20.2.1722 der Ordensverwaltung in Mergentheim eingestehen, daß die in Hitzkirch »*entstandenen Schulden nicht leicht zu tilgen seien*«. Der in die Zange genommene Komtur mußte immerhin bekennen, daß er »*mit allzu leichtseliger Gelassenheit in nicht geführter pflichtmäßiger Ökonomie*« sehr weit gegangen sei und zahlreiche strafwürdige Nachlässigkeiten begangen habe. Seine eigenen Privatschulden bezifferte Johann Franz Carl von Schönau auf über 5528 Gulden. Daß er sich bei allem die befohlene Internierung im Schloß Achberg erleichterte, indem er sich dorthin häufig Gäste (»*Kostgänger*«) einlud, trug ihm zusätzlich Vorwürfe des Landkomturs ein. Für den in Mergentheim vorgesehenen Prozeß war einzig bedeutsam, daß der »*Herr Nepos* [Neffe] *zu Wehr*« Fidel Joseph eine Universal-Bürgschaft über alle Schulden ausgestellt hatte. Das beflügelte Johann Franz Carl von Schönau, in Mergentheim um Milde zu bitten und ihn als »*alten Chevalier doch wenigstens noch vor dem Winter* [*die*] *Commanderie wieder beziehen zu lassen.*«

Der Hochmeister blieb hart und verlangte eine genaue Aufstellung der Schulden und deren Zuteilung an die Verursacher. Komtur Franz von Reinach als nach Hitzkirch entsandter Visitator antwortete bedauernd am 12. Dezember, daß »*der komplette Status der Commende Hitzkirch nur mühsam in Rechnung gestellt*« werden könne. Die finanzielle Situation der Kommende war verworren und als Schuld dem Hitzkircher Rechnungssteller anzulasten. Das veranlaßte die Komture von Andlau, Rixheim und Freiburg, für ihren Ordensbruder von Schönau einzutreten und um dessen Wiedereinsetzung in Hitzkirch zu bitten. »*Der verpfändet geweste Ordenshof zu Grot*« sei doch schon mit Schönauschem Geld ausgelöst, für die persönlichen Schulden des Komturs komme die Familie in Wehr auf. Johann Franz Carl von Schönau selbst klagte am 21. November über seine unerfreuliche Lage in Achberg. Dem Landkomtur mißfiel immer noch der große Aufwand für die Bewirtung von Gästen. Herr von Schönau antwortete am 6. Dezember, er habe nur dann und wann einen Gast zur Unterhaltung »*an diesen sonn-, mond- und menschenlosen Ort*« eingeladen, um nicht gar die Vernunft zu verlieren.

1723 trieben die Beschwerden der Kreditgeber des Komturs und das Bemühen des Hochmeisters, die Schönauschen Familiengüter heranzuziehen, das Schicksal des Inhaftierten der Entscheidung zu. Dessen Lage wurde so beklagenswert, daß er im September die Balleikasse um eine Beihilfe zur Anschaffung von neuer Kleidung bitten mußte. Hochmeister Franz Ludwig hatte nichts dagegen, ihm 500 Gulden aus dem Balleivermögen vorzuschießen. Der Druck auf die Familie des verstorbenen Bruders in Wehr wirkte sich quälend aus, so daß die Witwe Clara Helena von Schönau geborene von Liebenfels am 7. Dezember den Landkomtur um Milde bat, er möge Johann Franz Carl von Schönau doch wieder in die Komturstelle Hitzkirch zurückkehren lassen. Sie habe zehn unerzogene und vaterlose Kinder zu versorgen. Deshalb sei es ihr nicht möglich, noch weiter für den Komtur finanziell einzustehen. Am 8. Dezember unterstützte auch Äbtissin Maria Barbara von Liebenfels zu Säckingen das flehentliche Schreiben der Clara Helena.

Der Fall nahm jetzt seine Wende. Zwar mußte Johann Franz Carl von Schönau die Last auf sich nehmen, alle Schulden durch Einbehaltung von Deputatsanteilen ratenweise abzutragen, aber er durfte offensichtlich nach Hitzkirch zurückkehren. 1723 bis 1727 verzeichnet ihn der

›Ordensstand‹ wieder in der Funktion, die ihm so viel Unheil eingetragen hatte[7]. 1724 zog der Hochmeister aus der Hitzkircher Affäre Konsequenzen, indem er in einer Entschließung neben den Kommende-Beamten auch den Komturen selber Schuld an den »bisherigen Rechnungsunförmlichkeiten« bei Kommenden zuwies[8]. – Dem Ordensbrauch entsprechend tauschte Johann Franz Carl von Schönau 1729 Hitzkirch für drei Jahre gegen die elsässische Komturstelle der unter ihm zusammengefaßten Deutschhäuser in Rufach (Rouffach), Gebweiler (Guebwiller), Andlau, Kaysersberg und Straßburg ein. Er war 61 Jahre alt und wohnte nun in der 1718 erworbenen »neuen«, geräumigen Komturei an der Hauptstraße (rue Poincaré 11), nahe dem Colmarertor der Stadt Rufach.

1732 folgte die Versetzung auf die Komturstelle nach Freiburg i. Br., die Johann Franz Carl von Schönau bis 1737 innehatte. Unter ihm kehrte 1735 das seit dem 17. Jahrhundert in Freiburg untergebrachte Priesterseminar der Ballei Elsaß-Burgund nach Altshausen an den Sitz des Landkomturs zurück und wurde dort im neu errichteten Torgebäude des Schlosses untergebracht. Das Seminar nahm nur geweihte Priester auf, die die Ordenspfarreien versorgen sollten. Die Freiburger Kommende hatte 1684 ein geräumiges Bürgerhaus mit Hof und Hinterhaus zwischen Salzstraße und Augustinergasse erworben. Denn das alte angestammte Deutschhaus am Mönchstor war nach der Eroberung der Stadt durch die französische Armee (1677) dem Abriß der Vorstädte zum Opfer gefallen.

Mit 70 Jahren zog Johann Franz Carl von Schönau 1738 zu seiner letzten Komturstelle nach Beuggen am Hochrhein weiter. Wie eine Insel vom Rheinwasser umspült, stand die Ordensburg Beuggen auf der Ostseite der Wehrbauten. Die Burg hatte mit dem neuen Schloß 1585–1598 einen Anbau erhalten, in dem der Komtur wohnte. In Altshausen rühmte der Balleischreiber, daß Komtur von Schönau »der deutschen und lateinischen Sprache kundig und erfahren« sei. Hohe Verdienste um Beuggens Kommende erwarb sich Johann Franz Carl von Schönau dadurch, daß es ihm gelang, die mittlere und hohe Gerichtsbarkeit über seine Untertanen in Karsau und Riedmatt zu erlangen sowie Jagd- und Forstrechte in Beuggen und im Hagenbacher Wald zu erwerben. »Das machte allerdings die Anwesenheit eines Juristen notwendig, der als Hof- und Balleirat dem Komtur alle Verwaltungsgeschäfte abnahm«[9].

Der letzte Vermerk über den 78 Jahre alten Komtur trägt die Rand-

Grabdenkmal des Komturs Johann Franz Carl Freiherr von Schönau-Wehr (†1746), Schloßkirche Beuggen

notiz: »†4t Septembris 1746 gestorben«. Die Ritterakten des Wiener Deutschordenszentralarchivs bestätigen den Sterbetag und listen im Erbschaftsinventar vom 14.9.1746 das persönliche Vermögen des Verstorbenen auf. Dem Besitz von 1.095 Gulden 10 Kreuzern baren Geldes standen 1.041 Gulden 46 Kreuzer Schulden gegenüber. Interessant ist, was an Wertgegenständen erfaßt wurde: zwei Kreuze, ein Goldring, mehrere Diamanten, einige Uhren, mehrere silberne Gegenstände, zwei Degen und einige wertvolle Stöcke. Aus solchem Besitz darf geschlossen werden, daß Johann Franz Carl von Schönau mit der Zeit seine Hitzkircher Krise überwunden hat und zu einem ungestörten Ordensleben zurückfand. An seine letzte Ruhestätte erinnert im Wappenfries an der Orgelwand der Beuggener Ordenskirche das Schönauwappen. Sein »alter, kleiner Degen« schmückte einst die Wand über dem Grab[10]. Im Leben des Johann Franz Carl Freiher von Schönau-Wehr spiegelt sich das typische Schicksal eines nicht erbberechtigten Sohnes einer südwestdeutschen Adelsfamilie der Barockzeit.

Johann Ignatius Franz Friedrich Reinhard
Freiherr von Schönau-Oeschgen

Franz Reinhard oder »*der junge Herr von Schönau*« wurde 1692 in Oeschgen/Aargau als Sohn von Otto Rudolf Freiherrn von Schönau-Oeschgen (1659–1699) und der Maria Anna Freiin von Kageneck geboren. Bei der Taufe am 23.10.1692 durch den Basler Domherrn Franz Rudolf Freiherr von und zu Schönau wurde Scholastica Freifrau von Wessenberg-Ampringen Patin. Als zweitgeborener Sohn mußte Franz Reinhard eine Laufbahn außerhalb des Familienbesitzes anstreben. Darauf wurde Franz Reinhard vorbereitet und am 6.11.1704 in Freiburg i. Br. bei den Jesuiten in die unterste Klasse des Gymnasiums eingeschrieben. Er besuchte diese Schule bis 1709. Eine militärische Laufbahn und die Aufnahme in den Deutschen Orden waren die Ziele, die er erreichen wollte.

1714 stellte Franz Reinhard von Schönau beim Hochmeister Franz Ludwig von Pfalz-Neuburg den Antrag, in den Deutschen Orden und in die Ballei Elsaß-Burgund aufgenommen zu werden. Er bot an, »*Dienst leisten zu können*«, da er sich »*vermittelst der absolvierten ziemlichen Studiis, erlernter Exerzitien und Sprachen, auch vollbrachter starker Reisen*« dazu für fähig hielt. Den adeligen Familien der Barockzeit war die Ausbildung ihrer Söhne einen hohen Aufwand wert. Dabei reisten die jungen Edelherren oft mehrere Jahre durch weite Teile Europas. »Weltkenntnis war dem Reichsadel als dem eigentlichen Träger des Kavaliersideals das höchste Erziehungsziel – nicht gelehrtes Spezialwissen.« Die Studien gewannen zwar an Bedeutung neben den traditionellen Standes-Exerzitien, wozu vor allem Fechten und Tanzen gehörten. »Doch blieben Besuche der großen Residenzen … für die Formung der adelig-höfischen Persönlichkeit maßgebend. Sie boten das unübertroffene Übungsfeld für unmittelbares Praktizieren würdevollen, dem eigenen Stand gemäßen Auftretens«.

Der Bewerber machte außerdem geltend, Landkomtur und General Marquard Franz Leopold Freiherr von Falkenstein habe ihn »*heuer schon mit einer Standarte* [einer Fahne] *unter seinem löblichen* [Reiter-]*Regiment begnadet*«. Der Hochmeister nahm das Gesuch wohlwollend auf und forderte am 11. Dezember ein Gutachten über den Kandidaten und eine Stellungnahme des Landkomturs an. Baron Franz Reinhard diente

1715 als Kornett, d. h. als Fähnrich im Falkensteinischen Kürassier-Regiment und schuf sich damit günstige Voraussetzungen für die Ordenskarriere. Im folgenden Jahr bestätigten die Breisgauische Ritterschaft und das Basler Domkapitel in Arlesheim Franz Reinhards Ritterbürtigkeit, der Pfarrer von Oeschgen bescheinigte die eheliche Geburt und die Taufe des *»jungen Herrn«*. Über seine Mutter hatte der Bewerber in dem Südtiroler Landkomtur Johann Heinrich Hermann von Kageneck einen beim Hochmeister sehr einflußreichen Onkel, dem er wohl eine starke Protektion verdankte.

Am 17.9.1717 bat Franz Reinhard von Schönau, inzwischen Leutnant, um Aufnahme in das Noviziat des Ordens. 1718 wiederholte er diese Bitte von Boscharowitz aus, da Friede sei und deswegen bei seinem *»Regiment nichts mehr zu tun ist«*. Am 8. August bestätigte die Landkommende Altshausen zwar den hochmeisterlichen Beschluß, den Franz Reinhard *»in die Probierjahr zu bescheiden«*. Doch berichtete Franz Reinhard von Schönau, *»Leutnant im Prinz Friedrich von Württemberg-Cürassier-Regiment zu Pferd«*, am 26. August, daß eine Verlegung der Einheit nach Italien drohe. Am 17. Oktober des Jahres war er dann mit dem Regiment auf dem Marsch *»in das Comitat Novigrad«*. Hochmeister Franz Ludwig berief den Kandidaten am 25. November zu sich in sein Hoflager, damit Franz Reinhard *»die Hälfte des Noviziats absolvieren«* könne. Dafür sei die Winterzeit am bequemsten. Die Erlaubnis möge er sich beim Regiment einholen.

Am 6.2.1719 antwortete Franz Reinhard von Schönau, daß ihn der Hofkriegsrat nur sechs Monate freistelle und daß er den Hochmeister in Darmstadt erreichen wolle. Am 27. Mai erkannte die Landkommende Altshausen die 16fache Ahnenprobe des Kandidaten an. Jetzt entwickelte sich alles schnell. Franz Reinhard von Schönau muß hohe persönliche Qualitäten gehabt haben. Am 12. Juni als Kammerherr des Hochmeisters Franz Ludwig von Pfalz-Neuburg eingesetzt, entschloß er sich, die gesamte Probezeit beim Hofstaat abzuleisten und mit dem Ordensoberen nach Schlesien zu reisen. Der Ritterschlag wurde verschoben, weil der Hochmeister selbst die Zeremonie vollziehen wollte. Am 17.7.1719 gab Franz Reinhard von Schönau die *»kaiserliche Leutnantstelle«* auf, weil ihm der Hochmeister die *»Rittmeister-Charge bei dero Leibgarde conferiert* [übertragen]*«* habe. Um die finanziellen Bedingungen für die endgültige Ordensaufnahme zu erfüllen, reiste Bruder Franz Otto von Schönau nach Altshausen und überbrachte das Aufnahmegeld von

1000 Gulden, die als Wechsel nach Breslau weitergeleitet wurden. Damit sollten »*alle Erfordernisse*« beglichen werden.

Am 30.7.1720 folgte der feierliche Ritterschlag in Neuss am Rhein. Als Aufschwörer standen Franz Reinhard von Schönau »*Anselm Franz Ernst Freiherr von Warßberg der Erz- und Domstifte Mainz, Trier und Speyer Chorbischof und Kapitular, sodann Casimir Freiherr Wambold von Umbstad der hohen Erz- und Domstifte Mainz und Worms* [Kapitular]« bei[11]. Zunächst blieb Franz Reinhard von Schönau hochmeisterlicher Gardehauptmann, dem der Balleischreiber 1723 nachrühmte, daß er »*deutsch, lateinisch und französisch redet*«. 1726/27 verlieh ihm die Ballei Elsaß-Burgund zusätzlich den Titel des Komturs von Rohr und Waldstetten mit den entsprechenden Einnahmen. In den Jahren 1729–1731 verzeichnet ihn der Ordensstand mit allen anderen, wiederholten Angaben als »*Komtur zu Freiburg*«. Von dort aus nahm Franz Reinhard von Schönau am 11.8.1729 an der Grundsteinlegung zum Schloßneubau der Landkommende Altshausen teil.

Franz Reinhard von Schönau genoß als »*Kammerherr und Oberst der Garde*« höchste Gunst im Deutschen Orden und schien noch eine glänzende Karriere vor sich zu haben. Das kann man an der 1732 erfolgten Verleihung der Kommende Mainau und der Ernennung zum Ratsgebietiger der Ballei Elsaß-Burgund ablesen. Da der Orden die Mainau als »*Kleinod der Ballei*« rühmte und gute Einnahmen zur Verfügung standen, empfand der neue Komtur die alte Schloßanlage als »*ganz baufällig und inkommod* [unbequem]«. Das jahrelange Leben am Hof des Hochmeisters hatte ihn beeindruckt und ließ ihn den »*in die Vierecken gebauten*« Schloßkomplex der Mainau mit dem »*kleinen, schwermütigen Hof*« als nicht mehr zeit- und standesgemäß empfinden. Komtur Franz Reinhard von Schönau setzte den etappenweisen Abbruch des Altschlosses und den Neubau eines Barockpalais mit Corps de Logis und zwei Flügeln durch. Johann Caspar Bagnato, der Baudirektor der Ballei Elsaß-Burgund, entwarf die Pläne und begann noch 1732 mit den Arbeiten. Ein emsiges Schaffen begann auf der Baustelle.

1734 meldete Komtur von Schönau den Abschluß der Rohbauarbeiten an der neuen Schloßkirche, bat aber am 21. April, wegen der herrschenden Kriegswirren die Arbeiten an dem Kirchengebäude vorerst einstellen zu dürfen. Franz Reinhard von Schönau kommt heute noch der Ruhm zu, daß er mit der neuen Mainau-Schloßkirche dem Barock am Bodensee zum Durchbruch und Siegeszug verholfen hat. Im übrigen hatte die Mainau ihren neuen Komtur beim Dienstantritt 1732 mit großem Aufwand empfangen. Von der Stadt Konstanz war eigens das sogenannte mit einigen Kanonen bestückte Kriegsschiff ausgeliehen worden. Die kleineren Schiffe hatten eine Dekoration mit Tannenreis erhalten. Den schon 1731 zum Komtur bestimmten Franz Reinhard von Schönau hielt Landkomtur von Reinach für den Geeignetsten. Denn die Mainau habe viele Streitigkeiten mit Nachbarn und benötige einen wirklichen Komtur, der dort seinen Sitz nehme. Daß von Schönau auf die Insel Mainau übersiedle, war eine Bedingung. Er kam den Anforderungen nach und bemühte sich nach Kräften um das Wohl der Kommende Mainau. Während der Bauzeit der neuen Schloßkirche hielt sich der Komtur aber oft im mainauischen Obervogteischloß Blumenfeld/Hegau auf.

1735 machte sich jedoch eine schwere Krankheit bemerkbar, an der Franz Reinhard von Schönau 1736 über 12 Wochen »*kränklich darnieder*« lag. Die Ärzte stellten »*Nierenfäulung*« fest. Der 44jährige starb am 21.2.1736 um drei Uhr nachmittags. Im Beisein aller Mainau-Beamten trugen am 24. Februar acht schwarzgekleidete Diener den Leichnam in aller Stille zur Gruft. Die feierlichen Exequien folgten am 6. März nach. Ordensbeamte, Nachbargeistliche sowie Abordnungen der Reichsritterschaft und des Konstanzer Domkapitels hatten sich eingefunden. Ein ganz und gar schwarz verhülltes ›Trauerpferd‹ wurde in der Kapelle des Altschlosses dreimal um den Altar herumgeführt. Der Hitzkircher Komtur folgte als Vertreter der Ballei. In der neuen, im Dezember 1739 eingeweihten Schloßkirche hatte die Kommende unter Chor und Langhaus »*lauter Gruften*« anlegen lassen, »*in denen die Gebeine von den Verstorbenen der*

Grabdenkmal des Komturs Franz Reinhard Freiherr von Schönau-Oeschgen († 1736), Schloßkapelle Mainau

alten Kirche« Aufnahme fanden. Unter einer der einheitlichen Grabdenkplatten findet sich an der Nordseite des Langhauses der Mainaukapelle in der Wandnische rechts unter der Schwarzen Madonna das Epitaph des Franz Reinhard von und zu Schönau.

Bei der Sichtung der Hinterlassenschaft des so früh verstorbenen Mainaukomturs wurde dessen Vorliebe für juristische und historische Schriften offenbar, die *»eine ziemliche Anzahl«* ausmachten. Darunter fielen auf: die Geschichte des Malteserordens von Vertot, eine Geschichte des Elsaß, ›L'homme de cour‹ und die Geschichte der Juden sowie französische und italienische Bücher politischen und belletristischen Inhalts. Notenmaterial und eine Flöte ließen Rückschlüsse auf die musikalische Begabung des Verstorbenen zu. Für die Mainau gerade richtig war Komtur von Schönaus Interesse an Gartenbau und Botanik, für das er sich den ›Index plantarum horti Carolsruhani‹ hielt. Seine Garderobe zeigt, daß er sich als flotter Offizier und Kavalier zu kleiden verstand, dazu hielt er sich kostbares Reitzeug. In seinem Waffenarsenal wurden mehrere Büchsen, Flinten, Degen, Pistolen und Hirschfänger aufgezählt. Komtur von Schönau schien ein Freund der Jagd gewesen zu sein[12]. Seine Pirschbüchse, mit Datum 1716, Schönau-Wappen und Deutschordenskreuz geschmückt, geriet nach dem Tod in das Eigentum des Stiefbruders von Bodman, fiel aber um 1975 einem Einbruch in das Schloß Bodman zum Opfer[13].

Komtur von Schönau bedachte seine Verwandten testamentarisch mit Geld, seinem Ring, der Tabakdose und der silberbeschlagenen Pfeife. ›Pia Legata‹ (fromme Stiftungen) bestimmten u. a. eine Statue *»des heilgen Johannis Nepomuceni«* in die neue Schloßkapelle und einen Kirchenornat von rotem Damast in die Kirche der heiligen Cosmas und Damian zu Oeschgen. Des Verstorbenen Bruder Franz Otto von Schönau brachte beim Deutschen Orden vor, daß ihn der Tote über 20.000 Gulden gekostet habe und er sich daher habe stark verschulden müssen. Das erkannte Hochmeister Clemens August von Bayern an und genehmigte am 29. März Erbzuteilungen und Hilfszahlungen. In den persönlichen Unterlagen des Verstorbenen sind Inventarverzeichnisse der Kommende Mainau von 1731 und eine genaue Beschreibung aller Rechtsverhältnisse der Mainau von 1732 erhalten[14]. Dies ist eine wichtige Quelle für Rechtshistoriker! Ohne Zweifel ist Komtur Franz Reinhard der glanzvollste Deutschordensritter aus der Freiherrenfamilie von Schönau gewesen.

Nicolaus Franz Carl Fridolin
Freiherr von Schönau-Oeschgen

Nicolaus Fridolin war ein Sohn des Johann Franz Joseph Otto Freiherrn von Schönau-Oeschgen und der Maria Barbara von und zu Schönau-Zell. Nicolaus Fridolin wurde am 1.7.1728 in Säckingen getauft, als Paten werden Paul Nicolaus Graf von Reichenstein, k.k. Gesandter bei der schweizerischen Eidgenossenschaft, und die Stiftsdame Caroline von Hagenbach zu Andlau genannt. Franz Reinhard von Schönau, der nach wenigen Jahren Komtur der Mainau wurde, war ein Onkel des Täuflings. Die Firmung erhielt Nicolaus Fridolin schon am 22.3.1734 durch den Konstanzer Weihbischof von Sirgenstein.

Als nachgeborenem Sohn blieb Nicolaus Fridolin nichts anderes übrig, als sich um eine Offiziers- und Ordenslaufbahn zu bewerben. Am 16.4.1750 wandte sich seine verwitwete Mutter an den elsässischen Landkomtur Graf von Froberg in Altshausen mit der Entschuldigung, daß *»mein Sohn Fridolin ehester Tägen in Siebenbürgen an die türkische Grenze als Kornett unter dem Berlichingischen Cürassier-Regiment abreisen wird«*. Er könne deshalb nicht persönlich nach Altshausen kommen, weil er *»von seinen Generalen beordert, den Weg über Mannheim zu nehmen«* gezwungen sei. Sein Bruder Carl werde den Schriftverkehr weiter fortführen. 1751 scheint Nicolaus Fridolin in das kaiserliche Dragoner-Regiment des Herzogs Johann August von Sachsen-Gotha übergetreten zu sein. Mitte Oktober jenes Jahres berief ihn die Landkommende Altshausen zum Noviziat ein. Er weilte aber noch in Siebenbürgen und bat am 29. Oktober um Verständnis dafür, daß er erst beim Hofkriegsrat um Erlaubnis nachsuchen müsse. Diese Abreisegenehmigung lag am 18.2.1752 immer noch nicht vor. Erst 1753 läßt sich nachweisen, daß Nicolaus Fridolin von Schönau sein Deutschordensnoviziat am Hof des Hochmeisters in Mergentheim verbrachte.

Im ›Ordensstand‹ von 1753 erscheint der Leutnant *»Nicolaus Franz Carl Fridolin Freiherr von Schönau«* bereits als Deutschordensritter, der am 18.6.1753 investiert worden ist. *»Er redet latein, deutsch, französisch, haltet sich dermals in Säckingen im Breisgau auf«*. Ein in Altshausen vorhandenes Porträt aus dem Jahr 1753 überliefert das Bild des jungen Ritters von Schönau aus der Zeit der Aufnahme in den Deutschen Orden. Nachrichten der Jahre von 1754 bis 1763 belegen, daß Ritter Nicolaus Fridolin von Schönau zum Hauptmann bzw. Rittmeister aufgestiegen war und im k.k. Sachsen-Gothaischen Regiment in Mähren bei der Armee stand. Seine Einheit focht mit Auszeichnung bei Kolin und nahm am Siebenjährigen Krieg teil. 1764 wechselte Ritter von Schönau seinen Standort und lag mit seiner Schwadron »dermalen zu Codogna in Italien«.

»In vielen Monaten in denen dahiesigen welschen Landen [ist] meine Gesundheit dermaßen zerrüttet worden, daß für die Medici mein ganzes Vermögen darauf gegangen.« Deshalb ersuchte der 37jährige 1765 um seine Entlassung aus dem Militärdienst. Landkomtur von Froberg unterstützte dem Hochmeister gegenüber das Ansuchen, auch hielt er es für berechtigt, daß Nicolaus Fridolin beabsichtigte, seine Reiterabteilung, »die er mit barem Geld an sich gebracht, wieder zu verkaufen«. Am 20.8.1765 erteilte Hochmeister Karl Alexander von Lothringen seinem Ordensritter von Schönau die Genehmigung, aus der Armee ausscheiden zu dürfen.

Der kränkelnde Veteran zog sich in seine Heimat nach Säckingen zurück. Im ›Ordensstand‹ wird zwar in den nachfolgenden Jahren bis 1782 immer wieder verzeichnet, daß er Komtur von Rohr und Waldstetten sowie k.k. wirklicher Kämmerer sei. Doch waren diese Titel offensichtlich nur Ehren- und Versorgungsbezeichnungen, die ihm den immer wieder bestätigten Aufenthalt in Säckingen erlaubten[15]. Zumal die Besitzverhältnisse während der zweiten Hälfte des 18. Jahrhunderts nicht voll nachgewiesen sind, darf davon ausgegangen werden, daß Komtur Nicolaus Fridolin von Schönau-Oeschgen als letzter seiner Familie im Säckinger Schloß wohnte. Um trotzdem über seine Titularkommende im Bild zu sein, ließ sich Komtur von Schönau 1772 den Status der Kommende Rohr und Ober-Waldstetten beschreiben. Als ihm 1783 nominell die oberelsässische Kommende in Rufach und Gebweiler übertragen wurde, verzeichneten die Balleischreiber wiederum den Aufenthalt des Komturs von Schönau in Säckingen.

Das änderte sich erst, als das Balleikapitel am 14.9.1784 Nicolaus Fridolin von Schönau zum Komtur der Mainau ernannte. Die vorgeschriebene Übersiedlung erfolgte am 7.6.1785. Nach der Mainau-Chronik war Schönau »bereits ein ziemlich betagter Herr. Im Jahr 1791 nahm er wegen zunehmender Jahre mit einer Sustentation [Unterstützung] von jährlich 2500 Gulden seinen Rücktritt. Die freilich nur lückenweise vorhandenen Akten gewähren einige Andeutungen darüber, daß Herr von Schönau wegen seines Deputats in Meinungsverschiedenheiten mit seinen Oberen geraten war und deshalb resigniert hatte.«[16] Während seines Mainau-Aufenthalts verkaufte Nikolaus Fridolin von Schönau am 2.3.1788 seine Herrschaft Oeschgen mit allen Gebäuden, Liegenschaften und Rechten an Freiherrn Franz Anton von Schönau-Wehr um 36.000 Gulden. Dazu gab ihm das Testament seiner Mutter vom 19.1.1769 das Recht. Nach dem im Kommenden-Schloß der Mainau geschlossenen Vertrag teilte sich Komtur Nikolaus Fridolin von Schönau den Verkaufserlös mit vier nahen Verwandten. Ihm blieben 9.184 Gulden[17].

Dieser Verkauf der angestammten Herrschaft Oeschgen läßt ahnen, warum Komtur von Schönau lange Jahre in Säckingen gelebt und sich nach der Resignation von der Mainau nicht mehr dorthin zurückgezogen hat. Er wohnte seit 1791 zu Lindau im Haus der Bürgermeisterin Pfister am Baumgarten. Dabei nannte sich Nikolaus Fridolin von Schönau wieder Komtur von Rufach. Er hatte also erneut den Titel jener elsässischen Kommende verliehen bekommen, die durch die Französische Revolution dem Deutschen Orden verloren gegangen war. 1798 ließ Fridolin von Schönau sein Testament aufsetzen. Er wünschte sich an seinem Grab ein Epitaph aus Kupfer und setzte dafür eine Summe von »*50 Gulden oder etwas mehr*« aus. Was er seinen Schwestern und Bediensteten zugedacht hatte, führte nach dem Tod zu einem langwierigen Prozeß, den sein Testamentsvollstrecker Baron von Zweyer, Landkomtur in Lothringen, für die Bedachten führen mußte.

Nach einer Mitteilung der Mergentheimer Ordensverwaltung an den Hochmeister verstarb Ordensritter »*Nicolaus Franz Carl Fridolin Freiherr von Schönau, … Komtur zu Rouffach … den 21ten Januar 1799 an einer langwierigen Krankheit und Entkräftung im 71ten Jahr seines Alters in der Reichsstadt Lindau*«. Der Entschlafene fand in der Kirche des fürstlichen Stifts zu Lindau seine letzte Ruhestätte[18]. Unter seinem Nachlaß befanden sich u.a. ein vergoldeter Kammerherrenschlüssel, zahlreiche Gewehre und Pistolen, eine lederne Jägertasche, viele Kleider, sieben Perücken, sechs Pferde, 15 Gemälde (darunter Kaiserin Maria Theresia, Bauernmotive, »*Frauenzimmer*«, zwei Porträts von sich selber) und zahlreiche Figuren.

Mit Nicolaus Fridolin von Schönau starb die Linie Oeschgen der Freiherren von Schönau aus. Weil die Ehe seines Bruders Joseph Carl (1722–1755) mit Sophie Freiin Stürtzel von und zu Buchheim kinderlos geblieben war, erbte der Deutschordensritter Nicolaus Fridolin 1755 die Güter des Oeschger Zweigs, die Lehen waren. Nach Nicolaus Fridolins

Tod 1799 gingen diese Güter im Erbgang an die Linien Wehr, Schwörstadt und Zell weiter. Offensichtlich war Nicolaus Fridolin von Schönau auch ein Wohnrecht im allodialen Säckinger Schloß Groß-Schönau zugefallen, von dem eine Notiz aus dem Jahr 1756 berichtet, daß die Stadt Säckingen damals schon großes Interesse am Kauf des Schloßkomplexes gehabt hätte. Im heutigen Museum der Stadt erinnern eine schöne Ofenkachel mit dem Bild eines Schönau-Ritters im Turnierkampf und ein Schönauscher Siegelstock noch an den erloschenen Zweig der Freiherren von Schönau zu Oeschgen. Und das Gartenhäuschen am Rhein weist sogar das Doppelwappen Schönau-Schönau der Eltern unseres letzten Deutschordensritters auf.

Anmerkungen

1 Vgl. Brommer, H. (Hg.): Der Deutsche Orden und die Ballei Elsaß-Burgund (Veröffentlichungen des Alemannischen Instituts Freiburg 63), Bühl 1996, S. 13, 73–96. – Joachim, E.: Die Politik des letzten Hochmeisters in Preußen Albrecht von Brandenburg, 3 Teile (Publikationen aus den königl. preußischen Staatsarchiven 50, 58, 61) 1892–1895. – Schulte, A.: Der Adel und die deutsche Kirche im Mittelalter ³1958.

2 AFSW: B 118 Bd. 5, S. 119 a, 137; DOZA Wien: Personalakten, Ritter 346/Nr. 1613, Fasz. I (1683); ebd.: Tumler, M.: Die Urkunden des Deutsch Ordens Zentralarchivs in Wien, Bd. 20 (1693–1715), S. 5 (31.5.1693) u. 93 (28.4.1697). – Lehner, M.: Ludwig Anton von Pfalz-Neuburg (1660–1694) (Quellen und Studien zur Geschichte des Deutschen Ordens 48) 1994, bes. S. 193–196. – Fritz, G./Schurig, R. (Hg.): Der Franzoseneinfall 1693 in Südwestdeutschland (Historegio 1), Remshalden-Buoch (1994), bes.: Vetter, R.: Heidelberg und der Feldzug von 1693 (S. 39–50).

3 AFSW: B 118 Bd. 5, S. 139 f.; DOZA Wien: 628-Ordensstand, Geheime Conferentz Protokolle der Ballei Elsaß (1564–1784), hier: 1694 und 1709/1710. – Mainau: Brommer (wie Anm. 1) S. 80; ›Kreuz und Schwert‹ – Der Dt. Orden in Südwestdeutschland, in d. Schweiz u. im Elsaß, Mainau 1991, S. 268. – Roth von Schreckenstein, K. H.: Geschichte der Deutschordenskommende Mainau, 1873, S. XIX Nr. 38 u. 197 Anm. 2. – Rohr u. Waldstetten: König, J. W.: Schwarzes Kreuz auf weißem Grund, Heidenheim 1981(s. a. Beiträge zur Kulturgeschichte von Altshausen u. Umgebung 5/1982, S. 111); vgl. auch: ebd. 7/1984, S. 21, 26; 18/1995, S. 109–111, 155–157; 19/1996, S. 31–33; 20/1997, S. 79–81, 83–85, 95–97.

4 Mitteilung von Konservator Dr. Lothar Kaiser-Meyer, Malters/Kanton Luzern.

5 StA Luzern: Urkundenschachtel 683 – Das Vorsatzblatt ist abgebildet in: ›Kreuz und Schwert‹ (wie Anm. 3), S. 190 f.

6 ›Kreuz und Schwert‹, S. 268.

7 DOZA, wie Anm. 3, 1723–1727; ebd. Personenakten, Ritter, Fasz. 346/1613 (Hitzkircher Finanzaffäre). – Landkomtur von Baden: Altshauser Geschichtsblätter (wie Anm. 3) 18/1995, S. 139–149. – Achberg: Gebeßler, A./Pill-Rademacher, I.: Schloß Achberg, hg. von d. Denkmalstiftung Baden-Württemberg, 1995, S. 6–15; Pill-Rademacher (Hg.): Schloß Achberg – Annäherungen an ein barockes Kleinod Oberschwabens, Ravensburg 1999 (S. 227: Daten zu Joh. Franz Carl von Schönau, bearbeitet von Helmut Hartmann). – Hitzkirch: Brommer (wie Anm. 1) S. 279f. u. 286–289 mit Anmerkungen.

8 ›Kreuz und Schwert‹ (wie Anm. 3); Roth von Schreckenstein: Mainau, S. 197f.

9 AFSW: B 118 (wie Anm. 2); DOZA Wien: 628 (wie Anm. 3) 1729–1746. – Rufach u. Freiburg: Brommer (wie Anm. 1) S. 245–270, 331–366. – Beuggen: Brommer (ebd.) S. 313–330, bes. 326f. mit Abb. 17; Sehringer, M./Bischoff, B./Schmidt, H.-J.: Ev. Tagungs- u. Begegnungsstätte Schloß Beuggen (Großer Schnell-Kunstführer Nr. 168) München 1990, S. 5–15, 16–41, bes. 9, 28 u. 58 (mit irreführender Datierung).

10 DOZA Wien: Personalakten, Ritter 346/Nr. 1613 – Teil II. – Zur Dekoration von Deutschordensgräbern: Brommer: Joh. Heinrich Hermann Reichsfreiherr von Kageneck (1668–1743), in: Schau-ins-Land 113/1994, S. 75.

11 AFSW: B 118 Bd. 4, S. 139 a, 199f.; DOZA Wien: Personenakten, Ritter 347/Nr. 1614. – Benz, M.: Sickingen-Bildnisse, in: Oberrheinische Quellen und Forschungen 1, München 1985, S. 117 (Kavaliersideal); Hartmann, H.: Joh. Heinrich Hermann Freiherr von Kageneck (1668–1743) … Landkomtur der Ballei an d. Etsch u. im Gebirg, in: Schau-ins-Land 110/1991, S. 119–126. – Schmid, J.J.: Franz Ludwig von Pfalz-Neuburg (1664–1732); Bischof von Breslau, seit 1694 Hoch- u. Deutschmeister…, Magisterarbeit d. Universität München 1990, S. 57–70. – Demel, B.: Franz Ludwig von Pfalz-Neuburg als Hoch- u. Deutschmeister (1683–1732) u. Bischof von Breslau, in: Jb. d. Universität Breslau 36–37/1995–1996, S. 93–150.

12 AFSW: B 118, Bd. 4, S. 199; DOZA Wien: 628-Ordensstand (wie Anm. 3) 1723–1731. – Brommer: Die Mainau, das Kleinod der Ballei, in: Insel Mainau – Barockjuwel im Bodensee, Mainau 1996, S. 6–40. – Ders.: Schloßkirche Insel Mainau (Schnell-Kunstführer Nr. 1207) München 1990, S. 5f.; ›Kreuz und Schwert‹ (wie Anm. 3) S. 193 (Ansicht des alten Schlosses); Roth von Schreckenstein: Mainau, S. 199, 201f. – Groß, H./Schaier, J./Gollbach, F.: Rettung u. Erhalt von Schloß Blumenfeld, in: Hegau 49–50/1992–1993, S. 109–118.

13 Mitteilung von Wernher Freiherr von Schönau-Wehr, Titisee-Neustadt.

14 DOZA Wien: Ritterakten 347/Nr. 1614 – Correspondenzkasten IX.

15 AFSW: B 118 Bd. 4, S. 139a und 230–233; DOZA Wien: Personenakten, Ritter 347/Nr. 1615; ebd. 628-Ordensstand (wie Anm. 3) 1753–1782.

16 GLA Ka Akten Mainau, Conv. 19, Nr. 158; StA Ludwigsburg, Deutschordens-Provinzialkapitelsakten, Fasz. 51 und 61; Mitteilungen von Archivdirektor E. Fritz, Archiv des Hauses Württemberg in Schloß Altshausen. – Roth von Schreckenstein: Mainau, S. 220.

17 Mitteilung von Wernher Freiherr von Schönau-Wehr vom 23.3.1999 aus AFSW.

18 DOZA Wien: Personen-Akten, Ritter 348/Nr. 1615/II.

Helmut Hartmann (†)

Herren von Schönau im Malteserorden

Ordenszentrum, Ordenslaufbahn und landsmannschaftliche Zusammensetzung

Die Herren von Schönau waren im Malteserorden von 1689 bis 1800 vertreten. Das ist die Zeit, als der Orden seinen Sitz auf Malta hatte und von dorther so geprägt wurde, daß man nicht mehr von Johannitern, sondern von Maltesern sprach. Alle Ritter von Schönau im Orden gehörten zur Deutschen Zunge und hier wiederum in das Großpriorat von Alemannien; dieses Wort hatte noch nicht die Verengung auf den Südwest-Teil des deutschen Sprachgebiets erfahren, sondern es bezeichnete von altersher das ganze deutsche Volkstum.

Die Situation auf Malta war extrem. Es handelte sich um eine baumlose Inselgruppe mit subtropischem Klima, für den Daueraufenthalt eines Mitteleuropäers nicht sehr geeignet. Aber die einmalige strategische Lage Maltas, beherrschend zwischen dem westlichen und östlichen Teil des Mittelmeers gelegen, glich das aus. Wer die Insel beherrschte, kontrollierte den ganzen Schiffsverkehr zwischen Europa und Afrika. – Die Johanniter entstanden im Heiligen Land als Hospitalorden, dann durch die Verhältnisse eine Rittergemeinschaft geworden, wurden sie nach dem Verlust des Heiligen Landes auf Rhodos ansässig. Als sie dort durch die Türken vertrieben wurden, siedelte sie der damalige Kaiser Karl V. auf Malta an, um die christliche Seefahrt vor Türken und Korsaren zu schützen. Die Korsaren waren eine Dauerplage des Mittelmeers, sie betrieben von Algier bis Tunis Seeräuberei in großem Umfang.

Der Malteserorden war als ihr Gegner gezwungen, laufend eine kampfkräftige Flotte zur Abwehr und zum Gegenangriff zu unterhalten. Das erforderte nicht nur, daß die Ordensleitung auf Malta blieb, sondern auch daß stets genügend Ritter aus den Niederlassungen des Ordens in Frankreich, Spanien, Italien und Deutschland kampfbereit dort stationiert waren. Die Kräfteverteilung in den Heimatländern brachte es mit sich, daß auf Malta die Franzosen weitgehend dominierten. Die Deutschen stellten, mit den andern Nationen verglichen, nur eine geringe Anzahl. Gegenüber der Zivilbevölkerung Maltas, die in Sprache und Kultur stark italienisch geprägt war, bildete auch die Gesamtheit der Ritter eine Minderheit, war aber unter ihrem Großmeister straff organisiert, so daß sie dennoch allein das Sagen hatte.

Wie wurde man Malteserritter? Die Entscheidung, ob einer der Söhne geistlich werden, oder ob er in einen Ritterorden eintreten solle, wurde von den Eltern getroffen, und zwar zu einem Zeitpunkt, zu dem der Betreffende noch lange nicht volljährig war, im Extremfall schon in dessen Kleinkindalter. Es galt nämlich, sich möglichst frühzeitig bei den Ordensoberen einer Zusage zu versichern, daß der Kandidat aufgrund seiner Abstammung genehm sei, und daß man Platz habe, ihn aufzunehmen. War das geklärt, konnte die Ahnenprobe beim Großpriorat vorgelegt werden. Diese Probe in einer exakt vorgeschriebenen Form zu verlangen, war eine Eigenart der Deutschen Zunge: Ursprünglich war das nur eine Erklärung gewesen, daß beide Elternteile adlig seien und der Kandidat aus legitimer Ehe stamme.

Die großzügige Nobilitierungspraxis der deutschen Kaiser des 15. Jahrhunderts brachte aber so viele Neuadlige hervor, daß der alte Adel nur beweisbar war, wenn alle vier Großeltern schon adlig gewesen waren. Das ging dann im 16./17. Jahrhundert weiter mit der Forderung, auch die vier Großeltern sollten ihrerseits vier adlige Ahnen gehabt haben. So kam man zur (4 x 4 =) 16er-Ahnenprobe, die in Deutschland bei den Domkapiteln und den Ritterorden allgemein üblich wurde, während die anderen Nationen (auch im Johanniterorden) sich mit wesentlich geringeren Adelsnachweisen begnügten.

War nun die Ahnenprobe vom Großpriorat als einwandfrei befunden worden, erfolgte die vorläufige Aufnahme in den Orden, trotz der Minderjährigkeit. Das Datum dieser Aufnahme ›di minor età‹ war wichtig, denn von ihm ab rechnete das Dienstalter, die Anciennität. Frühestens im Alter von 15 Jahren, meist aber mit 18–20 Jahren, konnte die Reise nach Malta unternommen werden, um sich dort in der Ordenszentrale vorzustellen. Die Ahnenprobe wurde nochmals präsentiert, die Aufnahmegebühren eingezahlt, das Ordensgelübde abgelegt, und die Insignien des Ordens, Kreuz und Mantel, empfangen. Vom Datum dieser endgültigen Aufnahme an rechnete die Ordenszeit in Malta.

Für den jungen Ritter folgte nun die festgelegte Zeit des Aufenthalts auf der Insel, die sogenannte ›Residenz‹. Vorgeschrieben waren fünf Jahre, die – wie es scheint – nicht immer eingehalten wurden. Für eine vorzeitige Beendigung gab es manche Gründe. Während dieser Zeit mußten die ›Karawanen‹ abgeleistet werden. Sie bestanden in der Teilnahme an den militärischen Aktionen der Ordensflotte. Vier solcher Einsätze waren die Regel, jeder mindestens 30 Tage dauernd. Da aber die Schiffe des Ordens nicht so oft ausliefen, um jedem Jungritter in seiner Maltazeit die Karawanen zu ermöglichen, schuf man gewisse Erleichterungen. So konnte die Teilnahme an Feldzügen gegen die Türken in Ungarn angerechnet werden, ja schließlich sogar schon die Wartezeit in Malta.

All das war für den einzelnen Ritter, der sein Leben nicht in Malta verbringen wollte, sondern in einem heimatlichen Ordenshaus, von großer Wichtigkeit. Denn der Großmeister vergab die deutschen Kommenden des Ordens nur an diejenigen, die ihre Residenz und Karawanen abgeleistet hatten. Von den durch Tod oder Versetzung des Vorgängers freigewordenen Kommenden erhielt der Neuling eine weniger ertragreiche Niederlassung für den Anfang (›cabimento‹). Hatte er diese einige Jahre gut geleitet, bestand die Möglichkeit, sich eine bessere Kommende vom Großmeister verordnen zu lassen, wenn eine solche frei wurde. Es konnte aber auch durch die besondere Gunst des Großmeisters (›per grazia magistrale‹) die eine oder andere zusätzliche Kommende erlangt werden, so daß mancher ältere Ritter über ein halbes Dutzend von ihnen verfügen konnte.

Die Ordenslaufbahn war gewissermaßen ein Kompromiß zwischen zeitlich begrenzten Front-Einsätzen für den Orden und Dauertätigkeit für dessen finanzielle Existenz. Der Orden konnte nämlich ohne die Abgaben der heimatlichen Kommenden an die Zentrale nicht leben. Diese Situation war typisch für alle geistlichen Ritterorden, von den Templern über die Johanniter bis zum Deutschen Orden. Die Tendenz zielte dabei auf eine wartefreie und möglichst üppig dotierte Versorgung jedes einzelnen Mitglieds, gar nicht so verschieden von heutiger Denkweise.

Angesichts der Bedeutung, die man in früheren Zeiten Rängen und Titeln beimaß, und bei den Eigenarten, die der Johanniter-/Malteser Orden auf diesem Gebiet zeigte, dürfte es angebracht sein, hiervon ausführlicher zu berichten. – Bekanntlich gliederte sich der Orden in einzelne Nationen, die man ›Zungen‹ nannte. An der Spitze jeder dieser Zungen stand ein Großwürdenträger. Diese Vorsteher, insgesamt acht, bildeten zusammen mit dem Großmeister den Konvent, die Leitung des Ordens. Es sind dies die im Orden so bezeichneten Kapitularbaillis. Die Deutsche Zunge vertrat dabei ein Würdenträger, der Großbailli genannt wurde. Sein Amt war 1428 auf Rhodos geschaffen worden, und seine spezielle Funktion war die Aufsicht über die dortigen Außenfestungen des Ordens. In Malta, wo Festung und Orden identisch waren, trat diese Sonderaufgabe gegenüber den Obliegenheiten im Konvent zurück. Es blieb damit die Verpflichtung zur ständigen Anwesenheit in der Zentrale. Dennoch haben es manche Großbaillis geschafft, während ihrer Amtszeit in Deutschland zu sein. Sie hatten dann einen Stellvertreter aus den Reihen der jeweils in Malta anwesenden deutschen Ritter.

Die oberste Leitung hatte in Deutschland der Großprior von Alemannien, den der Großmeister mit seinem Konvent einsetzte. Alemannien ist hier – wie schon gesagt – der alte Begriff für Gesamtdeutschland, nicht nur für den Südwesten. Von altersher war diesem deutschen Großprior gleichgesetzt ein Großprior von Böhmen, dem also die böhmischen österreichischen Kommenden und Ritter der Deutschen Zunge unterstanden. Die ordensinterne Bezeichnung für beide Funktionen war übrigens nur ›Prior‹. Der Titel Großprior wurde erst in späterer Zeit und nach außen hin benutzt. Unter diesen Großwürdenträgern standen unmittelbar die Komture, die Vorsteher der einzelnen Kommenden. Sie wurden jeweils vom Großmeister ernannt.

Bei der Vielzahl der Komture konnte nur derjenige, der einen höheren Rang haben sollte, durch einen zusätzlichen Titel gekennzeichnet werden. Dazu hatte sich der Orden die Möglichkeit geschaffen, indem er einzelne, durch äußere Eingriffe in ihrer Substanz vernichtete Priorate als (Ehren-)Titel ohne Funktionen weiterbestehen ließ. Davon waren der Deutschen Zunge zugeteilt die Priorate Ungarn (dessen Niederlassungen alle von den Türken vernichtet waren) und Dazien, was soviel wie Dänemark heißt. Dort waren alle Klöster und Ordenshäuser bei der Reformation aufgehoben worden. – Der Großmeister hatte noch eine zweite Möglichkeit, einen verdienstvollen Komtur aus der Menge herauszuheben: Er verlieh ihm ein großes Ordenskreuz, das am Hals und auf der Brust zu tragen war.

Die so Dekorierten durften sich ›Großkreuz‹ nennen und standen rangmäßig zwischen den Komturen und den Baillis, die ihrerseits wieder unter den Großprioren rangierten. Von diesen Baillis gab es im deutschen Großpriorat allerdings nur einen, den Bailli von Brandenburg. Dieser Titel ohne jegliche Substanz war vom Orden geschaffen worden, um den Anspruch auf die im 16. Jahrhundert protestantisch gewordene Johanniterballei in der Mark Brandenburg, das sogenannte Herrenmeistertum, zu dokumentieren. – Alle diese Ränge und Titel erscheinen später in den Biographien der Malteser aus Schönauschem Geschlecht.

In der Theorie hätten sich die deutschen Malteser aus dem ganzen damaligen Deutschen Reich rekrutieren sollen. In Wirklichkeit war aber der Einflußbereich des Ordens und damit seine Anziehungskraft für den Nachwuchs begrenzt auf den Raum am Niederrhein mit Holland und dem Emsland und auf den Südwesten vom Rhein-Main-Gebiet über das Elsaß, Baden und Württemberg bis in die Schweiz hinein. Im Zeitalter der Reformation verengte sich alles auf die katholisch gebliebenen Restgebiete: einerseits der Niederrhein und Westfalen, andererseits Oberschwaben und der alemannische Sprachraum.

Im 17. Jahrhundert dominierte der Norden, im 18. Jahrhundert dagegen eindeutig der Südwesten. So stammten z. B. 1785 bei vierzig Rittern, von denen zwanzig Komture waren, drei aus dem Raum Niederrhein-Westfalen, drei aus dem Rhein-Main-Raum und Franken, aus Schwaben und Alemannien jedoch 34 Ritter. Hier zeigt sich der Einfluß, der von dem in Heitersheim im Breisgau residierenden Großprior auf den eng versippten oberrheinischen Adel ausging.

Das Geschlecht derer von Schönau im Malteserorden

Insgesamt stammten sechs Malteserritter aus dem Geschlecht derer von Schönau. Mit dieser Zahl fügen sich die von Schönau gut in den Rahmen ein, den andere oberrheinische Geschlechter gesetzt haben. So gehörten ebenfalls sechs Herren von Pfirdt, fünf Truchsessen von Rheinfelden und sieben Herren von Reinach dem Orden an. Die sechs von Schönauschen Malteser verteilen sich auf vier Linien, je einer vertrat die Linien zu Oeschgen und zu Schwörstadt, je zwei die Linien Wehr und Zell. Diese vier Linien lösten sich zeitlich ab. Am ehesten standen die Vertreter von Oeschgen und Schwörstadt im Orden, nämlich bereits kurz vor 1700. Die Herren zu Wehr folgten 1723 und die zu Zell 1747. Durch die schnelle Folge der Eintritte aus den zuletzt erwähnten beiden Linien ergab sich eine derartige Überlappung der Verweilzeiten im Orden, daß in der Periode von 1753-1774, also während über zwanzig Jahren, stets vier Herren von Schönau gleichzeitig im Orden waren.

Die Verwandtschaftsverhältnisse wurden immer enger: Die beiden Freiherren aus den Linien Oeschgen und Schwörstadt waren noch Vettern zweiten Grades (der Urgroßvater Iteleck von Schönau war ihnen gemeinsam), die beiden Angehörigen der Wehrer Linie waren Onkel und Neffe und die beiden Vertreter der Zeller Linie sogar Brüder. – Wenn man die erlangten Ordenspositionen betrachtet, waren der Herr von Schönau zu Schwörstadt und die beiden älteren Angehörigen der Linien Wehr und Zell am erfolgreichsten. Das ist keine absolute Wertung, denn es gab dabei genügend Imponderabilien: die Aufenthaltsdauer auf Malta und damit das Vertrautsein mit den dortigen Gepflogenheiten, der Grad der Bekanntheit mit den maßgebenden Persönlichkeiten, schließlich das ›Gerade-zur-Stelle-Sein‹, wenn eine begehrte Position, z.B. eine Kommende, frei wurde.

Christoph Joseph von Schönau zu Oeschgen wurde 1661 als Sohn des Otto Heinrich und der Maria Susanna Margaretha von Sickingen zu Hohenburg geboren. Im Frühjahr 1685 läuft eine Korrespondenz zwischen dem Großprior von Heitersheim und den Verwandten und Bekannten Christophs wegen dessen Aufnahme in den Orden. Am 21. August dieses Jahres wird eine Ahnenprobe vorgelegt, die aber nur als Text, nicht in Tafelform, überliefert ist. Das bedeutet für eine Laufbahn als Malteser eine ziemlich späte Bewerbung; der Kandidat war schon 24 Jahre alt. Man könnte vermuten, daß ein anderer, bisher angestrebter Lebensweg abgebrochen wurde. Es gab ja in den Domstiften, z.B. in Konstanz, sogenannte Expektanten, d.h. Anwärter auf eine Domherrenstelle, die in manchen Fällen viele Jahre warten mußten bis etwas frei wurde. Christoph könnte also in seiner Jugend solange gewartet haben, bis er es aufgab und statt dessen den Malteserorden wählte. In Malta ist seine Ahnenprobe für den 18.12.1688 bezeugt. Er war also dort gewesen, muß aber bald danach entweder noch auf Malta oder bei der Rückreise nach Hause verstorben sein, ein Schicksal, das er mit einer ganzen Anzahl von deutschen Jungrittern dieses Zeitalters geteilt hat[1].

Franz Anton Euseb Joseph von Schönau aus der Linie Schwörstadt ist als Sohn des Franz Reinhard Heinrich und der Anna Katharina Holzapfel von Herxheim am 10.8.1669 zu Schwörstadt geboren. Erst im Alter von 20 Jahren hat er 1689 beim Großpriorat und im gleichen Jahr am 3. November in Malta die Ahnenprobe abgelegt und wurde in den Orden aufgenommen. Nach Ableistung seiner Karawanen und der Residenz erhielt er als Erstversorgung (›cabimento‹) die Kommenden St. Johann in Bassel (Lothringen) und Dörlisheim (Unter-Elsaß). Das muß um 1695 gewesen sein; allerdings ist der Besitz dieser Kommenden erst 1701 bezeugt. Er soll sie bis mindestens 1728 besessen haben. Beide lagen im französischen Herrschaftsbereich und warfen damals sicherlich keine großen Erträge ab. Wohl deswegen gab ihm der Großmeister 1698 zusätzlich ›per grazia magistrale‹ die Doppelkommende Wesel am Niederrhein und Borken in Westfalen.

In diesen Jahren hatte er auch das Amt eines obersten Prätors beim Generalkapitän der Galeeren-Flotte des Ordens inne; Generalkapitän war damals der österreichische Ritter Franz Sigismund Graf von Thun († 1702 als Großprior von Böhmen). Im Jahr 1702 übernahm der Herr von Schönau durch großmeisterliche Gnade die gut dotierte Kommende Villingen im Schwarzwald, die er 45 Jahre lang bis zu seinem Tode innehatte. Zwischenzeitlich war er aber lange in Malta; denn 1721 war er dort einer der Räte der Deutschen Zunge beim ›Consiglio Complito‹, dem obersten Ratskolleg, zwei Jahre später wird er als Statthalter des Großbaillis genannt. Auch war er Befehlshaber des auf Malta stationierten Militärs, hatte also die Funktion eines Platzkommandanten. Ferner übertrug man ihm das Amt eines Prokurators des städtischen Ärars, d.h. eines Aufsehers über das Finanzwesen der Stadt Valetta. Damals, spätestens aber 1728, durfte er sich Großkreuz nennen. Auch zusätzliche Kommenden bekam er vom Großmeister: Klein Erdlingen im Ries 1733, Tobel in Vorarlberg 1736. Seine Laufbahn wurde im selben Jahr 1736 gekrönt durch die Verleihung des Titels eines Baillis von Brandenburg.

Man darf annehmen, daß er seine weit auseinander liegenden Kommenden an Pächter gegeben hat, die an ihn nach Malta abrechneten. Hier ist er im Alter von 79 Jahren gestorben und in der St. Johannis-Kathedrale unter einer der schönen Grabplatten aus Pietra-Dura-Mosaik bestattet worden. Die Grabschrift nennt seine Bailli-Stellung und seine drei Kommenden, auch alle Ämter, die er seinerzeit in der Ordensverwaltung innehatte, bringt aber kein lesbares Todesdatum. Dieses gibt hingegen das Ordensarchiv an: 11.1.1747. Das muß in 1748 verbessert werden. Im Orden galt nämlich als Jahresbeginn der 25. März, Mariä Verkündigung (Annuntiations-Stil). Somit ist bei allen maltesischen Daten, die zwischen dem 1. Januar und dem 24. März liegen, nach unserer Zeitrechnung in der Jahreszahl eine Eins hinzuzufügen[2].

Johann Kaspar Fidelis von Schönau zu Wehr wurde am 2.1.1700 als vierter Sohn des Ehepaares Johann Franz Anton und Anna Klara Helene von Liebenfels geboren. Das Datum seiner Ahnenprobe im Großpriorat ist bisher unbekannt. Erst im Alter von 23 Jahren präsentierte er sich am 20.7.1723 in Malta zur dortigen Ahnenprobe. Seine Ausstattung mit Kommenden begann ebenfalls verhältnismäßig spät. Zuerst erwähnt wird Überlingen, das er 1746 bekam; zusätzlich erhielt er 1750 die elsaß-lothringischen Kommenden St. Johann in Bassel und Dörlisheim. Dazu kamen 1759 noch Lage, Bersenbrück (Niedersachsen) und Herford in Westfalen. Die weit auseinander liegenden Kommenden waren ebenfalls nur durch Einsatz von Pächtern zu verwalten. Mindestens seit 1750 trug er bereits das ›Großkreuz‹. Im Februar des Jahres 1767 wurde er Statthalter des Großbailli und im September Großprior von Dazien. Durch diesen höheren Rang erlosch der Titel Großkreuz. Vier Jahre später tauschte er mit Johann Reinhard von Baden sein Großpriorat und wurde statt des Herrn von Baden Großbailli. Als Johann Reinhard von Baden schon nach drei Wochen starb, verzichtete von Schönau auf das Großbaillirat und übernahm wieder den Titel eines Großpriors von Dazien. 1772 tauschte er auch die Kommenden in Lage und Herford mit seinem Neffen Fidelis Joseph und zwar gegen dessen Kommenden Kronweißenburg (Unter-Elsaß) und Bruchsal in Baden. Am 11.11.1774 verstarb er zu Malta.

Er ist der zweite aus dem Geschlecht der Schönau, der dort in der Johannis-Kathedrale sein Grab gefunden hat, auch er unter einem der Pietra-Dura-Steine. Die Grabschrift erwähnt sein Alter von 74 Jahren sowie die Titel des Großbailli und auch den des Großprior von Dazien. Sie nennt seine Kommenden Bassel und Dörlisheim, dazu Kronweißenburg und Bruchsal. Ganz besonders herausgestellt werden Verdienste, die er sich bei dem römischen Kaiser Franz I. und der Kaiserin und Königin Maria Theresia erworben hat. Auch ein Porträt ist erhalten. Es stammt aus der Bildnisreihe der Komture in Lage und zeigt Kaspar Fidelis als Halbfigur in zivilem Kostüm, aber mit dem Malteserkreuz auf der Weste. Das Porträt, das auf etwa 1760 zu datieren ist, hängt heute im Kreismuseum Bersenbrück[3].

Totenschild des Komturs Fidel Joseph Felix Ignaz
Freiherr von Schönau-Wehr († 1783); bemalte Holztafel

Fidelis Joseph Felix Ignaz aus der Linie Wehr wurde am 19.5.1733 zu Waldshut geboren, wo sein Vater das Amt eines Waldvogtes der Grafschaft Hauenstein innehatte. Der Vater hieß Franz Anton Fidelis und war ein Bruder des Malteserritters Kaspar Fidelis, die Mutter war Maria Josefa von Baden zu Liel. Bereits vor 1750 war die Ahnentafel des Fidelis Joseph dem Großpriorat vorgelegt worden. Erst siebzehnjährig kam er am 17.10.1750 nach Malta, gab dort seine Ahnenprobe ab und wurde aufgenommen. Schon 1759 gab man ihm als Erstausstattung die Kommende Hasselt. Sie liegt in Ostfriesland und war der letzte Rest der einstigen umfangreichen friesischen Besitzungen des Ordens. Dazu kamen als Zusatz 1762 Kronweißenburg (im Unter-Elsaß) mit seinem Anhängsel (›membrum‹) Bruchsal in Baden. Diese Stellungen bedeuteten alle nicht sehr viel, aber Fidelis Joseph war nun Komtur.

So kam es, daß sich der Generationen-Abstand verwischte und Onkel Kaspar Fidelis und Neffe Fidelis Joseph nebeneinander an die zwanzig Jahre als Komture des deutschen Großpriorats wirkten. Schließlich gab Kaspar Fidelis, inzwischen über 70jährig, dem Jüngeren seine beste Kommende Lage ab und begnügte sich mit dem bescheideneren Weißenburg, das der Neffe bisher besaß. Aber auch ein übergreifendes Amt hat Fidelis Joseph innegehabt. Er war ›Generalrezeptor in Ober- und Niederdeutschland‹. Als solcher hatte er die von der Ordenszentrale festgesetzten jährlichen Abgaben (›Responsionen‹) bei den einzelnen Kommenden des deutschen Großpriorats einzufordern und nach Malta abzuführen. Das erforderte gegenüber den Mitkomturen diplomatisches Geschick und, wenn nötig, energisches Auftreten, nach oben galt es, sich korrekt und zuverlässig zu zeigen.

Mit dieser Tätigkeit war die Aufgabe verbunden, die Nachlässe von verstorbenen Rittern zu inventarisieren und den von der Zentrale beanspruchten Anteil sicherzustellen. Fidelis Joseph war jahrelang bis zu seinem Tod Generalrezeptor, scheint demnach allseits zur Zufriedenheit gewaltet zu haben. – Er starb auf seiner Kommende Lage am 27.7.1783 im 52. Lebensjahr und wurde in der dortigen Ordenskirche begraben. Von einem Grabmal ist nichts bekannt, jedoch ist ein Porträt von ihm erhalten. Es gehört zur Galerie des Museums Bersenbrück in der Lager Kommende, ist zu 1776 datiert und zeigt ihn im roten Uniformrock der Malteserritter[4].

Franz Philipp Morand aus der Linie Zell ist am 2.3.1734 geboren. Sein dritter Vorname stellt eine elsässische Reminiszenz dar. Morandus, ein Benediktiner-Heiliger des 12. Jahrhunderts, lebte in einem Cluniazenser Priorat bei Altkirch im Sundgau. Von dort verbreitete sich sein Kult im ganzen Oberelsaß, auch in Saasenheim, wo die Zeller Linie einen Teil ihres Besitzes hatte. Die Eltern, Franz Ignaz Ludwig und dessen Frau Maria Anna Franziska Elisabeth Ursula von Pfirdt zu Karsbach, haben den Knaben schon früh beim Orden angemeldet: Die Ahnenprobe beim Großpriorat stammt vom 30.5.1745. Die Eltern legten Wert darauf, daß er möglichst bald nach Malta kam. Irgend jemand, vielleicht ein Ritter aus der Verwandtschaft, muß ihn dorthin mitgenommen haben. Jedenfalls wurde er schon am 24.6.1747 in den Orden aufgenommen und zwar als Page in das Gefolge des Großmeisters. Etwa in seinem 20. Lebensjahr muß er dann Vollritter geworden sein.

Er bekam 1759 Überlingen am Bodensee als Kommende. Es folgte 1765 der Kommendenverband Trier-Adenau (Eifel)-Breisig (Mittelrhein). An dessen Stelle erhielt er 1776 die Kommende Kronweißenburg mit Bruchsal, dort war er nun schon der Dritte aus der Familie von Schönau. Anscheinend behielt er den Titel Weißenburg bis zu seinem Tode. Ab 1785 hat man ihm eine ganze Reihe von hohen Würden übertragen. Zuerst war er bis 1786 zwei Jahre lang Bailli von Brandenburg, dann neun Jahre Großbailli bis 1796 und schließlich für den Rest seines Lebens Großprior von Dazien. Alle drei Würden erhielt er als Nachfolger des Franz Heinrich Truchsess von Rheinfelden. Ein schönes Beispiel für die schematische Art der Beförderung in dieser Spätzeit, als die Ordensleitung noch auf Malta saß.

Er scheint während dieser ganzen Zeit nicht in Malta sondern in Deutschland gelebt zu haben. Denn er war mindestens seit 1787 Generalrezeptor in Ober- und Niederdeutschland, ein Amt das nur an Ort und Stelle zu versehen war. Er hat noch erfahren müssen, daß die alte Malteserherrlichkeit unterging, als die Franzosen 1798 Malta besetzten. Wie andere deutsche Ritter zog er sich nach Heitersheim zurück, wo der letzte Fürst-Großprior von Deutschland noch residierte. Franz Philipp ist dort am 11.10.1800 gestorben und in der Heitersheimer Kirche begraben worden, wo ihm sein Neffe Johann Nepomuk ein Epitaph errichten ließ, das alle Titel des Verstorbenen und dessen vier Ahnenwappen zeigt. Auch ein Bild des Maltesers ist erhalten. Das Gemälde zeigt ihn in der Uniform des Großpriors und befindet sich im Besitz der Familie[5].

Franz Xaver Anton aus der Linie Zell wurde am 10.9.1741 geboren, er war ein um sieben und ein halbes Jahr jüngerer Bruder des eben behandelten Franz Philipps. Als sein Aufnahmedatum in Malta ist der 3.12.1753 verzeichnet; deshalb hat den Zwölfjährigen wohl sein Bruder nach Malta mitgenommen. Wie alle vorzeitig Aufgenommenen konnte er natürlich noch kein Ritter sein. Er hat beim Großmeister einige Jahre als Page gedient, wie lange ist nicht bekannt. Im Falle Franz Xavers dauerte es jedenfalls geraume Jahre, bis er vollgültiger Ritter wurde. Nicht vor 1784 bekam er seine Erstausstattung (›cabimento‹) mit der Kommende Rottweil am oberen Neckar. Auch die Kommende Reiden im Aargau soll er besessen haben. Jedoch war er nicht lange Inhaber einer Komturei. Bereits am 5.7.1787 ist er zu Straßburg im Elsaß, wo er Oberst des französischen Schweizer-Regiments ›Schönau‹ gewesen ist, gestorben[6]. Sein Bild, ebenfalls in der roten Uniform, ist auch im Besitz der Familie.

Anmerkungen

[1] AOM 2199 (Katalog der Adelsproben, Großpriorat Alemannien); GLA Ka 72/191 (1661); HH.

[2] AOM 1180 (Index Bullarium Dignitatum et Commendarium 1667–1752, Priorat Alemannien), 2226 (Listen der Würdenträger der Deutschen Zunge); GLA Ka 72/254, undatiert; StA Osnabrück Repertorium 100 Absch. 3386, Bl. 2–4. – Becke-Klüchtzner, E. von der: Stammtafeln des Adels des Großherzogtums Baden, Baden-Baden 1886, S. 429; Imhof, J. W.: Notitia S. R. J. G. procerum historico-heraldico…, Tübingen 1732; Kageneck, A. Graf von: Oberrheinische Adlige in den Ritterorden 1500–1806, in: Archiv f. Sippenforschung 39/1973; Scicluna, H. P.: The Church of St. John in Valette. Its History, Architecture and Monuments, Malta 1955, S. 307, Nr. 189.

[3] AFSW: B 118 Bd. 4, S. 166; AOM 2199, 2226; Totenbuch der Kommende Lage (Mitt. Pfr. Holtmann/Hardenberg vom 12.7.1976). – Becke-Klüchtzner: Stammtafeln, S. 425; Detlefs, G.: Die barocke Porträtgalerie des Ritterhauses Lage im Kreismuseum in Bersenbrück, in: 1245–1995 Johanniterkommende Lage – Beiträge zur Bau- u. Kunstgeschichte (Schriften zur Kulturgeschichte des Osnabrücker Landes) 1995, S. 31 u. Abb. 40; Ebe, I. A.: Gräber deutscher Ritter des Johanniter-/Malteser-Ordens in der St. Johannis-Kirche in Valetta auf Malta, Paderborn 1987, S. 102f.; Krieger, A.: Topographisches Wörterbuch des Großherzogtums Baden, Bd. 2 Karlsruhe ²1905, Sp. 1221; Varrentrapp, F.: Neues genealogisches Reichs- u. Staats-Handbuch auf das Jahr 1761, Frankfurt a. M. 1761, S. 141f.

[4] AFSW: B 118 Bd. 4, S. 185; AOM 2192, 2199; Totenbuch Kommende Lage (Mitt. Pfr. Holtmann v. 20.1.1975 u. 12.7.1976). – Becke-Klüchtzner: Stammtafeln, S. 424; Detlefs: Porträtgalerie, S. 31, 50 u. Abb. 42; Mortuarium der Ritterschaft des Kantons Hegau-Allgäu-Bodensee, in: Vierteljahresschrift f. Wappen-, Siegel- u. Familienkunde 34/1906, S. 258; Varrentrapp: Handbuch 1760, S. 240f.

[5] AOM 2200, 2226 u. Ruolo degli Cavalieri…della Lingua di Alemagna 1785; GLA Ka 73/253 (1745). – Reclams Lexikon der heiligen und biblischen Gestalten 1968, S. 382; Rödel, Liste der Komture von Adenau, in: 1000 Jahre Adenau 1992, S. 39; Varrentrapp: 1762, S. 240f. u. 1792 Bd. 1, S. 159f.

[6] AOM 2199, 2200 u. Ruolo. – Becke-Klüchtzner: Stammtafeln, S. 423; Mortuarium, S. 259.

Adel im frühneuzeitlichen Staat

Uwe Reiff

Die Erbteilungen von 1583 und 1628 im Hause Schönau

Das aus dem Elsaß stammende Haus Schönau war durch Einheirat im 14. Jahrhundert am Hochrhein seßhaft geworden. Neben dem großen Meieramt des Stiftes Säckingen erwarb es im Laufe der Zeit weiteren Besitz am Hochrhein und erhielt mehrere Pfandschaften und Lehen von den Habsburgern. Überhaupt wurde die Verbindung zum Haus Österreich immer enger. Der Besitz, der sich gegen Ende des 16. Jahrhunderts in der Hand des Hauses Schönau befand, bestand aus verschiedenen Lehen, Pfandgut und ansehnlichem Eigenbesitz. Im Gebiet zwischen Rheinfelden und Laufenburg waren sie links und rechts des Hochrheins u. a. Lehnsmänner und Besitzer in der Herrschaft Zell im Wiesental, in Hasel, Wehr, Enkendorf, Öflingen, Schwörstadt, Wallbach, Säckingen, Zuzgen, Wegenstetten und Oeschgen.

Entsprechend der herausgehobenen Stellung der Familie war es ihr Anliegen, den einzelnen männlichen Familienmitgliedern eine gesicherte Existenz zu garantieren, unabhängig von irgendwelchen ihnen anvertrauten Ämtern. Dazu bediente man sich gegebenenfalls auch des Instrumentes der Erbteilung. Die weiblichen Familienmitglieder wurden, dem damaligen Verständnis folgend, so verheiratet, daß sie zumindest im gleichen sozialen Rang standen; zudem erhielten sie ein Heiratsgut[1]. Teilungen in verschiedene Linien hatte es im Laufe der Zeit im Haus Schönau schon gegeben, so z. B. bereits zu der Zeit, als es noch im Elsaß ansässig war. Aber auch am Hochrhein war schon vor 1583 eine Seitenlinie entstanden: Hans Othmar von Schönau († 1554) wurde der Gründer der Linie Schönau-Laufenburg, die bis 1633 Bestand haben sollte.

Welches die eigentliche Veranlassung gewesen sein mag, daß es binnen knapp 50 Jahren im Haus Schönau zweimal zur Abfassung von Erbteilungen kam, läßt sich aufgrund der Quellenlage nicht eindeutig beantworten. Zweierlei scheint maßgebend mit zu der Aufteilung des Schönauschen Besitzes beigetragen zu haben: Zum einen standen die an den Erbteilungen beteiligten männlichen Nachfahren des Erblassers in keinem ihrem gesellschaftlichen Rang entsprechenden Vermögensverhältnis; zum anderen war das Erbe, das der Verstorbene jeweils hinterließ, mit einer enormen Schuldenlast behaftet, deren Tilgung für einen Schuldner allein zu schwer gewesen wäre, wenn er gleichzeitig Miterben hätte ausbezahlen müssen. Diese beiden Gründe waren mit Anlaß dafür, eine Regelung zu treffen, die es dem Haus Schönau ermöglichte, einerseits den vorhandenen Besitzstand zu wahren und andererseits die Söhne standesgemäß zu versorgen.

Wie die beiden Erbteilungen im einzelnen vor sich gingen, welche Teile welchem Erben zukamen und ob es irgendwelche nennenswerte Auswirkungen auf das Haus Schönau gab, soll Inhalt der folgenden Erörterung sein. Zunächst jedoch ein kurzes Wort zur äußeren Form der beiden in diesem Beitrag zu erörternden Quellen[2]: Die Teilungsverträge liegen in Heft- oder Buchform vor, ihr Einband besteht aus Pergament, während die Blätter aus Papier sind. Der ältere Vertrag, der keine Seitenzählung hat, besteht aus etwas über 80 Seiten und weist noch eines von ursprünglich drei Siegeln auf. Der zweite Vertrag, der annähernd 130 Seiten umfaßt, ist mit einer Blattzählung versehen; am Schluß sind sieben Lacksiegel auf das Papier gedrückt.

Die Erbteilung von 1583

Auf den 29.5.1583 ist die ältere Erbteilung datiert, die in Zell im Wiesental von den drei männlichen Erben unterschrieben wurde. Aber schon unmittelbar nach dem Tod des Vaters Hans Jakob von Schönau, der im Jahr 1572 erfolgt war[3], wurde eine erste Erbregelung vorgenommen. Sie erstreckte sich auf alle Ansprüche der verwitweten Anna von Schönau, geborene von Reischach, und ihrer erbberechtigten vier weiblichen Kinder. Denn diese 1572 getroffenen Erbregelungen wurden im Erbteilungsvertrag von 1583 wiedergegeben und bestätigt, während die Vereinbarungen, die für die männlichen Erben getroffen worden waren, aufgrund der neuen Interessenlage eine grundsätzliche Überarbeitung nötig machten.

Ebenfalls aus der Erbregelung von 1572 wurden 1583 einige allgemeine Vorklärungen übernommen. Demnach hatten für die männlichen Mitglieder des Hauses Schönau Melchior und Ludwig von Schönau, beide der Laufenburger Linie zugehörig, erklärt, daß die »*Graffschafften und Herrschafften Wherr und Schwerstatt ... bey dem Mannßstamm von Schönaw verblieben möcht*[en]...«, so wie dies 1566 vertraglich geregelt worden war. (Von dem Vertrag von 1566 ist sonst nichts bekannt.) Und bereits 1535 war zwischen ihrem Vater Hans Othmar, dem Begründer der Laufenburger Linie, und Hans Rudolf von Schönau als Vertreter der Hauptlinie ein Vertrag aufgesetzt worden, in dem Regelungen über die Herrschaft Wehr getroffen wurden. Danach war der Anteil der Laufenburger Linie an dem von der Erbteilung des Jahres 1583 erfaßten von Schönauschen Besitz sehr gering angesetzt.

Melchior und Ludwig hatten aber ihren Anspruch auf den Teil geltend gemacht, der ihnen nach dem Tod ihres Bruders Albrecht und von dessen fünf Söhnen zugefallen war. Angehörige der Laufenburger Linie hatten auch das Recht, sich frei in der Herrschaft Wehr zu bewegen. An den Rechten der Laufenburger werde im Rahmen der anstehenden Erbteilung nichts geändert werden, lautete die Versicherung von seiten der Vertreter und Vertreterinnen der Hauptlinie des Hauses Schönau. Die ebenfalls anwesenden adligen Schiedsleute, die als Unabhängige eventuelle Streitfragen lösen sollten, bestätigten diese Feststellung und betonten, daß sie nur anwesend seien, um die Erbteilung unter den Söhnen Hans Jakobs von Schönau zu regeln[4].

Nun folgte die wörtliche Wiedergabe und Bestätigung der 1572 getroffenen Erbregelung für die weiblichen Mitglieder des Hauses; damals waren die anwesenden Frauen, wie in Rechtsgeschäften üblich, jeweils durch einen Mann vertreten worden: Die Witwe Anna von Schönau durch Ludwig von Schönau, die Tochter Ursula durch ihren Ehemann Augustin Reich von Reichenstein zu Brombach, die Tochter Beatrix durch ihren Ehemann Petermann XVI. Schnabel zu Eptingen, die Tochter Magdalena durch ihren Ehemann Franz Conrad Reich zu Reichenstein und die Tochter Anna Regina durch Gall von Roggenbach. – Zunächst war der mütterliche Erbteil behandelt worden. Ludwig von Schönau hatte für die Witwe vorgetragen, welche Ansprüche sie geltend machen konnte.

Insgesamt erwies sich ihr Anteil am Erbe als so hoch, daß die Mutter »*in ansehung und betrachtung, ... von wegen des merckhlichen schulten lasts, so vorhanden ...*« ihre Forderungen wie folgt einschränkte: Als Eigentum sollen ihr ihre Kleider, ihr Schmuck, der dritte Teil am Silbergeschirr sowie Hausrat und ›fahrende Habe‹ überlassen werden, solange sie im

Witwenstand lebt. Des weiteren beansprucht sie in Säckingen den Hof, Stall und Garten, genannt »*das groß Schönau*« mit Wiesen und Äckern; zudem soll man ihr das Dorf Oeschgen überlassen, wobei ihr sämtliche Rechte zustehen, die das Haus Schönau an diesem Ort innehat[5]. Schließlich forderte sie noch jährlich 200 Gulden in der üblichen Landeswährung. Im Gegenzug verzichtete Anna von Schönau darauf, die ihr weiterhin zustehenden Posten einzufordern. – Sollte sie sich wieder verheiraten, würden allerdings die hier getroffenen Vereinbarungen hinfällig. Es träten dann die Forderungen in Kraft, die sie an ihre vier Söhne oder deren Erben aufgrund des Heiratsvertrages stellen könne und die auch die im Laufe der Ehe gemeinsam erworbenen sowie die von ihr ererbten Güter und auch ihre Morgengabe beträfen.

Nachdem die Ansprüche der Mutter geregelt worden waren, wurden diejenigen der Schwestern benannt. Sie erhielten den im damaligen Erbrecht geltenden Anteil an der beweglichen Habe sowie die von väterlicher Seite noch zu Lebzeiten zuerkannten Zuwendungen. Andererseits mußten sie für die mütterlichen Forderungen in keiner Weise aufkommen, denn diese gingen voll und ganz zu Lasten der Söhne. Dabei wurde davon ausgegangen, daß nur männliche Nachkommen Grund und Boden sowie nutzbare Rechte erben und daß sich damit immer ein Gewinn erwirtschaften ließe[6]. In der vorliegenden Urkunde aus dem Jahr 1583 werden an dieser Stelle die Namen all derer aufgelistet, die an der Erbregelung von 1572 beteiligt waren.

Jetzt folgen auf etwa 20 Seiten die Bestimmungen, die allgemein die Teilung des Schönauschen Besitzes unter die Brüder regeln sollen, bevor dann im einzelnen aufgeführt wird, welcher männliche Erbe welchen Teil erhält. Die Brüder hatten das Vermögen und den Besitz »*bishero in gemeiner nutzung one abtheile beyeinandern gehalten...*« und teilweise selbst verwaltet oder verwalten lassen. Von den ehemals vier erbberechtigten Brüdern war mittlerweile aber einer, nämlich Hans Heinrich, »*im Niderlendischen Krieg leider todt verbliben...*«. (Näheres ist nicht bekannt.) Das noch vorhandene Gesamtvermögen wurde also unter die drei Brüder Hans Rudolf, Hans Caspar und Iteleck aufgeteilt. Die drei nunmehr volljährigen[7] Brüder trafen sich in Zell im Wiesental, um »*nach gehaptem gutten Rath und Zeittlicher vorbetrachtung...*« einen Vertrag zu unterzeichnen, der ihnen jeweils einen Anteil am Erbe an die Hand gab, mit dem jeder – in einem gewissen Rahmen – nach freien Stücken umgehen durfte.

Im Erbteilungsvertrag sollte – so war ausbedungen – insbesondere auf die Verteilung von Grund und Boden geachtet werden, während sonstiges wie »*Parschafft, Pferdt, Wher, Hernasch, kleider, Kleinötter, Silbergeschirr…*« und dergleichen »*sie* [die Brüder] *… disem theilbuoch in specie einzubringen onnottig geacht haben…*« Der Vertrag legte auch fest: Stirbt einer der Brüder oder dessen Erben ohne männlichen Nachkommen, fallen die Lehen den anderen Brüdern oder deren Erben zu. Besitz konnte demnach, auch wenn es hier nicht ausdrücklich festgehalten ist, frei vererbt werden, doch standen Grund und Boden den Brüdern und deren Erben zu. Die Lehen aber würden, wenn im Mannesstamm des Lehensmannes kein Nachfolger vorhanden ist, an den Lehensherrn zurückfallen. Indem aber alle Brüder als Lehensnehmer angesehen wurden, war es möglich, die Lehen an irgendeinen der Erben weiter zu vererben. Auf diese Weise sollten die Besitztümer des Hauses Schönau ungeschmälert erhalten bleiben.

Die Aufteilung des Vermögens sollte so geschehen, daß drei Teile gebildet würden, die einander im Wert einigermaßen entsprächen. Damit wäre ausgeschlossen, daß sich einer der Brüder absichtlich benachteiligt fühlen könnte. Allerdings durfte Hans Rudolf, der älteste der Brüder, das große Meieramt des Stiftes Säckingen, das er bereits verwaltete, beibehalten und die Rechte weiter ausüben, die ihm ausdrücklich bestätigt wurden. Als Eigentum, so wurde vorgesehen, erhielt Iteleck von Schönau vorab das Schloß zu Schwörstadt, Hans Caspar das »*Haus Zur Aych*« in Säckingen mit dem dazugehörigen Garten sowie ein Häuschen in Wegenstetten und Hans Rudolf ein Haus zu Zell im Wiesental sowie die Mühle in Wehr. Nach dem Ableben der Mutter sollte Hans Caspar deren Säckinger Besitz erhalten. Diese Objekte, bei denen es sich um Besitz des Hauses Schönau handelte, wurden nicht in dem Sinne in die Erbteilung aufgenommen, daß deren Kapital-Wert ermittelt und gegeneinander in Anrechnung gestellt wurde. Dagegen ist bei allen anderen Besitztümern, die einen Gewinn erbrachten, einschließlich der obrigkeitlichen Rechte, der Wert ermittelt und akribisch festgehalten worden.

Das Fertigstellen dieser Auflistung brauchte jedoch Zeit, so daß die vorläufige Zuteilung, von der hier augenblicklich gehandelt wird, der Erbteilung zeitlich vorgelagert war und bereits 1582 erfolgte; damals wurde sie von den Brüdern in Steinen im Wiesental ratifiziert und ein Jahr später in den Erbteilungsvertrag aufgenommen (S. 22). Punkte, die

Streitigkeiten unter den Brüdern hätten hervorrufen können, wie beispielsweise das Einziehen noch ausstehender Zinsen, wurden an einen von ihnen gewählten Schaffner übertragen, der die Angelegenheit im Sinne der drei Brüder zu regeln hatte; oder es wurden die Ertrag bringenden obrigkeitlichen Rechte nicht von den Brüdern, sondern von bestellten Schiedsrichtern gegeneinander abgewogen[8]. Ansonsten galt, daß jeder der Brüder seinen Teil regieren und verwalten konnte, wie es sich *»von Altter Herkhommen unnd … Oberkheitt wegen geburtt«*. Bevor nun die Aufzählung der jeweiligen Erbteile beginnt, befindet sich auf Seite 24 des Erbteilungsvertrags eine Liste, die angibt, welches Objekt wieviel Kapital (*»Hauptgut«* genannt) erbrachte.

Hierauf folgt auf den Seiten 26 bis 80 die Aufzählung der einzelnen Teile, die in Anschlag gebracht wurden, außer Holz und Wald. Um sich eine ungefähre Vorstellung vom jeweiligen Besitz der drei Brüder machen zu können, seien einige der Ortschaften aufgeführt, in denen die von Schönau entweder über Grund und Boden, sei es ein Lehen oder eigener Besitz, oder zinspflichtige Untertanen verfügten: Hans Rudolf erhielt, wie bereits erwähnt, Zell im Wiesental als Wohnsitz, dann in Wehr die Mühle als weiteren Wohnsitz, Besitz hatte er sowohl in diesen beiden Orten als u. a. auch in Hasel, Raitbach, Haagen, Brombach und Schwörstadt (hier einen Anteil am Weinberg). Dieser Besitz und die an den neuen Herrn zu leistenden Abgaben wurden jeweils nach einem der erwähnten Schlüssel in das sogenannte Hauptgut (Kapital) umgerechnet, so daß Hans Rudolf nach Abzug der auf ihn entfallenden Schulden- und Zinslast ein Erbteil in Höhe von 8.433 Gulden 39½ Kreuzern erhielt.

Hans Caspar bekam in Säckingen und Wegenstetten einen Wohnsitz und anderen Besitz, ansonsten gehörten zu seinem Erbteil u. a. Besitzungen in Rippolingen, Rheinsberg, Obersäckingen, Sisseln, Zuzgen und Hellikon sowie einzelne Güter in Schupfart, Hornussen und Schwörstadt. Nach Abzug seiner Schulden- und Zinslast erbte Hans Caspar insgesamt 4.194 Gulden 48 Kreuzer. – Dem jüngsten Bruder Iteleck fiel als Wohnsitz das Schloß in Schwörstadt zu, ferner Besitzungen in Ober- und Niederschwörstadt, sodann in Öflingen, Wallbach und Niederdossenbach, außerdem der Eichbühlhof und Fischereirechte an der Hasel. Iteleck verblieben nach Abzug seines Anteils an Schulden- und Zinslast 6.884 Gulden 11 Kreuzer als Erbteil. Wie man an diesen Zahlen auf den ersten Blick erkennen kann, waren die einzelnen Teile

Gedenkkreuz für Iteleck von Schönau (†1600); errichtet in Stein/Aargau an der Brücke nach Bad Säckingen

Sockel des zweiten Kreuzes für Iteleck von Schönau, errichtet in Stein an einer Straße nahe dem Kreuz an der Brücke

ziemlich unterschiedlich gewichtet, so daß ein Ausgleich auf finanzieller Ebene nötig wurde.

Hierfür wurde zunächst der Schnitt errechnet, den alle drei Teile bei gleicher Verteilung erreichten; bei einer Gesamtsumme von 19.512 Gulden 38 Kreuzern 2 Pfennig belief sich die Summe eines Drittels auf 6.504 Gulden 12 Kreuzer 4 Heller. Daraus ergab sich, daß Hans Rudolf und Iteleck jeweils mit einem gewissen Betrag über dem Schnitt lagen; diesen Differenzbetrag hatten sie an Hans Caspar auszubezahlen. Nachdem die detaillierten Berechnungen zu Ende geführt sind, wird zum Abschluß mit mahnenden Worten darauf hingewiesen, daß dieser Vertrag nunmehr Gültigkeit erlangen werde und von allen Seiten getreulich einzuhalten sei. Jedem der drei Brüder werde ein Exemplar des Vertrages ausgehändigt, das er eigenhändig zu unterschreiben und mit seinem Siegel zu versehen habe.

Voraussetzungen der Erbteilung von 1628

Hans Caspar behielt seinen in der Erbteilung von 1583 zugesprochenen Besitz nur begrenzte Zeit; bereits 1589 verkaufte er seinem Bruder Hans Rudolf das Dorf Rippolingen, Besitz in Harpolingen, Obersäckingen und Schwörstadt, das Haus zur Eich in Säckingen sowie Schloß *»Rynsberg«* um 5.012 Gulden 8 Schillinge 4 Pfennige. 1592 verkaufte er dann Oeschgen und Wegenstetten sowie das *»Groß Schönau«* genannte Anwesen in Säckingen seinem Bruder Iteleck um 21.696 Gulden 8 Batzen 10 Kreuzer. Diese ›Transaktionen‹ mag er wohl deshalb getätigt haben, weil er durch seine Frau Sabina von und zum Stein zu Ronsberg an Besitzungen im Allgäu gelangte, um deren Bestand er sich besonders kümmerte; 1593 wurde er Stadt- und später auch Landvogt zu Augsburg, was beweist, daß er seinen Wirkungskreis nicht in der alten Heimat am Hochrhein sah[9].

Dort geriet sein Bruder Hans Rudolf von Schönau als ältestes männliches Mitglied der Familie in eine besondere Lage: Am 4.8.1600 verstarb Iteleck von Schönau auf dem Ritt von Oeschgen nach Säckingen. Er hinterließ sieben Söhne, die zu dieser Zeit noch nicht mündig waren. Zwar besorgte die Witwe Beatrix, geborene von Reischach, die Familienangelegenheiten und hielt den Besitz und die ererbten Rechte beieinander. Aber sie benötigte, da sie als Frau nicht geschäftlich tätig werden konnte, für jedes Rechtsgeschäft einen Mann, der für sie sprach. Verschiedentlich war in dieser Funktion auch Hans Rudolf tätig[10]. Darüber hinaus vertrat er aber die Interessen des Hauses Schönau allgemein, denn seine beiden Ehen waren kinderlos geblieben, wie übrigens auch die Ehe des Hans Caspar, so daß nunmehr die Zukunft des Hauses auf den zu jenem Zeitpunkt lebenden sieben Söhnen des Iteleck ruhte.

In diesem Zusammenhang ist zu erwähnen, daß Hans Rudolf mit Nachdruck darum bemüht war, dem Haus Schönau die Herrschaft Wehr und den Besitz in und um Schwörstadt zu erhalten. Österreich wollte dagegen die Herrschaft Wehr und das (Unter-)Lehen Schwörstadt einbehalten bzw. einziehen. In entsprechenden Abmachungen erreichte Hans Rudolf, daß beide Besitzungen letztlich in der Verfügung seines Hauses blieben. – Hans Rudolf starb kinderlos am 15.1.1609; sein Besitz, sofern er nicht testamentarisch seiner zweiten Ehefrau Ursula, geborene von Reinach, vermacht war, fiel an die lebenden Neffen, insbesondere Grund und Boden. Die durch den Tod des Iteleck und des Hans Rudolf eingetretenen Schwierigkeiten wurden von der offensichtlich resolut handelnden Witwe Beatrix mit Bravour gemeistert. Es gelang ihr, unterstützt durch die Vormünder ihrer unmündigen Söhne, den Besitz des Hauses Schönau zu behaupten und diesen im Jahr 1628 den fünf noch lebenden, nunmehr mündigen Söhnen im Zuge einer Erbteilung zu übergeben[11].

Frau Beatrix von Schönau wurde im Erbteilungsvertrag indirekt ein Lob gezollt, indem ihr bescheinigt wurde, daß die Verwaltung des von Schönauschen Besitzes bestens funktioniere und »*niemandes die wenigste ursach haben khönnden, deshalb ein Enderung vorZuonemmen*«. Die Erbteilung wurde letztlich deshalb durchgeführt, weil die Mutter aufgrund ihres hohen Alters und der lang ertragenen Mühen von dieser Aufgabe der Verwaltung entbunden werden wollte. Nachdem nun alle Söhne das Mannesalter erreicht hatten, waren sie der Meinung, daß eine gemeinsame Verwaltung des Besitzes länger nicht mehr sinnvoll sei; sie waren deshalb beieinander, um »*die von Irer frauw Muotter selbsten begerte Brüderliche Abtheillung vorhandt Zuonemmen…*«. Bevor die Brüder jedoch zu einer Teilung schritten, legten sie fest, welchen Anteil am Erbe die Mutter zeit ihres Lebens haben sollte.

Entsprechend geltender Rechtsvorstellung war 30 Tage[12] nach dem Tod des Iteleck eine Regelung des Erbes durchgeführt worden, von der es in dieser Urkunde lediglich heißt, daß »*die auch Wol Edle Ehren- und tugentreiche frauw Beatrix von Schönauw geborne von Reyschach gleich nach gehaltenem dreyssigisten Mit Zuvor gehabtem Rath rechtem vorwissen und Verwilligung Bederseits Adellicher Befreünten, In allen Irer gantzen Verlassenschafft Ligendt- und Vahrender Haab und Güettern, Lehen und Aigenthumb sitzen bliben,...«* Also übernahm Beatrix von Schönau im Jahr 1600 die Verwaltung des Erbes (1609 dann auch die über das zugefallene Erbe von Hans Rudolf) für sich und ihre Kinder.

Ihre eigenen Ansprüche müssen bei dieser Gelegenheit bereits fixiert worden sein, denn im Erbteilungsvertrag von 1628 wird über den mütterlichen Erbteil nur in einem Abschnitt gehandelt: Berücksichtigt wurden ihr Heiratsgut, ihre Widerlegung und die Morgengabe[13] sowie der ihr zustehende Anteil am Erbteil der beiden seit dem Tod des Vaters verstorbenen Söhne. Demgemäß sollte sie jährlich zu Johannes Baptista (24. Juni) einen Betrag von 500 Gulden aus dem Zins des Anwesens Neu-Altstätten unweit St. Gallen erhalten, den der dortige Schaffner ihr ohne Kosten nach (Radolf-)Zell zuzustellen hatte. Auch vom Hausrat und Silber wurden ihr einige nicht näher bezeichnete Stücke überlassen. Dafür trat sie von weitergehenden Forderungen an ihre Söhne zurück.

Da keine Töchter aus der Ehe Itelecks von Schönau mit Beatrix mehr am Leben waren, kam der Vertrag direkt zu den Söhnen. Zunächst geht es um Hans Caspar, der *»auß sonderbarem Wolmainendem Brüederlichem Willen erclert, Über Abhebung aller schulden und Beschwerden sich mit einem Deputat für sein theill Vergenüegen Zuo lassen. Und von dem Übriegen gantz abZuotretten...«* Auf diese einfach anmutende Erklärung folgt eine mehrseitige Abhandlung bezüglich des ihm zustehenden Erbteils. Im Kern der Ausführungen ging es darum, daß Hans Caspar fast keine Ansprüche an die Besitzungen des Hauses Schönau am Hochrhein geltend machte. Er nahm dafür die von seinem Onkel Hans Caspar in die Familie gebrachten Besitzungen im Allgäu und auch Schloß Neu-Altstätten in Besitz.

Von den Brüdern wurden ihm Besitz und gewisse Rechte am Hochrhein eingeräumt, so das Haus zur Eich in Säckingen, Besitz in Schwörstadt, im Wehrer Bann, in Obersäckingen oder wahlweise im Wallbacher Bann. Sie überließen Hans Caspar auch das Recht, *»Zuo seiner mehrern recreation und Lusstbarkheit...«* zusammen mit seinen Dienern in den Besitzungen derer von Schönau niederes Wild zu jagen. Sollte er ein Stück Hochwild[14] wünschen, mußte er es auf eigene Kosten erlegen lassen. Unter anderem erhielt er auch ab dem Jahr 1628 jährlich auf

Martini (11. November) als Entschädigung für etwa eintretenden Hagel, Überreife oder Mißwuchs des Getreides eine gewisse Menge an Korn und Hafer, außerdem 400 Gulden. Sie stellten offensichtlich einen gerechten Ausgleich dar für die 500 Gulden, die der Mutter jährlich von Neu-Altstätten bezahlt werden mußten. Jeder Bruder hätte so anteilig die Summe von 100 Gulden zu zahlen gehabt. Die Hans Caspar zeit seines Lebens gewährten Leistungen fielen nach seinem Tod wieder an seine Brüder oder deren Erben zurück. (Hier wird noch nicht davon gesprochen, daß Hans Caspar vielleicht schon seine spätere geistliche Laufbahn anstrebte.)

Nun war es auch bei dieser Erbteilung der Fall, daß das Haus Schönau eine immense Schuldenlast, nämlich 28.780 Gulden zu tragen hatte. Hans Caspar hatte sich mit seinem Verzicht auf einen Anteil am Erbe ausbedungen, daß er nicht für die Tilgung der Schulden mit aufkommen müsse. Damit waren seine Brüder einverstanden, doch machten sie geltend: Falls die Schulden auf kaiserlich-königlichen Befehl hin unverzüglich zu bezahlen seien, müsse er wieder in die Erbengemeinschaft eintreten, und man habe einen neuen Vertrag auszuhandeln. – Von den mit Hans Caspar getroffenen Vereinbarungen wurden zwei Abschriften angefertigt, von den Brüdern unterschrieben und am 9.5.1628 mit Siegeln versehen. Da die vorliegende Urkunde auf den 27. Mai des gleichen Jahres datiert ist, wurden die eben aufgeführten Bestimmungen gesondert behandelt, bevor man zur Erbteilung unter die vier anderen Brüder schritt. In die Urkunde wurde dann die Übereinkunft mit Hans Caspar aufgenommen, ohne daß er an der weiteren Verhandlung beteiligt gewesen wäre, wie die Unterschriften unter dem Dokument belegen. Denn dort haben vier Herren von Schönau sowie Hans Hartmann von Roggenbach und Adam Hector von Rosenbach, die ehemaligen Vormünder, unterschrieben.

Die Erbteilung von 1628

Im Erbteilungsvertrag werden nun (beginnend auf S. 9a) die Fakten behandelt, die die verbliebenen vier Brüder allgemein angingen. Zunächst wird festgestellt, daß das Erbe *»Nach dem Hannß Caspar auff vorstehende Vergleichung, davon gentzlich abgetretten in Vier theill also gleichlichen es Immer Müglichen gewesen, außgetheilt…«* wurde. Da die Teile nicht gleich groß ausfallen konnten, wurde besonders darauf hingewiesen, daß derjenige, in dessen Herrschaftsbereich Rechte eines seiner Brüder lagen, diese im Sinne des Bruders ausüben solle. Nachdrücklich wird festgehalten, daß demjenigen, dem Säckingen zufiel, die Sorge dafür oblag, daß die Untertanen, die nach Zell zinsen sollten, ihre Abgaben pünktlich auf eigene Kosten in Säckingen ablieferten. Überhaupt war der Säckinger Erbteil wohl nicht der beste. Denn es wird ausgeführt, daß dieser Besitz zwar theoretisch einiges mehr an Abgaben erbringe als die anderen. Sie würden aber in der Erbteilung nicht in Anrechnung gebracht, weil die Ernten im Ertrag sehr unbeständig, auch die zinspflichtigen »*Underthanen ... mehrertheilß verdorben*« seien und die Wälder, beziehungsweise das Holz keinen sonderlichen Nutzen erbrächten.

In 16 Punkten werden die Vereinbarungen vorgestellt, die vor der Vertragsabfassung festgelegt wurden und das Miteinander der Brüder regeln sollten. Interessant ist u. a. Punkt 12, in dem die Brüder die Übereinkunft trafen, daß sie ihrem ältesten Bruder Marx Jakob das Große Meieramt zu Säckingen, das von der Äbtissin vergeben wurde, zeit seines Lebens überließen. Entgegen dem Wunsch der Äbtissin, die nur einen Lehensmann bestimmen wollte, verwiesen die Brüder darauf, daß das Große Meieramt ein Lehen sei, das nicht nur einem, sondern allen Brüdern, also dem Haus Schönau an sich, zustünde. Deshalb sollte dieses Amt wieder allen Brüdern oder deren Erben nach dem Tod des Marx Jakob zufallen, während dessen Erben keine Rechte von dieser speziellen Ausnahme ableiten dürften. Im Gegenzug boten alle teilenden Brüder der Äbtissin ihre ständige Hilfe und Unterstützung für das Stift Säckingen an.

Punkt 13 hält u. a. fest, daß jeder der Brüder, der ein Gut oder ein Recht verkaufen wollte, dieses zunächst seinen Brüdern um den augenblicklich handelsüblichen Preis anbieten sollte. – Der letzte Punkt der allgemeinen Regeln gibt Aufschluß über das Jagdrecht. Es heißt hierzu, daß die vier Brüder »*Auffm Waldt, Vom Vorwaldt an biß an die Alp...*«[15] das Jagdrecht besaßen und daß dieses nicht geteilt wurde. – Wie in dem bereits besprochenen Erbteilungsvertrag folgt auch hier vor der Auflistung der vier Teile eine Liste der Objekte unter Angabe von deren Kapital-Wert (S. 15a f.). – Daß die Brüder die Erbteilung mit Sachverstand durchgeführt hatten, hoben sie hervor. Sie verwiesen darauf, daß die brüderliche Abteilung gemäß dem Rat und Gutachten der Herren Adam Hector von Rosenbach zu Haltingen und Hans Hartmann von

Roggenbach zu Schopfheim »*Alß Zweyer diser Lanndes Art erfarner vom Adel…*« aufgerichtet worden sei. Dabei habe man keinen Mangel feststellen können, so daß man jetzt – wie üblich – das Los werfen könne.

Das Resultat der Erbteilung des Jahres 1628 war folgendes: An Marx Jakob fiel als Lehen des Stiftes in Säckingen die Herrschaft Zell im Wiesental mit Mambach, Atzenbach, Frei-Atzenbach, Riedichen, Ehrsberg, Pfaffenberg, Adelsberg usw. sowie ein Anteil an einem Weinberg in Oberschwörstadt. Das Lehen belief sich auf einen Wert von 7.262 Gulden 2 Schilling 6 Pfennig. In das Eigentum des Marx Jakob gingen das Haus und zwei Scheunen in Zell im Wiesental über, die nicht angerechnet wurden, desgleichen ein neuerlich ertauschtes Haus mit Garten, ebenfalls in Zell und auch nicht angerechnet; dann Grundbesitz und Rechte in Zell und Glashütten, der große und der kleine Zehnte in Fahrnau, Zinsen in Wegenstetten, Oeschgen und Schupfart und zwei Höfe auf dem Rohrberg (Sennhof und Meierhof). Damit belief sich das Eigentum auf 14.905 Gulden 3 Schilling 9 Pfennig. Lehen und Eigentum ergaben zusammen einen Wert von 22.167 Gulden 6 Schilling 3 Pfennig. An Früchten (gemeint ist Getreide) stand ihm ein gewisser Anteil zu, dazu auch ein gewisses Quantum am Familiensilber[16].

Otto Rudolf erhielt durch Losentscheid als Lehen das Dorf Obersäckingen, wobei in seinem Fall, entgegen der angegebenen allgemeinen Regelung, ausführlich aufgezählt wird, innerhalb welcher Grenzen er frei jagen durfte; des weiteren standen ihm Abgaben zu aus Hornussen, Kaisten, Ittenthal, Laufenburg, Sulz, Mettau, Murg und Oberhof, auch hatte er Besitz und Rechte in Wegenstetten und Öflingen. Das Lehen hatte einen Wert von 2.384 Gulden 9 Schilling 8 Pfennig. Dazu kam das Eigentum: in Säckingen das Haus Groß-Schönau mit den dazugehörenden Gärten, dann Grundbesitz und Rechte in Obersäckingen und Rippolingen, in der Grafschaft Hauenstein, in Oeschgen, Ueken, Wittnau, Frick, Zuzgen und Wegenstetten (hier das gemauerte Haus mit dem Garten, beides nicht angerechnet). Insgesamt ergab sich ein Wert des Eigentums von 14.728 Gulden 10 Schilling 2 Pfennig, womit ein Kapital-Wert von Lehen und Eigentum in Höhe von 17.112 Gulden 19 Schilling 10 Pfennig zustande kam. Auch er erhielt eine gewisse Menge an Getreide und Silber.

Hans Hürus erlangte durch das Los als Lehen die Herrschaft Wehr mit Ober- und Niederwehr, Enkendorf, Flienken usw., weiterhin Grund und Boden in Säckingen, Schwörstadt (hier Anteil an einem Weinberg)

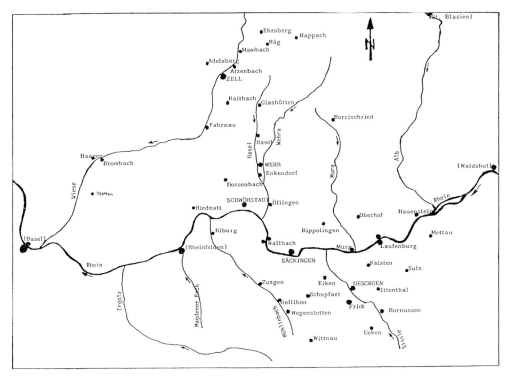

Schematische Karte des von Schönauschen Besitzes am Hochrhein um 1630
(Ortsnamen in Großbuchstaben: Sitze von Schönauscher Linien;
Säadte in Klammern: Orientierungspunkte)

und Wallbach. Das Lehen war 11.316 Gulden 14 Schilling 1 Pfennig wert. Von den Schönauschen Besitzungen und Rechten sind auf Hans Hürus Anteile gefallen in Wehr und in Oeschgen, was in der Summe einen Wert von 7.098 Gulden 16 Schilling 10 Pfennig ergab. Insgesamt belief sich sein Erbteil auf 18.415 Gulden 5 Schilling 11 Pfennig. An Getreide und vom Silber erhielt er einen entsprechenden Anteil.

Auf Heinrich Hürus entfielen aufgrund des Loses das Lehen Schwörstadt, nämlich das dortige Schloß mit allen Rechten, außerdem Ober- und Niederschwörstadt, Riedmatt und Hollwangen, Niederdossenbach (das nicht veranschlagt wurde), Öflingen und Wallbach jeweils mit Jagdrecht; aus Beuggen bezog er einen geringen jährlichen Zins. Der Wert seiner Lehen ergab die Summe von 17.037 Gulden 2 Schilling 6 Pfennig. An Eigentum fielen ihm zu Besitz und Rechte in Ober- und Niederschwörstadt, Öflingen, Wallbach, Nieder- und auch (Ober-)

Dossenbach. Da sein Eigentum einen Wert von 5.752 Gulden 12 Schilling 6 Pfennig hatte, betrug sein Erbe an Lehen und Eigentum insgesamt 22.789 Gulden 15 Schilling. Wie seine Brüder erhielt auch er ein gewisses Maß an Getreide und seinen Anteil am Familiensilber.

Nachdem die Beschreibung der Teilung abgeschlossen war, folgte eine gegenseitige Aufrechnung der unterschiedlichen Werte, die die einzelnen Teile darstellen. Außerdem wurde der Anteil ermittelt, den jeder Bruder an den Schulden, die auf dem von Schönauschen Besitz lasten, zu übernehmen hatte: Zunächst wurde errechnet, welche Erbteile um wieviel über dem Schnitt lagen, den alle vier Teile gemeinsam erbrachten. Der Betrag, der sich ergab (es handelt sich um 12.033 Gulden 17 Schilling 8 Pfennig), mußte von den Besitzern der höherwertigen Teile vorweg zur Tilgung der Schulden bezahlt werden. Die Schulden beliefen sich bei verschiedenen Gläubigern auf 28.780 Gulden zuzüglich einer Summe von 4.000 Gulden, die an Hans Caspar ausbezahlt werden mußte. Insgesamt waren also 32.780 Gulden an Schulden abzuzahlen. Nach Abzug der 12.033 Gulden usw., die zur Tilgung bereits bestimmt waren, verblieb ein Rest von 20.746 Gulden 7 Schilling 4 Pfennig, der von den vier Brüdern gemeinsam zu gleichen Teilen in Höhe von 5.186 Gulden 14 Schilling 4 Pfennig abbezahlt werden mußte.

Damit war die Erbteilung in allen Einzelheiten zu einem Ende gebracht. Im Nachtrag des Vertrages wird nur noch darauf hingewiesen, daß die Regelungen einvernehmlich getroffen worden seien, hiergegen sei auch nichts mehr einzuwenden. Dies wurde mit Eid bekräftigt; vier gleichlautende Exemplare des Vertrages wurden angefertigt, die von den vier Brüdern sowie den ehemaligen Vormündern unterschrieben werden sollten. Es unterschrieben dann Marx Jakob, Otto Rudolf, Hans Hürus und Heinrich Hürus von Schönau sowie Hans Hartmann von Roggenbach und Adam Hector von Rosenbach. Der Zeitpunkt der Unterschriften unter das Dokument ist die Geburtsstunde vierer Linien des Hauses Schönau, von denen eine bis heute besteht: Die Linie Oeschgen/Säckingen, gegründet durch Otto Rudolf, erlosch 1799, die Linie Schwörstadt, gegründet durch Heinrich Hürus, erlosch 1811, die Linie Zell, gegründet durch Marx Jakob, erlosch 1845. Die Linie Wehr, gegründet durch Hans Hürus, blüht heute noch.

Dem Haus Schönau war es mit den Erbteilungen beide Male gelungen, alle männlichen Nachfahren des Erblassers, gemessen am verfügbaren Besitz, optimal zu versorgen. Dabei waren die nicht unerheblichen

Schulden, die auf dem Schönauschen Besitz lasteten, für den einzelnen Erben auf ein Maß reduziert worden, das es ihm ermöglichte, sich auf Dauer dieser Belastung zu entledigen[17]. So konnte das Haus Schönau wirtschaftlich wieder erstarken und über mehrere Generationen in seinen vier Linien blühen, in denen es zu keinen weiteren Erbteilungen mehr kommen sollte. Das Geschlecht hat auf jeden Fall eine erfreuliche Entwicklung genommen, denn im Jahr 1668 wurden die Vertreter aller Linien vom Kaiser in den erblichen Freiherrenstand erhoben, was als unmißverständliches Zeichen für ein prosperierendes Adelsgeschlecht gelten kann.

Anmerkungen

1   Im allgemeinen erbte die Frau keinen Grund und Boden, weil man davon ausging, daß sie in die Familie ihres Mannes aufgenommen und von dort ihre Versorgung erfahren werde. Da der Mann seine Frau zu versorgen hatte, mußte er über ausreichend Besitz verfügen. Deshalb wurde Grund und Boden nur an die männlichen Nachkommen vererbt. Lediglich beim Aussterben im Mannesstamm konnte Grund und Boden, der sich im Eigentum befand, an weibliche Erben und somit an deren Männer vererbt werden. (Vgl. dazu: Handwörterbuch zur deutschen Rechtsgeschichte, hg. von Erler, A./E. Kaufmann, Bd. 1, Berlin 1964, Sp. 953ff.).

2   AFSW: U 75 (1583) u. U 125, 126 (1628); Filmaufnahmen: GLA Ka u. StA FR.

3   Jedoch galt nach altem Recht, daß erst 30 Tage nach Ableben des Erblassers das Erbe verteilt werden durfte. Davor durfte keine Entscheidung getroffen werden, da es sich um eine reine Trauerzeit handelte. Auf den ›Dreißigsten‹ wird in der Erbteilung von 1628 ausdrücklich hingewiesen. (Vgl. dazu: Handwörterbuch zur deutschen Rechtsgeschichte 1, Sp. 785).

4   Die adligen Schiedsleute, von denen hier (S. 4) für das Jahr 1572 die Rede ist, sind Wolf Sigmundt von Rotberg, Hans Christoph von Ramstein und Ulrich Diebold von Schauenberg.

5   Hans Jakob von Schönau hatte am 21.10.1561 seiner Frau das Dorf Oeschgen mitsamt allen Rechten auf Lebenszeit vermacht (AFSW: U 60).

6   Man nahm an, mit der ›fahrenden Habe‹, das sind Möbel, Kleider, Gerätschaften usw., sei kein Wirtschaften möglich.

7   Mit 25 Jahren wurde ein Adliger in der Neuzeit volljährig, nach sächsischem Recht mit 21 Jahren und als Kurfürst seit der Goldenen Bulle (1356) mit 18 Jahren (Fuchs, K./H. Raab: dtv-Wörterbuch zur Geschichte, München 1972, Bd. 2, S. 539).

8   Die Schiedsrichter im Jahr 1583 sind Wolf Sigmundt von Rotberg zu Rheinweiler, Hans Christoph von Ramstein, Hans Adolf von Roggenbach und Hans Othmar von und zu Schönau (Erbteilungsvertrag S. 18ff.)

9   Vgl. zu diesem Absatz: AFSW: U 78 (1589), U 81 (1591) u. U 82 (1592).

10   Neben Hans Rudolf von Schönau sind über die Jahre hinweg Christoph von Roggenbach zu Schopfheim und Adam Hector von Rosenbach zu Haltingen für Beatrix tätig (z. B. 1628: AFSW: U 125, S. 1b).

11   Zwei der Söhne waren 1628 verstorben, nämlich Albrecht Hürus, gestorben um 1608, und Hugo Hürus.

12   Vgl. Anm. 3.

13   Mit Heiratsgut ist die vom Vater mitgegebene Mitgift gemeint, Widerlegung ist das vom Mann verschriebene Witwengut und die Morgengabe bestand in einem vom Mann nach der Brautnacht übergebenen Geschenk. Gelegentlich konnten einzelne oder alle diese Fachausdrücke nur die Mitgift bezeichnen. (Vgl.: Haberkern, E./J. F. Wallach: Hilfswörterbuch für Historiker, 2 Tle. (UTB 119–120) München 41974, zu den Stichworten.)

14   Man darf annehmen, daß mit Hochwild in der Urkunde Rot-, Schwarz- und Auerwild, aber auch Bär und Luchs, sofern sie noch heimisch waren, gemeint sind.

15   Der *»Vorwaldt«* umfaßte Tannen-, Föhren- und Eichen-Wald (vgl. auch S. 58a); von diesem Wald erstreckte sich das Jagdgebiet bis an das Flüßchen Alb. *»Auffm Waldt«* meint die Anhöhen des Südschwarzwaldes in diesem Bereich.

16   Beim *»Silber«* handelt es sich um Kunstgegenstände im Familienbesitz (Becher, Pokale, Schalen), die oftmals mit Wappen verziert waren. Von Interesse bei der Erbteilung war nur das Silbergewicht, nicht aber der künstlerische Wert. Erhalten hat sich von den aufgeführten Gegenständen nichts.

17   Belege dafür, daß die Schulden insgesamt getilgt wurden, sind nicht vorhanden. Aber einerseits war die Voraussetzung, die Schulden abzahlen zu können, relativ günstig, und andererseits verlief die Geschichte des Hauses Schönau derart positiv, daß man annehmen darf, die Schulden wurden bereinigt.

Dieter Speck

Herren von Schönau in habsburgischen Diensten (1353–1648)

Vorbemerkungen

Die Geschichte der vorderösterreichischen Lande ist durch die markanten Ereignisse der Schlacht bei Sempach und des Westfälischen Friedens in besonderer Weise gekennzeichnet. Der oberrheinische Adel verband damit ebenfalls weit mehr als nur für die Habsburgerdynastie einschneidende Veränderungen. Für ihn war die Schlacht bei Sempach ein bewußtseinsprägendes Trauma, das immer präsent war und den Habsburgern wiederholt als Treuebeweis vor Augen gehalten wurde. Die Schlacht war auch der Beginn einer Entwicklung, die über verschiedene Vorformen und Rittervereinigungen zu den vorderösterreichischen Landständen unter einer dominanten Ritterschaft führte.

Diese besondere Stellung des oberrheinischen Adels wirkte sich in Herrschaftsbeteiligung unterschiedlichster Formen aus, die von Amtspfandschaften, Beamtenverhältnissen, Regierungspositionen bis zu landständischen Funktionen reichten. Die Herren von Schönau waren an diesen Entwicklungen und Veränderungen in typischer, aber weniger spektakulärer Weise beteiligt. Ihre Geschichte zeigt die parallelen und abweichenden Entwicklungen von Territorium und Familie. So finden sich zu unterschiedlichen Zeiten Familienmitglieder als habsburgische Amtsleute, Vögte, Pfandnehmer, Diplomaten, Regierungsräte, Kommissare mit besonderen Aufgaben, Diplomaten, Militärs und selbstbewußte Landstände.

Ein Zweig der Herren von Schönau ließ sich im 14. Jahrhundert am Hochrhein nieder, in unmittelbarer Nähe zum Aargau, der habsburgischen Stammburg und der habsburgischen Machtbasis. Damals weiteten die Habsburger ihr Territorium ununterbrochen erfolgreich aus. Doch mit der jungen Eidgenossenschaft entstand im Süden ein immer mächtiger werdender Gegner. Hans Rudolf II. von Schönau, das Familienhaupt des hochrheinischen Zweiges, stand seit 1353 in Diensten des Herzogs von Österreich; innerhalb von 17 Jahren gelang es ihm, eine große Zahl von habsburgischen Pfandschaften mit einem Gesamtwert von fast 11.000 Gulden zusammenzutragen. Die damit sichtbar werdende Verpfändungspolitik der Habsburger ist keinesfalls als ein einseitiger Akt zu sehen, der das Pfand dem Vergebenden entfremdet. Vielmehr handelte es sich in den meisten Fällen um sogenannte Amtspfandschaften; das heißt, daß lediglich die Verwaltungsaufgaben in einer Art ›Pachtvertrag‹ verpfändet wurden. Der Pfandnehmer konnte die Pfandschaft finanziell für sich nutzen, und meist war die daraus erzielte Rendite einträglicher als andere finanzielle Transaktionen.

Die Hoheitsrechte – Steuerrecht oder Militärhoheit – blieben bei den Amtspfandschaften immer in der Hand des Pfandgebers, der Pfandnehmer hatte nur Nutzungsrechte auf Zeit. Die Mobilität der Herrschaftsrechte stärkte also die Position der Landesfürsten und brachte die Pfandnehmer de facto in eine Abhängigkeit, da deren finanzielle Einkünfte nicht dauerhaft gesichert und von der Gunst der Pfandgeber abhängig waren. Die Amtspfandschaft ist daher ein subtiles Mittel der Herrschaftsintensivierung und Klientelbildung der Habsburger. Durch die Amtspfandschaft konnten die Habsburger wichtige Aufgaben an den pfandnehmenden Adel delegieren, der seinerseits nun selbst unmittelbares Interesse an einer Ertragssteigerung in den verpfändeten Herrschaften hatte.

Hans Rudolf II. von Schönau und seine Familie arbeiteten als Inhaber von (Amts-) Pfandschaften, als ›Dienstleister‹, quasi als Subunternehmer im Auftrag der Habsburger. Da sie zu den Dienern und Pfandinhabern gehörten, hatten sie sich an militärischen Unternehmungen wie der Schlacht von Sempach zu beteiligen. Der mögliche Tod mehrerer männlicher Angehöriger traf die Familie von Schönau hart. Militärisches Ergebnis der Schlachten von Sempach und Näfels war der Verlust vieler habsburgischer Gebiete, aber auch habsburgischer und eventuell Schönauer Finanzquellen. So sind Sondersteuern von 1388 und 1389 erklärbar, zu denen die Herren von Schönau ebenfalls herangezogen wurden. Davon erholte sich die Familie nur schwer. Als 1415 der Aargau besetzt wurde, mögen die Schönau erneut wirtschaftliche Verluste erlitten haben; der Sog habsburgischer Niederlagen drohte noch einmal zum Niedergang der Familie beizutragen.

Glieder der Landstände

Von Beginn an bis zum Ende Vorderösterreichs waren die Herren von Schönau Teil des vorderösterreichischen Ritterstandes. Die Wurzeln der Landstände reichen bis in das 14. Jahrhundert zurück[1]. Ihre Entwicklung führt von der Gesellschaft zum Ritter in Freiburg, der adeligen Gesellschaft zum Löwen des Martin Malterer und den Totenlisten der Schlacht von Sempach bis zu den vorderösterreichischen Landständen. Aus diesem Grund verdient die Entwicklung der Landstände in Elsaß, Sundgau, Breisgau und Schwarzwald große Beachtung. Die 32 Familien, die in Sempach Tote zu beklagen hatten, entsprachen etwa einem Drittel der immatrikulierten Ritterschaft in der Mitte des 15. Jahrhunderts. Dies ist um so bemerkenswerter, als sich in der Zwischenzeit das habsburgische Territorium noch einmal stark veränderte und einige Adelsfamilien einen Niedergang durchmachten. Die Herren von Schönau sind Bestandteil dieser ritterständischen Kontinuität. Sie sind in der Matrikel von 1468 und allen folgenden Jahren mit Caspar, Heinrich und Jakob von Schönau zahlreich vertreten[2].

In den Steuerlisten des Aargaues von 1388 wurden die Nachkommen des bei Sempach gefallenen Hans Rudolf mit zusammen 30 und die Witwe (zusammen mit ihren Söhnen) mit weiteren 20 Gulden herangezogen. Damit waren sie sogar höher veranschlagt, als die Grafen von Habsburg-Laufenburg, die lediglich 32 Gulden zu zahlen hatten. In den nächsten fünf Jahrzehnten fehlen die Herren von Schönau jedoch in allen Verzeichnissen und Vorläufern landständischer Matrikeln. Dies mag mit der tiefen finanziellen, wirtschaftlichen und damit auch politischen Krise der Familie zusammenhängen. Nachdem sich die Lage wieder etwas konsolidiert hatte, traten die Herren von Schönau auf dem Konstanzer Konzil 1415 mit dem vorländischen Adel wieder in Erscheinung[3]. Albrecht und Hans von Schönau waren wohl nicht nur aus Interesse, sondern möglicherweise als Dienstleute des Herzogs auf dem Konstanzer Konzil.

1445 wurde die Familie zweifellos dem vorderösterreichischen Adel zugerechnet, auch wenn sie in den Landleutzetteln Herzog Albrechts VI. nicht genannt wurde[4]. Späteren Ständematrikeln, beispielsweise der aus dem Jahre 1484, war wieder einmal eine Sempacher Totenliste vorangestellt. Sie stellt einen Zusammenhang mit den Landtagen her, die durch außerordentlich bewilligte Steuern die Pfandschaften auslösen sollten. Davon waren die Herren von Schönau sowohl als Pfandinhaber wie als Stände betroffen. Selbst an der schrittweisen Entmachtung Herzog Sigmunds durch die tirolischen und vorderösterreichischen Ständen waren die Herren von Schönau beteiligt. Der Landtag von Meran (1487) setzte in einer Regimentsordnung einen 24köpfigen landständischen Regierungsrat ein, der aus 14 Tiroler und 8 vorländischen, zuzüglich zwei kaiserlichen Räten zusammengesetzt war. Unter den Vertretern des vorderösterreichischen Ritterstandes erscheint dabei Jakob von Schönau[5]. Auf dem Innsbrucker Gesamtlandtag aller österreichischen Länder im Jahre 1518 (kurz vor dem Tod Maximilians) war Hans von Schönau, der später häufig als lutherisch oder lutherfreundlich galt, als Vertreter der vorderösterreichischen Ritterschaft anwesend[6].

Wenn eine Adelsfamilie in solchen Belangen politische Mitsprache im Rahmen des Ritterstandes erlangt hat, ist nach den Kriterien der Standschaft zu fragen. Ritterbürtigkeit und Ahnenprobe gaben den Ausschlag für Mitglieder, die aufgrund ihrer Person – d. h. als Personalisten – immatrikuliert waren. Für die Ritterstandschaft der weitaus größeren Gruppe der Realisten waren Burgbesitz, Grundbesitz, Herrschaftsrechte, Lehensbeziehungen, Allod und Pfandschaften maßgebend. Die Herren von Schönau, die aus verschiedenen Linien bestanden, waren meist mit mehreren Familiengliedern gleichzeitig eingeschrieben und wegen ihrer umfangreichen Besitzungen sowohl dem linksrheinischen als auch dem rechtsrheinischen Gestade der Ritterschaft zugerechnet. 1538 waren Caspar, Hans Rudolf, Hans Otmar und die Erben Jörgs von Schönau, 1556 Hans Jakob, die Witwe Hans Rudolfs und Fritz Jakob immatrikuliert. Das ritterständische Steuerregister von 1576 nennt nicht nur die immatrikulierten Familienangehörigen, sondern auch die Herrschaft über das Dorf Oeschgen und das auf sechs Personen aufgeteilte Erbe des Hans Rudolf als Besteuerungsgrund.

Die Schönauschen Steuerabgaben in Höhe von etwa 120 Gulden lassen zwar keinen Zweifel daran, daß der Abstand zu den Herren von Rappoltstein als vornehmster und bedeutendster Ritterstandsfamilie mit einem Steueranschlag von etwa 700 Gulden, sehr groß war. Dennoch waren die Schönau in der zweiten Hälfte des 16. Jahrhunderts mit den Grafen von Tübingen und Herren von Lichteneck oder den Freiherren von Staufen, die etwa 120 bzw. 160 Gulden an Steuern aufzubringen hatten, fast ebenbürtig; sieht man einmal ab von deren höherem Status und bedeutenderer Position im Ritterstand. Die Herren von Schönau gehörten im 16. Jahrhundert zu den bedeutendsten und vermögendsten der etwa 180 vorderösterreichischen Ritterstandsglieder und beeinflußten maßgeblich die Geschicke ihres Standes[7].

Aus der gemeinsamen Erfahrung des Adels mit der habsburgischen Dynastie bei Sempach und aufgrund der Reichsstandschaft einiger vorderösterreichischer Ritterstandsglieder entstand ein außerordentliches Selbstbewußtsein, das sich schließlich auf alle Standesglieder ausweitete. Der Ritterstand beharrte sehr erfolgreich darauf, sich nur freiwillig und ohne Zwang dem Haus Habsburg unterstellt zu haben und daher zu nichts verpflichtet zu sein, was nicht unmittelbar aus Dienst-, Lehens- oder Pfandschaftsverhältnissen erwachsen sei. So entstand auch der Anspruch auf protokollarische Gleichstellung mit der Reichsritterschaft und ein Selbstversammlungsrecht. Hans Melchior von Schönau arbeitete bei der ritterständischen Selbstverwaltung und der Schaffung einer Ritterstandsordnung 1567/68 sehr engagiert mit[8]. Aus dieser Position heraus erklärt sich schließlich auch der Anspruch der vorderösterreichischen Ritterschaft auf freie Konfessionswahl wie bei der Reichsritterschaft.

Die vorderösterreichischen Landstände insgesamt bestimmten maßgeblich die innenpolitischen Verhältnisse der oberrheinischen Lande, zumal seit Herzog Albrecht VI. kein habsburgischer Landesfürst mehr am Oberrhein residierte. Die wichtigste Funktion der Stände war die Bewilligung der direkten und indirekten Steuern sowie des militärischen Aufgebotes der milizartigen Landfahnen. Bei allen Bewilligungen betonten sie immer die Freiwilligkeit ihrer Leistungen und forderten vom Landesfürsten die Abstellung ihrer Beschwerden und die Bestätigung ihrer Privilegien. Zwar waren die Prälaten der vornehmste Stand, der Dritte Stand hingegen hatte die größte Steuerlast aufzubringen.

Die Geschicke aller drei Stände zusammen und deren Geschäftsstelle aber wurden insbesondere vom Ritterstand, seinem Präsidenten und den Ausschüssen, in denen häufig Herren von Schönau beteiligt waren, gelenkt. Von der Familie von Schönau war Hans Melchior mindestens zwischen 1570 und 1577 Mitglied ritterständischer Ausschüsse. Hans Rudolf von Schönau vertrat die landständischen Interessen als Delegierter in einer 30köpfigen Gesandtschaft an den Hof Ferdinands nach Innsbruck im Jahr 1595. Da der Erzherzog nur wenige Wochen später starb, sandten die Landstände zu den Bestattungsfeierlichkeiten noch einmal eine Gesandtschaft, der Hans Rudolf wieder angehörte[9].

Die Funktion des Hauptmannes der vier Waldstädte, die mehrere Herren von Schönau ausfüllten, dürfte auch für die landständischen Milizen eine besondere Bedeutung gehabt haben. Die landständischen Einheiten waren im 16. Jahrhundert zu je 8 Fähnlein im Elsaß und Sundgau und 8 Fähnlein im Breisgau und Schwarzwald organisiert. Die siebte Einheit des rechtsrheinischen Gestades war die Rheinfelder Fahne, die bei Bedarf in Säckingen zusammengezogen wurde und nach dem Stand vom 22.2.1595 aus 551 Mann bestand. Die benachbarte Hauensteiner Fahne war die achte Einheit mit 567 Mann. Die Grenzen zwischen den landständischen Landfahnen und besoldeten Truppeneinheiten waren jedoch fließend.

Grund war zum einen, daß alle Militärpersonen von den Landständen unterhalten wurden, und zum anderen waren es die Schutz- und Schirmvereine mit angrenzenden Territorialnachbarn, für die es Kriegsräte und Organisationspläne gab. Die Landfahnen waren auch bei den Schirmvereinen eingeplant. Die wichtigsten Positionen in den militärischen Organisationen waren dem inländischen Adel vorbehalten. So überrascht es kaum, daß auch in diesen Funktionen Herren von Schönau tätig waren. In der Landesordnung von 1507 war beispielsweise Hans Ottmar von Schönau Hauptmann der Reiterei (bis 1515), Hieronymus von Baden befehligte das Fußvolk[10]. Vor 1584 war Hans Rudolf von Schönau Zeugmeister der vorderösterreichischen Landfahnen.

Eine Neuorganisation des landständischen Wehrwesens von 1572 orientierte sich an regionalen Gesichtspunkten und fußte auf einem Gutachten des angesehenen Wehrexperten, Militärs und Diplomaten Lazarus von Schwendi. Dieses Verteidigungssystem gewann zunehmend größere Bedeutung als Ordnungsfaktor. Als Wehrexperten und Heeresinspektoren wirkten hier nicht nur Hans Melchior, sondern auch Hans Ottmar von Schönau mit. 1584 übernahm Hans Rudolf von Schönau als Nachfolger des Ritterstandpräsidenten Nikolaus von Pollweiler das Amt eines Kriegsrates und wurde wenig später Zeugmeister des Schirmvereins. In verschiedenen Quellen wird er sogar als Oberbefehlshaber von sieben Fähnlein des Schirmvereins, d.h. von mehr als 3.000 Mann, erwähnt. Nach ihm war sein Bruder Iteleck von Schönau Hauptmann des Schirmvereines (1590)[11].

Erbhuldigungskommissare und Inhaber von Vogteien

In landesfürstlichem Auftrag und mit Zustimmung der Landstände wurden mehrfach Herren von Schönau landesfürstliche Kommissare und Sonderbeauftragte für die Entgegennahme der Erbhuldigung. So waren Hans Melchior von Schönau 1569 und Iteleck von Schönau 1595[12] für Breisgau, Schwarzwald und Hochrhein landesfürstliche Kommissare, die die Huldigung entgegennahmen. Für diese Funktionen bestimmte man gern hoch angesehene Personen, die häufig Regierungsräte, Ritterstandsmitglieder oder landständische Ausschüsse waren. Anläßlich des Regierungsantritts kam Erzherzog Ferdinand II. persönlich in die Vorlande und wurde standesgemäß von einem Empfangskomitee aus 50 Personen schon in Waldkirch begrüßt. In der Empfangsabordnung befand sich auch Ludwig von Schönau mit vier Berittenen[13].

Der Landtag in Freiburg sollte dem Erzherzog die Erbhuldigung als notwendige Voraussetzung seiner Regentschaft leisten. Als Erbhuldigung wurde im österreichischen Raum die Huldigung im Fall der Erbfolge nach dem Tod des Landesfürsten und der Thronbesteigung seines Nachfolgers bezeichnet. Dazu gehörte ein Treueeid, der das Grundverhältnis zwischen Landesfürst und Landesbewohner begründete. Der Akt erscheint dabei als ein Vertragsverhältnis zwischen Landesfürst und Ständen, die das Land repräsentierten. Meist nahmen die vorderösterreichischen Landstände dabei das Recht wahr, die Erbhuldigung nur unter bestimmten Bedingungen zu leisten. Auf dem Landtag war die Erbhuldigung nie in Frage gestellt, doch legten die Stände besonderen Wert auf die Form. Die Prälaten leisteten bloß bei Antritt ihres jeweiligen Amtes einen Schwur auf das Evangelium, alles zum Schutz des Landesfürsten und des Landes tun zu wollen. Der Ritterstand hatte nur aufgrund seiner Ämter und Dienstverhältnisse dem Landesfürsten zu schwören. Die Herren von Schönau hatten also ihren Eid als Vogt von Laufenburg, Hauptmann der vier Waldstädte und Vogt zu Rheinfelden zu erbringen. Dazu kamen beim Adel der Lehenseid und die Lehenspflichten, sofern die Ritterstandsglieder österreichische Lehen empfingen.

Neben dem Empfang des Landesfürsten und dem Landtag galt der Huldigungsumritt als unerläßlicher Teil der Erbhuldigung. Die Städte, Herrschaften und Landschaften, von denen jede auf eine andere Art und Weise unter das Haus Habsburg gekommen war, hatten auf ebenso verschiedene Arten die Huldigungseide durch ihre Untertanen vor Ort gegenüber einem Erbhuldigungskommissar zu leisten. Dazu wurden auf Vorschlag der Landstände Kommissare ernannt, die nach dem Landtag durch die Lande zogen und den Umritt durchführten. In der Regel wurde dies durch zwei Kommissare für Sundgau und Elsaß und zwei weitere Kommissare im Breisgau und Schwarzwald vollzogen. Da jedoch seit 1520 bei Regierungsantritt Karls V. und schließlich 1524 bei seinem Bruder Ferdinand, also seit mehr als vierzig Jahren, kein Umritt mehr stattgefunden hatte, mußte sein Verlauf erst anhand von Augenzeugenberichten rekonstruiert werden. So verzögerte sich der Umritt im Breisgau und Schwarzwald noch weitere 1 ½ Jahre und fand erst zwischen dem 19. Juni und 12. Juli 1569 unter den Huldigungskommissaren Hans Melchior Heggezer und Hans Melchior von Schönau statt.

Hans Melchior von Schönau (-Laufenburg); typisierender (möglicherweise porträthafter) zeitgenössischer Holzschnitt

Der Umritt begann für Hans Melchior von Schönau am 19. Juni in Waldshut, wo am olgenden Tag im Rathaus der Eid verlesen wurde und die Einwohner mit aufgereckten Händen schworen. Am 21. Juni nahmen die Kommissare in der Vorburg von Hauenstein die Huldigung entgegen. Tags darauf wurde in den Burgmatten vor der Stadt Laufenburg die Huldigung genauso wie in Waldshut vollzogen. Am 23. Juni war Säckingen an der Reihe, wobei die Huldigungskommissare Bittschriften wegen der Hochwasserschäden des Rheins entgegennahmen. Auf den Weißmatten vor der Stadt Säckingen leisteten am selben Tag Fricktal, Möhlinbach und einzelne Ortschaften den Eid. Anschließend konfirmierten die Kommissare der Herrschaft Rheinfelden als Gegenleistung ihre Rechte und Privilegien. In der Stadt Rheinfelden leisteten am 24. Juni die Bürger den Eid als an Schönau verpfändete Untertanen. Am 26. Juni ritten die Kommissare weiter nach Wehr, wo sie am 27. Juni auf einem freien Platz die Huldigung für das gesamte Tal entgegennahmen. Am 28. Juni waren die Schönauer und Todtnauer Untertanen vor der Schönauer Kirche an der Reihe. Die Fortsetzung der Reise dauerte bis zum 11. Juli[14].

Ebenso wie bei der Erbhuldigung zog der Landesfürst auch bei einer Reihe anderer Angelegenheiten gerne Persönlichkeiten des Adels als Kommissare heran. Eine dieser Aufgaben war die Visitation von Klöstern und geistlichen Einrichtungen als Folge des Tridentinischen Konzils. Erzherzog Ferdinand II. ergriff die Gelegenheit beim Schopf, sich um die Klöster seiner vorderösterreichischen Lande zu kümmern und sie zu reformieren. Dabei vergaß er nicht, von einer Kommission, der Melchior von Schönau angehörte, prüfen zu lassen, ob man diese Klöster nicht höher besteuern könne. Einige Jahre später wurden als Folge dieser Visitationen neue Klöster zwecks Besteuerung in die Matrikel des Prälatenstandes aufgenommen[15]. Die Auswahl der Kommissare zeigt, daß man nicht nur integere und gebildete Männer heranzog, sondern daß man dabei auch Wert auf hochangesehene Mitglieder der vorderösterreichischen Ritterschaft oder der Ensisheimer Regierung legte.

Einen großen Erfolg erzielte Hans Caspar von Schönau, als er 1477 mit der Vogtei Laufenburg betraut wurde. Es handelte sich um eine Amtspfandschaft, die ›Einkaufssumme‹ betrug 8.000 Gulden. Zu der Vogtei gehörte die Hauptmannschaft über die vier Waldstädte, sie wurde aber nach wenigen Jahren abgetrennt und an Hans Caspars Bruder Jakob von Schönau vergeben. Nach dem Tod des Hans Caspar von Schönau (1483) wurde die Vogtei Laufenburg nicht sofort neu verliehen. Scheinbar blieb sie zunächst bei dessen zweitem Bruder und Erben Heinrich, der bis 1498 wiederholt als Vogteiverweser belegt ist. Als (eigentlicher) Vogt von Laufenburg erscheint dann 1487 Heinrich von Rotenstein. Erst 1539 fiel die Vogtei wieder an einen Herren von Schönau, nämlich Hans Ottmar. Er begründete die Schönausche Linie Laufenburg. Seine Nachkommen behielten die Vogtei Laufenburg und die Hauptmannschaft der vier Waldstädte. Erst über die Heirat der Maria Johanna Franziska von Schönau mit Johann Niklaus von Grandmont ging die Vogtei Laufenburg im 17. Jahrhundert von den Schönau an die Grandmont über[16].

Was bedeutete aber der Besitz dieser Vogtei um 1600? Auskunft gibt im einzelnen die Bestallung Hans Otmars II. von Schönau vom 1.1.1580[17] zum Vogt von Laufenburg und Hauptmann der vier Waldstädte auf Lebenszeit, offensichtlich schon fast ein reguläres Beamtenverhältnis. Vorangegangen war die Verleihung derselben Stellungen an den Vater Hans Melchior (1.1.1571) und an den Großvater Hans Otmar I. im Jahr 1539. Zwar waren Stadt Rheinfelden, Herrschaft Rheinfelden,

Stadt Laufenburg, Herrschaft Laufenburg und die Städte Säckingen und Waldshut insgesamt sechs verschiedene Glieder des Dritten Standes, die auch gesondert in der Steuerumlage veranlagt wurden. Die herrschaftlichen Vogteibefugnisse und Funktionen wurden dagegen mit der Hauptmannschaft über die vier Waldstädte in einem Amt zusammengefaßt. So konnten die Schönau als Ritterstandsmitglieder und zugleich als Herrschaftsvögte im Dritten Stand als Deputierte auf Landtagen auftreten. Der damit mögliche Interessenkonflikt führte jedoch nie dazu die Doppelfunktion grundsätzlich in Frage zu stellen.

Nach den Bestallungen umfaßte die Vogtei Laufenburg wie schon im 15. Jahrhundert militärische Aufgaben: Der Vogt sollte Burg- und Verteidigungsanlagen instand halten, die vorhandene Mannschaft beaufsichtigen, nach mittelalterlicher Sitte vier vollgerüstete Berittene unterhalten und für Frieden und Ordnung hinter den sensiblen Grenzen zur Eidgenossenschaft sorgen. Darüber hinaus war der Vogt Garant der Rechte des Hauses Habsburg und der Untertanen. Die Habsburger behielten sich stets die Steuer- und die Militärhoheit vor. Als Inhaber der Hochgerichtsbarkeit unterstand der Vogt dem Ensisheimer Hofgericht bzw. der vorderösterreichischen Regierung. Bei landesfürstlichen Einnahmen aus dem Kammergut war der Vogt an die Weisungen der Ensisheimer Kammer gebunden. Dafür erhielt der Amtsinhaber vierteljährlich 400 Gulden Besoldung. Für auswärtige Dienstaufgaben sollten ihm, auch im Kriegsfall, zusätzliche Spesen vergütet werden. Noch immer bestanden die Ablösepraktiken der Amtspfandschaften weitgehend unverändert fort. So wurde 1555 und 1571 für die Vogtei Laufenburg und die Hauptmannschaft der vier Waldstädte noch ein Gegenwert von 7.000 bzw. 8.000 Gulden angesetzt.

Neu an der späten Bestallung von 1580 ist die Formulierung einer Religionsaufsicht des Vogtes von Laufenburg oder des Vogtes von Rheinfelden. Die Verpflichtung habsburgischer Beamter auf das katholische Bekenntnis wurde meist erst seit der aktiven Rekatholisierungspolitik Ferdinands II. in der Mitte der 1580er Jahre üblich. Nach den Bilderstürmereien in Basel und nach der Flucht des Domkapitels nach Freiburg (1528) hatte sich die Furcht vor religiösen Veränderungen aber immer wieder mit der sehr tief sitzenden Angst vor der Eidgenossenschaft verbunden. Einem Vogt in unmittelbarer Nachbarschaft der Eidgenossen wurden nun verständlicherweise besondere Auflagen gemacht.

1567 erhielt Hans Melchior die Vogtei Rheinfelden[18] als Belohnung für seine vieljährigen Dienste gegenüber Ferdinand I. und seinem Sohn Ferdinand II. Dafür hatte er drei Berittene zu unterhalten. Zur Vogtei über Stadt und Herrschaft Rheinfelden gehörten *»vesten und Burgkhstall genannt der Stain bey der Statt Reinfelden auch de[r] Turm vorn an der Pruggen glegen unnd aller annderer derselben Herrschafft Obrigkhait, gerechtigkhait, Einkhommen, Nutzung«*. Deshalb war diese Herrschaft aufgrund der Rheinbrücke mit einer Zollstation nicht nur strategisch wichtig sondern auch finanziell einträglich. Wohl aus diesem Grund gilt der Aufsichtspflicht des Vogtes über die Einnehmer ein besonders ausführlicher Abschnitt im Bestallungsvertrag. Als Besoldung sollten Hans Melchior nicht nur 100 Gulden sondern u. a. auch 25 Viertel Dinkel, 25 Viertel Hafer, sechs Saum Wein, 100 Hennen, 100 Hühner, die Hälfte des Holzes aus dem Burgholz und Entschädigungen bei Aufträgen außerhalb seines Amtsbezirkes zustehen.

Für rund zehn Jahre (1598–1609) war auch die Vogtei der linksrheinischen Herrschaft Pfirt im Sundgau in der Obhut eines Herren von Schönau. Eine Vererbungsmöglichkeit war nicht vorgesehen. Hans Rudolf von Schönau dürfte sie als zusätzliche Belohnung für seine Tätigkeit in der Ensisheimer Regierung zwischen 1576 und 1587 erhalten haben. Die Grafschaft Pfirt war durch die Heirat Herzog Albrechts II. von Habsburg mit der letzten Erbtochter Johanna von Pfirt 1324 erworben worden. Seitdem hatten dort wechselnde Vögte gewaltet. Hans Rudolf von Schönau wurde am 5.6.1598 als Nachfolger des Ensisheimer Kanzlers Dr. Jakob Holzapfel zum Vogt der Grafschaft Pfirt bestallt[19]. Hans Rudolf hatte die landesfürstlichen Einnahmen ohne besondere Belastung der Untertanen zu erhöhen, andererseits aber alle unnötigen Bauten und Ausgaben zu unterlassen. Der Vogt war zudem für die Konfiskation von Vermögenswerten verantwortlich, er sollte fällige (insbes. Bauern-)Lehen einziehen und er hatte bei Unregelmäßigkeiten eine sofortige Meldepflicht an die Kammer. So wurden durch die Art der Amtsvergabe gleichzeitig auch Aufgaben der Landesherrschaft minimiert.

Als Vergünstigung genoß der Vogt aber nicht nur das volle Jagdrecht in seiner Herrschaft, das in vergleichbaren Fällen auf das Niederwild begrenzt war. Er hatte ausdrücklich auch eine Jagdpflicht auf *»Beeren, Wölf und ander dergleichen Untier so den Matten, Gärtten auch Leüthen und Viechr nachtheilig und schädlich ... [und das] ... mit der Underthanen Hilf und*

Hans Rudolf von Schönau (†1609) und Maria unter dem Kreuz; Halbreliefdarstellungen auf Hans Rudolfs Grabstein, Pfarrkirche Wehr

zuethun.« Dazu kam die Pflicht der Wildhege und das Recht, das erjagte Wildbret für eigene Zwecke zu verwerten. Amtssitz des Pfirter Vogtes mit Residenzpflicht war das Schloß über der Stadt Pfirt, das er mitsamt seinem notwendigen Personal zu unterhalten hatte. Lediglich für das repräsentative Hauptgebäude übernahm die Herrschaft Österreich die Unterhaltskosten. Weitere Dienstaufgaben des Vogtes waren die Aufrechterhaltung der Ruhe und Ordnung und die Ausübung der Justiz.

Die Besoldung des Pfirter Vogtes bestand aus einem pauschalen Geldbetrag und einer Reihe von konkret festgelegten Naturaleinkünften. Die Besoldung scheint mit 250 Gulden zunächst relativ gering auszufallen, was sich jedoch durch die Naturaleinkünfte und zahlreiche Verwaltungs- und Siegelgebühren in das Gegenteil verkehrt. Insgesamt waren es sehr stattliche Einkünfte. – Als der Dreißigjährige Krieg ab 1634 auch den Hochrhein erreichte, konnten die Herren von Schönau wie die meisten ihrer Kollegen ihre Aufgabe als Vögte kaum noch wahrnehmen, die Einkünfte und Pflichten waren bald nur noch Makulatur. Marx Jakob von Schönau, Waldvogt der Grafschaft Hauenstein und

Schultheiß der Stadt Waldshut, war beispielsweise nach Baden im eidgenössischen Aargau geflohen und beobachtete von dort aufmerksam, aber hilflos die Geschicke. Bis zu seinem Tod 1643 berichtete er seiner Landesfürstin Claudia von Medici, die für ihre unmündigen Söhne die Regentschaft führte, regelmäßig über die Lage am Hochrhein[20].

Regierungsräte in Ensisheim

Nicht nur als Vögte und Inhaber von Pfandschaften, sondern auch als Räte und Regenten der vorderösterreichischen Regierung von Ensisheim waren Herren von Schönau aktiv. Das Regiment war 1507 von einer landständischen Gesandtschaft bei Maximilian erzwungen und drei Jahre später eingerichtet worden. Laut der Regimentsinstruktion bestand sie aus einem Kanzler und verschiedenen adeligen und bürgerlichen, gelehrten Räten. Entwickelt hatte sich die Ensisheimer Regierung aus dem Rat des Landvogtes und obersten Hauptmannes für Elsaß, Sundgau, Breisgau und Schwarzwald, der als Stellvertreter des Landesfürsten die vorderösterreichischen Lande verwaltete. Seine Herrschaftsgrundlagen waren alte Grafenrechte und das oberelsässische Landgericht, das zunächst unter freiem Himmel vor der Stadt Ensisheim getagt hatte und 1429 in die Stadt hinein verlegt werden durfte. 1431 gestattete König Sigmund eine erste Erweiterung des Kreises der möglichen Richter.

Die Entwicklung vom hochmittelalterlichen Gericht zur Verwaltungsinstanz setzte sich weiter fort: Neben fünf Adligen nahmen bald vier geschulte Bürgerliche auf der Richterbank Platz. 1510 wurde endlich auch formal die Ensisheimer Regierung geschaffen. Mit der Übernahme der Regentschaft Ferdinands I. erhielt das vorderösterreichische Regiment 1523 wie die Regierungen in Tirol, Stuttgart und Niederösterreich fast gleichlautende Instruktionen und Kompetenzen. Die Ensisheimer Regierung war somit eine eigene Einrichtung neben der oberösterreichischen Regierung in Innsbruck und dieser ähnlich einer Außenstelle neben- und untergeordnet. 1570 kam in Ensisheim nach Innsbrucker Vorbild eine vorderösterreichische Kammer für die Finanzverwaltung hinzu.

Die Regierung war in erster Linie für alle Aufgaben der Justiz zuständig, zumal das Ensisheimer Hofgericht als oberstes vorderösterreichisches Gericht und Appellationsinstanz arbeitete. Grundsätzliche Lehensangelegenheiten wurden in Ensisheim entschieden. Auch die Verhandlungen mit den Landständen und die Verwaltungskoordination zwischen Oberrhein und oberösterreichischen Behörden waren Aufgaben des Regiments, freilich nach Innsbrucker Instruktionen. Eigenes Siegelrecht hatte die Ensisheimer Regierung aber nicht, weshalb die Regierungsräte Briefe und kleinere Schreiben immer mit ihren privaten Sekretsiegeln kennzeichneten. Amtssitz und Hauptstadt war die kleine Stadt Ensisheim in der Nähe Colmars, die zu den ältesten habsburgischen Ämtern im Elsaß gehörte. Ein Regierungsgebäude finanzierten die Landstände erst in der Mitte des 16. Jahrhunderts. Der Regimentsbau im spätgotischen Stil steht in der kleinen Stadt als Wahrzeichen der österreichischen Vergangenheit und wird heute als städtisches Rathaus genutzt[21].

Die adeligen Regentenplätze dieser Regierung wurden mit Gliedern aus der vorderösterreichischen Ritterschaft besetzt. So verwundert es nicht, daß mehrere Herren von Schönau zu diesem Kreis der adeligen Regimentsräte zählten. Schon Jakob von Schönau war zwischen 1481 und 1490 als Rat des Ensisheimer Land- und Hofgerichtes in Erscheinung getreten[22]. Der wohl bedeutendste Regimentsrat der Familie von Schönau war jedoch Hans Melchior, der 1566 zum Regenten bestallt wurde und dieses Amt bis 1571 ausübte. Er galt als einer der gebildetsten Adeligen seiner Zeit, hatte die Lateinschulen in Rheinfelden und Brugg, anschließend die Universitäten in Basel, Dôle, Orléans und möglicherweise auch in Bourges, Angers, Poitiers und Paris besucht. Hans Melchior war bemerkenswerterweise der französischen Sprache mächtig, was bei dem teilweise zweisprachigen Verwaltungsgebiet der vorderösterreichischen Regierung von Bedeutung war. Daneben hatte er militärische Erfahrung aus dem Schmalkaldischen Krieg, den Militäroperationen der Fürstenopposition des Jahres 1552 und den Türkenkriegen[23].

Nach Hans Melchior von Schönau waren zwischen 1576 und 1587 mit Hans Rudolf und zwischen 1586 und 1596 mit Iteleck von Schönau noch zwei weitere Familienmitglieder vorderösterreichische Regenten in Ensisheim. Zu dieser Zeit wurden offensichtlich auch an die adeligen Regenten Bildungsanforderungen gestellt, die zumindest Hans Melchior und nach ihm Hans Rudolf von Schönau durch sein Studium in Padua erfüllten[24]. Bei Iteleck von Schönau wurden mehrfach die Interessenskonflikte zwischen Ritterstandsmitgliedschaft und Regententätigkeit offenkundig, so daß er immer eine der beiden Tätigkeiten ruhen lassen mußte[25]. Während ihrer Amtszeit hatten die Regenten überwiegend Residenzpflicht in Ensisheim, um an den täglichen Ratssitzungen teilnehmen zu können. Das Kollegialprinzip dieser Regierung setzte die Anwesenheit der Räte voraus, um gemeinsam die Entscheidungen treffen zu können.

Der eigentliche Chef der Verwaltung, der die Tagesordnungspunkte bestimmte, war der Kanzler, dem die Kanzlei und eine Reihe subalterner Beamte unterstanden. Dennoch lag zu Beginn des 17. Jahrhunderts das größere Prestige noch bei den Adelsräten; Kanzler und bürgerliche Räte wirkten oft eher im Hintergrund. Als der große europäische Krieg (1618–1648) die vorderösterreichischen Lande erfaßte, floh die Regierung 1632 aus Ensisheim und erlosch endgültig 1638 in Breisach. Nach der Abtretung der linksrheinischen Gebiete an die französische Krone im Westfälischen Frieden (1648) mußte mit dem Aufbau einer Regierung 1651 in Freiburg ein neuer Anfang gemacht werden.

Die Herren von Schönau waren zwischen der Mitte des 14. Jahrhunderts und dem Dreißigjährigem Krieg in mannigfaltiger Weise in habsburgischen Diensten in den vorderösterreichischen Landen tätig. So reicht die Palette von den üblichen militärischen Diensten über verschiedene Verwaltungstätigkeiten als Vögte und Inhaber von Amtspfandschaften bis zu Tätigkeiten als Regenten der vorderösterreichischen Regierung. Daneben dürfen auch die Tätigkeiten in den Landständen, die ebenfalls mit Steuer- und Wehrwesen eigene Verwaltungen aufgebaut hatten, nicht vergessen werden. Immer wieder wird die Verknüpfung der Dienstverhältnisse mit der wirtschaftlichen und finanziellen Stellung der Adelsherrschaft von Schönau und ihre gegenseitige Beeinflussung ersichtlich.

War in der zweiten Hälfte des 14. Jahrhundert ein erster Höhepunkt für die Familie erreicht, kam nach der Schlacht von Sempach für das Haus Habsburg und die Herren von Schönau eine Zeit der Krise. Kaum war die habsburgische Herrschaft in der Mitte des 15. Jahrhunderts konsolidiert, erscheinen auch die Schönau wieder in höheren Stellen als Räte und Vögte. In der zweiten Hälfte des 16. Jahrhunderts war zweifellos mit der überragenden Persönlichkeit Hans Melchiors von Schönau ein Höhepunkt an Einfluß und Ansehen der Familie erreicht: vorderösterreichischer Regent, Vogt von Laufenburg und Rheinfelden, Hauptmann der vier Waldstädte. Mit dem Dreißigjährigen Krieg erlebte die Familie wiederum zwangsweise einen Abstieg und verlor Prosperität und Prestige. Ebenso wie das Haus Habsburg seine Stellung am Oberrhein nicht uneingeschränkt behaupten konnte, mußte im Kleinen auch Marx Jakob von Schönau die Herrschaftsbereiche seiner Familie aus dem benachbarten Exil betrachten und große Verluste hinnehmen.

Anmerkungen

1 Ältere Forschung: Schwarzweber, H.: Die Landstände Vorderösterreichs im 15. Jahrhundert, Innsbruck 1908; neueste Forschungen: Speck, D.: Die vorderösterreichischen Landstände. Entstehung, Entwicklung und Ausbildung bis 1595/1602 (Veröff. aus d. Archiv d. Stadt Freiburg 29), 2 Bde., Freiburg 1994.

2 Speck, D.: Die oberrheinische Ritterschaft und das Haus Habsburg vom 14.–16. Jahrhundert, in: ZGO 137/1989, S. 203–223, bes. S. 207f.; Ders.: Landstände, Bd. 1, S. 121.

3 Frese, H.: Die Herren von Schönau – Ein Beitrag zur Geschichte des oberrheinischen Adels (Forschungen zur oberrheinischen Landesgeschichte 26) Freiburg/München 1975, S. 144 u. 157–165.

4 Die Hürus von Schönau, gemeint sind Hans und Jakob von Schönau, werden in einer Reihe von über 60 vorländischen Adligen als Gegner Basels und der Eidgenossen genannt (vgl. Frese: Schönau, S. 175).

5 Speck: Landstände, Bd. 1, S. 123–130.

6 Ebd., Bd. 1, S. 151–156 u. S. 162 mit Anm. 938.

7 Matrikeln z. B. in: ADHR Colmar, alte Signaturen: 1 C 222/1, 1 C 222/2 Nr. 3, 1 C 222/3 Nr. 1, 1 C 224/3; StadtA Freiburg, L Ritterstandsarchiv B XXXe. – Speck: Landstände, Bd. 1, S. 243–264.

8 GLA Ka 79/1622.

9 GLA Ka 79/1700, 1727. – Speck: Landstände, Bd. 1, S. 216–219.

10 StadtA Freiburg, C 1 Landstände 2. – Speck: Landstände, Bd. 1, S. 420f. und 424.

11 ADHR Colmar, alte Signaturen: 1 C 58/2 Nr. 1; AFSW B 118, Bd. 4, S. 51–66; GLA Ka, St. Paul 51a/2, Bl. 521 und 51b/2 Bl. 171 u. a. (Mikrofilme des Archivs St. Paul/Lavanttal); ebd. 79/1752; StadtA Freiburg, C 1 Landstände 15, C 1 Militaria 150 (mehrfach), Ritterstandarchiv B XXII. – Speck: Landstände, Bd. 1, S. 199f., 205–213, 434–452.

12 GLA Ka 79/1750. – Speck: Landstände, Bd. 1, S. 224–228.

13 Ebd., Bd. 1, S. 189–197, 319–324.

14 StadtA Freiburg, C 1 Landstände 10. Zu Erbhuldigung und Umritt von 1567/1569: Speck: Die Erbhuldigung und ein Besuch Kaiser Maximilians in Villingen oder wie ein alter Villinger der vorderösterreichischen Regierung aus der Klemme half, in: Jahresheft des Geschichts- und Heimatvereins Villingen 22/1997–98, S. 25–34.

15 Speck: Landstände, Bd. 1, S. 197–200.

16 GLA Ka 21/287 (2.4.1475, 23.8.1477). – Merz, W.: Die mittelalterlichen Burganlagen und Wehrbauten des Kantons Aargau, Bd. 3, Aarau 1929, S. 112f.; Schib, K.: Geschichte der Stadt Laufenburg, Aarau 1951, S. 106–109.

17 TLA Innsbruck, Dienstreverse I, 837 (2.1.1580).

18 Ebd., Dienstreverse I, 841 (3.1.1567).

19 Ebd., Dienstreverse II, 1698 (6.10.1598); Vgl.: Die alten Territorien des Elsaß nach dem Stande vom 11. Januar 1648 (Statistische Mitteilungen über Elsaß-Lothringen, hg. v. d. Statistischen Bureau des Kaiserlichen Ministeriums für Elsaß-Lothringen 27) Straßburg 1896, bes. S. 28ff.

20 Marx Jakob von Schönau war wegen Zell im vorderösterreichischen Ritterstand immatrikuliert (StadtA Freiburg, L Ritterstandsarchiv B XXXe). Zum Kriegsgeschehen: Heydendorff, W. E.: Vorderösterreich im Dreißigjährigen Krieg, in: Mitteilungen des österreichischen Staatsarchivs 12/1959, S. 74–142, 13/1960, S. 107–195; Jehle, F.: Wehr. Eine Ortsgeschichte, Wehr 1969, S. 170–174.

21 Beemelmans, W.: Die Organisation der vorderösterreichischen Behörden in Ensisheim im 16. Jahrhundert, in: ZGO 61/1907, S. 52–92, 627–656 u. 62/1908, S. 195–220; Speck: Landstände, Bd. 1, S. 572–592.

22 Rappoltsteinisches Urkundenbuch, hg. v. Albrecht, C., Bd. 5, Colmar 1898, S. 278 Nr. 581 (1481); Urkundenbuch der Stadt Basel, Bd. 9, Basel 1905, S. 109–113 Nr. 124 (25.6.1491); ZGO 43/1889, S. n 106f. Nr. 43 (20.12.1489); ebd. S. n 27 Nr. 156 (3.9.1490). – Frese: Schönau, S. 178.

23 AFSW B 118, Bd. 3, S. 239–250 u. ebd. B 119, 120 (Lebensbeschreibung); Regentenbestallung: ADHR Colmar, alte Signatur: 1 C 85, Bl. 67f.; letzte Erwähnung als Regent: GLA Ka 79/1700 (16.5.1571); Pantaleon, H.: Teutscher Nation wahrhafften Helden..., Teil 3, Basel 1568, S. 421f.

24 Bestallung zum Regenten: ADHR Colmar, alte Signatur: 1 C 57 Nr. 29; letzte Erwähnung: TLA Innsbruck Kopb. J. R. An fht. Dht. 1586, Bl. 279 b. – Knod, G.: Oberrheinische Studenten im 16. und 17. Jahrhundert auf der Universität Padua, in: ZGO 54/1900, S. 197–258, 432–453, 55/1901, S. 246–262, 612–637, bes. 614, 56/1902, S. 620–638.

25 AFSW B 118, Bd. 4, S. 97–110; GLA 79/1728, 1731, 1735, 1752 u.v.a.; StadtA Freiburg, C 1 Landstände 16, 17; ebd., C 1 Militaria 93, 150.

Klaus Schubring

Herren von Schönau in den Türkenkriegen

Nicht nur in den österreichischen Vorlanden nahmen die Herren von Schönau bedeutende Stellungen ein. Sie erschienen auch am Ostrand der abendländischen Christenheit zum Kampf gegen die islamischen Osmanen. Das von den Osmanen geleitete türkische Reich hatte am Anfang der Neuzeit den gesamten Balkan erobert. Der überwältigende Sieg bei Mohács über das ungarische Heer öffnete den Türken 1526 die ungarische Tiefebene. Der in der Schlacht gefallene ungarische König erhielt einen einheimischen Großen zum Nachfolger, den der Sultan als Vasallen gelten ließ. Nur im äußersten Nordwesten des damaligen Ungarn, in Preßburg, konnte der vorgesehene Nachfolger, der Habsburger Ferdinand, zum König gewählt werden. Ferdinand war bereits für Kaiser Karl V., seinen Bruder, Statthalter im deutschen Reich und in den habsburgischen Landen. Ferdinand drang zwar 1528 nach Mittelungarn vor, Sultan Suleiman der Prächtige warf ihn aber 1529 zurück und marschierte bis nach Wien, das er zu belagern begann. Die Eingeschlossenen wehrten sich hartnäckig. Und nach rund dreiwöchiger Belagerung zog der Sultan Mitte Oktober 1529 wegen des bevorstehenden Winters ab.

Zu den eingeschlossenen Verteidigern gehörte auch eine größere, von König Ferdinand angeworbene Abteilung Fußvolk unter dem erfahrenen Söldnerführer Egg von Reischach. Hauptmann eines Fähnleins war Stefan von Neuenfels, dessen Burg nördlich von Badenweiler lag. In seiner Abteilung dienten Hans Othmar I. von Schönau *(Hannß Ottmayr von Schidnau)* und dessen Verwandte Michael von Landenberg und Hans Werner Truchseß von Rheinfelden; genannt wird auch der Ortenauer Adlige Hans Friedrich Wiedergrün von Staufenberg, ebenfalls ein Verwandter. Diese südwestdeutschen Ritteradligen erhielten als besser Ausgerüstete einen erhöhten Sold, doch dürften für sie finanzielle Erwägungen nicht ausschlaggebend gewesen sein. Sie waren dem

Ruf des habsburgischen Oberherren gefolgt und hatten das Bedürfnis, »den Osmanen mit dem Schwert entgegenzutreten« (Liepold).

Möglicherweise hat Hans Othmar I., der Begründer der Linie Laufenburg, in gewissem Maß Beute gemacht. Jedenfalls ist in Rheinfelden überliefert, er habe später seine Worte zur Bekräftigung häufig so begonnen: »*Bei meinem Türkensäbel ...*« – Erst 1541 unterstellte Sultan Suleiman Zentral-Ungarn einer direkten türkischen Verwaltung, Ferdinand von Österreich überließ er West- und Nordungarn und schloß mit ihm Frieden. Doch Ferdinand hielt an seinen Ansprüchen fest. Erneute Kämpfe und ein Waffenstillstand folgten. 1552 drang der Sultan erneut in West- und Nordungarn ein. Im Gebiet der nordungarischen Stadt Erlau trat Johann Othmar jetzt nochmals auf. Als Oberst befehligte er mehrere deutsche Fähnlein, sein ältester Sohn Johann Melchior I. (1526–1573) diente unter ihm. Aber bereits 1553 wurde ein Waffenstillstand für fünf Jahre geschlossen. Johann Othmar I. kehrte heim und starb schon im Jahre 1554. Er hatte an der heldenhaften ersten Verteidigung von Wien teilgenommen und einen der folgenden unergiebigen Feldzüge gegen den Sultan erlebt.

Ende des Jahrhunderts entstand aus den laufenden, nun aber umfangreicheren Grenzkämpfen der Große oder Rudolfinische Türkenkrieg (1593–1606). Nach ersten Mißerfolgen ersuchte Kaiser Rudolf II. erstmals auch die Reichskreise um eine ›eilende Hilfe‹, die Entsendung von Truppen. Der schwäbische Reichskreis fand sich bereit, aus ausgebildeten und erfahrenen Soldaten ein Regiment Fußkämpfer anzuwerben. Sie sollten gut ausgerüstet und versorgt werden. Das Kommando und den Rang eines Oberst erhielt am 1.4.1595 Hans Kaspar aus dem Hauptzweig der Herren von Schönau (1545–1595). Er hatte die Erbtochter Sabina von Stein zu Ronsberg im Allgäu geheiratet und deshalb seinen Familienbesitz am Hochrhein aufgegeben, um seinen Sitz auf Burg Stein zu verlegen. Seit 1593 wirkte er als Leiter der Landvogtei Augsburg. Der Aufbruch des Regiments erfolgte zwischen dem 1. und dem 5.5.1595 in Ulm und an mehreren Plätzen donauabwärts, man fuhr auf Booten die Donau hinab und langte am 13. Mai vor Wien an. Am 18. Mai begann ein Vormarsch zu Fuß, der das Regiment am 1. Juli bis an die ehemalige Erzbischofsstadt Gran führte.

Hans Kaspars Truppe war stark am Sieg über ein türkisches Entsatzheer und herausragend am Sturm auf die Stadt beteiligt. Über das folgende »Würgen und Morden« (Müller) schweigt man besser. Am 1. Sep-

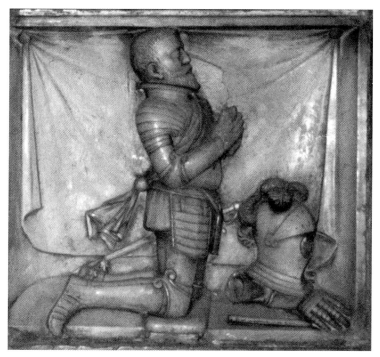

Oberst Johann Kaspar von Schönau im Gebet († 1595);
Darstellung am Votivaltar in der Franziskanerkirche Wien

tember ergab sich auch das Schloß Gran. Danach ließ die Energie der Christen nach. Im November wurde das schwäbische Regiment entlassen. Doch schon nach dem Abschluß der Kämpfe um Gran war der erkrankte Hans Kaspar von Schönau nach Wien gebracht worden. Die Franziskaner pflegten den Oberst, der an einem Fieber, letztlich aber vermutlich an Typhus litt. Er starb schon am 12.9.1595 und wurde in Engetried unter Stein im Allgäu begraben. In der Wiener Franziskanerkirche errichtete die Familie einen Votivaltar. Mit Sicherheit hatte sich Hans Kaspar den Todeskeim auf dem so erfolgreichen Feldzug gegen Gran geholt. Im weiteren Verlauf des Rudolfinischen Türkenkrieges mußten die Osmanen bittere Rückschläge hinnehmen. Der Niedergang, der ihr Reich erfaßt hatte, wurde für Europa sichtbar. Nur ein Zufallssieg verhalf den Türken nochmals zur Behauptung ihres Besitzes. 1606 begann ein länger anhaltender Friedenszustand.

Erst in einem neuen Türkenkrieg, der von 1683 bis 1699 dauerte, gelang es den Christen, fast ganz Ungarn zurückzugewinnen. Am Ende dieses Krieges wirkte schon der große Feldherr Prinz Eugen von Savoyen mit, der dann den folgenden Krieg (1716–1718) führte. Überlegen gewann er 1717 die Schlacht bei Belgrad und nahm die Stadt anschließend ein. Im Frieden von 1718 erhielt Österreich das Banat und Nordserbien. In der Schlacht südlich von Belgrad war 1717 Johann Franz Reinhard von Schönau zu Oeschgen (1692–1736) verwundet worden. Er diente damals als Kornett in einem kaiserlichen Kürassier-Regiment. Bis 1719 brachte er es zum Leutnant, ließ sich aber beurlauben, um das Noviziat im Deutschen Orden abzuleisten. Vielleicht hatte am selben Krieg auch ein weiterer Herr von Schönau teilgenommen, nämlich Johann Franz Anton Joseph Fridolin Eusebius aus der Linie Schwörstadt (1690–1733). Er hatte die Stelle eines Fähnrichs in einem kaiserlichen Infanterieregiment inne, gab seine Stelle aber bis August 1719 auf.

Über ungefähr 200 Jahre hinweg haben also Herren von Schönau im Osten ›gegen den Erbfeind christlichen Glaubens‹, wie man damals sagte, Leib und Leben für ihren Landesherren, den Kaiser und das Heilige Reich eingesetzt.

Quellen und Literatur

AFSW: B 118.

Grunebaum, G. E. von (Hg.): Der Islam II (Fischer-Weltgeschichte 15) Frankfurt a. M. 1971.

Handbuch der europäischen Geschichte, hg. v. Schieder, Th., Bd. 3–4, Stuttgart 1971–1976.

Liepold, A.: Wider den Erbfeind christlichen Glaubens – Die Rolle des niederen Adels in den Türkenkriegen des 16. Jahrhunderts (Europäische Hochschulschriften 767) Frankfurt a. M. / Bern / Wien 1998.

Müller, J.: Der Anteil der schwäbischen Kreistruppen an dem Türkenkrieg Kaiser Rudolfs II. von 1595 bis 1597, in: Zeitschrift des Historischen Vereins für Schwaben und Neuburg 28/1901, S. 155–219.

Ulrich P. Ecker

Die Erhebung in den Reichsfreiherrnstand

Auf Schloß Laxenburg bei Wien verfügte am 2.5.1668 Kaiser Leopold I. (1640–1705) die Erhebung des Johann Dietrich von und zu Schönau-Zell, seiner Brüder und der Vettern aus anderen Familienzweigen in den erblichen Reichsfreiherrnstand. Er erteilte in einem Schreiben vom selben Tag an die »oberösterreichischen Geheimen und Deputierten Räte« den Auftrag zur Ausfertigung eines »ordenlichen diploma« darüber »mit heitigem dato« und machte Vorgaben für dessen Inhalt[1]. Das Freiherrndiplom ist als prächtiges Pergamentlibell in rotem Samteinband mit anhängendem großen Siegel des Kaisers an Goldschnur in einer Holzkapsel überliefert und wird im Archiv der Freiherren von Schönau-Wehr (U 142) aufbewahrt. Es umfaßt auch eine aquarellierte Darstellung des Familienwappens. Zur Feststellung der materiellen und formalen Richtigkeit haben es Hofkanzler Freiherr Johann Paul Hocher[2] sowie mit dem Zusatz »ad mandatum Sacrae Caesareae Maiestatis proprium« der Sekretär Max Ernst von Coreth gegengezeichnet. Vorhanden sind im Familienarchiv auch Abschriften und in Wien das Konzept des Diploms[3].

Allgemeine Voraussetzungen und Gewohnheiten

Die Erhebung des Johann Dietrich von und zu Schönau-Zell, seiner Brüder und Vettern in den erblichen Freiherrnstand war kein einzigartiges Ereignis in der Adelswelt jener Zeit, weder im Reich insgesamt noch in Südwestdeutschland speziell. Fast gleichzeitig kamen zahlreiche andere Geschlechter am Ober- und Hochrhein in den Genuß solcher Gnadenakte. So wurde beispielsweise 1671 Johann Friedrich von Kageneck, Geheimer Rat und Statthalter der vorderösterreichischen Lande, mit seiner Familie, die übrigens wie die von Schönau aus elsässischem Niederadel hervorgegangen war, in den Reichsfreiherrnstand erhoben. Schon 1660 hatte der vorderösterreichische Regimentsrat und Kämmerer Johann Reinhard von Pfirt für sich und seine Nachkommen von Erzherzog Ferdinand Karl die Freiherrnwürde erlangt[4]. Den erblichen österreichischen Freiherrnstand erwarb 1675 auch Hofkammerrat Johann Sebastian von Wittenbach. Freiherr des Reichs und der österreichischen Erblande wurde schließlich 1691 der bischöflich-baselsche Landhofmeister Johann Franz von Wessenberg.

Seit der zweiten Hälfte des 17. Jahrhunderts sind vermehrte Bemühungen des Adels zu beobachten, sich vom Kaiser Freiherrndiplome ausstellen zu lassen. Das hatte zweifellos mit der Ausweitung des Titularwesens und dem Wunsch edelfreier Dynasten ohne Grafen- oder Fürstentitel sowie alter Niederadelsgeschlechter zu tun, sich von neu nobilitierten Familien abzusetzen; es hing gewiß aber auch mit dem barocken Bestreben zusammen, sich mit einem prächtigen Freiherrntitel schmücken zu können. In Wien wurde keine Veranlassung gesehen, diesem Drang nach Erlangung des Freiherrentitels Einhalt zu gebieten;

Der Beginn der Reichsfreiherrn-Urkunde und das kaiserliche Siegel

das mag damit zusammenhängen, daß nach dem Westfälischen Frieden, der auf Zurückdrängung des Kaisers aus dem Reich angelegt war, und angesichts der Bedrohung des Reiches und der Erblande durch Türken und Franzosen am Hofe hierin die willkommene Gelegenheit gesehen wurde, mit solchen Gnadenakten den vorderösterreichischen Adel wieder stärker an das Kaiserhaus zu binden[5].

Relativ problemlos war die Erlangung der Reichsfreiherrnwürde im Falle edelfreier Herren, die keiner Landesherrschaft unterworfen waren, welche sich dadurch in ihren Rechten beeinträchtigt fühlen konnte. Für die alten edelfreien Familien, denen eigentlich nur der Grafen- oder Fürstentitel fehlte, den andere Geschlechter aus ihrer Mitte längst erworben hatten, bedeutete die Erhebung in den Freiherrnstand im Grunde lediglich die Schmückung mit einem wohlklingenden Titel. Substantielle Privilegien und Rechte, die sie nicht schon vorher besessen hätten, erlangten sie dadurch nicht. Eine echte Standeserhöhung stellte die Verleihung der Freiherrenwürde jedoch für Niederadelsfamilien wie die Herren von und zu Schönau dar. Allerdings sahen die Landesherrschaften naturgemäß die Aufwertung solcher landsässiger Adelsfamilien in ihren Territorien durch den Kaiser nicht gern.

Keine Schwierigkeiten ergaben sich aber bei der Erhebung von Niederadelsfamilien in Reichsteilen, in denen – wie im vorliegenden Falle – das habsburgische Kaiserhaus selbst die Landeshoheit innehatte. In Österreich war es zudem Usus, einen vom Reichsfreiherrnstand verschiedenen, aber gleichfalls mit dem Freiherrntitel bezeichneten landsässigen Herrenstand zu kreieren[6]. Besonders erstrebenswert war jedoch der Reichsfreiherrnstand, bei dem die Erhebung unmittelbar durch den Kaiser erfolgte und bei dem das Diplom die ausdrückliche Bestimmung enthielt, daß der verliehene Freiherrenstand nicht nur in den Erblanden sondern im ganzen Reich Gültigkeit haben und von allen Landesherren, Stellen und Behörden respektiert werden solle. Der entsprechende Passus findet sich mehrfach wiederholt auch im Schönauschen Freiherrendiplom:

»… wollen, daß mehrgedachte freyherrn von und zu Schönaw, alle ihre eheliche leibserben und derselben erbenserben, man- und weibspersonen, für und für in ewig zeit unßer und des Heiligen Römischen Reichs, auch unßer erblichen königreich, fürstenthumb und landen rechtgeborne freyherrn und freyinen sein, sich alßo nenen und schreiben von uns und unßern nachkhomen am Heiligen Römischen Reich, kaißer und königen, auch unßerem löblichen Erzhauß Österreich

und sonst von jedermeniglich, hoch und nidern standts, dafür gehalten, geehret, genenet, geschriben und erkhennet werden.«

Es ist bezeichnend für diese Zeiterscheinung, daß die Initiative zur Verleihung der Freiherrnwürde wohl in den seltensten Fällen vom Kaiser ausging. In der Regel ersuchten die adligen Herren selbst in Wien um Erteilung des Freiherrnbriefs. Roth von Schreckenstein spricht in seiner Geschichte der freien Reichsritterschaft von einer in der zweiten Hälfte des 17. Jahrhunderts rasch wachsenden Zahl der Bewerbungen um Verleihung der Freiherrnwürde, insbesondere auch aus den Reihen der Reichsritterschaft[7]. Tatsächlich wurden die Diplome dann – abgesehen von der Aufzählung der Verdienste des Kandidaten und seiner Familie – nach einem meist nur geringfügig variierten Formular ausgefertigt. Dennoch wird in ihnen häufig ostentativ behauptet, die Erhebung sei *»auß aigner bewegnus«*[8] oder *»proprio motu«*[9] des Ausstellers erfolgt; dabei handelt es sich wohl meist eher um einen Gemeinplatz.

Gemeinplatzartig ist in der Regel auch die Arenga, die einleitende Begründung des Gnadenakts durch den Aussteller des Diploms. So erscheint nicht nur im Freiherrnbrief derer von Schönau der Hinweis auf die Notwendigkeit, die durch das Aussterben alter Geschlechter gelichteten Reihen des Adels wieder auffüllen zu müssen. Denn sie bildeten eine Zierde des Kaiserthrones. Diese ausholende Erklärung setzt sich fort in der allgemeinen Darlegung, daß es erforderlich sei, Ehre und Würde der adligen Häuser zu fördern, um diese bei ihrem schuldigen Gehorsam gegen den Kaiser zu erhalten und sie zu neuen ritterlichen Taten sowie weiteren getreuen Diensten anzureizen. Dann erst wendet sich die Begründung konkret den zu würdigenden Verdiensten des neuen Freiherrn zu. Dabei wird nicht seine besondere Leistung allein als hinreichender Grund für die Standeserhöhung herausgestellt, sondern sein Verdienst erscheint im Zusammenhang mit und gleichsam als Gipfel einer langen Kette treuer und bis zur Selbstaufopferung reichender Dienste seiner Vorfahren für Kaiser und Reich.

Es war Aufgabe der Bewerber, dem Kaiser eine Aufzählung der Verdienste ihrer Ahnen zu liefern, die von der Reichshofkanzlei oder der 1620 davon abgetrennten österreichischen Hofkanzlei mehr oder weniger oberflächlich überprüft und bestenfalls von offensichtlichen Fehlern gereinigt und dann in den Text des Diploms übernommen wurde. Anzeichen dafür, daß auch im Falle der Standeserhebung Johann Dietrichs von Schönau entsprechend verfahren wurde, sind vorhanden. Bedauerlicherweise konnte das eigentliche Bewerbungsschreiben Johann Dietrichs nicht ermittelt werden, doch existiert ein 1672 verfaßtes Schreiben von seiner Hand an den Kaiserhof, das allem Anschein nach im Wortlaut unmittelbar daran anknüpft[10].

Alle im Diplom von 1668 aufgeführten tatsächlichen und legendenhaften Verdienste von Angehörigen des Geschlechts kommen darin nochmals vor; und erneut werden Dinge angeführt, die zunächst auch in der erwähnten Anweisung Kaiser Leopolds erschienen und von dort in das Konzept des Freiherrndiploms von 1668 aufgenommen, dann jedoch herauskorrigiert worden waren. So finden sich 1672 immer noch die Behauptungen, daß einer der Schönauschen Vorfahren, der Türkenkriegskämpfer Kaspar, zu Wien bei St. Stephan begraben sei, und daß einige der Ahnen nicht nur Dom- und Stiftskanonikate innegehabt hätten, sondern gar zu »*fürstlichen Digniteten*« aufgestiegen seien. (Erst Johann Dietrichs Bruder Johann Franz war von 1651 bis 1656 Fürstbischof von Basel gewesen.)

Die Verdienste der Herren von Schönau

Der Freiherrnbrief von 1668 nennt unter den Verdiensten, die sich die Herren von Schönau um das Erzhaus Österreich und das Reich erworben haben, ausdrücklich die Tätigkeit des Johann Dietrich von Schönau-Zell und seines Vaters Marx Jakob als Waldvögte in der Grafschaft Hauenstein und als Inhaber der »*österreichischen Agentia*« in der Schweiz. Sie waren das Hauptargument für die Standeserhebung. Die diplomatische Vertretung des Kaisers und der erzherzoglichen Regierung in Innsbruck bei der Eidgenossenschaft war in der Endphase des Dreißigjährigen Krieges und während des danach andauernden Spannungszustandes mit Frankreich eine heikle Aufgabe. Wegen des historisch gewachsenen Mißtrauens der Eidgenossen gegen die Habsburger hatten die österreichischen Gesandten bei der Schweizer Tagsatzung ohnehin keinen leichten Stand. Die Eidgenossen waren äußerst empfindlich in der Frage ihrer staatsrechtlichen Unabhängigkeit von Kaiser und Reich.

Das reichlich fließende Geld König Ludwigs XIV., die lange gemeinsame Grenze mit Frankreich und die französischen Möglichkeiten, die Lebensmittelversorgung der Schweiz zu behindern, taten ein übriges, um die Schweizer in die Arme des großen Nachbarn im Westen zu treiben. 1663 band sich die Schweiz mit einem bis 1723 laufenden Vertrag an Frankreich. Diffizil war die Aufgabe der Gesandten des Kaisers in der Schweiz aber auch wegen des labilen inneren Zustandes der Schweiz. Tiefe Risse durchzogen die Konföderation: Der Gegensatz zwischen den konservativen Landkantonen und den aufstrebenden Orten des Mittellandes spielte eine Rolle. Vor allem aber war es die konfessionelle Scheidung in katholische und reformierte Orte, welche die Eidgenossen in zwei feindliche Lager spaltete und sie gar 1665 und 1712 in zwei kurze Bürgerkriege stürzte.

Nicht eben glücklich hatte der seit 1634 als kaiserlicher Kommissar in der Schweiz agierende Freiherr Peter von Schwarzenberg[11] versucht, einen engeren Kontakt zu den katholischen Kantonen herzustellen. Damit war die Feindschaft der reformierten Orte gegen die Habsburger nur noch vertieft worden. Eine neue politische Linie, die nicht mehr auf die Nutzung der konfessionellen Spaltung angelegt, sondern auf den Aufbau eines Vertrauensverhältnisses zu den Schweizer Eidgenossen und ihren zugewandten Orten insgesamt gerichtet war, verfolgten Wien und Innsbruck ab 1638. Der Auftrag, darauf hinzuwirken, *»daß die gesamte Eidgenossenschaft gegen Uns und Unser Haus in gutem Vertrauen verhalten und alle dawider laufenden Praktiken wohl erkundigt, zeitlich gewarnt und abgewendet werden mögen«*, wurde Marx Jakob von Schönau-Zell (1587–1643) übertragen.

Er löste Schwarzenberg ab und nahm als ständiger Resident des Kaisers und der Tiroler Erzherzogin Claudia (1604–1648) nun demonstrativ nicht mehr im katholischen Vorort Luzern, sondern in der von allen Kantonen gemeinsam beherrschten Tagsatzungsstadt Baden (Aargau) seinen Sitz[12]. Die Aufgabe war ihm nicht unbekannt, hatte er doch bereits seit 1633 als Subdelegierter an Missionen zur Vertretung der habsburgischen Interessen in der Schweiz teilgenommen[13]. Neben dem rechtzeitigen Erkunden der diplomatischen Schachzüge des französischen Gesandten in der Schweiz und der Sammlung von Informationen über die Haltung der Bevölkerung war es Hauptaufgabe der kaiserlichen Agenten in Baden, die Eidgenossen davon abzubringen, den französischen König vor allem mit der Zulassung von Soldatenwerbungen und Geld zu unterstützen.

Als Marx Jakob von Schönau und Anshelm Freiherr von Fels[14] dieses Begehren 1641 bei der Tagsatzung der 13 Kantone in Baden vortrugen, gab es freilich einen Eklat, der die ohnehin schwachen Aussichten Wiens auf ein Entgegenkommen der Schweizer dämpfte: Die Berner bemerkten nämlich entrüstet, daß dem Kredenzschreiben der kaiserlichen Gesandten zufolge von den Eidgenossen erwartet wurde, sie hätten sich gegenüber den Wünschen Wiens »*gehorsamst*« zu verhalten. Das historisch gewachsene Mißtrauen der Schweizer war damit wieder aufgerührt. Kaum befriedigt haben dürfte die Tagsatzung die nun eiligst nachgeschobene, eher lahme Entschuldigung des Freiherrn von Fels, daß mit dem unliebsamen Begriff sicher nicht eine »*Subjection*« gemeint sei und wahrscheinlich sogar lediglich ein Versehen des Schreibers vorläge, »*der den Styl nicht recht gekannt hätte.*«[15]

Nach dem Tod Marx Jakobs von Schönau 1643 führte der aus der Schweiz gebürtige Oberst Sebastian Bilgerin Zweyer von Evenbach (1589–1661), der schon zu Lebzeiten mit ihm zusammengearbeitet hatte, zunächst inoffiziell die Gesandtengeschäfte allein fort. Es war Zweyer, der schließlich bei Hofe empfahl, den Hauensteiner Waldvogt Johann Dietrich von Schönau, den Sohn des Marx Jakob, mit dem Posten in Baden zu betrauen[16]. Johann Dietrich von Schönau war von 1656 bis 1670 als kaiserlicher Geschäftsträger in der Schweiz tätig. Sein Bruder, der Basler Fürstbischof Johann Franz, hatte ihn und seine Nachkommen 1653 mit dem einträglichen Erbtruchsessenamt des Bistums ausgestattet. Das von Johann Dietrich ebenso wie von seinem Vater Marx Jakob ausgeübte Amt des Waldvogtes war sehr begehrt und wurde vom Landesherrn persönlich vergeben. Seit Ende des 16. Jahrhunderts gelangte es nur an Personen ›aus gutem Adel‹ und war meist mit dem Amt des Stadtschultheißen zu Waldshut verbunden.

Neben Marx Jakob und Johann Dietrich von Schönau nennt der Freiherrnbrief von 1668 weitere Angehörige des Geschlechts, die für das Reich und das Haus Habsburg herausragende Dienste geleistet hätten. Ohne Namen werden vier »*gebrüdere und vettern*« hervorgehoben, die 1386 mit Herzog Leopold III. von Österreich (1351–1386) in der Schlacht von Sempach gegen die Eidgenossen gefallen seien. In der Tat erscheinen in den verschiedenen Gefallenenlisten dieser Schlacht ein Rudolf von Schönau, dessen angeblicher Bruder Walther sowie unter den elsässischen Toten ein Hug von Schönau und dessen Sohn Petermann. Von den genannten vier Herren von Schönau ist lediglich Rudolf sicher urkundlich nachweisbar. Es handelt sich dabei um Rudolf II. gen. Hürus. Er ist der Sohn jenes Rudolfs I. Hürus aus dem Elsaß († vor 1364 ?), der die Erbin der Herren von Stein geheiratet und sich am Hochrhein niedergelassen hatte. Rudolf II. Hürus trat in enge Beziehungen zu den österreichischen Herzögen, denen er Mannschaft und Geld zur Verfügung stellte.

Nicht in die gesicherte Genealogie der Herren von Schönau einzureihen ist jener *»Hyrus von Schönau«*, der zu den Nachfahren der bei Sempach gefallenen Angehörigen gehört haben und dem Freiherrnbrief zufolge so verdienstvoll gewesen sein soll, daß er von einem gewissen Erzherzog Johann dafür mit einer Wappenbesserung gewürdigt worden sei. Einen regierenden (Erz-) Herzog Johann, der zudem noch Stifter des Klosters Muri im Aargau gewesen wäre, hat es nach 1386 bis ins 18. Jahrhundert allerdings nicht gegeben, und die Benediktinerabtei Muri wurde wohl 1027 durch Ida, Gemahlin des Grafen Radbot von Habsburg, mit Hilfe ihres Bruders Bischof Werner I. von Straßburg († 1028) gegründet. Die von dem angeblichen Erzherzog Johann dem Schönauschen Geschlecht gewährte Gnade, als Helmzier ihres Wappens je einen roten und einen weißen Schwanenhals führen zu dürfen, wirkt überflüssig. Bereits in der ersten Hälfte des 14. Jahrhunderts sind die Schwanenhälse als Helmzier auf Siegeln der Ritter von Schönau im Elsaß nachweisbar[17].

Wie jener *»Hyrus«* soll auch ein Kaspar von Schönau im Dienst des Kaiserhauses auf dem Felde geblieben sein. Angeblich ist er in den *»hungarischen Kriegen«* als Kreisobrist gefallen. Diese biographischen Angaben im Freiherrndiplom passen am ehesten zu Fakten, die über den Lebenslauf des Hans Kaspar von Schönau (1545–1595) bekannt sind[18]. 1595 focht jener in Ungarn gegen die Türken. 1595 war Hans Kaspar, der aufgrund der Erwerbung der Herrschaften Stein und Ronsberg zur schwäbischen Reichsritterschaft, Kanton Hegau-Allgäu-Bodensee, gehörte, in Ulm zum Obersten und Kommandanten des schwäbischen Kreisregiments gewählt worden. In dieser Funktion nahm er an der Schlacht von Gran teil. Dort erkrankte er am *»Fieber«*, das heißt wahrscheinlich an Typhus. Er wurde nach Wien gebracht, wo er starb. Seine Witwe und seine Brüder, die den Leichnam nach Engetried überführen ließen, stifteten in der Wiener Franziskanerkirche einen Votivaltar für den Verstorbenen.

Unmittelbar anschließend an die Erwähnung der Taten Hans Kaspars wird im Diplom vermerkt, daß Kaiser Karl V. das Geschlecht von

Schönau für dessen Verdienste mit der Verleihung der Rotwachsfreiheit belohnt hätte. Empfänger dieses Privilegs war 1544 ein Hans Jakob von Schönau, das Original der Urkunde ist im Archiv der Freiherren von Schönau-Wehr erhalten (U 52). – Ins Reich der Legende zu verweisen ist aber wohl die angebliche Teilnahme eines Herren von Schönau am Zug des Staufers Konradin gegen Karl von Anjou. Mit jenem soll er 1268 in Neapel enthauptet worden sein. Für ein solches Geschehen gibt es keine weiteren Anhaltspunkte in den Quellen. Es wäre auch ziemlich unwahrscheinlich, daß ein immerhin zur Dienstmannschaft der Bischöfe von Straßburg gehöriger Herr von Schönau für die staufische Sache gefochten hätte. Schließlich zählten die Straßburger Bischöfe zu den bekannten Gegnern der Staufer[19].

Nicht nur die teilweise mit Leib und Leben bezahlten Dienste für Kaiser, Reich und das Erzhaus Österreich fanden im Freiherrndiplom eine angemessene Würdigung. Durchaus eine Rolle spielte auch der finanzielle Rückhalt, den die Landesherrschaft immer wieder bei der Familie von Schönau gefunden hatte. Bereits erwähnt wurden die Aufwendungen für die Kriege der Habsburger gegen die Eidgenossen. Freilich wird im Text des Diploms eher verhalten auf den finanziellen Aspekt Bezug genommen, wenn es beiläufig heißt, die von Schönau hätten sich »*alzeit zu kriegs- und fridenszeiten ungespartes leibs, guets, bluts und vermögens in anseehentlichen ämbtern und befelchen unverdrossentlich gebrauchen lassen.*«

In seinem Schreiben von 1672 nach Wien, das – wie wir gesehen hatten – wahrscheinlich im Wortlaut das ursprüngliche Ansuchen um Standeserhebung aufgriff, formulierte Johann Dietrich deutlicher. Er nennt bedeutende Anleihen »*sowol in barem gelt als verpfendung der familia aigenthumblicher gütter*«, die König Ferdinand gewährt worden seien. Zwar fehlt der Beleg speziell für dieses Darlehen, doch sind andere Geldleihen der Herren von Schönau an die Habsburger seit dem ausgehenden 14. Jahrhundert in großer Zahl nachweisbar, darunter die Gewährung von 1200 Gulden durch Jakob von Schönau an Herzog Sigmund um 1465 und die Leihe von 2800 Gulden durch Hans Rudolf von Schönau an den Kaiser 1598 gegen Verpfändung der Herrschaft Pfirt im Sundgau.

Der Freiherrenstand

Die Erhebung der Herren von Schönau in den Freiherrnstand war mit einer Besserung ihres Anredetitels und einer Konfirmation ihres Wappens verbunden: Mit dem Prädikat »*Wohlgeboren*« wollte der Kaiser von nun an die Freiherren von Schönau und ihre Nachfahren ansprechen, und jedermann, auch »*Tribunalien, Canzleyen und Stellen*«, sollte gleichermaßen verfahren. Die Anrede ›Wohlgeboren‹ war im 17. Jahrhundert eigentlich noch dem Hochadel vorbehalten und Angehörigen des Niederadels – jedenfalls bis zu einer Ausnahmeregelung Kaiser Ferdinands III. (1608–1657) für die Mitglieder der reichsritterschaftlichen Corpora 1654 – versagt[20]. Die inflationäre Entwicklung bei der Verleihung des Freiherrnstandes mit entsprechendem Anredetitel im 18. Jahrhundert sollte in der Folge freilich zu einer weiteren Verbreitung und damit Aufhebung der Exklusivität führen.

Im Freiherrndiplom derer von Schönau wird das Wappen des Geschlechts in Wort und Bild dargestellt und in der so beschriebenen Gestalt bestätigt. Es hat das seit der zitierten angeblichen Besserung durch Zugabe eines roten und eines weißen Schwanenhalses bei der Helmzier durch einen Erzherzog Johann unveränderte Aussehen. Der Wappenschild ist quergeteilt. Im oberen schwarzen Feld erscheinen nebeneinander zwei goldene Ringe. Darunter steht im goldenen Feld ein schwarzer Ring. Aus der rot-silbernen Helmdecke, die den golden gekrönten Turnierhelm ziert, wachsen vorn ein roter und dahinter ein weißer Schwanenhals, jeweils mit offenen schwarzen Schnäbeln und roten Zungen heraus.

Zugleich mit Johann Dietrich von Schönau-Zell, seiner engeren Familie und seinen ehelichen Nachkommen, sowohl den männlichen als auch den weiblichen, wurden 1668 auch seine Vettern aus anderen Linien des Geschlechts mit ihren ehelichen Erben in den Freiherrnstand erhoben. Das war durchaus üblich, vermied unterschiedliche Titulaturen bei Angehörigen verschiedener Linien weitverzweigter Geschlechter und hatte den Vorzug, daß die hohen Taxgebühren, die mit einem Gnadenakt verbunden waren, auf mehrere Personen umgelegt werden konnten. Ausdrücklich genannt werden im Diplom neben Johann Dietrich seine Vettern Johann Friedrich (1629–1678), Großmeier des fürstlichen Damenstifts Säckingen, und Johann Ludwig (1628–1678), seit 1647

Domherr des in Freiburg residierenden Domstifts Basel, beide aus der Linie Wehr. Dem Familienzweig zu Oeschgen entstammten Franz Rudolf (1618–1695), seit 1655 Domherr zu Basel und Eichstätt, und sein Stiefbruder Otto Heinrich (1635–1670). Oberhaupt der Linie Schönau-Schwörstadt schließlich war Franz Heinrich Reinhard († 1669).

Ausdrücklich wurden die nunmehrigen Freiherrn von Schönau auf die Stufe der alten Freiherren des Reichs erhoben. Sie wurden »*in den standt, gradt, ehr, würde, gemainschafft, schar und gesöllschafft der alt gebornen herrn und freyherrn erhöbt, gesezt und gewürdiget.*«

Es sollte keinen Unterschied mehr zu den alten Freiherrngeschlechtern edelfreier Herkunft geben. Die Herren von Schönau wurden ihnen »*gegleichet*«. Als »*von vier ahnen geborne herrn und freyherrn, auch freyinen und freylein*« sollten sie gelten. Das heißt, daß sie überall dort, wo der Nachweis des Freiherrnstandes bei vier Ahnen gefordert werden sollte, ob nun bei der Zulassung zu Dom- und Kanonikerstiften, zu Turnieren und Korporationen oder beim Erwerb geistlicher und weltlicher Lehen sowie hoher Verwaltungsämtern, von jetzt an zu behandeln waren, als könnten sie vier schon im Besitz des Freiherrnstandes befindliche Großeltern väterlicher- und mütterlicherseits vorweisen. Damit wurde der Familie der Zugang zu weiteren Stiften eröffnet.

Bis dahin hatte sich die Zugehörigkeit von Angehörigen des Geschlechts zu hohen Stiften auf das Domstift Basel beschränkt. Wiederholt waren dort Angehörige der Familie als Inhaber von Pfründen anzutreffen. Für das Basler Domstift galten ursprünglich keine ähnlich hochgestochenen Zulassungsbeschränkungen wie in Mainz, Trier, Würzburg, Worms und anderen Domkapiteln im Reich. Von den 18 verfügbaren Kanonikaten durften seit dem 16. Jahrhundert fünf sogar mit Bürgerlichen besetzt werden, die ein abgeschlossenes Universitätsstudium absolviert hatten. Bei den adligen Kanonikaten forderten die Statuten lediglich den Nachweis von vier rittermäßigen Ahnen. Erst 1683 erfolgte mit der Heraufsetzung der Zahl nachzuweisender ritterlicher Ahnen eine gewisse Verschärfung der Zulassung zu den adligen Kanonikerstellen[21].

Noch im 17. und 18. Jahrhundert hatten die Freiherren von Schönau Besitzungen im inzwischen französischen Elsaß, aus dem sie einst an den Hochrhein gekommen waren. Seit dem Fall des Elsaß an Frankreich, besonders aber seit Beginn des 18. Jahrhunderts, hatte es dort eine Vielzahl von Nobilitierungen und einen starken Zuzug neuadliger

Familien gegeben. In den siebziger Jahren des 18. Jahrhunderts kam es zum offenen Streit zwischen Neuadel und altem elsässischen Adel um den Titel des ›Baron‹. Bereinigt wurde die Situation durch eine ›Ordonnance‹ Ludwigs XVI. vom 6.8.1783 aus Compiègne, die allen Adelsfamilien, welche im Jahre 1680 zur Führung der Titel ›Herr‹, ›Freiherr‹ oder ›Baron‹ berechtigt waren, erlaubte, auch in Zukunft ohne Vorlage eines Diploms den Titel des ›Baron‹ zu führen. Unter den 58 Familien, auf welche diese Regelung angewendet wurde, waren auch die Freiherren von Schönau[22]. Ihr vom Kaiser verliehener Freiherrnstand war somit auch von der französischen Krone offiziell anerkannt worden.

Anmerkungen

1 ÖStA/Allgemeines VerwaltungsA Wien, Akten über Erhebung in den Freiherrnstand, 2.5.1668.

2 Hocher (1616–1683) stammte aus Freiburg und wurde 1667 zum Freiherrn von Hohenkrähen erhoben. Nach einer Karriere in der Innsbrucker Kanzlei avancierte er 1667 zum österreichischen und zugleich oberösterreichischen Hofkanzler.

3 Wie Anm. 1.

4 StadtA Freiburg, L. von Pfirt, Abt. B Nr. 9.

5 Press, V.: Vorderösterreich in d. habsburgischen Reichspolitik des späten Mittelalters u. d. frühen Neuzeit, in: Vorderösterreich in d. frühen Neuzeit, hg. von H. Maier / V. Press, Sigmaringen 1989, S. 33; vgl. auch: Oldendorf, K. H.: Der vorderösterreichische Breisgau nach dem Dreißigjährigen Krieg u. seine Bedeutung für d. Haus Habsburg-Österreich, maschr. Mskr. Freiburg 1957, S. 25 f.

6 Roth von Schreckenstein, K. H. Freiherr: Geschichte der ehemaligen freien Reichsritterschaft in Schwaben, Franken u. am Rheinstrome 2, Tübingen 1871, S. 539.

7 Ebd. S. 534.

8 Wie Anm. 4.

9 Freiherrendiplom von Schönau.

10 Wie Anm. 1. Johann Dietrich drang mit diesem Schreiben nach Wien darauf, die offenbar verzögerte Expedition oder Bekanntmachung des Gnadenakts endlich voranzutreiben.

11 Kaiserliche Residenten in der Schweiz hatten im Unterschied zu Sondergesandten erst ab 1697 diplomatischen Status. Vorbehalte gegen eine Behandlung der Schweiz als souveränen Partner und Rücksicht auf die Tiroler Nebenlinie spielten dabei eine Rolle. Vgl. dazu und zum folgenden: Müller, K.: Das kaiserliche Gesandtschaftswesen im Jahrhundert nach dem Westfälischen Frieden (Bonner Histor. Forschungen 42) Bonn 1976, S. 67 f.

12 Gallati, F.: Die Eidgenossenschaft u. d. Kaiserhof zur Zeit Ferdinands II. u. Fer-

dinands III. 1619–1657. Geschichte der Lostrennung der Schweiz vom Deutschen Reich im Westfälischen Frieden, Leipzig/Zürich 1932, S. 91–96.

13 Amtliche Sammlung der ältern Eidgenössischen Abschiede 5 Abt. 2, Basel 1875, S. 2290.

14 Kaiserlicher Kommissar, 1635 akkreditiert (ebd.).

15 Ebd., S. 1209.

16 Wie Anm. 12, S. 115f. u. 355f.

17 Frese, W. H.: Die Herren von Schönau (Forschungen zur oberrheinischen Landesgeschichte 26) Freiburg/München 1975, S. 10f.

18 AFSW, B 118 Bd. 4, S. 73ff.

19 Glöckler, L.G.: Geschichte des Bistums Straßburg, Teil 1, Straßburg 1879, S. 226–233.

20 Wie Anm. 6, S. 536.

21 Bosshart-Pfluger, C.: Das Basler Domkapitel von seiner Übersiedlung nach Arlesheim bis zur Säkularisation 1687–1803 (Quellen u. Forschungen zur Basler Geschichte 11) Basel 1983, S. 17ff. Vgl. den Beitrag Bosshart-Pfluger über Bischof Joh. Franz von Schönau.

22 Pelzer, E.: Der elsässische Adel im Spätfeudalismus (Ancien Régime, Aufklärung u. Revolution 21) München 1990, S. 34ff.

Patrick Bircher

Oeschgen und Wegenstetten

Herren von Schönau als Herrschaftsinhaber

Unter den linksrheinischen Gütern der Herren von Schönau gewannen die Niedergerichtsherrschaften Oeschgen und Wegenstetten besondere Bedeutung. Sowohl das Eigengut am Mittellauf der Sissle als auch der säckingische Lehensbesitz im obersten Abschnitt des Möhlinbachtales blieben bis zum politischen Umbruch an der Schwelle des 19. Jahrhunderts in Schönauschen Händen. Der geschlossene Rechts- und Güterkomplex in Oeschgen, den Ritter Jakob von Schönau im Januar 1475 erworben hatte[1], ging zunächst in direkter Erbfolge an dessen Sohn Jörg über. Nach dem Tod des zweiten von Schönauschen Dorfherrn, der auch das Amt eines Rheinfelder Schultheißen ausgeübt hatte, ließ sich dessen Witwe Eva von Anwil in Basel nieder. Am 18. Juni 1554 verkaufte sie das ganze Dorf Oeschgen sowie das »*Haus*« zu Säckingen um 3.200 Gulden an Hans Jakob von Schönau, den Großmeier des Fridolinsstiftes und Herrn zu Wehr, Zell, Schwörstadt und Säckingen[2]. Wie zuvor schon in den Herrschaften Wegenstetten und Wehr, ließ der Käufer kurz nach der Übernahme auch für seine Eigengüter in Oeschgen eine Dorfordnung erstellen.

Hans Kaspar von Schönau, ein Sohn Hans Jakobs, veräußerte das Säckinger Schloß sowie die eigentums- und lehensrechtlichen Ansprüche in Oeschgen und Wegenstetten im März 1592 für 21.700 Gulden an seinen Bruder Iteleck[3]. Seit 1581 mit Beatrix von Reischach verheiratet, lebte der neue Dorfherr mit seiner zahlreichen Familie meist im elsässischen Ensisheim, wo er als Regierungsrat und Landeshauptmann im Dienst der vorderösterreichischen Verwaltung stand. Es bleibt ungewiß, ob im späten 16. Jahrhundert in Oeschgen bereits an anderer Stelle ein Schönauscher Herrensitz bestand. Aufgrund der Inschrift, die sich über dem Haupteingang des Schlößchens befindet, gelten Iteleck von Schönau und seine Gattin Beatrix als Erbauer des heute noch bestehenden Gebäudes. Der schlichte zeittypische Landsitz mit seitlich anschließendem polygonalem Treppenturm bildete einen sichtbaren Ausdruck von Schönauscher Präsenz im Rebbauerndorf.

Neben der Herrschaftsausübung hat auch das plötzliche Ableben Junker Itelecks, das im Säckinger Totenbuch unter dem 4.8.1600 verzeichnet ist, auf linksrheinischer Seite einen bleibenden und weithin sichtbaren Ausdruck gefunden. Auf dem Ritt nach Säckingen wurde er in der Nähe des Rheinüberganges vom Schlage getroffen und von seinem Pferd über eine kurze Strecke mitgeschleppt. An den tragischen Tod des Adligen erinnern in Stein noch heute zwei aus rotem Sandstein gehauene Kreuze. Sein Grabmal, das sekundär als Bodenfliese Verwendung fand, befindet sich heute in einem Nebengebäude des Schlosses Schwörstadt. Von den elf Kindern Itelecks und der Beatrix von Schönau starben mehrere in jungen Jahren. Vier ihrer Söhne leiteten mit der Erbteilung von 1628 die Aufteilung des elterlichen Stammes in vier Linien ein.

Am Anfang des Oeschger Zweiges stand Otto Rudolf, er übernahm unter anderem die Herrschaften Oeschgen und Wegenstetten sowie das Schloß zu Säckingen. Von 1636 bis zum Einfall der Truppen Bernhards von Weimar Anfang 1638 amtete Otto Rudolf, der in habsburgischen Diensten zum Oberstleutnant und Generalkommandanten der vier Waldstädte aufgestiegen war, auch als Obervogt zu Rheinfelden. Die Ereignisse des Dreißigjährigen Krieges zogen auch die Schönauschen Güter zwischen Jura und Schwarzwald schwer in Mitleidenschaft[4]. Otto Rudolf selbst starb mit 46 Jahren in Italien. Die Ehe seiner Tochter Maria Ursula mit dem Säckinger Bürger Franz Werner Kirchhofer bot Joseph Viktor von Scheffel die Grundlage für seinen ›Sang vom Oberrhein‹. Die romantische Verklärung des in dichterischer Freiheit bearbeiteten Stoffes kontrastiert mit den historisch faßbaren Ereignissen und Wirkungen des Dreißigjährigen Krieges.

Nach dem Tode der Freifrau Maria Barbara, der Witwe Franz Ottos von Schönau-Oeschgen, die dem Familienzweig Schönau-Zell entstammte, veräußerten deren Erben 1788 die Güter und Rechte in Oeschgen an den Freiherrn Franz Anton Fidel von Schönau-Wehr[5]. Der Käufer war mit Maria Xaveria Sophia Zweyer von Evenbach verheiratet, einer Enkelin und Miterbin der Freifrau Maria Barbara. We-

Epitaph des Otto Rudolf Freiherr von Schönau Oeschgen († 1699); mit dem eigenen und dem Wappen seiner Frau Maria Anna Freiin von Kageneck; Außenwand der Kirche Oeschgen

nige Jahre nach dem Verkauf der namengebenden Dorfherrschaft am Mittellauf der Sissle erlosch die Linie Schönau-Oeschgen. Ihr letzter Vertreter Johann Baptist Nikolaus Fridolin, der dem deutschen Orden angehörte, starb im Januar 1799[6].

Waffelschere des Ehepaares Otto Rudolf von Schönau und Anna Elisabeth geb. von Rosenbach, Begründer der Linie Schönau-Oeschgen. Das Waffelgerät stammt von 1628.

Streitigkeiten um Hochgericht und Jagd

Mit der Verdichtung hoheitlicher Ansprüche wuchs auch das Bedürfnis der Herrschaftsträger, ihre Einflußbereiche klar abzugrenzen. An den mehr oder weniger deutlich erkennbaren Trennlinien überschnitten sich oft Rechtskreise mit unterschiedlich weitreichenden Zuständigkeiten. Die Interessenkollisionen, die sich aus dieser Ausgangslage ergaben, ließen sich trotz gegenseitiger Absprachen meist nicht restlos beseitigen. Sie konnten insbesondere im Verhältnis zwischen Dorf- und Landesherrschaft zu langwierigen Auseinandersetzungen um Rechtsprechungs- und Nutzungsbefugnisse führen. – Innerhalb der säckingischen Klosterorganisation nahmen die Meier eine ausgesprochen einflußreiche Stellung ein. Sie vermochten eigene Dorfherrschaften aufzubauen und traten deshalb mit den Kompetenzen des Ortsherren oder des stellvertretenden Vogtes auf.

Der Ausbau des frühneuzeitlichen habsburgischen Territorialstaates führte auch in den Gebieten am Hochrhein zu einer Straffung der Verwaltung und zum nachdrücklich erhobenen Anspruch auf weitere hoheitliche Befugnisse. Schnell traten konkurrierende Ansprüche hervor, die im Bereich der Rechtsprechung, aber auch der Jagd bestanden. Das in dieser Ausgangslage begründete Konfliktpotential wurde durch die Amtsführung Ulrichs von Habsberg zusätzlich verschärft. Als Vogt der habsburgischen Herrschaften Laufenburg und Rheinfelden versuchte er, die landesherrlichen Ansprüche mit Entschiedenheit durchzusetzen und nach Möglichkeit sogar zu erweitern. Verschiedene Urteile belegen aber, daß die Gerichtsinstanzen der Landesherrschaft meist einen Ausgleich der divergierenden Interessen anstrebten und die Entscheidungen ihrer nachgeordneten Amtsträger keineswegs vorbehaltlos stützten.

Im Juli 1515 vermittelten Statthalter, Regenten und Räte im Oberelsaß einen Vergleich in dem seit sieben Jahren andauernden Streit zwischen Ulrich von Habsberg und Jörg von Schönau. Mit der Begründung, Oeschgen gehöre zur Herrschaft Rheinfelden, beanspruchte der habsburgische Vogt neben der hohen Gerichtsbarkeit verschiedene Rechtsprechungs- und Strafbefugnisse, die bisher die Schönauschen Dorfherren ausgeübt hatten. Gestützt auf den Kaufbrief von 1475 sowie die Aussagen verschiedener Zeugen entschied das Gericht in Ensisheim, daß Jörg von Schönau in Oeschgen bis auf das Blutgericht, das den Vertretern der Herrschaft Rheinfelden zustehe, weiterhin alle gerichtlichen Komptenzen wahrnehmen könne[7]. Ulrich von Habsberg hatte zwar vor wenigen Jahren bei den Herren von Schönau ein größeres Darlehen aufgenommen, stand jedoch mit einzelnen Mitgliedern der Familie Schönau bei der Besetzung habsburgischer Dienststellen am Hochrhein in Konkurrenz. Er setzte sich in der Folge wiederholt für einen möglichst weitreichenden Einfluß der Landesherrschaft ein.

Grenzstein in Wegenstetten mit dem Schönau-Wappen

Bereits in ihrer Endphase wurde die Oeschger Auseinandersetzung durch einen weiteren Streit um hoheitliche Rechte in der Dorfherrschaft Wegenstetten überlagert. Im Sommer 1514 klagte Kaspar von Schönau vor dem Hofgericht in Ensisheim gegen Ulrich von Habsberg, weil er ihm innerhalb seiner Dorfherrschaft Wegenstetten das Hochgericht im Gebiet des Wolfgartens und den Wildhag in der »gheyholden hinder der fluo« zerstört habe[8]. Da erhellende schriftliche Aufzeichnungen weitgehend fehlten, erteilte die Justizbehörde in Ensisheim Johann Heintzmann den Auftrag, vor Ort entsprechende Abklärungen vorzunehmen. Der mit der Untersuchung betraute Notar, der in Diensten des Basler Domkapitels stand, versuchte durch die Befragung mehrerer Zeugen aus Hellikon, Obermumpf und Wegenstetten einen möglichst weit zurückliegenden, als ursprünglich angenommenen Rechtszustand zu ermitteln. Obschon die mündlich tradierten Vorstellungen, die auf Aussagen der »voreltern« zurückgriffen, oft unklar und diffus blieben, zeichneten sich im Laufe der Untersuchung allmählich die Konturen älterer Gewohnheiten und Verhältnisse ab.

Auf der nordwestlich des Dorfes Wegenstetten gelegenen Erfenmatt stießen die Herrschaften Rheinfelden und Farnsburg mit dem Schönauschen Gerichtsbezirk zusammen. An diesem Grenzpunkt, der durch einen Birnbaum zusätzlich gekennzeichnet war, wurde nach Aussagen verschiedener Zeugen bisher Recht gesprochen. Vor wenigen Jahren hatte Ritter Ulrich von Habsberg als Pfandinhaber der Herrschaft Rheinfelden mit Vertretern der Stadt Basel einen Grenzumgang vorgenommen. Danach erhielt Junker Kaspar von Schönau nach Absprache mit den beiden anderen Parteien auch die Möglichkeit, sein Wappen am neu gesetzten Grenzstein anbringen zu lassen. Damit wurden die jurisdiktionellen Kompetenzen des Wegenstetter Dorfherrn von den benachbarten Herrschaftsträgern offenbar anerkannt und nach außen hin sichtbar dokumentiert. Offenbar befand sich im Grenzgebiet vor dem heutigen Übergang beim Asphof schon im Mittelalter ein Galgen, der in direkter Beziehung zu den Gerichtstagen stand, die auf der nahen Erfenmatt abgehalten wurden. Verschiedene der befragten Zeugen sagten übereinstimmend aus, daß das Hochgericht unweit der Erfenmatt am Weg gegen Rothenfluh und zwar *»innwendig und nit usswendig dem bann Wegenstetten gestanden sey.«*[9]

Es scheint, daß Kaspar von Schönau den Standort der Richtstätte kurze Zeit nach der gemeinsamen Grenzbegehung neu festgelegt hatte. Für Ulrich von Habsberg stand der Galgen nun auf dem Boden der Herrschaft Rheinfelden, und er ließ ihn deshalb beseitigen. Neben dem Standort dieses *»hochgerichts«* stellte der Inhaber der habsburgischen Pfandschaft aber auch die Rechtsprechungskompetenzen des Schönauschen Dorfherrn in Frage. Dieser sei nicht befugt, außerhalb des Dorfetters Leute gefangenzunehmen und an *»lib und guot«* strafen zu lassen. Einzelne Zeugen erinnerten sich daran, daß der Wegenstetter Vogt im Namen Junker Kaspars zwei Diebe außerhalb der Siedlung verhaftet habe. Einer sei bald darauf wieder frei gelassen, der andere dem in Säckingen wohnenden Dorfherrn überantwortet worden. Ulrich Rennisfeld, der unter Junker Heinrich von Schönau gedient hatte, erklärte, daß dieser im Wegenstetter Bann sowohl die hohe als auch die niedere Gerichtsbarkeit ausgeübt habe. Dagegen behaupteten mehrere Zeugen aus Hellikon übereinstimmend: *»Wann einer ein frevel osserhalb des dorffs Wegenstetten begangen, so hab i[h]n ein vogt oder herr... der herrschaft Rinfelden inn namen eines fürsten von Oesterreich gestrofft und nit der von Schönow.«*[10]

Über den Grenzverlauf zwischen dem Frick- und dem Sisgau im oberen Möhlinbachtal herrschte längere Zeit Unklarheit. Ulrich von Habsberg stellte sich auf den Standpunkt, daß das Waldgebiet zwischen

Thiersteinberg und Ghei sowie die damit verbundenen Jagdrechte ausschließlich den habsburgischen Landesherren zustünden; deshalb ließ er den durch Kaspar von Schönau errichteten Wildhag zerstören. Die Zeugenaussagen fielen in dieser Frage geteilt aus. Einige Wegenstetter Bauern hatten bereits mit Junker Kaspars Vater Heinrich von Schönau am Homberg gejagt. Unter dessen Herrschaft waren sie mit Bürgern aus Rothenfluh und Gelterkinden auch selbst auf die »*swinhatz*« gezogen, wobei sie dem Dorfherren das größte der erbeuteten Tiere nach Laufenburg schicken mußten[11]. Andere Gewährsleute gaben an, daß das Hagen und Jagen am Homberg von jeher ausschließlich dem Haus Habsburg-Oesterreich bzw. dessen Vertretern zugestanden habe.

Die umfangreichen Zeugenbefragungen ergaben ein vielschichtiges, teilweise auch widersprüchliches Bild. Während die befragten Personen aus Wegenstetten grundsätzlich die Position ihres Dorfherrn stützten, bekräftigten die unmittelbar habsburgischer Oberhoheit unterstehenden Zeugen die Aussagen Ulrichs von Habsberg. Nach eingehender Prüfung des Materials und Anhörung der gegensätzlichen Standpunkte fällte Kaspar von Mörsberg im Namen des Hofgerichts zu Ensisheim im März 1516 ein erstes Urteil. Er wies die Klage wegen der Zerstörung des Hochgerichts und der Entfernung des Schönauschen Wappens vom Grenzstein auf Erfenmatt ab, ordnete jedoch an, daß Ulrich von Habsberg den zerstörten Wildhag am Homberg »*widerumben restituiren und insezen*« müsse[12]. Ein Eingriff in die Jagdrechte Kaspars von Schönau sei nur zulässig, wenn die Landesherrschaft dies ausdrücklich angeordnet habe. Die Kosten, die den Parteien aus diesem Prozeß erwachsen waren, sollten sie selbst tragen. Sie konnten jedoch den ergangenen Urteilsspruch vor den landesfürstlichen Behörden in Innsbruck anfechten.

Von dieser Berufungsmöglichkeit machte Kaspar von Schönau Gebrauch. Im Dezember 1519 erteilte er dem Säckinger Stadtschreiber Engelhart Berwart die nötige Vollmacht. Der Ausgang des Prozesses läßt sich aktenmäßig nicht fassen. Aufgrund späterer Dokumente liegt jedoch die Vermutung nahe, daß die Dorfherren nur geringe Einschränkungen ihrer Rechtsansprüche hinnehmen mußten. Noch in der Lehensurkunde vom 24.9.1618, mit der Äbtissin und Kapitel des Stiftes Säckingen Marx Jakob und dessen Brüdern das Meieramt übertragen, wurde die Hoch- und Niedergerichtsbarkeit als Bestandteil der Wegenstetter Dorfherrschaft ausdrücklich erwähnt[13]. Den Herren von Schönau standen jedoch nur die hochgerichtlichen Fälle zu, die mit Geld ablösbar waren. Die Bestrafung an Leib und Leben blieb der Landesherrschaft bzw. deren Vertretern vorbehalten. Die ursprünglich umfassenden gerichtlichen Kompetenzen, welche die Äbtissin in ihrem Einflußbereich geltend machen und an ihre Beauftragten übertragen konnte, waren nun auf zwei Parteien aufgeteilt. Das Gewicht verschob sich in der Folge zunehmend zugunsten der habsburgischen Landesfürsten.

Der Fall des Johann Kienberger und der Ausbau der Landesherrschaft

Die österreichischen Amtsstellen zogen während des 17. Jahrhunderts zunehmend die nachgeordneten staatlichen Herrschafts- und Verwaltungsfunktionen an sich, um sie in einheitliche Organisationsstrukturen einzufügen. Dieser Verdichtungs- und Konzentrationsprozeß berührte notwendigerweise auch die örtlichen Gerichtskompetenzen. Die gegensätzlichen Standpunkte, die Dorf- und Landesherrschaft vertraten, wurden z. B. im Rahmen eines 1664 beginnenden Streitfalles erneut deutlich. Zu jenem Zeitpunkt ließ Salome von Schönau den Weinkeller im Oeschger Schlößchen durch den ortsansässigen Faßbinder Johann Kienberger besorgen. Der von Schönausche Bedienstete schenkte zwei Oeschger Mitbürgern aus den herrschaftlichen Beständen zum Dank einige Maß Wein aus, weil sie ihm im Herbst beim Transport der schweren Fässer und bei Arbeiten im Keller geholfen hatten[14].

Die Vertreter der Dorfherrschaft erhielten sofort Kenntnis vom freizügigen Gebrauch, den Johann Kienberger von dem ihm anvertrauten Gut machte. Wie die nachfolgende Untersuchung ergab, hatte der fehlbare Küfer in den vergangenen Jahren bereits mehrere Male kleinere Mengen des herrschaftlichen Weins für den Eigengebrauch verwendet oder an ihm bekannte Personen in Oeschgen abgegeben. Franz Rudolf und Otto Heinrich von Schönau, die für ihre Mutter Salome die gerichtlichen Amtsgeschäfte wahrnahmen, drohten dem geständigen Johann Kienberger daraufhin mit der Inhaftierung im »storckhennest« des Schlosses Schwörstadt. Salome von Schönau, die dem Delinquenten mit Nachsicht begegnete, empfahl ihm, »*dass er die Capuciner bitten solle, für ihne zu bitten, dass er bey ihren herren söhnen nit so gahr in ungnad khomme.*«[15]

Auf einer Dienstreise hatten inzwischen auch Beamte des Rheinfelder Oberamtes von der Angelegenheit erfahren, die offenbar nicht nur in Oeschgen, sondern auch in der weiteren Umgebung einigen Gesprächsstoff bot. Sie ließen Kienberger in Frick gefangensetzen und leiteten eine Untersuchung ein. Der Küfer wurde durch bewaffnete Gerichtsdiener bewacht, die ihn auf seinen, »*aus andacht*« vorgebrachten Wunsch hin auch zum Gottesdienst in die Fricker Pfarrkirche begleiteten. Da sie zunächst die Stellungnahme der »hohen Obrigkeit« abwarten wollten und in der Landschaft Fricktal noch weitere Amtsgeschäfte zu erledigen hatten, schlossen die Beamten aus Rheinfelden das Verfahren erst nach einigen Tagen ab. Sie ahndeten die wiederholte »*treuwlose*« Handlungsweise Johann Kienbergers mit einer »*wohlverdienten straff*« von 50 rheinischen Gulden[16].

Franz Rudolf und Otto Heinrich von Schönau sahen in diesem Vorgehen eine schwerwiegende Verletzung ihrer gerichtsherrlichen Rechte. Gestützt auf die in der Dorfordnung festgeschriebene Zuständigkeit für die Rechtsprechung ließen sie durch ihren Anwalt Carl Friedrich Braun bei der Landesregierung in Freiburg eine Klageschrift einreichen, die zwei Hauptforderungen enthielt. Eingriffe in den örtlichen, niedergerichtlichen Jurisdiktionsbereich, der sich bereits »*über die hundert und mehr jahr*« unter der Verfügungsgewalt der Herren von Schönau befinde, hätten künftig zu unterbleiben und die über Johann Kienberger »*ohne Fug*« verhängte, »*gantz übermässige, dem delicto improportionirte gelt straff*« sollte widerrufen werden[17].

In ihrer Gegendarstellung erachteten die Beamten in Rheinfelden die als Rechtsgrundlage herangezogene Dorfordnung als ungesetzliche Privatschrift. Da sie von einem ehemaligen Schaffner oder Schreiber verfaßt worden sei, könne die Urkunde keinesfalls als Anspruchsgrundlage dienen. Außerdem machten die Vertreter des Oberamtes geltend, daß die einseitig festgelegten gerichtlichen Befugnisse der Satzung nicht im Einklang mit der geltenden österreichischen Gesetzgebung stünden; die Schönauschen Dorfherren überschritten in diesem Bereich regelmäßig die Grenzen ihrer Amtsgewalt. Unter Angabe von konkreten Vorfällen wies das Rheinfelder Kameralamt in diesem Zusammenhang darauf hin, daß in Oeschgen die unter die niedere Gerichtsbarkeit fallenden Vergehen wie Ehebruch, Spielen, Schwören und Zutrinken mit überhöhten Bußgeldern geahndet würden[18].

In einem im Auftrag der Freiburger Behörden erstellten Gutachten empfahl der vorderösterreichische Kammerprokurator, das Begehren der Niedergerichtsherren abzulehnen, da »*diesfahl die Herren Beamte denen Herren von Schönaw in ihrer niedergerichtlichen jurisdiktion keineswegs eingegriffen*« hätten[19]. Trotz dieses klaren Urteils und verschiedener Eingaben der beiden Parteien, die sich noch bis zum Juni 1666 um eine Beendigung des Verfahrens bemühten, erließ die vorderösterreichische Regierung nie eine abschließende Entscheidung. Die Abgrenzungsproblematik zwischen dem nieder- und dem hochgerichtlichen Zuständigkeitsbereich blieb jedoch weiterhin bestehen.

Während die Herren von Schönau die Güter und Rechte in Oeschgen durch Kauf zu Eigentum erworben hatten, treten sie in Wegenstetten in der Nachfolge der Herren vom Stein als Lehensträger des Stiftes Säckingen auf. Gestützt auf die mit dem großen Meieramt verknüpften Kompetenzen konnte die Familie hier ihre Herrschaftsstellung kontinuierlich ausbauen. Obschon das Lehensverhältnis auf juristischer Ebene nie in Frage stand, nahm dessen faktischer Status zunehmend den Charakter eines Eigengutes an. Der weitgehende Verschmelzungsprozeß des Wegenstetter Lehensbesitzes mit den übrigen unter von Schönauscher Herrschaft vereinigten Gütern wurde durch die Tatsache begünstigt, daß die Dorfherrschaft immer Teil des Großmeier-Amtes blieb; sie wurde nie als eigenständiger Besitzstand konstituiert. Die daraus folgende Entwicklung läßt sich aufgrund von Quellenzeugnissen des späteren 18. Jahrhunderts erhellen.

Im März 1788 verpachtete Johann Nikolaus Fridolin von Schönau, Deutschordenskomtur auf der Insel Mainau, die Lehensherrschaft Wegenstetten und die damit verbundenen Gefälle, Nutzungen und Rechte auf Lebenszeit an das Stift Säckingen; dessen Vertreter sollten künftig auch alle anfallenden Amtsgeschäfte besorgen[20]. Als der Baron von Schönau den vorderösterreichischen Behörden die veränderte administrative Zuständigkeit mitteilte, verlangte die Regierung in Freiburg näheren Aufschluß über den Status der verpachteten Dorfherrschaft. Freiherr Nikolaus Fridolin teilte daraufhin mit, daß für den Wegenstetter Besitz nie ein besonderer Lehensbrief ausgestellt worden sei: »*Dieser Ort gehöret mit zu dem Grossmayertums Lehen, welches ich mit meinen Vettern, den Freyherren von Schönau, von dem fürstl. Stifte zu Säckingen besitze, und machte nur einen Theil dieses Erbamtlehens aus. Die gesamte freyherrl. Agnatschaft ist mit dem gesamten Lehen investiert, und nur der jedesmalige Amtausübende der Familie, welcher zugleich Lehenträger ist, erhält den Investiturbrief für das ganze Lehen.*«[21]

Der Streit zwischen Franz Otto von Schönau und der Gemeinde Oeschgen

Als äußerst langwierig erwies sich die Auseinandersetzung um Herrschaftsansprüche, die zwischen Franz Otto von Schönau (1688–1746) und den Untertanen in Oeschgen ausbrach. Bereits 1715 hatten sich die Bürger bei der vorderösterreichischen Regierung über unmäßige und ungerechtfertigte Forderungen des Dorfherrn beklagt. Der Ausgleich zwischen den divergierenden Interessen, den eine ins Dorf abgesandte Schlichtungskommission herbeiführen konnte, erwies sich als brüchig. Der Mißmut unter der Bevölkerung wuchs und im Dezember 1732 erreichte der Konflikt einen neuen Höhepunkt. Die Oeschger Bürger warfen Franz Otto von Schönau vor, er mißachte die »*alten rechte, gerechtigkeiten und gewohnheiten*«, schenke ihren wiederholt vorgetragenen Bitten keine Beachtung und belaste sie darüber hinaus zunehmend stärker mit übertriebenen Forderungen[22]. In einem an die vorderösterreichische Regierung und Kammer gerichteten »*unterthänigen Memorial*« machten die Vertreter der Gemeinde deshalb geltend, daß »*wohl ersagt seine freyherrliche gnaden von der alten observanz und dorffs Ordnung abgewichen* [und] *uns arme unterthanen mit unterschidlichen neuen oneribus* [Lasten] *und ohngemeinen grossen frohnen beladen.*«[23]

In der Tat scheint der Dorfherr nicht nur die ihm zustehenden Frondienste und Abgaben erhöht, sondern auch gewohnheitsmäßig geübte Rechte seiner Untertanen eingeschränkt zu haben. So untersagte er etwa den Weidgang in den herrschaftlichen Waldungen und drohte, alles Vieh niederschießen zu lassen, das sich dort zeige. Die Oeschger Bürger sahen im Vorgehen Franz Ottos von Schönau eine schwerwiegende Verletzung ihres angestammten Selbstverwaltungsbereiches. Der Dorfherr betrachtete hingegen die nachdrücklich vorgetragenen Forderungen seiner Untertanen als Leistungs- und Gehorsamsverweigerung, die letztlich einem Angriff auf die bestehende Ordnung gleichkomme. Den Ursprung der Streitigkeiten sah er in den verschwörerischen Umtrieben von zwei »*unruhigen Bürgern*«, die »*nächtliche Conventicula* [Zusammenkünfte]« abhielten und die Dorfbevölkerung gegen seine Person aufhetzten[24].

Nach Jahre währendem Streit erließen die Behörden in Freiburg im Februar 1737 ein abschließendes Urteil. Sie erkannten, daß der Dorfherr von Ledigen und Freien keinen Fall zu fordern habe. Die Abzugsgebühren dürften höchstens drei Pfund betragen. Obschon ihm Wald und Jagd gehörten, müsse Franz Otto von Schönau der Gemeinde das Weiderecht gewähren und den Untertanen das nötige Bau- und Brennholz gegen eine moderate Entschädigung abgeben. Bei den herkömmlichen Fronen, »*worinnen aber jener alle Beschaidenheit und Moderation zu gebrauchen wissen werde*«, hätten die Dienstleistenden Anspruch auf die üblichen Nahrungsmittelrationen. Auf Gütern, die der Dorfherr von Oeschger Bauern angekauft habe, müsse er nicht nur auf Fronleistungen verzichten, sondern auch die mit den einzelnen Parzellen verbundenen Gemeindelasten tragen. In Jahren, in denen Eicheln und Bucheckern nicht in hinreichendem Maß zur Verfügung stünden, falle auch der an sich berechtigte Anspruch des Freiherrn auf den Schweinshaber dahin. Schließlich verpflichtete der Urteilsspruch nur jene Bürger zur Benützung der Gipfer Mühle, die keine Mahlfreiheit vorweisen konnten.

Obwohl die richterliche Entscheidung den Untertanen in verschiedenen Bereichen entgegenkam, herrschte in Oeschgen der Eindruck vor, Franz Otto von Schönau sei von der Obrigkeit bevorzugt behandelt worden. Vor allem die Erben von Jakob Zundel und Franz Lämmli, die den Erbfall zu bezahlen hatten, wollten das Urteil anfechten, versäumten jedoch aus Unkenntnis die Appellationsfrist von zehn Tagen.

Die Auseinandersetzung zwischen den Oeschger Untertanen und ihrer ›näheren Obrigkeit‹ steht innerhalb Vorderösterreichs durchaus nicht isoliert[25]. Sie zeigt, daß insbesondere dem Rückgriff auf die Rechtsüberlieferung vor höheren Instanzen Erfolg beschieden sein konnte. Im Sinne der inneren Stabilität in ihrem Verwaltungsgebiet war die Landesregierung in Freiburg bereit, lokale, auf »*altem herkommen*« beruhende Sonderregelungen zu schützen. Diese Praxis blieb selbst dann noch bedeutsam, wenn die traditionellen Rechte und Privilegien durch die Alltagswirklichkeit ihrer inhaltlichen Bedeutung längst entkleidet und zu bloßen Formalismen herabgesunken waren.

Gewerbliche Monopole

Die Zwing- und Banngewalt des Dorfherrn äußerte sich auch in der Aufsicht über die gewerbliche Tätigkeit seiner Untertanen. Neben Bäckereien und Tavernen (Wirtschaften) unterstanden meist auch

Mühlen und Schmieden dem obrigkeitlichen Konzessionsrecht. Durch regelmäßige Zinsabgaben der Betreiber und die Benutzungspflicht der Dorfbewohner, die oft in Gewerbeordnungen schriftlich niedergelegt waren, blieb die Monopolstellung des Ortsherrn abgesichert. Die Einflußmöglichkeiten, welche die ›nähere Obrigkeit‹ aufgrund des Gewerbebannes ausüben konnte, waren jedoch lokal sehr unterschiedlich ausgeprägt. Die erneuerte Oeschger Satzung von 1559 hielt in Artikel 12 fest, daß das Tavernenrecht nur durch den Dorfherrn verliehen werde. Die Bestimmung läßt vermuten, daß damals mindestens ein Wirtshaus bestand, das der obrigkeitlichen Aufsicht unterstellt war. Neben der unmittelbaren Funktion als öffentliche Gaststube dienten die Wirtshäuser auch als Orte für Gerichtsverhandlungen, Vertragsabschlüsse und Bürgerversammlungen. Aufgrund dieser gesteigerten Bedeutung konnten die Schönauschen Dorfherren ihre Untertanen auch gegen deren Willen zum Betreiben einer Gaststätte anhalten.

Als sich 1736 in Wegenstetten niemand bereit fand, den zurückgetretenen Wirt zu ersetzen, ordnete Franz Otto von Schönau an, die Stelle durch Losentscheid neu zu besetzen. Mit Hilfe dieses Auswahlverfahrens, das auch im Rahmen der Aushebungen für den äußerst unbeliebten Militärdienst angewendet wurde, konnte schließlich Ulrich Hürbin verpflichtet werden, die verwaiste Gastwirtschaft wieder zu öffnen[26]. – Ein vergleichbarer Fall ist für Oeschgen, wo sich offenbar immer genügend Interessenten für das Tavernenrecht fanden, nicht belegt. So bewarb sich 1725 Fridolin Hauswirth, der ein *»zum wirthen gar bequemliches Haus«* erbauen wollte, erfolgreich um die entsprechende obrigkeitliche Erlaubnis.

Franz Otto von Schönau bestätigte ihm, daß er *»das Schild zum Schwanen anhenken«* sowie *»alle Wirtsutilitäten* [-Nutzen]*, als Gericht, gemeine Rechnung, Weinkäuff, Hochzeiten, Kindstauffen, Ganthen, Kirchweih, Fasnacht und was dergleichen Gastmähler mehr sind, gaudieren* [genießen]*«* dürfe[27]. Die Bewilligung bezog sich jedoch ausschließlich auf den Gesuchsteller und dessen *»eheleibliche Erben«*. Sollte die Familie Fridolin Hauswirths aussterben, so würde das Tavernenrecht an die Dorfherrschaft zurückfallen, die es nach ihrem Belieben weiter verleihen könnte. Im Gegensatz zur realen, mit dem Gebäude verknüpften Konzession eröffnete die personale, an den Gesuchsteller und dessen legitime Nachkommen gebundene Bewilligung dem Dorfherrn im Falle einer Handänderung eine unmittelbare Interventionsmöglichkeit.

Eine entsprechende Regelung findet sich auch im Tavernenrecht, das Johann Nikolaus von Schönau 1779 dem Wegenstetter Bürger Joseph Gass für das Wirtshaus zum Schlüssel verlieh[28]. Die Urkunde stimmt bis auf wenige, personen- und ortsbedingte Abweichungen mit dem als Formular benutzten Oeschger Dokument von 1725 überein. Zum feststehenden Text der Tavernenbriefe gehörten verschiedene gewerbepolizeiliche Bestimmungen, die teilweise wörtlich auf die örtlichen Satzungen Bezug nahmen. So durfte der Wirt ohne Zustimmung der Obrigkeit »keine Täntz halten«, er sollte ferner »das Umgeld richtig abstatten« und »sich als ein ehrlich und gewissenhafter Mann« aufführen. Widrigenfalls konnte der Freiherr die ihm geeignet erscheinenden Maßnahmen ergreifen und den Wirt bei schweren Verstößen gar absetzen. Neben einer einmaligen Taxe hatte der Gesuchsteller auch einen jährlichen Zins zu entrichten. Durch das Bezugsrecht des Umgeldes – einer Verbrauchssteuer, die vor allem vom ausgeschenkten Wein erhoben wurde und deren Höhe sich nach Qualität und Preis des Produktes richtete – war der Dorfherr darüber hinaus auch unmittelbar am Umsatz des Wirts beteiligt.

1788 gehörten zu den Schönauschen Gütern in Oeschgen auch vier »*unter zwey Tächer*[n] *stehende Trotten*«, denen im Rahmen des ausgedehnten Rebbaus eine besondere Bedeutung zukam. Alle Bürger waren verpflichtet, ihre Trauben nach einer genau einzuhaltenden Kehrordnung in diesen von vier Trottmeistern betreuten Betrieben auspressen zu lassen[29].

Da die landwirtschaftliche Erwerbsstruktur neben dem Wein- vor allem auf den Ackerbau ausgerichtet war, nahmen die verarbeitenden Mühlen innerhalb der dörflichen Arbeitsprozesse eine weitere Schlüsselstellung ein. Auch in diesem Bereich verfügten die Herren von Schönau in Oeschgen über einen ausschließlichen Rechtsanspruch, jedoch fehlte in der Gemeinde eine Mühle. Die Folgen eines Brandes oder die unzureichende Wasserführung des Starzlebaches könnten die Gründe gewesen sein, weshalb die Oeschger Mühle, die noch in der Kaufurkunde von 1475 Erwähnung fand, in der Folge aufgegeben wurde. Die Dorfherren übertrugen die entsprechenden Mahlrechte deshalb auf den Müller in Frick, der nun auch das Getreide der Schönauschen Untertanen verarbeitete.

Für 3.200 Gulden erwarb der Oeschger Vogt Klaus Zundel im Auftrag Salomes von Schönau schließlich im Februar 1664 die untere

Mühle in der Gipf von Hans Herzog aus Frick[30]. Damit konnte die Ortsobrigkeit ihre unmittelbare Kontrolle auf die agrarwirtschaftlich ausgerichtete Produktions- und Verarbeitungskette erneut in vollem Umfang geltend machen. Die Untertanen waren nicht nur zur Benützung der Schönauschen Mühle verpflichtet, sondern konnten im Bedarfsfall auch für den Gebäudeunterhalt herangezogen werden. Im Rahmen von Frondienstleistungen führten Oeschger Bürger 1697 das aus dem Schwarzwald angelieferte Holz, das für einen neuen Dachstuhl der Gipfer Mühle benötigt wurde, vom Rheinufer bei Säckingen bis zum Bauplatz. Da die Arbeitskräfte aus Oeschgen für das Aufrichten der neuen Konstruktion nicht ausreichten, zog Freiherr Otto Rudolf Heinrich auch Untertanen aus Wegenstetten zur Hilfe heran[31].

Jagd, Fischerei und Rechte im kirchlichen Bereich

Als Statussymbol mit breitangelegter Repräsentationsfunktion blieb die Jagd für den Adel von anhaltender Bedeutung. Rechtlich abgesichert, ist sie zu einem integrierenden Bestandteil des Selbstverständnisses führender Gesellschaftsschichten geworden. Die ursprüngliche Bedeutung als Nahrungsbeschaffung wurde in der frühen Neuzeit endgültig durch gesellschaftliche Aspekte abgelöst. Da die Möglichkeit, kämpferische Fähigkeiten in der Fehde unter Beweis zu stellen, zunehmend entfiel, gewann die Jagd für den Adel eine zusätzliche kompensatorische Bedeutung. Das herrschaftliche Waidwerk war für die Bauern meist mit zahlreichen Unannehmlichkeiten und Belastungen verbunden. Sie konnten zum Führen der Jagdhunde herangezogen werden und hatten sich oft als Treiber, für Transporte, Botengänge oder andere Dienstleistungen zur Verfügung zu halten[32].

In literarisch stilisierter Form wird die Erinnerung der Bevölkerung an die Jagdtätigkeit der Herren von Schönau noch im Sagenschatz der Gemeinde Wegenstetten faßbar. Während der »oft wochenlang« dauernden Veranstaltungen, zu denen »viele vornehme Herren« geladen waren, hätten die säckingischen Lehensträger ihre Hundekoppel einem Wegenstetter Bürger zum Füttern übergeben. Hinter der ausschmückenden Erzählung, die den von Schönauschen Dorfherren auch eine besondere Pflege des Wildbestandes zuschreibt, wird in äußerst schemenhaften Umrissen ein herrschaftliches Privileg erkennbar, das sich von der bäuerlichen Lebenswirklichkeit deutlich abhob und bei den Untertanen einen entsprechend tiefen Eindruck hinterließ[33]. Mit den Oeschger und Wegenstetter Waldungen verfügten die Freiherren von Schönau auf linksrheinischer Seite zunächst über zwei verhältnismäßig eng begrenzte Jagdterritorien. In der Dorfordnung von 1559 gestatteten sie den Untertanen unter Vorbehalt eines Vorkaufsrechtes, »wie von alters her« nur das »klain Wildbrett als Fuchsen, Vögeln und Hasen« zu erlegen[34].

Zur Oeschger Dorfherrschaft gehörten auch die Fischereirechte, die sich auf die im Gemeindebann liegenden Gewässer erstreckten. 1730 ließen die Freiherren von Schönau in der Nähe der Sissle zusätzlich einen Fischweiher anlegen. Im Gegensatz zur Jagd stand bei der Fischerei jedoch der wirtschaftliche und nicht der immaterielle Wert im Vordergrund. Der Bannwart hatte darüber zu wachen, daß die Bestände nicht unerlaubterweise von der Dorfbevölkerung genutzt wurden. Das Alltagsleben der Schönauschen Untertanen stand in vielfacher Beziehung zu dem in unmittelbarer Nähe der Siedlung vorbei fließenden Sisslebach. Es überrascht deshalb kaum, daß sich verschiedene Bürger immer wieder Übergriffe auf die herrschaftlichen Fischbestände erlaubten. Auf einem Rundgang traf der Bannwart im Juli 1736 bei der unteren Sissleschwelle Bartle Keyserle und Franz Lämmli an, die im Bache badeten. Bartle, der bereits eine kurz zuvor gefangene Forelle ausgenommen hatte, lobte die Beute und stellte gegenüber dem herrschaftlichen Beamten ungerührt fest, daß Franz Lämmli und er den Platz erst verlassen würden, wenn sie einen weiteren Fang gemacht hätten[35].

Der Vorfall wirft ein bezeichnendes Licht auf die Schwierigkeiten, denen sich der Bannwart bei der Durchsetzung der herrschaftlichen Ansprüche gegenüber gestellt sah. Eine pflichtgemäße Anzeige zog gelegentlich Beschimpfungen der betroffenen Dorfbewohner nach sich, was von obrigkeitlicher Seite meist mit einer zusätzlichen Strafe geahndet wurde. Im Vergleich zu anderen Vergehen waren Wildfrevel und Verstöße gegen die Fischereinutzungsrechte mit hohen Bußen belegt. Die Maßnahme diente dabei nicht in erster Linie dem Schutz des Tierbestandes, sondern unterstrich die privilegierte Stellung des Dorfherrn, die jedoch auf der Ebene der Alltagswirklichkeit immer wieder der konkreten Durchsetzung bedurfte.

Zum geschlossenen Güter- und Rechtskomplex, den Jakob von Schönau im Januar 1475 in Oeschgen erwarb, gehörte auch der Kirchensatz, dessen Übereignung in der Kaufurkunde besonders hervorgehoben wurde. Die Herren von Schönau konnten deshalb die Pfarrstelle mit einem ihnen geeignet erscheinenden Kandidaten besetzen, der jedoch vom Bischof bestätigt und investiert werden mußte. Neben diesem Präsentationsrecht und einer begrenzten Verfügungsgewalt über das kirchliche Eigentum traf den Patronatsherrn jedoch auch die Pflicht, bestimmte, auf die Bedürfnisse der Pfarrei und ihre Gebäude bezogene Leistungen zu erbringen. So oblag ihm als Inhaber des Zehnten die Bau- und Unterhaltspflicht für die Sakristei, den Chor der Kirche samt der notwendigen Ausstattung sowie für das Pfarrhaus. Das Kirchenschiff wurde durch die Mittel des Kirchenfonds, die ›Kirchenfabrik‹, in Stand gehalten oder im Bedarfsfall neu errichtet. Die Baupflicht am Kirchenturm hatte die Gemeinde wahrzunehmen.

Jede Pfarrei war mit einem Pfrundvermögen dotiert, das den Unterhalt des jeweiligen Klerikers sichern sollte und das neben Zinseinkünften aus dem Widumgut weitere Ansprüche auf Bodenzinsen und Zehnten umfaßte. Im nahe bei Frick gelegenen Oeschgen bildete sich verhältnismäßig spät eine eigenständige Pfarrei aus. Ihr Gebiet, das stets mit der Gemarkung des Schönauschen Dorfes identisch war, gehörte zu den flächenmäßig kleineren Seelsorgebezirken im Dekanat Frickgau. Diese Faktoren wirkten auf das Pfarreinkommen zurück, das im regionalen Vergleich zu den bescheidensten gehörte. Die Stelle war deshalb oft nicht leicht zu besetzen und mußte zeitweilig von Geistlichen der Nachbarpfarreien mitbetreut werden[36].

Anmerkungen

1 AFSW: U 24; StAAG Aarau: Nr. 6204, 18a; Gemeinde Oeschgen (Hg.): Oeschgen – Sein Schlösschen, seine Geschichte, seine Menschen, Oeschgen 1997, S. 11–13.

2 StAAG Aarau: Urk. Fricktal Nr. 90 (18.6.1554).

3 AFSW: U 82.

4 Vgl.: AAEB Pruntrut: A. 28/12 (18.11.1635). – Boner, G.: Die Pfarrei Oeschgen, in: Oeschgen, S. 187.

5 AFSW: B 52 (7.3.1788).

6 Vgl. den Beitrag von Hermann Brommer in diesem Band.

7 GLA Ka 21 Nr. 485, Gr. 7540 (1.7.1515).

8 Ebd. 67/1843; StAAG Aarau: 6280, Fasz. 5.

9 Ebd.
10 Ebd.
11 Ebd.
12 Ebd.
13 GLA Ka 16/91 a (24.9.1618).
14 StAAG Aarau: 6244, Fasz. 2/5.
15 Ebd.
16 Ebd. Fasz. 2.3 *(»Actum Fricks, den 19. Januar 1664, Bescheidt.«)*
17 Ebd. Fasz. 2.1 (18.3.1664).
18 Ebd. Fasz. 2.3 (6.5.1664).
19 Ebd. Fasz. 2.15 (nach 9.12.1665, vor April 1666).
20 Ebd. 6280, Fasz. 17.1 (23.6. u. 5.8.1788).
21 Ebd.
22 Ebd. 6244, Fasz. 3.1 (4.12.1732).
23 Ebd. Fasz. 3.2 (9.12.1732).
24 Ebd. Fasz. 3.3 (5.1.1733); vgl. ebd. Fasz. 3.5 (28.4.1733) S. 4, Note 2.
25 Vgl.: Graf, W.: Die Selbstverwaltung der fricktalischen Gemeinden im 18. Jahrhundert, Frick 1966, S. 187–188. – Metz, F. (Hg.): Vorderösterreich, Freiburg i.Br. ³1977, S. 307ff.
26 StAAG Aarau: 6311 (1728–1743).
27 Kuprecht, K./Fasolin, W.: Das Gasthaus Schwanen und die Wirtshäuser, in: Oeschgen, S. 107–108; vgl. ebd. S. 103, 261.
28 StAAG Aarau: 7941, Fasz. 5 (25.4.1779).
29 AFSW: B 52 (Kaufvertrag, 7.3.1788). – Vgl. Fasolin, W.: Der schönauische Besitz an Liegenschaften im Dorf Oeschgen und in der Gipf, in: Oeschgen, bes. S. 42–44.
30 Ebd., S. 49–50.
31 Vgl. StAAG Aarau: 6244, Fasz. 3/68 (27.8.1734: Aussagen von Hansjoggli und Johannes Hürbin).
32 Vgl. Eckhardt, H.W.: Herrschaftliche Jagd, bäuerliche Not und bürgerliche Kritik – Zur Geschichte der fürstlichen und adligen Jagdprivilegien vornehmlich im südwestdeutschen Raum, in: Veröffentlichungen des Max Planck-Instituts für Geschichte 48, Göttingen 1976, S. 30 u. 112ff.
33 Die Sage ›Von den Herren von Schönau‹, in: Vom Jura zum Schwarzwald 35/1960, S. 150–151.
34 Oeschgen, S. 255, Abschnitt 66.
35 StAAG Aarau: 6311 (29. Juli 1736). Vgl. Fasolin: Besitz, in: Oeschgen, S. 46.
36 Vgl. Welti, F.E. (Hg.): Die Urkunden des Stadtarchivs Rheinfelden (Aargauer Urkunden 3), Aarau 1933, Nr. 163, 197, 229, 386; sowie: Ders. (Hg.): Die Urkunden des Stifts St. Martin in Rheinfelden (Aargauer Urk. 5) Aarau 1935, Nr. 464 und 465. – Boner: Pfarrei, in: Oeschgen, S. 186 (Pfarrerliste).

Wolfgang Hug

Spätzeit und Ende Schönauscher Herrschaft

Es geht in diesem Beitrag um das letzte Jahrhundert der von Schönauschen Herrschaft, etwa um die Zeitspanne zwischen 1700 und 1800, um jene Zeit also, die als Ausklang Alteuropas zu begreifen ist. Am Ende führte die Revolution in Frankreich in die Umgestaltung Deutschlands durch Napoleon und damit zur Transformation einer Herrschaftsordnung, die mehr als ein Jahrtausend lang den Anspruch gehabt hatte, für Recht und Gerechtigkeit im Zusammenleben der Menschen zu sorgen. Man hat die alte Ordnung idealtypisch als adelig-bäuerliche Herrschaftswelt gekennzeichnet[1]. Spätzeit und Ende der Herrschaft Schönau stehen im Zusammenhang mit der allgemeinen Auflösung adliger Herrschaft und ihrer Transformation in den bürgerlichen Rechtsstaat des 19. Jahrhunderts.

Die traditionelle Ordnung beruhte auf einem komplizierten und vielfältig abgestuften Geflecht von Rechtsbeziehungen, die im Herkommen überliefert, religiös legitimiert und im personalen Vertrauen verankert waren. Die Person bzw. die Familie der adligen Herren war Garant der überkommenen Verhältnisse. Von den Personen und Familien des Geschlechts der Freiherren von Schönau in der Spätphase ihrer Herrschaft ist daher in erster Linie zu berichten, wenn erklärt werden soll, wie es zum Ende dieser Herrschaft kam. Seit der ›brüderlichen Teilung‹ von 1628 hatten die vier Linien Wehr, Schwörstadt, Zell und Oeschgen ihre je eigenen Herrschaftsinteressen und Machtzentren entwickelt. Sie sind im einzelnen zu betrachten[2].

Personen und Linien

Die Linien Oeschgen und Schwörstadt

Beginnen wir mit der Linie Schönau-Oeschgen. Johann Franz Joseph Otto (1688–1746) folgte seinem Vater Otto Rudolf Heinrich

Eiserne Grabtafel des Franz Otto Freiherr von Schönau-Oeschgen († 1746) mit dem Doppelwappen des Verstorbenen und seiner Ehefrau Maria Katharina Freiin von Schönau-Zell; Kapelle Bernau/Leibstadt

als »Herr zu Stein, Oeschgen, Obersäckingen, Wegenstetten und Rippolingen« und erbte die Güter seiner Linie. Er war seit 1719 Senior seines Geschlechts. Seinen Wohnsitz hatte er in Säckingen. Er war mit seiner Verwandten Maria Catharina von Schönau-Zell verheiratet, die ihm zwei stolze Meierhöfe als Mitgift in die Ehe einbrachte. Die beiden hatten neun Kinder, von denen zwei früh starben. Der Sohn Johann Theodor trat in das Benediktinerstift Kempten ein und wurde als Pater Benedikt Stifts- und Domherr. Die Tochter Marie Elisabeth wurde Stiftsdame in Andlau und gelangte dort zu hohen Ehren. Andere Töchter wurden standesgemäß verheiratet. Ein Bruder des Freiherrn (Johann Ignaz Franz) brachte es als Ordensritter zum Komtur des Deutschen Ordens in Freiburg bzw. auf der Mainau (1729–36).

Johann Franz Joseph Otto gehörte der Breisgauer Ritterschaft als Assessor an und wurde vorderösterreichischer Oberst-Jäger, -Forst- und -Waldmeister[3]. Unter ihm erhielt das Schloß Schönau in Säckingen, heute Trompeterschloß genannt, als Residenz der Familie seine neue Gestalt im Äußeren wie auch im Innern. Das Schloß blieb Wohnsitz der Familie bis zu seinem Tod; zeitweilig hielt sie sich auch im Schloß zu Oeschgen auf. Dorthin übersiedelte die Witwe, die ihren Mann um 38 Jahre überlebte. Der erstgeborene Sohn war schon im Alter von kaum elf Jahren verstorben. Deshalb trat der 1722 geborene Joseph Carl Ignaz Xaver die Erbfolge an. Er heiratete eine Freiin Stürtzel zu Buchheim. Die beiden verließen nach einigen Jahren das Säckinger Schloß und zogen in das Stürzelsche Haus in Freiburg, wo Joseph Carl 1755 ohne Nachkommen verstarb.

In der Folge übernahm sein jüngster Bruder Johann Baptist Nicolaus Carl Fridolin die Verantwortung für die Güter der Familie. Das Säckinger Schloß sollte zunächst an das Kloster Beuron, später dann an Beuggen verkauft werden, nachdem Verkaufsverhandlungen mit der Stadt Säckingen gescheitert waren. Schließlich konnte Carl Stork, ein ehemaliger Beamter der Familie von Schönau, der zuletzt als Stadtschreiber von Säckingen tätig war, das Schloß erwerben[4]. Nicolaus Carl Fridolin war 1753 in den Deutschen Orden eingetreten und amtierte zunächst als Komtur zu Rohr und Waldstetten, dann in Rufach, zuletzt (bis 1791) auf der Mainau. Dort trat er zurück und lebte privat in Lindau. Mit seinem Tod im Jahr 1799 erlosch die Linie Schönau-Oeschgen.

An der Spitze der Linie Schönau-Schwörstadt stand in den ersten Jahrzehnten des 18. Jahrhunderts Freiherr Johann Franz Anton (1690–1733). Er trat in den österreichischen Hof- und Militärdienst ein und lebte in Wien. Über Jahre hinweg führte er einen verzwickten Rechtsstreit mit den drei anderen Schönauschen Linien um Besitzanteile an der Herrschaft Stein im Allgäu. Man konnte sich bis zuletzt nicht einigen. Schließlich wurden die Besitzungen zu Stein und Ronsberg 1746 verkauft. Vergeblich hatte Johann Franz Anton in einer gedruckten Dokumentation die komplizierte Materie dargelegt. Darin klagte er über den Mangel an jeglichem Gemeinschaftssinn der vier Schönau-Linien. Zugleich wirft die Dokumentation ein Licht auf die fortwährende Geldnot in allen vier Schönauschen Herrschaften, ein Zustand, dem man (mehr oder minder vergeblich) durch immer neue Anleihen und Beleihungen der Güter zu entkommen versuchte.

In seinem letzten Lebensjahr heiratete Johann Franz Anton die Witwe des Reichsgrafen Friedrich Christian zu Schaumburg-Lippe und Sternberg. Während sie schwanger war, verstarb er. So konnte er die Geburt seines einzigen Kindes Johann Franz Anton Albert Raphael (1733–1811) nicht mehr erleben. Der Mutter wurde von der Breisgauer Ritterschaft ein Administrator zur Verwaltung der Herrschaft an die Seite gestellt. Sie ließ den Sohn in Straßburg studieren. Nach ihrem Tod im Jahre 1760 konnte er erst nach erheblichen Auseinandersetzungen mit der vorderösterreichischen Oberbehörde bzw. der Breisgauer Ritterschaft seine Herrschaftsrechte wahrnehmen. – 1758 hatte er geheiratet. Da er jedoch keine männlichen Nachkommen hatte, erlosch die Linie Schönau-Schwörstadt 1811 mit ihm. 1742 waren Franz Anton die Lehen des Stiftes Säckingen und 1792 letztmals die von Österreich bestätigt worden. Diese Lehen fielen nach seinem Tod an die Linien Schönau-Wehr und Schönau-Zell.

Die Spätzeit von Franz Anton hatte der Familie schweren Schaden gebracht: Das Schloß Schwörstadt war bei einem Gewitter im August 1797 vom Blitz getroffen worden und brannte völlig nieder. Nur ein paar sakrale Kunstschätze konnten gerettet werden. An einen sofortigen Wiederaufbau war nicht zu denken: Die Familie war finanziell ruiniert[5]. Seit den 1780er Jahren lag man im Dauerkonflikt mit zinspflichtigen Bauern der Grundherrschaft um Gefälle und Frondienste. Dann führte 1796 der Einfall französischer Revolutionstruppen zu ständigen Kontributionsforderungen. Die Österreicher hoben ihrerseits Truppen aus, konnten die französischen Einheiten zurückschlagen, mußten aber dann 1799 vor den nun von Napoleon befehligten Truppen zurückweichen. Mit dem Frieden von Lunéville kündigte sich 1801 die politische Neuordnung an, die der letzte Vertreter der Linie Schönau-Schwörstadt nur wenige Jahre überlebte[6].

Die Linie Zell und die Familie Weber

Die Freiherren von Schönau-Zell konnten im 18. Jahrhundert zwar nicht das Ansehen bewahren, das der bedeutende Johann Dietrich (gest. 1670) erworben hatte. Als Herr zu Saasenheim (bei Schlettstadt), Stetten, Stein und Zell war er gleichzeitig Großmeier des Stifts Säckingen, Truchseß des Bistums Basel und Waldvogt der Grafschaft Hauenstein gewesen. Immerhin erlangte sein Sohn und Nachfolger Johann Franz Ignaz Anton Joseph (1665–1712) wieder das große Meieramt des

Stifts Säckingen, mit dem Gerichtsrechte und Einkünfte verbunden waren. Er wurde 1683 außerdem Waldvogt der Grafschaft Hauenstein und wie sein Vater in Personalunion zugleich Schultheiß der Stadt Waldshut. Kaiser Leopold, der 1668 die Herren von Schönau-Zell in den Freiherrenstand erhoben hatte, ernannte ihn zum kaiserlichen Rat. Als er 1712 verstarb, hinterließ er zwei unmündige Kinder aus der Ehe mit Maria Helene von Wessenberg[7].

Die Familie von Schönau-Zell nahm unter Franz Ignaz Anton ihren Wohnsitz in Freiburg, wo man zuerst ein Haus in der Salzstraße, das ›Haus zum Wilden Mann‹, zu erwerben suchte; dann nahm man aus dem Besitz des Klosters St. Trudpert in der Jesuitengasse das ›Haus St. Rupprecht‹ (später ›Gasthaus zum Freischütz‹) in Besitz. Dort wuchs auch der Erbe Franz Ignaz Ludwig (1703–1778) auf. Mit sieben Jahren kam er in die Obhut eines jungen Mannes aus Stetten (bei Lörrach)[8]. Der Ort gehörte dem Stift Säckingen und unterstand als Pfandlehen der Herrschaft Schönau-Zell. Der ›Untertan‹ aus Stetten Franz Fridolin Weber, Sohn eines Müllers und Kirchengutsverwalters, war mit 15 Jahren an die Universität Freiburg gekommen, hatte das Gymnasium academicum und das Grundstudium in der Artistenfakultät absolviert und mit dem Jurastudium begonnen. 1710 stellte ihn die Familie von Schönau-Zell als Hauslehrer für ihren Sohn ein.

Zwei Jahre später starb überraschend Franz Ignaz Anton, und Fridolin Weber wurde als eine Art Hofmeister zum engsten Berater der Witwe. Sie war durch den am Oberrhein wütenden Krieg Ludwigs XIV. und durch ungeschickte Verpfändung von Einkünften in finanzielle Not geraten. Weber erwies sich als geschickter Verhandlungsführer und erhielt ›für seine treuen Dienste‹ im Jahr 1721 die Stelle eines Amtmannes für die Herrschaften Zell und Stetten. Er bezog nun ein Jahresgehalt von 130 Gulden sowie Naturalleistungen im Gegenwert von rund 240 Gulden im Jahr. Als Amtmann hatte er im Namen und Auftrag seines Herrn die Gerichtsbarkeit im Amtsbezirk auszuüben sowie alle Verwaltungsgeschäfte zu vollziehen, wofür ihm diverse Gebühren zustanden. Kurz nach dem Tod der Baronin ließ sich Fridolin Weber 1725 von Franz Ignaz Ludwig, dem nunmehrigen Herrn von Zell und Saasenheim, Großmeier des Stiftes Säckingen und Erbtruchseß des Hochstifts Basel, sein Amt auf Lebenszeit zusichern; Voraussetzung war, daß er es in der rechten Weise wahrnehme. Nun konnte Weber endlich seine Braut heiraten und seinen Hausstand im Amtshaus zu Zell einrichten.

Franz Ignaz Ludwig nahm seinen Wohnsitz in Schlettstadt, nachdem er 1729 eine Freiin von Pfirt geheiratet hatte. Die Pfandherrschaft über Stetten hatte das Stift Säckingen 1722 gekündigt und nach einem längeren Rechtsstreit mit der Familie Schönau-Zell 1727/28 endgültig an sich gebracht. Neue Probleme für die Herrschaft Schönau-Zell brachte der Polnische Erbfolgekrieg, in den Österreich auch seine Vorlande verwickelte. Franz Ignaz Ludwig bot seinem Amtmann Weber an, die Lehensgefälle aus der Herrschaft Zell gegen eine jährliche Summe von 800 Gulden in Pacht zu nehmen. Dieser ging darauf ein. Doch schon zwei Jahre darauf kündigte der Baron den Pachtvertrag und übertrug die Pacht einem Basler Bürger auf zwölf Jahre. Fridolin Weber wurde als Amtmann von Zell entlassen.

Weber legte Protest ein. Die Sache kam vor das erstinstanzliche Gericht der Breisgauer Stände in Freiburg, wo sich der Prozeß drei Jahre lang hinzog. Am Ende schlossen die beiden Parteien einen Vergleich, aufgrund dessen der entlassene Amtmann eine Entschädigung in Höhe von 2.000 Gulden von Franz Ignaz Ludwig erhalten sollte. Doch faktisch war der Baron zahlungsunfähig und mußte Weber sogar um ein Darlehen bitten, das ihm offenbar auch gewährt wurde. – Der Baron erscheint als sprunghafter Taktierer. Man denke nur an die Art und Weise, wie Franz Ignaz Ludwig die Herrschaftsrechte von Zell wahrnahm, sie seinem Amtmann übertrug, sie verpfändete, sie ihm wieder entzog und einem Landfremden (und Angehörigen einer anderen Konfession) übertrug. Dazu paßt, daß er darüber hinaus mit den Zeller ›Untertanen‹ um verschiedene Rechte stritt und diese schließlich in der Form eines neuen Talrechtes 1740 festlegte.

Seine Herrschaftsrechte betrachtete er gleichsam als persönlichen Besitz, den er aufgrund seiner ständig wachsenden Geldnöte (die Folge eines offenbar äußerst großzügigen Lebenswandels) fast wie eine private Verfügungsmasse in Anspruch nahm. In der gerichtlichen Auseinandersetzung mit dem Amtmann Weber zeigten er und sein Anwalt sich höchst fintenreich und um keine Anschuldigung verlegen. Andererseits bot auch der Amtmann Anlaß zu Vorwürfen oder Verdächtigungen. Kein Wunder, daß man sich am Ende auf einen Vergleich einigte, bei dem der Baron seine Ehre, der bürgerliche Amtmann eher den finanziellen Vorteil zu behaupten verstand.

Der aus seinem Amt und mit seiner Familie aus dem Zeller Amtshaus vertriebene Fridolin Weber hatte schließlich seinen Wohnsitz in

Freiburg genommen, wo er sich schon 1732 als Satzbürger eingekauft hatte. Hier verstarb er – durchaus wohlhabend, wie das umfangreiche Nachlaßinventar bezeugt – im Jahr 1754. Schon wenige Wochen nach seinem Tod wandte sich Franz Ignaz Ludwig an den 21jährigen Sohn Webers, der ebenfalls Fridolin hieß und wie einst sein Vater in Freiburg Jura studierte. Ihm übertrug er nun die vakant gewordene Stelle des Amtmanns in Zell. Aber auch mit Fridolin Weber (Sohn) kam es bald wieder zu Zerwürfnissen, die letzten Endes mit den Geldnöten des Barons zusammenhingen. Wiederum entzog der Freiherr von Schönau seinem Amtmann den Posten und ließ ihn aus dem Amtshaus jagen. Wiederum gingen die beiden Parteien gerichtlich gegeneinander vor, wobei einer dem anderen jede Bosheit unterstellte. Wiederum endete alles in einem Vergleich, nachdem Fridolin Weber (Sohn) Zell verlassen und am kurpfälzischen Hof in Mannheim eine neue Anstellung als Hofmusikus gefunden hatte.

Hier mündet die Geschichte der Schönauschen Amtmannsfamilie Weber vollends in einen weiteren Horizont: Wurde doch Webers Tochter Constanze 1782 die Frau von Wolfgang Amadeus Mozart[9]. Und Fridolin Webers Bruder Franz Anton hatte einen nicht minder berühmten Nachkommen: Sein Sohn Carl Maria (von) Weber ist der Komponist des »Freischütz« und anderer Opern, Lieder und Symphonien. Wie bezeugt ist, war das musikalische Talent ein Erbteil der Familie Weber, in der Gesang, Violin- und Klavierspiel besonders gepflegt wurden. Die Herren von Schönau-Zell wußten freilich diese Begabung ihrer Amtleute nie zu nutzen. Sie haben kein Verdienst daran, daß einer ihrer Amtmänner als Großvater von Carl Maria von Weber, der andere als Schwiegervater von Wolfgang Amadeus Mozart in die Geschichte eingingen. Viel zu sehr waren die von Schönau in ihre Geld- und Familiensorgen verstrickt, zumal als Franz Ignaz Ludwig nach dem Tod seiner ersten Frau ziemlich überstürzt ein zweites Mal heiratete. Zu allem Unglück verlor die Familie durch einen Einbruch in ihrem Freiburger Stadthaus Schmuck im Wert von rund 4.000 Gulden.

Von den Kindern aus der ersten und zweiten Ehe traten sechs in den geistlichen Stand: Ein Sohn konnte bei den Maltesern den Rang eines Komturs erreichen, ein zweiter brachte es im selben Orden zum Großbailli, ein dritter wurde Domherr zu Fulda; drei Töchter sind Stiftsdamen in elsässischen Damenstiften geworden. 1767 übertrug Franz Ignaz Ludwig die Herrschaft Zell seinem Sohn Anton Ignaz Johann

(1732–1808)¹⁰. Dieser, verehelicht mit einer Gräfin von Kageneck, trat ganz in die Dienste des Bischofs von Basel, der seit der Reformation in Pruntrut residierte. Schon seit Generationen hatten die Freiherrn von Schönau-Zell das Amt eines bischöflichen Erbtruchsessen inne. Anton Ignaz Johann wurde außerdem Geheimer Rat des Bistums, Regierungspräsident und Stadtpräfekt von Pruntrut. Mit dem Ausbruch der Französischen Revolution verlor die Familie ihre Güter im Elsaß; dann mußte sie vor den in die heutige Schweiz vordringenden Revolutionstruppen fliehen und geriet mehr und mehr in Not. Nur eine Bürgschaft ihres Vetters Franz Anton Fidel von Schönau-Wehr bewahrte sie vor dem Ärgsten. Man zog schließlich in das Freiburger Stadthaus, wo Anton Ignaz Johann 1808 verstarb.

Der 1765 in Pruntrut geborene Sohn Ignaz Johann Nepomuk trat in den französischen Militärdienst ein und wurde Bataillonsadjutant, wechselte dann in ein Schweizer Regiment zu Basel, aus dem er im Zuge der Revolutionskriege entlassen wurde. Daraufhin lebte er zunächst in Freiburg, ging aber dann in den österreichischen Militärdienst. Die Herrschaft Zell war inzwischen unter badische Landeshoheit gekommen. Und in badischer Zeit bestand das Lehen Zell nur noch aus wenigen Teilen. Seine späten Jahre verbrachte Ignaz Johann Nepomuk in Graz, wo er am 17.1.1845 verstarb. Mit ihm erlosch die Linie Schönau-Zell.

Die Linie Wehr

Wenden wir uns der zuletzt allein überlebenden Linie Schönau-Wehr zu. Von 1678 bis 1719 ›regierte‹ Freiherr Johann Franz Anton die Herrschaft Wehr. Zu seiner Zeit litt die Region besonders schwer unter den ›Franzosenkriegen‹ Ludwigs XIV.: Kontributionen, Verwüstungen, Schanzarbeiten lasteten schwer auf der Bevölkerung. Nach dem Tod von Johann Franz Anton übernahm sein ältester Sohn Fidel Joseph Franz Anton (1694–1759) die Herrschaft Wehr. Er war noch nicht verheiratet, da übertrug ihm der Kaiser das Amt des Waldvogts der Grafschaft Hauenstein, das zugleich mit dem eines Schultheißen der Stadt Waldshut verbunden war. Er verlegte seinen Wohnsitz nach Waldshut und bestellte Andreas Josias Kilian als Amtmann für die Herrschaft Wehr. Dieser betrieb mit unerhörter Energie die Verbreitung des textilen Heimgewerbes im südlichen Schwarzwald. Auf die sozial- und wirtschaftsgeschichtliche Bedeutung dieser innovatorischen Leistung wird noch einzugehen sein. Unter Kilians Aufsicht ließ Fidel Joseph Franz Anton das neue Schloß Wehr erbauen, das 1746/48 fertiggestellt war.

Er selbst bezog als Waldvogt das Amtsschloß in Waldshut, und zwar unmittelbar nachdem er seine Braut, eine Freiin von Baden (zu Liel), geheiratet hatte. Mit ihr bekam er im Laufe von elf Ehejahren sieben Kinder. Der älteste Sohn Franz Anton Fidel (1732–1806) sollte später die Nachfolge antreten. Zwei nachgeborene Söhne begannen geistliche Karrieren, der eine bei den Johannitern in Heitersheim, der andere unter dem Ordensnamen Romanus bei den Benediktinern in Kempten. Von Roman (1739–1794) bleibt erwähnenswert, daß er im Januar 1784 einen selbst hergestellten Heißluftballon startete. Eine Tochter wurde Stiftsdame in Schänis. – Fidel Joseph Franz erlebte in seiner Amtszeit als Waldvogt die schwersten Auseinandersetzungen mit den Bewohnern der Grafschaft Hauenstein (bzw. des ›Hotzenwaldes‹, wie man die Region seit dem 19. Jahrhundert meist nennt). Es handelt sich um die sogenannten Salpetererunruhen. Sie hatten schon 1721 begonnen, erreichten 1737/38 einen ersten und 1744/45 einen weiteren Höhepunkt und wurden schließlich 1755 durch die Deportation von 27 Salpetererfamilien (mit insgesamt 112 Personen) zu einem bitteren Ende gebracht[11].

27 Jahre lang hat Fidel Joseph Franz Anton als Waldvogt und Schultheiß von Waldshut gewirkt. Das Amt gab ihm Ansehen, Einfluß und finanzielle Unabhängigkeit. Mit dem Amt, das zuvor schon andere Mitglieder des Hauses Schönau innegehabt hatten, war eine herausragende Position im südlichen Schwarzwald verbunden. Zusammen mit den an die Grafschaft Hauenstein angrenzenden Gebieten unter von Schönauscher Herrschaft konnte die Familie von Schönau als ›nähere Obrigkeit‹ über ca. 25.000 ›Untertanen regieren‹. Im Hotzenwald blieb ihre politische Macht freilich begrenzt, wie später zu zeigen sein wird, wenn wir die Rolle des Waldvogts während der Salpetererunruhen etwas genauer betrachten. Im Alter von 63 Jahren resignierte Fidel Franz Anton als Waldvogt und Waldshuter Schultheiß. Er ließ sich mit einer Pension von jährlich 400 Gulden zur Ruhe setzen und kehrte ins neue Schloß nach Wehr zurück, wo er am 7.3.1759 starb. Die Nachfolge in der Herrschaft Wehr fiel dem ältesten Sohn Franz Anton Fidel (1732–1806) zu.

Auch Franz Anton Fidel war nicht damit zufrieden, die Herrschaft Wehr zu ›regieren‹. Er ging an den Hof des letzten Markgrafen von Baden-Baden August Georg, wo er es vom Kammerjunker zum Hofmarschall brachte. Zeitweise war er badischer Gesandter am württem-

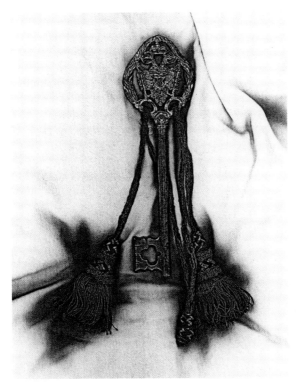

Österreichischer Kammerherrenschlüssel des Franz Anton Fidel Freiherr von Schönau-Wehr (1732–1806); Darstellung am Votivaltar in der Franziskanerkirche Wien

bergischen Hof in Stuttgart, 1764 wurde er sogar Oberhofmarschall mit einem Jahresgehalt von 1.200 Gulden (zuzüglich Quartiergeld und Fourage für vier Pferde). Als im Jahre 1771 die Linie der Markgrafen von Baden-Baden ausstarb und ihr Land mit dem von Baden-Durlach unter Markgraf Carl Friedrich vereint wurde, blieb Franz Anton Fidel im badischen Dienst. Er wurde Oberamtmann von Rastatt und Kuppenheim. 1774 trat er in den Ruhestand und kehrte nach Wehr zurück. Er bezog eine jährliche Pension von 1.000 Gulden. Nach dem Aussterben der Linie Schönau-Oeschgen im Jahr 1799 fiel ein Teil der Lehen aus dieser Linie an ihn. Damals war das Land indes von Truppen Napoleons besetzt.

Der badische Obervogt im benachbarten Rötteln Sigismund von Reitzenstein hatte einen Sonderfrieden mit Frankreich geschlossen und verhandelte in Paris über die Bildung eines größeren badischen Staates, der schließlich 1806 als Großherzogtum seine endgültige Form erhielt. Vorderösterreich und damit alle rechtsrheinischen Herrschaften der Herren von Schönau sind in ihm aufgegangen. Am 28.1.1806 wurden die Breisgauer Stände in Freiburg durch den Repräsentanten der neuen badischen Regierung, den Freiherrn von Drais, aufgelöst. Wenige Wochen später starb am 1.3.1806 Franz Anton Fidel in Wehr. So wenig wie die meisten Adligen seiner Generation hatte er erkannt, daß nun ein politischer Führungswechsel vom Adel zum Bürgertum den Gang der Entwicklung zu bestimmen begann.

Politische und gewerbliche Entwicklung

Die langsame Erosion der Adelsherrschaft hatte freilich schon im 18. Jahrhundert eingesetzt. Das läßt sich an der politischen und ökonomischen Entwicklung seit den Salpetererunruhen und der Ausbreitung des Heimgewerbes im südlichen Schwarzwald erkennen. Auf sie ist im Blick auf Spätzeit und Ende der Schönauschen Herrschaft im folgenden einzugehen. Aus heutiger Sicht wirkt das politische System des 18. Jahrhunderts nicht nur kompliziert und uneinheitlich; es erscheint auch starr und statisch. In Wirklichkeit geriet es, wie im Blick auf den südlichen Schwarzwald deutlich wird, zunehmend in Bewegung; da und dort begann es sich aufzulösen.

Die politische Hoheitsgewalt lag im gesamten Gebiet der Schönauschen Herrschaft beim Haus Habsburg bzw. bei der österreichischen Monarchie, deren Haupt zugleich Kaiser des Heiligen Römischen Reiches Deutscher Nation war. Im Rahmen der Donaumonarchie nahmen die Vorlande, das sogenannte ›Vorderösterreich‹, eine Sonderrolle ein. Dieses Vorderösterreich, das (im engeren Sinne) den Breisgau, den Schwarzwald und die Waldstädte am Hochrhein umfaßte, besaß eine eigene Regierung und Kammer mit Sitz in Freiburg. Auch gab es noch immer eine landständische Vertretung, die Breisgauer Stände (mit einer Prälaten-, Ritter- und Städtebank). Als landsässiger Adel waren die Freiherren von Schönau geborene Mitglieder der Breisgauer Ritterschaft. Im Rahmen der landständischen Verfassung konnten sie ihren Einfluß auf Gesetze und Steuern geltend machen. Bis zu den Reformen Maria Theresias besaß Vorderösterreich mancherlei Freiheiten, was aus der Sicht der Wiener Zentrale zu einer gewissen ›behaglichen Anarchie‹ des Landes führen konnte.

Unruhen und landesherrliche Reformen

Der Waldvogt war zwar an Weisungen der vorderösterreichischen Regierung gebunden, doch besaß er nach unten Macht etwa wie ein heutiger Landrat. Die Übertragung bestimmter Ämter an Mitglieder der Familien von Schönau lag sowohl im Interesse des Kaisers und Landesfürsten wie in dem der Schönauschen Freiherren[12]. Von seiten der Regierung konnte man Solidarität und Treue erwarten; die adligen Herren gewannen als Amts- und Würdenträger zusätzliche Ehre und Macht sowie ein festes Einkommen. Die – im Auftrag der vorderösterreichischen Regierung auszuübenden – Amtsgeschäfte nahmen Zeit, Kraft und Sachverstand in Anspruch. So wurde es üblich, die eigene Herrschaft (Lehengüter und Allodien) durch Amtmänner verwalten zu lassen. In der Regel gewann man für diese Stellung Vertrauensleute aus bürgerlichem Stand, wobei zunehmend auf juristische Kompetenz Wert gelegt wurde[13]. Insgesamt behielt das Herrschaftssystem nach unten einen patriarchalischen Charakter. Man brauchte nur wenig Personal für die Verwaltung, wenngleich Rechnungsführung und Rechtsentscheidungen durchweg der schriftlichen Form bedurften.

Der Waldvogt der Grafschaft Hauenstein hatte als vorderösterreichischer Oberbeamter die Hoheitsgewalt über ein merkwürdiges Territorium. Neben dem sogenannten Zwing und Bann von St. Blasien, der bis Bernau und zum Schluchsee reichte, sowie den Talvogteien Todtnau und Schönau gehörte das Gebiet der acht Einungen des heutigen ›Hotzenwaldes‹ dazu. Letztere waren halbautonome Dorfverbände, die jedes Jahr ihre Einungsmeister als Vorgesetzte der Einung wählten. Diese kürten einen der Ihren zum Redmann, der das Gebiet in den vorderösterreichischen Landständen vertrat. Die Einungsmeister waren zuständig für die Steuereinnahmen und wirkten als Beisitzer beim Gericht neben dem Waldvogt.

Als 1720 der Abt von St. Blasien für die dem Kloster zinspflichtigen Bauern in der Grafschaft eine einheitliche Abgabe vertraglich festsetzte, wehrten sich einige Bauern, angeführt von dem Einungsmeister Fridolin Albiez aus Buch. Da Albiez neben seiner Landwirtschaft eine Salpetersiederei betrieb, nannten sich die Widerständler fortan nach ihm ›Salpeterer‹. Albiez versuchte in Wien mit der kaiserlichen Regierung direkt zu verhandeln, mußte in die Heimat zurück und wiegelte das Volk in Versammlungen auf. Der Waldvogt schritt ein und ließ den

›Aufrührer‹ verhaften und nach Freiburg verbringen. Dort ist der Salpeterer im Gefängnis gestorben. In der Folge eskalierte der Konflikt. Der neue Abt von St. Blasien verlangte von den Bewohnern der Grafschaft Hauenstein eine Huldigung. Als sie allerorten verweigert wurde, ließ die Regierung Militär einmarschieren und die Huldigung erzwingen. Die Anführer der Salpeterer mußten fliehen, einige wurden gefangengenommen und zu Zwangsarbeit verurteilt. Dies war die Situation, als Fidel Joseph Franz Anton Waldvogt wurde[14].

Als Waldvogt war der Baron verantwortlich für Frieden und Sicherheit in der Grafschaft. Wie konnte er das gewährleisten? Durch ausgleichende Vermittlung? Durch Härte? Auf seiten der Abtei St. Blasien vertrat der vom Kloster nach Wien entsandte Pater Marquardt Herrgott die harte Linie. Die Bauern im Hotzenwald sollten sich im Huldigungseid als Leibeigene des Klosters bekennen. Dagegen wuchs der Widerstand. Man berief sich auf alte, mündlich tradierte ›Freiheiten‹ und den halbautonomen Status der Einungen. Er kam nach Ansicht der Salpeterer auch darin zum Ausdruck, daß der neue Waldvogt bei Amtsantritt einen Eid gegenüber den Einungen zu leisten hatte, die hergebrachten Gerechtigkeiten zu achten.

Andere sahen darin nur den Ausdruck des guten Einvernehmens und wollten ›Ruhe bewahren‹. Die Bevölkerung war in zwei Lager gespalten, das der ›Unruhigen‹ oder Salpeterer und das der ›Ruhigen‹. Beide Lager hatten je vier der Einungsmeister auf ihrer Seite. Die Unruhigen sandten erneut eine Delegation nach Wien, um mit der Regierung direkt zu verhandeln. Der Waldvogt galt zu sehr als Partei. In der Tat konferierte er nur noch mit ›ruhigen‹ Einungsmeistern. Die Unterhändler der Unruhigen wurden in Wien ins Zuchthaus gesteckt und dann zu Zwangsarbeit verurteilt.– Nun suchte man eine neue Lösung: Die zinspflichtigen Bauern sollten sich von der ›Leibeigenschaft‹ freikaufen. Die Mehrheit der Betroffenen stimmte dem zu; gegen eine Entschädigung von 58.000 Gulden verzichtete die Abtei auf Todfall und Fastnachtshuhn, die wichtigsten Abgaben der Leibeigenen. Eine ähnliche Regelung kam mit dem Stift Säckingen zustande. Somit war 1738 in der Grafschaft Hauenstein als erster Region im deutschen Südwesten die Leibeigenschaft gänzlich aufgehoben.

Die Salpeterer waren mit der Lösung nicht einverstanden, zumal das Gebiet für die Kosten der Unruhen weitere 60.000 Gulden bezahlen sollte. Die radikalen Salpeterer riefen zum Steuerstreik auf und drangsalierten Anführer und Anhänger der Ruhigen. Da der Waldvogt (insbesondere militärisch) machtlos war, entsandte die vorderösterreichische Regierung einen Kommissar und 800 Mann Soldaten. Die Salpeterer riefen darauf den ›Landfahnen‹, d.h. das militärische Aufgebot der Einungen, zusammen. Doch die Bauernsoldaten liefen vor den Regierungstruppen davon. Standgerichte verhängten sechs Todesurteile, die in Anwesenheit des Waldvogtes vollstreckt wurden. Einer der Verurteilten brachte vor der Hinrichtung ein Hoch auf den Kaiser und den Waldvogt aus, wofür sich Baron von Schönau bedankte.

Schließlich verlegte die Regierung ungarisches Militär in den Hotzenwald, das mit harten Dragonaden für Ruhe sorgte. Die Wahlen der Einungsmeister wurden vom Waldvogt zugunsten der Ruhigen manipuliert. Wenig später kassierte die Regierung das Recht der Selbstverwaltung: Die Einungsmeister wurden fortan von oben ernannt, die Steuern zwangsweise eingetrieben. Die Leute auf dem Wald verloren das Vertrauen in den Waldvogt, denn praktisch regierten Kommissare die Grafschaft. Auf ihre Veranlassung und per Edikt der Kaiserin Maria Theresia mußten im Oktober 1755 die hartnäckigsten Salpeterer mit ihren Familien das Land verlassen.

Die Vorgänge in der Grafschaft Hauenstein lassen Risse im traditionellen Herrschaftssystem erkennen sowie Tendenzen einer sich zuspitzenden Entwicklung. Die österreichische Regierung drängte von oben auf rechtliche Vereinheitlichung und administrative Straffung des Staates. Die ›Untertanen‹ entwickelten ein eigenes Selbstbewußtsein, leisteten Widerstand gegen vermeintliches oder tatsächliches Unrecht und suchten ihr Recht durch Beschwerden und direkte Verhandlungen beim kaiserlichen Hof durchzusetzen. Darauf reagierte die Obrigkeit zunehmend mit Gewalt. So zerbrach die gewachsene Loyalität. Die Balance der wechselseitigen Treue von Herren und Untergebenen wurde instabil. Man spürte die Erosion der hergebrachten Ordnung. Die Freiherren von Schönau waren davon sowohl als Waldvögte der Grafschaft Hauenstein wie auch in ihren eigenen Herrschaftsgebieten betroffen.

Maria Theresia und ihr Sohn Joseph II. reagierten als Landesherren im Geist der Aufklärung mit Reformen auf die Entwicklung. Die vorderösterreichischen Landesstände verloren ihre Eigenständigkeit[15]. Ein ›Konseß‹ von acht Räten ersetzte die Selbstregierung der Breisgauer Stände, eine umfassende Steuerreform machte den Adel für seinen Besitz steuerpflichtig. Tiefgreifende Reformen betrafen Kirche, Universität und Kommunen. Als größter Fortschritt galt die allgemeine Schulpflicht in den Vorlanden, die Maria Theresia 1774 einführen ließ. Die Herren von Schönau hatten in den Dörfern ihrer Herrschaft dafür zu sorgen, daß Schulhäuser errichtet und Schulmeister angestellt wurden. Allerorten bekam man die Tendenz zur Zentralisierung zu spüren, die vom Wiener Hof ausging. Die Zeiten der ›behaglichen Anarchie‹ gingen in Vorderösterreich zu Ende.

Stärker als alle anderen Reformgesetze schnitt 1781 die Aufhebung der Leibeigenschaft durch Joseph II. in die hergebrachten Rechte des Adels ein. Franz Anton von Schönau-Schwörstadt bekam das heftig zu spüren. Seine ›Untertanen‹ verweigerten mit Berufung auf das Ende der Leibeigenschaft unbezahlte Frondienste und fällige Abgaben wie den Todfall. Als der Baron sie weiterhin dazu zwingen wollte, gingen die Bauern vor Gericht. Der Streit drohte ähnlich zu eskalieren wie bei den Salpeterern eine Generation zuvor. Rüttenauer, ein Schwörstädter Bauer, machte sich zum Sprecher des Widerstands, reiste nach Wien, um direkt am Hof des Kaisers zu verhandeln. Dort neigte man zu einem Kompromiß, doch der Baron beharrte auf seinen Forderungen an die »ungehorsamen Unterthanen«. Der Streit zog sich hin. Böse Zungen hielten 1797 den Brand des Schlosses für einen Racheakt bäuerlicher Brandstifter. Die vorderösterreichische Regierung entschied schließlich zu Gunsten der Herrschaft. So zog sich die Ablösung der Fronpflichten bis in die badische Zeit hin[16].

Wirtschaftliche Neuerungen und die Herrschaft Schönau

Die Haltung der Freiherren von Schönau gegenüber den aufgeklärten Reformmaßnahmen in Vorderösterreich war defensiv, rückwärtsgewandt. Sie wurde den sozialen und wirtschaftlichen Entwicklungstendenzen nicht mehr gerecht[17]. Man ›regierte‹ weitgehend in patriarchalischer Weise, gewiß auch nicht selten mit der besonderen Fürsorge für einzelne ›Untertanen‹, z. B. mit Tauf- oder Hochzeitsgeschenken, mit der Übernahme von Patenschaften oder der Aufnahme in das herrschaftliche Personal. – Seit der Mitte des 18. Jahrhunderts nahm die Bevölkerung deutlich zu. Im ländlichen Raum wurden die Güter immer weiter geteilt und ›zerstückelt‹. Der Druck auf den Boden wuchs, immer intensiver wurden die Flächen genutzt.

Die Waldweide, die im südlichen Schwarzwald und im Wiesetal seit jeher große Bedeutung hatte, wurde ausgeweitet und führte zu schweren Schäden im Wald. Gleichzeitig brauchte man immer mehr Holz, und zwar für die Eisenwerke am Hochrhein und in Wehr, als Brennholz in den Städten, als Bauholz für neue Kirchen, Amtshäuser und Schlösser, für Höfe, Scheunen und Schuppen, nicht zuletzt als Rohmaterial für das Holzgewerbe. Immer mehr Leute betrieben ein Heimgewerbe, schnitzten Kübel, Löffel, Geräte aller Art. Der Wald geriet in Lebensgefahr. Vergeblich erließ die Herrschaft immer wieder neue und strengere Waldordnungen und brachte damit die Leute gegen sich auf.

Zum wichtigsten Heimgewerbe entwickelte sich im Raum Wehr, Zell und Schönau das Spinnen von Garn und das Weben von Tuchen und Bändern. Der langjährige Amtmann von Wehr Andreas Josias Kilian war dabei die treibende Kraft. Er war zugleich Oberzoller in Waldshut und konnte so die Einfuhr von Baumwolle wie die Ausfuhr fertiger Textilien leicht regulieren. Als Unternehmer betrieb er auch die Einrichtung einer Textilmanufaktur. In der Zeit um 1760 hatte Kilian eine weitgehende Monopolstellung in der Region. In den folgenden Jahren verlor er sie an den Freiherrn von Roll, der aber von den Dingen wenig verstand, was der Entwicklung ziemlichen Schaden zufügte. Schließlich übernahmen die Gebrüder Montfort aus Zell die Organisation des Textilgewerbes in der Herrschaft Wehr. Um 1785 beschäftigten sie hier rund 2.000 Heimarbeiter, denen sie jährlich rund 40.000 Gulden Arbeitslohn zahlten.

Die Freiherren von Schönau scheinen sich wenig um die ökonomische Entwicklung in ihrer Herrschaft gekümmert zu haben. Das überließen sie ihren Amtmännern. Möglich, daß manche von diesen den Transformationsprozeß der Gesellschaft wahrnahmen, der mit der sogenannten ›Protoindustrialisierung‹ zur Auflösung der von Adel und Bauern bestimmten Sozialstruktur führte. Kilian, der bis 1758 die Herrschaft Wehr verwaltete, erscheint als Typus des frühmodernen Unternehmers. Auch unter seinen Nachfolgern waren tüchtige Leute, so insbesondere der wohl aus Norddeutschland stammende Wernikaw oder auch Carl Storck, der erst im Dienst des Hauses Schönau-Oeschgen tätig gewesen war und 1777 nach Wehr kam. Der letzte Amtmann der Schönauschen Herrschaft Wehr war Franz Leo. Er trat seine Stelle 1801 an und behielt sie nach dem Tod von Franz Anton Fidel bis 1813; danach wurde er in den badischen Staatsdienst übernommen und wirkte als Amtsrevisor im Bezirksamt Säckingen.

Der badische Großherzog veranlaßte offenbar eine Erhebung über die finanziellen Verhältnisse der Adelsherrschaften, die 1806 in seinen Staat integriert worden waren. Eine Aufstellung für die Gebiete der Freiherrn von Schönau aus dem Jahr 1807 zeigt folgende Bilanz[18]: Das Gebiet der Herrschaft Oeschgen im Fricktal war an die Eidgenossenschaft gefallen und schied somit aus dem Schönauschen Besitz gänzlich aus. Die Linie Schwörstadt hatte als Herrschaft Einnahmen in Höhe von 678 Gulden jährlich zu erwarten. Dem standen Ausgaben für Steuern und für die Besoldung von Beamten der Herrschaft in Höhe von 810 Gulden gegenüber. Günstiger war die Bilanz der Herrschaft Zell. Hier verbuchte man jährlich fast 2.500 Gulden an Einnahmen, während 920 Gulden für die Besoldung von Beamten und für steuerliche Belastungen aufzuwenden waren.

Eine differenzierte Abrechnung wurde für die Herrschaft Wehr aufgelistet, allerdings fehlen konkrete Zahlen, weil, wie es in dem Bericht heißt, die Gefälle von Jahr zu Jahr extrem verschieden ausfielen. Im einzelnen sind rund 20 verschiedene Einkommenstitel aufgeführt – vom Fasnachtshuhn über Holz-, Heu- oder Jagdfronen zum Todfall, der Bürger-Aufnahmegebühr und dem Abzugsgeld, dem Weinumgeld, dem Fisch-, Jagd- und Metzigrecht, dem Zoll für vier Jahrmärkte u. a. mehr bis zum »*Mühlenzwang, soweit noch vorhanden.*« Noch einmal macht diese abschließende Bilanz deutlich, wie veraltet und überkommen, aber auch wie verschachtelt und unübersichtlich das Herrschaftsgefüge der Spätzeit und Endphase Schönauscher Herrschaft geworden war.

Wie sollte eine planvolle Verwaltung aussehen, wenn über die Höhe der Einnahmen keine Voraussagen zu machen waren? Mußten die Herren von Schönau nicht letztlich ›von der Hand in den Mund‹ leben, soweit sie nicht im Dienst von anderen, Mächtigeren ein festes Einkommen erhielten? Auch die bei den von Schönau tief verwurzelte Neigung, möglichst viele Kinder auf eine geistliche Laufbahn zu bringen, könnte damit zusammenhängen, daß man auf diese Weise sich nicht mit zu hohen Kosten für eine Mitgift belasten mußte. Zugleich entsprach diese Tendenz freilich auch den religiösen Bindungen der Familie, die sich in zahlreichen Stiftungen für Kirchen und kirchliche Zwecke niederschlug.

Das Ende der von Schönauschen Herrschaft war nicht einfach durch das Verhalten der Familie verursacht oder verschuldet. Zwar zeigten sich alle vier Linien im 18. Jahrhundert den Modernisierungstendenzen in Gesellschaft, Wirtschaft und Staat gegenüber wenig aufgeschlossen. Man glaubte vielmehr an den Fortbestand der überkommenen Verhältnisse in treuer Bindung an das Alte Reich bzw. an Vorderösterreich. Als Napoleon dem Alten Reich im Ganzen und Vorderösterreich im besonderen ein Ende bereitete, war dies auch das Ende der von Schönauschen Herrschaft.

Anmerkungen

1   Hippel, W. v.: Die Gesellschaftsordnung in Deutschland zur Zeit des Barock, in: Barock am Oberrhein (Oberrheinische Studien 6) Karlsruhe 1985, S. 107 ff., bes. S. 121.

2   Der Beitrag beruht auf den Urkunden und Akten im AFSW sowie durchgängig auf der Chronik Eberhards von Schönau-Wehr (ebd. B 118). Zur allgemeinen Orientierung vgl.: Landesarchivdirektion BW/Landkreis Lörrach (Hg.): Der Landkreis Lörrach, 2 Bde, Sigmaringen 1993–1994 u. Landesarchivdirektion BW (Hg.): Der Regierungsbezirk Freiburg (Das Land Baden-Württemberg – Amtliche Beschreibung 6) Stuttgart 1982.

3   Quarthal, F./Wieland, G.: Die Behördenorganisation Vorderösterreichs von 1753 bis 1805 und die Beamten in Verwaltung, Justiz und Unterrichtswesen, Bühl 1977, Nr. 1828, 2330.

4   Säckingen. Die Geschichte der Stadt, hg v. Ott, H., Stuttgart/Aalen 1978, bes. S. 162 f.; Jehle, F.: Wehr. Eine Ortsgeschichte, hg. v. d. Stadt Wehr, Wehr 1969, S. 193 mit Anm. 51.

5   Der Neubau des Schlosses konnte erst 1830 erfolgen (Klein, F. W. W.: Die Geschichte von Schwörstadt, Schopfheim 1993, S. 86).

6   Zur Franzosenzeit am Hochrhein mehrere Beiträge in: Das Markgräflerland 39/1977, S. 20 ff.

7   Humpert, Th.: Geschichte der Stadt Zell im Wiesental, Zell 1921, bes. S. 67 ff.

8   Vgl. bes.: Hefele, F.: Die Vorfahren Karl Maria von Webers, Karlsruhe 1926.

9   S. auch: Walter, H. E., in: Das Markgräflerland 1992 H. 1, S. 69 ff.

10   Jehle: Wehr, S. 190 ff.

11   Zu den sogenannten Salpetererunruhen vgl. besonders: Haselier, G.: Die Streitigkeiten der Hauensteiner mit ihren Obrigkeiten, Karlsruhe 1940; ders.: Geschichte des Hotzenwaldes, Lahr 1973, bes. S. 45 ff.; Wernet, K. F.: Die Grafschaft Hauenstein, in: Vorderösterreich, hg. v. Metz, F., Freiburg ⁴2000, S. 259–281; Rumpf, J.: Die Salpeterer im Hotzenwald, Dachsberg 1993.

12   Die Anrede in kaiserlichen Briefen an die Freiherren von Schönau lautete: »*dem lieben und guten Freund*«.

13 Die ›Verbürgerlichung‹ und Professionalisierung der Verwaltungspraxis in adligen Herrschaften geschah nicht zuletzt aufgrund der ›Akademikerschwemme‹ im 18. Jahrhundert. Vgl. hierzu: Quarthal, F.: Öffentliche Armut, Akademikerschwemme und Massenarbeitslosigkeit im Zeitalter des Barock, in: Barock am Oberrhein (wie Anm. 1) S. 153 ff.

14 Jehle: Wehr, S. 190 ff.; Becke-Klüchtzner, E. von der: Stammtafeln des Adels des Großherzogtums Baden, Baden-Baden 1886, S. 421 ff., bes. 425.

15 Quarthal, F.: Landstände und landständisches Steuerwesen in Schwäbisch-Österreich, Stuttgart 1980; ders.: Absolutismus und Provinz. Verwaltungsreform und Herrschaftsintensivierung in den österreichischen Vorlanden, ms. Mskr. Tübingen 1981; Kageneck, A. Graf v.: Das Ende der vorderösterreichischen Herrschaft im Breisgau, Freiburg 1981, bes. S. 65 ff.

16 GLA Ka 229/96.298. – Schlageter, A.: Die ungehorsamen Unterthanen Vorderösterreichs, in: Das Markgräflerland 39/1977, S. 4–19.

17 GLA Ka 229/110.472. – Straub, A.: Das badische Oberland im 18. Jahrhundert. Die Transformation einer bäuerlichen Gesellschaft vor der Industrialisierung, Husum 1977; Boelcke, W. A.: Neuerungen der Wirtschaft am Oberrhein während des 18. Jahrhunderts, in: Barock am Oberrhein (wie Anm. 1) S. 133–151; Hoggenmüller, K./W. Hug: Die Leute auf dem Wald. Stuttgart 1987, bes. S. 83 ff.

18 AFSW: B 11.

Reinhard Valenta

Auswirkungen der Josephinischen Reformen und der Französischen Revolution im unteren Wehratal

Erleichterung oder Abschaffung von Lasten?

Konflikte zwischen den Ortsherren und den Untertanen gehörten zur Lebenswelt des Feudalismus. Zu weit lagen die Interessen der Konfliktparteien auseinander, und zu sehr waren die Bauern darum bemüht, die meist als drückend und ungerecht empfundenen Belastungen zu mindern. Dabei ging es hauptsächlich um Frondienste, Abgaben und Geldlieferungen sowie um herrschaftliche Monopole, die den wirtschaftlichen Aktionsrahmen und das Einkommen der Untertanen schmälerten. Doch nur in der Endzeit des Feudalismus entfalteten solche Konflikte eine Stoßkraft, die tendenziell über die Grenzen des Feudalsystems hinausführte. Zuvor standen Aspekte der reinen Entlastung im Mittelpunkt. Dies gilt auch für den Herrschaftsbereich der Familie von Schönau.

Ausgetragen wurden solche Auseinandersetzungen, die sich oft über lange Zeiträume hinschleppten, im Rahmen der damaligen Instanzen. Manchmal wurde dieser Rahmen auch überschritten. Der Verlauf hing nicht nur vom Forderungskatalog und Vorgehen der Bauern ab, sondern in gleichem Maße vom Verhalten des Herren; besondere und persönliche Faktoren spielten also wesentlich mit herein. Pochte der Herrschaftsinhaber zu massiv auf die ihm zustehenden, in manchen Fällen aber auch angemaßten Rechte und ließ er es an der nötigen Diplomatie mangeln, so konnte sich eine allgemeine Unzufriedenheit durchaus bis hin zur Verweigerung oder Widersetzlichkeit steigern. Als Beispiel für solch einen Konfliktverlauf kann die Auseinandersetzung zwischen den Bewohnern des im Schweizer Fricktal gelegenen Weindorfs Oeschgen und dem Freiherrn Franz Otto von Schönau (1688–1746) angesehen werden[1].

1715 klagten die Oeschger erstmals bei der vorderösterreichischen Regierung darüber, daß ihr Ortsherr sie über Gebühr belaste. Waren sie mit den Vorgängern des Franz Otto gut gefahren, so erwies sich dieser als ein Mann von wenig diplomatischem Fingerspitzengefühl. 1732 flammte der schwelende Konflikt erneut auf. Die Bauern wehrten sich gegen Frondienste und Abgaben, die ihrer Meinung nach nicht durch die Dorfordnung gedeckt waren. Allerdings fehlte ihnen ein kostbares Beweismittel, da sie ihr Exemplar der Dorfordnung verloren hatten. Einzig Franz Otto besaß ein Exemplar, verweigerte indes Einsicht und Abschrift. Die vorderösterreichische Regierung setzte mehrere Verhandlungstermine mit dem Ziel einer einvernehmlichen Lösung an; doch alles verlief ergebnislos.

Schließlich erzwangen die Dorfbewohner die Einsichtnahme in die Dorfordnung, wodurch sie sich in ihrer Position bestätigt fühlten. Sie verweigerten nun erst recht bestimmte Dienstleistungen und die Einhaltung einzelner Herrschaftsrechte. Als etwa bei einer Familie infolge eines Todesfalles das sogenannte Besthaupt aus dem Stall geholt werden sollte, entlud sich der Zorn in einer Drohung mit offenem Widerstand. *»Sie seien ein freies Geschlecht und würden Gewalt mit Gewalt abtreiben«*[2], gaben die empörten Betroffenen zu verstehen. Erst 1737 wurde das Urteil in diesem Rechtsstreit gesprochen, das zwar einige Forderungen der Dorfleute einlöste, aber die hochgespannten Hoffnungen nicht erfüllte. Zwei Familien erreichten jedoch eine Appellation, deren Ergebnis wegen des Verlustes der Akten indes unbekannt ist.

Von weitaus größerer Brisanz war ein Konflikt, der in den Dörfern Niederschwörstadt, Öflingen und Wallbach zur Zeit des Josephinismus und der anschließenden Französischen Revolution, also über vier Jahrzehnte später, ausgetragen wurde. Er führte sogar zu militärischen Maßnahmen. Die Forderungen der Bauern unterschieden sich auf den ersten Blick nur wenig von denen der Oeschger Dorfbevölkerung. Es ging ebenfalls um Fronen wie Botengänge, Wach- und Fuhrdienste, um das Fallrecht nach einem Todesfall und um das sogenannte Weibereinkaufsgeld, das Frauen beim Einheiraten in den Schönauschen Herrschaftsbereich zahlen mußten. Außerdem klagten die Bauern über Monopolrechte wie den Mühlenzwang und das Salzkastenrecht. Mit ihnen war der Zwang zum Mahlen des Getreides in der herrschaftlichen Mühle bzw. eine bestimmte steuerliche Abgabe je Faß Salz verbunden.

Inzwischen hatten sich aber die Zeitverhältnisse gewandelt, so daß die Bauern nicht nur eine begrenzte Entlastung, sondern im Kern nicht weniger als die Aufhebung ihrer Adelsherrschaft mit allen rechtlichen Konsequenzen anstrebten. Angeregt wurden sie zu ihrem Vorgehen durch den Reformeifer Kaiser Josephs II. und das Leibeigenschaftsaufhebungspatent vom 1.11.1781, aus dem sie ihre eigenen, durchaus logischen Schlüsse zogen. Für den Freiherrn Franz Anton Raphael Postumus von Schönau (1733–1811), den damaligen Repräsentanten der Schwörstädter Linie, ging es um nichts weniger als die wirtschaftliche Basis seiner Herrschaft. Und entsprechend heftig reagierte er auf die Widersetzlichkeit seiner Untertanen. Im vierten Band der Familienchronik Eberhards von Schönau ist die Auseinandersetzung zwischen dem Freiherrn und den protestierenden Bauern auf knapp zwei Manuskriptseiten abgehandelt; dabei wird ihre Brisanz indes nicht erkennbar. Der Verfasser spricht lediglich von »Mißhelligkeiten«[3], sieht aber trotz Erwähnung der Reformen Josephs II. die Tragweite des Konflikts noch nicht.

Dies war dem Heimathistoriker und Oberschwörstädter Pfarrer Karl Metzler vorbehalten. In dem von Dekan Michael Klär 1928 herausgegebenen Sammelband »Das Vordere Wehratal«, mit dem die systematische Schwörstädter, Öflinger und Wehrer Lokalgeschichtsschreibung beginnt, veröffentlichte er den Aufsatz »Ein Bauernprozeß in den Tagen Josefs II.« Darin stellte er das Verhalten der Bauern in einen übergreifenden historischen Zusammenhang. Denn »je mehr bei den Untertanen der neuzeitliche, freiheitliche Geist und die Auffassung des Zeitalters der Aufklärung sich einzuleben begannen«, desto mehr geriet das geschriebene Recht des Herrschaftsinhabers in einen Widerspruch zur »Wirklichkeit«[4]. Darum war es in diesem Konflikt gegangen. Der ganze Hergang wurde fünfzig Jahre später auf der Grundlage der umfangreichen Aktenbestände im Generallandesarchiv Karlsruhe sehr sorgfältig von Albrecht Schlageter in der Zeitschrift des Markgräfler Geschichtsvereins rekonstruiert. Schlageter wertete die Vorgänge sowohl im Zusammenhang des Josephinismus als auch vor dem Hintergrund der Auswirkungen der Französischen Revolution[5]. Seine Arbeit dient als Grundlage der folgenden Skizze des Konfliktverlaufs.

Die erste Phase des Konfliktes

Bereits um 1750 war es im Bereich der Herrschaft Schwörstadt zu Differenzen um die Interpretation der ›Weistümer‹ von 1586 und 1666 gekommen[6], in denen die Schönauschen Herrschaftsrechte sowie die Verpflichtungen der abhängigen Bauern festgelegt waren. Da es zu keiner Einigung kam, schwelte der Konflikt weiter. Er erhielt neue Nahrung, als Joseph II. die Leibeigenschaft aufhob. Das Gesetzeswerk, das die unter Maria Theresia begonnenen Reformen zum Schutz der Bauern bis zur Bauernbefreiung vorantrieb, war aber in sich nicht stimmig. Es enthielt keine eindeutigen Regeln für die Ablösung der alten Rechte und bedachte vor allem nicht die ökonomischen Konsequenzen für die Leibherren. Da für sie mit dem Wegfall der Leibeigenschaft auch wesentliche Rechte und Einnahmen entfallen sollten, stieß das Gesetz auf ihren Widerstand. Nach dem Tode Josephs II. wurde es bis auf den Bauernschutz und die Beseitigung der Erbuntertänigkeit wieder kassiert.

Andererseits hätte das Gesetz den Bauern eine gute Argumentationsbasis zur Änderung ihrer gesellschaftlichen Lage bieten können. Doch zogen, wie Schlageter anmerkt, vermutlich nur die Bewohner der Dörfer Niederschwörstadt, Öflingen und Wallbach »die unmittelbare Konsequenz aus der Aufhebung der Leibeigenschaft«, um »die Frondienste als damit unvereinbar abzuschütteln«[7]. Insofern ist der Fall der *»ungehorsamsten Unterthanen Vorderösterreichs«* – so zumindest wurden sie von der kaiserlichen Hofkommission 1798 genannt – von mehr als lokalhistorischem Interesse. Doch wenden wir uns nun der Entwicklung des Konfliktes zu. Ausgangspunkt war 1781 die Verkündung des Leibeigenschaftsaufhebungspatentes.

1782 wurden erneut Klagen der Bauern laut und 1784 kam es in Öflingen zur ersten Fronverweigerung. Die dortigen Bauern lehnten Frondienste zur Rübenernte ab. Daraufhin stellten die Schwörstädter, Öflinger und Wallbacher Bauern einen Forderungskatalog zusammen. Er umfaßte die Abschaffung des Fallrechts, des Einbürgerungsgeldes (*»Weibereinkaufsgeld«*), der Botengänge, der Salzabgabe, des Mühlenzwanges sowie eine Minderung der als zu hoch angesehenen Gerichtsgebühren. In einer Entgegnung verwies Freiherr Franz Anton von Schönau auf die ihm laut Lehensbrief zustehenden Rechte und lehnte die Forderungen der Bauern ab. Diese schickten am 12.1.1787 eine Delegation zum Schwörstädter Schloß, die ihre Forderungen in acht Punkten darlegte. Vermutlich wurde der Beschwerdebrief über Freiburg zum Wiener Hof weitergeleitet, der am 19.3.1787 den Streit mit einem Erlaß und durchaus im Interesse der protestierenden Untertanen zu schlichten meinte. Der Mühlenzwang wurde ebenso aufgehoben wie das »*Weibereinkaufsgeld*«, die Salzabgabe abgeschafft. Alle anderen Rechte des Freiherrn wie z. B. die vier Frontage, Holzfuhren, Botengänge oder das Fallrecht blieben unbeschnitten.

Während die Gemeinde Oberschwörstadt in den Vergleich einwilligte, fühlten sich die Niederschwörstädter, Öflinger und Wallbacher zum Weitermachen ermutigt und lehnten weiterhin fast alle Frondienste ab. An ihrer Spitze stand Joseph Rüttenauer aus Niederschwörstadt, ein damals etwa 60jähriger wohlhabender Bauer. Er reiste in der Folge ohne Paß mehrfach nach Wien, um am kaiserlichen Hof unter Umgehung der Zwischeninstanzen die Interessen der Dorfbewohner direkt zu vertreten. Hauptantrieb für die lange Reise, die er erstmals im Juli 1787 antrat, war das Mißtrauen gegenüber den Behörden in Rheinfelden und Freiburg, denen die unkorrekte Wiedergabe der kaiserlichen Gesetze und Beschlüsse unterstellt wurde. Dieses Verhalten folgte jenem Muster, wie es bereits die aufständischen ›Salpeterer‹ auf dem Hotzenwald gezeigt hatten. Im Gegensatz zur lokalen und regionalen Bürokratie, deren Aktionen hautnah wahrgenommen wurden und die man an der Seite der adeligen Herren sah, wurde der ferne Kaiser in Wien zum Wahrer des Rechts hochstilisiert.

Der ließ es sich aber nicht nehmen, Rüttenauer wegen »*Vermessenheit*«, d.h. weil er keinen Paß besaß, für sechs Wochen ins Polizeihaus von Wien zu stecken. Dies brach aber den Widerstand der Bauern keineswegs. Auch nachdem am 10.1.1788 ein Hofdekret die Dorfbewohner zur Erfüllung der verweigerten Frondienste aufgefordert hatte, blieben sie bei ihrer ablehnenden Haltung. Da Franz Anton von Schönau keine andere Möglichkeit zur Durchsetzung seiner Forderungen sah, verlangte er am 2.4.1788 eine militärische Exekution. Die kreisamtliche Sitzung in Freiburg am 23. Mai schloß sich der Forderung an, und der Wiener Hof billigte eine militärische Aktion gegen die Dörfer, allerdings nicht, wie von Freiburg gefordert, die Verhaftung der Rädelsführer. Damit verschärfte sich der Konflikt. Durch den Einsatz des Militärs der Rheinfelder Garnison kam es zur Eskalation. 46 gemeine Soldaten rückten, angeführt von drei Korporalen und einem Fähnrich, am 8.8.1788 in Niederschwörstadt ein, wo sie zur Abwicklung der Exekution Quartier bezogen.

Trotz der massiven militärischen Präsenz ließ sich die Dorfbevölkerung nicht einschüchtern. Da die Bauern dem Vertreter der Rheinfelder Behörde mißtrauten, verlangten sie vergebens den wortgetreuen Befehl des Kaisers für die Aktion. Die Spannung stieg von Tag zu Tag. Am 20. August umstellten schließlich 80 Öflinger und Wallbacher Bauern in aller Frühe Niederschwörstadt, um ihren Nachbarn gegen das Militär zu helfen. Es kam zum Ausbruch von Gewalttätigkeiten. Die auswärtigen Bauern wurden abgedrängt und die Niederschwörstädter auf einem Platz zusammengetrieben, wo ihnen die Frist von einer halben Stunde zur Einwilligung in die Gehorsamspflicht eingeräumt wurde. Einige Bauern griffen zum Mittel des symbolischen Protestes und ließen sich unter dem durchaus ernst gemeinten Ausruf »*Gott und seiner Majestät, dem Kaiser zu Ehren*« freiwillig mit Prügeln abstrafen. Nun drängten sich die mit Knüppeln und Stangen bewaffneten Frauen und Töchter der Bauern heran und gingen auf die Soldaten los, die ihrerseits unter massiver Gewaltanwendung die Frauen zerstreuten.

Danach setzte die systematische Bestrafung der Bauern ein, von denen jeder etwa 30 Stockstreiche erhielt. Gegen 10.30 Uhr war die Exekution beendet. In deren Verlauf hatte sich das Kommando in eine solche Wut hineingesteigert, daß es für die Öflinger, die als nächste folgen sollten, die Erhöhung der Stockschläge auf 45 bis 50 beschloß. Auch hier wurde die Bevölkerung zusammengetrieben, doch griff man sofort die Rädelsführer zur Züchtigung heraus. Dabei müssen sich derart brutale Szenen abgespielt haben, daß der Widerstand rasch zusammenbrach. Die Erbitterung aber wuchs. Auch die Wallbacher willigten in die Gehorsamserklärung ein, was schließlich die Niederschwörstädter ebenfalls zum Einlenken bewog. Die massive Unterdrückung der Bauern und ihrer Sprecher führte zwar zu einem kurzfristigen Erfolg, aber sie änderte nichts an der Auffassung der Bauern, daß mit der Abschaffung der Leibeigenschaft auch die Frondienste und herrschaftlichen Rechte erledigt seien.

Sobald die Soldaten abgezogen waren, begann das alte Spiel: Die Frondienste wurden verweigert und eine Delegation unter der Leitung von Rüttenauer und dem Öflinger Baumgartner nach Wien geschickt. Obwohl im September 1788 von höchster Stelle wegen der fortgesetzten Fronverweigerung eine Neuauflage der Exekution ins Auge gefaßt wurde, kam es im Oktober zu einer Änderung des Vorgehens. Offensichtlich war Rüttenauer bis zum Kaiser vorgedrungen und hatte von den Ausschreitungen erzählt. Am 27.10.1788 verlangte Wien von der Rheinfelder Behörde einen ausführlichen Bericht über die Vorgänge, der erst im Mai 1789 geliefert wurde. Daraufhin wurden im August die Vertreter der aufmüpfigen Gemeinden nach Rheinfelden befohlen, um in ein »*Gehorsamspatent*« einzuwilligen, »das sie zu den Frontagen, dem Holzmachen und -führen, den Triebfronen, sowie den ungemessenen Fronen, zu Reparaturen an den Lehengebäuden«[8] verpflichten sollte.

Da die Rheinfelder Behörde Rachegelüste gegen die Anführer wegen des Berichtes über die Exekution hegte, inhaftierte sie auf eigene Faust Rüttenauer und Baumgartner, die im Sommer in Wien gewesen waren, um sie wegen ihrer Wienreise zu befragen. Während Baumgartner aussagte und nach Hause durfte, schwieg Rüttenauer beharrlich. Er blieb mehrere Tage in Haft, kam dann aber frei. Damit endete die erste Phase des Konflikts, die schrittweise in einer ständigen Steigerung von Äußerungen der Unzufriedenheit über die organisierte Interessenvertretung bis hin zur gewaltsamen Reaktion des Staates führte. Trotz des militärischen Einsatzes verzichteten jedoch die Behörden mehr als zwei Jahre auf die endgültige Durchsetzung der Lehensverpflichtungen. Die Erklärung für diese Inkonsequenz liefern die Zeitverhältnisse. Die Französische Revolution und der aus ihr folgende Krieg verliehen anderen Problemen höhere Dringlichkeit. Dadurch wurde ein vorläufiger Sieg der Dorfbewohner ermöglicht. Während der Baron die Frondienste auf eigene Kosten erledigen lassen mußte, fühlten die Bauern sich in ihrem Selbstbewußtsein gestärkt.

Die zweite Phase

Die zweite Phase der Auseinandersetzung begann Anfang 1792. Damals wurde Franz Anton von Schönau bei der Freiburger Behörde vorstellig und verlangte die Erfüllung der Frondienste sowie den Ersatz der ihm entstandenen Kosten durch die Bewohner der drei rebellischen Dörfer. Angesichts der Folgen der Französischen Revolution konnte er ein zugkräftiges Argument vorbringen. Würde der Staat auf die Durchsetzung seiner Beschlüsse verzichten, sei zu befürchten, daß »*andere um-*

liegende Unterthanen durch dieses Beispiel gereyzet, ebenfalls ihren schuldigen Gehorsam versagen dürften, wenn die Unterthanen des Unterzeichneten ungeahndet ihre Widersetzlichkeit weiter treiben können«[9]. Dieses Argument wurde von der Freiburger Behörde nach Wien weitergereicht, als man im April 1792 angesichts des Starrsinns der Bauern dorthin meldete, inzwischen könne sich jeder *»nach Art der französischen Revolution«* seiner Pflichten entledigen.

Und wieder wurden die Weichen in Richtung einer gewaltsamen Eskalation gestellt. Die Dorfbewohner drohten in ihrer Wut über den erneuten Vorstoß ihres Ortsherrn, dessen Schloß in Brand zu stecken sowie mit Tätlichkeiten gegen seine Ehefrau vorzugehen, was ihn zu einem vorübergehenden Aufenthalt in Freiburg veranlaßte. Wieder schickten die Bauern eine Delegation mit Rüttenauer an der Spitze nach Wien (insgesamt sechs Mal sollte er noch bis 1798 diese Reise antreten). Wieder kam es zu Verweigerungen gegenüber den regionalen Behörden. Wieder brachten die Protestierenden das sich verselbständigende, weil inzwischen überholte Argument vor, der Kaiser habe per Gesetz die Fronen aufgehoben, ohne daß ihnen der echte Gesetzestext von den untergeordneten Stellen mitgeteilt worden sei. Diese Position stimmte aber nicht mehr mit der faktischen Gesetzeslage überein. Nach dem überraschenden Tod Josephs II. im Jahr 1790 war dessen Reformwerk in fast allen Teilen durch Leopold II. zurückgenommen worden, was jedoch die »ungehorsamsten Unterthanen Vorderösterreichs« nicht sonderlich zu interessieren schien.

Neue Bewegung kam in den Streit, als der noch vom liberalen Geist der josephinischen Aufklärung durchdrungene Advokat Dr. Stirkler eingeschaltet wurde. Er war der Meinung, daß die *»Abneigung und Widersetzlichkeit«* der Bauern ihre Ursache in jener Strafaktion habe, *»wo man mit militärischen Zwangsmitteln sie zur Subordination und durch Stockstreiche ihnen Liebe habe einflößen wollen«*. Als Ausweg aus der verfahrenen Situation schlug er einen Gütevergleich vor und überzeugte sowohl den Freiherrn als auch die Bauern von dessen Richtigkeit. Im August 1794 kam es im Schwörstädter Schloß zu Verhandlungen. Stirklers Vorschlag sah zwar die Beibehaltung der Fronen vor, wollte sie aber in gemessene umwandeln, d. h. die Frondienste sollten klar definiert werden. Das war als Beitrag zu Klarheit und Rechtssicherheit zu werten. Die Bauern lehnten den Vorschlag aber mit dem alten Argument ab, Joseph II. hätte alle Fronen aufgehoben, so daß eine Umwandlung der unbestimmten in bestimmte widersinnig sei.

Während das Rheinfelder Kameralamt erneut auf die Karte des Durchgreifens setzte und die Zwangseinquartierung von Militär mit Verhaftung der Aufwiegler und deren Deportation ins Banat vorschlug, lehnten Freiburg und Wien dies ab. Bis in den August 1797 drehte sich das Karussell von Klage und Gegenklage munter weiter. Beschleunigt wurde es durch den Brand des Oberschwörstädter Schlosses, durch den dieses vollkommen zerstört wurde. Angesichts der früheren Drohungen der Bauern lag der Verdacht einer Brandstiftung nahe, den der Freiherr auch am 15. September der Behörde in Freiburg gegenüber äußerte. Doch kam es in dieser Sache zu keinen weitreichenden Ermittlungen. Wie vergiftet die Atmosphäre war, zeigt die Tatsache, daß die Bauern passiven Widerstand geleistet und die Löscharbeiten verzögert hatten. Es soll auch zu offenen Bekundungen von Schadenfreude gekommen sein.

Burg Ober-Schwörstadt vor dem Brand 1797
Rekonstruktionszeichnung (Anfang des 20. Jahrhunderts)

Zermürbt durch den schleppenden Prozeßverlauf, enttäuscht von der fehlenden Durchsetzungskraft des Staates und verbittert durch den Verlust seines Schlosses ging nun Freiherr Franz Anton von Schönau einen entscheidenden Schritt weiter: Er bat den Kaiser zu Wien, »*diese rebellischen Unterthanen sambt allen Lehen, jura etc. gnädigst zurückzunehmen ... Dadurch würde Seine Majestät mich in meinen alten kummervollen Tagen ruhig und in Sicherheit versetzen und zu dem glücklichsten Vasallen machen.*«[10] Dies war die letzte Karte, die der Adelige auszuspielen hatte, und sie stach. Der dramatische Appell an die Fürsorgepflicht des Kaisers war erfolgreich. Am 25.8.1798 wurde ein kaiserliches Hofdekret verabschiedet, das im Kern die Vergleichslösung von 1793/94 enthielt und die zu erbringenden Dienstleistungen klar definierte:

»1) Die Taglöhner ohne Züge machen jährlich 70 Klafter Holz, die Bauern mit Zügen führen das Holz.
2) Jeder Untertan leistet zwei Tage im Jahr Jagdfron.
3) Jeder Untertan leistet einen Tag ›*Botenkehr*‹ gegen Überreichung eines Stücks Brot.
4) Drei Tage jährlich sind Gebäudefronen zu leisten, die Bauern mit Zug, die Taglöhner mit Hand. Handwerkerarbeiten werden nicht mehr in diesem Rahmen ausgeführt.
5) Frontage: 2 Zug- und 4 Handfronen bleiben.«[11]

Zur Durchsetzung des Dekrets wurde wieder die Rheinfelder Garnison in Bewegung gesetzt, die sich in den drei Dörfern auf Kosten der Bauern einquartierte. Dies führte zum Einlenken der Dorfbewohner und zur zügigen Erfüllung der Forderungen des Herren der Dörfer. Den letzten Versuch einer direkten Intervention am Wiener Hof unternahm der inzwischen 71jährige Rüttenauer im September 1798. Wegen seiner Persönlichkeit und seines Formats können wir ihn durchaus als Gegenspieler des Freiherrn von Schönau ansehen. Wieder gelangte er direkt vor den Kaiser, dem er eine Bittschrift mit dem altbekannten Inhalt überreichte. Vergeblich! Die Antwort seiner Majestät war eine sechswöchige Haftstrafe wegen Ungehorsams, die der greise Bauernführer freilich nicht absitzen mußte. Der Hof reagierte gelassen und ließ die ganze Angelegenheit mehr oder weniger im Sande verlaufen.
Der Streit zwischen den »ungehorsamsten Unterthanen Vorderösterreichs« und dem Inhaber der »näheren Obrigkeit« war somit an sein

Ende gelangt. Es sollte indes nur noch wenige Jahre dauern, bis in der Folge des Friedens von Lunéville auch das Ende Vorderösterreichs gekommen war. Eine Generation später wurden Rüttenauer und seine Mitkämpfer von der Geschichte in gewisser Weise als ihre Vorläufer rehabilitiert. Man könnte sie – sicher mit etwas Übertreibung – sogar als loyale Untertanen ihres Kaisers und seines Staates begreifen. Gemeinsam mit ihm und gegen die Adelsherrschaft sowie die regionalen Bürokratien wollten sie einen Kernpunkt seines absolutistisch-aufklärerischen, im Detail aber leider widersprüchlichen Modernisierungsprogrammes verwirklichen. Daher spielte in ihrer Argumentation die Französische Revolution keine Rolle, waren die Bauern doch zutiefst von der Legitimität der Herrschaft des Hauses Habsburg, nicht jedoch von den Rechten ihres Ortsherrn überzeugt. Hingegen wurde ihr widerspenstiges Verhalten sowohl von Franz Anton von Schönau als auch von den staatlichen Stellen in diesem Zusammenhang gesehen. Objektiv zielte es nun einmal auf die Abschaffung einer alten Welt.

Rüttenauer und die Bewohner von Niederschwörstadt, Öflingen und Wallbach hatten somit die konsequente Interpretation und Anwendung der inkonsequenten Josephinischen Reformen betrieben. Denn sie wollten nicht weniger als die faktische Abwicklung der Leibeigenschaft von unten durch die Überwindung des alten Fron- und Privilegiensystems vor Ort durchexerzieren. Diese gesamtgesellschaftliche Aufgabe wurde dann seit den 1820er Jahren durch den Badischen Staat als Reform von oben ins Werk gesetzt. »Insofern waren«, wie Schlageter schreibt, »Rüttenauer und seine Mitstreiter der allgemeinen Entwicklung um eine Generation voraus, und darin zeigt sich auch die regionalgeschichtliche Bedeutung ihres Kampfes.«[12]

Anmerkungen

1 Kuprecht, K.: Die Herren von Schönau und das Schlößchen Schönau-Öschgen, in: Gemeinde Oeschgen (Hg.): Oeschgen – Sein Schlößchen. Seine Geschichte. Seine Menschen, Oeschgen 1997, S. 29 ff. (auch in: Vom Jura zum Schwarzwald 43–45/1969–1971, S. 9 ff.).
2 Ebd. S. 31.
3 AFSW B 118, Bd. 4, S. 269.

4 Metzler, K.: Ein Bauernprozeß in den Tagen Josefs II., in: Das vordere Wehratal, hg. v. Klär, M., Karlsruhe 1928, S. 72.

5 Schlageter, A.: Die ungehorsamen Untertanen Vorderösterreichs, in: Das Markgräflerland 39/1977, S. 4–19 (nach den Aufzeichnungen seines Vaters Dr. Emil Schlageter aus dem Beginn der 1930er Jahre; die Prozeßakten von 2.050 Blättern: GLA Ka 229/96.294).

6 Vgl.: Metzler: Bauernprozeß, S. 72 (gemeint sind: Lehensbrief und Vergleich zwischen Iteleck von Schönau und den Dörfern Nieder- und Oberschwörstadt von 1586 und Lehensbrief von 1666). – Schönau'sche Dorfherrschaft in Nieder- und Oberschwörstadt: Klein, W.: Die Geschichte von Schwörstadt und Dossenbach, Schopfheim 1993, S. 59 ff.

7 Schlageter: Untertanen, S. 18.
8 Ebd. S. 11.
9 Ebd. S. 12.
10 Ebd. S. 15.
11 Ebd. S. 16.
12 Ebd. S. 18.

Patrick Bircher

Das Ende von Herrschaft und Rechten in der heutigen Schweiz

Ausgangsbedingungen

Mit der politischen Trennung des über Jahrhunderte gewachsenen Lebens- und Wirtschaftsraumes am Hochrhein erloschen zu Beginn des 19. Jahrhunderts nicht nur die Ansprüche der österreichischen Landesherren sondern auch alle öffentlich-rechtlichen Befugnisse von Korporationen und Privatpersonen, die auf der entgegengesetzten Seite des Flusses ihren Hauptsitz hatten. Neben dem Stift Säckingen und der Kommende Beuggen, den bedeutendsten Grundbesitzern im Fricktal, wurden auch die Herren von Schönau von den politischen Umwälzungen unmittelbar betroffen. Im Verlauf der Revolutions- und Koalitionskriege waren von März 1799 bis April 1800 auch in Oeschgen und Wegenstetten französische Truppen einquartiert gewesen. Dauernde Ausfälle der regulären Einkünfte, hohe Kontributionsforderungen und häufige Sachbeschädigungen hatten die Schönausche Verwaltung schwer belastet. Allein im Oeschger Herrschaftshaus, das während zwölf Wochen als Kriegslazarett gedient hatte, waren 1799 Reparaturkosten in der Höhe von 100 Gulden angefallen[1].

Nach Auflösung der fricktalischen Verwaltungskammer übernahmen im März 1803 die aargauischen Behörden alle Befugnisse öffentlich-rechtlichen Charakters. Die kaiserlichen und die französischen Unterhändler hatten in Campo Formio und Lunéville lediglich Rahmenvereinbarungen geschlossen, die zur konkreten Umsetzung genauerer Bestimmungen bedurften. Im Regensburger Reichsdeputationshauptschluß vom 25.2.1803 wurden die materiellen Entschädigungsforderungen geregelt, die sich aus den kurzfristig vorgenommenen Enteignungen ergaben und deren gesamte Behandlung gemäß den Friedensvereinbarungen dem Reich oblag. Für die Schweiz, der das Fricktal nun formell angehörte, hielt die Vereinbarung ausdrücklich fest, daß die Jurisdiktionshoheit jedes dem Reich zugehörigen Fürsten oder Standes erloschen sei[2]. Aufgrund dieser Regelung wurden Franz Anton Fidel von Schönau-Wehr der Kirchensatz zu Oeschgen sowie alle gerichtsherrlichen Rechte und die damit verbundenen Einnahmen, über die er auf der linken Seite des Rheins verfügte, entschädigungslos entzogen. Hingegen blieben seine privatrechtlichen Ansprüche auf Liegenschaften, Bodenzinsen und Zehnten weiterhin bestehen.

Der Loskauf von Zehnten und Bodenzinsen

Bereits im Juni 1804 hatten die aargauischen Behörden die gesetzliche Grundlage für den Loskauf der Zehnten und Bodenzinsen geschaffen. Sieben Jahre später zeigten sich die Eigentümer von rund zwei Dritteln des zehntpflichtigen Bodens in Oeschgen zu einer finanziellen Ablösung der Grundlast bereit. Der Entschädigungsanspruch, der Joseph Anton von Schönau-Wehr als Sohn des 1806 verstorbenen Freiherrn Franz Anton Fidel zustand, wurde nach längeren Abklärungen durch eine vierköpfige, regierungsrätliche Kommission festgelegt. Demnach betrug die Loskaufsumme für den freiherrlich-von Schönauschen Frucht-, Wein- und Heuzehnten sowie die ausschließlich der Pfarrei zustehenden Zehntabgaben insgesamt 34.807 Franken. Von diesem Betrag wurden gemäß kantonalem Loskaufsgesetz fünf Prozent in Abzug gebracht, die der kommunalen Armenkasse zugewiesen werden mußten.

Im Rahmen der abschließenden Aufteilung fielen deshalb 20.433,55 Franken an Joseph Anton von Schönau-Wehr, 12.633 Franken an die Pfarrkirche und 1.740,35 Franken an den Armenfonds der Gemeinde. Zur Begleichung dieser Schuld mußten die Zehntpflichtigen bei einem Privaten in Basel ein Darlehen aufnehmen, das der Kanton auf den mehrfach geäußerten Wunsch der betroffenen Dorfbewohner hin im Sommer 1824 schließlich übernahm. Die vollständige Tilgung des Betrages gegenüber dem Staat, der nun als Gläubiger auftrat, zog sich noch über Jahre hin[3].

Im Oktober 1812 unterbreitete Joseph Anton von Schönau-Wehr der Aargauer Regierung ein Verkaufsangebot für die Bodenzinsen, die ihm in den Dörfern Oeschgen, Frick, Oberfrick, Eiken, Ueken, Herznach, Oberzeihen und Gallenkirch zustanden. Nähere Abklärungen, welche die Regierung durch den Bezirksverwalter Huber in Frick vornehmen ließ, ergaben, daß die Urbare für die in Frage stehenden Rechtstitel teilweise fehlten. Die vorhandenen Verzeichnisse waren weitgehend veraltet, so daß die Unklarheiten und Streitfragen, die sich aufgrund von Handänderungen im Laufe der Zeit ergeben hatten, nicht geklärt werden konnten. Eine Nachführung der Register, die der Baron von Schönau umgehend anordnete, erfaßte den zum Kauf angebotenen Besitzstand nicht vollständig. So lagen über die Bodenzinsansprüche in Ueken und Oberzeihen keine faßbaren Rechtstitel vor, die eine nähere Untersuchung erlaubt hätten. Mit Hilfe der örtlichen Beamten gelang es Bezirksverwalter Huber bis Oktober 1817, die Schönauschen Bodenzinsansprüche in den einzelnen Gemeinden zu klären und in vollständigen richterlich beglaubigten Verzeichnissen zu erfassen[4].

Wie er der Regierung mitteilte, bestanden aufgrund der erneuerten Beraine keine Schwierigkeiten mehr, »*die dem Ankauf dieser Gefälle im Wege stehen dürften.*«[5] Huber wies jedoch auch darauf hin, daß die wenigen begüterten Bauern bereits die Absicht geäußert hätten, sich durch eine einmalige finanzielle Abfindung von der Bodenzinspflicht zu befreien. Dieses Prinzip der freien Ablösung der Grundlasten war schon in der ersten Verfassung des Kantons Aargau verankert. Da ein Loskauf jedoch nur gegen Bezahlung des 20- bis 25fachen Jahresertrages an den bisherigen Grundeigentümer offen stand, blieb diese Möglichkeit der Mehrzahl der Bauern verschlossen.

Trotz der positiven Stellungnahme, die der Bezirksverwalter zum Ankauf der Schönauschen Bodenzinsen abgab, wollten die Mitglieder des zuständigen Finanzrates im Juli 1818 »*wegen besonders vorwaltenden Umständen*« auf dieses Geschäft nicht eingehen[6]. Im Rahmen anderer Ablösungs- und Entschädigungsverhandlungen, die er mit den aargauischen Behörden während der folgenden Jahre führte, brachte Freiherr Joseph Anton von Schönau-Wehr das Bodenzinsgeschäft noch mehrmals zur Sprache. Die Verhandlungspartner in Aarau zogen das Angebot zunächst erneut in Erwägung, teilten Bezirksverwalter Huber Ende April 1822 aber schließlich mit, daß sich die Gespräche um den Ankauf der Schönauschen Bodenzinsen »*gänzlich zerschlagen*« hätten[7].

Das Schicksal weiterer Rechte

In den fricktalischen Pfarreien, in denen bis 1801 rechtsrheinisch wohnhafte Personen und Körperschaften den Pfarrsatz ausgeübt hatten, fiel dem Kanton Aargau aufgrund der Lunéviller Vertragsbestimmungen lediglich das Pfarrwahlrecht zu. 1811 hielt der kantonale Finanzrat deshalb fest, daß die Zehntherren weiterhin für die Besoldung des Ortsgeistlichen sowie den Unterhalt der Pfarrgebäude zuständig seien. Noch im selben Jahr wies Kantonsbaumeister Schneider darauf hin, daß sich die Wohn- und Wirtschaftsbauten des Oeschger Seelsorgers in einem desolaten Zustand befänden. Trotz prekärer Verhältnisse ließ der Baron von Schönau in den folgenden Jahren nur die notdürftigsten Unterhaltsarbeiten vornehmen. Nach zähen Verhandlungen einigte er sich schließlich im Februar 1818 mit den aargauischen Behörden auf einen Vergleich. Gegen eine einmalige Zahlung von 1400 Franken, die der Freiherr an den Kanton Aargau entrichtete, übernahm dieser die zum Pfrundgut gehörenden Pfarrgebäude im derzeitigen Zustand und verpflichtete sich, künftig für den Unterhalt aufzukommen[8].

Im selben Jahr veräußerte Joseph Anton von Schönau-Wehr auch das herrschaftliche Wohnhaus in Oeschgen. Als Käufer traten der bisherige von Schönausche Schaffner Xaver Meyer und der einheimische Bürger Johann Kienberger auf, welche die Liegenschaft je zur Hälfte erwarben[9]. Der Grund für die Preisgabe des repräsentativen Herschaftszentrums läßt sich anhand der Quellenlage nicht eindeutig ermitteln. Zweifellos hatte der Landsitz aber nach dem weitgehenden Verlust der herrschaftlichen Rechte und Einkünfte seine frühere Bedeutung zumindest teilweise verloren. Nach Abschluß der Zehntablösung wünschte Freiherr Joseph Anton offenbar auch die übrigen vermögensrechtlichen Verhältnisse der Familie im Fricktal endgültig zu klären. Im Vordergrund stand dabei erneut die Frage nach den Entschädigungsansprüchen, die ihm durch den Verlust der herrschaftlichen Gefälle noch zufallen könnten.

Um seinem Anliegen größeren Nachdruck zu verleihen, wandte er sich an den Großherzog von Baden. Dieser ließ der Regierung in Aarau über seinen in Luzern residierenden Gesandten im August 1819 mitteilen: Die Einkünfte, welche die Freiherren von Schönau in den linksrheinischen Herrschaften bezogen hatten, seien nach einem »*im Anfang*

Der Zustand des Schlößchens Oeschgen Anfang des 20. Jahrhunderts

tumultarischen Übergang des Frickthals an die Eidgenossenschaft und dann an den Canton Argau« verloren gegangen. Im übrigen wurde die Forderung nach einem Loskauf der ehemals Schönauschen Rechte und Einkünfte durch die derzeitigen schweizerischen Eigentümer erhoben. Diese Forderung stützte sich auf die bereits von Freiherrn Franz Anton Fidel im Laufe des großen Wandlungsprozesses herangezogenen Rechtsgrundlagen.

Nach einer erneuten, gründlichen Untersuchung des Sachverhaltes stellte sich die Regierung in Aarau im wesentlichen auf einen Standpunkt, den sie schon 1804 vertreten hatte. Namens des Gesamtgremiums hielt Albrecht Rengger fest: »*Mit Ausnahme der Fischenzen* [Fischereirechte] [*waren*] *alle die angezeigten Gefälle durch die auf den Kanton Aargau übergegangenen Gesetze der Helvetischen Republik schon längst abgeschafft und ohne Entschädigung aufgehoben..., als das Fricktal mit unserem Kanton vereinigt ward.*« So seien einige der aufgeführten Abgaben wie der Todfall, den bereits Kaiser Joseph II. abgeschafft habe, schon seit 40 Jahren nicht mehr bezogen worden. Die Regierung bestätigte deshalb am 27.6.1822 lediglich einen Anspruch des Freiherrn auf die Fischenzen in Oeschgen und Wegenstetten. Diese beiden Nutzungsrechte sollten ihm erneut übertragen und die seit 1803 durch den Kanton Aargau bezogenen Pachtzinsen in der Höhe von 386,50 Franken zurückerstattet werden[10].

Mehr als fünf Jahre später erhob Freiherr Joseph Anton noch einmal die Frage nach einer möglichen Entschädigung für den Verlust des Oeschger Kirchensatzes. In einem an die aargauische Regierung gerichteten Schreiben hielt er im Februar 1828 fest, daß dieses Recht »*für einen Privatinhaber einen bedeutenden Wert von vielen tausend Franken*« darstelle. Aufgrund der entschädigungslosen Enteignung, die der Kanton Aargau ohne Rücksprache mit ihm vorgenommen habe, sollten seine Ansprüche noch einmal überprüft werden. In einer kurzen Antwort vom 1.5.1828 teilte die Regierung mit, sie habe die Eingabe reiflich gewürdigt. Sie finde aber keinen Anlaß, mit dem Freiherrn über eine Angelegenheit in Korrespondenz zu treten, die sowohl durch die politischen Veränderungen, als auch durch die bereits am 23.2.1818 mit ihm geschlossene Vereinbarung gegenstandslos geworden sei[11].

Mit dem Übergang des Fricktals an die Schweiz erloschen auch die Herrschaftsrechte, die das Stift Säckingen in Wegenstetten ausgeübt hatte. Den Herren von Schönau verblieb aus dem Großmeiertum lediglich der Lehensbesitz in Zell und in einigen umliegenden Dörfern, den ihnen der Kurfürst von Baden nach der Säkularisation der Abtei erneut bestätigte[12]. Bereits im Oktober 1802 hatte Freiherr Franz Anton Fidel von Schönau-Wehr seine Jagdrechte in Wegenstetten an den Basler Bürger Peter Gysin verpachtet. Unter dem ausdrücklichen Vorbehalt, daß der neue Nutznießer »*das k.k. Jagdpatent genauest zu befolgen und zu beobachten*« habe, sollten ihm künftig »*alle Rechte und Gerechtigkeiten*« des Verpachtenden zustehen[13].

Die Ablösung des stiftsäckingischen Güter- und Rechtskomplexes in Wegenstetten bildete einen Teil der langwierigen Verhandlungen zwischen dem Kanton Aargau und dem Großherzogtum Baden. Zwei Jahre vor Abschluß dieses Abrechnungsgeschäftes veräußerte Anton Joseph von Schönau-Wehr im März 1825 seine Wegenstetter Fischereirechte für 40 Schweizer Franken an den ortsansässigen Joseph Treier. Der Freiherr berief sich im Kaufkontrakt auf die drei Jahre zuvor ergangene Entscheidung der Finanzkommission, in der ihm, neben einer Entschädigung für den vorübergehenden Entzug, die ungeteilten Eigentumsrechte erneut bestätigt worden waren[14].

Insgesamt betrachtet zogen sich die Freiherren von Schönau-Wehr nach verschiedenen Verkäufen bis in die zwanziger Jahre des 19. Jahrhunderts weitgehend aus ihren linksrheinischen Güter- und Rechtspositionen zurück. Diese Entwicklung repräsentiert innerhalb eines lokal begrenzten Rahmens die durch die Ergebnisse der Koalitionskriege vorbereitete und auf diplomatischem Wege besiegelte territoriale Verschiebung, deren vermögensrechtliche Auswirkungen erst schrittweise aufgearbeitet werden konnten. Bis heute ist aber die Erinnerung an die einstigen Ortsherren besonders in Oeschgen lebendig geblieben.

Anmerkungen

1 AFSW: B 52: »*Verzeichnis derenjenigen Ausgaben, welche der Freiherr von Schönau-Wehr seit dem Einrücken der französischen Armee den 14ten Juny 1796 bis den 2ten April 1805 an Naturalien und barem Geld aus[ge]geben.*«

2 Vgl. Kaiser, J. (Hg.): Repertorium der Abschiede der eidgenössischen Tagsatzungen 1803–1813, Bern ²1886, S. 505f.

3 StAAG Aarau: Regierungsakten, F Nr. 1, 1812, Fasz. 7 und 1824, Fasc. 20; Finanzratsarchiv, Zehnten und Bodenzinse, Fasz. Oeschgen.

4 Ebd. 7899, Fasz. III, p. 1 (25.10.1812), p. 9–10 (11.8.1813), p. 31 (27.10.1817). – Vgl.: Frese, W. H.: Die Herren von Schönau (Forschungen zur oberrheinischen Landesgeschichte 26) Freiburg-München 1975, S. 142.

5 StAAG Aarau: 7899, Fasz. III, p. 46–48 (6.3.1818).

6 Ebd., p. 53 (21.7.1818).

7 Ebd., p. 79 (30.4.1822).

8 Ebd. Regierungsakten, F Nr. 14, 1819, Fasz. 62.

9 Fasolin, W.: Der schönauische Besitz in: Gemeinde Oeschgen (Hg.): Oeschgen, Oeschgen 1997, S. 45.

10 StAAG Aarau: Regierungsakten, F Nr. 11, 1822, Fasz. 19: Missivenbuch des Kleinen Rates 41 (1819/20), S. 89f.; ebd.: 7899, Fasz. III, p. 87 (2.3.1823).

11 Ebd. Regierungsakten, KW Nr. 6, 1828, Fasz. 10.

12 Jehle, F./Enderle A.: Die Geschichte des Stiftes Säckingen, Aarau 1993, S. 321.

13 AFSW: B 52 (8.10.1802).

14 StAAG Aarau: 7941, Fasz. 5 (12.3.1825).

Leben in veränderten Zeiten

Wernher von Schönau-Wehr

Vom Alten Reich zum Ende der Monarchie

Einleitung

Bald nach 1800 zerfiel die bisherige politische und gesellschaftliche Ordnung in Deutschland. Dies hatte einschneidende Folgen für den Adel und betraf auch das Haus Schönau. Bedeutende Güter und Rechte gingen verloren. Zudem starben damals drei Linien aus, und das Geschlecht verengte sich auf eine Linie. Die Einrichtung in der neuen, bürgerlich geprägten Welt verursachte gerade unter den Freiherren von Schönau langwierige Schwierigkeiten. Trotzdem entstanden bald drei neue ›Stammlinien‹. Aus der Familie gingen bedeutende Forstmänner und auch wieder Offiziere hervor. Einzelne Angehörige wurden in Übersee tätig. Selbstverständlich erfaßte der Erste Weltkrieg in der einen oder anderen Weise die gesamte Familie. In dieser wandlungsreichen Zeit bis zum Ende der Monarchie wurde die Grundlage für den heutigen Personen- und Besitzstand der Familie gelegt.

So soll der folgende Beitrag sich den neuen Aufgaben zwischen dem Ende des Alten Reiches und dem Ende der Monarchie in Deutschland widmen. Die wesentliche Grundlage für die Darstellung ist die Chronik meines Vaters Eberhard Freiherr von Schönau-Wehr[1]. Weitere Unterlagen sind in den Anmerkungen genannt, die Zahl der Nachweise wurde aber so gering wie möglich gehalten. Der Einfachheit halber beschränke ich mich bei der Nennung von Familienangehörigen auf zwei, höchstens drei Namen, soweit dies zu deren Unterscheidung ausreicht. Bei mehrfacher Erwähnung wird die Zahl der Vornamen verringert.

Das Ende dreier Linien
und das Fortbestehen der Linie Wehr

Bereits seit 1755 zeichnete sich ab, daß die Linie Oeschgen im Mannesstamm aussterben würde. Damals verstarb der letzte verheiratete Herrschaftsinhaber Joseph Carl von Schönau-Oeschgen, ohne Kinder zu hinterlassen. Die Witwe Sophie geb. Stürzel von und zu Buchheim lebte noch bis 1782 in Freiburg. Über die beiden verheirateten Schwestern des Joseph Carl, Maria Barbara Xaveria (1718–1804) und Johanna Elisabeth (1721–1768), gewann die Linie Oeschgen zwar im Frauenstamm noch Nachkommen, aber sie gehörten den Geschlechtern Zweyer von Evenbach und von Roll zu Bernau an. Von den beiden jüngeren Brüdern war Johann Theodor Ignaz (1724–1785) Domherr im Benediktinerstift Kempten geworden, und Johann Nikolaus Fridolin (1728–1799) hatte nach Kriegsdiensten die Laufbahn eines Deutschordensritters eingeschlagen. Nikolaus (Carl) Fridolin übernahm offenbar die Verwaltung des Besitzes der Linie Schönau-Oeschgen. Es ist anzunehmen, daß er sich als Deutschordensritter eher um den Besitz seiner Familie kümmern konnte als sein Bruder Johann Theodor. Nikolaus Fridolin betrieb in mehreren Schritten den Verkauf der Güter und Rechte der Oeschger Linie.

Schon um 1760 versuchten die damaligen Besitzer, das Schloß Groß-Schönau in Säckingen mit einem Teil des eigenen (allodialen) Grundbesitzes zu veräußern. Aus einem Ratsprotokoll der Stadt Säckingen vom 6.2.1762 geht hervor, daß der Stadtschreiber Storck von der verwitweten Freifrau von Schönau-Oeschgen »*den Schönau samt denen gütheren erkaufft*« hat[2]. Es ist möglich, daß die früheren Eigentümer des Schlosses noch ein Wohnrecht hatten. Denn nach einer internen Quelle des Deutschen Ordens hielt sich Franz Carl Fridolin Freiherr von Schönau-Oeschgen, obwohl er Komtur von Rohr und Waldstetten war, 1766, 1774 und 1783 in Säckingen auf. Im März 1788 überließ Carl Fridolin die Lehensherrschaft Wegenstetten pachtweise für seine Lebenszeit dem Stift Säckingen. Am 7.3.1788 kam schließlich auf der Mainau zwischen den Linien Oeschgen und Wehr ein Kaufvertrag über die verbliebenen Rechte und Güter zustande. Auch im Namen der Mitinhaber verkaufte Carl Fridolin an Franz Anton Freiherrn von Schönau-Wehr die 1475 erworbene allodiale Herrschaft Oeschgen für 36.000 Gulden. Und mit dem Tode des Deutschordensritters Carl Fridolin erlosch die Oeschger Linie 1799 endgültig im Mannesstamm.

Die Linie Schwörstadt endete mit Johann Franz Albert Freiherr von Schönau-Schwörstadt (1733–1811), der nach der Zerstörung der Burg Schwörstadt durch ein Feuer im Jahre 1797 dauerhaft seinen Wohnsitz in Rheinfelden nahm. Der Sohn Thaddäus Maria, 1763 geboren, diente als Offizier bis 1788 und starb schon 1790. Von den beiden verheirateten Töchtern gebar Maria Walburga (1762–1827) in ihrer Ehe mit Franz Carl von Beck zu Willmendingen zwei Töchter. Antonia Marianna lebte bis 1839 im inzwischen schweizerischen Rheinfelden. Aus ihrer zweiten Ehe mit dem Rheinfelder Bürgersohn Franz Anton Tschudi stammten Kinder und Enkel. Die Enkelin Frau Rotschy verfügte über Schönausche Erinnerungsstücke wie Stammtafeln und Ahnenbilder, die sie zum Teil dem Landesmuseum in Zürich vermachte. Bei ihr sah Hermann von Schönau-Wehr (1853–1935) um 1900 auch ein Bild der alten Schwörstädter Burg vor dem Brand von 1797. Nach dem Tod Franz Alberts (1811), des letzten männlichen Angehörigen der Linie Schwörstadt, verzichteten die Vettern von der Linie Zell am 10.6.1813 zugunsten der Linie Wehr auf das erledigte Lehen Schwörstadt[3].

Die Linie Zell, deren Angehörige sich im allgemeinen nicht nach Zell sondern nach Saasenheim nahe dem Dorf Schönau im Elsaß benannten, bestand zuletzt aus zwei unverheirateten Brüdern und vier Schwestern, von denen drei verheiratet waren. Der ältere Bruder Ignaz Simon Franz (1763–1840) wurde Stiftsherr in Murbach und in Gebweiler im Elsaß. Nach der Auflösung dieser Einrichtungen im Zuge der Französischen Revolution ließ sich Ignaz Simon in Freiburg nieder, wo er 1840 starb. Der jüngere Bruder Ignaz Johann Nepomuk (1765–1845) diente zunächst als Offizier und kämpfte dann auf mehreren Kriegsschauplätzen gegen die vordringenden Revolutionstruppen. Für diese sehr bewegte Zeit gibt es kaum Nachrichten über ihn; später hielt er sich in Freiburg auf. Bemühungen um die seit 1801 unter Napoleon mögliche Rückkehr ins Elsaß sind nicht bekannt. Erst 1845 starb Ignaz Johann in Graz; wann und wie er dorthin kam, konnte noch nicht ermittelt werden. Die Herrschaft Zell wurde von der Verwaltung des Großherzogtums Baden mit einer finanziellen Entschädigung abgelöst. Daraus entstand ein Geldlehen, das nun an die Linie Wehr überging.

Von der Linie Zell blieb immerhin eine stattliche Anzahl von Stammtafeln und besonders schönen Porträts erhalten. Sie gelangten während der Französischen Revolution nach Schloß Wattweiler, dem Sitz eines Schwagers der beiden letzten Vertreter der Zeller Linie. Vor der Zerstörung dieses Schlosses durch französische Truppen wurden die Bilder 1915 nach Karlsruhe gebracht und den damals anspruchberechtigten Mitgliedern der Familie von Schönau übergeben. Das Haus Schönau aber hatte bis 1845 drei Linien verloren; die Zahl der Angehörigen verringerte sich beträchtlich. Die Linie Wehr allein setzte das Geschlecht fort und übernahm die verbliebenen Güter und Rechte der anderen Familienteile. Die Wehrer Familie stand seit 1806 unter der Leitung des Freiherrn Joseph Anton (1773–1839), der zwar sechs Geschwister hatte, vier Schwestern und zwei Brüder, die aber alle jung oder unverheiratet starben. Joseph Anton vermählte sich 1803 mit Josephine Wilhelmine Freiin von Gemmingen-Steinegg (1780–1840). Auf diese Verbindung geht die heutige Gesamtfamilie zurück. Das Ehepaar hatte drei Söhne und eine Tochter, die das Erwachsenenalter erreichten.

Obwohl die Wehrer Linie die Herrschaft Oeschgen um einen hohen Kaufpreis übernommen hatte, blieb davon in der ersten Hälfte des 19. Jahrhunderts nichts mehr übrig. Nach der Abtretung des Fricktales an die Eidgenossenschaft, dahinter stand der politische Druck Frankreichs, erloschen alle öffentlichen Rechte der Herren von Schönau entschädigungslos. Für weitere Rechte erhielt die Familie Entschädigungs- und Ablösungssummen. Letzten Besitz und letzte Rechte verkaufte Freiherr Joseph Anton freiwillig. Die Enteignung in der elsässischen Stammheimat blieb, soweit bekannt, schließlich unangefochten, obwohl später Rückgaben und Entschädigungszahlungen möglich wurden. Eine Übertragung der Ansprüche an die noch bestehende Linie Wehr kam nicht zustande. Das Schloß in Saasenheim verfiel allmählich. Nach mündlicher Überlieferung wurde es zum Teil etwa 1820, der Rest um 1880 abgebrochen. Von der Linie Schwörstadt fielen die Lehen und von der Linie Zell ein Geldlehen an.

Inzwischen herrschten in der Grafschaft Wehr und in den verbliebenen Besitzungen jedoch völlig veränderte Verhältnisse. Darüber hinaus entfielen durch die Aufhebung von Klöstern, Stiften und Ritterorden für den Adel hergebrachte Tätigkeitsfelder und Versorgungsmöglichkeiten. Das rechtsrheinische Vorderösterreich gelangte 1806 an das neue Großherzogtum Baden; das fast tausendjährige Alte Reich löste sich auf. An die Stelle überlieferter Treueverhältnisse und Rechte traten neue Bindungen und Lebensbedingungen. Der Übergang in eine veränderte

Welt war zusätzlich belastet durch die Beschwerden und Leiden der Revolutionskriege und der napoleonischen Feldzüge. Überall fielen starke Einquartierungskosten an.

Als die verbündeten Heere 1814 gegen Frankreich zogen, ließ sich ein hoher österreichischer Stab für längere Zeit im neuen Schloß in Wehr nieder. Kleine Einzelheiten können die seinerzeitigen Verhältnisse beleuchten: Die Pferde wurden im Hof am Brunnen angebunden. Die eine der ehemaligen Wetterfahnen auf dem sogen. Amtshaus soll nach mündlicher Überlieferung damals ihre unregelmäßigen Löcher erhalten haben. Russische Kosaken hätten Übungsschüsse auf diese Wetterfahne gerichtet. Die Frau des Freiherren hatte aus ihrer Heimat Steinegg einen besonders treuen Diener mitgebracht, er schlief während der Einquartierungen von 1814/15 vor der Tür seiner Herrin. – Erst nach dem Wiener Kongreß beruhigten sich die äußeren Umstände.

Von alten zu neuen Grundlagen

In die Zeit von Joseph Anton fiel die Auflösung der feudalen Gesellschaftsordnung mit ihren noch im Mittelalter wurzelnden Bindungen und Rechtsverhältnissen. Früher oder später übernahmen die deutschen Staaten die von der Französischen Revolution ausgehenden Ideen der Freiheit, Gleichheit und Brüderlichkeit und strebten die ideelle Gleichberechtigung der Bürger an. Die bisherigen Pflichten und Lasten im Verhältnis von Herr und Untertan wurden beseitigt. Dies war der Beginn einer Entwicklung, die zur Bildung einer modernen Demokratie beitrug. Die Lebensverhältnisse änderten sich, die Belastungen verlagerten sich und erhielten neue Formen. – Die auf das Kloster Klingental zurückgehenden vielfältigen Basler Rechte und Güter in Wehr gingen von 1798 bis 1818, teilweise begleitet von Einsprüchen, an die Schönausche Herrschaft über. Die Erträge mußten in den ersten Jahren hauptsächlich für Lieferungen an das durchziehende Militär verwendet werden. Die Ortsherrschaft hatte auch die mit den Basler Rechten verbundenen Lasten, wie die Besoldung des Pfarrers und den Unterhalt der Kirche, zu übernehmen.

Die Freiherrlich von Schönauschen Herrschaften Wehr und Schwörstadt mit den Orten Wehr, Öflingen, Nieder- und Oberschwörstadt, Niederdossenbach, Wallbach, Obersäckingen und Rippolingen blieben nach dem Übergang an Baden als Teil der österreichischen Verwaltungsorganisation zunächst bestehen. Neben anderen Herrschafts- und Verwaltungsbezirken wurden die Schönauschen Herrschaften ein Teil der Landvogtei Breisgau. Die Grundherrlichkeitsverfassung von 1809 regelte die Stellung der (nun sogenannten) ›Grundherrschaft‹ innerhalb der badischen Verwaltung. Die Grundherrschaft war historisch nur ein Teil der seitherigen ›näheren Obrigkeit‹. Die bisherigen Rechtsverhältnisse blieben aber 1809 im wesentlichen erhalten und wurden erst im Jahr 1813 einschließlich des Gerichtsrechtes beseitigt. An ihre Stelle trat die weiter ausgebaute staatliche Ordnung. Für deren Aufgaben wurden Staats- und Gemeindesteuern eingeführt. Auf der Ebene der Gesetzgebung geschah das stets in einem Akt, die Umsetzung in die Praxis erforderte meist langwierige zähe Verhandlungen.

In geschichtlichen Darstellungen wird diesem Vorgang oft zu wenig Bedeutung beigemessen. Die stufenweise Aufhebung des alten Feudalsystems ist einer der wichtigsten Vorgänge im Gemeindeleben der ersten Hälfte des 19. Jahrhunderts. In der Wehrer Grundherrschaft mit ihrem patriarchalischen und familiären Charakter, der selbstverständlich nicht ohne gelegentliche Spannung war, bedeutete die Beseitigung des Feudalwesens eine größere Umstellung als etwa im Rheinfelder Gebiet. Dort war schon zuvor die unmittelbare Obrigkeit mit der Landeshoheit zusammengefallen. Wehr als Mittelpunkt eines kleinen, mehrere Dörfer umfassenden Herrschaftsgebietes verlor die Obrigkeit am Ort.

Der Ablösungsprozeß für Dienste und Pflichten wie die Zehnten und Fronen begann im Jahr 1820 mit der endgültigen Aufhebung der Leibeigenschaftsabgaben. Die Grundherren sollten für den Verlust aus der Staatskasse, bei einzelnen Abgaben auch durch Zahlungen der Gemeinde, entschädigt werden. Meist bildeten Loskaufverträge nach langen Auseinandersetzungen dafür die Grundlage. Die daraus sich ergebenden Zahlungen zogen sich bis etwa zum Jahr 1870 hin. Zuletzt wurde 1848 die Fischereigerechtigkeit aufgehoben und 1853 ein Ablösungsvertrag über das Jagdrecht im Gemeindebann geschlossen. Vom Guthaben der bisherigen Herrschaft wurden dabei die auf den Zehnten und der Kirche ruhenden Lasten abgezogen[4].

Die alten Lehensverpflichtungen bestanden anfangs unter bestimmten Voraussetzungen auch im Großherzogtum Baden weiter. Durch das sogenannte ›Lehensedikt‹ von 1807 wurden die ehemaligen Ritter- und Adelsfamilien ›Vasallen‹ des Landesherren, was sie durch Gelübde bekundeten⁵. Während der Gültigkeit der neuen Lehensordnung erhielten die Freiherren von Schönau-Wehr mehrere Lehensbriefe für die Herrschaften Wehr, Schwörstadt und Zell. Zuletzt verlieh der Prinzregent Friedrich von Baden, der spätere Großherzog Friedrich I., 1853 das Lehen der Grafschaft Wehr nochmals an den Vasallen Adolf von Schönau. Der Vasall hatte »*auf Ritterwort und Ehre die gebührende Treue, Folgsamkeit und Ehrerbietung feierlich angelobt*«⁶.

Durch das Gesetz vom 19.4.1856 wurden die Lehen in Stammgüter umgewandelt. Sie konnten mit Beschluß sämtlicher Beteiligter und mit staatlicher Genehmigung auch in freies Eigentum übergehen (d.h. allodifiziert werden). Die Freiherren von Schönau-Wehr machten jedoch von dieser Möglichkeit, abgesehen von der Herrschaft Schwörstadt, keinen Gebrauch. Am 27.6.1868 teilte das badische Justizministerium (Lehenhof) Freiherr Adolf von Schönau-Wehr mit, daß aufgrund eines weiteren Gesetzes vom 9.8.1862 das Lehen Grafschaft Wehr »*zur Ablösung gekündigt*« werde. Gleichzeitig wurde der »*Großherzogliche Vasall und Lehensträger aufgefordert*«, die vorgeschriebenen Nachweise vorzulegen⁷. Diese fügte der Vasall seinem Antwortschreiben bei und erklärte, daß er zur Bezahlung der Auskaufsumme »*erböthig*« sei. Die Verhandlungen mit dem Lehenhof scheinen sich noch einige Jahre hingezogen zu haben.

Joseph Anton von Schönau-Wehr, der übrigens großherzoglich badischer Kammerherr war, erhöhte das Schloß Wehr 1825 um ein Stockwerk. Vor allem traf er besondere Regelungen, um die Zukunft des Geschlechts zu sichern. 1834/35 hatte er für seinen zweiten Sohn Otto auf dem Sockel der 1797 abgebrannten Burg Schwörstadt das heutige Schloß erbauen lassen. 1839 schloß Joseph Anton mit seinen Kindern Adolf, Otto, Rudolf und Bertha einen Familienvertrag, der in der Folgezeit von großer Bedeutung für die personelle und besitzmäßige Entwicklung der Familie wurde⁸. Als Ergebnis des Vertrages bildeten sich drei neue ›Stämme‹ durch Teilung zwischen den Söhnen Adolf, Otto und Rudolf. Der Vertrag bestimmte folgendes:

1. Josef Anton verzichtet auf sein ganzes liegendes und fahrendes Vermögen zu Gunsten seiner älteren Söhne. Für diese Überlassung seines Gesamtbesitzes erhält er eine jährliche Rente von 3.000 Gulden. 2. Die Zahlung der Rente sollen die zwei älteren Söhne Adolf und Otto ebenso zu gleichen Teilen übernehmen wie die Zahlung sämtlicher Schulden. 3. Die Mutter Josephine verzichtet auf das in die Ehe mitge-

Stammtafel der Freiherren von Schönau-Wehr und der Freiherren von Schönau ab 1800

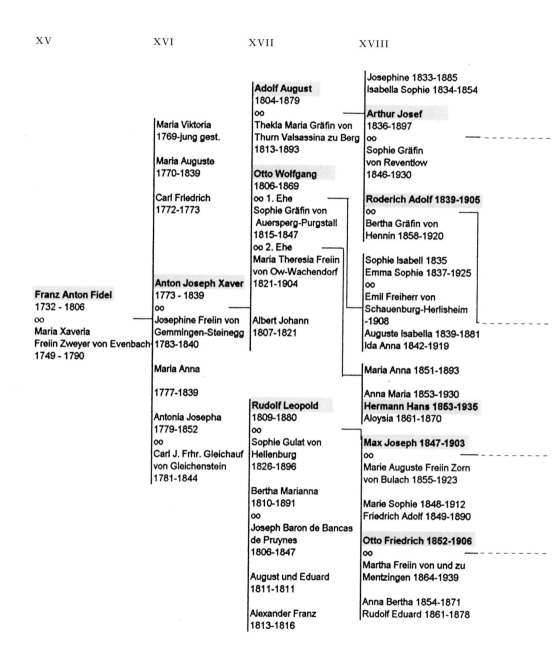

XIX	XX	XXI	XXII
Luise Adolfine 1867-1955	**Hans Hyrus 1908-1958** ∞ Charlotte Rademacher 1914-1956	Hans Rudolf 1945	
Clara 1868-1868			
Friedrich Karl 1869-1949 ∞ Elisabeth Freiin Röder von Diersburg 1884-1977	Felix Roderich 1909-1934	Claudia Maria 1958 ∞ Klaus Merz 1950	Julian 1987 Juliet 1991
	Roderich Heinrich 1915-1997 ∞ Ursula Thiele 1931	Wolfgang Wernher 1961 ∞ Nicole Fischer 1967	
Thekla Emma 1873-1942			
Wolfgang Hyrus 1874-1875	Wolfgang Arthur 1918-1940		
	Rudolf Eberhard 1920-1944	Elisabeth Gunhild 1944 ∞ Wilderich Freiherr Spies von Büllesheim 1943	
Eberhard Adolf 1877-1965 ∞ Gunhild Freiin von Ow-Wachendorf 1891-1981	Maria Elisabeth 1922		
	Eleonore Maria 1926-1950		
Maria Magdalena 1880-1964	**Wernher Hyrus 1916** ∞ Maria Theresia Freiin von Gumppenberg 1922	Albrecht Hyrus 1945-1945	
Alice Albertine 1882-1943 ∞ Georg Frhr. Droste zu Hülshoff 1875 - 1929		Gabriele Maria 1947 ∞ Bruno Brini 1938	Manuela Gunhild 1975 Sebastian Vittorio 1979
Clara 1885-1978 ∞ Konstantin Graf von Wengersky 1869 - 1914	Gerda Alice 1918 ∞ Erwin Hemeling 1916-1992	**Johannes Hyrus Freiherr von Schönau-Wehr 1949** adoptiert 1984 Freiherr von Gumppenberg ∞ Teresita Gräfin von Hoyos 1953	Franziskus Wolfgang 1985 Leopold Michael 1986 Nikolaus Veronicus 1988 Clemens Raphael 1989 Johannes Frederico 1993
	Inga Walburga 1920		
Auguste Emma 1889-1981 adoptiert 1918 Freiin von Graugreben-Schönau-Wehr ∞ Ferdinand Freiherr von Lüninck Major d. R. 14.11.1944 hingerichtet in Berlin-Plötzensee	Egbert Hyrus 1923-1945	Katharina Inga 1951	
		Hubertus 1958-1983	
	Wilhelm Emil Freiherr von Schauenburg-Herlisheim 1904-1994 adoptiert 1935 Freiherr von Schönau ∞ Adelheid Freiin von Eiselsberg 1911	**Anton Georg 1940** ∞ Corinna Riedweg 1949	Alexander Albert 1977 Marina Jenny 1979
Rudolf Franz 1882-1919			
Elisabeth Antonia 1884-1966		**Jörg (Georg) Clemens 1945** ∞ Magdalena Kallen 1953	Fridolin Florian 1985 Antoinette Maria 1987 Cornelius Maria 1989
Moritz Adolf 1887-1960			
Hildegard Hilda 1888-1950 ∞ Ernst Freiherr von Kittlitz u. Ottendorf 1869-1930		Hermann Josef 1948	

brachte Vermögen, das bereits zum Ankauf von Gütern, zur Erziehung der Kinder und zu anderem verwendet worden war. Dafür bedingt sie sich für den Fall, daß sie ihren Mann überlebt, eine jährliche Rente von 1.500 Gulden aus, welche von Adolf und Otto zu gleichen Teilen ausbezahlt werden soll. 4. Bertha behält sich nur eine »*Erbauskauf-Summe*« von 20.000 Gulden vor, die erst fällig wird, wenn entweder der Vater gestorben ist oder sie sich verehelicht. Bis dahin begnügt sie sich mit einem jährlichen »*Nadelgeld*« (Taschengeld) von 300 Gulden.

5. Rudolf erhält ein »*Auskaufskapital*« von 40.000 Gulden als freies Eigentum. Zusätzlich sollen ihm seine beiden Brüder 5.000 Gulden bar auszahlen, falls er in den Stand der Ehe tritt. Außerdem bleibt Rudolf die Anwartschaft auf seinen Anteil an der Lehens- und Grundherrschaft Zell für den Fall vorbehalten, daß die Vettern Nepomuk und Ignaz von Schönau-Zell ohne männliche Nachkommen sterben. 6. Einvernehmlich ist beschlossen, daß Adolf die Grafschaft Wehr zugeteilt, Otto aber die Herrschaft Schwörstadt zuerkannt wird. 7. Für die nun durch Aufteilung neu gebildeten drei »*Stämme*« gilt die Erbregelung, daß sich die Lehen innerhalb jedes Stammes nur an die männlichen Nachkommen vererben. Männliche Seitenverwandte der beiden anderen Stämme erben erst, wenn ein Stamm keine männlichen Nachkommen mehr hat.

Es folgen noch Abmachungen über einen Wertausgleich zwischen den Herrschaften Adolfs und Ottos, Abgrenzungen bei den Jagden und Bestimmungen über die Nutzung der Reben zu Schwörstadt. – Schon vor Ende des Jahres 1839 starb Joseph Anton in Freiburg; am 1.1.1840 folgte ihm Josephine.

Der Stamm Adolf

Adolf August (1804–1879) hatte mit seinem Bruder Otto das Gymnasium in Rastatt besucht. 1832 hatte er sich mit Thekla Gräfin von Thurn-Valsassina zu Berg im Thurgau vermählt. Adolf und Thekla waren Geschwisterkinder, da die Mütter Schwestern waren. Über Thekla wird in ›Annette von Droste-Hülshoff in der Schweiz‹ berichtet: »Frau von Droste schreibt am 11.9.1835 von ihr: ›*Unterdessen muß ich Dir (Sophie) doch im Vertrauen sagen, daß die Thekla mein Liebling ist. Das ist ein allerliebstes kleines interessantes Weibchen, voller Freundlichkeit und gesundem Menschenverstand, die man notwendig lieb haben muß*‹«[9]. Adolf erhielt neben seiner Grafschaft Wehr[10] auch das Lehen zu Zell, als die Zeller Linie 1845 ausgestorben war. Dieses Lehen sollte er gleichzeitig für seine Brüder innehaben[11].

Die Revolution von 1848/49 erfaßte Adolf und seine Familie. Die mündliche Überlieferung berichtet, daß ein Trupp Freischärler im April 1848 in den Wehrer Schloßhof eindrang und Adolf von Schönau aufforderte, sein Geld, seine Wäsche, Kleider und anderes mehr herauszugeben. Als er sich weigerte, führte man ihn vor eine kleine Kanone und drohte, ihn zu erschießen. Einem vorbeireitenden unbekannten Freischarenführer gelang es, Adolf aus dieser unangenehmen Lage zu befreien. Möglicherweise war es Gustav Struve, der rettend eingriff. Adolfs Frau Thekla beobachtete von einem Fenster aus die Szene, die sich im Schloßhof abspielte, als eine Gewehrkugel über ihr im Fensterkreuz einschlug. – Es steht jedenfalls fest, daß der Revolutionär vor seiner Verhaftung am 25. September 1848 schon einmal in Wehr war. Auch an den September-Vorgängen war Adolf von Schönau beteiligt: Er stellte die Kutsche zur Verfügung, mit der Struve und seine Begleiter nach ihrer Verhaftung noch am gleichen Tag ins Schopfheimer Amtsgefängnis transportiert wurden.

1848 wurde die sehr umfangreiche Jagdgerechtigkeit der ›Grundherren‹ – eines der letzten Rechte aus der alten Zeit – zunächst summarisch aufgehoben. Fast zwei Jahre lang war die Jagd für jedermann frei. Der Wildbestand erlitt ungeheuren Schaden; besonders im südlichen Schwarzwald wurde fast der gesamte Rotwildbestand vernichtet. Der letzte Rothirsch in der Wehrer Gegend ist, wie man sagt, beim Mettlenhof nahe Gersbach erlegt worden. Adolf, der vorher ein leidenschaftlicher Jäger gewesen sein soll, nahm von diesem Zeitpunkt an kein Jagdgewehr mehr in die Hand. – Über lange Jahre belastete ein unerquicklicher Erbprozeß die Beziehungen zwischen Adolf und Otto einerseits sowie Rudolf und Bertha andererseits. Erst 1861 wurde zwischen ihnen ein Erbvergleich geschlossen. Danach überließen Adolf und Otto dem jüngsten Bruder Rudolf und seinen männlichen Nachkommen das Mannlehen Zell zum ausschließlichen Genuß. Der Kapitalwert dieses Geldlehens, das nur aus Abfindungsgeldern bestand, betrug 35.900 Gulden. Gleichzeitig räumten Adolf und Rudolf nun Otto das Recht ein, einen großen Teil der Herrschaft Schwörstadt, darunter das neue Schloß, zu allodifizieren, d. h. zu Alleineigentum zu machen.

Etwa 1863 erbaute Adolf für seinen ältesten Sohn Arthur gegenüber dem Schloß anstelle einer Scheuer ein Wohnhaus, neben dem sich der sog. Englische Garten befand. In diesem Haus wohnte die Familie Arthurs, bis seine Eltern 1878 nach Freiburg übersiedelten. Bereits 1879 starb Adolf an einem Schlaganfall. Seine Frau Thekla starb 1893 ebenfalls in Freiburg. Die Auseinandersetzungen mit seinen Geschwistern hatten Adolf sein Leben lang bedrückt, mit seinem Bruder Rudolf hatte er sich nie wieder ganz ausgesöhnt. Dies gelang erst in der nächsten Generation. Das Revolutionsjahr 1848/49 mit seinen Aufregungen, die ständige Ablösung der herrschaftlichen Rechte und bestimmte wirtschaftliche Schwierigkeiten waren für ihn zur lang anhaltenden schweren Belastung geworden. Einen zusätzlichen Hinweis verdanken wir Adolfs Schwester Bertha (1810–1891). Sie lernte in Baden-Baden Joseph Baron de Bancalis de Pruynes, Grundbesitzer in Gerstheim im Elsaß, kennen, den sie 1841 heiratete. Bertha begleitete oft ihren Vater Joseph Anton nach Baden-Baden, und sie soll später erzählt haben, wie beim Spiel im Casino die Goldstücke auf den Tisch rollten, aber leider nicht wieder zurückkamen.

Arthur Joseph (1836–1897) litt seit seiner Geburt an einem chronischen Gehörleiden. Trotzdem studierte er in Heidelberg, in Greifswald und zuletzt an der landwirtschaftlichen Hochschule in Hohenheim. Danach oblag ihm die Bewirtschaftung des Gutes Wehr. 1865 heiratete er Sophie Luise Gräfin von Reventlow, deren Familie in Schleswig-Holstein und Dänemark ansässig ist. Damit kam norddeutsches Blut in den Stamm Adolf. Sophie konvertierte zwar anläßlich ihrer Hochzeit, hatte aber zunächst einen schweren Stand in ihrer neuen Familie. Außerdem hatte sie kein Vermögen in die Ehe gebracht, was dringend erforderlich gewesen wäre. Mit der Übernahme des väterlichen Besitzes 1878 mußte Arthur Schulden begleichen, welche zum großen Teil noch aus der Zeit seines Großvaters Joseph Anton stammten. Außerdem belasteten ihn Zahlungen von Renten und Vermächtnissen zu Gunsten von Mutter und Geschwistern.

1880 weilten Großherzog Friedrich I. und sein Sohn, Erbgroßherzog Friedrich, während eines Manövers als Gäste im Wehrer Schloß. Anfang der achtziger Jahre war Gert Seelig aus Kiel, ein Vetter der Sophie von Schönau-Wehr, wiederholt im Schloß Wehr zu Gast. Seelig schreibt von vergnügten Tagen, die er dort verbracht habe, aber auch von dem Hochwasser, das 1883 von einem Föhn ausgelöst wurde. Die Wehra war in kurzer Zeit zu einem reißenden Strom geworden. *»Er*

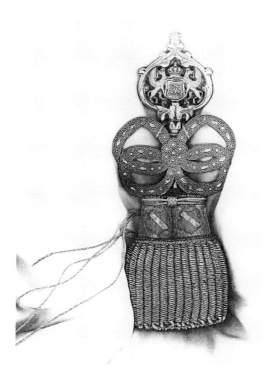

Vorder- und Rückseite des badischen Kammerherren-schlüssels aus dem Besitz Arthurs Freiherr von Schönau-Wehr (1836–1887)

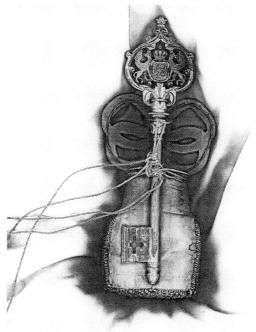

schleppte jetzt das schwerste Rüstzeug mit sich, nicht nur bearbeitetes Holz, das er von der Uferstraße aufgelesen hatte, sondern ganze Baumstämme, entwurzelte Tannen und vor allem Felsblöcke von einem gewaltigen Ausmaß und Gewicht.« Auch die Schönau'sche Sägemühle war in Mitleidenschaft gezogen worden. Die Zerstörungen reichten bis ins Rheintal, wo der Bahndamm gebrochen war.

Um den Kindern eine bessere Schulbildung zu ermöglichen und sie nicht aus dem Haus geben zu müssen, zog Arthur 1886 mit seiner Familie nach Freiburg. Angesichts der schlechten wirtschaftlichen Lage war dies für den Besitz nicht von Vorteil. Die Erbauung einer Dampfsägemühle hatte sich als verfrühte Fehlinvestition erwiesen. So nahm das Unheil seinen Lauf: In der Zeit von 1888–1902 wurde mehr als die Hälfte des bebauten und unbebauten Grundbesitzes in Wehr verkauft, darunter 1893 durch eine Versteigerung das Schloß. Die Gemeinde Wehr erwarb es und machte es einige Jahre später zum Rathaus. Der Familie verblieben die Schloßhalde mit der Burg Werrach, der Meierhof und der anschließende Forstdistrikt Waldberg bis zur Gemarkungsgrenze von Hütten. 1894 übersiedelte Arthurs Familie nach Waldkirch, wo er, durch den Vermögenszerfall verbittert, 1897 starb. Die Witwe Sophie zog 1901 mit der Tochter Luise nach Ägeri im Kanton Zug und erholte sich dank des dortigen günstigen Klimas von den Belastungen der vergangenen Jahre. Die wirtschaftlichen Verhältnisse nach dem Ersten Weltkrieg veranlaßten sie, mit zwei Töchtern 1921 nach Freiburg zu ziehen. Sie lebte im Albert-Carolinen-Stift und starb 1930.

Arthurs Schwestern Josephine, Theodora und Isabella Sophie starben unverheiratet ebenso wie die Töchter Arthurs, Luise (1867–1955), Thekla (1873–1942) und Magda (1880–1964). Während Luise und Magda sich vor allem der Betreuung von Kranken widmeten, trat Thekla in das Kloster der Barmherzigen Schwestern vom Heiligen Kreuz in Hegne am Bodensee ein, wo sie sich sehr glücklich fühlte. Die Söhne Friedrich (1869–1949) und Eberhard (1877–1965) begannen eine Offizierslaufbahn beim Infanterieregiment 113 in Freiburg; Eberhard ging zum Abschluß seiner Ausbildung in die Kadettenanstalt Groß-Lichterfelde bei Berlin. Offensichtlich zog es beide in die Ferne, sie meldeten sich zu Einsätzen in Übersee.

Roderich Adolf (1839–1905), Arthurs Bruder, hatte ebenfalls eine militärische Laufbahn begonnen. Den Krieg gegen Frankreich 1870/71 machte er als Chef einer badischen Eskadron mit. Danach kam er als

Rittmeister nach Hessen, Hannover und Schlesien. 1878 wurde Roderich zum Flügel-Adjutant Großherzog Friedrichs I. ernannt und blieb etwa zehn Jahre in dieser Stellung. Nach weiteren Verwendungen mußte er 1889 im Range eines Oberst krankheitsbedingt den Abschied nehmen. Acht Jahre zuvor hatte er sich in Hecklingen bei Kenzingen mit Bertha Amalie Gräfin von Hennin vermählt, nach der Verabschiedung wohnte das Ehepaar in Freiburg. Ab 1904 litt Roderich an Krebs, von dem ihn der Tod 1905 erlöste. Seine Witwe starb 1920 in Freiburg.

Von Roderichs Töchtern war Alice Albertine (1872–1943) während des Ersten Weltkrieges in verschiedenen Lazaretten tätig. 1927 heiratete sie Georg Aloisius Freiherrn Droste zu Hülshoff (1875–1929), doch ihre Ehe blieb kinderlos wie die von Clara (1885–1978), verheiratete Gräfin von Wengersky. Roderichs jüngste Tochter Auguste Emma (1889–1981) war während des Krieges ebenfalls in der Krankenpflege tätig und wurde 1918 von Therese Freiin von Gaugreben auf Bruchhausen in Westfalen als Freiin von Gaugreben-Schönau mit vereintem Wappen adoptiert. Deren Mutter war die Schwester von Augustes Großmutter Thekla, geb. Gräfin von Thurn-Valsassina. Ende 1918 heiratete Auguste Ferdinand Freiherrn von Lüninck (1888–1944), der Landrat in Neuß wurde. – Damit haben wir das facettenreiche Schicksal des ältesten ›Stammes‹ bis ungefähr zur Jahrhundertwende, teilweise auch weiter verfolgt. Leider hatte sich die Familie nicht mit einem Sitz in Wehr behauptet.

Der Stamm Otto und der Stamm Rudolph

Otto Wolfgang (1806–1869) studierte in Freiburg, Göttingen und Wien. Dort nahm er außerdem Reit- und Fahrunterricht. Er strebte eine Stellung als Stallmeister am badischen Hof an, was sich wegen Intrigen zerschlagen haben soll. 1834 heiratete er Sophia Karoline Gräfin von Auersperg, die er auf Schloß Purgstall kennengelernt hatte. Nach dem Wunsch seines Vaters und durch den Familienvertrag von 1839 wurde er ›Grundherr‹ von Schwörstadt mit Wohnsitz im neuen Schloß. Das junge Paar bekam drei Töchter. Nachdem Sophia 1847 gestorben war, vermählte sich Otto mit Maria Theresia Clara Freiin von Ow-Wachendorf.

Auch Schwörstadt wurde am Rande von den revolutionären Auseinandersetzungen des Jahres 1848/49 betroffen. Einige Freischärler kamen auf das Schloßhofgelände und beschlagnahmten u. a. zwei fette Ochsen. Es erboten sich mehrere Schwörstädter Bürger, den Raub wieder zurückzubringen, die Eifrigen gerieten aber zunächst in Gefangenschaft. Ende April rückten württembergische Truppen von Waldshut her in Oberschwörstadt und im Gutshof ein, zogen jedoch auf die Nachricht vom Gefecht bei Dossenbach gleich weiter. Danach flohen die Freischärler vor den preußischen Truppen Richtung Säckingen, um über die dortige Brücke in die Schweiz zu gelangen. Aufständische Offiziere wurden mit Ottos Wagen dorthin gefahren. Unter vorgehaltener Pistole wurde der Kutscher zu beschleunigter Gangart angehalten. In einigen der benachbarten Dörfer gab es allerdings durchaus entschiedene Anhänger der Revolution.

Otto galt als erfahrener Landwirt und betrieb neben dem Schloßhof in Schwörstadt auch den oberhalb auf der Anhöhe des Dinkelbergs gelegenen Eichbühlhof. Auf beiden Höfen wurden Ochsen gemästet, die bei Basler Metzgern sehr beliebt waren. Der Weinbau an den Hängen des Dinkelbergs reichte vom Lachengraben östlich von Oberschwörstadt bis zu den ersten Häusern von Niederschwörstadt. Soweit bekannt, waren die besten Weinjahre die zwischen 1860 und 1870. Otto betreute besonders das Gewann ›Im Schloßgarten‹ westlich der Auffahrt zum Eichbühl. Ideale Ausbau- und Lagermöglichkeiten bot ihm das hohe Gewölbe des Schloßkellers. Anfang der achtziger Jahre wurde der Weinbau jedoch wegen einer Rebenkrankheit und der Abwanderung geeigneter Arbeitskräfte in die Textilindustrie allmählich aufgegeben.

Von den Töchtern aus erster Ehe heiratete Emma Sophie 1857 Emil Franz Freiherrn von Schauenburg zu Gaisbach bei Oberkirch/Baden. Sie wirkte segensreich in ihrer Familie und deren Umgebung. Der zweiten Ehe entstammten der Sohn Hermann Hans Hyrus (1853–1935) und drei Schwestern. Sie lebten im elterlichen Haus; zwei von ihnen verstarben früh. So hatte Hermann wesentlich weniger Zahlungen an Geschwister zu leisten als sein Vetter Arthur vom Stamm Adolf. Nach dem Tod von Otto führte seine Witwe, die ihn um 35 Jahre überlebte, den Gutsbetrieb mustergültig weiter, bis Hermann nach der Schule in Freiburg und dem Studium der Forstwirtschaft, vor allem in Tübingen, den väterlichen Betrieb übernahm. Die Bewirtschaftung des Eichbühlhofs wurde jedoch in den achtziger Jahren immer schwieriger, weil das hügelige Gelände während der Heuernte zahlreiche Tagelöhner notwendig machte, die sich immer mehr der Industriearbeit zuwandten.

Deshalb begann Hermann mit der Aufforstung vor allem der steilen Hanglagen des Eichbühlhofs, den er auf ein Maß verkleinerte, das ein Pächter auch mit wenigen Hilfskräften bewirtschaften konnte. Als Fachmann kam es Hermann darauf an, einen wertvollen, vielfältigen und ertragreichen Waldbestand zu schaffen. Den Schloßhof baute Hermann zu einem Musterhof aus. Im letzten Kriegsjahr 1918 brannte das Wirtschaftsgebäude ab, wurde aber trotz der Ungunst der Zeit bald wieder aufgebaut. Hermann war bei allen Ständen ein sehr geachteter Mann, der als Landwirt, Forstwirt und Jäger oft zu Rate gezogen wurde. Als Familien-Senior führte er ein gastliches Haus. Die allseits beliebten Treibjagden endeten im ›Kreuz‹ in Brennet mit einem reichen Jagdessen, dem sogenannten Schüsseltreiben.

Hermann unterstützte Neuerungen wie den Eisenbahnbau, den Ausbau der Landstraße und die Anlage des Schwörstädter Rheinkraftwerks 1932/33 durch die Abgabe des benötigten Landes. In mehreren örtlichen Vereinen war er Mitglied. Zusammen mit seiner Schwester Anna stand er der katholischen Kirche nahe. Die Geschwister unterstützen die Ausstattung der Schwörstädter Pfarrkirche mit Malereien, stifteten mehrere noch immer benutzte Geräte, Heiligenfiguren und Meßgewänder. Hermann gründete auch eine Stiftung zur Unterstützung bedürftiger Pfarreimitglieder. Bei der 1923 verstorbenen Großherzogin Luise von Baden war er als ›persona grata‹ gern gesehen. In den letzten Jahren vor ihrem Tod tat Hermann bei ihr alljährlich einige Wochen Kavaliersdienst im Schloß Mainau.

Rudolph Leopold (1807–1880), der dritte Sohn von Josef Anton, studierte nach dem Besuch des Gymnasiums in Freiburg an den Universitäten Heidelberg und Freiburg Forstwirtschaft. 1828 war er badischer Jagdjunker geworden. Nach verschiedenen Stellungen im Forstdienst am badischen Hof wurde er 1857 zum Hofjägermeister ernannt. 1868 erhielt er die Beförderung zum Hof-Domänenintendanten mit dem Titel Exzellenz. So stand er an der Spitze des Hof-, Forst- und Jagdwesens des Großherzogtums. Vom damaligen Wildreichtum können wir uns heute kaum mehr eine Vorstellung machen. Entsprechend vielfältig waren die Aufgaben Rudolphs allein auf dem Gebiet des Jagdwesens. 1846 vermählte er sich mit Sophie Gulat von Wellenburg und wohnte aufgrund seiner Stellung in Karlsruhe. Das Ehepaar hatte drei Söhne und drei Töchter, von denen drei Kinder jung verstarben. Ab 1868 ließ Rudolphs Gesundheit erheblich nach; trotz mehrerer Kuraufenthalte starb er 1880.

Max Joseph (1847–1903), der älteste Sohn, trat als Kadett in das badische Feldartillerie-Regiment in Karlsruhe ein. 1866 nahm er am Feldzug gegen Preußen und 1870/71 am Krieg gegen Frankreich teil. 1888 machte ihn der Großherzog zu seinem Flügel-Adjutanten. Aus einer Beurteilung Max Josephs durch den Großherzog geht hervor, daß er dessen volles Vertrauen genoß. 1881 hatte sich Max Joseph mit Marie Auguste Freiin Zorn von Bulach aus Osthausen im Elsaß vermählt. Mehrfach begleitete Max Joseph den Großherzog oder einen Prinzen des großherzoglichen Hauses zu Staatsbesuchen und Besichtigungen. 1902 wurde er als General zum Kommandanten von Karlsruhe ernannt. Bereits im folgenden Jahr verstarb er an einer Krebserkrankung in der Klinik von Freiburg. An der dortigen Einsegnung nahmen der Erzbischof von Freiburg und der Weihbischof von Straßburg teil. In Karlsruhe geleitete der Großherzog den Trauerzug bis zum Grab. Von den drei Kindern Max Josephs wird erst in der Zeit nach dem Ersten Weltkrieg zu berichten sein.

Max Josephs Schwester Marie Sophie (1848–1912) trat nach einer Erziehung in Sacré-Cœur in Nancy 1867 in den Hofdienst der Großherzogin Luise von Baden. 1872 wurde sie zur Hofdame ernannt, später erhielt sie den Titel Palastdame und die Anrede Exzellenz. Anläßlich ihres Todes gedachte die Großherzogin in einem langen Nachruf voll Dankbarkeit und Anerkennung ihrer langjährigen Begleiterin. Als Senior des Stammes Rudolph folgte der jüngere Bruder Otto Friedrich (1852–1906). Er hatte eine Ausbildung im preußischen Kadettenhaus in Berlin durchlaufen. Als junger Offizier wurde er im Krieg von 1870/71 gegen Frankreich an beiden Beinen schwer verwundet. Er wirkte dann an mehreren Standorten in Deutschland, bis er 1900 als Major und Bataillons-Kommandeur seinen Abschied nahm und nach Karlsruhe zog. 1886 hatte er sich mit Martha Antonie Freiin von Mentzingen aus Hugstetten vermählt. 1906 verstarb Friedrich an einem schweren Herzleiden; seine Witwe folgte ihm erst 1939.

Die Tochter Hildegard Maria (1888–1950) war nach längerer Schulausbildung im Ersten Weltkrieg als Pflegerin in Reserve-Lazaretten tätig. 1928 heiratete sie den wesentlich älteren Ernst Freiherrn von Kittlitz und Ottendorf, der bereits zwei Jahre später starb. Der Tod erlöste Hildegard zwanzig Jahre später von einem schweren Herzleiden.

Der Stamm Otto hat also im 19. und am Anfang des 20. Jahrhunderts erfolgreich und unter allgemeiner Wertschätzung auf altem Familien-

Marie Sophie Freiin von Schönau-Wehr (1848–1912); Ölgemälde

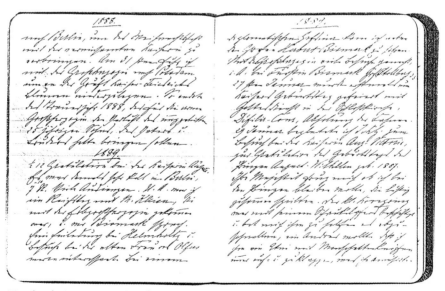

Tagebucheinträge 1888/89 der Marie Sophie Freiin von Schönau-Wehr, Hofdame der Großherzogin Luise von Baden

besitz gewirtschaftet. Der Stamm Rudolph hat in Offizierslaufbahnen und in Hofdiensten höchste Stellungen errungen. Auch als Forstmänner zeichneten sich Vertreter beider Stämme aus. Einige Mitglieder der Familie wurden, vor allem in der zweiten Hälfte des 19. Jahrhunderts zu ›Kammerherren‹ ernannt. Der großherzogliche Hof zog sie nach Bedarf zum Ehrendienst heran. Ihr Abzeichen war der goldene Kammerherrenschlüssel. Zur Uniform gehörte außerdem der Kammerherrendegen. So gab es für den Adel durchaus Möglichkeiten, sich in der seit Anfang des 19. Jahrhunderts veränderten Welt erfolgreich einzurichten. Für die Frauen und Töchter des Geschlechtes bot die Krankenpflege ein zusätzliches Betätigungsfeld.

Einsatz in anderen Kontinenten – Südwestafrika, China

Arthurs ältester Sohn Friedrich von Schönau-Wehr hatte sich für einen Einsatz in Deutsch-Südwestafrika entschieden. Deutschland war verspätet in den Kreis der Kolonialmächte getreten. 1884 hatte Bismarck beispielsweise Erwerbungen des Kaufmanns Lüderitz als Deutsch-Südwestafrika zum deutschen ›Schutzgebiet‹ erklärt. Mit einem Verstärkungstransport traf Friedrich als Leutnant im Frühjahr 1896 im nördlichen Hafen Swakopmund ein. Die Uniform in dieser Kolonie war grau mit einem breitkrempigen Hut, dessen rechte Seite aufgeschlagen war, dazu wurden gelblederne hohe Stiefel getragen. Über den Sitz der Regierung in Windhoek kam Friedrich für drei Jahre als Distriktchef in den Süden der Kolonie zu den sog. »Rehobother Bastards«, »Mischlingen« von Buren und Hottentotten. Außer der Verwaltung oblag ihm deren militärische Ausbildung. Schon 1898 nahm er mit seinen Soldaten an mehreren Gefechten gegen aufständische Hottentotten und Hereros teil. Nach einer Verwendung ab 1900 im Grenzschutz wurde er 1902 zum Distriktchef im Kakaofeld im äußersten Südwesten der Kolonie ernannt. Vor allem dort hatte er Gelegenheit zur Jagd auf Großwild, auch Löwen – eine bleibende Erinnerung für sein ganzes Leben.

Im Norden der Kolonie begann 1904 der große Hereroaufstand. Dort wurde Friedrich als Chef einer Kompanie bald in neue Gefechte mit den Eingeborenen verwickelt. Am 25.2.1904 erlitt er bei Outjo eine

Friedrich Freiherr von Schönau-Wehr (1877–1949)
in der Uniform der deutschen Schutztruppe

Eberhard Freiherr von Schönau-Wehr (1877–1965)
in der Uniform des China-Expeditionskorps (1900)

schwere Verwundung am linken Knie. Wegen der unsicheren Lage mußte er einige Tage gut bewacht auf dem Gefechtsfeld liegen bleiben. Nach einem fünftägigen, sehr schmerzhaften Transport im Ochsenwagen zum Lazarett von Omaruru war die Wunde stark vereitert, eine Amputation konnte mit viel Glück vermieden werden. In die Heimat zurückgebracht, kam Friedrich nach Freiburg in die chirurgische Klinik von Prof. Kraske. Das inzwischen steifgewordene Bein wurde nur im Kniebereich einigermaßen beweglich gemacht. Trotz dieser Behinderung ging Friedrich 1905 erneut in die Kolonie. Während der einjährigen Verwendung als Distriktchef in Omaruru zeigte sich jedoch, daß Friedrich wegen seiner Behinderung als aktiver Offizier nicht mehr verwendet werden konnte. Nach entsprechender Ausbildung wurde er zur Landgendamerie versetzt. Sein Standort als Distriktoffizier war ab 1912 Sigmaringen. Nach dem Ersten Weltkrieg nahm er seinen Abschied als Oberstleutnant. 1907 hatte er Elisabeth Emilie Freiin Röder von Diersburg geheiratet.

Im Sommer 1900 brach in China der sogenannte Boxer-Aufstand aus, eine von der Regierung unterstützte Bewegung, die sich gegen den Einfluß ausländischer Mächte richtete. Zunächst war vor allem das Gesandtschaftsviertel in Peking umkämpft. Ebenso wie das Deutsche Reich stellten auch andere Staaten zur Wahrung ihrer Interessen ein Expeditionskorps aus Freiwilligen auf. Eberhard von Schönau-Wehr, der 1897 zum Leutnant befördert worden war, wurde dem ersten 1. Bataillon des 4. Ostasiatischen Infanterie-Regiments zugeteilt. Die Uniform bestand aus dunkelblauen Litewken (Blusen) und schwarzen Hosen. Als Kopfbedeckung diente ein Lederhelm; für den Sommer war ein weiß-gelber Strohhut mit aufgeschlagener rechter Krempe vorgesehen. Nach kurzer Ausbildung begann für Eberhard und insgesamt etwa 2.000 Mann auf dem Auswandererschiff ›Phönicia‹ im August 1900 die Überfahrt. Das Schiff erreichte nach acht Wochen Taku, den Seehafen von Peking. Dort in der weiten Bucht befanden sich unzählige Kriegs- und Transportschiffe aller an der Expedition beteiligten Mächte.

Vom Lager in Tientsin aus marschierte das Regiment im Verband der 2. Ostasiatischen Brigade nach Pao-Ting-Fu, einer größeren Stadt südlich von Peking. Zur deutschen Militärpolizei kommandiert, hatte Eberhard Gelegenheit, mit den Beamten der Stadt und auch der Zivilbevölkerung in Verbindung zu kommen. Die Hälfte der Stadt war von einer französischen Brigade belegt. Mit deren Militärpolizei bestand ein gutes Verhältnis. Die Tätigkeit als Polizeichef brachte es mit sich, daß Eberhard für die Vollstreckung von Todesurteilen zuständig war, die durch das Militär verhängt wurden. Erschießungen nahm die Militärpolizei vor, Enthauptungen ein chinesischer Scharfrichter. Bei einer öffentlichen Hinrichtung von drei Würdenträgern – ein Minister, der mit dem kaiserlichen Haus verwandt war, ein General und ein Oberst – standen die Abordnungen aller in Pao-Ting-Fu befindlichen Kontingente in einem großen Viereck um die Richtstätte.

Im Besatzungsgebiet kam es nur noch zu kleineren Gefechten mit versprengten chinesischen Truppenteilen. Hierbei ging es vor allem um die Sicherung von Pässen in dem gebirgigen Gelände. Die Verluste waren bei den eigenen Truppen gering.

Am 1.3.1901 nahm Eberhard dann an einem Gefecht an der großen Mauer teil. Im Sommer 1901 wurde das Expeditionskorps aufgelöst; Eberhard kam zur ostasiatischen Besatzungsbrigade, was mit der Verwendung als Polizeioffizier verbunden war. Er konnte jetzt zweimal Peking besuchen, das ihn sehr beeindruckte. Auch reiste er nach Japan, Korea und zur russischen Festung Port Arthur. Im Sommer 1902 meldete sich Eberhard in die Heimat zurück. Die in China häufigen Sandstürme hatten bei ihm schwere Augenentzündungen hervorgerufen. – Die beiden Brüder Friedrich und Eberhard hatten also als junge Männer ferne Kontinente mit anderen Kulturen kennengelernt und dort schwierige Lagen durchgestanden. Sie hatten sich im Rahmen damaliger Zeitströmungen eingesetzt.

Im Ersten Weltkrieg

Der Erste Weltkrieg stellte nicht nur an die Leistungs- und Leidensfähigkeit der kämpfenden Soldaten ganz neue Anforderungen; auch die Heimat wurde von diesem Krieg in einem Maße erfaßt, wie die Menschen es seit den napoleonischen Kriegen nicht mehr erlebt hatten. Daß viele weibliche Angehörige des Geschlechtes von Schönau in Lazaretten und Krankenhäusern den Verwundeten und Erkrankten halfen, ist schon erwähnt worden. Auch in einem Randgebiet wie dem Dinkelberg und dem Wehratal, die der neutralen Schweiz gegenüber lagen, griff der Krieg schnell in den Alltag ein. Bald nach Kriegsausbruch besetzte die Schweiz ihre Landesgrenze; auf der deutschen Seite wurde der Grenzschutz zehn Tage nach Kriegsbeginn von Landsturmmännern übernommen. Im Laufe des Krieges entstand ein Kriegsgefangenenlager bei Freiburg, zahlreiche Kriegsgefangene kamen als landwirtschaftliche Hilfskräfte in die Gegend am Hochrhein. Auch auf dem Schloßhof von Schwörstadt arbeiteten drei Russen, stille fleißige Leute.

Einigen Kriegsgefangenen gelang die Flucht über den Rhein auf Balken, Brettern und Jauchefässern. Schließlich wurde der Grenzschutz durch eine berittene Abteilung verstärkt. Hermann von Schönau-Wehr kam einmal dazu, als ein Franzose und ein Russe, denen die Flucht aus dem Gefangenenlager Freiburg gelungen war, am ›Lachengraben‹ gestellt wurden. Da Hermann ohne Ausweis war, aber gelblederne Riemengamaschen und einen Feldstecher trug, galt er gleich als englischer Offizier und wäre beinahe verhaftet worden. Auch seine Schwester Anna wurde einmal, als sie morgens früh von der Kirche nach Hause ging, mit ihrem langen, hellgrauen Regenmantel für einen englischen Offizier gehalten. Wenn man in der Dunkelheit auf der Straße ging, wurde man oft von Streifwachen zum Halten aufgefordert. Sie waren angewiesen zu schießen, wenn man nicht sofort Folge leistete. – Grundsätzlich war auch das Leben Friedrichs und seiner Familie in Sigmaringen vom Krieg erfaßt.

Eberhard von Schönau-Wehr hatte sich im April 1914 mit Gunhild Freiin von Ow-Wachendorf verlobt, die er einige Jahre zuvor kennengelernt hatte. Die Hochzeit war für den Herbst desselben Jahres vorgesehen, da brach Anfang August der Erste Weltkrieg aus. Als Hauptmann und Kompanie-Chef marschierte Eberhard bald über Mülhausen nach Altkirch, wo es zu einem ersten kurzen Gefecht mit sich zurückziehenden französischen Truppen kam. Nach der Verlegung in die Nähe von Saarburg erlebte Eberhards Infanterie-Regiment 113 in der Schlacht von Lothringen den ersten, verlustreichen Einsatz. Anschließend nach Nordfrankreich transportiert, folgten Kämpfe südwestlich von Lille, wo die Franzosen die deutsche Front aufrollen wollten. Am 19.10.1914 wurde Eberhard durch einen Granatsplitter an der rechten Hand verwundet. Die Genesung gestaltete sich schwieriger als erwartet, zwei Finger blieben gekrümmt.

Dennoch kam Eberhard Anfang 1915 als Chef einer Radfahrkompanie zu einer neu aufgestellten Division. Mit ihr nahm er teil an der Winterschlacht in den Masuren, an Stellungskämpfen im Raum Lomscha und im Sommer an einer Offensive im Bereich des Narew im nördlichen Polen. Bei ihrem Rückzug zerstörten die Russen planmäßig die meist nur aus Holzhäusern bestehenden Dörfer. Die Stadt Bialystok wurde aber so schnell eingenommen, daß die Russen sie nur verhältnismäßig wenig zerstören konnten. Noch im Herbst 1915 eroberte die Division die Städte Grodno und Wilna. Bei einer vorübergehenden Absetzbewegung wäre Eberhard fast in russische Gefangenschaft geraten. Er sah sich schon auf dem Weg nach Sibirien!

Nun folgten der erste Weihnachtsurlaub, eine Erkrankung an Influenza und Neuritis, verbunden mit Lähmungserscheinungen (vermutlich als Folge einer in einem Sumpf zugebrachten kalten Nacht), eine Kur und kurzzeitiger Dienst im Elsaß. In dieser Zeit fanden am 5. 2. 1916 in Wachendorf die Trauung mit Gunhild Freiin von Ow-Wachendorf und eine Hochzeitsreise in den Schwarzwald statt. Inzwischen zum Bataillons-Kommandeur ernannt, nahm Eberhard an der Abwehr eines russischen Angriffs östlich von Wilna teil. Die Division wurde dann in südlicher Richtung nach Wolhynien zwischen Pripjet und Bug verlegt und bataillonsweise in die Stellungen österreichisch-ungarischer Divisionen unter deren Kommando als sogenannte ›Korsettstangen‹ eingeschoben. Im Herbst 1916 konnte hier tatsächlich die große Brussilow-Offensive der Russen abgewehrt werden. Eberhard litt erneut unter Neuritis, doch die Nachricht von der Geburt seines ersten Sohnes Wernher konnte die Schmerzen etwas lindern.

Die Division fuhr nun in eine ruhigere Stellung nach Galizien, wo Eberhard vom Frühjahr bis zum Herbst 1917 als Lehrer half, österreichisch-ungarische Offiziere im Gefechtsdienst auszubilden. Die Schüler setzten sich aus dem Völkergemisch Österreich-Ungarns zusammen, viele konnten kaum deutsch sprechen. Meist gaben sie sich aber große Mühe, etwas zu lernen. In den Raum östlich Wilna zurückgekehrt, ging Eberhards Division bald zum Angriff auf Riga vor und stand dann nördlich und östlich Riga. Ende November 1917 wurde die Division in über achttägiger Fahrt bei großer Kälte auf den westlichen Kriegsschauplatz nach Nordfrankreich verlegt. Hier wurde Eberhard als Bataillons-Kommandeur zur 34. Division versetzt, die in den Kämpfen an der Westfront besonders schwere Verluste an Offizieren erlitten hatte. Nun lernte Eberhard die volle Härte des inzwischen üblichen Stellungskrieges kennen.

Im März und im Mai 1918 traten die Truppen an der Westfront zu großen Offensiven an. Von Führung und Mannschaften voller Hoffnung begonnen, sollte aus dem festgefahrenen Stellungskrieg ein kriegsentscheidender Bewegungskrieg werden. Doch die Angriffe blieben nach Anfangserfolgen stecken. Die erhoffte Entscheidung war also nicht gefallen. Dem dritten deutschen Großangriff Mitte Juli war schon der Anfangserfolg versagt. Beim Gegenangriff der Franzosen wurden nach starkem Artillerie-Trommelfeuer Kampfgas und überraschend viele Tanks (Panzer) eingesetzt und so schließlich die deutschen Stellungen weithin überrannt. Eberhard gelang es, mit seinem Bataillon einen wichtigen Stützpunkt als Teil eines vorspringenden Frontbogens zu halten. Allerdings hatten durch die ständigen Kämpfe die Mannschaftsstärke und die Bewaffnung insgesamt erheblich abgenommen. Bis zum Ende des Krieges sollten sich die Einheiten nicht mehr erholen. Beim Gegner wirkte sich dagegen die massive personelle und materielle Hilfe der Vereinigten Staaten aus.

Nach den gescheiterten Offensiven und infolge der Abnahme der eigenen Kampfkraft war die deutsche Führung gezwungen, die Front zurückzunehmen und zu begradigen. Zu dieser Zeit hatte Eberhard die Führung eines Infanterie-Regiments übernommen. Damals verlieh ihm der Kaiser eine der höchsten Auszeichnungen, die ihm während des Krieges zuteil wurde, das Ritterkreuz mit Schwertern des Hausordens von Hohenzollern. Im Laufe des Oktobers 1918 weckten Gerüchte von einem Waffenstillstand Hoffnungen auf ein baldiges Ende des Krieges, während die spärlichen Nachrichten aus der Heimat nicht gerade zur moralischen Stärkung der immer noch kämpfenden Truppe beitrugen. Die Reste des von Eberhard geführten Regiments gehörten zu einer ›Eingreifstaffel‹. – Am 4.11.1918 wurde der Rest der Division aus seiner letzten Stellung im Krieg abgelöst, und der Rückzug begann an der Maas. An der Front dachte man noch nicht an die Revolution, die in der Heimat bereits begonnen hatte. (Begünstigt wurde der Umsturz durch den Waffenstillstand, den man zwei Tage später bekannt gab.) Im Park eines Schlosses in den Ardennen fand der letzte Feldgottesdienst statt, wobei die Predigt des evangelischen Pfarrers einen tiefen Eindruck auf Offiziere und Mannschaften machte. Eberhard überschritt dann mit seiner Einheit die belgisch-deutsche Grenze unmittelbar nördlich des Großherzogtums Luxemburg. Mit schwarzweißroten Fahnen und mit Tannengrün geschmückt marschierte die Truppe unter den Klängen der Regimentsmusik über die Grenze – unbesiegt und aufrecht – in die Heimat. Dies festzuhalten, lag dem Chronisten Eberhard von Schönau-Wehr besonders am Herzen.

Die Truppe marschierte bei sehr winterlichen Temperaturen über die Eifel und überschritt bei Remagen den Rhein; die meisten Ortschaften waren reich beflaggt, Straßen mit Ehrenbogen versehen. Während des Rückmarsches, der sechs Wochen dauerte, verhielt sich die Truppe ohne Tadel. Es kamen keine Ausschreitungen vor. Es wurde kein Soldatenrat – eine Forderung der revolutionären Soldaten – gebildet, obwohl dies befohlen worden war. Im Gegensatz zu vielen Etappen-Formationen zeigte man auch keine rote Flagge. Eberhard schreibt hierzu: *»Die reibunglose Rückführung des Heeres in das revolutionierte Vaterland war eine der letzten Glanzleistungen des deutschen Generalstabes. Ich glaube, ich durfte nach Beendigung des Rückmarsches auf mein tapferes Bataillon stolz sein, denn kein Pferd, kein Gewehr und kein Ausrüstungsstück waren abhanden gekommen.«* Das ist das Zeugnis eines Offiziers über die Leistung seiner Truppe (und unausgesprochen über sich selbst).

Anmerkungen

[1] AFSW: B 118 (Familienchronik Eberhards Freiherrn von Schönau-Wehr, 6 Bde).
[2] StadtA Bad Säckingen: Ratsprotokoll v. 6.2.1762 (C VIII. 1, Bd. 9).
[3] AFS: B 103 (Lehensrevers 1833).
[4] Jehle, F.: Wehr – Eine Ortsgeschichte, Wehr 1969, S. 204–234.
[5] Stiefel, K.: Baden 1648–1952, Bd. 1, Karlsruhe 1977, S. 488.
[6] AFSW: B 29 (Lehensrevers 1854).
[7] Ebd.: B 30 (Lehenhof 1868).
[8] Ebd.: B 82 (Familienvertrag 1839).
[9] Scheiwiller, O.: Annette von Droste-Hülshoff in der Schweiz, Einsiedeln 1926, S. 152, Anm. 3.
[10] AFSW: B 36 (Lehensrevers 1841).
[11] Ebd.: B 39 (Lehensrevers 1845).

Wernher von Schönau-Wehr

Von der Weimarer Republik zur Bundesrepublik

Geschlecht und Besitz nach dem Ersten Weltkrieg

Die politischen Unruhen und Veränderungen von 1918 brachten auch die Aufhebung des gebundenen Grundbesitzes, der sogenannten Stamm- oder Familiengüter mit sich, die aus den Lehen hervorgegangen waren. In Baden geschah dies durch das Stammgüteraufhebungsgesetz von 1923. Die genaue Regelung fiel gerade hier im Gegensatz zu den anderen Ländern, in denen entsprechende Bestimmungen zum Teil erst in der nächsten Generation in Kraft traten, besonders hart aus. Die bisherige Bindung des Grundbesitzes war an die Erbfolge im Mannesstamm gebunden. Hierdurch sollten die Güter den adeligen Geschlechtern erhalten bleiben. Diese Art der Erbfolge bezog sich bei den Freiherren von Schönau-Wehr auf alle männlichen Erben, was zu Kondominaten, d. h. gemeinsamem Besitz, führen konnte. Andere grundherrliche Familien hatten durch Hausgesetze die Erbfolge in Form eines Fideikommisses einem Erben ›zu treuen Händen‹ übergeben oder in Form eines Majorats zu Gunsten des jeweils Älteren geregelt. Durch das Gesetz von 1923 erfolgte die Vererbung seit dem 9.5.1919 nach dem BGB. Bei Kondominaten bestimmte sich das Miteigentum der Erbberechtigten nach Bruchteilen.

Für die Stammgüter Wehr und Schwörstadt erklärten sich der Stammherr von Schwörstadt Hermann von Schönau-Wehr und die Agnaten, die Seitenverwandten, nach §5 des Stammgüteraufhebungsgesetzes 1925 mit der Aufhebung der Stammgüter einverstanden. Sie verzichteten auch auf Entschädigungsansprüche. Der unverheiratete und kinderlose Stammherr Hermann bestätigte außerdem testamentarisch als Teil der vertraglichen Abmachungen, daß er den Agnaten Friedrich und Eberhard sowie Moritz von Schönau-Wehr die Grundstücke des

Stammgutes Schwörstadt übertrug. Das Oberlandesgericht Karlsruhe, als Stammgutsbehörde tätig, äußerte am 5.3.1926 zunächst Bedenken, ob eine jederzeit widerrufliche testamentarische Verfügung des Stammherrn gegenüber den Agnaten eine ausreichende Sicherheit darstelle. Wenn letztere damit einverstanden seien, *»bestehe für die Stammgutsbehörde kein Anlaß, eine Stiftung anzuordnen«.* Am 6.4.1926 teilte Eberhard zugleich im Namen von Friedrich und Moritz der Stammgutsbehörde mit, daß sie sich *»mit der moralischen Verpflichtung und neuerlichen Versicherung des Freiherren Hermann von Schönau-Wehr begnügen«,* das Testament nicht ohne ihre Zustimmung zu ändern.

Nach der Aufhebung der Stammgüter, dies hatte bis zum 31.12.1925 zu geschehen, bemühten sich die Vertragspartner, die testamentarische Verfügung des Hermann von Schönau-Wehr zu dessen Lebzeiten zu vollziehen. Hierbei vertrat Eberhard seinen Bruder Friedrich und den Vetter Moritz. Nach langwierigen Auseinandersetzungen kam es schließlich 1932 zwischen den Beteiligten zum Abschluß eines notariellen Vertrages über das bisherige Stamm- und Familiengut Schwörstadt. Zunächst fanden kleine Abrundungen zwischen dem Eigen- und dem Stammgut statt. Dann einigten sich die Freiherren von Schönau-Wehr, und Hermann übertrug den Enkeln aus dem Stamm Adolf, Friedrich und Eberhard sowie Moritz aus dem Stamm Rudolf jeweils die Hälfte seines Familiengutes.

Am 23.4.1935 adoptierte Hermann Freiherr von Schönau-Wehr zu Schwörstadt Wilhelm Freiherren von Schauenburg, den Enkel seiner Stiefschwester Emma-Sophie Freifrau von Schauenburg. Wilhelm erhielt von da an den Namen Freiherr von Schönau. Am 3.5.1935 trat Wilhelm, damals badischer Forstassessor, das Erbe an; damit entstand die neue Linie der Freiherren von Schönau mit dem Sitz in Schwörstadt. Am 10.9.1939 heiratete er Adelheid Freiin von Eiselsberg, und deren Söhne und Enkelkinder begründeten die heutige neue Linie. Die Linie der Freiherren von Schönau-Wehr führten dagegen die im vorhergehenden Beitrag erwähnten Nachkommen der Stämme Adolf und Rudolf weiter.

Eberhard und seine Familie

Die Regierung der neuen Republik unter Reichskanzler Friedrich Ebert stellte noch während des Rückmarsches der Fronttruppen Freiwilligen-Verbände auf. Sie sollten die Regierung gegen umstürzlerische Handlungen sichern sowie den Rückmarsch und die Demobilisierung des Heeres samt dem umfangreichen Heeresgut schützen. Außerdem sollten sie Banden abwehren. Die provisorische Regierung der Volksbeauftragten entließ die deutsche Armee, mit Ausnahme einiger junger Jahrgänge. Unterdessen meldeten sich zahlreiche Offiziere und Mannschaften zu den Freiwilligen-Verbänden, so auch Eberhard von Schönau-Wehr. Mit einer freiwilligen Kompanie gelangte dieser zum Jahreswechsel 1918/19 von Thüringen in den Raum um Marburg. Dort übernahm er im Rahmen eines Landesschützenkorps eine Abteilung, welche aus einem Infanterie-Bataillon, einer Batterie und einer Pioniereinheit bestand. Unverzüglich begann der Marsch nach Berlin, wo andere Freiwilligen-Einheiten bereits im Kampf mit den kommunistischen Spartakisten standen. Ohne Blutvergießen konnte die Ruhe in und um Berlin wieder hergestellt werden.

Auch Eberhard von Schönau-Wehrs Einheit, die weiße Armbinden trug, übernahm in Berlin Sicherungsaufgaben im Bereich des Schlesischen und des Görlitzer Bahnhofs. Nach den Wahlen zur Weimarer Nationalversammlung wurde die Einheit nach Verden an der Aller verlegt. Diesmal ging es weiter Richtung Bremen, wo sich Spartakisten festgesetzt hatten. Die Kämpfe waren schwierig, da die Zivilbevölkerung und die Stadt geschont werden sollten, deshalb kamen auch keine schweren Waffen zum Einsatz. Dennoch gab es Verluste bis die Spartakisten aufgaben, die zum Teil in der Zivilbevölkerung untertauchten. Die Truppe wurde dann in Quedlinburg am Harz in das neu gebildete Schützen-Regiment Nr. 8 der Reichswehr eingegliedert.

Nach längeren Bemühungen konnte Eberhard endlich an den Oberrhein zurückkehren, Anfang November 1919 trat er in Karlsruhe die Stelle eines Majors beim Stabe eines Schützenregiments an. Er berichtet: »*Vom Eintreffen in Küllstedt am 16. Dezember 1918 bis Anfang November 1919 war ich dauernd im Land herumgezogen, hatte nur aus dem Koffer gelebt und war an keinem Ort länger als sechs Wochen. Ich glaube sagen zu dürfen, daß für mich erst nach meinem Eintreffen in Karlsruhe der Krieg zu Ende*

Hilda, letzte Großherzogin von Baden († 1912)
Ölgemälde-Entwurf von O. Prophete (1902)

war.« Anschließend diente Eberhard ab 1920 in Konstanz in gleicher Position. Im Herbst 1922 übernahm er als Kommandeur das Ausbildungs-Bataillon des Regiments in Donaueschingen und Villingen. Kurz vor dem Umzug der Familie kam im Januar 1923 zu den Geschwistern Wernher (geb. 1916), Gerda (geb. 1918) und Inga (geb. 1920) noch der Sohn Egbert hinzu, ein freudiges Ereignis am Beginn der neuen Tätigkeit. In Donaueschingen lebte die bereits während der Vorkriegsjahre begründete Freundschaft mit der Familie des Fürsten Max Egon zu Fürstenberg wieder auf. Dies brachte im gesellschaftlichen Verkehr und auf Jagden manchen Vorteil.

Nach der Beförderung zum Oberstleutnant im Jahre 1926 wurde Eberhard schon ein Jahr später aus dem aktiven Dienst verabschiedet. Dies hatte seinen Grund vor allem in der personellen Enge im damaligen Hunderttausend-Mann-Heer, dessen Umfang durch den Vertrag von Versailles festgelegt war. Eberhard übernahm als militärischer Angestellter im Reichsdienst und mit der bisherigen Besoldung eine neue Aufgabe, die auf die Lockerung des Versailler Vertrages und die Vergrößerung des Heeres zielte. Im Bereich mehrerer Oberämter sollte er frühere Offiziere des alten Heeres durch taktische Planspiele schulen. Von 1928–1931 hatte Eberhard seinen Dienstsitz in Rottweil, später in Tübingen. 1934 wurde er zum Oberst befördert und übernahm ein Jahr später das neu gebildete Wehrbezirkskommando Tübingen, eine Stellung, in der viel Aufbauarbeit zu leisten war. Im März 1938 wurde Eberhard nach 42 Dienstjahren verabschiedet.

Kurz zuvor hatte die ehemalige Großherzogin Hilda von Baden, eine geborene Prinzessin von Hessen-Nassau, bei Eberhard von Schönau-Wehr anfragen lassen, ob er bereit sei, ab 1.10.1938 den Dienst eines Hofmarschalls zu übernehmen. Eberhard nahm dieses Angebot gern an. Die großherzogliche Familie war ihm von verschiedenen Anlässen her wohlbekannt, so stand er dem Großherzog Friedrich II., der Chef des Freiburger Infanterie-Regiments 113 war, nahe. Eberhard erwarb in Freiburg-Herdern das Haus Hochmeisterstr. 6, und im September 1938 zog die Familie dorthin um. Nach Einarbeitung wurde Eberhard am 1.1.1939 zum Hofmarschall ernannt. Die Aufgabe des Hofmarschalls bestand darin, in Zusammenarbeit mit der jeweiligen Hofdame die Großherzogin nach außen zu vertreten. Außerdem oblag ihm mit einem gut geschulten Personal die Organisation der einfachen »Hofhaltung«. In der Regel verbrachte die großherzogliche Witwe den Winter im Palais in der Salzstraße in Freiburg, Frühjahr und Sommer auf der Burg Zwingenberg im Neckartal und in ihrer Heimat in Schloß Königstein im Taunus, den Herbst im Palais in Badenweiler.

In seiner neuen Stellung lernte Eberhard durch Besuche oder auf Reisen viele Persönlichkeiten kennen, u. a. den 81jährigen König Gustav Adolf V. von Schweden und den früheren deutschen Kaiser Wilhelm II. Während des alljährlichen Aufenthaltes in Königstein wurden die Großherzogin und ihre Umgebung im Spätsommer 1939 durch die Mobilmachung überrascht, im September begann durch den Überfall auf Polen der Zweite Weltkrieg. Die Hofhaltung, insbesondere der Personalbestand, mußte kriegsbedingt in jeder Hinsicht eingeschränkt werden. Während des Krieges wohnte die Großherzogin im Winter in Freiburg und im Sommer in ihrem Palais in Badenweiler. Noch am 5.11.1944 konnte die Großherzogin im Palais in Freiburg ihren 80. Geburtstag feiern. Hierzu schreibt mein Vater: »*Wer hätte damals gedacht, daß die Herrlichkeit des Palais' nur noch zweiundzwanzig Tage dauern würde, bis zum 27. November, dem so schweren Luftangriff auf Freiburg.*«[1] Dieses Ereignis überlebte die hochbetagte Frau, sie starb erst im Februar 1952. Eberhard begleitete den Trauerzug bis zur Familiengruft in Karlsruhe.

Eberhards engere Familie hatte bereits im Juni 1945 den jüngsten Sohn Egbert verloren.

Er war nach einem vorgezogenen Abitur in einem Artillerie-Regiment rasch zum Leutnant befördert worden. Eine schwere, im Raum Wilna erlittene Verwundung war nur unzureichend verheilt, als er wieder an der Ostfront eingesetzt wurde. Eine letzte Verwundung erlitt er schließlich bei einem Fliegerangriff auf seinen Lazarettzug. Er wurde zwar noch im Lazarett Schrobenhausen in Bayern operiert, doch war die Wunde schon zu sehr vereitert. Vom nahe gelegenen Pöttmes aus versuchten die Schwester Inga und die Frau seines älteren Bruders, ihm die letzten Wochen zu erleichtern. Die ältere Schwester Gerda hatte 1940 Erwin Hemeling (1916–1992) geheiratet, der nach seinem Studium zunächst Militärarzt wurde. Das Ehepaar bekam vier Kinder und zog in den ersten Nachkriegsjahren nach Oberurbach bei Schorndorf. Dort führte Erwin eine Praxis, die sein Sohn Gerd übernahm. In Oberurbach lebt Gerda noch heute.

Nachdem Inga das Studium der französischen und englischen Sprache 1943 in Heidelberg abgeschlossen hatte, wurde sie beim Auswärtigen Amt in Berlin angestellt. Kurz vor dem Einmarsch der Roten Armee setzte sie sich zu ihrer Schwägerin nach Pöttmes ab. Später war Inga bei Behörden in Freiburg tätig, zuletzt als Sekretärin des Kanzlers der Universität Freiburg. Sie lebt heute im Haus der Eltern, für die sie im Alter eine große Hilfe war. – Der Vater Eberhard erkrankte nach 1952 am grünen Star. Von der zunehmenden Erblindung erlöste ihn 1965 der Tod. So gut wie möglich umsorgte ihn bis zuletzt seine Frau Gunhild (1891-1981). Dank ihres steten Interesses an Geschichte kümmerte sie sich um das im Freiburger Haus befindliche Archiv. Sie unternahm viele Reisen und gelangte auf den Spuren früherer Familienmitglieder auch nach Malta. Ihr lebhafter Geist blieb ihr bis zum Schluß erhalten. Bald nach ihrem 90. Geburtstag führte ein Sturz in der Wohnung zu einem raschen Tod.

Jugendzeit und Wehrdienst des Verfassers

Im Alter von fünfzehn Jahren kam ich im Herbst 1931 durch die Versetzung meines Vaters nach Tübingen auf das dortige humanistische Uhland-Gymnasium. In den Tübinger Schulräumen, meist mit Blick auf Neckar und Altstadt, herrschte ein sehr viel freierer Geist als in dem damals noch streng katholisch geprägten Rottweil. Die Mitschüler waren fast alle Mitglieder in verschiedenen Jugendvereinigungen, und nach gründlicher Prüfung entschloß ich mich, der »Freischar junger Nation« beizutreten, die sich zur sogenannten »Bündischen Jugend« rechnete. An deren Spitze stand Admiral a. D. von Trotha. Die politische Richtung entsprach den Zielen der Deutschnationalen Partei unter Hugenberg. Wir hielten uns für eine exklusive Gruppe, fühlten uns in Konkurrenz zu anderen ähnlichen Gruppen und versuchten diesen gegenüber vor allem durch Leistung, auch im Sinne gegenseitiger Erziehung, zu bestehen.

Das Wachsen der Partei Hitlers und des Nationalsozialismus bewegte uns im Jahr 1932 sehr. Nach der sogenannten »Machtergreifung« im Januar 1933 wirkte der »Tag von Potsdam« mit Hindenburg und Hitler am 21. März zunächst beruhigend. Viele Bürger, darunter auch mein Vater, sahen darin ein Zeichen der Verbindung von ›alter Größe und junger Kraft‹. Das Bundestreffen der bündischen Jugend im Mai 1933 auf dem Truppenübungsplatz Munsterlager zeigte aber bereits, in welche Richtung der neue Geist führen sollte. Schon am zweiten Tag wurde das Treffen im Auftrag des Reichsjugendführers Baldur von Schirach durch die örtliche Polizei aufgelöst. Einige Wochen später ereilte unsere Gruppe und andere ähnliche Vereinigungen in Tübingen dasselbe Schicksal.

Noch im Sommer 1933 versuchte die inzwischen mitgliederstarke Hitlerjugend, uns für sich zu gewinnen, indem sie uns Führungspositionen innerhalb ihrer Organisation anbot. Wir lehnten lange ab, waren aber aufgrund des anhaltenden Drängens schließlich bereit, gelegentlich als Gäste an Veranstaltungen teilzunehmen. Zu engerer Mitarbeit waren wir gar nicht in der Lage, weil wir uns auf das Abitur vorzubereiten hatten, ein Grund, der am ehesten anerkannt wurde. Ein Vorteil dieser Verbindung zur Hitlerjugend bestand jedenfalls für mich darin, daß wir elitären Gymnasiasten mit dem übrigen Teil der Jugend, der meist in der Lehre stand, in Verbindung kamen. – Das Jahr 1934 blieb durch zwei Ereignisse in besonderer Erinnerung: den Röhm-Putsch und den Reichsparteitag in Nürnberg. Am 30.6.1934 hörte ich, daß mindestens Teile der Tübinger Garnison wegen eines Putsches der SA unter Röhm in Alarmbereitschaft versetzt worden seien. Das Ausmaß des Blutvergießens in der »Sturmabteilung« (SA) und unter echten und vermeintlichen Gegnern des Regimes wurde erst allmählich bekannt. Nicht nur die Einstellung meines Vaters zur neuen Bewegung änderte sich dadurch grundlegend.

Im gleichen Jahr wurde ich aufgefordert, als Gast des »Bann Tübingen« der Hitlerjugend am Reichsparteitag in Nürnberg teilzunehmen. Das Erlebnis des Parteitages, auf dem wir zu dritt – der Bannerträger, ein weiterer Begleiter und ich – waren, machte mich nachdenklich. Die Organisation war in jeder Hinsicht ausgezeichnet, und bei schönem Wetter beeindruckte die Fülle der Teilnehmer in der riesigen neu erbauten Arena. Die Ovationen der Teilnehmer waren lebhaft, blieben jedoch im Rahmen, so als ob sie gesteuert worden wären.

– Da das Abitur Anfang 1935 bevorstand, ergab sich die Frage nach meiner Berufswahl. Unterstützt von der Familie meiner Mutter plante ich ein Jurastudium mit dem Ziel, im Auswärtigen Amt tätig zu werden. Schon aufgrund meiner Sprachbegabung verspürte ich großes Interesse, Deutschland im Ausland zu vertreten.

Mein Vater hingegen drängte mich zur aktiven militärischen Laufbahn und meldete mich zur Fahnenjunker-Prüfung an. Als Waffengattung hatte er aus seiner Erfahrung als Infanterist für mich die Artillerie gewählt. Im Herbst 1934 kam die Einberufung als Fahnenjunker nach Ludwigsburg zum Artillerie-Regiment 25. Ich verpflichtete mich nur für zwei Jahre, da diese Lösung mir die Möglichkeit offenließ, anschließend Jura zu studieren. – In der Zwischenzeit fuhr ich mit einem Freund auf dem Motorrad bei noch winterlicher Witterung bis nach Süditalien. Durch gute Beziehungen zur deutschen Botschaft erhielten wir sogar Zutritt zu einer Privataudienz bei Papst Pius XI. Neben den Diplomaten und anderen hohen Persönlichkeiten waren wir die einzigen Vertreter der Jugend und wurden so vom Papst angesprochen.

Am 1.4.1935 rückte ich zusammen mit etwa 20 anderen Fahnenjunkern in die Königin-Olga-Kaserne in Ludwigsburg ein. Dank der Kameradschaft konnten wir den harten Anforderungen eher gerecht werden. In unserer Ausbildung wurden uns vom Fähnrichvater zum einen militärisches Allgemeinwissen und andererseits Umgangsformen im Offizierskasino und außerhalb der Kaserne vermittelt. Gleich zu Beginn der Ausbildung erlebten wir auf dem Truppenübungsplatz Heuberg das erste Schießen mit scharfer Munition. Nach einem halben Jahr intensiver Ausbildung wurden fast alle Fahnenjunker als Offiziersanwärter übernommen und zu Gefreiten befördert. Ich war gerade neunzehn Jahre alt geworden, und meine Hauptaufgabe war nun die Beteiligung an der Ausbildung des neuen sehr starken Rekruten-Jahrgangs. Zum Jahresende wurden wir zu Unteroffizieren befördert und konnten die Kriegsschule besuchen.

Im Januar 1936 begann für mich der nächste Abschnitt der Offiziersausbildung in Hannover auf einer der vier seit kurzem bestehenden Kriegsschulen. Hier überwog der Unterricht in Hörsälen mit dem Schwerpunkt Taktik. In die Zeit auf der Kriegsschule fielen die Olympischen Spiele von 1936 in Berlin. Ein kurzer Urlaub ermöglichte mir den Besuch einiger Veranstaltungen. Die Organisation war hervorragend, und ich hatte den Eindruck, daß sich die Reichsregierung alle Mühe gab, angesichts zahlreicher ausländischer Teilnehmer und Besucher alles, was die Partei betraf, im Hintergrund zu halten. Den Abschluß von zehn Monaten auf der Kriegsschule bildete im Herbst die Teilnahme an Manövern verschiedener Truppenteile. Danach kehrte ich als Oberfähnrich zu meinem Regiment nach Ludwigsburg zurück. Inzwischen glaubte ich, daß sich meine Träume von einer diplomatischen Laufbahn auch als Militärattaché verwirklichen ließen. Voraussetzung dafür waren Sprachkenntnisse und eine abgeschlossene Ausbildung zum Generalstabsoffizier. So verpflichtete ich mich über die zweijährige Dienstzeit hinaus.

Im April 1937 zum Leutnant befördert, diente ich in einer Batterie als Zugführer. Diese Tätigkeit brachte neue Aufgaben mit sich, z.B. den Reitunterricht für die Mannschaften; mir selbst bereitete das Reiten zunehmend Freude. Einmal in der Woche fand unter der Leitung von Oberstleutnant Tornier eine Offiziersreitstunde statt. Tornier entstammte einer Hugenottenfamilie in Ostpreußen und war von dort nach Ludwigsburg strafversetzt worden, weil seine politische Einstellung der nationalsozialistischen Führung mißfallen hatte. Übungen auf dem Truppenübungsplatz und das Herbst-Manöver in Oberschwaben brachten Abwechslung und bildeten den Abschluß eines Ausbildungsjahres.

Einige Wochen später wurde ich als sogenannter Bereitoffizier auf die Kavallerieschule nach Hannover kommandiert. In Ausbildungsgruppen zu je etwa einem Dutzend Reitern lernte ich hier Offiziere aus anderen Ländern, u.a. aus Argentinien, Bulgarien, China, der Türkei und von der holländischen Kolonial-Truppe kennen. Zur Ausbildung im Geländereiten wurden wir in die Lüneburger Heide verlegt.

Für den bevorstehenden Urlaub bereitete ich mit zwei anderen Bereitoffizieren eine Reise auf den Balkan vor, dabei wollte ich die Bekanntschaft mit Offizieren aus der Türkei und Bulgarien nutzen. Auf einem Schiff der Donau-Dampfschiffahrtsgesellschaft – der »Anschluß« Österreichs lag erst einige Monate zurück – erreichten wir bald nach dem Start in Wien Preßburg (Bratislava). Der Einmarsch deutscher Truppen in das Sudetenland war nicht mehr ausgeschlossen, und entsprechend gespannt war dort die Stimmung. Auf der Donau fuhren wir bis Bulgarien, dann über das Schwarze Meer und durch den Bosporus nach Istanbul. In der dortigen Kavallerieschule wurden wir herzlich begrüßt. Mit dem Orientexpreß ging unsere Fahrt weiter nach Sofia. Wir wurden von Angehörigen des obersten Generalstabs empfangen und setzten die Reise über Belgrad nach Sarajewo fort.

Dort standen wir nachdenklich an jener Straßenecke, wo 1914 Erzherzog Franz Ferdinand erschossen worden war, was einige Wochen später zum Ausbruch des Ersten Weltkrieges geführt hatte. Über Mostar mit der berühmten Brücke aus der Türkenzeit kamen wir nach Dubrovnik an die Adria. Dort und zwei Tage später in Split hörten wir

Schüsse und erlebten die Bekämpfung von Unruhen in der kroatischen Bevölkerung durch die serbische Polizei. Am nächsten Morgen wollten wir den berühmten griechischen Tempel von Trogir besichtigen. Auf dem Schiff dorthin sprach uns ein älterer Herr an, der uns erzählte, daß er Slowene sei und vor dem Krieg als österreichischer Offizier auf einer Kavallerieschule die schönsten Zeiten seines Lebens verbracht habe.

Im Herbst 1938 zum Regiment zurückgekehrt, wurde ich zum Chef der Regimentsstabsbatterie mit dem berittenen Trompeter-Korps ernannt. Die große Zahl an Unteroffizieren erleichterte nicht gerade die Führung dieser Einheit. Andererseits hatte man beim Marsch durch die Stadt zu Übungen das Trompeter-Korps vor der Einheit und war von der Bevölkerung entsprechend gern gesehen. Anfang 1939 vertrat ich zusammen mit anderen Offizieren mein Regiment bei einem internationalen Spring-Turnier in Stuttgart. Beim Aussuchen und Vorbereiten geeigneter Pferde halfen mir die auf der Kavallerieschule erworbenen Kenntnisse. Zur allgemeinen Überraschung gewann ich das schwere Springen auf einem bis dahin unbekannten Pferd gegen nationale und internationale Konkurrenz. Es folgten weitere erfolgreiche Turniere, bis ich mir Anfang Juli 1939 bei einem Turnier in Karlsruhe durch einen Sturz vom Pferd einen Schlüsselbeinbruch zuzog.

Ab Herbst 1938 nutzte ich endlich die Zeit zur Verbesserung meiner Kenntnisse der französischen Sprache. Eine erfolgreiche Prüfung beim Generalkommando in Stuttgart erbrachte mir einen vierwöchigen Aufenthalt in Paris, den ich zum Besuch eines Kurses bei der Alliance Française nutzte. Bald nach meiner Rückkehr wurde ich für ein Dolmetscher-Examen zum Oberkommando des Heeres nach Berlin einberufen. Ich bestand und erhielt die Genehmigung für einen erneuten vierwöchigen Aufenthalt in Frankreich mit freier Ortswahl. Durch die Vermittlung von Bekannten fand ich Unterkunft auf einem Schloß in der Nähe der Loire. Nach den vier Wochen fiel der Abschied nicht nur mir schwer. Nach der Rückfahrt im August 1939 trat ich meinen Dienst in Ludwigsburg an und erhielt die Nachricht, daß für den nächsten Tag der Beginn der viertägigen Mobilmachung angesetzt war.

Im Zweiten Weltkrieg bis vor Moskau

Das aktive Artillerie-Regiment gehörte zur ersten Welle der Mobilmachung und wurde in die Pfalz verlegt. Ich war als Chef der Stabsbatterie des in zweiter Welle aufzustellenden Artillerie-Regiments 178 eingeteilt und wurde damals zum Oberleutnant befördert. Wie geplant waren wir in vier Tagen marschbereit und wurden in Ludwigsburg mit unbekanntem Ziel auf die Bahn verladen. Die Anteilnahme der Bevölkerung war gering, die Stimmung war gedrückt – der große Unterschied zum Kriegsbeginn 1914. In Pforzheim angekommen, erreichten wir marschierend einen Abschnitt südlich von Karlsruhe. Nach dem Angriff auf Polen hatten inzwischen Frankreich und Großbritannien dem Deutschen Reich den Krieg erklärt. Der Einsatz der Truppe an der Oberrhein-Front verlief aber ohne Feindeinwirkung, weshalb sehr bald das Wort vom »drôle de guerre« entstand. Die zum Teil noch im Bau befindlichen Befestigungsanlagen auf deutscher Seite konnten so ungestört fertiggestellt werden. Gelegentlich sah ich von einer vorgeschobenen Beobachtungsstelle aus ins Elsaß hinüber. Bei gutem Wetter bot sich ein friedliches Bild. Die französischen Soldaten bewegten sich hinter Sichtschutzwänden zwischen ihren Bunkern.

Seit Anfang November 1939 lag unsere Division auf der Nordostseite des Schwarzwaldes. Anfang Mai sollte die Division mit dem Ziel Eifel verladen werden, was aber wegen einer nicht schweren, jedoch seuchenhaften Erkrankung der Pferde nicht geschah. So ergab es sich, daß ich mich am 10. Mai 1940, dem Tag des Angriffs auf Frankreich, Belgien und die Niederlande, dank eines Kurzurlaubs bei meinen Eltern in Freiburg aufhielt. Am Morgen dieses Tages begleitete ich meinen Vater in sein Büro in der Salzstraße, und dabei erlebte ich den ersten Bombenangriff auf Freiburg und sah, wie in einiger Entfernung der Dachstock eines Hauses durch eine Bombe schwer beschädigt wurde. In den letzten Jahrzehnten haben mehrere Veröffentlichungen immer bestimmter erklärt, daß es sich sehr wohl um deutsche Flugzeuge handelte, welche bei keineswegs schlechter Sicht Freiburg mit einer Stadt jenseits der Grenze verwechselt hätten.

Wenig später traf unsere Division mit der Bahn im Raum Bitburg in der Eifel ein. Über Luxemburg und die belgischen Ardennen marschierten wir weit hinter der kämpfenden Truppe und erreichten Frankreich westlich von Charleville. Die Ortschaften waren meistens menschenleer, da die Bevölkerung vor dem Krieg in Richtung Südfrankreich geflüchtet war. Das Vieh stand verlassen auf der Weide, viele Kühe waren verendet, weil sie nicht gemolken worden waren. Beim kampflosen Marsch nach Süden kamen wir durch das Städtchen Rethel, das bei den Kämpfen um einen Brückenübergang stark zerstört worden war. Südlich von Reims hörten wir aus unserem Rundfunkgerät die heisere Stimme Mussolinis, der vom Balkon des Palazzo Venezia in Rom den Eintritt Italiens an der Seite Deutschlands in den Krieg erklärte. Unser Vormarsch endete in Sézanne ca. 50 km südlich der Marne. Dort wurden wir als Besatzungstruppe eingesetzt.

Bald danach wurde ich als Batteriechef zur dritten Batterie in die Nähe von Reims versetzt. Wir erhielten den Befehl, uns auf die Invasion auf England vorzubereiten. Es hieß, wir sollten mit anderen Einheiten der Division das Übersetzen über den Kanal auf Frachtkähnen der Binnenschiffahrt üben. Nach einem tagelangen Marsch trafen wir an der Küste bei Le Havre ein. Inzwischen kamen dort Binnenschiffe in großer Zahl an. Die Batterie wurde in voller Ausrüstung im Laderaum eines solchen Kahns untergebracht, was vor allem wegen der Pferde mit großen Schwierigkeiten verbunden war. Übungshalber wurden wir etwas auf die hohe See hinaus gefahren, wobei die Pferde jammervolle Schwierigkeiten mit dem Gleichgewicht hatten. Wenig später wurden die Übungen für die Invasion eingestellt und das sog. Unternehmen »Seelöwe« abgeblasen.

Nach der Rückkehr in den Bereich der Divisionen erhielten wir mit Oberst Hitter Anfang 1941 einen neuen Regimentskommandeur. Im Laufe seiner Truppenbesuche kam Hitter auch zu unserer Batterie und fragte mich, ob ich nicht Regimentsadjutant bei ihm werden wolle. Ich sagte sofort zu und wurde als Adjutant eingearbeitet. Nach Vorankündigung im März 1941 brach die Division Anfang April nach Polen auf. Aus einer schon frühlingshaften Landschaft fuhren wir in ein winterliches Umfeld bis zum Städtchen Lowitsch, welches westlich von Warschau liegt. Mit Abscheu hörten wir Berichte über die schlechte Behandlung der polnischen Bevölkerung durch Angehörige der SS-Polizeieinheiten. Von Lowitsch marschierten wir bei Nacht durch das verdunkelte Warschau bis zur Demarkationslinie nordwestlich von Brest-Litowsk am

Bug. Auf der westlichen Seite des Bug war das Ufer flach, gegenüber stieg das Gelände stark an. Über dem Hochufer stand etwa in der Mitte unseres Abschnittes die barocke Kirche von Drohiczin.

Am Hang erstellten die Russen in reger Bautätigkeit Betonbunker, die uns an die Zeit am Westwall erinnerten. Mitte Juni war der Aufmarsch beendet, und die eine bange Frage bewegte uns alle: Werden wir die Sowjetunion angreifen? Am 21. Juni mußte ein Offizier zum Befehlsempfang zur Division geschickt werden. Dies ließ ahnen, daß es sich um keinen alltäglichen Befehl handelte. Gespannt warteten wir auf seine Rückkehr und erfuhren, daß der Angriff für den nächsten Morgen vorgesehen war. Sofort eilte ich zum Zelt des Kommandeurs und teilte ihm mit: *»Herr Oberst, wir greifen an«*, worauf Oberst Hitter unverzüglich entgegnete: *»Schönau, diesen Krieg verlieren wir«.* Er wußte, daß er dies nur mir sagen konnte. Kein Wunder, daß mich diese Worte bis zum Ende des Krieges begleiteten. Der Angriff war festgesetzt auf 3.15 Uhr am nächsten Tag. In der Nähe des Gefechtsstandes befand sich ein kleiner Hügel mit weiter Sicht in das flache Umfeld. Mir fiel die Aufgabe zu, von dort aus die von der Division durch Fernsprecher mitgeteilte Zeit an die unterstellten Einheiten weiterzugeben.

Schlag 3.15 Uhr begann das Unternehmen »Barbarossa« mit einem Inferno. Die Artillerie schoß aus allen Rohren, nach einiger Zeit auch mit Nebelgranaten, um das Übersetzen der Angriffsspitzen über den Fluß zu decken. Gegen geringen Widerstand wurde das jenseitige Ufer des Bug besetzt und der Angriff unverzüglich in das Hinterland vorgetragen. Die beweglichen Teile unseres Gefechtsstandes setzten mit dem Kommandeur auf Schlauchbooten über. Mit dem Bau einer Pontonbrücke für Fahrzeuge hatten die Pioniere bereits begonnen. Über dem jenseitigen Hang besichtigte ich die bereits erwähnte Kirche. Die Sowjets hatten sie während der Zeit ihrer Besatzung in knapp zwei Jahren zwar nicht zerstört, aber so beschädigt, daß sie allmählich zur Ruine zerfallen mußte. Ein ähnlicher Anblick sollte sich mir in der Sowjetunion bei Kirchen und Schlössern noch mehrfach bieten.

Zunächst wechselten kleinere Kesselschlachten und vor allem Gewaltmärsche einander ab, die besonders den Infanterie-Divisionen das Äußerste abverlangten. Erschwerend wirkten der trockene heiße Staub der Straßen und Wege und die stechende Sommersonne[2]. Auf Weisung Hitlers sollten die gefangenen politischen Offiziere (Politruks) erschossen werden, es handelte sich dabei um den sogenannten Kommissarbefehl. Unser Regimentskommandeur befahl, diese Weisung an die ihm unterstellten Einheiten nicht weiterzugeben[3]. Die Division erreichte die Beresina nördlich Bobruisk. Der geschichtsbewußte Oberst Hitter hatte erfahren, daß sich unweit unseres Flußübergangs die Reste der Brücke befanden, die beim Rückzug der Truppen Napoleons 1812 gebaut worden war. In einiger Entfernung sahen wir die hölzernen Stümpfe in geringer Tiefe unter der Wasseroberfläche. An den Dnjepr gelangten wir südlich der alten Stadt Mogilew. Nach ihrer schnellen Einnahme marschierte die Division nach Osten weiter.

Bald darauf – mir hatte der Kommandeur das Eiserne Kreuz I. Klasse verliehen – mußte die Division im Nordosten bei Jelnja zusammen mit zwei anderen Divisionen einen vorspringenden Frontbogen gegen starke russische Angriffe verteidigen. Diese Kämpfe standen im Zusammenhang mit der Schlacht um Smolensk. Erst Mitte August beruhigte sich die Lage. – Hitler wollte im Gegensatz zur Auffassung der höchsten militärischen Führung Kiew und Leningrad noch vor Moskau einnehmen, deshalb wurden starke Verbände der Heeresgruppe Mitte nach Norden und Süden abgezogen. Die 78. Infanteriedivision sollte aber im Rahmen der 4. Armee weiter nach Osten angreifen. Die geschwächte Front blieb jedoch bis Mitte September stehen und war in verlustreiche Abwehrkämpfe verwickelt.

Erst nach der Einnahme von Kiew Anfang September erhielt die Heeresgruppe Mitte die »Führerweisung«, »das seit dem 22. Juni in Betracht gezogene Feldzugsziel Moskau endlich anzugehen«. Nach der erfolgreichen Kesselschlacht von Wjasma folgten die Infanterie-Divisionen den vorauseilenden Panzerdivisionen in kräftezehrenden Fußmärschen. Kaum hatte dieser neue Abschnitt des Feldzuges gegen Moskau begonnen, kam der »Roten Armee« die Natur zur Hilfe: Regen, Schnee und Schlamm führten die sog. »Schlammperiode« herbei. Dieser fast unbezwingbare Gegner sorgte dafür, daß die Heeresgruppe einfach stecken blieb. Die russische Führung nutzte die Verzögerung des deutschen Vormarsches aus, um die von Anfang an um Moskau in Reserve gehaltenen Kräfte umzugliedern. Außerdem wurden sie durch sibirische und mongolische Truppen verstärkt, um so dem Angreifer die »Festung« Moskau entgegenzustellen.

Schließlich kämpften sich die 78. Infanterie-Division und eine Nachbardivision mühsam entlang der sogenannten Rollbahn weiter gegen Osten vor. Immer mehr Pferde wurden durch Traktoren aus den verlassenen Kolchosen oder durch die leichteren aber sehr zähen landesüblichen Panje-Pferde ersetzt. Eine leichte Haubitze benötigte allerdings statt sechs mindestens acht bis zehn dieser Pferde, um voranzukommen. Noch vor der Stadt Moshajsk marschierte die Division in Borodino an einem Denkmal, einem riesigen Adler auf einem hohen Sockel, vorbei; es erinnerte an die letzte Schlacht Napoleons auf seinem Marsch nach Moskau. Viele bewegte sicher die bange Frage, welchen Verlauf unser Feldzug zu demselben Ziel nehmen würde. Erst mit Einsetzen des Frostes Anfang November konnte die Front gefestigt und die häufig fehlende Verbindung zwischen den Divisionen wieder hergestellt werden. Nun liefen Versorgung und Nachschub wieder an, die zeitweilig notdürftig aus der Luft erfolgt waren.

Der Frost erleichterte vieles, setzte aber die Truppe mangels ausreichender Winterausrüstung der Kälte aus. Als zusätzlicher Gegner griff nun auch noch »General Winter« ein. Schon ab etwa 10. November lag die Temperatur bei ungefähr minus zwanzig Grad. Die geballte Kampfkraft der russischen Armee stand jetzt den geschwächten deutschen Verbänden gegenüber. Am 18. November traten wir erneut den Vormarsch Richtung Moskau durch das verschneite Urwaldgebiet nördlich und längs der Moskwa an. In diesem Raum erlebten wir zum ersten Mal den Einsatz der russischen »Stalinorgel«, von der zahlreiche kleine Raketen gleichzeitig abgefeuert werden konnten. Anfang Dezember standen wir nördlich der Moskwa bei Swenigorod noch ca. 50 km vom Kreml entfernt. In diesen Tagen fielen die Temperaturen aber weiter bis auf minus 45° Celsius. Die Folge waren hohe Mannschaftsverluste durch Erfrierungen, mitunter froren die Handschuhe der Bedienung an den eiskalten Waffen fest und die Verschlüsse der Maschinengewehre öffneten sich nicht mehr.

Rückzüge und Niederlage

Die Armeeführer ordneten am 6. Dezember die Einstellung der Angriffe und die ersten Rückzugsbewegungen an. Die stark überlegenen russischen Truppen hätten die deutschen Verbände einkesseln können; so war es wichtig, daß Teile der Division die Verbindung nach rückwärts wiederherstellen konnten. Wir setzten uns etwa auf dem Weg ab, den wir beim Vormarsch benutzt hatten. Als Regiments-Adjutant kannte ich die Verlustzahlen, mir ist noch in Erinnerung: Von vier Abteilungskommandeuren (Major oder Hauptmann) waren zwei gefallen und zwei schwer verwundet. Die ungefähr zwanzig jungen Offiziere, welche dem Regiment kurz vor Beginn des Ostfeldzuges zugeteilt worden waren, waren inzwischen alle durch Verwundung, Krankheit oder Tod ausgefallen. Im Laufe des Januar 1942 bezogen wir die sog. »Winterstellung«, eine Linie, die begradigt wurde, um Kräfte zu sparen. – Im Februar 1942 wurde ich zum Hauptmann befördert, kurz danach begann meine Ausbildung zum Generalstabsoffizier, zunächst beim Divisionsstab.

Während des ersten Fronturlaubs im Mai 1942 war ich in Stuttgart bei einer Tante zu Gast und lernte Maria-Theresia Freiin von Gumppenberg, meine spätere Frau, kennen. Ein weiteres glückliches Ereignis war für mich, daß ich meinen Bruder Egbert, der gerade zum Leutnant befördert worden war, zufällig in Rußland traf. Zur Fortsetzung der Generalstabsausbildung wurde ich zu verschiedenen Truppeneinheiten nach Süden und zu einem Lehrgang der Kriegsakademie in Berlin und in Bad Salzbrunn versetzt. Meine Braut und ich hatten uns entschlossen, vor Beginn des Lehrgangs zu heiraten. Die Hochzeit fand am 3.3.1943 in Pöttmes nördlich Augsburg, der Heimat meiner Frau, statt. Ab Herbst 1943 war ich als Generalstabsoffizier an der Ostfront in verschiedenen Verbänden und Stellungen tätig. Zwischen den ständigen Kämpfen erfuhr ich am 10.3.1944 telefonisch, daß mir eine Tochter geboren worden war, der wir den Namen Elisabeth gaben.

Zeitgleich mit der Landung der Westalliierten in der Normandie belasteten uns massive Angriffe der Russen schwer, zumal die deutschen Verbände stark geschwächt waren. Noch am 20. Juli erreichte uns im Raum Bialystok die Nachricht vom Attentat auf Hitler. Diese Nachricht hatte auf uns kaum eine Wirkung, da die Truppe sich in einer so schwierigen Lage befand, daß sie jederzeit damit rechnen mußte, in russische Gefangenschaft zu geraten. Einige Tage später erwartete mich nach einer Nachtfahrt ein Major Kuhn auf dem Gefechtsstand der 28. Jägerdivision. Er war bleich und übernächtigt, es ging um seine vermutete Beteiligung an der Vorbereitung des Attentats. General von Ziehlberg, der Kuhn festnehmen lassen sollte, erfuhr, daß der Verdächtigte noch nicht am neuen Gefechtsstand eingetroffen war. Als ich dem General den schriftlichen Bericht zur Unterschrift vorlegte, sagte er zu mir: »*Schönau, jetzt unterschreibe ich mein Todesurteil*«. Damit sollte er

Recht behalten. Das Urteil gegen ihn wurde noch vor dem Ende des Krieges vollstreckt.

Außerdem erfuhren wir, daß General v. Tresckow, der Chef des Stabes der 2. Armee, vor dem Divisionsabschnitt und gedeckt durch Major Kuhn, sich am 21. Juli das Leben genommen hatte. Tresckow war einer der führenden Köpfe des Widerstandes gegen Hitler, und Kuhn war in die »Fronde« eingeweiht[4]. Nun dachte ich an die gastliche Aufnahme, die ich beim damaligen Oberst v. Tresckow im Stab der Heeresgruppe Mitte auf meiner Fahrt in den Urlaub im Mai 1942 gefunden hatte. – Bald wurde ich als erster Generalstabsoffizier der 28. Jägerdivision bestätigt und erlebte in dieser von mir gewünschten Stellung einen sehr wohlwollenden Kommandeur. In geordnetem Rückzug erreichten wir im Herbst den Raum um Lomza am Narew südlich Ostpreußen.

Wegen einer Gelbsucht kam ich dann ins Lazarett Allenstein, durfte anschließend nach Hause, kehrte aber kurz nach Weihnachten wieder zur Division zurück, die im östlichen Ostpreußen schwere Abwehrkämpfe durchstand. Dann erhielt ich eine Versetzung, so daß ich Silvester zu Hause verbringen konnte, mußte aber unverzüglich die Stelle als Ia einer Infanterie-Division in der Mitte der Slowakei antreten. Absetzbewegungen führten jetzt über den Norden Ungarns, die Kleinen Karpaten und um den 25. April bis in den Raum östlich Brünn. Bei dem Versuch, zusammen mit dem Führer einer zusammengeschmolzenen Panzerabwehreinheit den beiderseits der Ortschaft Zdanice vordringenden Gegner aufzuhalten, wurde ich am 28. April durch einen Granatsplitter am rechten Knie verwundet. Über den Hauptverbandsplatz, wo mein Bein geschient wurde, gelangte ich in einen Behelfslazarettzug.

Gefangenschaft und Neubeginn

Beim Halt in einem Vorortbahnhof von Prag konnte man hören, daß dort ein Aufstand unmittelbar bevorstehe. Unser Zug fuhr weiter und sollte in Karlsbad Süd ausgeladen werden. Hiergegen wehrte ich mich als rangältester Verwundeter entschieden, da die Stadt zwischen den amerikanischen und den russischen Truppen lag. Der eigentlich zuständige Führer des Lazarettzuges, ein Stabsarzt der Reserve, willigte schließlich ein, in Richtung der bayerischen Grenze zu fahren. In nächtlicher Fahrt erreichten wir einen Bahnhof, von wo Amerikaner den Zug nach Marienbad wiesen. Noch am gleichen Tag besetzten die Russen Karlsbad; deren Gefangenschaft waren wir also entgangen. In Marienbad kam ich in ein Lazarett unter amerikanischer Bewachung. Nach meiner Entlassung aus der medizinischen Behandlung wurde ich in ein Gefangenenlager am Rande von Pilsen transportiert. Als Generalstabsoffizier fiel ich unter »automatic arrest«, und damit kam jedenfalls eine schnelle Entlassung nicht in Frage.

Nach etwa drei Wochen unter unerfreulichen Umständen im Gefängnis von Marienbad lernte ich noch mehrere Lager kennen. Als die amerikanischen Gefangenenlager in der Tschechoslowakei Mitte August 1945 aufgelöst wurden, brachte man uns in einem schwer bewachten Güterzug zu einem Lager in Sulzbach-Rosenberg in der Nähe von Amberg. Durch einen Pfarrer, der Zugang zum Lager hatte, konnte ich Verbindung mit meiner Frau in Pöttmes aufnehmen. So erfuhr ich vom Tod meines Bruders Egbert, der einer Verwundung erlegen war, aber auch die freudige Mitteilung von der Geburt unseres Sohnes Albrecht.

In der Gefangenschaft sollte ich – von mir völlig unverschuldet – in Einzelhaft kommen, deshalb entschloß ich mich zur sofortigen Flucht. Nach Eintritt der Dunkelheit wühlte ich mich unter dem hell erleuchteten und von Wachttürmen gesicherten Doppelzaun hindurch und verschwand zunächst in einem Kartoffelfeld. Nach einem letzten Blick auf das Lager beschloß ich, in südlicher Richtung durch einen Wald mit dem Ziel Pöttmes zu marschieren. Am nächsten Morgen bekam ich in einem Pfarrhaus Mantel, Hut und Wegzehrung. Nach zwei Tagen erreichte ich Pöttmes, konnte aber dort wegen der Anwesenheit amerikanischer Soldaten im Schloß meiner Schwiegereltern nicht bleiben. Durch Beziehungen und Mithilfe der Familie meiner Frau erhielt ich jedoch einen vorläufigen Personalausweis.

Wegen der Flucht aus dem Lager drohte mir Verfolgung seitens der amerikanischen Militärbehörden, so wechselte ich in die englische Besatzungszone über. Bei Verwandten meiner Frau am Niederrhein wurde ich nicht nur aufgenommen, ich konnte auch die geplante Ausbildung in der Forstwirtschaft beginnen. Diese setzte ich 1946 im südlichen Westfalen bei Verwandten meiner Familie fort. Dort erfuhr ich dann von einem Entlassungslager in der amerikanischen Enklave Bremen, wo man auch als Fall für den »automatic arrest« in zwei bis drei Tagen entlassen werden könne. Die Fahrt dorthin lohnte sich, und ich erhielt den ersehnten Entlassungsschein, den »discharge«.

Ich blieb noch einige Zeit im Sauerland und kehrte erst Ende Oktober 1946 zu meinem 30. Geburtstag nach Pöttmes zurück, wo ich meine praktische Ausbildung fortsetzte. Da mein im Winter 1946/47 laufendes Verfahren zur Entnazifizierung und Entmilitarisierung noch nicht abgeschlossen war, wurde ich vom Holztechnikum in Rosenheim auf das Frühjahr 1948 vertröstet. Das Verfahren endete schließlich mit dem Urteil »unbelastet«. Das Jahr 1947 nutzte ich neben weiterer Ausbildung, um mich auf die Betreuung des Schönau-Wehrschen Grundbesitzes am Hochrhein vorzubereiten. Darauf drängten mein Vater Eberhard und mein Onkel Friedrich, dieser im Namen seines Sohnes Roderich, der sich noch in russischer Gefangenschaft befand. Die Verwaltung des Kondominats (Miteigentum) hatte meinen Vater stets belastet, so bemühte ich mich nun sehr darum, durch Tausch oder wenn nötig durch Kauf die Auflösung zu erreichen. Dies gelang zwischen den Agnaten Friedrich, Eberhard und Moritz von Schönau-Wehr in Abschnitten bis Ende der fünfziger Jahre. Dadurch wurde es z.B. später möglich, den Eichbühlhof zu einem lebensfähigen Grünlandbetrieb auszubauen.

Im Frühjahr 1948 begann ich das Studium in Rosenheim, das ich als Ingenieur der Holzindustrie abschloß. Dann war ich ab 1950 stellvertretender Betriebsleiter bei der Firma Joseph Himmelsbach in Freiburg, weitere Erfahrungen sammelte ich in zwei anderen Werken. 1952 wurde ich stellvertretender Betriebsleiter des größten Sägewerks des Schwarzwaldes in Neustadt. Vier Jahre später gab ich diese Stelle auf, weil mich die Aufgabe zusätzlich zur 1952 übernommenen Gutsverwaltung überforderte, zudem war ich auch für den Anteil der Nachkommen Friedrichs tätig. Der Wohnsitz Neustadt wurde, vor allem wegen der Schulausbildung der Kinder, beibehalten. Leider war Albrecht an Gelbsucht und Lungenentzündung erkrankt und schon 1945 verstorben. Doch der überlebenden Tochter Elisabeth folgten 1947 Gabriele, 1949 Johannes, 1951 Katharina und – zur großen Freude der Familie – 1958 noch Hubertus.

Die Nachkommen Friedrichs und Max Josefs

Friedrich Freiherr von Schönau-Wehr behielt mit seiner Familie nach seiner Verabschiedung als Gendarmerie-Offizier den Wohnsitz in Sigmaringen bei. Der älteste Sohn Hans (geb. 1908) studierte Architektur und war bis zu seiner Einberufung zum Kriegsdienst beim Stadtbauamt München tätig. Nach Kriegs-Einsätzen auf Kreta und Griechenland kam er Anfang 1942 nach Finnland, wo er Erfrierungen erlitt. Er mußte schließlich aus dem Heeresdienst entlassen werden. Hans war künstlerisch sehr begabt, besonders im Zeichnen, was er seinem Sohn Hans Rudolf, wenn auch in etwas anderer Form, vererbte. Hans war nach seiner Entlassung in München und später in Freiburg beim dortigen Universitätsbauamt tätig. Ab 1956 machte sich die kriegsbedingte Erkrankung wieder bemerkbar und führte 1958 zum Tod.

Die Geschwister Felix (geb. 1909) und Eleonore (geb. 1926) verstarben nach Unfällen schon im jugendlichen Alter. Die überlebende Schwester Maria (geb. 1922) ließ sich im Krieg und in der Besatzungszeit zur Schwesternhelferin und zur Krankengymnastin ausbilden. – Wolfgang (geb. 1918) ergriff die Offizierslaufbahn und wurde 1938 zum Leutnant befördert. Sein Artillerie-Regiment stand im Krieg zunächst an der Westfront. Bei Beginn des deutschen Angriffs gegen Frankreich am 10. Mai 1940 lag sein Regiment westlich von Merzig im Saarland der Maginot-Linie gegenüber. Am dritten Tag schon fiel Wolfgang als vorgeschobener Beobachter. Beigesetzt wurde er auf dem Ehrenfriedhof in Weißkirchen. Rudolf (geb. 1920) begann den Wehrdienst 1938 als Freiwilliger und ebenfalls in einem Artillerie-Regiment. Nach der Teilnahme am Frankreich-Feldzug wurde er an der Ostfront zweimal am Hals verwundet. Er durchlief auch einen Offizierslehrgang. Als er im Osten erneut verwendet wurde, traf ihn im August 1944 in Polen ein Bauchschuß und er starb drei Tage später. Seine letzte Ruhestätte fand er auf dem seinerzeitigen Heldenfriedhof in Tarnow bei Krakau.

Roderich, der schon 1915 geboren wurde, erreichte ein hohes Alter. Er studierte nach seinem Schulabschluß – angeregt durch den Einsatz seines Vaters in Südwest-Afrika – auf der Kolonialschule in Witzenhausen an der Werra. Im Anschluß an den freiwilligen Wehrdienst fuhr Roderich im Jahr 1937 von Hamburg aus in die englische Kolonie Tanganyka-Territory, das ehemalige Deutsch-Ostafrika. Als Pflanzungsassistent arbeitete er im Sisalanbau und auf einer Kaffee-Pflanzung bis zur Internierung durch die Engländer nach Kriegsausbruch im Herbst 1939. Anfang 1940 gelangte er im Austausch gegen Gefangene und Internierte mit anderen Deutschen zu Schiff nach Triest, von wo aus er zu seinen Eltern reisen konnte. Bald danach wurde er zusammen mit vielen Auslandsdeutschen nach Brandenburg eingezogen.

Nach rasch wechselnden Einsätzen flog Roderich 1942 als Kurier nach Nordafrika und wurde einen Monat später durch einen Schuß in den Oberschenkel verwundet. Die erforderlichen Operationen fanden in Tobruk und im März 1943 in München statt. Ab Herbst 1943 nahm Roderich an Kämpfen seiner Einheit in Serbien und Bosnien, später in Siebenbürgen teil. Im nächsten Jahr wurde er zum Leutnant befördert und als Kompanieführer zur Partisanenbekämpfung in Jugoslawien eingesetzt. Bei Kriegsende löste Roderich seine Kompanie auf, und alle versuchten, in kleinen Gruppen in die Heimat zu gelangen. Trotz aller Bemühungen gelang es Roderich nicht, sich aus der Tschechoslowakei nach Westen durchzuschlagen; so geriet er am 18.5.1945 in russische Gefangenschaft. Er wurde in wechselnde Lager gebracht und im Mai 1950 wie viele andere Angehörige der Division Brandenburg von einem russischen Militärtribunal zu 25 Jahren Zwangsarbeit verurteilt; man warf ihm angebliche Kriegsverbrechen seiner Einheit vor.

Am 16.7.1951 unternahm Roderich mit einem Kameraden einen Fluchtversuch aus dem Lager 476 bei Swerdlowsk (Jekaterinburg). Beide wurden unweit des Lagers neun Tage später festgenommen, in das Lager zurückgebracht und danach in jenes Gefängnis verlegt, in welchem die Zarenfamilie 1917 gefangengehalten und ermordet worden war. Die Flucht trug ihnen eine erneute Verurteilung durch das Militärtribunal zu 25 Jahren Zwangsarbeit ein. Roderich mußte bis 1955, zum Teil unter erschwerten Bedingungen im sogenannten Strafvollzug, ausharren. Erst nach Verhandlungen des Bundeskanzlers Konrad Adenauer wurde er mit den letzten deutschen Wehrmachtsangehörigen entlassen und am 16.10.1955 in Herleshausen den Behörden der Bundesrepublik übergeben. Beide Urteile gegen Roderich wurden durch die Generalstaatsanwaltschaft der Russischen Föderation am 1.3.1994 und am 5.11.1998 aufgehoben.[5]

Von den Kindern des Max Josef von Schönau-Wehr und seiner elsässischen Gemahlin Maria Auguste Freiin Zorn von Bulach hatte Rudolf (geb. 1882) 1918 Emma Giesen geheiratet. Aufgrund der Leiden, die er

Roderich Freiherr
von Schönau-Wehr
(1915–1997)

sich im Ersten Weltkrieg zugezogen hatte, starb er bereits 1919, von seiner Frau aufopfernd gepflegt und umsorgt. Seine Schwester Elisabeth Antonia, die den Rufnamen Lili hatte, war 1884 geboren worden. Nach dem Ersten Weltkrieg widmete sie sich zunächst Verwandten beiderseits des Rheins und übernahm den Posten der Landessekretärin des Katholischen Frauenbundes für Baden. Außerdem arbeitete sie sehr erfolgreich im Deutschen Frauenhilfswerk zur Unterstützung von Priesterberufen, das seinen Sitz in Freiburg hatte. Während des Dritten Reiches wurde die Vereinigung verboten, trotzdem arbeitete man im Verborgenen weiter. Nach dem Krieg konnte die Tätigkeit im erweiterten Rahmen und in enger Verbindung mit dem Erzbistum Freiburg fortgeführt werden. Für ihre Verdienste erhielt Elisabeth 1951 den päpstlichen Orden »Pro ecclesia et pontifice«.

Bedeutsam wurde ihre Hilfe im Schloß Schwörstadt während der Besatzungszeit, als dort französische Offiziere einquartiert waren. Elisabeths Sprachkenntnisse konnten das Los der Familie in dieser schweren Zeit mildern. Später setzte sie sich für die Wiederbegründung des Badischen Roten Kreuzes ein und wurde dessen Vizepräsidentin. So war ihr Leben in verschiedener Form der Hilfe am Nächsten gewidmet. – Elisabeths Bruder Moritz (geb. 1887) widmete sich nach dem Zweiten Weltkrieg wieder der Malerei. Er besaß leider nicht dieselbe gute Gesundheit wie seine Schwester, seine Tätigkeit wurde dadurch immer wieder behindert. Bis zu seinem Tod 1960 lebte er mit seiner Schwester zusammen in Freiburg. 1966 folgte ihm Elisabeth als letzte des ehemaligen Stammes Rudolf. – So bestand das Geschlecht der Freiherren von Schönau in der Mitte des 20. Jahrhunderts noch aus den Nachkommen Friedrichs mit ihrem Mittelpunkt in Sigmaringen, den Nachkommen Eberhards mit Sitz in Neustadt/Schwarzwald und der neuen Linie in Schwörstadt.

Anmerkungen

[1] Schönau-Wehr, E. Freiherr v., in: Ilgenstein, W./Ilgenstein-Katterfeld, A. (Hg.): Hilda – Badens letzte Großherzogin, Karlsruhe 1953, S. 69–74.

[2] Vgl. dazu und zum folgenden: Haupt, W.: Sturm auf Moskau 1941, Friedberg 1986.

[3] Poeppel, H., u. a. (Hg.): Die Soldaten der Wehrmacht, München 1998, S. 124 ff.

[4] Scheurig, B.: Henning von Tresckow – Ein Preuße gegen Hitler, Frankfurt a. M./Berlin 1997, S. 219.

[5] Biographien, verfaßt von Ursula von Schönau-Wehr.

Patrick Bircher

Erhaltene Herrensitze

Einleitung

Das Recht, Steinbauten zu errichten, konnte der Adel im Hochmittelalter bald neben dem König für sich beanspruchen. Den Wehranlagen, die auf exponierten Hügelkuppen und Geländespornen angelegt wurden, kam neben dem militärischen Wert stets auch die Bedeutung eines Statussymbols zu. Dieser Aspekt gewann im Spätmittelalter, als die Verteidigungsfunktion der oft abgelegenen und unbequemen Burgen abnahm, rasch an Gewicht. Die zahlreichen neuen Edelsitze, die in dieser Zeit als feste Häuser, Weiherhäuser und mauerumzogene Wohnsitze entstanden, wahrten zwar oft noch den Eindruck wehrhafter Bauten. Im Bereich städtischer und ländlicher Siedlungen errichtet, sollten sie aber vor allem die adelige Standeszugehörigkeit ihrer Besitzer angemessen zum Ausdruck bringen. Handwechsel oder Erbantritt bildeten in Verbindung mit dem veränderten Zeitgeist oft den entscheidenden Hintergrund, vor dem bauliche Veränderungen dem Selbstverständnis des Bauherrn zeichenhaft Ausdruck verliehen.

Die von Mitgliedern der Familie von Schönau in der frühen Neuzeit umgebauten oder neu angelegten Herrschaftshäuser folgten zeitgemäßen architektonischen Gewohnheiten. Mit spätgotischen Ausdrucksformen setzten die kompakten, meist hoch aufragenden Baukörper in den Siedlungsbildern deutliche Akzente. Eine begrenzte Zahl von Gestaltungsmitteln half, den herrschaftlichen Anspruch wirkungsvoll zur Darstellung zu bringen. Durch Form und Anordnung der Reihen-, Staffel- und Kreuzstockfenster ließen sich die oft reich ausgestatteten Räume auch von außen erkennen. Teilweise lebten solche gotischen Formen im ländlichen Raum als ›Nachgotik‹ noch bis ins 17. Jahrhundert fort. Obschon der umschließende Mauerring seine ursprüngliche militärische und rechtliche Bedeutung eingebüßt hatte, bildete er doch einen unverzichtbaren Bestandteil herrschaftlicher Repräsentationsarchitektur. Der schlichte Mauerbau unter hoch aufragendem Walmdach mit seitlich anschließendem Treppenturm diente in Oeschgen, Rheinfelden[1], Stetten und beim alten Schloß in Wehr als typologisches Grundmuster.

Demgegenüber stellte das von einem Graben umschlossene, mit vier Ecktürmen versehene Herrenhaus in Säckingen durch diese Bauteile geradezu den Idealfall eines adeligen Wohn- und Repräsentationsbaus der späten Renaissance dar. Die barocken Raum- und Architekturkonzepte, die vom Ende des 17. Jahrhunderts an verfolgt wurden, zielten auf möglichst umfassende Lösungen und ein einheitliches Erscheinungsbild ab. Der Übergang vom spät- und nachgotischen Edelsitz zum barocken Wohnschloß zeigt sich an der Säckinger Residenz der Familie von Schönau in augenfälliger Weise. In der Grundauffassung doch noch dem blockhaften Giebelbau verhaftet, zeigt der Herrensitz mit der Aufteilung und Gestaltung der Fensterachsen, den veränderten Dachformen auf Wohntrakt und Türmen sowie der Gestaltung der Gartenfassade deutlich barockes Stilempfinden. Die Einrichtung eines nach französischen Vorbildern gestalteten, raumgreifenden Parks näherte die Anlage schließlich dem Konzept eines ›Château entre cour et jardin‹ an.

In Wehr brachen sich herrschaftliches Repräsentationsbedürfnis und barockes Stilempfinden in einem Neubau Bahn. Wie in Säckingen gelang es den Vertretern der Familie teilweise, namhafte Künstler für die Ausstattung zu gewinnen. Im Gegensatz zu vergleichbaren Anlagen blieb in Wehr der Vorgängerbau in unmittelbarer Nähe zum barocken Palais beinahe unverändert erhalten. Durch eine Mauer von der Durchgangsstraße getrennt, verdeutlichte die Gebäudegruppe mit dem zugehörigen Park über Generationen die Gegenwart der Herrschaft Schönau, die auch im klassizistischen Schloß von Schwörstadt einen die Umgebung bestimmenden architektonischen Ausdruck gefunden hat.

Bauten des Mittelalters und der beginnenden Neuzeit

Die *Burg Neu-Altstätten* wurde zwischen 1370 und 1375 durch die Edlen von Altstätten errichtet. Nach mehreren Besitzerwechseln ging die Burg an Ferdinand von Freiberg zu Kißleg († 1549) über. Er vermählte sich mit Salome von Schönau, der Tochter Kaspars von Schönau und Annas von Bolsenheim. Da die Ehe kinderlos blieb, erbten die drei Neffen Hans Rudolf, Hans Caspar und Iteleck von Schönau den Adelssitz, den sie aber vermutlich kaum bewohnten. Mit Erlaubnis des Abtes von St. Gallen erwarben 1639 elf Altstätter Bürger die Anlage mit den zugehörigen Gütern und Rechten. Den Wohnturm und die umliegenden Wiesen, Äcker und Reben übernahm Stadtschreiber Gilg Enk, dessen Nachkommen noch heute im Besitz des Anwesens sind[2].

Der Wehrbau liegt in aussichtsreicher Lage über dem St. Galler Rheintal nahe der Stadt Altstätten und gehört zu einem weit verbreiteten Typus[3]. Über einem gemauerten, von kleinen Fenstern durchbrochenen Turmschaft, der meist über einen Hocheingang zugänglich war, lag ein allseitig vorkragender hölzerner Obergaden, den ein Walmdach abschirmte. Die massive Bauweise des Steinsockels führte dazu, daß in die Substanz des Unterbaus kaum eingegriffen wurde, während die darüberliegende Konstruktion oft Veränderungen unterworfen war oder gar ganz verschwand. Der dreigeschossige Wohnturm in Neu-Altstätten mündet in einen Speicher, der ein Satteldach trägt und auf der Südseite über den Unterbau vorragt. Im Giebelfeld, das auf Stützpflöcken ruht, weist eine seitlich angeordnete Aufzugsöffnung darauf hin, daß das Obergeschoß als Fruchtboden genützt wurde. Trotz der späteren Veränderung des hölzernen Obergadens hat die Altstätter Turmburg ihren wehrhaften Charakter noch weitgehend bewahrt.

Wohl von den Edlen von Randegg erbaut, fand die *Burg Randegg* 1214 eine erste urkundliche Erwähnung. Die nahe der Grenze zur Eidgenossenschaft gelegene Anlage wurde während des Schwabenkrieges 1499 zerstört. Nach dem Aussterben der Familie von Randegg übernahmen die Herren von Schellenberg den gesamten Besitz und bauten um die Mitte des 16. Jahrhunderts die verfallene Burg wieder auf. Maria Euphrosine von Reinach-Hirzbach brachte den Herrensitz 1623 in die Ehe mit Johann Baptist von Schönau-Laufenburg ein[4]. Im Laufe des Dreißigjährigen Krieges wurde die Anlage zeitweise von schwedischen Söldnertruppen besetzt. Nach einem verheerenden Brand folgte eine Wiederherstellung unter weitgehender Verwendung von Bauteilen der Vorgängeranlage. Nach dem Erlöschen der Linie Schönau-Laufenburg ging der Herrensitz über deren letzte Vertreterin Johanna Franziska in das Eigentum der Familie Grammont über.

Johann Ignaz, mit dem die Reihe der fünf aus diesem Geschlecht stammenden Laufenburger Obervögte schloß, wohnte um 1700 während längerer Zeit auf Schloß Randegg. Trotz verschiedener Handänderungen und einer weiteren Feuersbrunst im Jahre 1722, die den Dachstuhl und Teile des Haupttraktes zerstörte, hat der Herrensitz den Charakter, den er nach dem Wiederaufbau in der frühen Neuzeit gewonnen hat, noch weitgehend bewahrt. Auf einer sanften Anhöhe unmittelbar an der Durchgangsstraße Gottmadingen-Gailingen gelegen, wird die Anlage durch einen dreigeschossigen Wohntrakt mit zwei vorgelagerten, wuchtigen Ecktürmen beherrscht; sie verweisen zurück auf die wehrhafte Bedeutung des mittelalterlichen Gründungsbaus[5].

In unmittelbarer Nähe zur Pfarrkirche St. Kosmas und Damian bildete der *Landsitz Oeschgen* das weithin sichtbare Zentrum der Schönauschen Dorfherrschaft im Fricktalischen Rebbauerndorf. Das Wohnhaus wurde 1597 durch Iteleck von Schönau und dessen Gattin Beatrix von Reischach errichtet[6]. Es war Teil eines Gebäudekomplexes, zu dem in der näheren und weiteren Umgebung neben einem Gartenhaus

Rundbogenportal des Oeschger Schlößchens mit Wappenrelief und inschriftlicher Nennung der Erbauer: Iteleck von Schönau und Beatrix geb. von Reischach

Das restaurierte Schlößchen Oeschgen mit Treppenturm und Haupteingang, heute Rathaus

vor allem verschiedene Wirtschaftsbauten gehörten[7]. An den kubisch schlichten nachgotischen Mauerbau mit knappem Krüppelwalmdach schließt sich im Westen ein polygonaler Treppenturm unter spitzem Helm an, der im Erdgeschoß durch ein schmales Kielbogenportal zugänglich ist.

Im Rahmen der umfassenden Restaurierungsarbeiten von 1973/74 konnte neben Teilen der nachgotischen Fenster auch das Rundbogenportal an der Westfront wieder hergestellt und durch die originale Bekrönung ergänzt werden. Das in rotem Sandstein gearbeitete Relief zeigt zwischen zwei Renaissancepilastern mit verkröpftem Gebälk Wappen und Helmzier der Familien Schönau und Reischach. In der Konsolzone findet sich über einem Puttenkopf und der Jahreszahl 1597 unter den Wappen die Inschrift des baufreudigen Ehepaares: »*Itell Egg Vo*[n] *Schönauw Zu Schwerstatt und Oschge*[n] *– Beatrix Von Schönauw geborne Von Reyschach*«.

Während der Herrschaftszeit Otto Rudolfs von Schönau (1670–1699) erfuhr die Substanz des herrschaftlichen Wohnhauses verschiedene bauliche Veränderungen und Ergänzungen. Zwischen 1687 und 1699 entstand eine reich bemalte Felderdecke, die im Zusammenhang mit den Sanierungs- und Wiederherstellungsarbeiten von 1973/74 vom Historischen Museum Basel zurückerworben und wieder eingebaut werden konnte. Von Rankenwerk begleitet, zeigt das zentrale Medaillon in der Mitte ein geviertes Allianzwappen Schönau-Kageneck. Während darüber die heraldischen Zeichen der Großeltern väterlicherseits Schönau/zu Rhein sowie Kageneck/Zorn von Bulach angeordnet sind, finden sich unterhalb in zwei übereinander liegenden Reihen die Schilde der beiderseitigen Eltern Schönau/Sickingen und Kageneck/Andlau sowie der Großeltern mütterlicherseits Sickingen/Ostein und Andlau/Hagenbach[8].

Die zentralen Wappen der Felderdecke erscheinen auch auf dem Epitaph des am 25.2.1699 verstorbenen Freiherrn Otto Rudolf. Ursprünglich in die Kirchhofmauer eingelassen, fand die Sandsteintafel nach dem Neubau der Pfarrkirche an der Westfassade neben dem Hauptportal einen neuen Standort. Die in sechs Zeilen gegliederte Inschrift des Medaillons weist darauf hin, daß das Herz des in Säckingen bestatteten Freiherrn in Oeschgen beigesetzt wurde: »STEHE STILL, LIS DIS. U[nd] SPRICH DAR.ZUE: GOTT GEB DER SEEL DIE EWIGE RUEHE, DES HERTZ. UNDER IENEM STEIN UNS SOLL. ZUEM ANDENCKEN SEIN, AMEN. 1699«.

Im Gegensatz zur Felderdecke verblieb das zur mobilen Ausstattung gehörende Reischacher Hausaltärchen im Historischen Museum Basel. Der kleine renaissancehafte Altaraufsatz birgt ein etwa 1520 entstandenes polychrom gefaßtes Kreuzigungsrelief und läßt sich durch zwei wohl um 1555 hinzugefügte Flügel verschließen, deren Bildprogramm in thematischem Bezug zur Passion Christi steht. In geschlossenem Zustand zeigen die beiden Seiten unter dem göttlichen Gnadenthron und der das Schweißtuch Christi haltenden heiligen Veronika die Wappen von Reischach und Grünenstein. Das in zwei Schritten geschaffene Altärchen dürfte ursprünglich eine Hochzeitsgabe gewesen sein, die möglicherweise über Anna von Reischach, die Gemahlin Hans Jakobs von Schönau, in das Eigentum der freiherrlichen Familie überging[9]. – Das Schönausche Schlößchen befindet sich heute im Besitz der Gemeinde.

Sie nützt das Erdgeschoß für die kommunale Verwaltung und die darüberliegenden Räume als Mietwohnungen.

Der *Herrensitz Stetten* muß in seinem Bezug zum gleichnamigen Dorf gesehen werden. Nachdem die Herren von Schönau zwischen 1373 und 1399 den säckingischen Dinghof Stetten als Vögte verwaltet hatten, gelangte die Niedergerichtsherrschaft um 1488 in Form eines Pfandlehens in ihren Besitz. Der Wunsch des Säckinger Konvents, diese rechtliche Bindung zu lösen, führte 1722 zu einem Prozeß mit der Familie von Schönau, die im Anschluß an den fünf Jahre später ausgehandelten Vergleich ihre Güter in Stetten veräußerte[10]. Die Erbauungszeit des Herrensitzes am südlichen Rand des mittelalterlichen Dorfkerns bleibt unklar. Der über rechteckigem Grundriß errichtete Wohntrakt, der im Kern auf das 13. oder 14. Jahrhundert zurückgehen dürfte[11]; an ihn wurde später ein polygonaler Treppenturm gestellt.

Johann Dietrich von Schönau, der in zweiter Ehe mit Maria Agatha Truchsess von Rheinfelden verheiratet war, ließ den Herrensitz 1666 noch vor seiner Erhebung in den erblichen Freiherrenstand umfassend

Ansicht der Bauteile des Schlößchens Stetten; Wappen von Schönau und Truchseß von Rheinfelden, Zeichnungen von 1901

erneuern. An diese Arbeiten erinnert ein behauener Türsturz im Erdgeschoß des Treppenturms mit den Wappen des Bauherrn und seiner Gattin. Während die nördlich an den Wohntrakt anschließende Scheune aus dem 18. Jahrhundert abgebrochen wurde, bestehen auf der östlichen Seite des Areals noch Reste einer Umfassungsmauer mit großer Hofeinfahrt. Im unmittelbar anschließenden Wirtschaftsgebäude befand sich bis 1920 eine Trotte[12]. Die von Rustikaquadern eingefaßten Rundbogenportale des Keller- und des Hofeinganges zeigen Kämpferprofile in Renaissance-Formen. Dagegen läuft die seitlich des Hofportals anschließende Eingangspforte in einen nachgotischen Kielbogen aus. Diese Verbindung von architektonischen Elementen, die sich in vergleichbarer Weise auch bei anderen Bauten ländlicher und kleinstädtischer Repräsentationsarchitektur zeigt, verleiht dem Stettener Herrensitz einen besonderen Reiz.

Von der späten Renaissance zum Klassizismus

*S*chloß Säckingen läßt sich auf den um 1300 erstmals erwähnten »*Hof bei Sanct Peters Tor*« zurückführen. Der Herrensitz an der Südwestecke der Säckinger Stadtbefestigung ging wohl zu Beginn des 15. Jahrhunderts in das Eigentum der Herren von Schönau über. Die Anlage bildete keinen Teil des Rechts- und Güterkomplexes, der den Inhabern des Stift-Säckingischen Meieramtes als Lehen übertragen wurde. In der Umgestaltung der mittelalterlichen Wehranlage zu einem städtischen Repräsentationsbau manifestierte sich im 16. und frühen 17. Jahrhundert die gefestigte gesellschaftliche und wirtschaftliche Stellung der Familie von Schönau. Grabungsbefunde deuten darauf hin, daß ein Wassergraben den Herrensitz umschloß. Die um 1640 im Druck erschienene Stadtansicht Mathäus Merians zeigt einen wuchtigen Baukörper, der von einem steilen Walmdach mit deutlich ausgeprägter Mansarde bedeckt und von vier, in ›Augsburger Kuppeln‹ auslaufenden, polygonalen Ecktürmen flankiert wird.

Die Kriegshandlungen des 17. Jahrhunderts hinterließen offenbar beträchtliche Schäden an der Schloßanlage. Zwischen 1685 und 1700 erfolgte eine durchgreifende Sanierung und Erweiterung in barockem Stil, die das heutige Erscheinungsbild des Baukörpers prägt. Die Ecktürme wurden auf der Ostseite entfernt, an der Westfassade dagegen

Schloß Säckingen; Kupferstich M. Merians d. Ä.,
Ausschnitt (vor 1848)

durch kurze achteckige Aufsätze erhöht. Auch beim neu errichteten, deutlich aus der Mauerflucht vorspringenden Mittelturm fand die Form des sanft geschweiften Helmes Verwendung, den eine Laterne bekrönt. Der kubisch strengen, dreigliedrigen Gartenfassade wurde eine zentrale, seitwärts ausschwingende, doppelläufige Freitreppe vorgelagert. Im Osten ist der dreigeschossige Bau auf fünf Fensterachsen angelegt. Er erhielt ein steil aufragendes französisches Krüppelwalmdach, das den repräsentativen Charakter des Baukörpers wirkungsvoll steigerte. Der Umgestaltung der Außenhülle folgte in der ersten Hälfte des 18. Jahrhunderts die barocke Ausstattung der Innenräume[13].

In der Gestaltung der heute im Süden bis an das Rheinufer ausgreifenden Parkanlage orientierte sich Freiherr Johann Franz Joseph Otto von Schönau-Oeschgen an französischen Vorbildern. Um 1720 entstand auf der aussichtsreichen Terrasse unmittelbar über dem Fluß ein Gartenpavillon. Dieses ›Teehäuschen‹ wurde über quadratischem Grundriß errichtet und in Analogie zum Wohngebäude mit einem französischen Krüppelwalmdach zeltartig abgeschirmt. Im Innern birgt es Deckengemälde des Tessiner Malers Francesco Antonio Giorgioli, der auch bei der Ausstattung des Säckinger Münsters mitwirkte. Die Darstellungen, die inhaltlich Themen aus der antiken Mythologie aufgreifen, bestechen durch ihre lebendige Anschaulichkeit und den heiteren Erzählton, der das Bildgeschehen durchströmt. Den Freskenzyklus rahmen qualitätvolle italienische Stuckarbeiten, die in den kräftigen Formen des frühen Régence gehalten sind. Ihre Schöpfer könnten aus dem Umfeld der Gebrüder Pietro und Giacomo Neurone stammen, deren Werke auch im benachbarten Fricktal vorwiegend im sakralen Bereich in wirkungsvolle Dialoge mit den Arbeiten Giorgiolis treten[14].

Gartenpavillon im Park des Schlosses von Bad Säckingen, etwa 1720 erbaut

Das Alte Schloß, später Amtshaus, in Wehr

Der Säckinger Besitz wurde nach 1755 an den Säckinger Stadtschreiber Carl Stork veräußert. Nach verschiedenen Handänderungen erwarb 1856 der Fabrikant Theodor Bally Schloß und Parkanlage. Unter großem finanziellem Aufwand und im Stilempfinden seiner Zeit ließ er den zum Brauhaus abgesunkenen Herrensitz umfassend restaurieren. Die Maßnahmen sicherten den Bestand des Schlosses, führten aber auch zu Eingriffen in die gewachsene Substanz des Anwesens. Außer der auf der Rheinseite gelegenen Kapelle wurde die Zugbrücke abgetragen, die über einen Graben zur Stadt führte[15]. Heute im umgangssprachlichen Gebrauch häufig ›Trompeterschlößchen‹ genannt, ging das repräsentative Gebäude 1928 in das Eigentum der Stadt über, die es als Hochrhein- und Trompetenmuseum einer neuen Zweckbestimmung zugeführt und der Öffentlichkeit zugänglich gemacht hat.

Das Neue Schloß in Wehr, heute Rathaus

Frühklassizistischer Festsaal im Neuen Schloß von Wehr

Die *Burg Schwörstadt* ging Mitte des 14. Jahrhunderts durch Heirat in den Besitz Rudolfs II. von Schönau über. Während des alten Zürichkrieges wurde die Wehranlage 1445 durch Berner Truppen, die auf dem Weg zur Belagerung Säckingens waren, geplündert und zerstört. Von den Herren von Schönau neu errichtet, fiel die Burg ›auf dem Stein‹ 1797 einem Blitzschlag zum Opfer und brannte bis auf die Grundmauern nieder[17]. Freiherr Joseph Anton von Schönau faßte daraufhin den Plan, auf dem unmittelbar an den Rhein grenzenden Baugrund ein neues Gebäude erstellen zu lassen. Lediglich der Burggraben und die darüber führende Brücke blieben von der Vorgängeranlage erhalten. Der auf einer Terrasse unmittelbar über dem Fluß gelegene zweigeschossige Wohntrakt wurde 1834/35 fertiggestellt. Die nüchterne klassizistische Architektur im Stil Johann Jakob Friedrich Weinbrenners (1766–1826) verstärkt den herrschaftlichen Charakter des kompakten Baukörpers, der, durch die natürliche Lage begünstigt, einen Hauch von Erhabenheit ausstrahlt.

Anmerkungen

1 Zum Schönauerhof in Rheinfelden siehe den Beitrag von Veronika Günther.

2 Thürer, G.: St. Galler Geschichte. Kultur, Staatsleben und Wirtschaft in Kanton und Stadt St. Gallen von der Urzeit bis zur Gegenwart Bd. 1, St. Gallen 1953, S. 188–189. – Hauswirth, F.: Burgen und Schlösser der Schweiz Bd. 11, Kreuzlingen 1966, S. 9f.

3 Böhme, H. W. u. a.: Burgen in Mitteleuropa. Ein Handbuch Bd. 1, Stuttgart 1999, S. 260–261.

4 AFSW: B 118 Bd. 3, S. 306.

5 Hauptmann, A.: Burgen einst und jetzt. Burgen und Burgruinen in Südbaden und angrenzenden Gebieten Bd. 1, Konstanz 1984, S. 288–290.

6 Kuprecht, K.: Die Herren von Schönau und das Schlösschen Schönau, in: Gemeinde Oeschgen (Hg.): Oeschgen. Sein Schlösschen, seine Geschichte, seine Menschen Oeschgen 1997, S. 20. Daneben steht auch eine spätere Gründung im Jahre 1626 zur Diskussion. Vgl. dazu: Siegrist, J. J. / Weber, H.: Burgen, Schlösser und Landsitze im Aargau, Aarau 1984, S. 92. Es dürfte sich dabei jedoch eher um eine bauliche Veränderung des Gebäudes handeln.

7 Vgl. Fasolin, W.: Der schönauische Besitz an Gebäulichkeiten im Dorf Oeschgen und in der Gipf, in: Oeschgen, S. 41–50.

8 Kuprecht (wie Anm. 6) S. 26–27.

9 Ebd., S. 18–19.

10 Vgl. Deisler, O.: Lörrach-Stetten. Ein Beitrag zum Jubiläum 763-1963, Lörrach-Stetten 1963, S. 165-166.

11 Ebd., S. 34–35. Zur Annahme eines ursprünglichen Wasserschlosses: Kayser, H.: Zur Baugeschichte von Lörrach, in: Badische Heimat, 10/1923, S. 50 ff.; Meyer, W.: Burgen von A bis Z – Burgenlexikon der Regio, Basel 1981, S. 34.

12 Kraus, F. X.: Die Kunstdenkmäler des Kreises Lörrach, Tübingen/Leipzig 1901, S. 51; Deisler: Lörrach-Stetten, S. 165.

13 Vgl. Enderle, A.: Das Schloß Schönau, vom Adelssitz zur städtischen Residenz, in: Museumsführer Schloß Schönau, Bad Säckingen o. J., S. 41–44; Feger, R.: Burgen und Schlösser in Südbaden, Würzburg 1984, S. 272–278; Himmelein, V.: Burgen und Schlösser im Schwarzwald, Stuttgart 1985, S. 94–97; Oeschger, B.: Bad Säckingen. Stadt am Hochrhein, Bad Säckingen ³1996, S. 50–51.

14 Das in der Ortsmitte gelegene »alte Schloß«, ein dreigeschossiger Baukörper mit steilem Satteldach, an den sich in der Mittelachse der Westfassade ein sekundär erhöhter Treppenturm anschließt, geht in wesentlichen Teilen seiner Substanz auf die Erbauungszeit zwischen 1570 und 1574 zurück. Der im Auftrag von Hans Jakob von Schönau errichtete Herrensitz wurde später für die freiherrliche Amtsverwaltung genutzt und diente zeitweilig auch als herrschaftliche Mühle.

15 Niester, H.: Burgen und Schlösser in Baden. Nach Vorlagen aus alter Zeit, Frankfurt a. M. 1961, S. 99, 209.

16 Himmelein: Burgen und Schlösser, S. 97.

17 Meyer: Burgen von A bis Z, S. 33.

Jörg von Schönau

Die Familie von Schönau in Schwörstadt und die Familien von Schönau-Wehr gestern und heute

Der Weg in die Gegenwart

In Schwörstadt hatte Wilhelm Freiherr von Schönau bereits einen Neuanfang gesetzt, als er das Erbe seines Großonkels und Adoptiv-Vaters Hermann von Schönau-Wehr antrat und mit seiner Frau Adelheid geb. Freiin v. Eiselsberg die Linie Schönau begründete[1]. Wilhelm hatte sofort die Renovierung des Herrenhauses Schwörstadt in Angriff genommen; besonders gelungen wirkte der Anbau einer Terrasse an der Südseite des Hauses zum Rhein hin, die sogar von Kunstexperten wegen ihrer ausgewogenen Proportionen für ein Originalteil des Hauses gehalten wurde. Als die schlimmsten Nachkriegsjahre vorüber waren, galt es, große Flächen im Schwörstädter Wald wieder aufzuforsten. Kahlhiebe der Franzosen und ein anschließender Borkenkäfer-Befall hatten zu riesigen Schäden geführt.

Wilhelm richtete eine fachgerechte Saatschule ein, die sich auch eine Zeitlang bei der Aufbereitung von Wind- und Eisbruch bewährte. Dem gelernten Forstmann Wilhelm kamen dabei seine Kenntnisse aus Studium und langjähriger Berufserfahrung als badischer Forstassessor zugute. Vorübergehend wurde außerdem ein eigenes Sägewerk betrieben. Als engagierter Jäger und Heger übernahm Wilhelm die Aufgaben eines Hegeringleiters und eines Kreisjägermeisters. Nach dem Krieg war er als erster Deutscher in den anerkannten Basler Jagd-Club aufgenommen worden. Wilhelm erreichte auch die Wiedereinsetzung der Hermann-Freiherr-von-Schönau-Stiftung für wohltätige Zwecke.

Die besondere Aufmerksamkeit von Wilhelm und Adelheid galt der stilgerechten Erhaltung und Modernisierung des Schlosses Schwörstadt. Die Außenfassade wurde unter Denkmalschutz gestellt. Nach dem Einsturz eines Teils der mittelalterlichen Umfassungsmauer im Februar 1977 wurde die Außenanlage erneut stil- und fachgerecht renoviert, was der Regierungspräsident mit einer besonderen Anerkennungsurkunde würdigte. Auch die in Wuchs und Geschlossenheit auffallend schöne Platanenallee, die als Zufahrt für Haus und Hof dient, ist regelmäßig gepflegt und unter Naturdenkmalschutz gestellt worden. Wilhelm und Adelheid schätzten die Nachbarschaft zum Dorf und wurden Mitglieder in vielen örtlichen Vereinen. Adelheid übernahm die Ämter einer stellvertretenden Vorsitzenden des Schwörstädter Roten Kreuzes, dann das der stellvertretenden Kreisvorsitzenden, schließlich der Vizepräsidentin von Südbaden und war als Mitglied des Präsidiums auch bundespolitisch aktiv.

Mit Wilhelms Tod am 6.8.1994 begann zwar eine neue Ära, doch hatte er die wichtigsten Weichen bereits zuvor gestellt. – Alle drei Söhne hatten nach der Grundschule in Schwörstadt das Scheffelgymnasium in Bad Säckingen besucht. Anton absolvierte dann eine kaufmännische Lehre in Hamburg und wurde Kaufmann. Er interessierte sich sehr für die Jagd, wurde Hegeringleiter und Mitglied im ›Club International de Chasse‹. Er gehörte auch zu den Gründungsmitgliedern des ›Lions-Club‹ in Riehen bei Basel. Anton wurde 1975 mit Corinna (Tochter des Rechtsanwaltes Dr. Albert Riedweg und der Jenny Rose geb. Koechlin) getraut. Dieser Ehe entsprossen die beiden Kinder Alexander, geb. am 16.2.1977 und Marina, geb. am 24.10.1979. Die Ehe der Eltern wurde im Herbst 1998 geschieden. – Hermann studierte Elektrotechnik an der Universität Karlsruhe und schrieb seine Diplomarbeit über ein Thema der elektrischen Stromverteilungsnetze; er schloß mit dem Titel eines Diplom-Ingenieurs ab. Verschiedene berufliche Tätigkeiten führten ihn nach den USA und Mittelamerika, in den Mittleren und Fernen Osten und in die Schweiz. Er ist als beratender Ingenieur tätig.

Jörg studierte Volks- und Betriebswirtschaft an den Universitäten Freiburg, Tokio, Münster und Basel und schloß zunächst mit dem Titel eines Lizentiaten der Wirtschaftswissenschaften ab. Er erhielt dann ein Stipendium des Deutschen Akademischen Austauschdienstes an der Universität von Kalifornien in Berkeley, was ihm ermöglichte, eine Dissertation über die ökonomischen Wirkungen von Umweltverträglichkeitsprüfungen in den USA zu schreiben; er konnte diese Arbeit in Basel einreichen und dort zum Doktor der Staatswissenschaften promovieren. Jörg vermählte sich 1977 mit der Diplomvolkswirtin Magdalena

Kallen (Tochter des Rechtsanwaltes Cornelius Kallen und der Helene geb. v. Koolwijk).

Gleich nach der Eheschließung zog das junge Paar ins Elternhaus ein und begann, Jörgs Vater bei der Verwaltung des Gutes zu helfen. Aus der Ehe gingen drei Kinder hervor: Fridolin, geb. am 3.4.1985, Antoinette, geb. am 27.6.1987 und Cornelius, geb. am 7.5.1989. Jörg machte eine Karriere im Bankwesen, die er als Geschäftsleitungsmitglied einer Bank abschloß. Nach dem Tod seines Vaters und der Übernahme der Gutsverwaltung gründete er eine eigene Treuhand- und Beratungsfirma. – Zur Schwörstädter Linie von Schönau gehören also heute drei erwachsene männliche Mitglieder im Berufsleben sowie zwei Damen, zwei junge Erwachsene und drei Jugendliche.

Als Seniorin des Sigmaringer Zweiges lebte die Witwe Friedrichs noch bis zum 30.3.1977. Sie überstand 1964 einen Herzinfarkt. Durch Arthrose in ihren älteren Jahren etwas gehbehindert, blieb sie doch bis in ihr letztes Lebensjahr geistig sehr lebendig und liebte Reisen, die sie von Sigmaringen aus vor allem in die Schweiz führten. Ihr dritter, noch lebender Sohn Roderich brach nach der harten sowjetischen Gefangenschaft und der Heirat von 1957 mit Ursula Thiele noch mehrmals in sein geliebtes Afrika auf. Von 1957 bis 1964 baute er für das Landwirtschaftsministerium des Sudan in der südlichen Equatoria Province den Kaffeeanbau auf und verwaltete ihn. Von 1965 bis 1967 wirkte er in Hargeisa/Somalia an einem Genossenschaftsprojekt für Hirseanbau mit. Von 1967 bis 1972 folgten Tätigkeiten in Sierra Leone, wo Roderich den Reisanbau organisierte. Schließlich ging es 1973 bis 1976 um ein Projekt zum Braugerste- und Gemüseanbau in der Kivu-Provinz in Zaire. Ursula begleitete ihren Mann während seiner Auslandstätigkeiten, die Kinder kamen nur bis zum Ende der Grundschuljahre mit.

Roderich schätzte Afrikas Natur, seine Tiere und Menschen. Er nutzte jede Gelegenheit zur Jagd auf Antilopen, Wildschweine und vor allem Büffel. Nach der endgültigen Heimkehr im März 1976 war er noch sehr tätig, nach dem Tod der Mutter übernahm er die Verwaltung seines Anteils an Hof und Wald in Wehr. Außerdem pflegte er die Kontakte zu Verwandten und alten Freunden, auch genoß er das Leben in der Heimat mit den heranwachsenden Kindern Claudia Maria (geb. 1958) und Wolfgang Wernher (geb. 1961). Nach dem 80. Geburtstag stellten sich Bein-, Hüft- und Rückenschmerzen ein, die Krankenhausaufenthalte und Operationen nötig machten. Am 3.10.1997 ist Roderich ruhig entschlafen. Er war schon bei der Gründung dem Verein ›Hilfe für Namibia‹ beigetreten. Als Hauptgrundlage für das in den 80er Jahren im Aufbau befindliche Museum in Rehoboth im Baster-Land hatte Roderich Fotos, Briefe u. ä. aus der Zeit seines Vaters gestiftet.

Seine Schwester Maria Elisabeth hatte ab 1951 zunächst die Mutter betreut, führte dann aber als ausgebildete Krankengymnastin eine eigene Praxis und war von 1976 bis 1986 im Krankenhaus Sigmaringen angestellt. Die nun im Ruhestand Lebende hatte es als Tennisspielerin jahrelang immer wieder zur Clubmeisterin in Sigmaringen, dreimal zur Zollern-Alb-Meisterin gebracht[2]. – Der Sigmaringer Zweig besteht heute aus Maria Elisabeth, ihrer Schwägerin Ursula, deren Kindern Claudia und Wolfgang Wernher (mit seiner Frau Nicole geb. Fischer) und ihrem Vetter Hans Rudolf, der als Graphiker in Starnberg lebt.

Von den Kindern Eberhards von Schönau-Wehr leben noch die beiden Schwestern Gerda Alice und Inga Walburga sowie der älteste Sohn Wernher Hyrus. Nach dem Zweiten Weltkrieg hatte er in der Holzindustrie und im Holzhandel gearbeitet, in Neustadt hatte er seinen ersten Wohnsitz errichtet. Ab 1956 widmete sich Wernher überwiegend der vielfältigen Nutzung seines Grundbesitzes. Die älteste Tochter Elisabeth Gunhild lebt heute in der Nähe von Köln, sie hat Wilderich Freiherrn Spies von Büllesheim geheiratet. Die Tochter Gabriele Maria wurde Modemeisterin und heiratete Bruno Brini, den Inhaber einer Florentiner Vertretung für Bekleidung und Sportartikel; hier arbeitet Gabriele Maria mit. Die dritte Tochter Katherina Inga wurde Hotelkauffrau.

Der Sohn Johannes Hyrus studierte Veterinärmedizin und arbeitete als Tierarzt im Hochschwarzwald; 1984 wurde er von dem kinderlosen Bruder seiner Mutter Christoph Freiherr von Gumppenberg auf Pöttmes nördlich Augsburg adoptiert. (Dafür war zunächst der jüngste Bruder Hubertus vorgesehen. Diese Möglichkeit entfiel leider wegen eines tödlichen Unfalls im Sommer 1983.) Johannes heiratete 1984 Teresita Gräfin Hoyos aus Österreich und das Paar ließ sich in Pöttmes nieder[3]. Sie haben inzwischen fünf Söhne. Es ist vorgesehen, daß einer von ihnen als Schönau-Wehrscher Namensträger den Grundbesitz seines Großvaters übernimmt. – Zusammen stellen die Nachkommen der Brüder Friedrich und Eberhard die heutige Linie Schönau-Wehr dar.

Tradition und Weltoffenheit heute

Auch in der Gegenwart sehen die Familien von Schönau sich aus Tradition zur Übernahme öffentlicher Verantwortung verpflichtet, damit geben sie immer wieder ein Zeichen von Weltoffenheit. Ein typisches Beispiel bildet der Beitrag zur Restaurierung der Burgruine Wieladingen. Diese Anlage liegt hoch über der Murg im Hotzenwald. Die Burg ist von den Herren von Wieladingen erbaut oder stark erweitert worden. Als Verwandte der Herren von Stein erscheinen die Wieladinger um 1250 in der Region und festigen dann rasch ihre Stellung, u. a. mit einem Anteil am Säckinger Meieramt, auch die Burg Oberschwörstadt gehörte ihnen bis zum Anfang des 14. Jahrhunderts. Nur zwei Jahrhunderte nach ihrem ersten Auftreten verlassen die Besitzer die Burg Wieladingen wieder – vermutlich schon in weitgehend zerstörtem Zustand.

Nach einigen weiteren Besitzerwechseln verfiel sie mehr und mehr und kam schließlich 1643 an Johann Franz Zweyer von Evenbach, der u. a. fürstbischöflicher Rat in Konstanz und Grundherr in Unteralpfen war. Seine Familie erlosch dann in der ersten Hälfte des 19. Jahrhunderts im Mannesstamm; von den beiden letzten Töchtern hatte Maria Xaveria den Franz-Anton von Schönau-Wehr geheiratet und Constantia den Freiherrn Franz von Enzberg-Mühlheim. Der weitverzweigten Nachkommenschaft dieser beiden Verbindungen gehörte die Burgruine bis in die zweite Hälfte des 20. Jahrhunderts, wobei sich nur die wenigsten davon im Grundbuch eintragen ließen. Dies war u. a. auch ein Grund, warum die Burgruine nicht weiter erhalten wurde. Als dann im Winter 1983/1984 ein Eisregen wesentliche Teile dieses Denkmals zum Einsturz brachte, drohte ein weitgehender Verlust des Bauwerkes.

Engagierte Bürger und Behördenvertreter nahmen Kontakt mit den Familien von Schönau auf. Zur Restaurierung der Burgruine wurde unter Einbeziehung der Eigentümer ein Förderkreis zur Erhaltung der Burgruine gegründet, wozu die entscheidende Versammlung und die entsprechenden Vorgespräche im Schwörstädter Herrenhaus geführt wurden; als Vorsitzende fungierten Bürgermeister Georg Keller aus Rikkenbach und Dr. Gottfried Nauwerck aus Bad Säckingen. Jörg Freiherr von Schönau, der als Vertreter der Gesamtfamilie mitwirkte, wurde zum Schirmherrn ernannt, und als solcher nahm er Koordinations- und Repräsentationsaufgaben des Vereins wahr. Die große Arbeit der fach- und sachgerechten Restaurierung der Burgruine dauerte etwa zwölf Jahre. Mit überwiegend öffentlichen Mitteln konnte dieses Schmuckstück der Region wiederhergestellt werden und mit Hilfe des Schwarzwaldvereins der Öffentlichkeit zugänglich gemacht werden. Gleichzeitig festigten sich die Familienbande der alten Eigentümer durch Treffen und Besuche der Burganlage.

Jörg und Magdalena wurden Mitbegründer des Fördervereins der Gustav-Siewerth-Akademie in Bierbronnen bei Weilheim. Zur Vorbereitung der ersten Welt-Ethik-Konferenz der Medizin in Freiburg i. Br. fand 1998 ein Treffen im Schwörstädter Herrenhaus statt, an dem hochrangige Vertreter des Oberrhein-Gebietes aus Basel, Straßburg und Freiburg i. Br. teilnahmen. Magdalena engagiert sich entsprechend der Familientradition als Ortsvorsitzende und stellvertretende Kreisvorsitzende im Roten Kreuz, außerdem im lokalen Pfarrgemeinderat. Jörg

Burgruine Wieladingen

wurde Verwalter der Hermann-Freiherr-von-Schönau-Stiftung. In Verbundenheit mit der Bevölkerung des Ortes konnte 1997 die 750-Jahrfeier von Schwörstadt begangen werden, dessen Geschichte eng mit der Familie von Schönau zusammenhängt. So lebt im Schwörstädter Schloß ein Interesse an Begegnungen im gesellschaftlichen, sozialen, karitativen und grenzüberschreitenden Sinne.

Jörg wurde – wie bereits sein Großvater Jörg – Ehrenritter des Malteser-Ordens und nahm als solcher an Lourdes-Malteserzügen teil. Ebenso begleitete Elisabeth, die Tochter Wernhers von Schönau-Wehr, Malteser Lourdes Wallfahrten. Nach einer Ausbildung zur Dolmetscherin hatte sie sich bald und entschieden dem sozialen Bereich zugewandt. Sie durchlief vielfältige Zusatzausbildungen und sammelte Erfahrungen als Leiterin von Tagungsstätten und Hospizen. Nach ihrem Eintritt in den Malteserorden übernahm sie die Einrichtung und die Leitung der Malteser Kommende Ehreshoven; die Kommende soll als zentrale Tagungs- und Ausbildungsstätte des deutschen Ordenszweiges dienen. Gleichzeitig beteiligt sich Elisabeth führend an dem aufwendigen ›Projekt Erneuerungsprozeß Ehrenamt‹. Seit September 1997 ist sie die gewählte Generaloberin und Vizepräsidentin des Malteser Hilfsdienstes.

Ihr Vater Wernher von Schönau-Wehr ließ 1991 auf dem Eichbühl neben dem älteren, inzwischen aber zweimal erweiterten Teehaus ein Archiv-Gebäude erstellen; so gab er den wertvollen Urkunden und Unterlagen endlich eine angemessene Bleibe und machte sie der Forschung zugänglich. 1971–1977 war Werner Vorsitzender der Bezirksgruppe Freiburg der ›Vereinigung des Adels in Baden‹, und um 1990 gab er die Anregung, die frühere enge Verbindung des Adels in Baden und im Elsaß wiederzubeleben. Die Verwirklichung legte er in die jüngeren Hände des Grafen Raymond von Andlau aus Stotzheim im Elsaß und von Nikolaus von Gayling-Westphal aus Freiburg-Ebnet. Aus ihren Bemühungen entstand der ›Stotzheimer Kreis‹, ein informeller Zusammenschluß, der beiderseits des Rheins großen Anklang gefunden hat. Der Kreis veranstaltet zweimal im Jahr ein Treffen mit offiziellem Programm und geselligem Beisammensein, einmal im Elsaß und einmal in Südbaden, möglichst auf einem adligen Landsitz. Ein Treffen des Kreises wurde auch im Schwörstädter Schloß und auf dem benachbarten Eichbühlhof durchgeführt.

In der Nachfolge seines Vaters widmete sich Wernher von Schönau-Wehr seit Beginn der 70er Jahre auch der Verwaltung des Albert-Karolinen-Stiftes in Freiburg. Von 1988 bis 1999 war er erster Vorsitzender des aus vier Mitgliedern bestehenden Kuratoriums. Inzwischen hat er seinen Neffen Jörg von Schönau als Nachfolger in das Kuratorium eingeführt[4]. – Dieser knappe Rundblick beweist es bereits zur Genüge: Die Gesamtfamilie lebt nicht einfach nur ›privat‹ als Adelsfamilie weiter, sondern sie stellt sich vielmehr auch heute vielfältigen öffentlichen, sozialen und karitativen Anliegen. Diese umfassen den lokalen und den regionalen Bereich, die Landes- und die Bundesebene, in einem Fall war von einem Hinüberwirken in einen anderen Kontinent zu berichten.

Anmerkungen:

[1] Zu Schwörstadt und den früher dort lebenden Herren von Schönau vergleiche auch die Beiträge: Bircher (Herrensitze), Kreutzer (Herrschaftserwerb am Hochrhein), Schubring (Folgen von Sempach, Grafschaft Wehr), Günther (Rheinfelden), Reiff (Erbteilungen), Hug (Spätzeit), Reinhard Valenta (Auswirkungen von Reform und Revolution) und Wernher von Schönau-Wehr (19. und 1. Hälfte 20. Jahrhundert).

[2] Grundlage dieser Mitteilungen über den Sigmaringer Zweig sind maschinenschriftliche Biographien, die Ursula von Schönau-Wehr verfaßt hat.

[3] Freundliche Hinweise und Mitteilungen von Wernher von Schönau-Wehr.

[4] Wie Anm. 3.

Abbildungsnachweis

Bischoff, Georges (Straßburg): 36 unten (Grundriß, entworfen von dem Archäologen J. M. Rudrauf), 36 oben, 62 (Skizze und Rekonstruktion der Burg Schönau, entworfen von Dr. N. Mengus).

Chèvre, A.: Jacques-Christophe Blarer de Wartensee, Prince-évêque de Bâle (Bibliothèque Jurassienne) 1963, S. 256: 297.

Deutsch-Ordens Zentral-Archiv Wien: Farbtafel 5 (kolorierte Federzeichnung, Foto des Archivs).

Emsland-Museum Schloß Clemenswerth in Sögel: 307 (Goldschmiedearbeit des J. S. Abrell, Foto des Museums).

Günther, Dr. Veronika (Ch-Rheinfelden): 202, 209 (Fricktaler Museum, Rheinfelden), 203 (Kulturhist. Rheinf. Chronik v. Ernst Bröchin, Rheinf.).

Keller, G.: 10 Jahre Förderkreis zur Rettung der Burgruine Wieladingen e.V., S. 14: 524.

Kunstgalerie Karlsruhe, Foto: Scheidegger, Zürich, 190.

Merian, Matthäus d. Ä.: Topographia Alsatiae, Frankfurt a. M. 1643 (n. S. 44): 198, (Kupferstich, Ausschnitt), (n. S. 20): 272 (Kupferstich, Ausschnitt), (n. S. 8): 296 (Kupferstich, Ausschnitt).

Pantaleon, H.: Teutscher Nation wahrhafften Helden, Teil 3, Basel 1568 (S. 421): 362 (Holzschnitt).

Reiff, Dr. Uwe (Stuttgart): 350 (Kartenentwurf).

Schönau, Adelheid von (Schwörstadt): Farbtafel 32 (Ölgemälde), Farbtafel 33.

Schönau, Dr. Jörg von (Schwörstadt): Farbtafel 34.

Schönau-Wehr, Ursula von (Sigmaringen): 503; Farbtafel 37.

Schönau-Wehr, Wernher von (Freiburg): vorderer Einband (zwei Ölgemälde); 10, 41, 49, 57, 80, 109, 116, 119 (Aufnahmen: I. Schaffinaier [in Zukunft: A: I. Sch.]); 152 (AFSW: U 94, Ausschnitt); 184, 187, 222 (A.: I. Sch.); 216 (AFSW: B 22, Ausschnitt); 255 (A.: I Sch.); 248, 249; 264 (A.:I. Sch.); 265 (Ölgemälde, A.: I. Sch.); 281 (Ölgemälde), 287 (A.: I. Sch.); 284 (Kupferstich, 17. Jh.); 311 (Aufnahme: W. von Schönau-Wehr); 315, 331, 343, 375, 378 (A.:I. Sch.); 394 (auf der unteren Seite: »Wer sich in Speis und Dranck recht haldt, mag wol in Gsundheit werden alt. Anno 1628.«); 393, 396, 412, (A.: I Sch.); 420; 447; 460 f. (Stammtafel-Entwurf); 465, 471 unten; 471 oben (Ölgemälde, A.: I Sch.); 473, 474; 484 (Ölgemäle, A.: I. Sch.); 508, 509, 514, 515, 516 (A.: I Sch.) – Farbtafel 1–2 (Ölgemälde, Aufnahmen hier und – wenn nicht anders angegeben – im folgenden: I. Sch.) Farbtafel 3 (Farbdruck); Farbtafel 8–10 (Ölgemälde), Farbtafel 11 (Ölgemälde); Farbtafel 12 (koloriertes Pergament), Farbtafel 13–14; Farbtafel 15–19 (Ölgemälde); Farbtafel 20,

Farbtafel 21–22 (Ölgemälde); Farbtafel 23 (kolorierte Federzeichnung); Farbtafel 24 (Ölgemälde, Aufnahme im ASFW); Farbtafel 25–26 (Ölgemälde); Farbtafel 27–28 (Aquarelle von v. Römer bzw. Bendle, Aufnahmen: Inhoffen); Farbtafel 30–31; Farbtafel 29, 35, 36 (Aufnahme: von Schönau-Wehr).

Schubring, Klaus (Hausen i. W.): 70, 78f. (Entwurf), 84–86, 92f. (Stammtafel-Entwürfe), 126, 127, 160 (Kartenentwurf), 168, 175 (Stammtafel-Entwürfe), 178, 180 (Graphik-Entwurf), 366 (Grabstein, Ausschnitt; Foto: Schubring).

Staatsarchiv des Kantons Basel-Stadt: Klingental Urk. 380, Siegel 2: 5; Klingental Urk. 1112, Siegel: 56; Adelsarchiv v. Hattstatt Urk. 298, Siegel 57.

Staatsarchiv des Kantons Luzern: Urkundenschachtel 683 (Urbar der Kommende Hitzkirch, 18. Jh.), Vorsatzblatt: Farbtafel 4 (Handschriften-Illustration, Foto des Archivs).

Urkunden und Regesten der Stadt und Vogtei Rufach, bearb. v. Walter, Th., Bd. 1 Rufach 1908, S. XIX: 69 (Holzschnitt).

Württemberg, Carl Herzog v. (Schloß Altshausen): Farbtafel 6 (Ölgemälde, Aufnahme: H. Zwietasch, Württ. Landesmuseum Stuttgart).

Personenregister

(*Kursive Ziffern* verweisen auf Abbildungen, *F* auf Farbtafeln)

Abplanalp, Franz 295
Äbtissin Agathe Hegenzer von Wasserstelz 154, 257
Äbtissin Anastasia von Geroldseck 151
Äbtissin Franziska von Schauenburg 253
Äbtissin Herrad von Hohenburg 23
Äbtissin Klaranna von Hohenklingen 132, 148f.
Äbtissin Maria Anna von Hornstein-Göffingen 154
Äbtissin Maria Barbara von Liebenfels 309
Äbtissin Ursula von Säckingen 152
Äbtissin von Olsberg 201
Adenauer, Konrad 502
Albiez, Fridolin 422f.
Albrecht I., König 54
Albrecht III., Herzog 128
Albrecht VI., Herzog 357, 359
Albrecht, Erzherzog von Österreich 187, 199
Ampringen, von 243
Andermann, Ulrich 258
Andlau, Heinrich von 30
– Peter von 63
– Graf Raymond von 525
Anjou, Karl von 385
Anweil (Anwil), Eva von 85, 215, 391
Arnaud von Cervole 31
Arparel, Franz 280f.
Asper, Hans 126
Assisi, Franz von 274
Aubry, Peter 284

Auersperg-Purgstall, Auguste Gräfin von (verh. von Schönau-Wehr) 266, 460, 467f.
Augustinus 258

Backmund, Norbert 258f.
Baden zu Liel, Maria Katharina Sophia von (verh. von Schönau-Wehr) 93, 331
Baden, Franz Benedikt von 303ff.
– Friedrich, Erbgroßherzog 464
– Friedrich I., Großherzog von 459, 464, 467
– Friedrich II., Großherzog von 485
– Hieronymus von 360
– Hilda, Großherzogin von *484*, 485f.
– Johann Konrad von 304
– Johann Reinhard von 330
– Luise von, Großherzogin 469ff.
Baden-Baden, August Georg Markgraf von 419
Baden-Durlach, Carl Friedrich Markgraf von 420
Baden-Liel, Franz Anton Bonifacius von 263
Bagnato, Johann Caspar 314
Bally, Theodor 515
Bancalis de Pruynes, Joseph Baron de 460, 464
Barbarossa, Kaiser 24
Bärenfels, Adelberg von 85, 202f.
– Arnold von 150, 163
Bar-Mousson, Hildegard 51

529

Baumgartner (Öflinger) 436f.
Bayern, Clemens August von 316
Beck zu Willmendingen, Franz Carl von 455
– Maria Walburga von (geb. von Schönau-Schwörstadt) 455
Beger, Odilia 54, 57, 77f.
– Wilhelm 28f., 66, 77
Belikon, Hermann von 199
Belzer, Johann 199
– Richenza 199
Bergheim, Jakob von 85
Bernhausen, Maria Barbara von (verh. von Schönau-Wehr) 93, 303
Bischof Beat Albert von Ramstein 290
Bischof Berthold von Teck 28
Bischof Bertold (von Straßburg) 259
Bischof Christoph von Utenheim 273
Bischof Heinrich von Stahleck 67
Bischof Imer 130
Bischof Jakob Christoph Blarer von Wartensee 289, 292
Bischof Johann Eucharius von Eichstätt 303
Bischof Johann von Dirpheim 66
Bischof Johann von Lichtenberg 32, 41, 67
Bischof Johann von Vienne 32
Bischof Lambert 42
Bischof Ruprecht 71
Bischof Walter von Geroldseck 29, 66
Bischof Werner I. (von Straßburg) 384
Bischof Wilhelm von Diest
Bischoff, Georges 51, 76, 81
Bismarck, Otto von 472
Blarer von Gi(e)rsberg, Magdalena 85, 198, 200f., 203f. 358
Blumen, Ulrich zum 199
Blumenegg, Kaspar von 85, 273
– Michel von 85
Bock zu Bläsheim, Wolfhelm 86
Bodmann, Hans Konrad von 151
– Maria Kunigunde von (verh. von Schönau) 86, 93

Bodmann-Möggingen, Walburga von (verh. von Schönau) 93
Boer, Johann Hartmann 308
Bolsenheim, Anna von 85, 507
Botzheim, Johann von 63
Braun, Carl Friedrich 400
Brini, Bruno 461, 522
Brüderli, Johannes 163
Bueler, Franz Carl 303
Büren, Friedrich von 51
Burnouf, Joëlle 26, 63
Bussnang, Konrad von 33, 42, 69, 151
Butenheim, Mechthild von 54, 78, 81

Claudia, Erzherzogin (1604–1648) 382
Coreth, Max Ernst von 377

Dagobert, König 22, 35
Dauphin, Französischer Kronprinz 165
de la Barde, Jean 292
Dorlisheim, Johann Falkner Burggraf von 78f.
Döttingen, Verena von 113
Drais, von 421
Droste zu Hülshoff, Georg Aloisius 461, 467

Ebert, Friedrich 483
Eggs, Johann Jakob 172
– Ludwig 172
Egisheim, Bruno von, auch: Papst Leo IX. 22
– Gräfin von 51
– Graf von 28
Egloff, Hans 211
Eiselsberg, Adelheid von (verh. von Schönau) 461, 482, 519f., *F 32*
Ekkehard von St. Gallen, Mönch 143
Enzberg, Maria Barbara 303

Enzberg-Mühlheim, Constantia von geb. Zweyer von Evenbach 523
– Franz von 523
Eptingen, Agnes von 138, 163, 240
– Günter von, d. Ä. 150
– Hartmann von 84, 112, 186, 240ff.
– Johann Puliant von 150, 240
Ertzingen, Heinrich von 191
Eticho, Herzog 67f.
– Odilie 67

Fabri, Lorenz 253
Falkenstein, General Marquard Franz Leopold von 312
Faust von Strauberg, Salentin 86
Faust, Paul 42
Fels, Anshelm von 382f.
Ferdinand Carl, Erzherzog von Österreich 252, 378
Ferdinand I., Kaiser von Österreich 204, 367
Ferdinand II., Erzherzog 172ff., 361ff., 373
Ferdinand II., Kaiser 178
Ferdinand III., Kaiser (1608–1657) 386
Ferdinand, König 385
Florentini, Theodosius 267
Fr(e)y (von Brugg), Jeremias 85, 189, 260
Franz Ferdinand, Erzherzog 490
Franz I., Kaiser
Freiberg, Maria Victoria von (verh. von Schönau) 93
Freiberg-Kißlegg, Ferdinand von 85, 118, 506f.
– Helena von 118f.
Freiburg, Graf Egon von 39
– Graf Friedrich von 127
– Henni Sorg von 79
– Graf Konrad von 130
Frese, Werner 51, 58, 61, 76, 82, 100, 106ff., 129, 164, 166, 240
Frick, Heinrich von 199

Friedrich Barbarossa, König der Römer 22, 24, 67
Friedrich der Einäugige ›Herzog des Elsaß‹ 22
Friedrich der Einäugige von Schwaben, Herzog 67
Friedrich II., Kaiser 22ff., 67
Friedrich IV., deutscher König 165
Friedrich IV., Herzog von Österreich 164
Frings, Katharina 18
Fritschemann von Westhus, Ritter 52f.
Fritschmann, Brun 79
Froberg, Graf von 317f.
Frommel, E. 218
Fugger, Jakob 117
Fugger-Wellenburg, Hieronymus 117
Fürstenberg, Max Egon zu 485

Gall von Roggenbach 339
Gall, Anna Maria Victoria (v.) 93f.
Gass, Joseph 405
Gaugreben, Therese von 461
Gayling-Westphal, Nikolaus von 525
Geiler von Kaysersberg 44, 279
Geispolsheim, Johann (Beger) von (»Ianni Geispazen«) 40
Geltrechinger, Werner 186
Giesen, Emma (verh. von Schönau-Wehr) 502f.
Gintsche, Ennelin von 79
Giorgiolo, Francesco Antonio 514
Girsberg, Familie von 25
– Hans Wilhelm von 40
Gitschmann, Hans d. Ä. 203
Gleichauf von Gleichenstein, Carl 265, 460
Göli, Minnesänger 67
Göskon, Markwart von 101
Gotterau, Dr. 289
Grandmont (Grammont), Ignaz Joseph von 194

– Johann Nikolaus von 86, 88, 194, 251f., 363, 507
– Maria Johanna Franziska von geb. von Schönau 86, 88, 194, 209
Granweiler, Elsis von 135
Gremp von Freudenstein, Familie von 55
Grünenberg, Johannes (Henmann) von 129, 133, 150
– Konrad von 55
– Walter von 113
Gumppenberg, Christoph von 461, 522
– Maria-Theresia von (verh. von Schönau-Wehr) 461, 497, 499, 522, F 28
Günzburg, Johannes Eberlin von 208
Gustav Adolf V. König von Schweden 486
Gysin, Peter 448

Habsberg, Hans Wolf von 191
– Ulrich von 191, 395–398
Habsburg, Graf Albrecht von 28
– Gräfin Ida von 384
– Graf Radbot von 384
Habsburg-Laufenburg, Graf Hans von 133, 148f., 241
– Graf Johann IV. von 130
– Graf Johannes von 32, 132
– Graf Rudolf von 112, 114
Hagenbach zu Andlau, Caroline von 317
Hagenbach, Peter von (Vogt) 43
Hagendorn, Franz 132
Hallwil, Thüring von 151
– Wolfdietrich von 86
Hattstatt, Gilg(e) oder Gilie von 34, 38, 61, 79, 82
– Margret von 85
Hauswirth, Fridolin 404
Hedersdorf, Georg Eberhard von (General) 303f.

Heggezer, Hans Melchior 362
Heinrich II. 106
Heinrich III., Kaiser 51, 106
Heinrich IV., Kaiser 22
Heinrich VI., Kaiser 67
Heinrich VII. von Luxemburg, Kaiser 38
Heinrich VII., König 28, 67
Heintzmann, Johann 396
Helmstatt, Jakob Georg von 85
Hemeling, Erwin 461, 486
– Gerd 486
Hennin, Bertha Amalie Gräfin von (verh. von Schönau-Wehr) 460, 467
Henricus de Andelo 40
Herding, O. 275
Hergheim, Petermann von 79
Hermann, Gustav 254
Herrgott, Pater Marquart 423
Herzog, Hans
Heussler, Niklaus 295
Hindenburg, Paul von 487
Hitler, Adolf 487f., 494f., 497
Hitter, Oberst 493ff.
Hochberg zu Rötteln, Otto Markgraf von 108f., 111, 129, 161
– Rudolf Markgraf von 111
– Rudolf III. von 133
Hocher, Johann Paul 377
Höcklin von Steinegg, Hans Jakob 85
Hohenems, Gabriel von 118f.
Hohenlandenberg, Osanna von 84, 87, 168, 244
Holbein d. J. 203
Holzapfel von Herxheim, Anna Katharina, verh. von Schönau-Schwörstadt 93, 206, 328f.
– Philipp Jakob 86
Horburg, Herren von 26, 54, 65
Hornstein, Sigmund von 305
Hoyos, Teresita Gräfin von 461, 522, F 35
Huber (Bezirksverwalter) 445
Hug zu Rhein 78

Hugenberg, Alfred 487
Hugli zur Sunnen 113
Hummel, Amtmann 217
– Hieronymus 232
Hünaberg, Ursula von geb. Klingenberg 135
Hunaweier, Hans von 82
– Susa von 33, 56f., 79, 81f.
– Werner von 82
Hunawiler, Werner von (von Hunawiler gen. Schönowe) 57
Huneburg, Grafen von 55f., 77
Hungerstein, Andreas von 68
Hünoberg (Hünaberg), Katharina von 101, 183
Hürbin, Ulrich 404
Hus, Claus vom 150
– Elsina von 84
Huse, Dietrich vom 30

Jehle, Fridolin 164, 221
Johann, Erzherzog (Stifter des Klosters Muri) 53, 384
Joseph II., Kaiser von Österreich 424f., 433f., 438, 447

Kageneck, Gräfin Maria Franziska Bapt. Walburga von (verh. von Schönau-Zell) 92, 94, 263, 418
– Johann Friedrich von 377
– Johann Heinrich Hermann von 313
– Maria Anna von (verh. von Schönau-Oeschgen) 92, 312f., 393, 510
Kallen, Cornelius 521
– Helene geb. von Koolwijk 521
– Magdalena (verh. von Schönau-Wehr) 461, 520f., 524
Kardinal Barberini 290
Karl der Dicke, Kaiser 261
Karl der Große, Kaiser 35
Karl der Kahle, Kaiser 21

Karl der Kühne, Herzog von Burgund 43, 166
Karl Friedrich, Markgraf 91
Karl IV., Kaiser 31f., 40f., 68
Karl V., Kaiser 16, 301, 323, 362, 373, 384f.
Karl von Lothringen, Herzog 292
Katharina von Rußland, Zarin 261
Keller, Georg 523
Keyserle, Bartle 407
Kienberger, Johann 399f., 446
Kilian, Andreas Josias 418f., 426
Kindler von Knobloch, Julius 50, 53, 55, 58
Kirchhofer, Eva geb. Bannwart 250
– Jörg Adam 252
– Johann Jakob 250
– Franz Meinrad 254
– Franz Raphael 254
– Franz Werner 247, 249–255, 392
– Jakob Fridolin 254
– Maria Elisabeth 254
– Maria Salome (Tochter) 252ff.
Kittlitz und Ottendorf, Ernst von 461, 470
Klär, Michael 433
Klingenberg, Anna von (»die Hurüssin«) 84, 87, 89, 115, 129–135, 137, 148ff., 162f., 186, 239ff., 244, 357
Koerner, Bernhard 52
Konradin, Staufer 385
Kraske, Prof. 475
Kreutzer, Thomas 83
Kuhn, Major 497f.

Lämmli, Franz 403, 407
Landenberg, Agnes von 84, 111, 113, 239
– Herren von 52
– Michael von 373
– Osanna von 84, 151
Landsberg, Mari(n)a Margret von 85, 201, 209

533

Laubgassen, Gisela von 78f., 81
Laufen, Hüglin von 81
Leo, Franz (Amtmann) 426
Leopold I., Kaiser 16, 91, 377, 381
Leopold II., Kaiser von Österreich 438
Leopold III., Herzog von Österreich 15, 31, 39, 102, 111–115, 126, 128f., 239, 383, 415
Leopold IV., Herzog von Österreich 133, 163
Leopold, Erzherzog von Österreich 178, 199
Leymen, Ennelin von 81
Lichtenberg, Johann von 68
Liebenfels, Anna Clara Helena von (verh. von Schönau-Wehr) 93, 286, 309, 330
Lieli, Anna von 133
– Elisabeth von 84, 112, 133
Lothringen, Karl Alexander von 318
Lüderitz Franz Adolf 472
Ludwig der Deutsche 21
Ludwig XIV., König von Frankreich 381, 415, 418
Ludwig XVI., König von Frankreich 16, 388
Lüninck, Auguste Ferdinand von 461, 467
Lupfen, Graf Hans von 163
Luternau, Ursula von 85
Lützelstein, Burkard von 33

Malterer, Martin 128f., 357
Man, Familie von 55
Maria Theresia, Kaiserin 319, 330, 421, 424f., 434
Marschalk, Günter 34
– Familie 67
– N. 34
– Türing 63, 79
Masmünster, Elsi von 84

Maso, Adeliger 261
Maximilian, Erzherzog 174, 176f., 301, 358, 367
Medici, Claudia von 367
Megenberg, Conrad von 39
Mengus, N. 62
Mentzingen, Martha Antonie von 460, 470
Mercy, Franz von 205
Merian, Matthäus d. Ä. 198, 272, 296, 512f.
Merz, Klaus 461
Merz, Walther 76, 101
Metzler, Karl (Pfarrer) 433
Meyer von Hüningen, Eggli 113
– Walter 129
Meyer, Xaver 446
Montfort, Gebrüder 426
Mörsberg, Kaspar von 398
Mörs-Saarwerden, Graf von 39
Mozart, Wolfgang Amadeus 417
Muling, Johann Adelphus 279
Müllenheim, Familie von 25, 38, 65
– Heinz von 32
Münch d. Ä. von Landskron, Burkhard 150
Münch von Münchenstein, Heinrich 84, 242
Münch von Stettenberg, Agnes 34f., 54, 78, 80ff.
– Familie 40
Münch, Hans Thüring 151
Münster, Sebastian 69
Mussolini, Benito 493

Napoleon, Kaiser von Frankreich 411, 428, 455, 495f.
Nauwerck, Gottfried 523
Neuenburg, Gräfin Elisabeth von 130
Neuenfels, Heinrich von 111
– Jakob von 107
– Stefan von 373

Neurone, Giacomo 514
- Pietro 514
Niffer (oder Nufar), Anna von 34f., 79, 82
Nisch, Ulrika 267

Omad(d)en, Eduard von 211
Otter, Jakob 44
- Melchior 44
Otto II., König 22
Ow-Wachendorf, Gunhild von (verh. von Schönau-Wehr) 12ff., 461, 477f., 487f.
- Maria Theresia von (verh. von Schönau-Wehr) 460, 467

Papst Gregor VII., 22
Papst Leo IX., auch: Bruno von Egisheim 22
Papst Pius XI. 489
Parricida, Johann 54
Pfalz-Neuburg, Franz Ludwig von 308f., 312f.
Pfalz-Neuenburg, Ludwig Anton von 303
Pfirt, Albert von 266
- Graf von 28
- Johann Konrad Rudolf von 285
- Johann Reinhard von 378
- Philipp Jakob von 285
Pfirt-Karsbach, Maria Anna Franziska Elisabeth von (verh. von Schönau-Zell) 92, 332, 416
Pico della Mirandola 44
Plieningen, Hans Dietrich von 85
Pollweiler, Nikolaus von 360

Quickner, Johannes 212

Ramstein, Familie von 43, 64
- Klara Eva von 85, 175
- Ursula von 84, 88f., 111, 239, 242
Rappoltstein, Bruno von 32
- Heinrich von 30
- Herren von 26, 39, 42f., 54, 64
- Herzelaude von 32
- Smassmann von, Junker 39f.
Ratzenried, Reinhard von 85
Rechberg zu Hohenrechberg, Katharina von 85, 201f., 204
Reich von Reichenstein, Augustin 85, 339
- Franz Konrad 85, 250, 339
- Hans 151
- Hans Diebold 85
- Jakob 85
Reichenstein, Paul Nicolaus Graf von 317
Reinach, Franz von 308f.
- Itel Jos von 86
- Margaret Kunigunde von 84, 86, 92, 288
- Ursula von (verh. von Schönau) 85, 175, 177, 345
Reinach-Hirzbach, Maria Euphrosina (verh. von Schönau) 86, 194, 205, 209, 213, 507
Reinach-Steinbrunn, Jakob Sigismund von 285
Reischach vom Hohenkrähen, (Maria) Beatrix von (verh. von Schönau) 16, 85, 89, 175, 286f., 344ff., 391f., 508f.
Reischach, Anna von (verh. von Schönau) 85, 175, 338–341, 510
- Eck (Egg) von 85, 373
- Helene (Helena) von 86, 201f., 210
- Magdalene von 86, 193, 202, 210
Reitzenstein, Sigismund von 420
Renninsfeld, Ulrich 397
Reventlow, Sophie Luise Gräfin von (verh. von Schönau-Wehr) 96, 460, 464, 466

Reyß gen. Lamparter, Bernhard von 55
Richardis, Kaiserin 261
Riedweg, Albert 520
– Corinna (verh. von
  Schönau-Wehr) 461, 520
– Jenny Rose geb. Koechlin 520
Rinach, Jakob von 188
Rödel, Volker 26
Röder von Diersburg, Elisabeth
  (verh. von Schönau-Wehr) 461, 475,
  521f.
Roggenbach, Hans Hartmann von 305,
  347ff., 351
– Johann Konrad von (Dompropst) 293
– Peterman von 110
Röhm, Ernst 488
Roll, Franz Ludwig von 288f.
– Freiherr von 426
Rosenbach, Adam Hektor von 86, 208,
  347f., 351
– Anna Elisabeth von (verh. von Schönau-Oeschgen) 86, 92, 247, 286, 394
Rotberg, Sophia von 163
– Wolf Sigmund von 86
Rotenstein, Heinrich von 191, 363
Rotschy, Frau 455
Rotterdam, Erasmus von 279
Rudolf II., Kaiser 174, 374f.
Rudolf IV., Herzog von Österreich
  (›Pfleger des Heiligen Römischen
  Reiches im Elsaß‹) 30
Rudolf, Herzog von Österreich 108,
  110f., 147, 199
Rüger im Turm 79
Rüttenauer, Joseph 425, 435–438, 440f.
Rüxner 34

Sablonier, Roger 26
Sachsen-Gotha, Herzog Johann August
  von 317
Sandherr, Caspar Ernst 254
Savoyen, Prinz Eugen von 376

Schäfer, Karl Heinrich 258
Schaffmaier, Inka 18
Schaler, Werner (Domherr) 113
Schalers, Konrad 101
– Verena 101
Scharrach, Johannes von 78
– N. von 34
Schauenburg, Hans Bernhard 86
Schauenburg-Herlisheim, Emil Franz
  von 460, 468
– Emma-Sophie von 482
– Eva Veronika von (verh. von
  Schönau) 86, 93
– Wilhelm Emil von 96, 461, 482, 519f.,
  F 33
Schaumburg-Lippe und Sternberg,
  Reichsgraf Friedrich Christian zu 414
Scheffel, Josef Victor von 247, 254, 256,
  392
Schenk von Ehenheim, Familie 67
Schenk zu Castell, Fürstbischof Marquard Graf 290
Schenkenberg, Rüdeger von 183
Schirach, Baldur von 488
Schlageter, Albrecht 433f.
Schmotzer, Georg 277
Schnabel von Eptingen, Petermann
  (XVI.) 85, 339
Schneider (Kantonsbaumeister) 446

Schönau, Adelheid von 77f.
– Agnes von (Domfrau zu St. Stephan)
  78, 80, 259
– Agnes von (verh. m. Heinrich III.) 78
– Agnes von (Tochter Jakob V.) 85
– Albrecht von (1572 tot) 85, 339
– Albrecht Hürus 86, 89
– Albrecht von 67f., 78, 102
– Albrecht II. Hürus von 84, 87, 115,
  132f., 138, 148f., 151, 163ff., 168, 186,
  241, 357
– Anna Regina von 85, 338ff.
– Anna von 79

- Anna (verh. von Reinach) 86
- Anna (verh. Ziboll) 84, 90, 138, 150, 163f., 240f.
- Anna (Itelecks Tochter) 86, 89
- Anna (1523–1573) 85, 188f., 260
- Anna Maria (verh. Sigelmann von Neuenburg) 86
- Antonia Josepha (verh. Gleichauf von Gleichenstein) 460
- Apollonia (verh. von Plieningen) 85
- Beatrix von 85, 338ff.
- Berta von 78
- Bertha von 63
- Berthold von 81
- Brigida (verh. Reich von Reichenstein) 85
- Burkard von 79
- Christian von (Sohn von Otto Heinrich) 256
- Clara Kunigunde (Nr. 250, 1747–1816) 261
- Dietrich I. von 58, 76ff.
- Dietrich (II.) von 77f., 80
- Dorothea (verh. von Helmstatt) 85
- Elisabeth 78
- Elisabeth (verh. von Schauenburg) 86
- Elisabeth/Elsine von 84, 111ff., 186, 240ff.
- Elsbeth von 79
- Erhard von 65, 79
- Esther (verh. von Rotberg) 86
- Eva von (Tochter von Hans III.) 85, 188
- Eva von (Tochter von Kaspar I., verh. von Bergheim) 85, 273, 278
- Franz Heinrich von (Domherr in Eichstätt) 304
- Fritz Jakob von 358
- Georg von (Edelknecht) 25, 40, 42, 57, 63f., 69, 79, 81, 83
- Georg (Jörg) (1494–1538) 85, 90, 168, 188f., 199f., 215, 358, 391, 395f.
- Gisela 79
- Günter von 33f., 78f., 81
- Hannemann (I.) 77f.
- Hans von 85, 88, 168
- Hans I. (IV.) von 44, 79
- Hans II. (V.) Hürus 84, 132, 149, 357
- Hans III. (VI.) Hürus 84f., 87, 115, 165f., 168, 186–189
- Hans IV. (VII.) Hürus 85, 88, 90, 167f., 192, 358
- Hans Friedrich Jakob von 85, 192, 204
- Hans Heinrich (1572–1578) 85, 117, 175, 177, 340f.
- Hans Kaspar von (1545–1595) 85, 115, *116*, 117f., 173, 175, 177, 179, 340ff., 344–347, 351, 374, *375*, 381, 385, 391, 507
- Hans Kaspar von (1591–1656) 294
- Hans d. J. (Büßer und Stifter) von 44, 85, 168, 200, 271–280, *281*, 282
- Hans Jakob von 85, 88, 154, 156, 168, 175, 177, 215, 217, 225, 231, 338f., 346, 358, 385, 391, 510
- Hans Ludwig / Lutz 85, 192f., 201f., 204, 338f., 361
- Hans Melchior 85f., 192f., 201, 203f., 208–212, 338f., 359ff., *362*, 363, 368f.
- Hans Othmar von 43f., 85f., 88, 152, 167f., 192f., 198, 201, 204, 207f., 211, 215, 337, 338, 358, 360, 363, 373f.
- Hans Othmar II. von 86, 193, 201, 204, 209, 213, 363
- Hans Rudolf (1521–1546) 85, 88, 168, 198, 200–204, 207, 339, 358f.
- Hans Rudolf (1572–1609) 85, 117, 119, 152, 154, 173–177, 201, 340ff., 344–347, 360, *366*, 368, 385, 507
- Hans Rudolf d. J. (1575–1621) 86, 193, 201, 204, 207, 209f., 212f.
- Hans Werner von 42
- Hartmann I. von 33f., 54, 67f., 77f., 80f., 83
- Hartmann II. von 30, 33, 54f., 78, 80f.
- Hartmann (III.) von 78, 81
- Hartmann IV. 78

- Hartung (Domherr) 34f., 40f., 78
- Hedwig (Kanonissin) [Nr. 25] 259
- Heinrich (I.) von (He[i]nricus de Sconowe) 15, 22–25, 27, 51, 57f., 76ff.
- Heinrich (II.) von (Henricus Sconenowe) 27f., 76ff., 81
- Heinrich (III.) von (Seneschall oder Truchseß) 28f., 42, 63, 66, 77f., 80
- Heinrich (IV.) von (Heinzelin) 78f., 80f.
- Heinrich (V.) von 68, 78
- Heinrich VI. Hürus von 43, 71, 84, 87, 115, 165f., 168, 186, 188f., 191, 273, 357, 363, 397f.
- Heinrich, Dr. (Generalvikar) 90, 199f., 208, 273, 287
- Hen[ne]mann von 33ff., 38, 63f.
- Henmann II. von 79, 82
- Henmann III. von 79, 81
- Hug von 129, 383
- Hugo Hürus (Itelecks Sohn) 86
- Iteleck von 16, 85f., 89, 91, 117, 173, 175ff., 201, 250, 286f., 328, 340–347, 360f., 368f., 391f., 507ff.
- Jakob I. von 29f., 34, 42, 66f., 77f., 80f.
- Jakob II., (Jeckelin) Ritter von 30–35, 39, 44, 56f., 61, 68, 79, 81
- Jakob III. von 78
- Jakob IV. von 79
- Jakob V. Hürus 71, 84f., 87f., 90, 115, 151, 165–168, 186, 188f., 191, 357f., 363, 368, 385, 391, 407
- Jakob Hürus (1584) 86, 89
- Jakob Rudolf I. Hürus von 15, 32f., 42, 78, 83f., 87, 100ff., 114, 120, 147, 183, 185, 239, 383f.
- Johann von 79, 81
- Johann Baptist von 86, 193f., 205, 209, 213, 507
- Johann Baptist (d.J.) von 86, 194
- Johann Baptist 298
- Johann Franz von 86, 194
- Johann Heid (»Heiden von Schoenecke«; Domherr) 34f., 38, 40, 78
- Johann Kaspar (Itelecks Sohn) 86, 89, 119, 175, 177, 179, 201, 287
- Johann Menselin 79
- Johann Rudolf 278
- Johann(es) Werner (I.) von 34, 78, 80f.
- Johann Werner II. von 79
- Kaspar (I.) von 79 (Barfüßer in Tann)
- Kaspar I. (II.) Hürus 84f., 87f., 115, 125, 165f., 168, 186, 188f., 191, 200, 273, 357, 363
- Kaspar II. (III.) 85, 88, 151, 153f., 168, 202, 273f., 278f., 396ff., 507
- Katharina von 90, 260
- Katharine / Tine von 79
- Kunigunde von 85
- Magdalena (Itelecks Tochter) 86, 89
- Magdalena (verh. Faust von Strauberg) 86
- Maria Anna [Nr. 256] 262
- Maria Augusta von 264f.
- Maria Catharina von [Nr. 217] 261
- Maria Esther von 86
- Maria Franziska [Nr. 253] 262
- Maria Helena Christina 86, 194
- Maria Johanna Franziska von (verh. von Grandmont) 86, 194, 251, 363, 507
- Maria Kunigunde [Nr. 251] 262
- Maria Magdalena von (verh. Reich von Reichenstein) 85, 338ff.
- Maria Magdalene von 86, 194
- Maria Margarethe von [Nr. 186] 260
- Maria Salome von (Tochter von Otto Heinrich) 256
- Maria Theresia von 262
- Maria von 79
- Marianne Sophia 262
- Mechthild (Ordensschwester) [Nr. 26] 259
- Melchior von 85, 88, 168, 274
- Ottilie von 78f.

- Otto Rudolf von (Edelknecht) 42, 79, 82
- Paul von 79
- Peter von (um 1295) 77f.
- Petermann I. (II.) von 78
- Petermann II. (III.) von 79
- Petermann (III.) von 27, 63, 79, 81f.
- Rudolf (um 1401) 84, 133
- Rudolf II. Hürus von (»der Ältere«) 15, 39, 78, 84, 87f., 90, 101, 105–108, 110–115, 120, 128–131, 133–137, 147f., 150, 161f., 164f., 179, 183, 185f., 199, 240ff., 244, 356f., 383f., 517
- Rudolf III. (IV.) Hürus (»der Jüngere«) 39, 84, 87, 107, 111–114, 129–136, 148, 162, 164, 185, 241
- Rudolf IV. (III.) 78
- Sabina von geb. von Stein 85, 115, 117
- Salome von (Tochter von Kaspar II.) 85, 118, 507
- Susanna von 79
- Susanna (verh. von Wangen) 85
- Susanna (verh. Bock zu Bläsheim) 86
- Susanne (verh. von Scharrach) 34, 78
- Suse von 63
- Syne von 79
- Ulrich von 58, 76ff.
- Ursula von (verh. Reich von Reichenstein) 85, 338ff.
- Ursula von (verh. von Bärenfels) 85, 203, 278
- Veronika von (verh. von Blumenegg) 85, 273, 278
- Walt(h)er Hürus von 84, 87, 107, 112ff., 129–136, 148, 162, 164, 241, 383
- Werner von 79

Schönau-Laufenburg, Maria Regina von 86, 92, 194, 288

Schönau-Oeschgen
- Christoph Joseph von 328
- Franz Heinrich Fridolin von 285f.
- Franz Rudolph (Domherr zu Eichstädt und Basel) 251f., 285–288, 312, 387, 399ff.
- Johanna Elisabeth von (1721–1768) 454
- Johann Franz Joseph Otto von 92, 217, 313, 316f., 376, 392, 402ff., 411ff., 431f., 513
- Johann Ignatius Franz Friedrich Reinhard von 312–317, 412, 507f.
- Johann Baptist Nicolaus Franz Karl Fridolin 92, 95, 317–320, 393, 401, 405, 413, 454f., F 5, F 6
- Johann Theodor von (Benediktinerpater) 412, 454
- Joseph Karl Ignaz Xaver Engelbert 92, 317, 319, 413, 454
- Maria Anna von geb. von Kageneck 92, 285
- Maria Antonia Susanna von (verh. von Schellenberg) F 1
- Maria Barbara Xaveria von (1718–1804) 454
- Maria Elisabeth von (Stiftsdame in Andlau) 261, 412
- Maria Ursula von (verh. Kirchhofer) 247f., 250–256, 392
- Otto Heinrich von 92, 251f., 256, 286, 328, 387, 399ff.
- Otto Rudolf von (1593–1639) 86, 89, 92, 175, 177, 179, 201, 205, 247, 286, 348f., 351f., 392, 394, 398
- Otto Rudolf Heinrich Ignaz von (1659–1699) 92, 312, 393, 406, 411f., 510

Schönau-Schwörstadt, Antonia Marianna von 211, 455
- Alexander Albert von 461, 520, F 34
- Antoinette Maria von 461, 521, F 34
- Anton Georg von 461, 520, F 34
- Corinna geb. Riedweg 461, 520
- Cornelius Maria von 461, 521, F 34
- Franz Anton Euseb Joseph von 328f.

- Franz Anton von 206, *F 7*
- Franz Fridolin von 93, 206
- Franz Heinrich Reinhard von 93, 206, 328, 387
- Fridolin Florian von 461, 521, *F 34*
- Hans Heinrich Hürus II. von 93, 206
- Heinrich Hürus 86, 93, 175, 177, 179, 201, 205f., 348, 350ff., 398
- Hermann Josef von 461, 520
- Johann Franz Anton Albert Raphael (Postumus) von 93, 201, 210–213, 414, 425, 433, 455
- Johann Franz Anton Joseph Fridolin Eusebius von 91, 93f., 210, 376, 413f.
- Jörg (Georg) Clemens 461, 520f., 523–526, *F 34*
- Magdalena, geb. Kallen 461, 520f., 524
- Marina Jenny von 461, 520, *F 34*
- Thaddäus Maria Anton Joseph von 93, 95, 455
- Wilhelm Emil von 96, 461, 482, 519ff.

Schönau-Stettenberg, Heinrich von 41f.
- Heinrich II. von 34, 54

Schönau-Wehr, Adolf August Joseph Anton von 95, 459f., 462ff., 468, 482, *F 21*
- Albrecht Hyrus von 461, 499f.
- Alice Albertine von (verh. Droste zu Hülshoff) 461, 467
- Anna Maria von 263, 460, 477
- Antonia Josepha von 265
- Anton Joseph Xaver von 16, 93f., 444–448, 456f., 459f., 462, 469, 517, *F 19*
- Arthur Josef von 460, 463–466, 468, 472
- Auguste Emma von 461, 467
- Auguste Isabella von [Nr. 304] 266, 460

- Bertha Marianna von (verh. de Bancalis de Pruynes) 459f., 462ff.
- Clara von (verh. von Wengersky) 461, 467
- Claudia Maria von (verh. Merz) 461, 521f.
- Clemens Raphael von 461, 522, *F 35*
- Eberhard Adolf von 11–13, 17, 54, 76, 95, 257, 259, 261f., 265, 267, 433, 453, 461, *474, 475–483,* 485–488, 492, 500, 504, 522, *F 25*
- Egbert Hyrus von 461, 497, 499
- Eleonore Maria von 461, 501
- Elisabeth Antonia von 266, 461, 503f.
- Elisabeth Gunhild von (verh. Spies von Büllesheim) 461, 497, 500, 522, 525, *F 36*
- Emma Sophie von (verh. von Schauenburg) 460, 468
- Felix Roderich von 461, 501
- Fidel Joseph Franz Anton von 93, 264, 308, 331, 418f., 423f., *F 15*
- Fidelis Joseph Felix Ignaz von 330ff.
- Franz Anton Fidel von 4, 91, 93, 155, 319, 331, 392, 418–421, 426, 435, 437–440, 444, 447f., 454, 460, 523
- Franziskus Wolfgang von 461, 522, *F 35*
- Friedrich Karl von 95f., 461, 466, 472, *473,* 475ff., 481f., 500f., 504, 521f.
- Gabriele Maria von (verh. Brini) 461, 500, 522
- Gerda Alice von (verh. Hemeling) 95, 461, 485f., 522
- Gunhild von geb. von Ow-Wachendorf 12ff., 461, 477f., 487f., *F 26*
- Hans Hürus (Sohn Itelecks) 86, 89, 93, 175, 177, 179, 201, 349–352, 398
- Hans Hyrus (1908–1958) 461, 501
- Hans Rudolf von 95, 461, 501, 522
- Hermann Hans Hyrus von (1853–1935) 11, 455, 460, 468f., 477, 481f., 519, *F 24*

- Hildegard (Hilda) Maria 461, 470
- Hubertus von 461, 500
- Ida Anna von (1842–1919) 266, 460
- Inga Waldburga von 95, 461, 485 ff., 522
- Isabella Sophie von 460, 466
- Johanna Victoria von 264
- Johann Franz Anton von 93, 263, 286, 304 f., 330, 418
- Johann Franz Carl von 303–311, *F 4*
- Johann Friedrich von 93, 303, 386
- Johann Hürus von 287
- Johann Kaspar Fidelis von 330 ff.
- Johann Ludwig von (Domherr) 287, 386 f.
- Johannes Frederico von 461, 522, *F 35*
- Johannes Hyrus von 461, 500, 522, *F 35*
- Josephine von 460, 466
- Josephine Wilhelmine geb. von Gemmingen-Steinegg 16 f., 93 f., 456 f., 459 f., 462, *F 18*
- Katharina Inga von 461, 500, 522
- Leopold Michael von 461, 522, *F 35*
- Luise Adolphine von [Nr. 327] 266, 461, 466
- Magda von (1880–1964) 466
- Maria Agatha Victoria von 263 f.
- Maria Catharina von 263
- Maria Clara von 263
- Maria Elisabeth von 461, 501, 522
- Maria Magdalena von 266
- Maria Sophia von (1731–1812) 264
- Maria Sophie von (1848–1912) 266, 460, 470, *471*
- Maria-Theresia von, geb. von Gumppenberg 461, 497, 499, 522, *F 28*
- Max Joseph von 460, 470, 502
- Moritz Adolf von 461, 481 f., 500, 504
- Nicole von geb. Fischer 461, 522
- Nikolaus Veronicus von 461, 522, *F 35*
- Otto Friedrich von 460, 470
- Otto Wolfgang von 95 f., 266, 459 f., 462 f., 467 f.
- Roderich Adolf von 460, 466 f.
- Roderich Heinrich von 461, 500 ff., *503*, 521 f.
- Roman von 419
- Rudolf Eberhard von 461, 501
- Rudolf Franz von 461, 502 f.
- Rudolf Leopold von 95 f., 459 f., 462 ff., 469 f., 472, 482, 504
- Sophie Isabella von (»Maria Otto«) 266, 460
- Thekla Emma Sophie von 266 f., 461, 466
- Thekla Maria Auguste von, geb. Thurn Valsassina zu Berg 460, 462 ff., 467, *F 22*
- Theodora von 466
- Ursula von geb. Thiele 461, 521 f.
- Wernher Hyrus Hermann Johannes von *10*, 11–14, 17 f., 95, 461, 478, 485, 487–500, 522, 526 f., *F 27*
- Wolfgang Arthur von 461, 501
- Wolfgang Wernher von 95, 461, 521 f., *F 37*

Schönau-Zell, Anton Ignaz Johann Nepomuk Cölestin von 92, 94, 263, 417 f.
- Franz Ignaz Anton Joseph von 92, 243, 414 f., *F 16*
- Franz Ignaz Ludwig von 92, 154, 261 f., 332, 415 ff., *F 17*
- Franz Philipp Morand von 332 f., *F 8*
- Franz Xaver Anton von 333 f., *F 9*
- Ignaz Johann Nepomuk von 92, 95, 333, 418, 455, 462
- Ignaz Simon Franz von 92, 95, 455, 462
- Johann Dietrich von 86, 92, 154, 243, 288, 298, 377, 380 f., 383, 385 f., 414, 511 f., *F 10*
- Johann Franz Joseph von 92

– Johann Franz von (Fürstbischof von Basel) 16, 205, 283, *284*, 285–300, 381, 383
– Johann Kaspar von (Kapuziner) 289
– Maria Agnes von 288f.
– Maria Anna Henrica von 263
– Maria Anna von 263, 288
– Maria Antonia von 263, 266
– Maria Franziska von 263
– Maria Katharina Barbara von (verh. von Schönau-Oeschgen) 92, 317, 319, 392, 412f.
– Maria Ursula von 289
– Marx Anton von (Kapuzinerpater) 289, 291
– Marx Jakob von 86, 89, 92, 154, 156, 175, 177, 179, 201, 288, 348f., 351f., 366f., 370, 381ff., 398

Schönbeck, General von 305
Schreckenstein, Roth von 305
Schubring, Klaus 13, 18, 26, 105
Schwarzenberg, Peter von 382
Seelig, Gert 464
Sengen, Elisabeth von 84, 187f.
Sickingen zu Hohenburg, Maria Susanna Marghareta von (verh. von Schönau) 92, 256, 328
Sigelmann von Neuenburg, Johann Jakob 86
Sigismund, Herzog 125
Sigmund, Herzog von Österreich 151, 189, 191, 358, 385
Speth, Kaspar 85
Spies von Büllesheim, Elisabeth Gunhild, geb. von Schönau-Wehr 461, 497, 500, 522, 525, *F 36*
– Wilderich 461, 522
St. Diebold, Else von 79
Staab, Franz 258f.
Staufenberg, Hans Friedrich Wiedergrün von 373
Stehelin, Eucharius 90

Stein zu Ronsberg, Sabina von 85, 115, 117, 175, 344, 374
Stein, Adelgund von 85
– Adam von 115
– Agnes Münch vom 33
– Heinrich I. von 101f., 104, 120, 147, 183, 239
– Heinrich II. von 101f., 104, 107
– Heinrich III. von 101ff., 107
– Heinrich IV. von 101f.
– Margareta vom (verh. von Schönau) 15, 33, 42, 78, 83f., 100ff., 120, 147, 183, 239, 384
– Matthias von 101f.
– Rudolf I. von 101f., 107
– Rudolf II. von 101f., 104
Steinbach, Erwin von 41
Stetten, Jost von 84, 90, 133
Stirkler, Dr. (Advokat) 438
Stoffeln, Hans Ulrich von 199
Stor(c)k, Carl 413, 426, 454, 515
Stotzingen, Sigmund von 304
Struve, Gustav 463
Stürzel von Buchheim, Sophie Josepha (verh. von Schönau-Oeschgen) 92, 319, 413, 454
Suleiman der Prächtige, Sultan 192, 373f.
Sulz, Graf Hermann von 163f.
Sury, Venner Johann Ulrich von 293
Susa von Hunaweier 33

Thiele, Ursula (verh. von Schönau-Wehr) 461, 521
Thomann, Marcel 65
Thun, Franz Sigismund Graf von 329
Thurn-Valsassina zu Berg, Gräfin Caroline von 266
– Thekla Maria Gräfin von (verh. von Schönau-Wehr) 460, 462ff., 467, *F 22*
Tierstein, Graf von 130
Tornier, Oberstleutnant 490

Treier, Joseph 448
Tresckow, General von 498
Trotha, Admiral a. D. von 487
Truchseß von Rheinfelden, Hans Werner 373
– Ludwig 289
– Maria Agatha (verh. von Schönau) 92, 243, 288, 511f.
– Margret (Merga) 85, 208
Tschudi(n), Anton 211, 213, 455
– Antonia Marianna 213
Turn, Wilhelm im 186

Ulm zu Langenrain, Joseph Anton von 305
Ulm, Georg von 115
Üsenberg, Herren von 58, 76f.
Utenheim, Anna Beatrix von 84, 200, 273f.
– Christoph von 273f.
– Hans von 188

Valenta, Reinhard 17
Vasolt, Walter 108
Villinger, Hermine 265

Walcourt und Rochenfort, Maria Anna von, verh. von Schönau-Zell 92
Walram von Tierstein, Graf 30
Wambold von Umbstad, Casimir 314
Wangen,
– Georg von 85
– Johann von 79
Warßberg, Anselm Franz Ernst von 314
Weber, Carl Maria (von) 417
– Constanze (verh. Mozart) 417
– Franz Anton 417
– Franz Friolin (Vater) 415ff.
– Franz Fridolin (Sohn) 417
Weihbischof Thomas Henrici 291, 293

Weinbrenner, Johann Jakob Friedrich 517
Wellenburg, Sophie Gulat von (verh. von Schönau-Wehr) 460, 469
Wengersky, Konstantin von 461, 467
Werner, Conrad 232
Wernikaw (Amtmann) 426
Wessenberg, Johann Franz von 243, 378
– Johanna Esther von geb. von Ostein 243
– Maria Franziska von 92
– Maria Helena von (verh. von Schönau-Zell) 92, 243, 415
– Ursula von 85, 192
Wessenberg-Ampringen, Scholastica von 312
Wettstein, Johann Rudolf von 293
Wieladingen, Hartmann von 103f., 113, 147
Wilhelm II., Kaiser 486
Wimpheling, Jakob 44, 273, 279
Wirck, Kaspar, genannt Ingelstetter 277
Wirz, Georg 210
Wittenbach, Johann Sebastian von 378
Wölfelin von Hagenau, Schultheiß 23
Württemberg, Graf Eberhard den Greiner von 138
– Grafen von 26, 65

Zasius, Ulrich 154
Zell, Anton Ignaz Johann von 91
Ziboll, Burk(h)ard 138, 163f., 179, 240
– Jakob 132f., 135–138, 149f., 163, 240f.
– Peter(mann) 84, 138, 150, 163f., 240f.
Ziehlberg, General von 497
Zorn von Bulach,
– Elisabeth von 79
– Marie Auguste (verh. von Schönau-Wehr) 460, 470, 502f., 510

Zorn, Familie von 25, 38
zu Rhein, Burkhard 84, 138, 150 f.
– Maria Salome
  (verh. von Schönau-Oeschgen)
  86, 92, 247, 252, 399, 405 f., 510
zu Stein und Wehr, Johann Friedrich
  Herr 212
zum Luft, Arnold 154

Zundel, Jakob 403, 405
Zweyer von Evenbach, Familie 91
– Johann Franz 288, 298, 523
– Maria Johanna Regina 93, 207
– Maria Xaveria Sophie 4, 93, 392, 438,
  460, 523
– Sebastian Peregrin/Bilgerin 288, 293,
  383